Schriftenreihe Europäisches Recht, Politik und Wirtschaft

Herausgegeben von

Prof. Dr. Dres. h.c. Jürgen Schwarze,
Direktor des Europa-Instituts Freiburg e.V.,
Universität Freiburg

Prof. Dr. Armin Hatje, Universität Hamburg

Band 392

Lisa Disch

Schutz vor gefälschten Humanarzneimitteln im Binnenmarktrecht

Nomos

Die Deutsche Nationalbibliothek verzeichnet diese Publikation in der Deutschen Nationalbibliografie; detaillierte bibliografische Daten sind im Internet über http://dnb.d-nb.de abrufbar.

Zugl.: Hamburg, Univ., Diss., 2019

ISBN 978-3-8487-5952-1 (Print)
ISBN 978-3-7489-0081-8 (ePDF)

1. Auflage 2019

Vorwort

Die zugrundeliegende Arbeit wurde im Sommersemester 2018 von der Universität Hamburg als Dissertation angenommen.

Besonderer Dank gilt meinem Doktorvater Herrn Prof. Dr. Armin Hatje für seine Unterstützung in dieser Zeit, wann immer sie notwendig war. Frau Prof. Dr. Dagmar Felix danke ich für die Erstellung des Zweitgutachtens. Schließlich danke ich auch Frau Zavala von der Geschäftsstelle des Promotionsausschusses für Ihre hilfsbereite und kompetente Unterstützung.

Ganz besonderen Dank schulde ich meiner Schwester, die mir von der Themenwahl bis zum Abschluss meiner Arbeit durch ihre Anregungen, Ermutigungen und ihr Korrektorat stets zur Seite stand. Ebenso danke ich meinem Partner für sein Korrektorat und vor allem für seine moralische Unterstützung während meiner Promotionszeit und darüber hinaus. Nicht zuletzt danke ich meinen Eltern, die mich nicht nur während meiner Studienzeit, sondern auch sonst in jeder Lebenslage unterstützt haben.

Die Arbeit wurde Ende 2017 fertiggestellt, spätere Entwicklungen von Gesetzgebung und Literatur konnten nicht mehr vollständig berücksichtigt werden.

Köln, im Februar 2019 *Lisa Disch*

Inhaltsübersicht

Inhaltsverzeichnis

Abkürzungsverzeichnis

A	Serie A / Série A, Sammlung der Urteile des Europäischen Gerichtshofs für Menschenrechte
a.A.	andere Ansicht
a.a.O.	Am angegebenen Ort
a.F.	alte Fassung
ABDA	Bundesvereinigung Deutscher Apothekerverbände e.V.
Abgabeberechtigte Personen	zur Abgabe von Arzneimitteln an die Öffentlichkeit ermächtigte oder befugte Personen
ABl.	Amtsblatt
ABl. EG / EU	Amtsblatt der Europäischen Gemeinschaft / Europäischen Union
Abs.	Absatz
AEUV	Vertrag über die Arbeitsweise der Europäischen Union
AIC	Autorizzazione all'Immissione in Commercio (Genehmigung für das Inverkehrbringen)
AIFA	Agenzia Italiana del Farmaco (italienische Arzneimittelbehörde)
AIPPI	Association Internationale pour la Protection de la Propriété Intellectuelle / Internationaler Verband zum Schutz des Geistigen Eigentums
Alt.	Alternative
Am J Trop Med Hyg	The American Journal of Tropical Medicine and Hygiene (Zeitschrift)
AMG	(deutsches) Arzneimittelgesetz
AM-HandelsV	(deutsche) Arzneimittelhandelsverordnung
AMR	Arzneimittelrecht
AMVerkRV	(deutsche) Verordnung über apothekenpflichtige und freiverkäufliche Arzneimittel
AMWHV	(deutsche) Arzneimittel- und Wirkstoffherstellungsverordnung
ApBetrO	(deutsche) Apothekenbetriebsordnung
ApoG	(deutsches) Apothekengesetz
AP-System	System für Apotheken

Art. / Artt.	Artikel
ASL	Azienda Sanitaria Locale (italienische Ortskrankenkasse(n))
BAH	Bundesverband der Arzneimittel-Hersteller e.V.
BAnz.	Bundesanzeiger
Bdw	bild der wissenschaft (Zeitschrift)
Beschl.	Beschluss
BfArM	Bundesinstitut für Arzneimittel und Medizinprodukte
BGB	(deutsches) Bürgerliches Gesetzbuch
BGBl.	Bundesgesetzblatt
BGHZ	Entscheidungen des Bundesgerichtshofs in Zivilsachen
BKA	Bundeskriminalamt
BMJ	British Medical Journal (Zeitschrift)
BPI	Bundesverband der pharmazeutischen Industrie e.V.
BR-Drucks.	Drucksache des Bundesrats
BSF	Blasen-Füllen-Schließen
BT-Drucks.	Drucksache des Bundestags
Btk.	Büntető Törvénykönyvről (ungarisches Strafgesetzbuch)
BVerfG	Bundesverfassungsgericht
BVerfGE	Entscheidungen des Bundesverfassungsgerichts
bzw.	beziehungsweise
C&EN	Chemical & Engineering News (Zeitschrift)
c.	Chapter (Kapitel)
CBI	Central Bureau of Investigation
c. cons.	Codice del Consumo (italienisches Verbrauchergesetzbuch)
c.c.	Codice Civile (italienisches Zivilgesetzbuch)
c.p.	Codice Penale (italienisches Strafgesetzbuch)
ca.	Zirka
Carabinieri NAS	Comando Carabinieri Nucleo Antisofisticazioni e Sanitá (italienische Polizeiabteilung für Anti-Fälschung und Gesundheit)
Cass. (pen. / civ.)	Corte Suprema di Cassazione (Penale / Civile)
CCRs	The Copyright (Customs) Regulations 1989 (britische Zoll-Urheberrechtsverordnung)
CDPA	Copyright, Designs and Patents Act 1988 (britisches Urheberrechts-, Design- und Patentgesetz)

CEM	Customs and Execise Management Act 1979 (britisches Zoll- und Verbrauchssteuergesetz)
CMPI	Centre for Medicines in the Public Interest
COPIS	anti-Counterfeit and anti-Piracy Information System / Anti-Fälschungs- und Anti-Piraterie-Informationsystem
Cost.	Constituzione (italienische Verfassung)
CPA	Consumer Protection Act 1987 (britisches Verbraucherschutzrecht)
CPI	Codice della Proprietà Industriale (italienisches Gesetz über das gewerbliche Eigentum)
CPRs	Consumer Protection from Unfair Trading Regulations 2008 (britisches Gesetz zum Schutz der Verbraucher vor unlauteren Handelspraktiken)
D 1999	Decreto del Ministro della sanità in data 6 luglio 1999 (italienisches Dekret über Leitlinien der Guten Vertriebspraxis)
d.h.	das heißt
DAZ	Deutsche Apotheker-Zeitung (Zeitschrift)
DB	Der Betrieb (Zeitschrift)
DelVO	Delegierte Verordnung (EU) 2016/161
Del-GMP-VO	Delegierte GMP-Verordnung für Wirkstoffe (EU) 1252/2014
DesignG	(deutsches) Designgesetz
DH	Department of Health (britisches Gesundheitsamt)
DIMDI	Deutsche Institut für Medizinische Information und Dokumentation
DIN 16679	DIN EN 16679:2015-03
DL	Decreto-Legge (italienisches Gesetzesdekret)
DL 2006/223	Decreto-legge, 4 luglio 2006, n. 223 (italienisches Gesetzesdekret zur Regelung der Parafarmacie)
DLgs	Decreto Legislative (italienisches gesetzesvertretendes Dekret)
DLgs 219/2006	Decreto Legislative, 24 aprile 2006, n. 219 (italienisches Arzneimittelgesetz)
DLgs 540/1992	Decreto Legislativo 30 dicembre 1992, n. 540 (italienisches Kennzeichnungsgesetz)
DM	Decreto Ministeriale (italianesches Ministerialdekret)
DM 2001	Ministero della Sanitá, Decreto 2 agosto 2001 (italienisches Dekret zur Regelung des Bollino)

DM 2004	Decreto Ministeriale 15 luglio 2004 (italienisches Ministerialdekret zur Regelung des Bollino)
DMRC	Defective Medicines Report Centre (britische Aufnahmestelle für fehlerhafte Arzneimittel)
DMW	Deutsche Medizinische Wochenschrift (Zeitschrift)
DÖV	Die Öffentliche Verwaltung (Zeitschrift)
DSCSA	Drug Supply Chain Security Act (US-amerikanisches Gesetz zur Sicherheit der Arzneimittellieferkette)
DTP	Direct to Pharmacy
DVBl	Deutsches Verwaltungsblatt (Zeitschrift)
E&I	MHRA Enforcement and Intelligence Group (MHRA Ermittlungsbehörde)
EAASM	European Alliance for Access to Safe Medicines / Europäische Allianz für den Zugang zu sicheren Arzneimitteln
EAN	European Article Number
ECC200	Reed-Solomon-Fehlerkorrektur
ECU	European Currency Unit (Europäische Währungseinheit)
EG	Europäische Gemeinschaft
EGMR	Europäischer Gerichtshof für Menschenrechte
EGV	Vertrag zu Gründung der Europäischen Gemeinschaft
EMA	European Medicines Agency / Europäische Arzneimittelagentur
EMRK	Konvention zum Schutz der Menschenrechte und Grundfreiheiten vom 4.11.1950
EPatÜbersVO	Einheitspatent-Übersetzungs-Verordnung (EU) Nr. 1260/2012
EPatVO	Einheitspatent-Verordnung (EU) Nr. 1257/2012
E-Pedigree	Electronic Pedigree (elektronisches Stammbaum)
EPFIA	European Federation of Pharmaceutical Industries and Associations
EPGÜ	Übereinkommen über ein einheitliches Patentgericht
EPÜ	Europäisches Patentübereinkommen
Erl.	Erläuterung
ErwGr.	Erwägungsgrund
ESzCsM	Egészségügyi, Szociális és Családügyi Minisztérium (ungarisches Ministerium für Gesundheit, Soziales und Familie)
ESzCsM R. 53/04	53/2004. (VI. 2.) ESzCsM rendelet (ungarische Verordnung über Großhandel und Parallelimport)

et. al.	et. alii / et aliae (und andere)
EU	Europäische Union
EuG	Eruopäisches Geicht erster Instanz
EuGH	Gerichtshof der Europäischen Gemeinschaft
EU-GMP-Leitfaden	Leitfaden der Guten Herstellungspraxis
EuGRZ	Europäische Grundrechte-Zeitschrift (Zeitschrift)
EUIPO	European Union Intellectual Property Office
EüM	Egészségügyi Miniszter (ungarishes Gesundheitsministerium)
EüM R. 30/05	30/2005. (VIII. 2.) EüM rendelet (ungarische Kennzeichnungsverordnung)
EüM R. 44/05	44/2005. (X. 19.) EüM rendelet (Verordnung über die Herstellung von Arzneimitteln)
EüM R. 52/05	52/2005. (XI. 18.) EüM rendelet (Verordnung über das Inverkehrbringen von Humanarzneimitteln)
EuR	Europarecht (Zeitschrift)
Eur.	Europäische
EURALex	European Association for Lexicography
EurR	Europarecht
EUV	Vertrag über die Europäische Union
e.V.	eingetragener Verein
EWG	Europäische Wirtschaftsgemeinschaft
EWR	Europäischer Wirtschaftsraum
f. / ff.	folgende / fortfolgende
FA	Fraud Act 2006 (britisches Betrugsgesetz)
FDA	Food and Drug Administration (US-amerikanische Arzneimittelbehörde)
FMD	Falsified Medicines Directive / Fälschungsrichtlinie 62/2011/EU
Fmtv.	Formatervezési Minták Oltalmáról (ungarisches Designgesetz)
Fn.	Fußnote
Fttv.	fogyasztókkal szembeni tisztességtelen Kereskedelmi Gyakorlat (ungarisches Gesetz gegen unlautere Geschäftspraktiken)
GDP	Good Distribution Practice / Gute Vertriebspraxis

GDP-Leitlinien	Leitlinien für die Gute Vertriebspraxis von Arzneimitteln (94/C 63/03)
GDP-Leitlinien AM	Leitlinien für die Gute Vertriebspraxis von Humanarzneimitteln (2013/C 343/01)
GDP-Leitlinien WS	Leitlinien für die Gute Vertriebspraxis für Wirkstoffe (2015/C 95/01)
GG	(deutsches) Grundgesetz
ggf.	gegebenenfalls
GGV	Gemeinschaftsgeschmacksmuster-Verordnung (EG) 6/2002
GIIPRRs	Goods Infringing Intellectual Property Rights (Customs) Regulations 2004 (britische (Zoll)Verordnung über die Rechte des geistigen Eigentums verletzende Ware)
Giust. pen.	Giustizia penale
GKHA	Gemeinschaftskodexes für Humanarzneimittel RL 2001/83/EG
GKV	gesetzlichen Krankenversicherung
GMG	GKV-Modernisierungsgesetz
GMP	Good Manufacturing Practice / Guten Herstellungspraxis
GMP-RL	GMP-Richtlinie 2003/94/EG, ersetzt durch GMP-Richtlinie (EU) 2017/1572 und DelVO (EU) 2017/1569
GPhC	General Pharmaceutical Council (britische Apothekenregulierungsbehörde)
GR	Grundrechte
GRC, GRCh	Charta der Grundrechte der Europäischen Union
GRUR	Gewerblicher Rechtsschutz und Urheberrecht (Zeitschrift)
GRUR Int.	Gewerblicher Rechtsschutz und Urheberrecht Internationaler Teil (Zeitschrift)
GRUR-Prax	Gewerblicher Rechtsschutz und Urheberrecht – Praxis im Immaterialgüter- und Wettbewerbsrecht
GTIN	Global Trade Item Number
GU	Gazzetta Ufficiale (italienisches Amtsblatt)
GYEMSZI	Gyógyszerészeti és Egészségügyi Minõség-és Szervezetfejlesztési Intézet (frühere ungarische Arzneimittelbehörde)
Gyftv.	Gyógyszerforgalmazás Törvény (ungarisches Gesetz über den Vertrieb von Arzneimitteln)
Gytv.	Gyógyszerek Törvény (ungarisches Arzneimittelgesetz)
Hdb	Handbuch

HENT	Hamisítás Elleni Nemzeti Testület (ungarischer Nationaler Rat gegen Fälschungen)
HMRC	Her Majesty's Revenue and Customs (britische Königliche Steuer- und Zollbehörde)
HMRs	Human Medicines Regulations 2012 (britisches Gesetz über Humanarzneimittel)
Hrsg.	Herausgeber
Hs.	Halbsatz
HStR	Handbuch für Staatsrecht
i.S.	im Sinne
i.S.d.	im Sinne des
i.V.m.	in Verbindung mit
IFA	Informationsstelle für Arzneimittelspezialitäten GmbH
IFPMA	Internationalen Verband der Arzneimittelhersteller
IIC	International Review of Intellectual Property and Competition Law (Zeitschrift)
IMPACT	International Medical Products Anti-Counterfeiting Taskforce
IOM	Institute of Medicine
IPRED	Intellectual Property Rights Enforcement Directive / Durchsetzungsrichtlinie 2004/48/EG
IPRs	Intellectual Property (Enforcement, etc.) Regulations 2006 (britische Verordnung zur Durchsetzung des Geistigen Eigentums)
ISS	Istituto Superiore di Sanità (italienisches Zentralinstitut für Gesundheitswesen)
JöR N.F.	Jahrbuch des öffentlichen Rechts der Gegenwart (Neue Folge) (Zeitschrift)
Korm.	Kormány (ungarische Regierung)
Korm. R. 371/04	371/2004. (XII. 26) Korm. Rendelet (ungarische Zollverordnung)
Kz.	Kennzahl
L	Legge (italienisches Gesetz)
L 362/1991	Legge, 8 novembre 1991, n. 362 (italienisches Gesetz zur Neuordnung des Arzneimittelsektors)
L 475/1968	Legge, 2 aprile 1968, n. 475 (italienisches Gesetz über das Apothekenwesen)
LDA	Legge sul Diritto del Autore (italienisches Autorengesetz)

lit.	littera (Buchstabe)
m.w.N.	mit weiteren Nachweisen
MA	Medicines Act 1968 (altes britisches Arzneimittelgesetz)
MarkenG	(deutsches) Markengesetz
MarkenRL	Markenrichtlinie (EU) 2015/2436
Mass. ann.	Massimario annotato
MEDICRIME-Konvention	Council of Europe Convention on the counterfeiting of medicinal products and similar crimes involving threats to public health
MedizinR	Medizinrecht
MedR	Schriftenreihe Medizinrecht (Zeitschrift)
MHRA	Medicines and Healthcare Products Regulatory Agency (britische Arzneimittelbehörde)
Mio.	Million(en)
Mrd.	Milliarde(n)
n. / No. / Nr.	Numero / Number / Nummer
N. Engl. J. Med	The New England Journal of Medicine (Zeitschrift)
n.F.	neue Fassung
NABP	National Association of Boards of Pharmacy
NAS	*siehe Carabinieri NAS*
NAV	Nemzeti Adó és Vámhivatal (ungarische Zentraldirektion für die Überwachung von Zoll und Finanzen)
NHS	National Health Service (britische staatliche Gesundheitsdienste)
NHSR	National Health Service Regulations 2013 (englisches Gesetz über staatliche Gesundheitsdienste)
NJW	Neue Juristische Wochenschrift (Zeitschrift)
NTIN	National Trade Item Number
OAPA	Offences Against the Person Act 1861 (britisches Gesetz über Straftaten gegen die Person)
OECD	Organisation for Economic Co-operation and Development / Organisation für wirtschaftliche Zusammenarbeit und Entwicklung
Öff R	Öffentliches Recht
OGYI	Országos Gyógyszerészeti Intézet (ungarisches Nationalinstitut der Apotheken)

OGYÉI	Országos Gyógyszerészeti és Élelmezés-egészségügyi Intézet (ungarisches Nationales Institut für Pharmazie und Ernährung)
OSCS	oversulfated chondroitine sulfate
Österr. VerfGH	Österreichischer Verfassungsgerichtshof
OVG	Oberverwaltungsgericht
PA	Patent Act 1977 (britisches Patentgesetz)
PatG	Patentgesetz
PEI	Paul-Ehrlich-Institut
PFIPC	Permanent Forum on International Pharmaceutical Crime
Ph. Eur.	europäisches Arzneibuch
Pharm. Ind.	Die Pharmazeutische Industrie (Zeitschrift)
PharmaR	Pharmarecht
PharmR	Pharma-Recht (Zeitschrift)
PHI	Produkthaftpflicht International (Zeitschrift)
PO	Pharmacy Order 2010 (britische Apothekenordnung)
PPN	Pharmacy Product Number
PPRI	Pharmaceutical Pricing and Reimbursement Informtion
PPVO	Produkt-Piraterie-Verordnung (EU) 608/2013
PPVO a.F.	Produkt-Piraterie-Verordnung (EG) 1383/2003
ProdHaftG	(deutsches) Produkthaftungsgesetz
ProdHaftRL	Produkthaftungsrichtlinie 85/374/EWG
Ptk.	Polgári Törvénykönyv (ungarisches Bürgerliches Gesetzbuch)
PU-System	System für pharmazeutische Unternehme
PZ	Pharmazeutische Zeitung
RDA	Registered Designs Act 1949 (britisches Gesetz über registrierte Designs)
RESC	Revidierte Europäische Sozialcharta
RFID	Radio-Frequency-Identification / Identifizierung durch Radiowellen
RGZ	Entscheidungen des Reichsgerichts in Zivilsachen
RIW	Recht der Internationalen Wirtschaft
RL	Richtlinie
Rn.	Randnummer
Rs.	Rechtssache

Rspr.	Rechtsprechung
RWA	Reduced Wholesale Arrangement
S.	Seite
Sci Pharm	Scientia Pharmaceutica
sez.	Sezione
SGB V	(deutsches) Sozialgesetzbuch Fünftes Buch
SI	Statutory Instrument (britische Verordnung)
Slg.	Amtliche Sammlung des Gerichtshofs der Europäischen Gemeinschaft
s.o. / s.u.	siehe oben / siehe unten
SO	Supplemento Ordinario (ordentliches Beiblatt)
SSFFC	substandard/spurious/falsley-labeled/falsifies/counterfeit (mangelhaft/unecht/falsch-gekennzeichnet/gefälscht/nachgeahmt)
st. Rspr.	Ständige Rechtsprechung
StaatsR	Staatsrecht
StGB	Strafgesetzbuch
Szjt.	Szerzői Jogi Törvény (ungarisches Urhebergesetz)
Szot.	Szabadalmi Oltalmáról (ungarisches Patentgesetz)
Tftv.	Termékfelelőség Törvény (ungarisches Produkthaftungsgesetz)
TMA	Trade Mark Act 1994 (britisches Markengesetz)
TMCRs	The Trade Marks (Customs) Regulations 1994 (britische Zoll-Markenrechtsverordnung)
TMR	The Trademark Reporter (Zeitschrift)
Tpvt.	tisztességtelen piaci magatartás és a versenykorlátozás tilalmáról (ungarisches Wettbewerbsgesetz)
TRIPS	Agreement on Trade Related Aspects of Intellectual Property Right / Übereinkommen über handelsrelevante Aspekte von Rechten an geistigem Eigentum
u.a.	und andere
UAbs.	Unterabsatz
UMV	Unionsmarken-Verordnung (EU) 2017/1001
UPG-RL	Richtlinie über unlautere Geschäftspraktiken 2005/29/EG
UPC	Universal Product Code
UPR	Umwelt- und Planungsrecht
UrhG	(deutsches) Urhebergesetz

UrhRL	Urheberrechtsrichtlinie 2001/29/EG
Urt.	Urteil
u.U.	unter Umständen
UWG	(deutsches) Gesetz gegen den unlauteren Wettbewerb
v.	von / vom
VerfGH	Verfassungsgerichtshof
VersR	Versicherungsrecht (Zeitschrift)
Vfa	Verband der forschenden Pharma-Unternehmen e.V.
vgl.	vergleichlich
VO	Verordnung
Vol.	Volume
Vt.	Védjegy Törvény (ungarisches Markengesetz)
WGEO	European Heads of Medicines Agencies Working Group of Enforcement Officers
WHO	World Health Organisation / Weltgesundheitsorganisation
WTO	World Trade Organisation / Welthandelsorganisation
ZEuS	Zeitschrift für europarechtliche Studien (Zeitschrift)
Ziff.	Ziffer
ZKA	Zollkriminalamt
ZLG	Zentralstelle der Länder für Gesundheitsschutz bei Arzneimitteln und Medizinprodukten

Teil 1: Einleitung

Das Fälschen von Arzneimitteln ist ein weltweites Problem. Nicht nur Entwicklungsländer sind davon betroffen, vielmehr gelangen Fälschungen auf der ganzen Welt in die Vertriebswege.[1] So werden auch in Europa immer wieder Fälschungsfälle bekannt, wie der aktuelle Fall des Großhändlers Lunapharm in Deutschland zeigt. Der Großhändler aus Brandenburg soll bis 2018 über mehrere Jahre hinweg von einer Apotheke in Athen gestohlene Krebsmedikamenten gekauft haben, wobei beim Transport nach Deutschland die Kühlkette unterbrochen worden sei und somit eine verminderte Wirkung der Medikamente angenommen werden musste.[2] In diesem Zusammenhang wurden Mängel bei den zuständigen Arzneimittelbehörden bekannt, die trotz Kenntnis nicht rechtzeitig gehandelt hätten.[3] In einem weiteren Fall soll ein Apotheker aus Bottrop zwischen den Jahren 2012 und 2016 mehr als 14.000 Zytostatika-Lösungen gestreckt und somit etwa 5.000 an Krebs erkrankte Patienten gefährdet haben.[4]

Diese beispielhaften Fälle (weitere unten in Teil 3 C.) machen die Wichtigkeit und Prisanz des Themas deutlich und bekräftigen die Sinnhaftigkeit einer Untersuchung des Problems mit gefälschten Humanarzneimitteln im europäischen Binnenmarkt aus rechtlicher Sicht. Welchen Umfang das Problem mit gefälschten Arzneimitteln insgesamt erreicht, wird im Folgenden erläutert.

A. Ausmaß des Problems

Das tatsächliche Ausmaß der Fälschungen lässt sich mangels evidenter Beweise und unterschiedlicher Definitionen der Arzneimittelfälschung kaum ermitteln, jedoch liegen zahlreiche Schätzungen vor. Laut Angaben der Weltgesundheitsorganisation (*World Health Organisation (WHO))* bemisst

---

1 *WHO*, Fact sheet „SSFFC medicinal products", abrufbar unter http://www.who.int/mediacentre/factsheets/fs275/en/ (zuletzt abgerufen am 9.2.2019).

2 *Korzilius*, Deutsches Ärzteblatt 155 (37), A 1571.

3 *Korzilius*, Deutsches Ärzteblatt 155 (37), A 1571 f.

4 *Wernicke*, Süddeutsche Zeitung vom 6.7.2018, abrufbar unter https://www.sueddeutsche.de/panorama/apotheker-bottrop-krebsmittel-urteil-haft-1.4043342 (zuletzt am 9.2.2019).

sich der prozentuale Anteil gefälschter Produkte auf dem globalen Arzneimittelmarkt auf mehr als 10 Prozent.[5] In Industriestaaten mit effektiven Zulassungs- und Vermarktungsregelungen wie z.B. Australien, Kanada, Japan, Neuseeland, USA und den meisten Ländern der Europäischen Union (EU) sei nur bis zu 1 Prozent der im Handel befindlichen Arzneimittel gefälscht.[6] Auf den ersten Blick erscheint diese Zahl zwar als nicht besonders hoch, bei der Umrechnung in Fälschungsfälle wird jedoch klar, dass auch hier Handlungsbedarf besteht. In Deutschland hätten bei insgesamt 1.405 Mio. abgegebenen Packungen im Jahr 2016[7] ungefähr 14 Mio. Patienten ein gefälschtes Präparat erhalten und damit eine möglicherweise gesundheitsgefährdende Behandlung erfahren.

Viel häufiger sind Entwicklungsländer in Afrika, Asien und Lateinamerika mit meist schwachen oder fehlenden Reglementierungen für die Zulassung und den Vertrieb von Arzneimitteln betroffen. Die Notwendigkeit des Zugangs zu bezahlbaren Medikamenten lässt den Umfang an gefälschten und qualitativ mangelhaften Präparaten auf 10–30 Prozent aller verkauften Produkte steigen.[8] Schätzungen der WHO zufolge sind in diesen Ländern bis zu einem Viertel, in manchen Entwicklungsländern sogar bis zur Hälfte der Arzneimittel gefälscht bzw. qualitativ mangelhaft.[9] Ähnliches gilt nach einer Studie des Brasilianischen Instituts für Ethik im Wettbewerb (ETCO) für die Länder der ehemaligen Sowjetunion, wo der Anteil der Fälschungen bei über 20 Prozent der im Handel befindlichen Arzneimittel liegt.[10]

Das größte Risiko stellen jedoch unseriöse Internetseiten dar, die ihre Produkte (vor allem Reimporte) neben der legalen Vertriebskette vermarkten. Laut Schätzungen der WHO soll im Internet der Anteil gefälschter Arzneimittel bei über 50 Prozent liegen.[11] Eine Studie der *European Alliance for Access to Safe Medicines (EAASM)*, welche die Qualität von über Internetapotheken erworbenen verschreibungspflichtigen Arzneimitteln untersuchte, spricht von 62 Prozent gefälschten oder qualitativ mangelhaften Präparaten auf dem europäischen Markt.[12] Gefälscht wird dabei die kom-

5 *WHO*, Fact sheet N°275, S. 1.
6 *vfa*, Positionspapier Arzneimittelfälschungen, S. 4.
7 *ABDA*, Die Apotheke, S. 55.
8 *vfa*, Positionspapier Arzneimittelfälschungen, S. 4.
9 *WHO*, Fact sheet N°275, S. 1.
10 *vfa*, Positionspapier Arzneimittelfälschungen, S. 4; *IMPACT*, Counterfeit Mdicines, S. 1.
11 *IMPACT*, Counterfeit Medicines, S. 1.
12 *EAASM*, Counterfeiting Superhighway, S. 27.

plette Bandbreite der Medikamente, von Life-Style-Produkten bis zu lebenswichtigen Medikamenten, von Originalware bis zu Generika.

B. Anerkennung als Problem

Das Phänomen der Arzneimittelfälschung ist vermutlich so alt wie die Arzneimittel selbst. Schon im 1. Jahrhundert n. Chr. publizierte der griechische Arzt Dioscorides über die Identifizierung gefälschter Produkte.[13] In den USA wurde 1902 der *Biologics Control Act* sowie 1938 der *US Federal Food, Drug, and Cosmetics Act* (das erste Arzneimittelgesetz der USA) aufgrund von gefälschten Arzneimitteln mit jeweils mehrfacher Todesfolge verabschiedet.[14]

Als ernsthaftes Problem der Weltgesundheit wurden Arzneimittelfälschungen erst 1985 auf der internationalen Konferenz der WHO in Nairobi anerkannt.[15] Inzwischen haben sich die Arzneimittelabteilungen der WHO vermehrt dieses Problems angenommen. Zunächst wurden technische Normen zur Herstellung und Kontrolle sowie Richtlinien zur administrativen Überwachung des Arzneimittelsektors erstellt. Im Jahre 1988 verabschiedete die WHO-Vollversammlung eine Resolution und ein „Programm zur Entdeckung und Verhinderung von Arzneimittelfälschungen".[16]

C. Zunahme des Problems

Trotz zahlreicher Bemühungen, Arzneimittelfälschungen zu bekämpfen, steigt die Zahl der Fälschungen stetig an. Schätzungen des *Centre for Medicines in the Public Interest (CMPI)* zufolge nahm der globale Jahresumsatz durch den Vertrieb gefälschter Arzneimittel zwischen den Jahren 2005 und 2010 um 92 Prozent zu und stieg somit auf 75 Mrd. US Dollar (dies entsprach 2010 etwa 57 Mrd. Euro).[17] Für das Jahr 2016 schätzt die amerikanische *International Trade Administration (ITA)* den weltweiten Umsatz mit gefälschten Arzneimitteln auf 75 bis 200 Mrd. US Dollar (was heute

13 *Sürmann*, Arzneimittelkriminalität, S. 12.
14 *Schweim*, DAZ 32/2005, 4390.
15 *Welters*, PZ 15/1997, 1181.
16 *Schweim*, DAZ 32/2005, 4390 (4391).
17 *Pitts/Tew/Preate*, CMPI-Studie 2005, S. 4.

etwa 68 bis 183 Mrd. Euro entspricht).[18] Im Vergleich dazu betrug der Gesamtumsatz des Arzneimittelmarktes im selben Jahr etwa 1,1 Billionen US Dollar weltweit.[19]

Auch in Deutschland wächst der Anteil an gefälschten Arzneimitteln im Markt. 2015 wurden mit 3,9 Mio. beschlagnahmten Tabletten annährend viermal so viele illegale Arzneimittel durch den deutschen Zoll sichergestellt wie im Jahr zuvor.[20] Während der Zoll im Jahr 2009 in 644 Verfahren wegen Verstöße gegen das Arzneimittelgesetz – was auch Fälschungen einschließt – ermittelte, waren es im Jahr 2014 bereits 2.474 Verfahren, was ein Anstieg um 284 Prozent bedeutet.[21] Im selben Zeitraum verzeichnete die polizeilichen Kriminalstatistik einen Anstieg der jährlich erfassten Straftaten von 3.583 auf 4.473 Fälle, also um fast 25 Prozent.[22]

Dabei ist es schwierig gefälschte Arzneimittel in der legalen Vertriebskette zu erkennen, da diese nur einen Teil der behördlichen Aufgaben ausmachen und die Fälschungen immer besser werden. Dies belegen auch gezielte Aktionen, wie z.B. die Operation PANGEA, bei welcher in einer jährlichen Aktionswoche die Zollbehörden der teilnehmenden Länder ihren Fokus auf illegale Arzneimittel aus dem Internet richten.[23] Die Operation PANGEA wurde im Jahr 2016 zum neunten Mal in nunmehr 103 Ländern weltweit durchgeführt und bestätigte die hohen Fälschungsraten im Internet durch einen neuen Rekord. In nur eine Woche beschlagnahmten die Zollbehörden insgesamt 12,2 Mio. Packungen gefälschter und illegaler Arzneimittel im Wert von mehr als 47 Mio. Euro und verhafteten 393 Menschen.[24] In Deutschland stellten das Zollkriminalamt (ZKA) und das Bundeskriminalamt (BKA) allein 564 ausländische Postsendungen mit insgesamt 50.915 Einzeldosen an illegalen Präparaten sicher. Ein Großteil der Sendungen stammte aus Indien, aber auch aus Singapur, China, Polen und Ungarn wurden illegale Produkte geliefert.[25] Zwei Jahre später wurden bei der elften Operation PANGEA insgesamt 1.209 ausländische Brief- und Pa-

---

18 *Finn*, ITA Pharmaceuticals Top Markets Report 2016, S. 12.

19 *QuintilesIMS*, Outlook, S. 9.

20 *securPharm*, Faktenblatt „Arzneimittelfälschungen", S. 3.

21 *ABDA*, Faktenblatt „Arzneimittelfälschungen", S. 2.

22 *ABDA*, Faktenblatt „Arzneimittelfälschungen", S. 2; *securPharm*, Faktenblatt „Arzneimittelfälschungen", S. 3.

23 *INTERPOL*, Operation Pangea, abrufbar unter http://www.interpol.int/Crime-areas/Pharmaceutical-crime/Operations/Operation-Pangea (zuletzt abgerufen am 9.2.2019).

24 Apotheker Zeitung vom 13.06.2016, Nr. 24, S. 2.

25 Apotheker Zeitung vom 13.06.2016, Nr. 24, S. 2.

ketsendungen mit rund 99.989 Einzeldosen sichergestellt. Die Sendungen stammten wiederum zumeinst aus Indien, gefolgt von Hongkong, Polen und der Schweiz.[26]

D. Gang der Untersuchung

Die genannten Zahlen bestätigen, dass Maßnahmen zum Schutz vor gefälschten Arzneimitteln notwendig sind. Die vorliegende Arbeit untersucht bestehende und geplante Schutzvorkehrungen im Binnenmarktrecht, also im Unionsrecht unter Einbeziehung international geltender Maßnahmen, soweit diese den Binnenmarkt betreffen, und in den Rechtsordnungen der Mitgliedstaaten.

Dazu wird einleitend die Definition des Arzneimittels und der Arzneimittelfälschung geklärt, was aufgrund unterschiedlicher Begriffsbestimmungen bereits das erste Problem des Themas darstellt (Teil 2). Anschließend werden, nach einem Überblick über die rechtliche Ausgangslage des Problems, die Gründe für das Fälschen von Arzneimitteln beleuchtet sowie die gesundheitlichen und wirtschaftlichen Auswirkungen gefälschter Präparate aufgezeigt (Teil 3). Anand der Frage, ob staatliche bzw. unionale Pflichten zum Schutz vor gefälschten Arzneimitteln bestehen, werden die Voraussetzungen eines angemessenen Schutzes herausgearbeitet (Teil 4), um anschließend bestehende und geplante Schutzvorkehrungen der EU sowie der Mitgliedstaaten anhand der Kriterien bewerten zu können (Teil 5).

Da eine Untersuchung der nationalen Regelungen aller 28 Mitgliedstaaten der EU auf Maßnahmen, die dem Schutz vor Arzneimittelfälschungen dienen, den Rahmen der vorliegenden Arbeit sprengen würde, beschränkt sich die Untersuchung auf vier repräsentative Beispielländer: Deutschland, England, Italien und Ungarn. Als Ausgangspunkt dient die deutsche Rechtsordnung, anhand welcher auch die Hintergründe für manche nationalen Schutzvorkehrungen näher beschrieben werden. Durch die Beleuchtung des Rechts Englands – das als Teil des Vereinigten Königreichs zurzeit

26 *Generalzolldirektion*, Pressemitteilung vom 23.10.2018, abrufbar unter https://www.zoll.de/SharedDocs/Pressemitteilungen/DE/Sonstiges/2018/x87_pangea_gzd.html (zuletzt abgerufen am 9.2.2019).

noch Mitglied der EU ist[27] – wird eine vergleichende Gegenüberstellung zum *Common Law* gezogen. Einer der maßgeblichen Vorreiter der Serialisierung von Arzneimittelpackungen war in der EU Italien, weshalb auch dessen Rechtsordnung mit einbezogen wird. Schließlich wird auf das Recht von Ungarn eingegangen als dem Land, welches aufgrund seiner geographischen Lage insbesondere für östliche Staaten mit ihrer höheren Fälschungsquote als Tor in die EU anzusehen ist. Um die Verständlichkeit zu erhöhen und die Vergleichbarkeit des Schutzes zu erleichtern findet sich in Anhang I eine zusammenfassende Synopse der wichtigsten, untersuchten Schutzvorkehrungen.

Eine besondere Rolle spielt bei den Schutzmaßnahmen die Fälschungsrichtlinie 62/2011/EU *(Falsified Medicines Directive (FMD))*,[28] welche ein Maßnahmenpaket zur effektiven Bekämpfung von Arzneimittelfälschungen enthält. Auf die Neuerungen gegenüber der vorherigen Rechtslage wird bei der Analyse einzelner Schutzvorkehrungen eingegangen, um sowohl eine Gegenüberstellung der nationalen Regelungen der genannten Beispielländer untereinander als auch mit den neuen Schutzvorkehrungen auf unionaler Ebene zu ermöglichen.

Die FMD führt neben neuen Definitionen, verstärkten Kontrollen, strengeren Herstellungs- und Vertriebsvoraussetzungen insbesondere die Anbringung von Sicherheitsmerkmalen ein. Wegen ihrer herausgestellten Bedeutung für den Schutz vor gefälschten Arzneimitteln, werden die Sicherheitsmerkmale, bestehend aus einem Antimanipulationsmerkmal und einem individuellen Erkennungsmerkmal, in einem gesonderten Teil eingehend behandelt (Teil 6). Insoweit wird sowohl auf die weltweite Ausgangslage als auch auf die Ausgestaltung und praktische Umsetzung der Sicherheitsmerkmale in der EU eingegangen. Es folgt eine rechtliche Bewertung der Sicherheitsmerkmale anhand der Prüfung ihrer Vereinbarkeit mit

---

27 Der Austritt des Vereinigt Königreichs aus der EU (Brexit) wurde in einem Referendum am 23. Juli 2016 beschlossen und durch die britische Premierministerin Theresa May gem. Art. 50 EUV am 29. März 2017 durch schriftliche Mitteilung an den Europäischen Rat rechtlich wirksam in die Wege geleitet. Infolge des eingeleiteten Verfahrens sollte der Austritt am 30. März 2019 erfolgen, über eine Verschiebung wird diskutiert. Bis zum Austrittsdatum ist das Vereinigte Königreich ein vollwertiges Mitglied der EU.

28 Richtlinie 2011/62/EU des Europäischen Parlaments und des Rates vom 8. Juni 2011 zur Änderung der Richtlinie 2001/83/EG zur Schaffung eines Gemeinschaftskodexes für Humanarzneimittel hinsichtlich der Verhinderung des Eindringens von gefälschten Arzneimitteln in die legale Lieferkette (ABl. EU L 174 vom 1.7.2011, S. 74) in der Fassung der Berichtigung der RL 2011/62/EU (ABl. EU L 238 vom 09.08.2014, S. 31).

europäischem Recht einschließlich einer Verhältnismäßigkeitsprüfung in welcher die Vor- und Nachteile sowie die widerstreitenden Interessen herausgearbeitet werden.

Das abschließende Fazit zeigt in einer zusammenfassenden Bewertung aller Maßnahmen verbesserungsbedürftige Bereiche auf und gibt einen Ausblick für die Zukunft (Teil 7).

Teil 2: Definition der Arzneimittelfälschung

Der Definition des gefälschten Arzneimittels kommt eine grundlegende Bedeutung zu. Sie dient nicht nur zur Eingrenzung des Themas der vorliegenden Arbeit, vielmehr spielt sie eine wichtige Rolle in der internationalen Diskussion um das Thema der Arzneimittelfälschungen. Gerade in einer einheitlichen Definition der Arzneimittelfälschung zeigt sich jedoch bereits das erste Problem des vorliegenden Themas. Bevor hierauf eingegangen wird, soll zunächst der Begriff des Arzneimittels geklärt werden. Da der internationale Diskurs um gefälschte Arzneimittel sich allein auf die Humanarzneimittel bezieht, wird auf Tierarzneimittel im Weiteren nicht näher eingegangen.

A. Definition des Arzneimittels

In der EU enthält die Richtlinie 2001/83/EG (Gemeinschaftskodexes für Humanarzneimittel (GKHA))[29] eine für die EU allgemein gültige Definition des Humanarzneimittels, die sich auch im europäischen Arzneibuch (Ph. Eur. 9.2)[30] wiederfindet. Dieselbe Definition gilt auch nach den lokalen Rechtsnormen der einzelnen Mitgliedstaaten der EU, welche zur Umsetzung der Richtlinie verpflichtet waren. Nach Art. 1 lit. 2 GKHA sind (Human-)Arzneimittel:

a) alle Stoffe oder Stoffzusammensetzungen, die als Mittel mit Eigenschaften zur Heilung oder zur Verhütung menschlicher Krankheiten bestimmt sind oder

b) alle Stoffe oder Stoffzusammensetzungen, die im oder am menschlichen Körper verwendet oder einem Menschen verabreicht werden können, um

---

29 Richtlinie 2001/83/EG des Europäischen Parlaments und des Rates vom 6. November 2001 zur Schaffung eines Gemeinschaftskodexes für Humanarzneimittel (ABl. EG L 311 vom 28.11.2001, S. 67), zuletzt geändert durch Verordnung (EU) 2019/5 (ABl. EU *L 4 vom 07.01.2019, S.* 24).

30 Europäisches Arzneibuch des Europäischen Direktorats für die Qualität von Arzneimittels und Gesundheit (EDQM), 9. Edition 2017 (9.2), abrufbar auf http://online.pheur.org/EN/entry.htm (zuletzt abgerufen am 9.2.2019).

- *die menschliche physiologische Funktion durch eine pharmakologische, immunologische oder metabolische Wirkung wiederherzustellen, zu korrigieren oder zu beeinflussen oder*
- *eine medizinische Diagnose zu erstellen.*

Es sind folglich zwei Definitionen zu unterscheiden, nämlich Arzneimittel „nach der Bezeichnung bzw. Präsentation" (Präsentationsarzneimittel) und Arzneimittel „nach der Funktion" (Funktionsarzneimittel).[31] Ein Produkt ist ein Arzneimittel, wenn es unter eine der beiden Definitionen oder unter beide fällt.[32] Von den Präsentationsarzneimittel werden Produkte mit therapeutischer oder prophylaktischer Zweckbestimmung umfasst, wobei die Zweckbestimmung sowohl objektiv (echtes Arzneimittel) als auch subjektiv (Anscheinsarzneimittel) sein kann.[33] Die Bezeichnung bzw. Präsentation als Arzneimittel kann schlüssig oder konkludent erfolgen.[34] Dem Begriff der Funktionsarzneimittel unterfallen dagegen nur echte Arzneimittel, also solche, die nach ihrer objektiven Zweckbestimmung therapeutischen, prophylaktischen, diagnostischen oder anderen Zwecken dienen.[35] Der Begriff hat Auffangfunktion, da er alle echten Arzneimittel erfasst, die nicht als solche beworben werden und somit nicht unter die Definition der Präsentationsarzneimittel fallen.[36] Die diagnostischen Produkte bilden darüber hinaus eine eigene Kategorie von Funktionsarzneimitteln.[37] Abzugrenzen sind die Arzneimittel insbesondere von Lebensmitteln, Nahrungsergänzungsmitteln, Kosmetika und Medizinprodukten.[38] In Zweifelsfällen, in denen ein Erzeugnis unter Berücksichtigung aller Eigenschaften nicht eindeutig zu qualifizieren ist, unterfällt es den strengeren Regelungen des Arzneimittelrechts (vgl. Art. 2 Abs. 2 GKHA).

---

31 So EuGH, Rs. C-211/03 u.a., *HLH Warenvertrieb und Orthica*, Slg. 2005, I-5141 Rn. 49; *Müller* in: Kügel/Müller/Hofmann, AMG, § 2 Rn. 18. Durch die RL 2004/27/EG wurde das Wort „bezeichnen" inzwischen durch „bestimmen" ersetzt.

32 EuGH, Rs. C-211/03 u.a., *HLH Warenvertrieb und Orthica*, Slg. 2005, I-5141 Rn. 49; *Müller* in: Kügel/Müller/Hofmann, AMG, § 2 Rn. 18.

33 *Koyuncu* in: Deutsch/Lippert, § 2 Rn. 15; *Müller* in: Kügel/Müller/Hofmann, AMG, § 2 Rn. 20.

34 *Müller* in: Kügel/Müller/Hofmann, AMG, § 2 Rn. 21.

35 *Müller* in: Kügel/Müller/Hofmann, AMG, § 2 Rn. 25.

36 EuGH, Rs. 227/82, *Van Bennekom*, Slg. 1993, 3883 Rn. 22.

37 *Müller* in: Kügel/Müller/Hofmann, AMG, § 2 Rn. 24.

38 Siehe dazu für das deutschen Recht *Müller* in: Kügel/Müller/Hofmann, AMG, § 2 Rn. 136 ff.

Die vorliegende Arbeit verwendet den Begriff des Arzneimittels hingegen in einem engeren Sinn, was vor allem bei Teil 5 zu beachten ist. So werden solche Präparate aus der Betrachtung der Schutzvorkehrungen ausgeklammert, denen Sonderregelungen in den nationalen Rechtsordnungen zukommen. Dies gilt vor allem für Blut und Blutbestandteile, medizinische Gase, homöopathische Arzneimittel sowie Betäubungsmittel und psychotropische Stoffe. Zudem werden Prüfpräparaten ausgenommen. Schließlich hat die Arbeit, wie bereits erwähnt, keine Tierarzneimittel zum Gegenstand, sondern behandelt ausschließlich Humanarzneimittel.

B. Definition des gefälschten Arzneimittels

Schwieriger ist die Bestimmung des Begriffs der Arzneimittelfälschung. Zwar gibt es mittlerweile in der EU eine einheitliche Definition, in einigen Punkten haben die Mitgliedstaaten aber dennoch unterschiedliche Ansichten. Die Hintergründe dazu und zu dem Problem, dass weltweit noch keine allgemein gültige Definition besteht, werden im Folgenden ausgeführt, um anschließend die „europäische Lösung" aufzuzeigen und zu bewerten.

I. Problem

Über die Begriffsbestimmung besteht Uneinigkeit zwischen den einzelnen Ländern wie auch deren Interessensgruppen (*Stakeholders*) aus den pharmazeutischen Industrien, Nichtregierungsorganisationen (*Non-Governmental Organisations (NGOs))* und Regierungen.[39] Dies liegt vor allem daran, dass verschiedene Aspekte eine Rolle spielen, welche je nach Interessenslage der einzelnen Vertreter unterschiedlich gewichtet werden.[40] Zudem werden Begrifflichkeiten auch oft unterschiedliche Bedeutungen zugemessen oder nicht klar auseinander gehalten.

---

39 Vgl. *Attaran* et al., BMJ 2012;345:e7381, S. 1.
40 *Attaran* et al., BMJ 2012;345:e7381, S. 1 f.

1. Erfordernis einer einheitlichen Definition

Da der Begriff der Fälschung in einem sehr weiten Umfang verwendet wird, verneinen einige Stimmen bereits das Erfordernis einer einheitlichen Definition.[41] Die fehlende Klarheit der Begrifflichkeiten hat jedoch entscheidend zu der bestehenden Unstimmigkeit über die geeigneten Maßnahmen gegen gefälschte Arzneimittel beigetragen. Ein Informationsaustausch zwischen einzelnen Ländern sowie eine internationale Zusammenarbeit – insbesondere der Strafverfolgungsbehörden – zur Bekämpfung von gefälschten Arzneimitteln sind nur sinnvoll möglich, wenn alle Beteiligten über denselben Gegenstand sprechen.[42] Versuche eine internationale Definition zu etablieren gab es dementsprechend bereits seit längerem.

2. Ausgangspunkt einer einheitlichen Definition

Der erste Versuch einer internationalen Begriffsbestimmung des gefälschten Arzneimittels geht auf eine von der WHO im April 1992 organisierte internationale Konferenz zurück.[43] Danach ist ein gefälschtes Arzneimittel:

> *Ein Arzneimittel, das vorsätzlich und in betrügerischer Absicht hinsichtlich Identität und/oder Herkunft falsch gekennzeichnet ist. Der Begriff Fälschen kann sich sowohl auf Markenprodukte als auch auf Generika beziehen. Gefälschte Produkte sind u.a. Produkte, welche die richtigen Inhaltsstoffe falscher Herkunft haben, falsche Wirkstoffe haben, keine Wirkstoffe haben, die falsche Menge an Wirkstoffen enthalten oder deren Verpackung gefälscht ist.*[44]

Die Definition ist jedoch kein Ergebnis eines gesetzgeberischen Handelns und damit nicht allgemein verbindlich. Vielmehr einigten sich die an der internationalen Konferenz teilnehmenden Experten aus den betreffenden Interessensgruppen, sprich aus Regierungen der Mitgliedstaaten, INTERPOL, der Weltzollorganisation, dem Suchtstoffkontrollamt, internationa-

41 *Clift*, GH BP 2010/01, S. 4.

42 Vgl. *Wright*, EURALex, Issue No. 177, 22; *Koch*, in: Geiger, Criminal Enforcement, S. 353 (358), welche die Aspekte als bestehende Auswirkungen der fehlenden einheitlichen Definition ansprechen.

43 Die internationale Konferenz wurde von der WHO und dem Internationalen Verband der Arzneimittelhersteller (IFPMA) organisiert und vom 1.-3. April 1992 in Genf abgehalten: *WHO*, Counterfeit Drugs, S. 7.

44 *WHO*, Counterfeit Drugs, S. 8.

len Pharmaunternehmen und Verbraucherorganisationen hierauf. Teilweise fand die Begriffsbestimmung Zustimmung, oft wurde sie aber auch abgelehnt. Kritisiert wurde insbesondere die Vermischung betroffener Schutzgüter, die fehlende Abgrenzung zu legalen Generika sowie die Voraussetzung der Intension zur Fälschung. Die Folge war, dass einzelne Länder sowie Organisationen eigene Definitionen entwickelten mit zum Teil sehr unterschiedlicher Reichweite.[45] So schlossen beispielsweise einige EU-Mitgliedstaaten neben den Aspekten der WHO auch nicht zugelassene Arzneimittel, unbeabsichtigte Qualitätsmängel und/oder Verletzungen der geistigen Eigentumsrechte mit in ihre nationalen Definitionen ein.[46]

3. Schutzgüter der Definition

Für die meisten Waren, wie z.B. Kleidung oder Accessoires, haben Fälschungen vor allem wirtschaftliche Auswirkungen, da sie die Rechte des geistigen Eigentums verletzen. Insbesondere Markenrechte oder Urheberrechte werden von Fälschern unrechtmäßig benutzt, aber auch andere Rechte, wie z.B. Designs, Patente oder Gebrauchsmuster, können betroffen sein. Als ein Schutzgut, das durch gefälschte Arzneimittel gefährdet wird, ist folglich das geistige Eigentum angesprochen. Im Unterschied zu Fälschungen der meisten anderen Waren kommt bei gefälschten Arzneimitteln aber ein bedeutender Gesichtspunkt hinzu: qualitativ minderwertige Präparate können fatale Auswirkungen auf die Gesundheit oder gar das Leben der Patienten haben. Insofern stellt hier die öffentliche Gesundheit ein weiteres, durch Fälschungen gefährdetes Schutzgut dar.

Den beiden Schutzgütern liegen völlig unterschiedliche Interessen und Zielrichtungen zugrunde. Während die Rechte des geistigen Eigentums ausschließlich individuellen, wirtschaftlichen Interessen der einzelnen Schutzrechtsinhaber zu Gute kommen und mithin private Belange schützen, hat die Qualität, Sicherheit und Wirksamkeit der Arzneimittel Auswirkung auf die Gesundheit der gesamten Bevölkerung, womit der Schutz öffentlicher Belange angesprochen ist. Die Feststellung wirkt sich insoweit aus, als unterschiedliche Schutzgüter auch unterschiedliche Schutzmaßnahmen erfordern. So macht für den Schutz privater Interessen die Zurverfügungstellung von zivilrechtlichen Ansprüchen Sinn, welche der einzelne

45 Eine Zusammenstellung sehr unterschiedlicher internationaler Definitionen bietet z.B. *Clift*, GH BP 2010/01, S. 14 ff.

46 *Kopp*, WHO survey on terminology, S. 21.

gegenüber dem jeweiligen Verletzter durchsetzen kann.[47] Gibt es jedoch keine Schutzrechtsinhaber, der gegen die Fälschung vorgeht, da z.B. als Hersteller von gesundheitsgefährdenden Präparaten ein fiktives Unternehmen benannt wird und mithin keine Marken oder Patente bestehen, sind andere Schutzmittel erforderlich. Zum Schutz öffentlicher Belange kommt strafrechtlichen Sanktionen eine zentrale Bedeutung zu.[48] Gefälschte Arzneimittel können die unterschiedlichen Schutzgüter gleichzeitig oder unabhängig voneinander verletzten, gerade deshalb sind die Schutzzwecke der geistigen Eigentumsrechte und der öffentlichen Gesundheit aber strikt zu trennen, um die Frage nach wirksamen Mitteln zur Bekämpfung von Fälschungen richtig zu beantworten. Unterdessen wird die Trennung oftmals nicht stringent eingehalten, da insbesondere pharmazeutische Originalhersteller stets auf die Durchsetzung ihrer geistigen Eigentumsrechte drängen und der Gesundheitsaspekt daher oft nicht die zentrale Beachtung findet, welche er bei dem Problem der gefälschten Arzneimittel tatsächlich spielt.[49] So verwendete beispielsweise die breite Mehrzahl der EU-Mitgliedstaaten das Word *counterfeit*, während einige andere *falsified* oder *illicit, illegal, unregistered, unauthorized* oder *adulterated* für die Beschreibung der vergleichbaren Begrifflichkeiten nutzte.[50] Ersterem Begriff wurde jedoch ganz unterschiedliche Bedeutung beigemessen, indem er entweder in nationalen Gesetzen zum Arzneimittelrechts oder in solchen zum Recht des geistigen Eigentums oder zum Strafrecht adressiert wurde.[51]

Im internationalen Dialog hat sich inzwischen für die Unterscheidung der Schutzrichtungen eine Terminologie herauskristallisiert. Sind geistige Eigentumsrechte berührt, wird von *Counterfeit Medicines* (gefälschte bzw. nachgeahmte Arzneimittel) gesprochen, während für Aspekte der Qualität, Sicherheit und Wirksamkeit der Begriff der *Falsified Medicines* (gefälschte Arzneimittel) verwendet wird.[52] Als Überbegriff kann etwa von illegalen Arzneimitteln gesprochen werden, jedoch ist der von der WHO vorgeschlagene Ansatz mit dem Begriff der *substandard/spurious/falsley-labeled/falsified/counterfeit medical products (SSFFC)* (mangelhafte/unechte/falschgekennzeichnete/gefälschte/nachgeahmte Arzneimittel)[53] abzulehnen. Er erweckt den missverständlichen und falschen Eindruck, dass den Begriffen

47 Vgl. *Clift*, GH BP 2010/01, S. 6.
48 *Attaran* et al., BMJ 2012;345:e7381, S. 6 (Fig. 2).
49 Vgl. *Oxfam*, 143 Oxfam Briefing Paper, S. 3.
50 *Kopp*, WHO survey on terminology, S. 19.
51 *Kopp*, WHO survey on terminology, S. 20.
52 *Clift*, GH BP 2010/01, S. 3.
53 *WHO*, Fact sheet „SSFFC medicinal products", a.a.O.

in gewisser Weise dieselbe Bedeutung zukommt, während es tatsächlich jedoch sehr verschiedene Arten von illegalen Arzneimitteln zu unterscheiden gilt.[54] Der neue Ansatz unterscheidet daher auch zwischen *substandard*, *unregistered/unlicensed* und *falsified*.[55] Auch bestehende Definitionen halten die Termini selbstverständlich noch nicht ein oder vermischen die Schutzzwecke miteinander. Beispielsweise verwendet die oben genannte Definition der WHO in ihrer englischen Fassung den Begriff *Counterfeit Medicine*. Die Definition beinhaltet jedoch sowohl Aspekte der Qualität, Sicherheit und Wirksamkeit von Arzneimitteln als auch des geistigen Eigentums, wenn sie einerseits die Qualität und Quantität von Wirkstoffen anspricht und andererseits auf die Fälschung von Verpackungen abstellt. Damit kombiniert und vermischt sie die beiden Schutzgüter, was eine anhaltende Kontroverse in Gang setzte.[56] Insbesondere Entwicklungsländer sahen die Aufgabe der WHO nicht in der Durchsetzung von privaten Interessen an geistigem Eigentum, sondern vielmehr bei der Bekämpfung von gesundheitsgefährdenden Qualitätsmängeln jeglicher Herkunft. Die Befürchtung war, dass die unklare Definition zu Beeinträchtigungen im legalen Handel führen könnte.[57]

4. Legaler Handel mit Generika

Im den Jahren 2008 und 2009 wurden mehrere Lieferungen von Generika bei ihrer Durchfuhr durch die EU als Fälschungen zurückbehalten oder beschlagnahmt, wobei die meisten Maßnahmen in den Niederlanden ergriffen wurden. Die Präparate waren größtenteils in Indien hergestellt und für Brasilien und andere Entwicklungsländer bestimmt.[58] Generika sind legale Nachahmungen des Originalprodukts, für das entweder der Patentschutz im entsprechenden Land abgelaufen ist oder nie beantragt wurde oder der Hersteller eine Lizenz innehat.[59] Als Grund für die Beschlagnahmen bzw. Zurückhaltung wurden Patentverletzungen angegeben, auch wenn die Güter im Herkunftsland legal hergestellt wurden und auch im

---

54 *Attaran* et al., BMJ 2012;345:e7381, S. 2.
55 *WHO*, Working Definitions, WHA A70/23, S. 34, genehmigt durch die 17. Weltgesundheitsversammlung.
56 *Attaran* et al., BMJ 2012;345:e7381, S. 2.; *Clift*, GH BP 2010/01, S. 3.
57 *Clift*, GH BP 2010/01, S. 3.
58 *Clift*, GH BP 2010/01, S. 4.
59 *Attaran* et al., BMJ 2012;345:e7381, S. 2.

endgültigen Bestimmungsland keinen Patentschutz genossen.[60] Das niederländische Recht kennt allerdings die sogenannt „Herstellungsfiktion", nach der Nichtgemeinschaftsware im Durchfuhrverkehr so behandelt wird, als ob sie im Gebiet des Mitgliedstaats, in dem sie sich befindet, hergestellt worden wäre.[61] Auf Grundlage dessen konnten die Zollbehörden Maßnahmen gemäß der Produkt-Piraterie-Verordnung (EG) 1383/2003 ergreifen.

Im Mai 2010 reichten Indien und Brasilien formell Beschwerde bei der Welthandelsorganisation (*World Trade Organisation (WTO)*) ein mit der Begründung, dass die Maßnahmen durch die Beschränkung des freien Warenverkehrs gegen das Übereinkommen über handelsrelevante Aspekte von Rechten an geistigem Eigentum (*Agreement on Trade Related Aspects of Intellectual Property Right (TRIPS)*)[62] und das Allgemeine Zoll- und Handelsabkommen (*General Agreement on Tariff and Trade (GATT)*) verstoßen würden.[63] Dagegen argumentierte die EU, dass geltende internationale Übereinkommen eingehalten seien und die Maßnahmen in keiner Weise den Zugang zu Arzneimitteln oder deren Verfügbarkeit einschränken sollen, vielmehr würden sie Leben retten und dem Kampf gegen gefälschte Arzneimittel bezwecken. Zudem dienten sie der Durchsetzung von Patentrechten in den betroffenen EU-Mitgliedstaaten.[64] Letztendlich führte das Verfahren nicht zu einem Panel-Bericht der WTO, da die angepasste Produkt-Piraterie-Verordnung (EU) 608/2013 (PPVO)[65] nunmehr eine hohe Wahrscheinlichkeit einer Umleitung der Arzneimittel im Durchfuhrverkehr auf den Unionsmarkt voraussetzt (ErwGr. 11 PPVO) und solche Beschlagnahmefälle damit mit aller Wahrscheinlichkeit der Vergangenheit angehören.[66] Auch zur Durchsetzung von Markenrechten sind vergleichba-

---

60 *Clift*, GH BP 2010/01, S. 4.

61 *Mey*, GRURInt 2012, 1086 (1094); *Senftleben*, IIC 2016, 941 (945).

62 Deutsche Fassung im BGBl. 1994 Teil II S. 1730 ff.

63 Request for Consultations by India, 19 May 2010, WTO Document WT/DS408/1, European Union and a Member State – Seizure of Generic Drugs in Transit; Request for Consultations by Brazil, 19 May 2010, WTO Document WT/DS409/1, European Union and a Member State – Seizure of Generic Drugs in Transit.

64 *Mey*, GRURInt 2012, 1086 (1093).

65 Verordnung (EU) Nr. 608/2013 des Europäischen Parlaments und des Rats vom 12. Juni 2013 zur Durchsetzung der Rechte des geistigen Eigentums durch die Zollbehörde und zur Aufhebung der Verordnung (EG) Nr. 1383/2003 des Rates (ABl. EU L 181 vom 29.6.2013, S. 15).

66 *Senftleben*, IIC 2016, 941 (946).

re Fälle vorgekommen,[67] wobei auch das europäische Markenrecht entsprechend angepasst wurde.[68]

Problematisch an den Maßnahmen war, dass sie den legalen Handel mit Generika bedrohten, indem sie die territoriale Reichweite der europäischen Patentrechte künstlich erweiterten.[69] Insbesondere die Begründung der Verhinderung einer gesundheitlichen Gefahr geht dabei jedoch fehl. Als Folge wurde nämlich die Versorgung von Entwicklungsländern mit Arzneimitteln beschnitten, welche zur Deckung ihres Bedarfs maßgeblich auf die günstigeren generischen Produkte angewiesen sind. Betroffene Patienten in Entwicklungsländern konnten dann nicht behandelt werden oder eine begonnene Behandlung nicht fortsetzen.[70]

5. Nachgeahmte Arzneimittel

Während sich die Unterscheidung der verschiedenen Schutzgüter durch oben angegebene Terminologie etabliert hat, herrscht bei dem Begriff *Counterfeit* zudem Uneinigkeit, was genau darunter zu verstehen ist. In den auf geistiges Eigentum spezialisierten Kreisen wird dem Begriff eine spezifische Bedeutung im Hinblick auf Markenrechtsverletzungen zugemessen.[71] In diesem Sinne definiert ihn beispielsweise das Glossar der WTO,[72] während ihn das TRIPS-Übereinkommen ausschließlich im Zusammenhang mit *Counterfeit Trademark Goods* (nachgeahmte Markenwaren) verwendet (Fn. 14 zu Art. 51 TRIPS). Dagegen verstehen verschiedene Organisationen den Begriff in einem sehr viel weiteren Sinn, welcher nahezu die gesamte Bandbreite an gewerblichen Schutzrechten abdeckt.[73] So benutzt

---

67 *Singh*, The Economic Times vom 8.6.2009, abrufbar unter http://economictimes.indiatimes.com/industry/healthcare/biotech/pharmaceuticals/row-over-generic-drugs-intensifies-after-seizure-in-germany/articleshow/4629426.cms?prtpage=1 (zuletzt abgerufen am 9.2.2019).

68 Nunmehr muss der zollrechtliche Anmelder oder Besitzer der Ware nachweisen, dass der Inhaber der Unionsmarke nicht berechtigt ist, das Inverkehrbringen der im Durchfuhrverkehr befindenden Ware im endgültigen Bestimmungsland zu untersagen (Art. 9 Abs. 4 Verordnung (EU) 2017/1001 (UMV), zuvor Art. 9 Abs. 4 Verordnung (EG) Nr. 207/2009, geändert durch Verordnung (EU) 2015/2424).

69 *Mey*, GRURInt 2012, 1086 (1093). *Senftleben*, IIC 2016, 941 (946).

70 Vgl. *Mey*, GRURInt 2012, 1086 (1093).

71 *Clift*, GH BP 2010/01, S. 5.

72 *WTO*, Glossary, abrufbar unter https://www.wto.org/english/thewto_e/glossary_e/glossary_e.htm (zuletzt abgerufen am 9.2.2019).

73 *Clift*, GH BP 2010/01, S. 7.

ihn die Organisation für wirtschaftliche Zusammenarbeit und Entwicklung (*Organisation for Economic Co-operation and Development (OECD)*) in ihren Reports zur Beschreibung von Waren, welche entweder Marken oder auch Designs oder Patente verletzen.[74] Mithin wird die Differenzierung nach verschiedenen gewerblichen Schutzrechten unterschiedlich gehandhabt, dagegen schließen die meisten bestehenden Definitionen Urheberrechte aus. Ware, welche Urheberrechte verletzt, wird üblicherweise unter den Begriff *Pirated Goods* (raubkopierte Waren) gefasst.[75]

Gemeinsam haben die meisten Definitionen darüber hinaus, dass sie nicht nur Arzneimittel erfassen, sondern für alle Waren gelten, die Gegenstand von Schutzrechten sind. Eine Unterscheidung zwischen Produktarten ist insoweit nicht erforderlich, da zumindest im Hinblick auf die Belange des geistigen Eigentums Arzneimittel keine herausgestellte Bedeutung zukommt.

6. Intension als Voraussetzung

Gefälschte Arzneimittel weisen zumeist Qualitätsmängel auf. Uneinigkeit besteht jedoch darin, ob alle qualitativ mangelhaften Präparate als Fälschungen zu qualifizieren sind oder ob vielmehr eine Unterscheidung nach der Intension hinter dem Mangel angebracht ist. Qualitätsmängel können unbeabsichtigt oder absichtlich entstehen. Bei ersterem spricht man von *Substandard Medicines*, also von echten Arzneimitteln, die zwar von einem durch die nationale Arzneimittelbehörde zugelassenem Hersteller produziert wurden, jedoch die Qualitätsanforderungen der Zulassung nicht einhalten.[76] Eine neuere Definition der WHO von 2010 sagt zu *Substandard Medicines* folgendes:

> *Jedes von einem Hersteller hergestellte Arzneimittel muss bei der Freigabe und während seiner Haltbarkeit mit den Qualitätsstandards und Spezifikationen des Nutzungsorts übereinstimmen. Üblicherweise werden diese Standards und Spezifikationen von der zuständigen Arzneimittelbehörde geprüft, bewertet und genehmigt bevor das Produkt die Genehmigung zum Inver-*

---

74 Zuletzt *OECD/EUIPO*, Report 2016, S. 16.

75 Fn. 14 zu Art. 51 TRIPS-Übereinkommen; *OECD/EUIPO*, Report 2016, S. 16.

76 Vgl. *IOM*, Countering the Problem, S. 138.

> *kehrbringen erhält.* Substandard Medicines *sind Arzneimittel, die ihren Qualitätsstandards und Spezifikationen nicht entsprechen.*[77]
>
> (Übersetzung der Verfasserin)

Ein unbeabsichtigter Qualitätsmangel kann verschiedene Gründe haben, wie z.B. qualitativ minderwertige Ausgangsstoffe, Herstellungsfehler oder den auf falsche Aufbewahrung zurückzuführender vorzeitigen Abbau des Wirkstoffs.[78]

Der Schutz vor Fehler in der Herstellung, Lieferung oder Lagerung setzt im Vergleich zu absichtlich herbeigeführten Qualitätsmängeln, welche unstreitig in die Kategorie der gefälschten Arzneimittel fallen, andere Vorkehrungen voraus. Während unbeabsichtigte Fehler mit erhöhten Kontrollen der Guten Herstellungspraxis bzw. der Guten Vertriebspraxis vorgebeugt werden kann, ist bei absichtlichen Fälschungen das Strafrecht als zweckdienliches und verhältnismäßiges Mittel maßgeblich. Unter kriminalistischen Aspekten sind die beiden Kategorien grundsätzlich nicht vergleichbar. Der Unrechtsgehalt unterscheidet sich maßgeblich, sodass Herstellungsfehler oder Vertriebsprobleme nicht mit professionellen Fälschungen auf eine Stufe zu stellen sind. Nur wenn grobe Fahrlässigkeit vorliegt oder ein kurzfristiger Gewinn angestrebt wurde, ist der Unrechtswert vergleichbar.[79]

Über die Abgrenzung der Kategorien nach der Intension des Mangels und damit der Aufnahme einer subjektiven Komponente in die Definition der Arzneimittelfälschung herrschen unterschiedliche Auffassungen. Von einigen wird sie befürwortet, um die Abgrenzung zu *Substandart Medicines* zu ziehen.[80] So enthält auch die oben aufgeführte WHO-Definition von gefälschten Arzneimitteln das Kriterium des Vorsatzes bzw. der betrügerischen Absicht. Andere sprechen sich für eine Definition mit ausschließlich objektiven Anforderungen aus, womit jede Qualitätsabweichung, ob beabsichtigt oder nicht, als Fälschung anzusehen wäre. Das Vorliegen subjektiver Kriterien sei dagegen allein für den Tatbestand eines Strafrechtsdelikts relevant.[81] So heißt es in der Definition der MEDICRIME-Konvention des Europäischen Rats (Art. 4 Abs. 2 j)):

---

77 *WHO*, New Definition, QAS/10.344/Rev. 1, S. 3.

78 *Attaran* et al., BMJ 2012;345:e7381, S. 2.

79 *Koch*, in: Geiger, Criminal Enforcement, S. 353 (359).

80 *Attaran* et al., BMJ 2012;345:e7381, S. 2; *Tillmanns*, PharmR 2009, 66 (67).

81 *Koch*, in: Geiger, Criminal Enforcement, S. 353 (359); vgl. auch Gegenäußerung der deutschen Bundesregierung zur Stellungnahme des BundesrRat, BT-Drucks. 17/9341, S. 101.

Fälschung bedeutet eine falsche Darstellung im Hinblick auf Identität und/ oder Herkunft.[82]

Letztere Meinung mag zwar im Rahmen des Strafrechts ihre Berechtigung haben, greift im Übrigen aber zu kurz. Tatsächlich sollte die Qualifizierung als Fälschung zwar nicht von der Beweisbarkeit eines subjektiven Elements abhängig sein. Jedoch macht die Abgrenzung zwischen vorsätzlichen bzw. absichtlichen Fälschungen und unbeabsichtigten Qualitätsmängeln im Rahmen des gemeinsamen, internationalen Dialogs über Arzneimittelfälschungen durchaus Sinn. Zwar wird eine Abgrenzung nicht immer möglich sein, zumal gerade in Entwicklungsländern vielen Arzneimittelbehörden die Kapazität fehlt, eine Qualitätsprüfung im Rahmen eines Zulassungsverfahrens für Arzneimittel durchzuführen und mithin schon unklar ist, welche Produkte auf dem Markt auftauchen.[83] Dennoch sollte bei einer Datenerhebung und -analyse zum Ausmaß von Fälschungen zumindest im Nachgang die Einteilung in die Kategorien der absichtlichen Fälschungen und der *Substandart Medicines* versucht werden. Nur so kann das weltweite Problem der ansteigenden Fälschungszahlen mit den richtigen Schutzmitteln bekämpft werden.

II. Europäische Lösung

Das europäische Recht unterscheidet bei der Definition des gefälschten Arzneimittels zwischen den Schutzgütern, womit sich in den Bereichen der Gesundheit und des Eigentums getrennte Begrifflichkeiten finden.

1. Schutz der öffentlichen Gesundheit

Zum Schutz der öffentlichen Gesundheit ist durch die FMD im Jahre 2011 eine Definition des gefälschten Arzneimittels in den GKHA eingeführt worden (ErwGr. 3 FMD). Art. 1 Abs. 33 GKHA bezeichnet nunmehr als gefälschtes Arzneimittel:

---

82 *Council of Europe,* Convention on the counterfeiting of medicinal products and similar crimes involving threats to public health, Council of Europe Treaty Series – No. 211, Moskau 2011.

83 *Clift,* GH BP 2010/01, S. 9.

Jedes Arzneimittel, bei dem Folgendes gefälscht wurde:

a) seine Identität, einschließlich seiner Verpackung und Kennzeichnung, seines Namens oder seiner Zusammensetzung in Bezug auf jegliche Inhaltsstoffe, einschließlich der Arzneiträgerstoffe und des Gehalts dieser Inhaltsstoffe;
b) seine Herkunft (source), einschließlich Hersteller, Herstellungsland, Herkunftsland und Inhaber der Genehmigung für das Inverkehrbringen; oder
c) seine Herkunft (history), einschließlich der Aufzeichnungen und Dokumente in Zusammenhang mit den genutzten Vertriebswegen.

Diese Begriffsbestimmung erstreckt sich nicht auf unbeabsichtigte Qualitätsmängel und lässt Verstöße gegen die Rechte des geistigen Eigentums unberührt.

Die Definition betrifft nur gesundheitliche Aspekte und nimmt Verstöße gegen geistige Eigentumsrechte ausdrücklich aus. Dementsprechend verwendet sie für den Begriff des gefälschten Arzneimittels in der englischen Version auch *Falsified Medicines*, die herausgebildete Terminologie zwischen *Falsified* und *Counterfeit* ist folglich eingehalten. Zudem stellt die Definition ausdrücklich fest, dass die Begriffsbestimmung sich nicht auf unbeabsichtigte Qualitätsmängel erstreckt. Damit grenzt sie die Aspekte der unterschiedlichen Schutzzwecke und der Intension des Qualitätsmangels deutlich voneinander ab, was vor allem dem Informationsaustausch zwischen den EU-Mitgliedstaaten sowie deren Zusammenarbeit zu Gute kommt. Durch das Anhängen der Abgrenzungsmerkmale an das Ende der Definition und deren Unabhängigkeit vom übrigen Wortlaut, wird die Definition zudem nicht unmittelbar durch ein subjektives Merkmal eingeschränkt. Dies wird teilweise aber auch anders gesehen, weshalb manche Mitgliedstaaten den ergänzenden Zusatz am Ende der Definition in ihren nationalen Regelungen, welche der Umsetzung der Fälschungsrichtlinie dienen, weglassen.[84] An der EU-weit verbindlichen Definition des gefälschten Arzneimittels dürfte dies indessen nichts ändern, zumal die nationalen Umsetzungsgesetze im Sinne der europäischen Richtlinie auszulegen sind. Im Einzelnen unterscheidet die Definition drei Fallgruppen:

Eine falsche Angabe hinsichtlich der Identität des Arzneimittels (i.S.d. lit. a)) ist zunächst bei Täuschung hinsichtlich der Verpackung (Behältnis-

---

84 So z.B. Deutschland und England, siehe unten in Teil 5 unter B. II. 1. bzw. C. II. 1.

se, äußere Umhüllung sowie Blister), der Kennzeichnung oder des Namens gegeben. Eine Identitätstäuschung ist auch anzunehmen, wenn auf der Originalverpackung das Verfallsdatum verlängert wird.[85] Falsche Angaben hinsichtlich der Zusammensetzung in Bezug auf einen oder mehrere seiner Bestandteile, einschließlich der Hilfsstoffe und des Gehalts dieser Bestandteile, können z.B. die Verwendung anderer Hilfs- und Zusatzstoffe oder von Wirkstoffen der gleichen Stoffklasse sein. Eine Identitätstäuschung ist auch bei Fehlen des Wirkstoffs oder eines abweichend dosierten Wirkstoffs gegeben. Eine gesundheitliche Gefährdung ist für eine Arzneimittelfälschung nicht erforderlich, die Legaldefinition erfasst vielmehr auch gefälschte Arzneimittel, die qualitativ dem Originalprodukt gleichstehen.[86]

Eine falsche Kennzeichnung hinsichtlich der Herkunft (i.S.d. lit. b)) liegt insbesondere vor, wenn das Arzneimittel tatsächlich nicht vom Inhaber der Genehmigung für das Inverkehrbringen stammt, also vor allem unter Verwendung von Originalware in gefälschte Sekundär- und/oder Primärverpackungen umverpackt wurde.[87] Eine Herkunftstäuschung liegt auch dann vor, wenn Originalware des Konzerns von Dritten beschafft und ohne Angabe des Umverpackers in eine ebenfalls beschaffte Originalverpackung verpackt wird. Wird vom berechtigten Umverpacker lediglich ein zum Konzernverbund des tatsächlichen Zulassungsinhabers gehörendes Unternehmen fälschlicherweise als Hersteller angegeben, liegt keine Fälschung vor.[88] Zugelassene Re- oder Parallelimporte sind keine gefälschten Arzneimittel, da hier durch die Kennzeichnung als Re- oder Parallelimport (Zulassungsinhaber ist der Importeur) keine Täuschung über die Herkunft oder Identität gegeben ist.[89]

Falsche Angaben über Aufzeichnungen und Dokumente zu dem genutzten Vertriebsweg (i.S.d. lit. c)) sind als Arzneimittelfälschungen zu qualifizieren. Arzneimittellieferungen müssen alle Unterlagen beigefügt werden, denen sich insbesondere der Zeitpunkt der Auslieferung, Name und Menge des Arzneimittels sowie Name und Anschrift des Lieferanten und des Empfängers entnehmen lässt (Art. 82 GKHA). Damit fallen Fälschungen der Begleitpapiere über den tatsächlichen Vertriebsweg, z.B. über die an-

---

85 *Nickel* in: Kügel/Müller/Hofmann, AMG, § 4 Rn. 327, a.A. *Kloesel/Cyran*, AMR I, § 4 Erl. 113.

86 *Nickel* in: Kügel/Müller/Hofmann, AMG, § 4 Rn. 328.

87 *Nickel* in: Kügel/Müller/Hofmann, AMG, § 4 Rn. 329.

88 Parallel im deutschen Recht bei falscher Angabe des Verantwortlichen für das Inverkehrbringen: *Rehmann*, AMG, § 4 Rn. 47.

89 *Nickel* in: Kügel/Müller/Hofmann, AMG, § 4 Rn. 329.

gebliche Herkunft aus einem EU-Mitgliedstaat, unter die Definition der Arzneimittelfälschung.[90] Die Fälschung von Dokumentationsunterlagen ist ebenfalls als Arzneimittelfälschung anzusehen. Dies gilt unabhängig davon, ob der Wirkstoff selbst gefälscht ist oder ob das jeweilige Arzneimittel einen Gesundheitsschaden hervorrufen könnte. Die vom EU-Gesetzgeber verlangten verfahrensmäßigen Vorgaben, welche die Dokumentation, Kontrolle und Rückverfolgbarkeit des Arzneimittels betreffen, bezwecken einen weitgehenden Schutz vor Fälschungen.[91]

2. Schutz des geistigen Eigentums

Fälschungen im Bereich des geistigen Eigentums sind im europäischen Recht Gegenstand der PPVO. Die Verordnung unterscheidet verschiedene Begrifflichkeiten nach den jeweiligen Schutzrechten, sie kennt *Counterfeit Goods* (nachgeahmte Waren) und *Pirated Goods* (unerlaubt hergestellte Waren). Der Begriff *Counterfeit* wird ausschließlich in Bezug auf Markenrechtsverletzungen verwendet. Nach Art. 2 lit. 5 PPVO sind nachgeahmte Waren:

a) Waren, die in dem Mitgliedstaat, in dem sie angetroffen werden, Gegenstand einer eine Marke verletzenden Handlung sind und auf denen ohne Genehmigung ein Zeichen angebracht ist, das mit der für derartige Waren rechtsgültig eingetragenen Marke identisch oder in seinen wesentlichen Merkmalen nicht von einer solchen Marke zu unterscheiden ist;

b) Waren, die in dem Mitgliedstaat, in dem sie angetroffen werden, Gegenstand einer eine geografische Angabe verletzenden Handlung sind und auf denen ein Name oder ein Begriff angebracht ist oder die mit einem Namen oder einem Begriff bezeichnet werden, der im Zusammenhang mit dieser geografischen Angabe geschützt ist;

c) jegliche Art von Verpackungen, Etiketten, Aufklebern, Prospekten, Bedienungs- oder Gebrauchsanweisungen, Garantiedokumenten oder sonstigen ähnlichen Artikeln, auch gesondert gestellten, die Gegenstand einer eine Marke oder geografische Angabe verletzenden Handlung sind, auf denen ein Zeichen, Name oder Begriff angebracht ist, das bzw. der mit einer rechtsgültig

---

90 *Nickel* in: Kügel/Müller/Hofmann, AMG, § 4 Rn. 330, a.A. wohl *Rehmann*, AMG, § 4 Rn. 48, der den Begriff wegen der Bestimmungen über den freien Warenverkehr einschränkend auslegt.

91 Stallberg, GRUR-Prax 2011, 212 (213); *Nickel* in: Kügel/Müller/Hofmann, AMG, § 4 Rn. 330.

> *eingetragenen Marke oder geschützten geografischen Angabe identisch ist oder in seinen wesentlichen Merkmalen nicht von einer solchen Marke oder geografischen Angabe zu unterscheiden ist, und die für die gleiche Art von Waren wie die, für die die Marke oder geografische Angabe eingetragen wurde, verwendet werden können.*

Dagegen beschreiben die unerlaubt hergestellten Waren ausschließlich Verletzungen des Urheber- und Geschmacksmusterrechts, nach Art. 2 lit. 6 PPVO sind dies:

> *Waren, die in dem Mitgliedstaat, in dem sie sich befinden, Gegenstand einer ein Urheberrecht oder ein verwandtes Schutzrecht oder ein Geschmacksmuster verletzenden Tätigkeit sind und die Vervielfältigungsstücke oder Nachbildungen sind oder solche enthalten und ohne Zustimmung des Inhabers des Urheberrechts oder verwandten Schutzrechts oder des Geschmacksmusters oder ohne Zustimmung einer vom Rechtsinhaber im Herstellungsland ermächtigten Person angefertigt werden.*

Des Weiteren fasst die Produkt-Piraterie-Verordnung alle Waren, die im Verdacht stehen, ein Recht geistigen Eigentums zu verletzen (*Goods Suspected of Infringing an Intellectual Property Right*), unter einer Kategorie zusammen (Art. 2 lit. 7 PPVO). Hierbei geht es – im Gegensatz zu den nachgeahmten und unerlaubt hergestellten Waren – nicht um bestehende Verletzungen von Schutzrechten, sondern um den vorgreifenden Verdacht einer Verletzung. Die Definition umfasst alle Schutzrechte, die in der Produkt-Piraterie-Verordnung genannt werden, neben Patenten also insbesondere auch Marken, Urheberrechte und Geschmacksmuster (Art. 2 lit. 1 PPVO). Die Begrifflichkeiten in der Produkt-Piraterie-Verordnung beziehen sich zudem nicht nur auf Arzneimittel, sondern umfassen alle für Fälschungen in Betracht kommende Waren.

III. Ergebnis

In der EU bestehen mittlerweile einheitliche Termini, welchen auch in der vorliegenden Arbeit gefolgt werden soll. Das europäische Recht beinhaltet je nach Schutzgut unterschiedliche Definitionen. Zum einen kennt es eine Begriffsbestimmung zum Schutz der öffentlichen Gesundheit, welche unbeabsichtigte Qualitätsmängel und Verletzungen geistiger Eigentumsrechte ausschließt. Zum anderen gibt es Definitionen zum Schutz geistiger Eigentumsrechte, wobei unter den Begriff der Fälschung nur Markenrechtsverletzungen zu fassen sind.

Dementsprechend wird die vorliegende Arbeit sowohl Schutzvorkehrungen im Hinblick auf die Gesundheit als auch des Eigentums behandeln. Um ein umfassendes Bild zu erlangen soll – trotz der im europäischen Recht klaren Abgrenzung der nachgehamten Waren von anderen geistigen Eigentumsrechten – neben dem Schutz von Marken auch der Schutz von anderen relevanten Schutzrechten, nämlich der Patente, Geschmacksmuster (Designs) und Urheberrechte erörtert werden. An der herausgearbeiteten Terminologie und Abgrenzung der einzelnen Aspekte voneinander ändert sich durch diese Einbeziehung selbstverständlich nichts. Zur Vereinfachung soll im Folgenden jedoch der Begriff *„Nachahmung"* oder *„nachgeahmtes Arzneimittel"* neben der Marke auch alle weiteren relevanten Schutzrechte mit abdecken. Für den Gesundheitsschutz wird dagegen der Begriff *„Fälschung"* oder *„gefälschtes Arzneimittel"* verwendet.

C. *Fälschungsarten*

Basierend auf den oben aufgezählten Definitionen, lassen sich Arzneimittelfälschungen und -nachahmungen in verschiedene Fälschungsarten einteilen. Als Kriterien für die Einteilung können der Umfang einer Fälschung, die Fehlerhaftigkeit der Inhaltsstoffe und die Fehlerhaftigkeit der Packmittel herangezogen werden. Die Kriterien lassen sich ableiten aus dem Wortlaut und der differenzierten Terminologie der oben genannten Definitionen der WHO und der FMD, welche sowohl die Inhaltsstoffe bzw. Wirkstoffe als auch die Verpackung und Kennzeichnung aufzählen.

I. Umfang einer Fälschung

Hinsichtlich des Umfangs ist zwischen Totalfälschungen und Teilfälschungen zu unterscheiden:

- *Totalfälschung*: Ein Produkt, welches vollständig und unautorisiert von einem Dritten hergestellt wird[92]
- *Teilfälschung*: Ein Produkt, welches auf der Originalware beruht, jedoch von einem Dritten unautorisiert verändert wird (etwa durch Streckung oder gar Entfernung des Wirkstoffs)[93]

---

92 Vgl. *Hauke/Kremer*, PharmR 2013, 213 (214).
93 Vgl. *Hauke/Kremer*, PharmR 2013, 213 (214).

II. Fehlerhaftigkeit der Inhaltsstoffe

Im Allgemeinen und im Besonderen hinsichtlich der Inhaltsstoffe lassen sich vier Fälschungsarten unterscheiden:[94]

- *Perfekte Imitation*: Ein am Markt gehandeltes Präparat wird mit denselben Wirkstoffen und identischer Verpackung perfekt nachgeahmt
- *Nachahmpräparat*: Ein am Markt gehandeltes Präparat wird mit identischer Verpackung nachgeahmt, enthält aber den angegebenen Wirkstoff nur in mangelnder Quantität oder Qualität oder enthält einen anderen (nicht gesundheitsschädlichen) Wirkstoff
- *Placebo*: Ein Produkt sieht zwar wie ein am Markt gehandeltes Präparat aus, enthält aber keinen Wirkstoff
- *Gesundheitsschädliche Placebos*: Ein Produkt sieht zwar wie ein am Markt gehandeltes Präparat aus, enthält aber statt des Wirkstoffs gesundheitsschädliche oder giftige Stoffe (hierunter fällt auch ein anderer gesundheitsschädlicher Wirkstoff)

III. Fehlerhaftigkeit der Packmittel

Darüber hinaus können Fälschungen und Nachahmungen an der Fehlerhaftigkeit der Verpackung festgemacht werden. Hier ist zwischen Primärverpackung und Sekundärverpackung zu differenzieren. Nach Art. 1 Nr. 23 GKHA ist unter Primärverpackung das Behältnis oder jede andere Form der Arzneimittelverpackung zu verstehen, die unmittelbar mit dem Arzneimittel in Berührung kommt. Dementsprechend wird als Sekundärverpackung solches Verpackungsmaterial verstanden, das nicht unmittelbar mit dem Arzneimittel in Berührung kommt, wie Umkartons und im weitesten Sinne auch sonstige dem Arzneimittel beigefügten Informationen und Gegenstände, z.B. Messbecher als Einnahmehilfe.[95] Nach den Verpackungen lassen sich Fälschungen und Nachahmungen in fünf Gruppen einteilen:[96]

---

94 Nach *Welters*, PZ 15/1997, 1181 (1183); *Kloesel/Cyran*, AMR I, § 8 Erl. 38, welche allerdings die Verwendung eines anderen als des angegebenen Wirkstoffs nicht berücksichtigen.

95 *Kloesel/Cyran*, AMR I, § 8 Erl. 39.

96 In Anlehnung an *Gronwald*, DAZ 14/2001, 1652; *Kloesel/Cyran*, AMR I, § 8 Erl. 39.

- *Gefälschter Beipackzettel*: Ein Fertigarzneimittel in der Originalverpackung wird mit einem gefälschten Beipackzettel vertrieben
- *Gefälschte Sekundärverpackung*: Ein Fertigarzneimittel wird aus der Originalverpackung in eine gefälschte Faltschachtel umverpackt und mit einem gefälschten Beipackzettel vertrieben
- *Gefälschte Primärverpackung*: Illegal erworbene Kapseln/Tabletten werden in gefälschte Blister und gefälschte Faltschachteln verpackt und mit einem gefälschten Beipackzettel vertrieben
- *Gefälschter Bulk*: Illegal erworbene Ware/Bulkware wird in einer gefälschten Faltschachtel und mit einem gefälschten Beipackzettel vertrieben
- *Gefälschte Wirkstoffe*: Gefälschte Wirkstoffe werden in einer gefälschten Verpackung und mit gefälschtem Beipackzettel vertrieben (auf dem Schwarzmarkt, z.B. Anabolika)

IV. Prozentuale Verteilung

Die WHO stellte bei 325 näher untersuchten Fällen aus den Jahren 1982 bis 1999 fest, dass nur 7 Prozent der Fälschungen perfekte Imitationen darstellten. Die meisten Präparate enthielten keinen Wirkstoff, Placebos lagen in 60 Prozent der Fälle vor. Nachahmpräparate mit einer falschen Menge an Wirkstoff sind zu 17 Prozent vertreten, während gesundheitsschädliche Placebos mit giftigen oder gesundheitsschädlichen Stoffen 16 Prozent der Fälschungen ausmachten.[97]

---

97 *Immel-Sehr*, PZ 12/2006, 1092.

Teil 3: Hintergründe und Auswirkungen

Nachdem bereits das Ausmaß von Arzneimittelfälschungen und -nachahmungen aufgezeigt und die prozentuale Verteilung der Fälschungsarten beschrieben wurde, stellt sich die Frage, was die Gründe für das Fälschen und Nachahmen von Arzneimitteln sind und welche Gefahren davon ausgehen. Zur Veranschaulichung von letzterem und der möglichen Einschleusung in die Lieferkette wird abschließend über einige bedeutsame Fälschungsfälle berichtet.

A. Gründe für Fälschungen und Nachahmungen

Die Gründe für das Fälschen von Medikamenten sind vielfältig. Im Vordergrund steht für die Fälscher selbstverständlich der finanzielle Aspekt, daneben fördern jedoch zahlreiche weitere Gründe das Geschäft mit den illegalen Arzneimitteln. Zusammenfassend können die Gründe unter die Stichworte der Marktglobalisierung, der Veränderung der Kriminalitätsstruktur und der gesellschaftlichen Entwicklung und Veränderung gefasst werden.[98]

I. Globalisierung der Märkte

Zunehmend entwickeln sich Märkte mit multinationalen Unternehmen als Hauptakteure. Dies gilt auch für den Markt der Pharmazeutika, denn auch die Internationalisierung von Herstellern und Vertreiber pharmazeutischer Produkte schreitet weiter fort. Arzneimittel können so weltweit in den Verkehr gebracht werden, womit als Folge oftmals nur schwer mehr nachvollzogen werden kann, woher die Produkte ursprünglich stammen. Gefördert wird die Globalisierung der Märkte innerhalb Europas durch den gemeinsamen Binnenmarkt und den weitgehend erlaubten Versandhandel mit Medikamenten.

---

98 Strukturierung nach: *Bloch/Sorge* in: Schuh, DMW 2013, 1261 (1262).

Der Binnenmarkt und insbesondere die Warenverkehrsfreiheit (Art. 30 ff. AEUV)[99] haben den Wegfall von Handelsbeschränkungen und -kontrollen zur Folge und ermöglichen einen einfachen Zugang auf die Märkte anderer Mitgliedstaaten der EU. Dies kommt dem Parallelhandel mit Arzneimitteln zu Gute, der häufig als das Einfallstor für Arzneimittelfälschungen angesehen wird.[100] Parallelimporteure nutzen die von Arzneimittelherstellern gesetzten unterschiedlichen Preise im Binnenmarkt. Sie kaufen Arzneimittel in einem Mitgliedstaat günstig ein, um sie über nicht vom Hersteller autorisierte Vertriebswege in Hochpreisländer zu importieren, wo sie dann günstiger als die direkt vertriebene Ware verkauft werden können.[101] Je mehr Händler am Vertrieb beteiligt sind und je mehr Ländergrenzen überschritten werden, desto größer ist die Gefahr, dass Fälschungen untergeschoben werden können.[102] Zudem macht das Umverpacken von parallel importierter Ware, welches erforderlich ist, um Arzneimittel mit Packmitteln in der Landessprache des Bestimmungslandes zu versehen, die Ware anfällig für Fälschungen.[103] Präparate können hierbei leicht ausgetauscht und in die Vertriebskette eingeschleust werden. Hochpreisländer stellen auch für Fälscher bevorzugte Absatzmärkte da, weil dort höhere Gewinnmargen möglich sind. Ein Beispiel für parallelimportierte Fälschungen mit erheblichem Ausmaß stellt die Operation Singapur dar, bei welcher zahlreiche Arzneimittel von der britischen Arzneimittelbehörde zurückgerufen wurden (siehe dazu unten in diesem Teil 3 unter C. IV.). Nichtsdestotrotz wird der Parallelimport teilweise sogar staatlich gefördert, da er zu Kosteneinsparungen in den Gesundheitssystemen der Hochpreisländer führt.[104] So hat beispielsweise Deutschland seit dem Jahre 1989 eine Parallelimportquote für die Abgabe verordneter Arzneimittel in

---

99 Vertrag über die Arbeitsweise der Europäischen Union, konsolidierte Fassung von 2016 (ABl. EU C 202 vom 7.6.2016, S. 47).

100 So der Präsident des BfArM Broich im Interview mit *Haarhoff* in taz am wochenende vom 29.8.2015, S. 19 f.; ebenso *Deutscher Apothekerverband/AOK Baden-Württemberg*, gemeinsame Pressemitteilung vom 1.6.2016, abrufbar unter https://www.abda.de/pressemitteilung/artikel/importquote-fuer-arzneimittel-streichen-mehr-sicherheit-weniger-buerokratie/ (zuletzt abgerufen am 9.2.2019).

101 *Kügel* in: Kügel/Müller/Hoffmann, AMG, Vor § 72 Rn. 4; *vfa*, Positionspapier Parallelhandel, S. 2.

102 *vfa*, Positionspapier Parallelhandel, S. 3.

103 *IOM*, Countering the Problem, S. 204.

104 Allerdings fallen die Kosteneinsparungen nicht sehr hoch aus, im Jahr 2013 betrug der tatsächliche Einsparungseffekt für die Krankenkassen lediglich 63,5 Mio. Euro: *vfa*, Positionspapier Parallelhandel, S. 7.

Apotheken. Diese ist im Rahmenvertrag des GKV-Spitzenverbands[105] festgelegt und beträgt nach dessen § 5 Abs. 3 aktuell 5 Prozent des Fertigarzneimittel-Umsatzes, womit die Apotheke eine Wirtschaftlichkeitsreserve von 10 Prozent des mit der Importquote festgelegten Umsatzes zu erzielen hat. Die Importquote gilt allerdings nur für importierte Arzneimittel, die mindestens 15 Prozent oder 15 Euro billiger sind als die Bezugsarzneimittel (§ 129 Abs. 1 Nr. 2 SGB V).[106]

Des Weiteren fördert der in den meisten Mitgliedstaaten erlaubte Versandhandel mit Medikamenten über das Internet maßgeblich den Handel mit Produkten. Zwar ist von zugelassenen, d.h. legal arbeitenden Internetapotheken kein genereller Anstieg von Arzneimittelfälschungen zu erwarten. Vielmehr sind Sie in vergleichbarem Maße von Fälschungen betroffen wie die physisch existenten Apotheken (Offizinapotheken).[107] Daneben existiert jedoch ein illegaler Handel mit Arzneimitteln über das Internet, über den häufig gefälschte Produkte angeboten werden. Diese unseriösen Angebote sind oftmals sehr schwer von den legalen zu unterscheiden.[108] Der Anteil gefälschter Arzneimittel im Internet liegt Schätzungen zu Folge bei über 50 Prozent (siehe oben unter Teil 1 A.).[109] Der Vertrieb läuft sowohl über nationale Internetadressen als auch über internationale Anbieter, aufgrund dessen sich die Strafverfolgung als schwierig erweist.[110] Erschwerend kommen die Verschleierungstechniken der illegalen Händler hinzu, wie beispielsweise die Weiterleitung von Kunden über einen Pfad an eine neue Homepage, der Versand nur an Adressen und nicht an Postfächer, die Verschleierung der „*who-is*"-Daten oder die Nutzung von Onlinezahlungsdiensten.[111]

---

105 Rahmenvertrag über die Arzneimittelversorgung nach § 129 Absatz 2 SGB V in der redaktionellen Fassung vom 30. September 2016 einschließlich der Inhalte der 1. Änderungsvereinbarung vom 30. Mai 2015 und der 2. Änderungsvereinbarung vom 30. September 2016 zwischen dem Spitzenverband Bund der Krankenkassen (GKV-Spitzenverband) und dem Deutschen Apothekerverband e.V.

106 Sozialgesetzbuch (SGB) Fünftes Buch (V), Gesetz vom 20. Dezember 1988 (BGBl. I S. 2477).

107 *Sürmann*, Arzneimittelkriminalität, S. 38.

108 *Sürmann*, Arzneimittelkriminalität, S. 38 f.

109 *IMPACT*, Counterfeit Medicines, S. 1.

110 *Sürmann*, Arzneimittelkriminalität, S. 38; *MHRA*, Strategy 2012-2015, S. 26.

111 *Sürmann*, Arzneimittelkriminalität, S. 39; *EAASM*, Counterfeiting Superhighway, S. 15 f.

II. Veränderte Kriminalitätsstruktur

Mittlerweile handelt es sich bei der Arzneimittelfälschung vielfach um eine international organisierte Kriminalität mit komplexen Produktions- und Vertriebsprozessen. Auch Kriminelle denken ökonomisch und streben maximalen Gewinn an.[112] Professionell vorgehende Tätergruppen können auf diese Weise hohe Profite bei vergleichsweise niedrigem Sanktionsrisiko erzielen. Die Gewinnmargen übersteigen in bekannt gewordenen Fällen teilweise die des klassischen Drogenhandels.[113] So kann die Gewinnspanne bei dem Verkauf von Opium, Kokain und Heroin zwischen 660 Prozent und 27.400 Prozent liegen, wohingegen bei Viagra unfassbare 166.700 Prozent an Gewinn auf dem Schwarzmarkt möglich sind.[114] Der Grund hierfür liegt in der billigen Produktion des potenzsteigernden Medikaments. Fälscher kaufen den Wirkstoff Sildenafil für 60 Euro ein und produzieren mit diesem Viagra-Tabletten im Wert von ca. 100.000 Euro.[115] Wird weniger oder gar kein Wirkstoff verwendet, kann die Gewinnspanne sogar noch höher ausfallen. Kosten für Forschung und Entwicklung oder die Qualitätssicherung der Präparate fallen nicht an. Zumeist werden gefälschte Arzneimittel in gewöhnlichen Haushalten, kleinen Heimbetrieben oder Hinterhöfen produziert.[116] Auch Produktionsmittel, wie z.B. Tablettenpressen, sind einfach und günstig zu erwerben. Um die Verpackung eines Produkts zu imitieren oder aufgeklebte Etiketten nachzumachen, genügen oft schon ein Drucker und ein Standart-Grafikprogramm. So lassen sich abgelaufene Medikamente erneuern oder Pillen, die einem teuren Präparat ähneln, mit einer neuen Hülle versehen.[117] Neue Technologien erleichtern zusätzlich die Nutzung von Zeichen und Designs sowie deren Nachahmung und Anbringung an Arzneimittel.[118] Aufgrund des geringen Volumens lassen sich speziell Präparate in Form von Tabletten oder kleinen Ampullen auch leicht und kostengünstig in großer Stückzahl grenzüberschreitend transportieren.[119] Abnehmer für die Fälschungen finden sich schnell, da eine

---

112 *Bloch/Sorge* in: Schuh, DMW 2013, 1261 (1262).
113 *Sürmann*, Arzneimittelkriminalität, S. 4
114 *Emmerich*, Die Kriminalpolizei 1/2011, 23 (25).
115 Beispiel aus dem Jahr 2009 aus *Emmerich*, Die Kriminalpolizei 1/2011, 23 (25).
116 *WHO*, fact sheet N°275, S. 2.
117 *Eberle*, bdw 10/2002, S. 34.
118 *Mey*, GRURInt 2012, 1086 (1087).
119 *Emmerich*, Die Kriminalpolizei 1/2011, 23 (25).

Verfolgung und Bestrafung der Tat wegen lascher Strafgesetze und ungenügender Strafverfolgung nicht gefürchtet werden muss.[120]

Die Strafandrohung ist in vielen Ländern sehr gering. Oft liegt sie unterhalb der Strafe, welche für die Herstellung oder den Vertrieb von Betäubungsmitteln angedroht wird, sodass der Handel mit gefälschten Arzneimitteln angesichts des niedrigeren Risikos als noch profitabler zu bewerten ist. Im Hinblick auf die Strafhöhe wird üblicherweise nach dem geschützten Schutzgut unterschieden, sodass das Fälschen eines Marken-T-Shirts rechtlich teilweise schwerer wiegt als die gesundheitsgefährdende Fälschung eines Arzneimittels. Zum Beispiel wird im Vreinigten Königreich das Herstellen oder der Vertrieb von nicht zugelassenen Arzneimitteln mit bis zu 2 Jahren Freiheitsstrafe und/oder Geldstrafe bestraft (Art. 46 i.V.m. 47 Abs. 2 HMRs),[121] während die unberechtigte Nutzung von Marken eine Höchststrafe von 10 Jahren Freiheitsstrafe und/oder Geldstrafe nach sich ziehen kann (Art. 92 TMA).[122] Dagegen liegt die Höchststrafe für die Herstellung und den Vertrieb von Betäubungsmittels je nach deren Kategorisierung bei 14 Jahren oder lebenslanger Freiheitsstrafe und/oder Geldstrafe (Art. 4 Abs. 2 und 3 i.V.m. Anhang 4 MDA).[123] In einigen Ländern wird die Tat sogar lediglich mit Geldstrafe bedroht. So bemisst sich in Bulgarien die Strafe für die Herstellung und den Vertrieb von gefälschten Arzneimitteln auf 25.000–50.000 BGN[124] (§ 284a MPHMA).[125]

Hinzu kommt oft eine lasche Strafverfolgung. Zum einen werden Fälschungen häufig nicht entdeckt, da gut gemachte Nachahmungen objektiv nicht von echten Präparaten zu unterscheiden sind. Eine Verschlechterung des Gesundheitszustands wird nicht sogleich auf minderwertige Arzneimittel zurückgeführt, da zahlreiche andere Ursachen in Frage kommen.[126] Falls der Verdacht doch auf das Arzneimittel fällt, wird die Schuld übli-

---

120 *WHO*, Fact sheet N°275, S. 2; Emmerich, Die Kriminalpolizei 1/2011, 23 (25).

121 Humanarzneimittel-Verordnung (*The Human Medicines Regulations 2012*), SI 2012 No. 1916, zuletzt geändert durch *The Human Medicines (Amendment) Regulations 2017*, SI 2017 No. 715.

122 Markengesetz (*Trade Mark Act 1994*), SI 1994 c. 26, zuletzt geändert durch den *Intellectual Property (Unjustified Threats) Act 2017*, SI 2017 c. 14.

123 Gesetz über den Drogenmissbrauch (*Misuse of Drugs Act 1971*), SI 1971 c. 38, zuletzt geändert durch *The Misuse of Drugs Act 1971 (Amendment) Order 2017*, SI 2017 No. 634.

124 Bulgarischer Lew (BGN), umgerechnet ca. 12.500–25.000 Euro.

125 Gesetz über Arzneimittel in der Humanmedizin (*Закон за лекарствените продукти в хуманната медицина*), bulgarisches ABl. 31 von.2007, zuletzt geändert durch bulgarisches ABl. 43 von 2016.

126 *Nelson/Vizurraga/Chang*, TMR 2006, Vol. 96, 1068 (1069).

cherweise zuerst beim behandelnden Arzt oder dem legalen Hersteller gesucht.[127] Erst wenn insoweit kein Fehler nachzuweisen ist, wird eine Fälschung in Betracht gezogen. Deren Nachweis bedarf jedoch zum Teil aufwendiger und zeitkonsumierender Analyseverfahren.[128] Bis zur endgültigen Bestätigung des Fälschungsverdachts sind die Fälscher in der Regel bereits untergetaucht oder haben ihre Spuren verwischt, sodass es für die Verfolgungsbehörden in den meisten Fällen unmöglich ist, die Fälschung einem Schuldigen nachzuweisen.[129] Zum anderen ist es Ermittlungsbehörden nicht möglich, den gesamten Vertrieb von Arzneimitteln zuverlässig zu kontrollieren. Angesichts anderer Delikte, die aufgrund einer höheren Strafandrohung als schwerwiegender angesehen werden, stehen schon nicht die erforderlichen Ressourcen zur Verfügung.[130] Hinzu kommt die mangelnde internationale Zusammenarbeit der Länder. Ohne eine solche ist es Fälschern möglich, ihre Entdeckung zu vermeiden, indem sie ihre Präparate unter Ausnutzung der Globalisierung über mehrere Länder bis hin zum Bestimmungsort leiten.[131]

III. Gesellschaftliche Entwicklung und Veränderung

Der Markt für verschreibungs- und nicht verschreibungspflichtige Humanarzneimittel hat bereits ein riesiges Potential. Im Jahr 2013 wurden in diesem Bereich in der EU 284 Mrd. Euro zu Großhandelspreisen umgesetzt.[132] Aufgrund des stetig hohen Bedarfs an Arzneimitteln und der gesellschaftlichen Entwicklung wächst der Markt noch. Die Gesellschaft verändert sich durch die steigende Zahl älterer Menschen,[133] womit ein steigender Bedarf an Medikamenten einhergeht. Dadurch wächst mit dem Arzneimittelmarkt auch die Chance, gefälschte bzw. nachgeahmte Arzneimittel einzuschleusen.

Aufgrund des „Zeitgeistes“ bieten sich für die Täter zudem wachsende Absatzpotenziale. Der Wunsch nach einem guten Aussehen, das schnellst-

127 *Nelson/Vizurraga/Chang*, TMR 2006, Vol. 96, 1068 (1070).
128 *Kemsley*, C&EN 2008, S. 37.
129 *IOM*, Countering the Problem, S. 154.
130 Vgl. *IOM*, Countering the Problem, S. 154.
131 Vgl. *EAASM*, Counterfeiting Superhighway, S. 10.
132 *Wajsman/Arias Burgos/Davis*, EUIPO-Studie 2016, S. 10.
133 *Eurostat*, Population structure and ageing, abrufbar unter http://ec.europa.eu/eurostat/statistics-explained/index.php/Population_structure_and_ageing (zuletzt aktualisiert am 20.7.2017).

möglich realisiert werden soll, treibt auch den illegalen Markt der Lifestyle-Produkte an.[134]

Aufgrund der starken Reglementierung der legalen Lieferkette und Kontrolle der Arzneimittelqualität in Europa, ist die Einschleusung von Fälschungen in die legale Lieferkette selten. Umso mehr wird jedoch das wenig kontrollierte Internet als Absatzmittel von Fälschern genutzt.[135] Nach einer amerikanischen Studie sollen 95 % der Internet-Apotheken illegal operieren, indem sie entweder verschreibungspflichtige Arzneimittel ohne Rezept oder ausländische oder nicht zugelassene Arzneimittel abgeben.[136] Online können Fälscher anonym und versteckt bleiben, während ihnen ein riesiger globaler Markt zur Verfügung steht und der Anschein eines legalen Anbieters leicht über eine Website erweckt werden kann.[137] Gerade für ältere, behinderte, in abgelegenen Gegenden lebende oder lang arbeitende Menschen bietet das Internet einen schnellen und bequemen Weg an Arzneimittel zu gelangen.[138] Vor allem werden in Europa aber Lifestyle-Arzneimittel, die lediglich in einigen Mitgliedstaaten – wie z.B. Norwegen, Griechenland und im Vereinigten Königreich – auf Grundlage einer ärztlichen Verschreibung von den gesetzlichen Krankenversicherungen erstattet werden, über das Internet bezogen.[139] Häufig scheint der günstigere Preis das Sicherheitsargument zu überlagern. Ohne Feststellung der medizinischen Indikation durch einen Arzt werden unmittelbar rezeptpflichtige Lifestyle-Pharmaka, wie Potenzpillen, Fettreduzierer, Arzneimittel zur Rauchentwöhnung oder gegen den androgenetischen Haarausfall, billig, diskret und ohne Rezept im Internet bestellt.[140]

---

134 *Sürmann*, Arzneimittelkriminalität, S. 5.

135 *IOM*, Countering the Problem, S. 233; *EAASM*, Counterfeiting Superhighway, S. 11.

136 Laut *NABP*, Progress Report September 2018, S. 3, verstoßen 95 Prozent der Internet-Apotheken in den USA gegen amerikanisches Apothekenrecht (*US federal and state pharmacy laws*).

137 *EAASM*, Counterfeiting Superhighway, S. 15; *EAASM* Discounted or Dangerous, S. 9.

138 *EAASM*, Discounted or Dangerous, S. 8.

139 *Emmerich*, Die Kriminalpolizei 1/2011, 23 (25). In Entwicklungsländern kommen dagegen zumeist Fälschungen lebenswichtiger Medikamente auf dem Markt, welche auf der Straße verkauft werden: *IOM*, Countering the Problem, S. 94 und 233.

140 *Emmerich*, Die Kriminalpolizei 1/2011, 23 (25).

B. Auswirkungen von Fälschungen und Nachahmungen

Gefälschte bzw. nachgeahmte Arzneimittel können sowohl gravierende gesundheitliche Auswirkungen mit sich bringen als auch erheblichen wirtschaftlichen Schaden anrichten. Auch psychologische Folgen können entstehen, wenn das Vertrauen der Patienten in die Arzneimittelversorgung und das Gesundheitssystem geschwächt wird. Erstere beiden Auswirkungen bedürfen ausführlicherer Betrachtung.

I. Gesundheitliche Folgen

Gefälschte Arzneimittel können fatale Folgen haben, die bis hin zum Tod von Patienten führen können. Gefälscht wird alles. Nicht mehr nur Lifestyle-Produkte sind im Fokus der Fälscher, sondern auch lebenswichtige Arzneimittel wie z.B. Medikamente gegen Malaria, Tuberkulose, HIV oder Krebs. Die Herstellung von Fälschungen findet oft unter unhygienischen Bedingungen statt, verschmutztes Produktionsmittel, schimmlige Wände sowie Nagetier- und Insektenbefall wurden entdeckt.[141] Gefälschte Arzneimittel enthalten häufig zu wenig, keinen oder einen falschen Wirkstoff. So täuschte in einem Fälschungsfall in den USA die Verpackung ein Psychopharmakon für Schizophreniker vor, doch darin enthalten waren nur handelsübliche Kopfschmerztabletten.[142] Andere Fälscher verwenden zur Herstellung unübliche oder sogar giftige Stoffe und stellen z.B. aus Backpulver, Sägemehl oder giftigen Chemikalien ihre eigenen Präparate her.[143]

Bezüglich des Gefährdungspotenzials ist zwischen den einzelnen Arten der Arzneimittelfälschungen zu differenzieren, denn nicht jede Fälschung bringt dieselben Risiken mit sich. Bei der perfekten Imitation besteht unter medizinischen Gesichtspunkten ein geringes Risiko, vorausgesetzt die Präparate sind qualitativ einwandfrei. Dies kommt allerdings selten vor, denn Fälscher wollen ja billig produzieren.[144] Zudem kann nicht davon ausgegangen werden, dass Fälscher die Präparate sicher und nach den entsprechenden Vorgaben transportieren. So können zum Beispiel Qualitätsverluste eintreten, wenn eine erforderliche Kühlkette nicht eingehalten

141 Vgl. *EAASM*, Counterfeiting Superhighway, S. 10.
142 *Eberle*, bdw 10/2002, S. 34.
143 *Eberle*, bdw 10/2002, S. 34.
144 *Kloesel/Cyran*, AMR I, § 8 Erl. 38.

wird.[145] Bei Nachahmpräparaten besteht ein höheres Risiko. Ist zu wenig Wirkstoff enthalten, sind mangelnde Wirkung und im Falle von Antibiotika Resistenzbildung bei Krankheitserregern die Folge. Enthält eine Fälschung zu viel Wirkstoff, entspricht dies einer Überdosis, welche Patienten sehr schnell gesundheitlich schädigen oder töten kann.[146] Die Heilungserwartungen der Patienten werden enttäuscht und knappe Ressourcen werden verschwendet.[147] Das größte Risiko besteht bei Placebos. Wenn das Arzneimittel nur Traubenzucker enthält, wird weder die Krankheit geheilt noch werden die Schmerzen gelindert. Enthält ein Placebo gesundheitsschädliche oder giftige Stoffe, führt dies zu körperlichen Schäden oder zum Tod.[148] Besonders perfide ist dabei die Beimischung von gesundheitsschädlichen Stoffen, um eine Wirkung des Produkts vorzuspiegeln. Eine zusätzliche Gesundheitsgefahr ergibt sich, wenn Patienten Arzneimittel über das Internet erwerben. Über unseriöse Händler ist es möglich rezeptpflichtige Arzneimittel ohne ärztliche Verschreibung zu bestellen, der Patient kann aber weder Nebenwirkungen noch Wirkung richtig einschätzen.[149] So kann z.B. Viagra zu Erblindung oder zum Herzstillstand führen, wenn es von Leuten mit Herzinfarktrisiko eingenommen wird.[150] Auch können Wechselwirkungen mit anderen Medikamenten auftreten, die nur ein Arzt oder andere dazu ausgebildete Personen richtig beurteilen können.[151] Ebenso ergibt sich eine Gefahr, wenn parallelimportierte Produkt eine Packungsbeilage in fremder Sprache enthalten oder eine solche komplett fehlt.[152]

In Europa ist noch kein Todesfall aufgrund eines gefälschten Arzneimittels bekannt. Anders sieht es jedoch in Entwicklungsländern aus, wie einige Beispiele zeigen. 1995 starben 2.500 Menschen an den Folgen einer verabreichten Impfung gegen Hirnhautentzündung, anstelle eines Wirkstoffes enthielt die Impfung nur Wasser.[153] Ein Hustensirup, dem süßlich schme-

145 *vfa*, Positionspapier Arzneimittelfälschungen, S. 5.
146 *EAASM*, Counterfeiting Superhighway, S. 9.
147 *KloeselCyran*, AMR I, § 8 Erl. 38.
148 *KloeselCyran*, AMR I, § 8 Erl. 38.
149 Vgl. *Emmerich*, Die Kriminalpolizei 1/2011, 23 (27); *EAASM*, Counterfeiting Superhighway, S. 25.
150 *Pfizer*, Fachinformation Viagra®, Juni 2016.
151 *EAASM*, Counterfeiting Superhighway, S. 15.
152 *EAASM*, Counterfeiting Superhighway, S. 25.
153 *Kruchem*, Deutschlandfunk vom 16.5.2004, abrufbar unter http://www.deutschlandfunk.de/toedliche-pillen.716.de.html?dram:article_id=90248 (zuletzt abgerufen am 9.2.2019).

ckendes Diethylenglykol beigemischt wurde, ein giftiger Zusatz für Frostschutzmittel, verursachte zwischen 1992 und 2007 in Panama, China, Haiti, Bangladesch, Argentinien, Nigeria und zweimal in Indien eine Massenvergiftung und forderte hunderte von Menschenleben.[154] Minderwertige Malariamittel könnten laut einer Studie, die im *American Journal of Tropical Medicine and Hygiene* veröffentlicht wurde, im Jahr 2013 den Tod von 122.350 Kindern in Afrika bedingt haben.[155]

II. Wirtschaftliche Folgen

Gefälschte oder nachgeamte Arzneimittel haben auch erhebliche negative Auswirkungen auf wirtschaftliche und volkswirtschaftliche Aspekte. So müssen Pharmaunternehmen beträchtliche Umsatzverluste und Imageschäden hinnehmen, weil entweder erworbene Fälschungen auf die Originalhersteller zurückgeführt werden oder – sobald eine Fälschung bekannt wird – Ärzte und Patienten auf Präparate anderer Hersteller ausweichen.[156] Unter Umständen sind legale Chargen an Arzneimitteln zusammen mit Fälschungen aus dem Markt zurückzurufen. Zudem müssen Unternehmen Investitionen zur präventiven Absicherung ihrer Arzneimittelverpackungen oder repressiven Verfolgung von Fälschungen treffen.[157] Durch den Verkauf von Fälschungen und Nachahmungen erleiden Arzneimittelhersteller- und großhändler im Binnenmarkt jährlich Umsatzeinbußen von geschätzt 4,4 % ihres Umsatzes, was 10,2 Mrd. Euro entspricht.[158] Die Wettbewerbsfähigkeit legaler Arzneimittelhersteller wird maßgeblich durch die Verletzung ihrer geistigen Eigentumsrechte geschwächt. Ideen und Innovationen sind insbesondere in Hochpreisländern das wertvollste Kapital der Unternehmen, doch nur dort, wo Rechte des geistigen Eigentums geschützt sind, lohnt es sich zu forschen und zu entwickeln.[159] Vor allem die Entwicklung eines neuen Arzneimittels ist äußert kapitalintensiv und langwierig. Bis zur Zulassung und Produktion des neuen Medikaments vergehen gewöhnlich 10 bis 12 Jahre. Dementsprechend hoch belaufen sich auch die Kosten für Entwicklung bis hin zur Markteinführung. Dies zeigt

---

154 *Bogdanich/Hooker*, The New York Times vom 6.5.2007, S. A1.
155 *Renschler/Walters/Newton/Laxminarayan*, Am J Trop Med Hyg 2015, S. 119.
156 *Wajsman/Arias Burgos/Davis*, EUIPO-Studie 2016, S. 15.
157 *Nelson/Vizurraga/Chang*, TMR 2006, Vol. 96, 1068 (1080 ff.).
158 *Wajsman/Arias Burgos/Davis*, EUIPO-Studie 2016, S. 15.
159 *Emmerich*, Die Kriminalpolizei 1/2011, 23.

wie elementar wichtig gerade ein effizienter Marken- und Patentschutz für die Motivation zur Erforschung neuer Medikamente ist.[160]

Fälschungs- bzw. nachahmungsbedingte Umsatzeinbußen führen in dem betroffenen Wirtschaftszweig auch zu Beschäftigungsrückgang.[161] Es wird geschätzt, dass durch Fälschungen in der legalen Arzneimittelindustrie jährlich insgesamt 37.700 Arbeitsplätze in der EU verloren gehen.[162]

Schließlich gibt es neben den direkten Umsatzverlusten in der Branche der Herstellung von pharmazeutischen Erzeugnissen auch Auswirkungen auf andere Bereiche der EU-Wirtschaft. Diese indirekten Auswirkungen ergeben sich aus dem Umstand, dass die verschiedenen Wirtschaftsbereiche Waren und Dienstleistungen voneinander beziehen, die sie in ihren Herstellungsprozessen einsetzen. Hat eine Branche einen fälschungs- bzw. nachahmungsbedingten Umsatzrückgang zu verzeichnen, wird diese Branche auch weniger Waren und Dienstleistungen bei ihren Lieferanten erwerben, was zu Umsatzrückgängen und entsprechenden Beschäftigungseffekten in anderen Bereichen führt.[163]

Auch auf öffentliche Kosten haben gefälschte und nachgeahmte Arzneimittel Auswirkung. Da die betreffende Tätigkeit illegal ist, werden diejenigen, die solche Waren herstellen, auf die daraus entstehenden Erträge und Einkommen wahrscheinlich keine Steuern zahlen. Eine zusätzliche Auswirkung von Fälschungen und Nachahmungen sind deshalb entgangene staatliche Steuereinnahmen, darunter insbesondere Einkommensteuern und Sozialversicherungsbeiträge oder Unternehmenssteuern.[164] Der Ausfall von Staatseinnahmen in der EU beläuft sich hochgerechnet auf schätzungsweise 1,7 Mrd. Euro pro Jahr.[165] Zudem wird durch die nicht eintretende Heilung trotz Zahlung der vollen Therapiekosten das Gesundheitswesen belastet. Eine weitere Auswirkung auf dieses besteht, wenn die Entwicklung neuer Medikamente und damit bessere Behandlungsmöglichkeiten ausbleiben.[166]

---

160 *Emmerich*, Die Kriminalpolizei 1/2011, 23.
161 *Wajsman/Arias Burgos/Davis*, EUIPO-Studie 2016, S. 7.
162 *Wajsman/Arias Burgos/Davis*, EUIPO-Studie 2016, S. 17.
163 *Wajsman/Arias Burgos/Davis*, EUIPO-Studie 2016, S. 8.
164 *Wajsman/Arias Burgos/Davis*, EUIPO-Studie 2016, S. 8.
165 *Wajsman/Arias Burgos/Davis*, EUIPO-Studie 2016, S. 20, wobei nur Einkommenssteuern privater Haushalte, Sozialversicherungsbeiträge und Unternehmenssteuer in die Schätzung einbezogen wurden, nicht dagegen die Mehrwertsteuereinbußen.
166 Vgl. *Wajsman/Arias Burgos/Davis*, EUIPO-Studie 2016, S. 9.

C. Beispielfälle

Wie gefälschte und nachgeahmte Arzneimittel in den Umlauf gelangen sollen einige Beispielsfälle veranschaulichen. Der Schwerpunkt liegt hierbei auf der Einschleusung in die legale Vertriebskette, da ein Verkauf auf dem Schwarzmarkt oder illegal über das Internet leichter zu bewerkstelligen und besser verständlich ist. Die meisten Fälschungen bzw. Nachahmungen treten daher auch in der illegalen Lieferkette auf.[167] Zugleich geht es vermehrt um lebensrettende Medikamente, welche wesentlich größere Auswirkungen auf die Gesundheit, aber auch auf wirtschaftliche Aspekte haben. Desto wichtiger ist es, die Schwachstellen in den Regularien zu erkennen, um weiteren Fällen vorzubeugen.

I. Herceptin

Dieser Fall von gefälschtem Herceptin und zahlreichen anderen Arzneimitteln zeigt wie aufgrund von Diebstählen in Krankenhäusern gefälschte Präparate in die legale Lieferkette gelangen konnten:

Ende März 2014 fiel manipuliertes Herceptin aus einem Diebstahl in Italien bei einem nach Deutschland importierenden, englischen Parallelvertreiber auf.[168] Das Arzneimittel des Herstellers Roche wird ausschließlich in Krankenhäusern zur Behandlung von Brust- und Magenkrebs angewendet.[169] Nach und nach wurde deutlich, dass es sich bei dem Diebstahl nicht um einen Einzelfall handelt, sondern dass in Italien wiederholt Arzneimittel illegal in die Vertriebskette eingebracht wurden. Die Arzneimittel wurden in italienischen Kliniken gestohlen, mutmaßlich durch die Mafia.[170] Insgesamt waren 82 unterschiedliche Arzneimittel betroffen, darunter 2049 Packungen Herceptin sowie 1670 Packungen des Darmkrebs-Prä-

---

167 *Nickel* in: Kügel/Müller/Hofmann, AMG, § 8 Rn. 28.

168 *Hollstein*, Apotheke adhoc vom 25.4.2014, S. 2, abrufbar unter https://www.apotheke-adhoc.de/nachrichten/detail/pharmazie/herceptin-ceftriaxon-statt-trastuzumab/ (zuletzt abgerufen am 9.2.2019).

169 *Roche*, Fachinformation Herceptin® 150 mg Pulver zur Herstellung eines Infusionslösungskonzentrats, September 2016.

170 *BfArM*, Presse: Ergänzung vom 20.10.2014, abrufbar unter https://www.bfarm.de/SharedDocs/Pressemitteilungen/DE/2014/pm07-2014.html (zuletzt abgerufen am 9.2.2019).

parats Avastin, beide von Roche.[171] Auch das Kerbs-Präparat Alimta sowie das Wachstumshormon Humatrope, beide von Lilly, sowie das Immunsuppressivum Remicade von MSD und der Impfstoff Gardasil von Sanofi gehörten dazu.[172] Die Arzneimittelpackungen wurden aus italienischen Krankenhäusern oder bei Großhändlern gestohlen und manipuliert oder gefälscht und gelangten dann über dubiose Zwischenhändler in Osteuropa in mehrere europäische Länder, die Mehrzahl davon wurde nach Deutschland geliefert.[173]

In Deutschland haben die deutschen Arzneimittelbehörden BfArM (Bundesinstitut für Arzneimittel und Medizinprodukte) und PEI (Paul-Ehrich-Institut) nach Bekanntwerden des Falls die betroffenen Chargen der Arzneimittel Herceptin, Remicade und Gardasil aus dem Markt zurückgerufen sowie die Fachkreise, Medien und Öffentlichkeit durch Pressemitteilungen und Internet über die betroffenen Arzneimittel, den Rückruf und den aktuellen Ermittlungsstand informiert.[174] Zudem erging an Apotheker und Ärzte eine allgemeine Warnung vor manipulierten Herceptin-Fläschchen und möglicherweise manipulierten Fläschchen von Remicade, Alimta und Humatrope mit dem Hinweis, dass Fälschungen daran erkannt werden könnten, dass die auf den Fläschchen aufgedruckten Chargenbezeichnungen und das Verfallsdatum nicht mit denen auf der sonstigen Verpackung übereinstimmen oder Gummistopfen, Bördelkappe oder Deckel erkennbar manipuliert wurden.[175]

Von einer strafrechtlichen Verfolgung und Bestrafung der verantwortlichen Täter ist bisher nichts bekannt. Es muss vielmehr angenommen werden, dass angesichts der Beteiligung der organisierten Kriminalität und des längeren Zeitraums bis die Fälschungen entdeckt wurden eine Aufklärung der Tat nicht mehr hinreichend möglich war.

II. Omeprazol

Der Fall Omeprazol zeigt, wie einfach Arzneimittelfälschungen auch in Industriestaaten hergestellt und vertrieben werden können:

---

171 *Salz/Fischer,* WirtschaftsWoche vom 6.11.2014, S. 1, abrufbar unter http://www.wiwo.de/unternehmen/industrie/gefaelschte-medikamente-apotheken-im-visier-der-pillen-mafia/10914048.html (zuletzt abgerufen am 9.2.2019).

172 *BfArM*, Presse: Ergänzung vom 25.07.2014, a.a.O.

173 *BfArM*, Presse: Ergänzung vom 28.08.2014, a.a.O.

174 *BfArM*, Presse: Ergänzung vom 25.07.2014, a.a.O.

175 *Roche*, Rote-Hand-Brief vom 22. April 2014.

Zwischen Mai 2008 und Februar 2013 fälschten zwei Brüder aus Hamburg Omeprazol-Kapseln der Hersteller Hexal, Ratiopharm und KSK im großen Stil. So sollen mehr als 600.000 gefälschter Packungen des Magenmittels unter dem Markennamen Riopan in den Verkehr gelangt sein.[176] Die Ware ließen die Fälscher illegal von einem Lohnhersteller in Spanien fertigen, ein Nachweis der Großhandelserlaubnis oder ähnliches haben sie nicht vorlegen müssen.[177] Von Spanien aus wurden die Plagiate per Kurierdienst in die 40 km von Hamburg entfernte Lagerhalle der Fälscher nach Hendstedt-Ulzburg geliefert.[178] Dort wurden die Kapseln in Fläschchen abgefüllt, mit gefälschten Etiketten versehen und zusammen mit gefälschten Beipackzetteln in kopierte Verpackungen des Originals verpackt. Sogar Chargennummern und Verfallsdaten wurden vom Originalhersteller übernommen.[179] Über einen gutgläubigen Zwischenhändler in Bickenbach bei Darmstadt wurden die Arzneimittelfälschungen in den pharmazeutischen Großhandel geschleust und darüber an die Apotheken und somit an den Endverbraucher abgegeben.[180] Der Zwischenhändler konnte die Fälschungen nicht erkennen, da er die Plagiate nur in Augenschein nehmen und prüfen konnte, ob die Verpackung und das Arzneimittel wie handelsübliche Ware aussehen und ob das Verfallsdatum passt.[181] Auch die Rabatte seien nicht ungewöhnlich gewesen.[182] Die Fälscher erwirtschafteten mit dem Verkauf der Plagiate 14,9 Mio. Euro, während bei Originalherstellern sowie Zwischenhändlern Schäden in Höhe von mehreren Mio. Euro entstanden. Da die Fälschungen einen hohen industriellen Standard hatten, wenngleich sie nicht der Originalzusammensetzung entsprachen, entstanden wohl keine gesundheitlichen Schäden bei Patienten.[183]

Der Betrug flog schließlich auf als ein Patient Anfang 2013 im Beipackzettel eine falsche Wirkstoffangabe entdeckte und sich an Ratiopharm

---

176 PZ Meldung vom 26.5.2014, abrufbar unter http://www.pharmazeutische-zeitung.de/index.php?id=52377 (zuletzt abgerufen am 9.2.2019).

177 Vgl. apotheke adhoc vom 21.5.2014, S. 1, abrufbar unter https://www.apotheke-adhoc.de/nachrichten/detail//omeprazol-faelschung-arzneimittel-generika-apotheke-landgericht/ (zuletzt abgerufen am 9.2.2019).

178 PZ Meldung vom 26.5.2014, a.a.O.

179 *Böhm*, Stuttgarter Zeitung vom 12.5.2014, abgerufbar unter http://www.stuttgarter-zeitung.de/inhalt.landgerichtsprozess-in-stuttgart-medikamente-im-Miollionenwert-gefaelscht.6c1a3dd1-841d-4a3b-b459-c3270c92f9e2.html (zuletzt abgerufen am 9.2.2019).

180 *Böhm*, Stuttgarter Zeitung vom 12.5.2014, a.a.O.

181 Apotheke adhoc vom 21.5.2014, S. 2, a.a.O.

182 Vgl. apotheke adhoc vom 21.5.2014, S. 2, a.a.O.

183 *Böhm*, Stuttgarter Zeitung vom 12.5.2014, a.a.O.

wandte.[184] Die Fälscher wurden wegen „vorsätzlichem Herstellen und Inverkehrbringen gefälschter Arzneimittel in 22 Fällen in Tateinheit mit gewerbsmäßiger Kennzeichnungsverletzung und Betrug" zu 4 Jahren bzw. wegen Beihilfe zu 2 Jahren Freiheitsstrafe verurteilt.[185]

III. Heparin

Dieser Fälschungsfall zeigt die Gefahren von gefälschten Wirkstoffen bei deren Einschleusung in die legale Lieferkette bis hin zum Originalhersteller auf:

Zwischen Januar 2007 und Juni 2008 tauchten in zwölf Ländern Chargen des Blutverdünners Heparin auf, die mit wechselnden Mengen des billigen und giftigen Imitats OSCS (*Oversulfated Chondroitine Sulfate*) gestreckt worden sind. Diese Beimischung löste schwere allergische Reaktionen aus.[186] Nachdem Ende Dezember 2007 bereits 350 Meldungen über unerwünschte Arzneimittelereignisse bei der US-amerikanischen Arzneimittelbehörde *Food and Drug Administration (FDA)* eingegangen waren, darunter vier über Todesfälle, wurde die Öffentlichkeit alarmiert.[187] Ende Februar stellte der Hersteller Baxter seine Produktion ein und rief alle Chargen von Heparin vom Markt zurück. Um die Versorgung des amerikanischen Markts aufrechtzuerhalten steigerte *APP Pharmaceuticals*, welche sich den Markt im Wesentlichen mit Baxter teilt und unter deren Heparin keine unerwünschten Arzneimittelereignisse festgestellt worden waren, die Produktion.[188] Die Zahl der Todesopfer lag bis Juni 2008 in den Vereinigten Staaten bei 246 Personen.[189]

In Deutschland gingen bis März 2008 rund 80 Verdachtsmeldungen beim BfArM zu Heparin-Rotexmedica ein. Rotexmedica rief mit einem Rote-Hand-Brief die betroffenen Chargen zurück und das BfArM leitete ein Stufenplanverfahren der Stufe II ein mit der Anordnung, den Heparin-Arzneistoff und ggf. Fertigarzneimittelchargen zu testen, da inzwischen

---

184 *Böhm*, Stuttgarter Zeitung vom 12.5.2014, a.a.O.

185 *Böhm*, Stuttgarter Zeitung vom 12.5.2014, a.a.O.

186 *Alban*, PZ 1/2010, 12.

187 *Alban*, PZ 1/2010, 12.

188 *Blossom et al.*, N. Engl. J. Med. 2008, 2674 (2678); *Alban*, PZ 1/2010, 12.

189 *FDA*, Information on Adverse Event Reports and Heparin, abrufbar unter http://wayback.archive-it.org/7993/20170113124004/http://www.fda.gov/Drugs/DrugSafety/PostmarketDrugSafetyInformationforPatientsandProviders/ucm112669.htm (zuletzt aktualisiert am 18.6.2009).

OSCS als Kontamination identifiziert worden war.[190] Es zeigte sich, dass auch Chargen anderer Hersteller kontaminiert waren.[191] In Deutschland gerieten 14 Patienten in akute Lebensgefahr, überlebten aber.[192]

Trotz Rückrufaktion und intensiver Öffentlichkeitsarbeit tauchten in amerikanischen Krankenhäusern auch noch später kontaminierte Chargen auf. Selbst im Mai 2009 wurden gering kontaminierte Chargen in Großbritannien sichergestellt.[193]

Nach Erkennen der Gefahr war die Ursache zunächst unklar. Erst nachdem ein möglicher Zusammenhang der Nebenwirkungsmeldungen mit einer bestimmten klinischen Anwendung ausgeschlossen wurde, konzentrierten sich die Ermittlungen auf den Arzneistoff.[194] Der Nachweis, dass der Arzneistoff qualitative Mängel aufwies, stellte eine große Herausforderung dar, denn die Heparin-Chargen erfüllten alle die Anforderungen des amerikanischen und europäischen Arzneibuchs.[195] Erschwerend kam hinzu, dass es keine Daten zur Entwicklung dieses alten Arzneistoffs gab und jeder Hersteller Heparin nach einem individuellen Protokoll isoliert und aufreinigt.[196] Der weltweit größte Heparin-Produzent ist China, wo der Herstellungsprozess anscheinend keiner Kontrolle durch die chinesischen Behörden unterliegt und keineswegs in pharmazeutischen Produktionsstätten nach westlichem Standard stattfindet.[197] Von chinesischen Herstellern stammt auch das Heparin, welches in den USA und Deutschland als kontaminiert erkannt wurde. Exportierende Firmen werden von der *China Food and Drug Administration* kontrolliert, soweit sie als pharmazeutische Unternehmen registriert sind. Das nach USA liefernde Unternehmen *Changzhou SPL* galt jedoch als Hersteller chemischer oder landwirtschaftlicher Produkte.[198] Normalerweise inspiziert die FDA ausländische Arzneimittellieferanten, statt Changzhou SPL hat sie 2004 aber fälschlicherweise ein anderes Unternehmen kontrolliert.[199] Mit OSCS gestrecktes Heparin wurde laut Angaben der FDA von mindestens zwölf chinesischen Firmen welt-

---

190 *Blossom* et al., N. Engl. J. Med. 2008, 2674 (2680).
191 *Alban*, PZ 1/2010, 12 (13).
192 *Alban*, PZ 1/2010, 12 (13).
193 *Alban*, PZ 1/2010, 12 (17).
194 *Kemsley*, C&EN 2008, S. 37.
195 *Alban*, PZ 1/2010, 12 (13).
196 *Alban*, PZ 1/2010, 12 (14).
197 *Alban*, PZ 1/2010, 12 (13).
198 *Alban*, PZ 1/2010, 12 (13).
199 *Alban*, PZ 1/2010, 12 (13).

weit verkauft.[200] Die eigentlichen Täter sind bis heute nicht überführt und die Chancen für eine kriminalistische Aufklärung verschwindend gering.[201]

IV. Operation Singapur[202]

Der Fall zeigt die internationalen Verstrickungen und die Komplexität der Vertriebswege von gefälschten Arzneimitteln:

Zwischen Januar und März 2007 wurden in das Vereinigte Königreich neun unabhängige Sendungen mit über 2,1 Mio. Einzeldosen gefälschten Arzneimitteln eingeführt. Sieben Chargen von drei Arzneimitteln für die Behandlung von Prostatakrebs, Herzerkrankungen und Psychosen waren betroffen. Die britische Arzneimittelbehörde *Medicines and Healthcare products Regulatory Agency (MHRA)* erhielt im May 2007 über den Vorfall Kenntnis, als ein zugelassener Umverpacker eine verdächtige Packung eines Psychotikums meldete. Die MHRA konnte 1,3 Mio. der gefälschten Arzneimittel sicherstellen, über 700.000 waren allerdings bereits zu Apotheken, Krankenhäusern, Pflegeeinrichtungen und Patienten gelangt.

Untersuchungen zeigten, dass die betreffenden Präparate zwischen 50–80 Prozent zu wenig Wirkstoff enthielten und eine Reihe an unbekannten Verunreinigungen aufwiesen. Die MHRA stufte das Risiko als lebensgefährlich oder hochgradig gesundheitsgefährdend ein und veranlasste den Rückruf aller sieben Chargen vom Markt.

Die Ermittlungen zogen sich über 3 ½ Jahre hin und zeigten das Ausmaß des Falles auf dem britischen Markt mit Arzneimittelfälschungen im Wert von 4 Mio. Britischer Pfund (damals 4,5 Mio. Euro). Es waren 13 Länder in die Ermittlungen involviert, welche einen viermonatigen Gerichtsprozess mit 17.000 Seiten an Beweisen und 93 Zeugen aus 6 Ländern zur Folge hatten.

Die Präparate erweckten den Eindruck, in Frankreich hergestellt und verpackt worden zu seien. Das Ermittlungsverfahren zeigte jedoch, dass die Fälschungen tatsächlich aus Hong Kong stammten und über Singapur nach Belgien verschifft wurden, von wo sie in die EU gelangten. Britische Transporter verfrachteten die gefälschten Präparate dann zu einem zugelassenen Großhändler nach Basingstoke, wo sie mit der sogenannten Vignette

---

200 *Alban*, PZ 1/2010, 12 (17).
201 *Alban*, PZ 1/2010, 12 (17).
202 Übernommen aus: *MHRA*, Strategy 2012-2015, S. 25 f.

– einer Besonderheit des französischen Marktes – etikettiert und umverpackt wurden. Über zwei andere zugelassene Großhändler wurden die Arzneimittelfälschungen in die legale Lieferkette eingeschleust. Aufgrund der Vignette und des übrigen täuschend echt aussehenden Erscheinungsbildes der Präparate waren die britischen Großhändler überzeugt, dass die Produkte aus Frankreich stammten.

Die Bewegungen der Präparate wurden von zwei Strohfirmen in Mauritius und einem Unternehmen in Luxemburg überwacht, welche über Banken in Belgien, Luxemburg und Mauritius Zahlungen für die gefälschten Präparate erhielten.

Völlig unabhängig von obigem Fall nahm die *United States Immigration and Customs Enforcement* (US-amerikanische Einwanderungs- und Zollkontrolle) eigene Ermittlungen in Südostasien gegen einen chinesischen Unternehmer auf, der die Belieferung mit Arzneimitteln in gewerblichem Umfang anbot. Er lieferte ein Muster der angebotenen Ware, welches mit den Chargennummern der im Vereinigten Königreich zurückgerufenen gefälschten Arzneimittel übereinstimmte. Die amerikanischen Behörden benachrichtigten sodann die MHRA über diese Verbindung und nahmen den chinesishen Unternehmer fest, als dieser zwecks Verhandlungen über die Belieferung des amerikanischen Marktes in die USA reiste. In seinem Besitz befand sich ein Laptop, dessen Überprüfung durch das Auffinden von Frachtpapieren und Fotografien von Produkten eine Verbindung mit den Strohfirmen und gefälschten Arzneimitteln offenbarte, welche Gegenstand des britischen Ermittlungsverfahrens waren.

Der chinesische Unternehmer wurde in den USA wegen des Vertriebs von gefälschten Arzneimitteln (*Supplying Falsified Medicines*) zu 6 ½ Jahren Freiheitsstrafe verurteilt. Im Vereinigten Königreich wurden mehrere Personen festgenommen und der Haupttäter wegen Verschwörung zum Betrug (*Conspiracy of Defraud*) zu 8 Jahren Freiheitsstrafe verurteilt.

Teil 4: Staatliche und unionale Schutzpflichten

Die oben beschriebenen, teils gravierenden Auswirkungen von gefälschten und nachgeahmten Arzneimitteln auf die Gesundheit von Patienten sowie auf die wirtschaftlichen Belange aller am Arzneimittelmarkt Beteiligten wirft die drängende Frage nach den ergriffenen Gegenmaßnahmen auf. Vorausgehend stellt sich dazu die Frage, ob und inwieweit überhaupt Pflichten der EU und der Mitgliedstaaten zum Schutz vor gefälschten und nachgeahmten Arzneimitteln bestehen. Von diesem Bestehen und dem Umfang etwaiger Schutzpflichten hängt die rechtliche Beurteilung und Vergleichbarkeit der unter Teil 5 herausgearbeiteten Schutzvorkehrungen ab.

Mit den Schutzpflichten sind auf nationaler Ebene die verfassungsrechtlichen Vorgaben für staatliche Schutzmaßnahmen angesprochen. Im Mittelpunkt steht die Frage, ob einem Staat überhaupt die Pflicht obliegt, zum Schutz seiner Bürger vor einem bestimmten nichtstaatlichen Verhalten (wie z.B. der Herstellung oder dem Vertrieb von Arzneimittelfälschungen durch private Dritte) tätig zu werden. Daran schließt sich ggf. die Frage nach dem Umfang einer solchen staatlichen Pflicht und den Mitteln zur Schutzgewähr an. Beide Fragestellungen lassen sich anhand der Rechtsfigur der staatlichen Schutzpflichten beantworten. In diesem Rahmen wird die Rechtslage im deutschen Recht dargestellt, in dem das Bestehen von Schutzpflichten als Funktion der Grundrechte schon seit längerem anerkannt ist.[203]

Anschließend wird auf das Bestehen einer Pflicht der EU zum Schutz vor Fälschungen und Nachahmungen eingegangen, insoweit stellen sich im Rahmen einer unionalen Schutzpflicht mit dem deutschen Recht vergleichbare Themenkomplexe.

---

203 Spätestens seit BVerfGE 39, 1 (92) – *Schwangerschaftsabbruch I*; *Szczekalla*, Schutzpflichte*n*, S. 71; *Isensee*, HStR IX, § 191 Rn. 149.

A. Staatliche Schutzpflichten im deutschen Recht

Der Schutz von Freiheit und Sicherheit gehört zu den zentralen Aufgaben des modernen Staats. Auf dieser Grundlage beruht die Lehre von den grundrechtlichen Schutzpflichten.[204]

I. Begriffsbestimmung

Die Schutzpflicht gebietet dem Staat, die grundrechtlich geschützten Rechtsgüter vor Beeinträchtigungen[205] zu schützen, die nicht durch den Staat, sondern durch private Dritte bewirkt werden.[206] Ob als solche Dritte nur andere Private oder auch ausländische Staaten oder Naturkatastrophen in Betracht kommen ist streitig.[207]

Damit bildet die Schutzpflicht den Gegenpol zu der klassischen Funktion der Grundrechte als Abwehrrechte des Bürgers gegen staatliche Eingriffe.[208] Ein Grundrechtseingriff in den Schutzbereich des Abwehrrechts ist nur unter der Voraussetzung erlaubt, dass der Eingriff verfassungsrechtlich gerechtfertigt ist, also insbesondere eine Eingriffsgrundlage in Form eines Parlamentsgesetzes besteht.[209] Daraus folgt unmittelbar das Recht auf Unterlassung rechtswidriger Eingriffe und auf Beseitigung der Folgen.[210] Demgegenüber schützt die Schutzpflicht zwar dasselbe grundrechtliche Gut gegen Eingriffe wie das Abwehrrecht, jedoch im Gegensatz zu diesem nicht gegen drohende Eingriffe der öffentlichen Gewalt, sondern gegen Eingriffe von Privaten.[211] Der Staat ist insoweit nicht nur zur Unterlassung verpflichtet, sondern auch zum Handeln aufgefordert.[212]

---

204 *Zippelius/Würtenberger*, Deutsches StaatsR, § 17 Rn. 30.

205 Die Beeinträchtigung umfasst sowohl die Verletzung des das grundrechtlichen Schutzrechts als auch dessen Gefährdung, dazu *Isensee*, HStR IX, § 191 Rn. 235; *Hermes*, Grundrecht auf Schutz, S. 228.

206 Vgl. *Bumke/Voßkuhle*, Casebook Verfassungsrecht, Rn. 190; *Manssen*, StaatsR II, § 3 Rn. 50.

207 Bejahend: *Bumke/Voßkuhle*, Casebook Verfassungsrecht, Rn. 196; *Szczekalla*, Schutzpflichten, S. 96 ff.; dagegen: *Isensee*, HStR IX, § 191 Rn. 206 ff.

208 Vgl. *Isensee*, HStR IX, § 191 Rn. 1.

209 *Bumke/Voßkuhle*, Casebook Verfassungsrecht, Rn. 56; *Hufen*, StaatsR II, § 5 Rn. 4.

210 *Hufen*, StaatsR II, § 5 Rn. 4.

211 *Isensee*, HStR IX, § 191 Rn. 1.

212 *Sodan/Ziekow*, Grundkurs Öff R, § 22 Rn. 21.

II. Rechtsprechung des BVerfG zu den Schutzpflichten

Die Rechtsfigur der Schutzpflicht wird wesentlich geprägt durch das Bundesverfassungsgericht (BVerfG).[213] Im Mittelpunkt von dessen Schutzpflicht-Rechtsprechung steht der Schutz des Lebens, des Körpers und der Gesundheit. Jedenfalls seit dem sogenannten Ersten Abtreibungsurteil[214] im Jahre 1975 steht fest, dass dem Staat eine Schutzpflicht – (sogar) gegenüber dem Nasciturus – aus Art. 2 Abs. 2 S. 1 und Art. 1 Abs. 1 S. 2 GG[215] obliegt. In der Entscheidung führte das BVerfG aus: „Die Schutzpflicht verbietet nicht nur unmittelbare staatliche Eingriffe in das sich entwickelnde Leben, sondern gebietet dem Staat auch, sich schützend und fördernd vor dieses Leben zu stellen, das heißt vor allem, es auch vor rechtswidrigen Eingriffen vonseiten anderer zu bewahren".[216]

Bestätigt wurde diese Rechtsprechung in weiteren Fällen des BVerfG zum Schutz des Lebens und der Gesundheit.[217] Daneben begründete das BVerfG für viele andere Grundrechte ausdrückliche Schutzpflichten, wie z.B. für die Berufsfreiheit aus Art. 12 Abs. 1 GG[218] und die Eigentumsgarantie aus Art. 14 Abs. 1 S. 1 GG[219]. Die Verfassungsinterpretation und die Rechtsprechung gehen mittlerweile davon aus, dass dem Staat eine Schutzpflicht zugunsten jedes in einem Freiheitsgrundrecht garantierten Rechtsgutes obliegt und auch jedes Gleichheitsgrundrecht potenziell „schutzpflichttauglich" ist.[220]

---

213 *Isensee*, HStR IX, § 191 Rn. 146.

214 BVerfGE 39, 1 – *Schwangerschaftsabbruch I.*

215 Grundgesetz für die Bundesrepublik Deutschland vom 23.05.1949 (BGBl. S. 1), zuletzt geändert durch Gesetz vom 13.07.2017 (BGBl. I S. 2347).

216 BVerfGE 39, 1 (41) – *Schwangerschaftsabbruch I.*

217 So etwa BVerfGE 49, 89 (141 f.) – *Kalkar I*; 53, 30 (57) – *Mühlheim-Kärlich*; 56, 54 (73) – *Fluglärm*; 77, 170 (214) – *C-Waffen*; 79, 174 (201 f.) – *Straßenverkehrslärm*; 88, 203 (251) – *Schwangerschaftsabbruch II.*

218 BVerfGE 81, 242 (253) – *Handelsvertreter*; 84, 133 (147) – *Warteschleife*; 92, 26 (46 f.) – *Zweitregister.*

219 BVerfG NJW 1983, 2931 (2932); BVerfG UPR 1998, 341 (342 f.)

220 *Manssen*, StaatsR II, § 3 Rn. 50; *Szczekalla*, Schutzpflichten, S. 149.

III. Herleitung der Schutzpflicht

Das BVerfG leitet die Schutzpflichten aus der objektiv-rechtlichen Dimension des jeweils betroffenen Grundrechts ab,[221] welche neben der klassischen Funktion als Abwehrrechte des Bürgers gegen staatliche Eingriffe steht. Gemäß der objektiv-rechtlichen Dimension bzw. Funktion verkörpern die Grundrechte eine „objektive Wertordnung",[222] die als verfassungsrechtliche Grundentscheidung für alle Bereiche des Rechts gilt und Richtlinien und Impulse für Gesetzgebung, Verwaltung und Rechtsprechung gibt.[223] Als Verdeutlichung der objektiv-rechtlichen Schutzpflicht gilt die ausdrücklich normierte Verpflichtung des Staates in Art. 1 Abs. 1 S. 2 GG, die Würde des Menschen zu schützen.[224] Dagegen wird die zugleich genannte Verpflichtung des Staates, die Menschenwürde zu achten, als Ausdruck des Abwehrrechts gedeutet.[225] Weitere Schutzaufträge enthalten Art. 6 Abs. 1 GG für Ehe und Familie sowie Art 6 Abs. 4 und 5 GG hinsichtlich des Schutzes der Mutter und der Gleichstellung des nichtehelichen Kindes.

Im Zweiten Schwangerschaftsurteil[226] konkretisierte das BVerfG seinen Ansatz: „Ihren *Grund* hat diese Schutzpflicht in Art. 1 Abs. 1 GG, der den Staat ausdrücklich zur Achtung und zum Schutz der Menschenwürde verpflichtet; ihr *Gegenstand* und – von ihm her – ihr Maß werden durch Art. 2 Abs. 2 GG näher bestimmt".[227]

IV. Adressat der Schutzpflicht

Adressat der Schutzpflicht ist in Übereinstimmung mit Art. 1 Abs. 3 GG die gesamte öffentliche Gewalt, also neben der Legislative auch die Exeku-

---

221 Vgl. etwa BVerfGE 39, 1 (42) – *Schwangerschaftsabbruch I*; 46, 160 (164) – Schleyer; 49, 89 (141) – *Kalkar I*; zustimmend der überwiegende Teil der Literatur, *Szczekalla*, Schutzpflichten, S. 244 m.w.N.

222 BVerfGE 7, 198 (205) – *Lüth*. Teilweise spricht das BVerfG auch vom „objektivrechtlichen Gehalt", von „objektivrechtlichen Elementen" oder von einer „objektiv-rechtliche Wertentscheidung", BVerfGE 53, 30 (57) – *Mühlheim-Kärlich*; 57, 295 (320) – *Rundfunkentscheidung*; 77, 170 (214) – *Lagerung chemischer Waffen*.

223 BVerfGE 39, 1 (41) – *Schwangerschaftsabbruch I*.

224 BVerfGE 49, 89 (142) – *Kalkar I*.

225 *Herdegen* in: Maunz/Dürig, GG Kommentar, Art. 1 Abs. 1 Rn. 75 und 78.

226 BVerfGE 88, 203 – *Schwangerschaftsabbruch II*.

227 BVerfGE 88, 203 (251 f.) – *Schwangerschaftsabbruch II*.

tive und Judikative.[228] Alle drei Staatsgewalten werden tätig in ihrem jeweiligen Funktionskreis, die Schutzpflicht gibt als solche keine Kompetenz und keine Eingriffsbefugnis.[229] Primär richtet sich die Schutzpflicht aufgrund des Gesetzesvorbehalts an den Gesetzgeber, da eine schützende Tätigkeit des Staates häufig mit einem Eingriff in Freiheitsrechte des privaten Störers verbunden ist.[230] Dem Gesetzgeber obliegt die „Aufstellung und normative Umsetzung eines Schutzkonzepts".[231] Daran anschließend hat die Exekutive die schutzpflichtrelevanten Normen zu vollziehen und die Rechtsprechung das mögliche Zurückbleiben des Gesetzgebers hinter den verfassungsrechtlichen Anforderungen sowie die Einhaltung der gesetzlich normierten Pflichten zur Schutzgewähr durch Private zu kontrollieren.[232]

V. Inhalt der Schutzpflicht

Bei der Frage, wie die Schutzpflichten zu erfüllen sind, kommen der Legislative und der Exekutive nach der Rechtsprechung des BVerfG „ein weiter Einschätzungs-, Wertungs- und Gestaltungsspielraum zu, der auch Raum lässt, etwa konkurrierende öffentliche und private Interessen zu berücksichtigen".[233] Grund dafür ist, dass einer Schutzpflicht auf vielfältige Weise nachgekommen werden kann und eine Entscheidung von vielen Faktoren abhängt, besonders „von der Art, der Nähe und dem Ausmaß der drohenden Gefahr, von der Art und dem Rang der beteiligten staatlichen und privaten Interessen sowie von den schon vorhandenen Regelungen und den bereits getroffenen Maßnahmen".[234] Nur ausnahmsweise kann sich „in besonders gelagerten Fällen, wenn anders ein effektiver Lebensschutz nicht zu erreichen ist, die Möglichkeit der Auswahl der Mittel zur Erfüllung der Schutzpflicht auf die Wahl eines bestimmten Mittels verengen".[235]

---

228 Vgl. BVerfGE 46, 160 (164) – Schleyer; 77, 170 (215) – *Lagerung chemischer Waffen*.

229 *Isensee*, HStR IX, § 191 Rn. 219 und 277.

230 *Jaeckel*, Schutzpflichten, S. 89; siehe auch BVerfGE 39, 1 (51) – *Schwangerschaftsabbruch I*; 85, 191 (213); 88 – *Nachtarbeitsverbot*, 203 (252) – *Schwangerschaftsabbruch II*; BVerfG NJW 1996, 651.

231 Zuletzt BVerfGE 96, 56 (64) – *Vaterschaftsauskunft*; *Szczekalla*, Schutzpflichten, S. 151.

232 *Schneider* in: Hdb der GR I, § 18 Rn. 45; *Jaeckel*, Schutzpflichten, S. 89.

233 BVerfGE 77, 170 (214 f.) – *Lagerung chemischer Waffen*; 79, 174 (202) – *Straßenverkehrslärm*; *Sodan/Ziekow*, Grundkurs Öff R, § 22 Rn. 23.

234 Vgl. BVerfE 49, 89 (142) – Kalkar I; 56, 54 (78) – *Fluglärm*.

235 BVerfGE 115, 118 (160) – *Luftsichereheitsgesetz*; 46, 160 (164 f.) – *Schleyer*.

Die weite Gestaltungsfreiheit der Legislative und Exekutive kann von den Gerichten nur in begrenztem Umfang überprüft werden.[236] Entsprechend ist das der staatlichen Schutzpflicht korrespondierende grundrechtliche Schutzrecht nur verletzt, „wenn die öffentliche Gewalt Schutzvorkehrungen entweder überhaupt nicht getroffen hat oder die getroffenen Regelungen und Maßnahmen gänzlich ungeeignet oder völlig unzulänglich sind, das gebotene Schutzziel zu erreichen, oder erheblich dahinter zurückbleiben".[237] In weiteren Entscheidungen erkannte das BVerfG jedoch, dass sich eine solche Evidenzkontrolle im Falle erheblicher Gefährdungen bedeutsamer Rechtsgüter dem Gesetzgeber gegenüber als zu großzügig erweisen kann und bestimmte einen strengeren Maßstab.[238] Im Zweiten Abtreibungsurteil[239] legte das BVerfG unter Hinweis auf den Schutz menschlichen Lebens dem Gesetzgeber die Beachtung des Untermaßverbots auf: „Notwendig ist ein – unter Berücksichtigung entgegenstehender Rechtsgüter – angemessener Schutz; entscheidend ist, dass er als solcher wirksam ist. Die Vorkehrungen, die der Gesetzgeber trifft, müssen für einen angemessenen und wirksamen Schutz ausreichend sein und zudem auf sorgfältige Tatsachenermittlungen und vertretbaren Einschätzungen beruhen. [...] Soll das Untermaßverbot nicht verletzt werden, muss die Ausgestaltung des Schutzes durch die Rechtsordnung Mindestanforderungen entsprechen".[240] Soweit der Staat also einen Bürger bei der Ausübung seines Grundrechts vor Beeinträchtigungen Dritter schützen muss, darf die staatliche Schutzmaßnahme nicht untermäßig das beeinträchtigte Grundrecht schützen; andererseits darf sie aber auch nicht übermäßig in die Freiheit des Dritten eingreifen.[241] Die gegenläufigen Interessen sind nach Maßgabe der grundgesetzlichen Wertordnung und unter Beachtung des Verhältnismäßigkeitsgrundsatzes zum Ausgleich zu bringen.[242] Je existentieller die Grundrechte für den Einzelnen sind, desto intensiver muss der Schutz vor Gefährdung und Beeinträchtigung sein.[243] Eine zu weite Einschränkung der Gestaltungfreiheit des Gesetzgebers ist in der Rechtsprechung nicht zu sehen, denn es verbleibt auch im Rahmen des Verhältnismäßigkeitsgrund-

---

236 BVerfGE 77, 170 (215) – *Lagerung chemischer Waffen*; *Sodan/Ziekow*, Grundkurs Öff R, § 22 Rn. 23.
237 BVerfGE 92, 26 (46) – *Zweitregister*.
238 *Sodan/Ziekow*, Grundkurs Öff R, § 22 Rn. 24.
239 BVerfGE 88, 203 – *Schwangerschaftsabbruch II*.
240 BVerfGE 88, 203 (254 f.) –*Schwangerschaftsabbruch II*.
241 *Zippelius/Würtenberger*, Deutsches StaatsR, § 17 Rn. 40.
242 BVerfGE 39, 1 (47) – *Schwangerschaftsabbruch I*; *Isensee*, HStR IX, § 191 Rn. 297.
243 *Zippelius/Würtenberger*, Deutsches StaatsR, § 17 Rn. 40.

satzes noch die Auswahlmöglichkeit zwischen einer ganzen Reihe unterschiedlicher Maßnahmen.[244]

VI. Schutzmittel

Im Rahmen seines weiten Ermessens kann der Staat zur Schutzgewährung zwischen allen Mitteln rechtlicher (normativer) wie auch tatsächlicher (faktischer) Art wählen,[245] wobei „[d]ie Wahl [...] aber immer nur auf solche Mittel fallen [kann], deren Einsatz mit der Verfassung in Einklang steht".[246] Der Staat kann auch über die reine Gefahrenabwehr hinaus zu einer Risikovorsorge verpflichtet werden, wobei wiederum die Bedeutung des grundrechtlichen Schutzguts und der Grad seiner jeweiligen Gefährdung maßgeblich ist.[247] Überblicksmäßig werden im Folgenden die wichtigsten Schutzmittel aufgezählt, wobei eine vollständige Aufzählung[248] nicht Thema der vorliegenden Arbeit ist und aufgrund des Umfangs hier auch nicht erfolgen kann.

1. Rechtliche Schutzmittel

Die einzelnen Normen der gesamten nationalen Rechtsordnung stellen die rechtlichen Mittel zur Schutzgewähr dar.[249] In vielfältigen Situationen wird der Staat seiner Schutzpflicht dadurch gerecht, dass er nach Abwägung der Grundrechte durch Erlass bestimmter Rechtsnormen die Entscheidung für ein Schutzgut vornimmt.[250] Der rechtliche Schutz lässt sich

244 So auch *Zippelius/Würtenberger*, Deutsches StaatsR, § 17 Rn. 40, a.A. wohl *Hufen*, StaatsR II, § 5 Rn. 6.

245 *Szczekalla*, Schutzpflichten, S. 175, nach dem eine Unterscheidung zwischen rechtlichen und tatsächlichen Schutzmitteln aufgrund des jeweils möglichen Erfordernisses einer gesetzlichen Grundlage nicht trennscharf durchzuführen ist und deshalb hier auch nicht durchgeführt werden soll.

246 BVerfGE 115, 118 (160) – *Luftsichereheitsgesetz*; 46, 160 (164 f.) – *Schleyer*.

247 Vgl. BVerfGE 53, 30 (57 f, 65 ff.) – Mülheim-Kärlich; *Callis* in: Merten/Papier, Hdb der Grundrechte II, 2006, § 44 Rn. 25.

248 Zu einer umfassenderen Aufzählung der Schutzmittel siehe *Szczekalla*, Schutzpflichten, S. 175 ff.

249 *Di Fabio* in: Maunz/Dürig, GG Kommentar, Art. 2 Abs. 2 Satz 1 Rn. 86.

250 *Di Fabio* in: Maunz/Dürig, GG Kommentar, Art. 2 Abs. 2 Satz 1 Rn. 86.

in primäre und sekundäre Schutzmittel einteilen.[251] Primäre Schutzmittel dienen dazu, grundrechtliche Schutzgüter gegen Eingriffe Dritter rechtlich abzuschirmen. Sekundäre Schutzmittel sind solche, die zur Durchsetzung dieser Eingriffsverbote erforderlich sind.[252]

Die primären Schutzmittel können in Ge- und Verbote zusammengefasst werden.[253] Unerheblich ist dabei, ob die Vorschriften dem öffentlichen Recht, dem Zivilrecht oder dem Straf- und Ordnungswidrigkeitenrecht entstammen.[254] Die sekundären Schutzmittel setzen sich aus verschiedenen Gruppen von Vorschriften zusammen. Zum einen gehören hierzu Überwachungsmaßnahmen, mithilfe derer die Einhaltung von Ge- und Verboten kontrolliert wird.[255] In diesem Rahmen kann auch der Schutz durch Verfahren genannt werden, denn Genehmigungs- oder Anzeigepflichten haben ein Verwaltungsverfahren zur Folge, in welchem die Einhaltung betreffender Vorschriften überprüft wird.[256] Zudem gewährleisten Sanktionen, welche im Straf- und Ordnungswidrigkeitenrecht reglementiert sind, sekundären Schutz.[257] Im Zivilrecht kommen Unterlassungs- und Ersatzansprüche zur Anwendung.[258] Zur Durchsetzung von Vorschriften tragen schließlich auch die Gerichte und die gewaltsame Durchsetzung ihrer Entscheidungen durch die Vollstreckung bei.[259]

Der Schutzauftrag an den Gesetzgeber ist dynamisch zu verstehen. Dem dynamischen Rechtsschutz entsprechen Generalklauseln, welche veränderte Sachlagen und neue Gefahren zu erfassen vermögen. Soweit Schutzvorkehrungen fehlen, sind diese zu schaffen und, soweit die vorhandenen den grundrechtlichen Anforderungen nicht genügen, sind diese zu ersetzen

---

251 *Murswiek*, Staatliche Verantwortung, S. 108; *Szczekalla*, Schutzpflichten, S. 175 und 186, der tatsächliche von rechtlichen Schutzmitteln unterscheidet und letztere in primäre, sekundäre und tertiäre Schutznormen einteilt. Tertiärer Schutz sei in der Folgenbeseitigung zu sehen.

252 *Murswiek*, Staatliche Verantwortung, S. 108.

253 *Murswiek*, Staatliche Verantwortung, S. 108; *Szczekalla*, Schutzpflichten, S. 186.

254 *Szczekalla*, Schutzpflichten, S. 187.

255 *Murswiek*, Staatliche Verantwortung, S. 117 f.

256 Vgl. *Szczekalla*, Schutzpflichten, S. 190; *Murswiek*, Staatliche Verantwortung, S. 118 f.

257 *Di Fabio* in: Maunz/Dürig, GG Kommentar, Art. 2 Abs. 2 Satz 1 Rn. 86; *Szczekalla*, Schutzpflichten, S. 193 f.

258 *Szczekalla*, Schutzpflichten, S. 193.

259 *Murswiek*, Staatliche Verantwortung, S. 112.

oder nachzubessern.[260] Insbesondere wegen der Nachbesserungspflicht trifft den Gesetzgeber eine Beobachtungs- und Forschungspflicht.[261]

2. Tatsächliche Schutzmittel

Ein typisches tatsächliches Schutzmittel des Staates ist die Aufklärung der Bevölkerung oder einzelner Risikogruppen und die Warnung vor Gesundheitsgefahren, wie z.B. durch Warnhinweise auf Zigarettenverpackungen[262] oder die Aufklärung über ansteckende Krankheiten, über die noch wenig bekannt ist und die ein hohes Risiko für die Bevölkerung darstellen.[263] Dies ermöglicht es den betroffenen Bürgern, sich selbst vor den aufgezeigten Gefahren zu schützen.[264] Aus dem Recht auf Selbstbestimmung können sich zudem Kennzeichnungspflichten für Lebensmittel ergeben.[265]

Ein wichtiges tatsächliches Schutzmittel besteht naturgemäß in der Leistung von Geld.[266] Die Verpflichtung zur Leistung kann den Staat aber nur im Rahmen seiner allgemeinen Verantwortung für den Staatshaushalt als Ganzen treffen, sodass die Regelungen insoweit mit dem Rang und der Dringlichkeit anderer Staatsaufgaben in Einklang stehen müssen.[267] Da auch private Dritte in die Schutzpflicht-Erfüllung eingeschaltet werden können, kann eine entsprechende finanzielle Förderung ebenso durch Dritte erfolgen. Im Fall einer finanziellen oder ordnungsrechtlichen Inanspruchnahme Dritter ist der Gesetzgeber zumindest gehalten, auf die Belastbarkeit der Betroffenen Rücksicht zu nehmen.[268]

---

260 *Isensee*, HStR IX, § 191 Rn. 286 f.

261 *Szczekalla*, Schutzpflichten, S. 183 f.

262 BVerfGE 96, 171 (185) – *Stasi-Fragen*.

263 *Di Fabio* in: Maunz/Dürig, GG Kommentar, Art. 2 Abs. 2 Satz 1 Rn. 89; für den Fall von Aids: BVerfG, NJW 1987, 2287 f.

264 *Szczekalla*, Schutzpflichten, S. 180 f.

265 *Murswiek* in: Sachs, GG Kommentar, Art. 2 Rn. 204, der die Kennzeichnungspflicht aus dem Recht zur Selbstbestimmung der Ernährung ableitet.

266 BVerfG, NJW 1997, 2085; *Szczekalla*, Schutzpflichten, S. 177.

267 Vgl. BVerfGE 92, 26 (47) – *Zweitregister*; 98, 169 (201) – *Arbeitspflicht*; *Szczekalla*, Schutzpflichten, S. 177 f.

268 *Szczekalla*, Schutzpflichten, S. 178; zu gesetzlichen Vorschriften zur Verminderung der Luftverschmutzung: BVerfG, UPR 1998, 341 (343).

VII. Durchsetzung der Schutzpflicht

Bei der Durchsetzung einer Schutzpflicht gegen den Staat stellt sich die Frage nach einem subjektiven Recht auf Erfüllung der Schutzpflicht und nach dessen Durchsetzungsmöglichkeiten.

1. Subjektives Grundrecht auf Erfüllung der Schutzpflicht

Nach der Ableitung verfassungsrechtlicher Schutzpflichten aus der objektiv-rechtlichen Dimension der Grundrechte, legt das BVerfG die subjektiv-rechtliche Dimension dieser Schutzpflicht folgendermaßen dar: „Werden diese Schutzpflichten verletzt, so liegt darin zugleich eine Verletzung des Grundrechts aus Art. 2 Abs. 2 S. 1 GG, gegen die sich der Betroffene mit Hilfe der Verfassungsbeschwerde zur Wehr setzten kann".[269] Aus der staatlichen Schutzpflicht erwächst also ein Schutzrecht des betroffenen Bürgers.[270] Grundsätzlich besteht jedoch kein subjektives Recht auf eine bestimmte gesetzliche Maßnahme, sondern nur auf ein Tätigwerden des Staates überhaupt.[271]

2. Rechtsschutz

Rechtsschutz kann der Einzelne zunächst durch die Fachgerichte erlangen, die bei der Anwendung und Auslegung des einfachen Rechts auch die Schutzfunktion der Grundrechte zu beachten haben. Allerdings dürfen die Gerichte die Grenzen der Gesetzesauslegung und richterlichen Rechtsfortbildung nicht überschreiten.[272] Wird der Rechtsschutz durch die Fachgerichte in einem konkreten Fall nicht ausreichend gewährleistet oder kann der Rechtsschutz durch die Fachgerichte wegen keiner oder nicht ausreichender gesetzlicher Normierung nicht in zumutbarer Weise erlangt werden, bleibt die Möglichkeit einer Verfassungsbeschwerde beim Bundesverfassungsgericht.[273]

---

269 BVerfGE 77, 170 (214) – *Lagerung chemischer Waffen*; *Sodan/Ziekow*, Grundkurs Öff R, § 22 Rn. 22.

270 *Sodan/Ziekow*, Grundkurs Öff R, § 22 Rn. 22.

271 *Sodan/Ziekow*, Grundkurs Öff R, § 22 Rn. 22.

272 Zur Kompetenzabgrenzung zwischen den Staatsgewalten siehe oben in diesem Teil 4 A. unter II.3.

273 *Jaeckel*, Schutzpflichten, S. 97.

VIII. Staatliche Schutzpflicht vor gefälschten und nachgeahmten Arzneimitteln

Für das Herstellen und das Inverkehrbringen von gefälschten und nachgeahmten Arzneimitteln sind private Dritte verantwortlich, sodass mangels staatlichen Handelns nicht die Funktion der Grundrechte als Abwehrrecht, sondern diejenige als Schutzpflicht einschlägig ist. Im Folgenden soll untersucht werden, ob und aus welchen Grundrechten sich staatliche Pflichten zum Schutz vor gefälschten und nachgeahmten Arzneimitteln begründen lassen. Dazu müsste das Handeln eines Dritten ein schutzfähiges Rechtsgut beeinträchtigen. Als mögliche Schutzgüter kommen hier das Leben und die körperliche Unversehrtheit (Art. 2 GG) sowie das Eigentum (Art. 14 GG) und die Berufsfreiheit (Art. 12 GG) in Betracht.

1. Recht auf Leben und körperliche Unversehrtheit

Die von gefälschten Arzneimitteln ausgehenden gesundheitlichen Beeinträchtigungen könnten einen staatlichen Schutz der körperlichen Unversehrtheit und des Lebens von Patienten auslösen.

a. Schutzfähiges Rechtsgut

Objekt der Gefahr, welche von der Einnahme gefälschter Arzneimittel ausgeht, ist insbesondere die körperliche Unversehrtheit sowie das Leben der Patienten. Die Pflicht des Staates zum Schutz dieser Rechte ergibt sich aus Art. 2 Abs. 2 S. 1 i.V.m. Art. 1 Abs. 1 GG (siehe oben in diesem Teil 4 A. unter II.).

Das Schutzgut der körperlichen Unversehrtheit (Art. 2 Abs. 2 S. 1 Alt. 2 GG) schützt zunächst die Gesundheit im biologisch-physiologischen Sinne und umfasst ferner „die körperliche Integrität des Grundrechtsträgers und damit auch das diesbezügliche Selbstbestimmungsrecht“.[274] Das Recht auf Leben (Art. 2 Abs. 2 S. 1 Alt. 1 GG) schützt „die biologisch-physische Existenz jedes Menschen vom Zeitpunkt ihres Entstehens bis zum Eintritt des Todes“.[275] Streit herrscht über den genauen Zeitpunkt in dem das Leben

---

274 BVerfG 128, 282 (300) – *Zwangsbehandlung im Maßregelvollzug*; *Bumke/Voßkuhle*, Casebook Verfassungsrecht, Rn. 414.
275 BVerfG 115, 118 (139) – Luftsicherheitsgesetz.

einsetzt und endet.[276] Jedenfalls genießt aber auch der Embryo Lebensschutz.[277] Auf das Alter, die Staatsangehörigkeit sowie den körperlichen oder geistigen Zustand des Menschen kommt es nicht an.[278] Träger der genannten Grundrechte ist jede natürliche Person, juristische Personen sind dagegen mangels eines entsprechenden Rechtsguts nicht grundrechtsberechtigt.[279]

b. Beeinträchtigung durch Dritte

Die Beeinträchtigung des schutzfähigen Rechtsguts durch Dritte wird vom BVerfG als ein „rechtswidrige[r] Eingriff von Seiten anderer" bezeichnet.[280] Der Eingriffsbegriff lässt sich in diesem Kontext ebenso bestimmen wie der weite Begriff im Kontext des Abwehrrechts, nämlich als die nicht unerhebliche Einwirkung auf das Schutzgut gegen den Willen des Berechtigten.[281] Gleichwohl bedarf die Formulierung in mehrerlei Hinsicht der Konkretisierung. Erstens fordert der insoweit missverständliche Begriff des Eingriffs nicht eine gegenwärtige, von einem bestimmten Verursacher ausgehende Rechtsverletzung wie sie bei einem Eingriff von staatlicher Seite in der Regel vorliegt. Vielmehr wird auch die Gefahr einer Rechtsverletzung von der Schutzpflicht umfasst.[282] Der Begriff des Verursachers ist weit auszulegen und muss sich nicht auf eine einzige, identifizierbare Person beziehen.[283] Zweitens bedarf der Maßstab der Rechtswidrigkeit der Erläuterung, da er nicht das einfachen Recht, sondern nur die Verfassung sein kann.[284] Im Folgenden wird auf die Tatbestandsmerkmale näher eingegangen.

---

276 Hierzu siehe *Schulze-Fielitz* in: Dreier, GG Kommentar, Art. 2 II Rn. 27 ff.

277 Vgl. BVerfGE 39, 1 (42) – *Schwangerschaftsabbruch I.*

278 *Bumke/Voßkuhle*, Casebook Verfassungsrecht, Rn. 412.

279 BVerwGE 54, 211 (220) – *Böll*; *Kunig* in: v.Münch/Kunig, GG Kommentar, Art. 2 Rn. 45.

280 BVerfGE 39, 1 (42) – *Schwangrschaftsabbruch I*; 49, 24 (53) – *Kontaktsperre-Gesetz*; 56, 54 (73) – *Fluglärm*.

281 *Isensee*, HStR IX, § 191 Rn. 225.

282 *Hermes*, Grundrecht auf Schutz, S. 227 f.

283 *Isensee*, HStR IX, § 191 Rn. 241; *Hermes*, Grundrecht auf Schutz, S. 227.

284 *Hermes*, Grundrecht auf Schutz, S. 226 f.

(I) Eingriff

Primäres Ziel der Schutzpflicht ist die Verhinderung eines zukünftigen Schadens. Da sie andernfalls weitgehend leer liefe, erfasst die Schutzpflicht auslösende Beeinträchtigung somit neben der aktuellen Rechtsverletzung auch die Gefahr einer Verletzung durch Dritte.[285] Der präventive Charakter bringt aber die besondere Schwierigkeit mit sich, das Maß der Gefahr bestimmen zu müssen, dass verfassungsrechtlich eine Reaktion des Staates fordert.[286]

(1) Gefährdungsintensität

Hinsichtlich der Gefährdungsintensität, welche eine staatliche Handlungspflicht auslöst, besteht Uneinigkeit. Eine Ansicht legt als Ausgangspunkt den polizeirechtlichen Gefahrenbegriff zu Grunde.[287] Danach ist Gefahr die Sachlage, die bei ungehindertem Geschehensablauf mit hinreichender Wahrscheinlichkeit zu einem Schaden führen würde.[288] Zur Konkretisierung dienen die Begriffe der Eintrittswahrscheinlichkeit und des Schadensausmaßes, wobei letzteres wiederum durch die Bedeutung des konkret betroffenen Rechtsguts bestimmt wird.[289] Andere wenden sich unter Hinweis auf grundsätzliche Unterschiede gegenüber dem Polizeirecht gegen die Übertragung polizeilicher Maßstäbe.[290] Da erstere Ansicht jedoch den polizeirechtlichen Ansatz nur als Anknüpfungspunkt nutzt, die Thematik verfassungsrechtlich modifiziert und sich darüber hinaus mit Fragen des Risikos auseinandersetzt, verläuft die eigentlich bedeutsame Streitlinie quer zu dieser Thematik. Sie betrifft die Frage, ob die Gefahr begrifflich von einem Risiko und sogenanntem Restrisiko zu trennen ist und inwieweit die Begrifflichkeiten unter den Tatbestand der grundrechtlichen Schutzpflicht zu fassen sind.

---

285 *Isensee*, HStR IX, § 191 Rn. 235; *Hermes*, Grundrecht auf Schutz, S. 227.

286 *Hermes*, Grundrecht auf Schutz, S. 236.

287 *Isensee*, HStR IX, § 191 Rn. 235; *Hermes*, Grundrecht auf Schutz, S. 236; *Breuer*, DVBl 1978, 829 (833); *Murswiek*, Staatliche Verantwortung, S. 83 f.; *Kloepfer*, Umweltrecht, § 4 Rn. 34; *Stern*, StaatsR III/1, S. 740.

288 Vgl. *Schenke*, Polizei- und Ordnungsrecht, Rn. 69.

289 *Ueltzhöffer*, Tabakkonsum, S. 25; *Hermes*, Grundrecht auf Schutz, S. 236 f.

290 *Dietlein*, Grundrechtliche Schutzpflichten, S. 107 f.; *Unruh*, Grundrechtliche Schutzpflichten, S. 77.

Eine Ansicht unterscheidet zwischen Gefahrenabwehr und Risikovorsorge.[291] Das Risiko erfasse im Gegensatz zur Gefahr auch ferne oder unbekannte, bloß denkbare Möglichkeiten des Schadens und bleibe unterhalb der Gefahrenschwelle, an der die Notwendigkeit staatlichen Handelns einsetze. Es enthalte jedoch das Potential der Gefahr und werde daher vom Tatbestand der Schutzpflicht mit erfasst.[292] Zwar sei die Risikovorsorge nicht verfassungsrechtlich geboten, sondern im Gegensatz zur Gefahrenabwehr fakultativ, aber sie werde von der Verfassung gedeckt und biete so ein legitimes Ziel staatlichen Handelns, dass einen Grundrechtseingriff rechtfertigen könne.[293]

Nach einer vor allem im Atomrecht herausgebildeten Meinung seien die Begriffe der Gefahr und des Risikos noch um denjenigen des Restrisikos zu ergänzen.[294] Sozialadäquate Restrisiken, d.h. zwar theoretisch denkbare, praktisch aber ausgeschlossene Risiken,[295] lägen unterhalb der Akzeptanzschwelle und fielen nicht unter den Tatbestand der Schutzpflicht.[296] Eine absolute technische Sicherheit sei in einer hochindustrialisierten Gesellschaft nicht zu realisieren. Es reiche vielmehr eine risikospezifisch abgestufte Vorsorge nach dem Maßstab der „praktischen Vernunft“ aus.[297] Zudem wird angeführt, dass die Forderung nach einem völligen Risikoausschluss unverhältnismäßig sei.[298]

Schließlich wenden sich einige Stimmen gänzlich gegen eine Abstufung der Gefährdungsintensität.[299] Es sei unbefriedigend zeitlich fernliegende Gefahren jenseits der Thematik grundrechtlicher Schutzpflichten zu diskutieren. Gefahrenstufen seien letztlich nichts weiter als eine qualitative Bewertung potentieller Gefahrenlagen für grundrechtliche Schutzgüter. Ob und inwieweit der Staat zu einem Handeln oder lediglich zur Überwa-

---

291 *Kloepfer*, Umweltrecht, § 3 Rn. 81; *Isensee*, HStR IX, § 191 Rn. 235; *Murswiek*, Staatliche Verantwortung, S. 281.

292 *Isensee*, HStR IX, § 191 Rn. 235.

293 *Isensee*, HStR IX, § 191 Rn. 235.

294 BVerfGE 49, 89 (143) – *Kalkar I*; *Bender*, DÖV 1988, 813 (814 f.); *Kloepfer*, Umweltrecht, § 3 Rn. 83; *Murswiek*, Staatliche Verantwortung, S. 87.

295 Zur Umschreibung des Begriffs Restrisiko vgl. *Hermes*, Grundrecht auf Schutz, S. 238; zur Problematik der Definition ferner *Ossenbühl*, DÖV 1981, 1 (3 f.).

296 *Bender*, DÖV 1988, 813 (814).

297 *Breuer*, DVBl 1978, 829 (835 f.); *Kloepfer*, Umweltrecht, § 3 Rn. 83.

298 *Kloepfer*, Umweltrecht, § 3 Rn. 83.

299 *Dietlein*, Grundrechtliche Schutzpflichten, S. 107 f.; *Unruh*, Grundrechtliche Schutzpflichten, S. 77 f.; *Szczekalla*, Schutzpflichten, S. 303 f.

chung verpflichtet sei, betreffe eine ganz andere Frage (nämlich die nach den Rechtsfolgen einer Schutzpflicht).[300]

Hier wird erstere Ansicht befürwortet, nach welcher das Risiko in Abgrenzung zur Gefahr lediglich einen fakultativen Schutz des Staates begründet. Eine Schutzpflicht, die diesen Namen verdient, kann sich jedenfalls nicht stets auf jede noch so fernliegende Eventualität erstrecken.[301] Vielmehr bietet der Begriff der Gefahr in Abgrenzung zum Begriff des Risikos ein hinreichendes Schutzniveau, das auch äußerst unwahrscheinlichen Vorfällen, die jedoch extrem hohe Schadensfolgen aufgrund eines überragend wichtigen Rechtsguts mit sich bringen können, eine Gefahrenqualität zukommen lässt. Denn je größer der mögliche Schaden ist, desto geringere Anforderungen sind an die Wahrscheinlichkeit eines Schadenseintritts zu stellen.[302] Die zweite Ansicht und damit das Bestehen eines Restrisikos ist abzulehnen.[303] Eine annähernd präzise Grenze zwischen rechtlich erheblicher Gefahr bzw. Risiko und irrelevantem Restrisiko kann nicht gezogen werden. Hinter der Definition des Restrisikos verbirgt sich letztlich nur eine wertende Betrachtung, die den Bereich von Gefahren bestimmen soll, der als zumutbar hinzunehmen ist.[304] Ob ein Risiko verhältnismäßig und daher der Allgemeinheit zumutbar ist oder der Staat handeln muss bzw. darf, wird erst bei der Bestimmung der Rechtsfolge bedeutsam.[305]

Den hier betroffenen Rechtsgütern der körperlichen Unversehrtheit und des Lebens aus Art. 2 Abs. 2 S. 1 GG wird ein besonders hoher Rang zuerkannt,[306] sodass keine allzu großen Anforderungen an die Gefährdungsintensität zu stellen sind. Dennoch birgt nicht jede Arzneimittelfälschung das gleiche Maß an Gefahr in sich und überschreitet die Gefahrenschwelle, vielmehr ist eine Differenzierung nach der Fälschungsart geboten.

---

300 *Dietlein*, Grundrechtliche Schutzpflichten, S. 108.

301 *Stern*, StaatsR III/1, S. 740.

302 *Ueltzhöffer*, Tabakkonsum, S. 25; *Hermes*, Grundrecht auf Schutz, S. 236 f.

303 So auch *Isensee*, HStR IX, § 191 Rn. 238; *Hermes*, Grundrecht auf Schutz, Schutz, S. 239 f.; *Unruh*, Grundrechtliche Schutzpflichten, S. 77 f.

304 *Hermes*, Grundrecht auf Schutz, Schutz, S. 239.

305 *Isensee*, HStR IX, § 191 Rn. 238.

306 Vgl. BVerfGE 49, 24 (53) – *Kontaktsperre-Gesetz*.

(2) Differenzierung nach der Fälschungsart

Je nachdem, ob die Arzneimittelfälschung eine perfekte Imitation, ein Nachahmpräparat, ein Placebo oder ein gesundheitsschädliches Placebo darstellt,[307] ist die Gefährdungsintensität unterschiedlich zu beurteilen. Enthält ein Produkt gesundheitsschädliche oder giftige Stoffe und führt dies zu körperlichen Schäden oder zum Tod eines Patienten (gesundheitsschädliches Placebo), genügt angesichts des großen Schadensausmaßes auch die geringste Wahrscheinlichkeit des Schadenseintritts. Die Eintrittswahrscheinlichkeit dürfte von der Qualität der Fälschung abhängen. So werden schlechte Fälschungen in der Lieferkette von den Marktakteuren sowie vom Patienten eher entdeckt, während gut gemachte Fälschungen wesentlich häufiger zum Patienten gelangen und durch ihre Einnahme oder Verabreichung Schaden verursachen. Dies gilt insbesondere dann, wenn gesundheitsschädliche Stoffe beigemischt wurden, um eine Wirkung des Produkts vorzuspiegeln. Allerdings besteht bei jeder Fälschung unabhängig von deren Qualität zumindest eine geringe Wahrscheinlichkeit des Schadenseintritts, sodass bei gesundheitsgefährdenden Placebos in jedem Falle eine Gefahr der Verletzung besteht.

Anders ist die Lage bei der perfekten Imitation eines am Markt gehandelten Präparates mit demselben Wirkstoff und identischer Verpackung zu beurteilen. Ist das Präparat qualitativ einwandfrei, ist kein Eintritt eines Schadens zu erwarten. Dies kommt allerdings selten vor, da Fälscher billig produzieren wollen.[308] Qualitätsminderungen aufgrund von Mängeln im Herstellungsprozess oder aufgrund falscher Lagerung können nie ganz ausgeschlossen werden, sodass zumindest ein Risiko vorliegt. Fehlt eine einwandfreie Qualität, ist dagegen die Gefahrenschwelle bereits überschritten. Zwar dürfte das Schadensausmaß angesichts desselben Wirkstoffs und der Gewährleistung der richtigen Anwendung über die identische Verpackung bzw. den identischen Beipackzettel gering ausfallen, jedoch ist die Wahrscheinlichkeit, dass die perfekte Imitation zum Patienten gelangt und ein potentieller Schaden eintritt sehr hoch. Im Ergebnis liegt also je nach der qualitativen Bewertung des Präparats eine Gefahr oder zumindest ein Risiko der Verletzung vor.

Schwieriger zu beurteilen ist die Gefährdungslage bei dem Nachahmpräparat, das zu wenig Wirkstoff enthält, oder dem neutralen Placebo, das keinen Wirkstoff enthält. Hier erlangt die Unterscheidung zwischen der

307 Zur Einteilung der Fälschungsarten siehe Teil 2 C.

308 *Kloesel/Cyran*, AMR I, § 8 Erl. 38.

Fälschung von Lifestyle-Produkten und anderen Medikamenten Bedeutung. Lifestyle-Medikamente dienen primär nicht der Bekämpfung einer Erkrankung, sondern der Erhöhung der Lebensqualität durch Verbesserung der körperlichen Leistungsfähigkeit oder des allgemeinen Wohlbefindens. Hierunter fallen insbesondere Arzneimittel zur Behandlung der erektilen Dysfunktion und der Anreizung sowie Steigerung der sexuellen Potenz, zur Raucherentwöhnung, zur Gewichtsreduktion oder zur Zügelung des Appetits, zur Regulierung des Körpergewichts oder zur Verbesserung des Haarwuchses (vgl. § 34 Abs. 1 S. 7 und 8 SGB V). Enthält ein Lifestyle-Medikament zu wenig oder keinen Wirkstoff, bleibt die erwünsche Wirkung aus. Darüber hinaus bleibt auch jegliche weitere Wirkung aus, also auch jeder nachteilige Einfluss auf die Gesundheit, sodass eine Gefahr der Verletzung ausgeschlossen ist. Auch die vorliegende Täuschung des Verbrauchers über die Qualität des Produkts vermag keine Gesundheitsgefährdung zu begründen. Dasselbe gilt grundsätzlich auch für das Nachahmpräparat von Lifestyle-Medikamenten, das einen anderen als den angegebenen, wenn auch angesichts der verwendeten Dosis nicht gesundheitsgefährdenden Wirkstoff enthält (ist der andere Wirkstoff gesundheitsgefährdend liegt ein gesundheitsschädliches Placebo vor). Nur wenn Allergien oder Wechselwirkungen mit anderen eingenommenen Arzneimitteln auftreten, ist ein nachteiliger Einfluss auf die Gesundheit gegeben, der mangels Kenntnis des Patienten auch nicht durch Einwilligung gerechtfertigt werden kann. Insofern begründet die Täuschung des Verbrauchers über die Inhaltsstoffe eine Gesundheitsgefährdung. In allen übrigen Fällen muss aufgrund der nicht auszuschließenden Qualitätsmängel eines Präparats zumindest ein Risiko für die Gesundheit angenommen werden.

Enthält dagegen ein Medikament zur Bekämpfung einer Erkrankung zu wenig oder einen anderen Wirkstoff oder ist gar kein Wirkstoff vorhanden, wird die Krankheit weder geheilt noch werden die Schmerzen hinreichend gelindert. Allerdings ist insoweit fraglich, ob bereits das Ausbleiben einer Wirkung als Verletzung der körperlichen Unversehrtheit oder Gefährdung des Lebens angesehen werden kann. Hätte der Patient überhaupt kein Medikament bekommen, wären dieselben gesundheitlichen Folgen eingetreten. Für die Verschlechterung des Gesundheitszustands ist die Krankheit des Patienten und nicht das gefälschte Arzneimittel verantwortlich. Hier handelt es sich indessen nicht um die Frage nach der Gefahrintensität, sondern vielmehr um diejenige nach der Kausalität.[309] Zur Prüfung, ob von Nachahmpräparaten und Placebos eine Gefahr für Leben und Gesundheit

309 Zur Frage der Kausalität siehe sogleich in diesem Teil 4 A. VIII. b. unter (II).

ausgeht, darf nicht auf ein komplettes Ausbleiben einer medizinischen Behandlung abgestellt werden. Die einzige mögliche, lebensnahe Alternative gegenüber der Anwendung gefälschter Arzneimittel ist die Behandlung mit echten Arzneimitteln. Unter Zugrundelegung der genannten Betrachtungsweise ist das Schadensausmaß gerade in der Verschlechterung des Gesundheitszustandes oder gar dem Tod eines Patienten mit lebensbedrohlicher Krankheit zu sehen. Auch das bloße Ausbleiben der Heilung einer Krankheit oder der Linderung von Schmerzen ist aufgrund der nachteiligen Wirkungen auf das körperliche Wohlbefinden als eine Verletzung der körperlichen Unversehrtheit auszulegen. Die vorliegende nicht geringe Wahrscheinlichkeit eines Schadenseintritts genügt angesichts des insgesamt beträchtlichen Schadensausmaßes, um eine Gefahr der Verletzung zu begründen. Die Bejahung einer Gefährdungslage ist auch interessengerecht, da die Patienten gerade vor Placebos und Nachahmpräparaten geschützt werden müssen. Die damit verbundenen gesundheitlichen Folgen sind im Ergebnis nicht weniger gravierend als diejenigen der Einnahme gesundheitsschädlicher oder giftiger Stoffe.

Einen Sonderfall bildet die Einnahme eines Nachahmpräparats mit einer zu geringen Menge an Antibiotika, wodurch es zu Resistenzbildungen bei Krankheitserregern kommen kann. Die Resistenzbildung führt zu einer negativen Abweichung vom körperlichen Normalzustand und stellt damit für sich bereits eine Verletzung der körperlichen Unversehrtheit dar. Der mögliche Schaden für das hochrangige Rechtsgut der körperlichen Unversehrtheit und die vorliegende nicht geringe Eintrittswahrscheinlichkeit begründen eine Gefahr.

Arzneimittelfälschungen können auch hinsichtlich ihrer Verpackung unterschieden werden, jedoch begründet eine gefälschte Verpackung in der Regel keine Gesundheit- oder gar Lebensgefahr. Anders kann dies jedoch bei einem falschen Beipackzettel gesehen werden. Enthält er fehlerhafte oder unverständliche Informationen zu Dosierung, Wechselwirkungen oder Nebenwirkungen kann dies sehr wohl den Gesundheitszustand eines Patienten beeinträchtigen, welcher dann nicht in der Lage ist die Sicherheitsaspekte des Arzneimittels richtig einzuschätzen.

(3) Zwischenergebnis

Zusammenfassend kommt bei allen Fälschungsarten sowie einem falschen Beipackzettel zumindest ein Risiko für die körperliche Unversehrtheit in Betracht. Die für die Begründung staatlicher Schutzpflicht notwendige Gefahr liegt jedoch nur bei gesundheitsschädlichen Placebos sowie bei Nachahmpräparaten oder Placebos von Medikamenten zur Bekämpfung von Erkrankungen vor. Sind Lifestyle-Produkte betroffen können nur bei Nachahmpräparaten mit einem unrichtigen Wirkstoff in bestimmten Fällen Gefahren auftreten. Demgegenüber besteht in der Regel bei Nachahmpräparaten oder Placebos von Lifestyle-Produkten sowie perfekten Imitationen aufgrund des bloßen Risikos keine staatliche Schutzpflicht. Es steht dem Staat aber verfassungsrechtlich frei, dennoch Schutzvorkehrungen zu ergreifen, was insbesondere deshalb sinnvoll anzusehen ist, weil die einzelnen Fälschungsarten in der Praxis nicht leicht voneinander zu unterscheiden sind.

(II) Eingriff von Seiten anderer

Die Gefahr muss einem Dritten zuzurechnen sein, also keiner durch Art. 1 Abs. 3 GG gebundenen Staatsgewalt (siehe oben in diesem Teil 4 A. unter I.). Sie kann in einem bestimmten Handeln (Verhaltensstörer) oder im Zustand einer Sache, die im Eigentum oder der tatsächlichen Gewalt des Dritten steht (Zustandsstörer) gründen.[310] Die polizeilichen Begriffe des Störers sind insoweit für ihre Anwendung im Verfassungsrecht analogiefähig.[311] Das Tatbestandsmerkmal ist im Gegensatz zum polizeirechtlichen Störerbegriff aber weit und offen. Es kommt nicht darauf an, ob der Verursacher als Person identifiziert wird.[312] Des Weiteren bildet nicht zwingend nur ein Verursacher die Quelle der Beeinträchtigung, sodass die Schutzpflicht auch solche Beeinträchtigungen zu verhindern gebietet, die aus dem Zusammenspiel mehrerer Verursacher entstehen.[313] Die Zurechnung der Gefahrverursachung wird im Bereich des Tatbestandes nicht vorab eingeschränkt wie etwa durch Kriterien der Unmittelbarkeit, der Adäquanz oder des Verschuldens.[314] Solche Restriktionen werden erst bedeutsam im Bereich der Rechtsfolgen, im Kontext der gesetzlichen Vorkehrungen des Grundrechtsschutzes. Erst dann erhebt sich die Frage, ob ein bestimmter

---

310 Zu den Begriffen siehe *Schenke*, Polizei- und Ordnungsrecht, Rn. 239 und 268.
311 *Isensee*, HStR IX, § 191 Rn. 240; kritisch dazu *Dietlein*, Grundrechtliche Schutzpflichten, S. 107 f.
312 *Isensee*, HStR IX, § 191 Rn. 241.
313 *Hermes*, Grundrecht auf Schutz, S. 227.
314 *Ueltzhöffer*, Tabakkonsum, S. 33; *Isensee*, HStR IX, § 191 Rn. 241.

Gefahrverursacher im Sinne des Polizeirechts, Strafrechts, Zivilrechts etc. verantwortlich und somit Adressat einer möglichen Sanktion ist.[315]

Für die durch gefälschte Arzneimittel ausgehenden Gefahren kommen mehrere Verursachungsbeiträge in Betracht. Die unmittelbare Ursache für die Schädigung der Gesundheit oder gar des Lebens setzt in den meisten Fällen der Patient selbst, indem er ein gefälschtes Arzneimittel eigenständig einnimmt. Da die Schutzpflicht jedoch gerade den Patienten vor Beeinträchtigungen anderer schützen soll, ist fraglich, ob sie auch einen Schutz des Patienten vor sich selbst umfasst.

(1) Selbstgefährdung

Bei der Selbstgefährdung eines Grundrechtsträgers sind verschiedene Fallgruppen zu unterscheiden.[316] Die Handlung des Selbstschädigers kann auf einer bewussten oder unbewussten Entscheidung beruhen oder als Mitverursachungsbeitrag neben eine bewusste Fremdschädigung treten.

(a) Bewusste Selbstgefährdung

Erstens kann eine bewusste und freiwillige Selbstgefährdung vorliegen, wenn ein Privater von seinen grundrechtlich geschützten Interessen in selbstbestimmter Weise Gebrauch macht bzw. machen will. Als Beispiel dient die frei gewollte, auf autonomer Entscheidung beruhende Selbsttötung oder die Selbstschädigung durch Alkohol, Nikotin und andere Gifte.[317] Ob in dieser Fallkonstellation ein Schutz gegen sich selbst gewährt wird, also die Selbstgefährdung als Eingriff eines Dritten gewertet werden kann, ist umstritten.[318]

Die rechtliche Problematik wurde bereits in einer Reihe höchstrichterlicher Entscheidungen diskutiert. Das BVerfG bejahte in seiner zweiten

---

315 *Isensee*, HStR IX, § 191 Rn. 241 f.

316 In diesem Sinne auch *Dietlein*, Grundrechtliche Schutzpflichten, S. 220 ff. und *Hermes*, Grundrecht auf Schutz, S. 228 ff.

317 Zu diesen und weiteren Beispielen siehe *Hermes*, Grundrecht auf Schutz, S. 228 f.

318 Siehe hierzu ausführlich *Suhr*, Leistungssteigerung, S. 219 ff., die die Problematik anhand einer Handlungsmöglichkeit des Gesetzgebers zum Schutz vor Selbstgefährdung beleuchtet.

Transsexuellen-Entscheidung[319] eine Pflicht zum Schutz gegen sich selbst. Der Verzicht auf einen Eingriff eines Dritten bleibt jedoch eine Ausnahme, sodass nicht von einer gefestigten Rechtsprechung ausgegangen werden kann.[320] Das BVerwG sieht eine staatliche Bevormundung zum Eigenschutz des Staatsbürgers ausdrücklich als nicht verfassungsgemäß an.[321] In der Mehrheit der Entscheidungen stellt die Rechtsprechung zur Begründung von Schutzpflichten auf den Schutz betroffener Dritter bzw. der Allgemeinheit[322] oder die Unverzichtbarkeit der Menschenwürde[323] ab. Im Ergebnis lässt sich eine Tendenz zur Verneinung eines staatlichen Schutzes vor Selbstgefährdung ableiten.

Einige Stimmen in der Literatur gehen davon aus, dass die Selbstgefährdung prinzipiell der Gefährdung durch andere gleichstehe.[324] Es bedürfe lediglich eines Ausgleichs zwischen Abwehr und Schutz innerhalb der Zweierbeziehung Selbstschädiger und Staat unter Berücksichtigung des Willens des Selbstschädigers.[325] Auf diese Weise bleibe die Gefahr, dass sich die Schutzpflicht gegen die Freiheit des Einzelnen kehrt und zur wohlfahrtstaatlichen Bevormundung wird, vermieden.[326] Wo der Grundrechtsschutz nicht aufgedrängt wird und prinzipiell ein Recht auf Schutz vor Selbstgefährdung bestehe, sei der Schutz nicht von der Gefahrenquelle abhängig. Eine Dreiecksbeziehung von Rechtsträger, Staat und Dritte als Angreifer sei nicht stets Voraussetzung des Rechts auf Schutz.[327]

Nach der gegenteiligen Auffassung erfasst die Schutzpflicht des Staates nur den Schutz vor rechtswidrigen Eingriffen Dritter, nicht jedoch den Schutz vor Gefahren, die vom Träger des Grundrechts selbst ausgehen.[328] Eine Ausnahme wird dann angenommen, wenn der Selbstschädiger nicht

---

319 BVerfGE 60, 123 (132) zur personenstandsrechtlichen Feststellung bei Transsexuellen.

320 *Ueltzhöffer*, Tabakkonsum, S. 27.

321 BVerwG NJW 1989, 2960 zum Recht eines physisch Kranken auf Einsicht in seine Krankenakten.

322 BVerfGE 59, 275 (279) zur Schutzhelmpflicht für Motorradfahrer; BVerfG NJW 1987, 180 zur Gurtpflicht im Auto; BVerfGE 90, 145 (171 ff.) zum Cannabisverbot; BVerfGE 121, 317 (357 ff.) zum Rauchverbot in Gaststätten; BVerwG NJW 1991, 1317 f. zum Alkoholverbot bei Piloten.

323 So auch BVerwGE 64, 274 (277) zur Menschenwürde und einer Peep-Show.

324 *Stern*, StaatsR III/1, 1988, S. 736; *Robbers*, Sicherheit, S. 220 ff.

325 Vgl. *Robbers*, Sicherheit, S. 220 f.

326 *Robbers*, Sicherheit, S. 221.

327 *Robbers*, Sicherheit, S 124 und 221.

328 *Isensee*, HStR IX, § 191 Rn. 244; *Hermes*, Grundrecht auf Schutz, S. 228; *Hillgruber*, Schutz vor sich selbst, S. 120 f.

zu einem selbstbestimmten Willen fähig ist, was insbesondere für Geisteskranke sowie Jugendliche und Kinder gelte.[329] *Isensee* sieht dagegen auch diese Fälle nicht von der Schutzpflicht, sondern vielmehr von der Grundrechtsfürsorge umfasst.[330] Als Argument wird der Zweck der Schutzpflicht angeführt, die Geltung der Grundrechte über die staatsgerichtete Abwehrfunktion hinaus auch auf Einwirkungen von Seiten anderer Privater zu erweitern.[331] Sind Störer und Opfer aber ein und dieselbe Person, liege die für die Schutzpflicht erforderliche Dreieckskonstellation nicht vor.[332] Die Abwägung zwischen dem Abwehrrecht des Störers und dem Schutzanspruch des Opfers ginge bei einer Selbstschädigung zulasten beider Grundrechtsfunktionen desselben Grundrechtsträgers.[333] Dem Staat kommt es nicht zu, den „richtigen" oder „sicheren" Gebrauch der Freiheit vorzuschreiben.[334] Die Funktion der Grundrechte, Freiheitsrechte zu gewähren, würde sich andernfalls in ihr Gegenteil, also zu Grundpflichten verkehren.[335]

(b) Bewusste Fremdgefährdung

Der zweiten Fallgruppe liegt eine bewusste Fremdgefährdung zu Grunde, bei der sich der Grundrechtsträger einer Gefährdung durch Dritte selbst aussetzt und dadurch mitursächlich geworden ist.[336] Beispiele sind vor allem vertragliche Beziehungen, durch die sich jemand zu gesundheits- oder

---

329 BVerfGE 58, 208, (225 f.); *Hillgruber*, Schutz vor sich selbst, S. 121 f.; im Ergebnis ebenso *Ueltzhöffer*, Tabakkonsum, S. 31 ff., der aufgrund einer wertenden Betrachtungsweise im Tabakkonsum Minderjähriger eine Fremdgefährdung sieht.

330 *Isensee*, HStR IX, § 191 Rn. 246.

331 *Hillgruber*, Schutz vor sich selbst, S. 128; *Ueltzhöffer*, Tabakkonsum, S. 29.

332 *Isensee*, HStR IX, § 191 Rn. 245.

333 *Ueltzhöffer*, Tabakkonsum S. 29 f.

334 *Isensee*, HStR IX, § 191 Rn. 244.

335 *Hermes*, Grundrecht auf Schutz, S. 229.

336 Hiervon zu unterscheiden ist die von *Dietlein*, Grundrechtliche Schutzpflichten, S. 221, genannte Fallgruppe, in welcher der Geschädigte einem Übergriff Dritter ablehnend gegenübersteht und den schädigenden Erfolg als solchen missbilligt, zugleich aber das staatliche Vorgehen gegen den Störer ablehnt. Die Fallgruppe hat nichts mit der Selbstgefährdung zu tun, vielmehr liegt eine unbewusste und ungewollte Fremdgefährdung vor. Dies ist der typische Fall der Dreieckskonstellation Störer, Opfer und Staat, welche unstreitig eine staatliche Schutzpflicht auslöst. Richtig erkennt Dietlein, dass es keinen „Anspruch auf staatliche Untätigkeit" gibt.

sogar lebensgefährlichen Tätigkeiten verpflichtet sowie Fälle, in denen jemand eine für sich gefährliche Dienstleistung in Anspruch nimmt.[337] Auch ein sonstiges zurechenbares Vorverhalten kann die Beeinträchtigung durch Dritte mitverursachen. Das ist z.B. der Fall bei einer Versammlung, die in einem einsturzgefährdeten Haus stattfindet oder bei dem Abenteuerreisenden, der sich in Kenntnis unsicherer Verhältnisse in einen fremden Staat begibt und dort Gefahren ausgesetzt ist.[338] Das für die Schutzpflicht typische Dreiecksverhältnis Störer, Opfer und Staat liegt hier zwar vor, jedoch könnte eine Pflicht des Staates zum Schutz aufgrund der vorrangigen Verantwortlichkeit des gefährdeten Grundrechtsträgers ausgeschlossen sein.[339] Die Fallkonstellation weist entscheidende Parallelen zu derjenigen der bewussten Selbstgefährdung auf, auch hier geht es um die grundrechtliche Freiheit, für die eigene Person Risiken einzugehen und Schäden in Kauf zu nehmen. Die für die erste Fallgruppe aufgestellten Grundsätze gelten auch hier. Damit greift nach erster Ansicht die grundrechtliche Schutzpflicht grundsätzlich durch, es sei denn der Wille des Gefährdeten (und zur Selbstbestimmung fähigen) steht entgegen. Nach gegenteiliger Auffassung besteht grundsätzlich keine Schutzpflicht, nur wenn der Einzelne mangels selbstbestimmtem Willen der Beeinträchtigung des Dritten ausgeliefert ist, entsteht eine staatliche Pflicht zum schützenden Eingreifen.[340]

(c) Unbewusste Selbstgefährdung

Die dritte Fallkonstellation ist durch eine unbewusste und ungewollte Selbstschädigung gekennzeichnet, die eintritt, wenn der Grundrechtsträger die Gefährlichkeit seines eigenen Handelns nicht erkennt. Als Beispiel kann der Verzehr von giftigen Knollenblätterpilzen in der Meinung es seien Champions oder die Ausübung einer gefährlichen Sportart ohne Wissen um alle Gefahren angeführt werden. Einigkeit besteht hier darin, dass bei einer unbewussten Selbstgefährdung ein Schutzbedarf besteht. Ob diesbezüglich allerdings die Schutzpflichtenlehre Anwendung findet, ist umstritten.

---

337 *Hermes*, Grundrecht auf Schutz, S. 230.

338 *Dietlein*, Grundrechtliche Schutzpflichten, S. 221; *Hermes*, Grundrecht auf Schutz, S. 231 unter Bezug auf OVG Münster, DVBl. 1962, 139 (140 f.).

339 So auch *Hermes*, Grundrecht auf Schutz, S. 230, der von einer Primärverantwortung spricht.

340 *Hermes*, Grundrecht auf Schutz, S. 230 f.; ebenso *Ueltzhöffer*, Tabakkonsum, S. 32.

Hermes sieht die Selbstgefährdung, die nicht auf einer freien Entscheidung beruht, nicht als Anwendungsfall grundrechtlicher Schutzpflichten an. Vielmehr sei der Staat aus dem Sozialstaatsprinzip zur Hilfe verpflichtet.[341] Hierfür spricht, dass auch bei einer unbewussten Selbstgefährdung das für die Schutzpflicht erforderliche Dreiecksverhältnis zwischen Störer, Opfer und Staat nicht vorliegt.[342]

Nach gegenteiliger Auffassung erfasst die Schutzpflicht des Staates Fälle unbewusster Selbstgefährdung, was Folge der Schutzorientiertheit der grundrechtlichen Schutzpflicht sei.[343] Eine Kollision des staatlichen Schutzhandelns mit Freiheitsrechten des Grundrechtsträgers liege regelmäßig nicht vor, da es an einer freiverantwortlichen Grundrechtsbetätigung des Geschädigten fehlt.[344] Eine Einschränkung wird im Bereich der Rechtsfolge insoweit gemacht, als dass das Schutzmittel nicht notwendigerweise in einem Verbot des gefährlichen Tuns bestehen müsse, sondern in der Regel eher auf Warnung und Aufklärung oder auf Entschärfung der Gefahrenquelle und Bereitstellen von Rettungsmitteln gehe.[345]

(d) Selbstgefährdung und Arzneimittelfälschungen

In der Einnahme gefälschter Arzneimittel durch den Patienten ist eine unbewusste Selbstgefährdung zu sehen, die für einen eintretenden Schaden nur mitursächlich ist. Die Tatsache, dass ein Arzneimittel gefälscht ist, entzieht sich im Normalfall der Kenntnis des Patienten. Er erhofft sich von der Einnahme des Medikaments eine heilende oder lindernde Wirkung, eine Gefährdung seiner Gesundheit oder gar seines Lebens sind ihm nicht bewusst und liegen ihm bei ordnungsgemäßem Gebrauch eines Medikaments fern. Der Irrtum über die Qualität des Produkts bewirkt einen Ausschluss der Selbstbestimmtheit.

Fraglich ist, ob der Fall anders zu beurteilen ist, wenn der Patient mit einer Fälschung rechnen musste. Insbesondere bei einem Kauf auf dem Schwarzmarkt, wo keine Kontrolle der Qualität gewährleistet ist, oder über das Internet, wo 50 Prozent aller Medikamente Fälschungen darstellen,[346]

---

341 *Hermes*, Grundrecht auf Schutz, S. 230.

342 Vgl. *Isensee*, HStR IX, § 191 Rn. 245.

343 *Dietlein*, Grundrechtliche Schutzpflichten, S. 220; *Robbers*, Sicherheit, S. 222.

344 *Dietlein*, Grundrechtliche Schutzpflichten, S. 220.

345 *Robbers*, Sicherheit, S. 222.

346 *IMPACT*, Counterfeit Medicines, S. 1.

sollte sich der Patient den Gefahren von gefälschten Arzneimitteln bewusst sein. Dem ist jedoch nicht das Bewusstsein um die Gefahr eines Schadenseintritts gleichzusetzen. Auch bei einem Kauf auf dem Schwarzmarkt oder im Internet wird der Patient auf die Wirksamkeit des Arzneimittels vertrauen und unterliegt damit – trotz etwaiger fahrlässiger Unkenntnis – im Ergebnis einem Irrtum über dessen Qualität. Das Erkennen einer Fälschung ist dem Patienten aufgrund der immer besseren Arzneimittelfälschungen auf dem Markt, die kaum noch von den Originalprodukten zu unterscheiden sind, nicht zumutbar. Folglich liegt auch hier eine unbewusste Selbstgefährdung vor.

Nach Einordnung der Selbstschädigung durch Einnahme von gefälschten Arzneimitteln unter die dritte Fallgruppe, muss über die Anwendbarkeit der Schutzpflichtlehre entschieden werden. Insoweit ist die Auffassung *Hermes'* zu befürworten und eine Schutzpflicht bei einer unbewussten Selbstgefährdung abzulehnen. Es besteht keine Pflicht des Staates den Einzelnen gegen alle Widrigkeiten des Schicksals zu schützen, vielmehr ist der Einzelne prinzipiell selbst für sich verantwortlich.[347] Erst bei der Unfähigkeit zur Selbsthilfe, muss der Staat Hilfe leisten. So besteht z.B. nach einem Unfall infolge der Ausübung einer gefährlichen Sportart Anspruch auf ärztliche Versorgung oder existenzsichernde Invalidenrente und zwar unabhängig davon, ob die Hilfsbedürftigkeit unverschuldet oder verschuldet eintrat.[348] Das Gesundheitssystem und die Sozialversicherung sind aber Ausprägungen der Leistungsverwaltung bzw. Daseinsvorsorge und mithin des Sozialstaatsprinzips.[349] Dies entspricht dem Zweck des Sozialstaatsprinzips, der im Gegensatz zu den staatlichen Schutzpflichten, welche auf die Erhaltung grundrechtlich geschützter Rechtsgüter durch Abwehr drohender Beeinträchtigungen angelegt sind, auf die Verbesserung oder Absicherung von sozialen Positionen einzelner Grundrechtsträger und die Herstellung von Chancengleichheit abzielt.[350] Mithin besteht keine grundrechtliche Pflicht des Staats zum Schutz vor selbstgefährdenden Tätigkeiten. Eine Schutzpflicht könnte sich aber dennoch ergeben, soweit Dritte als Störer für die Beeinträchtigung der körperlichen Unversehrtheit und des Lebens der Patienten zu qualifizieren sind.

---

347 *Hillgruber*, Schutz vor sich selbst, S. 160.

348 *Hillgruber*, Schutz vor sich selbst, S. 160.

349 So auch *Isensee*, HStR IX, § 191 Rn. 200 f.

350 *Dietlein*, Grundrechtliche Schutzpflichten, S. 104; *Isensee*, HStR IX, § 191 Rn. 200.

(2) Verursachungsbeiträge Dritter

Es kommen eine Reihe von Handlungen Dritter als Verursachungsbeitrag der von Arzneimittelfälschungen ausgehenden Gefährdung in Betracht. Als erstes ist das Herstellen von Arzneimittelfälschungen zu nennen, zu dem auch Vorbereitungshandlungen wie der Einkauf von Wirkstoffen oder technischer Geräte oder Maschinen zu zählen sind. Auch das Inverkehrbringen der Präparate durch die Fälscher oder ihre Helfershelfer ist ursächlich. Eine Identifizierung der Störer ist keine Voraussetzung für die Auslösung einer Schutzpflicht.[351] Des Weiteren ist der Vertrieb von Fälschungen durch Akteure der legalen Lieferkette relevant. Auch die Abgabe an Patienten durch Apotheker oder Schwarzmarkthändler trägt zur Gefährdung bei. Schließlich setzt das Verabreichen einer Fälschung durch Ärzte oder anderes Gesundheitspersonal eine Ursache für die Schutzgutgefährdung. Auch die eigenständige Einnahme eines gefälschten Präparats durch den Patienten selbst stellt im Falle einer Schwangerschaft für den Embryo, der über Art. 2 Abs. 2 S. 1 GG geschützt ist,[352] eine Beeinträchtigung der Schutzgüter Dritter dar. All diese Handlungen qualifizieren die handelnden Personen als Verhaltensstörer. Die Gefahr für Gesundheit und Leben wird dabei nicht nur durch einen Störer verursacht, sondern entsteht erst durch das Zusammenspiel der genannten Beteiligten. Insbesondere bei einer Einschleusung von Arzneimittelfälschungen in die legale Vertriebskette beruht die Gefährdung in der Funktionalität der Vertriebskette, welche gerade ausgenutzt wird durch die im Ausgangspunkt verantwortlichen Fälscher. Zwischen den Verursachungsbeiträgen ist im Rahmen des Tatbestandes der Schutzpflicht indessen kein Unterschied zu machen. Erst im Bereich der Rechtsfolgen ist zu entscheiden, welche Störer unter Anwendung von Kriterien wie Unmittelbarkeit der Gefahrverursachung, Adäquanz oder Verschulden im Sinne des Polizeirechts, Strafrechts, Zivilrechts etc. zur Verantwortung gezogen werden können.[353]

Daneben ergibt sich eine Zustandshaftung derjenigen, die ein gefälschtes Arzneimittel im Eigentum oder Besitz haben. Einer unmittelbaren Gefährdung bedarf es insoweit nicht. Über die Verantwortlichkeiten unter Einbeziehung der Verhaltensstörer ist im Rahmen der Rechtsfolgen zu entscheiden.

---

351 *Isensee*, HStR IX, § 191 Rn. 241.

352 BVerfGE 39, 1 (42) – *Schwangerschaftsabbruch I*.

353 *Isensee*, HStR IX, § 191 Rn. 241 f.

Zu prüfen bleibt, ob nicht eine vorrangige Verantwortlichkeit des Grundrechtsträgers greift, der ausschließlich sich selbst durch die eigenständige Einnahme eines gefälschten Präparates gefährdet. Als Folge dessen würde ein fremdgefährdender Verursachungsbeitrag hinter der Selbstgefährdung zurückstehen und keine Schutzpflicht des Staates auslösen (vgl. vorhergehender Punkt (1)). Die Zuordnung von Sachverhalten mit mehreren rechtlich relevanten Verursachungsbeiträgen zu den Fällen der Selbstgefährdung oder Fremdgefährdung kann nur nach genauer Einzelfallbetrachtung erfolgen. Dazu sind komplexe Sachverhalte in selbstgefährdende und fremdgefährdende Bestandteile aufzugliedern und die vorrangige Verantwortlichkeit anschließend aufgrund einer wertenden Betrachtungsweise zu bestimmen.[354] In die wertende Betrachtung ist mit einzubeziehen, in welchem Umfang der Grundrechtsträger Kenntnis von der Gefahr hat und welche Qualität das Verhalten des Störers aufweist.[355] Erst wenn die „Gleichstufigkeit" im Dreiecksverhältnis hergestellt ist und die Fremdgefährdung in Selbstgefährdung umschlägt, ist letztere vorrangig.[356]

Selbstgefährdende Bestandteile im Fall einer Gefährdung durch gefälschte Arzneimittel sind die Einnahme einer Fälschung durch den Patienten und seine Mitwirkung bei der Abgabe des entsprechenden Präparats an ihn. Bei beiden Handlungen hat der Patient keine Kenntnis von der Tatsache, dass es sich um ein gefälschtes Arzneimittel handelt und der davon ausgehenden Gefahr. Vielmehr vertraut er berechtigterweise auf die Echtheit des Arzneimittels. Zu den fremdgefährdenden Bestandteilen zählen die Herstellung, das Inverkehrbringen, der Vertrieb und die Abgabe von Arzneimittelfälschungen. Hinsichtlich der Qualität der Handlungen Dritter muss differenziert werden. Die Fälscher, welche Präparate herstellen und in Verkehr bringen, haben Kenntnis von der Gefährlichkeit ihres Tuns für andere und handeln sogar vorsätzlich, wenn sie für ihre Profitsucht Schädigungen von Patienten in Kauf nehmen. Die Akteure, welche gefälschte Produkte vertreiben, müssen dagegen nicht, können aber die wahre Qualität der erlangten Ware kennen. Soweit sie Produkte von verdächtigen Quellen beziehen, kann ihnen zumindest vorgeworfen werden, dass sie Kenntnis hätten haben müssen. Apotheken und andere zur Abgabe an den Patienten berechtigte Personen haben in der Regel keine Kenntnis um die mitverursachte Gefahr. Ihren Handlungen kommt im Ergebnis mithin dieselbe Qualität zu, wie denjenigen der unwissenden Patienten. Folglich

---

354 *Fischer*, Selbstgefährdung, S. 27 f.

355 *Ueltzhöffer*, Tabakkonsum, S. 32; *Fischer*, Selbstgefährdung, S. 27.

356 Vgl. *Fischer*, Selbstgefährdung, S. 27.

hat die Selbstgefährdung keine vorrangige Bedeutung vor den fremdgefährdenden Tätigkeiten. Soweit letztere nach der wertenden Betrachtung gleich oder schwerer wiegen, schlägt die Fremdgefährdung nicht in eine Selbstgefährdung um und eine staatliche Schutzpflicht ist zu bejahen.

(3) Zwischenergebnis

Eine Selbstgefährdung begründet zwar keine staatliche Pflicht zum Schutz der körperlichen Unversehrtheit oder des Lebens, durch Handlungen Dritter werden aber die Schutzgüter von Grundrechtsträgern beeinträchtigt. Jegliche Handlungen von Fälschern, Schwarzmarkthändlern, Akteuren der legalen Vertriebskette und Gesundheitspersonal im Zusammenhang mit gefälschten Arzneimitteln stellen einen Eingriff von Seiten anderer dar.

(III) Rechtswidrigkeit

Der Maßstab der Rechtswidrigkeit muss sich aus der Verfassung ergeben. Das einfache Recht kann nach verfassungsrechtlichen Grundsätzen nicht den Umfang verfassungsrechtlicher Pflichten bestimmen, vielmehr soll die Schutzpflicht gerade eine Antwort darauf geben, ob das einfache Recht in verfassungsgemäßer Weise ausgestaltet ist.[357] Aus der Verfassung lässt sich als wichtigste Regel das Gewaltverbot ableiten.[358]

Das Gewaltverbot ist im Grundgesetz nur marginal erwähnt. Es ergibt sich als Kehrseite aus dem Gewaltmonopol des Staates, welches seinerseits von der Verfassung als selbstverständlich vorausgesetzt wird.[359] Das in Art. 20 Abs. 4 GG legalisierte Widerstandsrecht gestattet dem Bürger den Einsatz von Gewalt nur als *ultima ratio* zum Schutz von Staat und Verfassung, also nur im Falle des Zusammenbruchs des Systems verfassungsstaatlicher Selbstbehauptung.[360] Aufgrund des Gewaltmonopols gilt die Grundpflicht des Bürgers, sich physischer Gewalt in jedweder Form zu enthalten.[361]

---

357 *Dietlein*, Grundrechtliche Schutzpflichten, S. 106; *Hermes*, Grundrecht auf Schutz, S. 226.

358 *Isensee*, HStR IX, § 191 Rn. 229.

359 *Isensee*, HStR IX, § 190 Rn. 132; *Schmidt-Aßmann* in: Maunz/Dürig, GG Kommentar, Art. 19 Abs. 4 Rn. 29 mit Bezug zum Justizgewährungsanspruch.

360 *Isensee*, HStR IX, § 190 Rn. 129.

361 *Isensee*, HStR IX, § 191 Rn. 229.

Ein Eingriff in die Schutzgüter Leben und körperliche Unversehrtheit ist grundsätzlich von Verfassungs wegen rechtswidrig. Soweit die Beeinträchtigung gegen den Willen des Grundrechtsträgers erfolgt und nicht ein Ausnahmefall wie Notwehr vorliegt, verstößt sie gegen das Gewaltverbot.[362] Die von gefälschten Arzneimitteln ausgehende Beeinträchtigung erfolgt zwar nicht gegen, aber zumindest ohne den Willen der Patienten und ist nicht durch Notwehr oder andere Ausnahmerechte zu rechtfertigen. Der Eingriff ist die körperliche Integrität der Patienten über die physische Einwirkung von Arzneimittelfälschungen ist rechtswidrig. Es besteht eine Schutzpflicht des Staates.

c. Erfüllung der Schutzpflicht

Rechtsfolge der Bejahung einer Schutzpflicht ist, dass der Staat Vorkehrungen zum Schutz vor Arzneimittelfälschungen treffen muss. Angesprochen ist damit in erster Linie der Gesetzgeber, der für den Erlass entsprechender Gesetze zuständig ist. Aber auch die Exekutive, welche die Gesetzte auslegt und ausführt, obliegt eine maßgebende Rolle. In der Erfüllung der Schutzpflicht kommt dem Gesetzgeber und der Exekutive ein weiter Ermessensspielraum zu, angesichts der erheblichen Gefahren für die bedeutsamen Rechtsgüter Leben und körperliche Unversehrtheit muss jedoch das Untermaßverbot beachtet werden. Danach hat die Ausgestaltung des Schutzes gewissen Mindestanforderungen zu entsprechen, der Schutz muss angemessen und wirksam sein sowie auf sorgfältigen Tatsachenermittlungen und vertretbaren Einschätzungen beruhen.[363] Begrenzt wird die Schutzpflicht durch den Schutzbedarf der beeinträchtigten Grundrechtsträger und den Vorbehalt des Möglichen. Schutzbedarf ergibt sich nur, soweit der Grundrechtsträger nicht in eigener Verantwortung für seine Sicherheit sorgen und ihm nicht zugemutet werden kann, sein Recht selber zu verteidigen.[364] Die Realisierung von Schutz stößt an die faktische Grenze der staatlichen Handlungskapazität und der Möglichkeit, den Erfolg der staatlichen Bemühungen zu garantieren.[365] Daneben besteht eine rechtliche Grenze der rechtsstaatlichen Handlungsbefugnisse, denn die Schutzbedürfnisse stehen in einem freiheitlichen System gegenläufigen grundrechtlichen In-

362 *Isensee*, HStR IX, § 191 Rn. 226.

363 Vgl. BVerfGE 88, 203 (254 f.) – *Schwangerabbruch II*.

364 *Isensee* HStR IX, § 191 Rn. 271; *Hermes*, Grundrecht auf Schutz, S. 245.

365 *Isensee* HStR IX, § 191 Rn. 274.

teressen entgegen.[366] Mithin sparen die staatlichen Schutzpflichten ein Restrisiko aus, absolute Sicherheit ist nicht erreichbar.[367]

Es besteht ein erheblicher Schutzbedarf vor Arzneimittelfälschungen. Die beeinträchtigten Patienten können sich nicht selbst schützen, da Fälschungen oft nicht zu erkennen sind und ihnen zudem das Fachwissen im medizinischen Bereich fehlt. Zwar sind Information und Aufklärung zum Erkennen der entsprechenden Gefahren hilfreich, aber nicht genügend, sodass weitere staatliche Schutzmittel hinzutreten müssen. Angesichts der gefährdeten hohen Schutzgüter aus Art. 2 Abs. 2 S. 1 GG sind als Mindestanforderung im Sinne des Untermaßverbots Verbote von Verursachungshandlungen angebracht. Hier sind anhand von Kriterien wie Unmittelbarkeit, Adäquanz und Verschulden die entsprechenden Störer zu adressieren. Zur effektiven Durchsetzung der Verbote ist eine angemessene Strafzumessung angezeigt. Zudem sollten strafbewährte Vorschriften zur Herkunftskennzeichnung zum Schutz vor Täuschung bestehen. Daneben bilden Anzeige- und Genehmigungspflichten sowie Kontrollen von Seiten des Staates oder privater Dritter mögliche und adäquate Schutzmittel. Inwieweit der Schutz vor gefälschten Arzneimitteln in den Rechtsordnungen der Mitgliedstaaten enthalten ist und ob der Schutzpflicht genüge getan wurde, wird in Teil 5 behandelt.

d. Ergebnis

Eine staatliche Schutzpflicht vor allen mitursächlichen Beeinträchtigungen Dritter besteht für gesundheitsschädliche Placebos unabhängig vom gefälschten Produkt und für Placebos und Nachahmpräparate in Bezug auf gefälschte Medikamente zur Bekämpfung von Erkrankungen. Auch Nachahmpräparate von Lifestyle-Produkten mit einem unrichtigen Wirkstoff lösen eine Schutzpflicht aus, soweit die Täuschung eine Gesundheitsbeeinträchtigung zur Folge hätte.

366 *Murswiek*, Staatliche Verantwortung, S. 87; *Isensee* HStR IX, § 191 Rn. 276.
367 *Isensee* HStR IX, § 191 Rn. 275 f.

2. Eigentumsgarantie

Die von nachgeahmten Arzneimitteln ausgehenden Beeinträchtigungen könnten eine Pflicht des Staates zum Schutz von geistigen Eigentumsrechten und des Images von Pharmaunternehmen auslösen.

a. Schutzfähiges Rechtsgut

Aus Art 14 GG können staatliche Schutzpflichten gegenüber Eigentumsbeeinträchtigung seitens privater Dritter resultieren.[368] Unter das Eigentum fallen alle vom Gesetzgeber gewährten vermögenswerten Rechtspositionen.[369] Der Schutzbereich der Gewährleistung wird also durch die Gesetze bestimmt. Erst aus der Zusammenschau aller zu einem bestimmten Zeitpunkt geltenden, die Eigentümerstellung regelnden gesetzlichen Vorschriften ergeben sich die Befugnisse des Eigentümers zu diesem Zeitpunkt.[370] Art. 14 GG schützt neben den vermögenswerten Rechtspositionen nicht das Vermögen als solches.[371] Gewinnchancen, Erwerbsaussichten und Verdienstmöglichkeiten sind nicht geschützt.[372] Die Eigentumsfreiheit schützt nur das Erworbene als Ergebnis der Betätigung, der Erwerb und damit die Betätigung selbst ist von der Berufsfreiheit aus Art. 12 GG umfasst.[373] Träger des Grundrechts ist jede natürliche und gem. Art. 19 Abs. 3 GG jede juristische Person und andere Personenvereinigungen.[374]

Das geistige Eigentum ist vom Schutzbereich des Eigentums i.S.d. Art. 14 GG erfasst. Zu den vermögenswerten Rechtspositionen gehören das Urheberrecht hinsichtlich seiner vermögenswerten Aspekte,[375] das Recht am Warenzeichen bzw. an Marken,[376] das Patentrecht[377] und das De-

---

368 BVerfGE 114, 1 (56) – *Übertragung von Lebensversicherungsverträgen*; BVerfG NJW 2006, 1783 (1784 f.).

369 BVerfGE 24, 367 (396) – *Hamburgisches Deichordnungsgesetz*; 58, 300 (336) – *Naßauskiesung*; *Papier*, in Maunz/Dürig, GG Kommentar, Art. 14 Rn. 160.

370 BVerfGE 58, 300 (336) – *Naßauskiesung*.

371 BVerfGE 78, 232 (243) – *Landwirtschaftliche Altershilfe*; 95, 267 (300) – *Altschulden*; *Papier*, in: Maunz/Dürig, GG Kommentar, Art. 14 Rn. 160.

372 BVerfGE 78, 205 (211) – *Schatzregal der Länder*; 105, 252 (277) - *Glykol*.

373 BVerfGE 30, 292 (335) – *Erdölbevorratung*; *Wunderlich*, Berufsfreiheit, S. 126 f.

374 *Jarass/Pieroth*, GG, Art. 14 Rn. 22.

375 BVerfGE 31, 229 (239) – *Schulbuchprivileg*; 77, 263 (270) – *Zeitschriftenauslage*; 79, 1 (25) – *Leerkassette*.

376 BVerfGE 51, 193 (217) – *Schloßberg*.

377 BVerfGE 36, 281 (290) – *Patentanmeldungen*.

signrecht.[378] Hinsichtlich des Schutzes vor Imageschäden ist zu differenzieren, da verschiedene Bereiche betroffen sind. Zum einen kann das Image eines Unternehmens durch dessen Marken abgebildet sein.[379] Der Ruf der Marke fällt unter den Markenschutz und ist mithin von Art. 14 GG erfasst. Zum anderen kann das Image in der Marktkapitalisierung eines Unternehmens gesehen werden.[380] Die Marktkapitalisierung drückt sich durch künftige Absatzentwicklungen und Erfolgserwartungen aus, was als Erwerbsbetätigung jedoch aus dem Schutzbereich des Eigentums herausfällt. Folglich ist nur das geistige Eigentum angesprochen. Die Pharmaunternehmen, welche geistige Eigentumsrechte innehaben, sind als juristische Personen Grundrechtsträger.

b. Beeinträchtigung durch Dritte

Es müsste ein rechtswidriger Eingriff von Seiten anderer auf die Schutzrechte des geistigen Eigentums vorliegen, wobei die oben erläuterten Konkretisierungen des Eingriffsbegriffs greifen.

(I) Eingriff

Die Beeinträchtigung geistiger Eigentumsrechte ist in deren Benutzung bei der Herstellung von Nachahmungen oder dem anschließenden Inverkehrbringen nachgeahmter Waren zu sehen. Es liegt mithin bereits eine aktuelle Verletzung des Schutzguts Eigentum vor. Jedoch verletzen nicht alle Fälschungsarten gleichermaßen die geistigen Eigentumsrechte, vielmehr ist zwischen den einzelnen Rechten des geistigen Eigentums und den einzelnen Fälschungsarten zu differenzieren.

Im Hinblick auf das Patentrecht kommt es darauf an, ob der Störer eine patentierte Erfindung benutzt. Dies ist allein bei der perfekten Imitation eines am Markt gehandelten, patentrechtlich geschützten Präparates ohne weiteres gegeben. Weicht die Herstellung jedoch so weit von der geschützten Erfindung ab, dass der Patentanspruch nicht erfüllt ist, liegt kein Eingriff vor. Dies dürfte oft bei dem Nachahmpräparat, und so gut wie immer bei dem neutralen sowie dem gesundheitsgefährdenden Placebo der Fall

---

378 Noch zum Gebrauchsmusterrecht: vgl. BVerfG, NJW 1992, 36 (37).

379 Vgl. *Lange*, Marken- und Kennzeichenrecht, § 7 Rn. 3787.

380 Vgl. *Maul/Maul*, GRUR 1999, 1059.

sein. Darüber hinaus kann das Nachahmen eines nicht patentrechtlich geschützten Arzneimittels mangels Patentverletzung nicht als Eingriff in das Eigentum angesehen werden, sodass das Nachahmen von Generika oder von Originalprodukten, für welches der Patentschutz bereits abgelaufen ist, keine Verletzung darstellt.

Eine Verletzung des Markenrechts ist gegeben, wenn ein geschütztes Zeichen auf der Verpackung, dem Beipackzettel oder einer Tablette des Arzneimittels nachgeahmt wird. Wird hingegen die Originalverpackung verwendet und darin ein gefälschtes Arzneimittel verpackt, liegt keine Verletzung im Sinne einer Nachahmung vor. Es kann darin aber ein Eingriff in das Markenrecht aufgrund der damit verbundenen Rufschädigung zu sehen sein. Die Rufschädigung beeinträchtigt den Wert der Marke, indem sie das mit dem Produkt verbundene Image der Zuverlässigkeit und Qualität sowie das Vertrauen, das sie bei den betroffenen Verkehrskreisen wecken kann, schädigt.[381]

Ebenso ist bei dem Urheberrecht nach der Verpackung der Nachahmungen zu unterscheiden. Ist der Beipackzettel oder die Verpackung eines Arzneimittels nachgeahmt und liegt darin eine geistige Schöpfung, stellt dies eine Verletzung dar. Weiterhin ist eine Verletzung bei der Nachahmung geschützter Zeichen auf der Verpackung gegeben, ein Anbringen solcher Zeichen auf Tabletten dürft dagegen aus Platzgründen ausgeschlossen sein. Der Schutz des Urheberrechts erstreckt sich somit nicht auf das Arzneimittel als solches, sondern auf die damit verbundenen geschützten Werke der Literatur, Wissenschaft und Kunst.[382]

Ähnliches gilt für das Designrecht, welches durch eine Nachahmung von zwei- oder dreidimensionalen Erscheinungsformen verletzt ist. Diese können in der Arzneimittelform oder der Verpackung, wie z.B. in Gestalt, Oberflächenstruktur, Symbolen oder Verzierungen, bestehen.[383]

(II) Eingriff von Seiten anderer

Die Herstellung unter Benutzung geistiger Eigentumsrechte und das anschließende Inverkehrbringen der nachgeahmten Ware stellen eine unmit-

381 Vgl. der potenziellen Rufschädigung beim Umpacken der Ware zwecks Parallelimport: EuGH, Rs. C-348/04, *Boehringer Ingelheim u.a./Swingward, Dowelhurst*, Slg. 2007, I-3391 Rn. 43; *Lange*, Marken- und Kennzeichenrecht, § 7 Rn. 3787.

382 *Wesch* in: Dieners/Reese, Hdb PharmaR, § 16 Rn. 57.

383 *Wesch* in: Dieners/Reese, Hdb PharmaR, § 16 Rn. 64.

telbare Verletzung dar. Als Störer sind private Dritte anzusehen, die durch ihre Handlungen für die Nachahmungen verantwortlich sind. Hierbei ist es unerheblich, ob die Verantwortlichen als Person identifiziert werden können.

(III) Rechtswidrigkeit

Die Herstellung und das Inverkehrbringen müssten auch rechtswidrig sein. Der Maßstab der Rechtswidrigkeit ist die Verfassung, woraus sich das Gewaltverbot und das *Neminem-laedere*-Gebot ableiten lassen.[384] Aufgrund des Gewaltmonopols hat der Bürger die Grundpflicht, sich jeder Form der physischen Gewalt zu enthalten (siehe oben in diesm Teil 4 A. VIII unter 1. b. (III)). Das *Neminem-laedere*-Gebot, also das Gebot niemandem zu schaden, reicht weiter als das Gewaltverbot. Es bezieht sich auch auf unkörperliche, gewaltfreie Mittel der Rechtsverletzung und erfasst damit z.B. Gefahren, die der Würde des Menschen von Seiten anderer durch Erniedrigung, Entehrung, Bloßstellung oder Degradierung zum Objekt drohen.[385] Das Grundgesetz statuiert denn auch die Verpflichtung aller staatlichen Gewalt, die Würde des Menschen auch gegen private Übergriffe zu schützen (Art. 1 Abs. 1 S. 2 GG). Ebenso umfasst sind die in den Grundrechten enthaltenen Rechte Leib und Leben, Freiheit und Eigentum, Privatheit und Persönlichkeitsrecht.[386] Das Gebot des *Neminem-laedere* selbst ist nicht eigens von den Grundrechtsnormen ausformuliert, es handelt sich um eine ungeschriebene, allgemeine Grundpflicht.[387] Es ist aber einschlussweise in den Grundrechten enthalten als Bedingung ihrer Anwendbarkeit. Sie gewähren allen ihren Trägern nur soweit Freiheit, wie die Rechte anderer nicht verletzt werden.[388]

Die Herstellung und das Inverkehrbringen nachgeahmter Arzneimittel stellen einen verfassungsrechtlich missbilligten Eingriff in die Eigentumsfreiheit der Originalhersteller dar. Die Nachahmer können sich auf kein verfassungsrechtlich geschütztes Recht berufen. Insbesondere wird das Nachahmen von Produkten nicht von der Berufsfreiheit aus Art. 12 Abs. 1 GG gedeckt. Der Begriff des Berufs wird zwar weit verstanden, einschrän-

384 *Isensee*, HStR IX, § 191 Rn. 229 ff.
385 *Isensee*, HStR IX, § 191 Rn. 233.
386 *Isensee*, HStR IX, § 191 Rn. 6.
387 *Murswiek* in: Sachs, GG Kommentar, Art. 2 Rn. 91.
388 *Murswiek* in: Sachs, GG Kommentar, Art. 2 Rn. 91.

kend gilt jedoch, dass die einzelnen Handlungen nicht schlechthin verboten bzw. gemeinschädlich sein dürfen.[389] Die vorsätzliche unbefugte Benutzung fremder Rechte des geistigen Eigentums verstößt aber gerade gegen das ausschließliche Benutzungsverbot der Rechteinhaber und ist verboten sowie gemeinschädlich.

(IV) Zwischenergebnis

Es besteht eine Pflicht des Staates geistige Eigentumsrechte zu schützen. Eine Beeinträchtigung des Patentrechts von Seiten Dritter liegt in der Herstellung oder dem Inverkehrbringen einer perfekten Imitation vor und ist bei Nachahmpräparaten möglich. Werden Zeichen oder persönliche geistige Schöpfungen auf Verpackungen, Beipackzetteln oder etwa einer Tablette nachgeahmt, ist das Marken- bzw. Urheberrecht beeinträchtigt. Bei Nachahmungen von zwei- oder dreidimensionalen Erscheinungsformen ist das Designrecht beeinträchtigt.

c. Erfüllung der Schutzpflicht

Dem Gesetzgeber und der Exekutive kommt ein weiter Ermessensspielraum bei der Erfüllung der Schutzpflicht zu. Ob dieser Ermessenspielraum vorliegend durch das Untermaßverbot oder bloß durch eine Evidenzkontrolle begrenzt wird, ist hinsichtlich der Eigentumsgarantie unklar. Jedenfalls liegt keine Schutzpflichtverletzung vor, wenn im Sinne des Untermaßverbots ein angemessener und wirksamer Schutz beruhend auf sorgfältiger Tatsachenermittlung und vertretbaren Einschätzungen besteht. Der Schutz kann hier niedriger angesetzt werden als bei dem Schutzgut der körperlichen Unversehrtheit und des Lebens, da zum einen das Eigentum in der Werteordnung des Grundgesetzes niedriger einzustufen ist und der Schutzbedarf der Pharmaunternehmen geringer ausfällt. Die Inhaber geistiger Eigentumsrechte können die Durchsetzung ihrer Rechte – mittels des staatlich vorgegebenen Rechtswegs – grundsätzlich selbst übernehmen. Mithin sind insbesondere zivilrechtliche Ersatzansprüche in die Rechtsordnung zu integrieren. Strafrechtliche Sanktionen sind nur dort angezeigt, wo die Verletzung von geistigen Eigentumsrechten über die einfache Rechtsverletzung hinausgeht und ein rein zivilrechtlicher Schutz nicht

389 Vgl. BVerfGE 7, 377 (397) – *Apotheken-Urteil*; 115, 276 (300 f.) – *Sportwetten*.

mehr ausreicht. Dies kann z.B. bei einem besonders starken subjektiven Element und einem großen Ausmaß der Verletzung (wie einer absichtlichen Markenverletzung in gewerblichem Umfang) der Fall sein.[390] Daneben sind als weitere Schutzmittel Kontrollen von Waren in Bereichen möglich, in denen sich der Schutzrechteinhaber nicht allein schützen kann (wie z.B. beim Import von schutzrechtsverletzender Ware). Die Aufklärung und Information der Pharmaunternehmen ist ein weiteres mögliches Schutzmittel.

d. Ergebnis

Dem Staat obliegt grundsätzlich eine Pflicht zum Schutz der Rechte des geistigen Eigentums von Pharmunternehmen gegen die Herstellung und das Inverkehrbringen von perfekten Imitationen, Nachahmpräparaten und gefälschten Verpackungen. Der Imageschutz ist als Teil des markenrechtlichen Schutzes erfasst.

3. Berufsfreiheit

Der Vertrieb von gefälschten und nachgeahmten Arzneimitteln hat den Wegfall von Arbeitsplätzen zur Folge, sodass eine Pflicht des Staates zum Schutz der Arbeitsplätze bestehen könnte. Zudem könnte eine Beeinträchtigung des freien Wettbewerbs in dem Verkauf von Fälschungen und Nachahmungen gesehen werden, sodass sich eine staatliche Pflicht zum Schutz konkurrierender Originalhersteller von Arzneimitteln ergeben könnte.

a. Schutzfähiges Rechtsgut

Art. 12 GG beinhaltet ein einheitliches Grundrecht der Berufsfreiheit, das sowohl die Berufswahl als auch die Berufsausübung umfasst.[391] Beruf ist jede auf Dauer angelegte und der Schaffung und Erhaltung der Lebensgrundlage dienende Tätigkeit.[392] Ob die Tätigkeit selbstständig oder un-

390 In diesem Sinne auch *Clift*, GH BP 2010/01, S. 6.

391 *Jarras/Pieroth*, GG, Art. 12 Rn. 1.

392 BVerfGE 7, 377 (397) – *Apotheken-Urteil*; *Scholz*, in: Maunz/Dürig, GG Kommentar, Art. 12 Rn. 29.

selbstständig ausgeführt wird, ist unerheblich.[393] Umstritten ist, ob die Wettbewerbsfreiheit unter die Berufsfreiheit fällt. Das BVerfG hat sie jedenfalls als grundrechtlich geschützt anerkannt.[394] Der Schutzgehalt der Wettbewerbsfreiheit besteht in der Freiheit zur Teilnahme am Wettbewerb nach Maßgabe seiner Funktionsbedingungen.[395]

Das BVerfG und die h.L. verankern die Wettbewerbsfreiheit regelmäßig bei Art. 12 Abs. 1 GG.[396] Die Erwerbstätigkeit hänge stets vom Innehaben einer Marktposition in Konkurrenz mit anderen Trägern der Berufsfreiheit ab.[397] Dagegen sieht das BVerwG die Wettbewerbsfreiheit eher als Teil der allgemeinen Handlungsfreiheit aus Art. 2 Abs. 1 GG.[398] Die Wettbewerbsfreiheit schütze nicht nur den unmittelbaren Konkurrenten, sondern auch den Konsumenten, der als Verbraucher von Eingriffen in den freien Wettbewerb in seiner allgemeinen Handlungsfreiheit nachteilig betroffen sein kann.[399] Eine dritte Ansicht differenziert nach der Eingriffs- und Belastungsrichtung, Art. 12 Abs. 1 GG sei dann anzuwenden, wenn der Eingriff berufsregelnde Tendenz hat.[400]

Zu folgen ist letzterer Auffassung, welche eine Differenzierung nach der berufsregelnden Tendenz vornimmt. Die Tätigkeit im Wettbewerb kann in mehrere grundrechtliche Schutzbereiche fallen. Zwar wird typischerweise gerade die Ausübung der Berufsfreiheit zu einer Teilnahme am wirtschaftlichen Wettbewerb und damit zu einer besonderen Abhängigkeit von seinem grundlegenden Bestehen führen. Allerdings bleibt im Rahmen des Schutzes der Wettbewerbsfreiheit Anwendungsraum für die allgemeine Handlungsfreiheit.[401] Zudem verbleibt hinsichtlich des Schutzes von Ausländern, denen die Gewährleistung des Art. 12 GG versagt ist, ein Anwendungsbereich des Art. 2 Abs. 1 GG hinsichtlich der Wettbewerbsfreiheit.

---

393 BVerfGE 7, 377 (397) – *Apotheken-Urteil.*

394 BVerfGE 18, 1 (10) – *Wettbewerbsbenachteiligung durch Umsatzbesteuerung*, jedoch noch ohne genaue verfassungsrechtliche Verortung.

395 BVerfGE 105, 252 (265) – *Glykol.*

396 BVerfGE 32, 311 (317) – *Steinmetz*; 46, 120 (137) – *Direktruf*; *Kämmerer* in: v.Münch/Kunig, GG Kommentar, Art 12 Rn. 44; *Scholz* in: Maunz/Dürig, GG Kommentar, Art. 12 Rn. 144, der die Wettbewerbsfreiheit auf Art. 12 Abs. 1 und 14 GG stützt.

397 *Kämmerer* in: v.Münch/Kunig, GG Kommentar, Art 12 Rn. 44.

398 BVerwGE 17, 306 (309); 79, 326 (329); *Leistner/Facius* in: Gloy/Loschelder/Erdmann, Wettbewerbsrecht, § 14 Rn. 8.

399 *Leistner/Facius* in: Gloy/Loschelder/Erdmann, Wettbewerbsrecht, § 14 Rn. 8.

400 *Di Fabio* in: Maunz/Dürig, GG Kommentar, Art. 2 Rn. 116.

401 *Di Fabio* in: Maunz/Dürig, GG Kommentar, Art. 2 Rn. 116.

Personell sind alle Deutschen i.S.d. Art. 116 Abs. 1 GG durch die Berufsfreiheit geschützt.[402] Auf juristische Personen des Privatrechts ist die Berufsfreiheit ihrem Wesen nach anwendbar i.S.d. Art. 19 Abs. 3 GG, da eine bestimmten Erwerbszwecken dienende Tätigkeit ihrer Art nach in gleicher Weise von einer juristischen wie von einer natürlichen Person ausgeübt werden kann.[403]

Unternehmen, die Arzneimittel herstellen, sind juristische Personen und somit Grundrechtsträger. Durch den Verkauf ihrer Produkte nehmen sie in Ausübung ihrer Berufsfreiheit am freien Wettbewerb teil, da sie erwerbsmäßige Zwecke verfolgen. Eine berufsregelnde Tendenz liegt damit vor, sodass die Berufsfreiheit einschlägig ist. Als Arbeitgeber bieten die Arzneimittelhersteller oder Arzneimittelgroßhändler natürlichen Personen die Möglichkeit, sich auf Dauer ihre Lebensgrundlage durch eine Tätigkeit in den verschiedensten Abteilungen wie z.B. Einkauf, Entwicklung, Produktion, Qualitätskontrolle oder Vertrieb zu schaffen und zu erhalten. Die Tätigkeiten stellen mithin Berufe dar. Geschützt ist neben der freien Wahl des Berufs auch die freie Wahl des Arbeitsplatzes. Bei der Arbeitsplatzwahl geht es um die Entscheidung für eine konkrete Beschäftigungsmöglichkeit oder ein bestimmtes Arbeitsverhältnis. Hier ist die Situation aber anders gelagert, nicht die Berufsfreiheit, sondern das „Recht auf Arbeit“ ist betroffen. Bei diesem Recht geht es nicht darum, den Beruf frei wählen und ausüben zu dürfen, sondern überhaupt eine Arbeitsstelle zu haben. Dies kann aber nicht Aufgabe des Staates sein, zumal es zwangsläufig die Verfügungsgewalt des Staates über den gesamten Arbeitsmarkt voraussetzen und damit die Berufsfreiheit als Abwehrrecht verdrängen würde.[404] Das schutzfähige Rechtsgut der Berufsfreiheit ist insoweit nicht berührt und im Ergebnis nur bezüglich der Berufsausübung der Originalhersteller betroffen.

402 Ob EU-Ausländer von dem Deutschengrundrecht umfasst sind oder eine Gleichstellung über Art. 2 Abs. 1 GG als Auffanggrundrecht zu erfolgen habe, ist umstritten. Für erstere Auffassung *Jarass/Pieroth*, GG, Art. 12 Rn. 12 m.w.N. Für letztere Auffassung BVerfGE 78, 179 (196 f.) – *Heilpraktikergesetz*; *Wieland* in: Dreier, GG Kommentar, Art. 12 Rn. 58 m.w.N.

403 BVerfGE 30, 292 (312) – *Erdölbevorratung*; *Wieland* in: Dreier, GG Kommentar, Art. 12 Rn. 56.

404 *Ipsen*, StaatsR II Rn. 649.

b. Beeinträchtigung durch Dritte

Es müsste von Seiten Dritter rechtswidrig in die Berufsfreiheit der Originalhersteller eingegriffen worden sein, wobei der Eingriffsbegriff nach den oben genannten Kriterien zu konkretisieren ist.

(I) Rechtswidriger Eingriff von Seiten Dritter

Eine Beeinträchtigung der Wettbewerbsfreiheit durch private Dritte besteht dann, wenn sich Einzelne durch unzulässige Praktiken Vorteile verschaffen.[405] Werden dadurch Wettbewerber schlicht behindert oder verdrängt, ist unter Umständen das Bestehen des Wettbewerbs selbst in Gefahr. Kein Eingriff liegt dagegen vor, wenn ein Konkurrent Vorteile, wie etwa einen höheren Erlös, einen größeren Absatz oder Kundenbeziehungen, durch Verbesserung eigener Leistungen erlangt.[406]

Arzneimittelfälscher und Akteure, welche Fälschungen oder Nachahmungen verkaufen, versuchen durch Nachahmung von Originalprodukten und durch Täuschung der Käufer über die Herkunft und Qualität der Produkte Profit zu erzielen. Eine eigene anzuerkennende Leistung liegt in der Regel nicht vor, die gefälschten und nachgeahmten Arzneimittel werden zumeist billig produziert und sind größtenteils minderwertiger als ihre echten Konkurrenzprodukte. Auf die Art der Fälschung kommt es hier nicht an, da sowohl mit einer gefälschten Verpackung als auch mit einem gefälschten Inhaltsstoff die Marktteilnehmer über die tatsächliche Herkunft getäuscht werden, um einen Vorteil im Wettbewerb zu erzielen. Als Störer sind hier alle Verkäufer von gefälschten oder nachgeahmten Arzneimitteln anzusehen.

Die Beeinträchtigung des freien Wettbewerbs ist rechtswidrig, d.h. von Verfassungs wegen unzulässig. Es liegt ein Verstoß gegen das *Neminem-laedere*-Gebot vor. Wettbewerbliche Leistungen von Konkurrenten werden unerlaubt und unzulässig ausgenutzt. Andere Marktteilnehmer werden in die Irre geführt und erhalten für ihre Leistung keine adäquate Gegenleistung. Auf ein grundrechtlich geschütztes Verhalten können sich die Verkäufer von Fälschungen oder Nachahmungen im Gegensatz zu den Originalherstellern nicht berufen, insbesondere fallen schlechthin verbotene

405 BVerfGE 32, 311 (316) – *Steinmetz*.
406 *Di Fabio* in: Maunz/Dürig, GG Kommentar, Art. 2 Rn. 124.

oder gemeinschädliche Tätigkeiten nicht unter die Berufsfreiheit.[407] Der wissentliche Verkauf qualitativ minderwertiger Ware, die Irreführung der Marktteilnehmer und die unerlaubte Nachahmung von Originalprodukten sind verboten und gemeinschädlich.

(II) Zwischenergebnis

Ein rechtswidriger Eingriff in die Berufsfreiheit der Originalhersteller liegt von Seiten der Verkäufer gefälschter oder nachgeahmter Arzneimittel vor. Auf die Fälschungsart kommt es hier nicht an, da in jedem Fall der freie Wettbewerb beeinträchtigt wird.

c. Erfüllung der Schutzpflicht

In der Erfüllung der Schutzpflicht kommt Gesetzgeber und Exekutive ein weiter Ermessensspielraum zu. Begrenzt wird der Ermessensspielraum hier durch die Evidenzkontrolle, da keine erhebliche Gefährdung der Wettbewerbsfreiheit durch den vereinzelten Verkauf von gefälschten oder nachgeahmten Arzneimitteln vorliegt. Das Bestehen des Wettbewerbs selbst ist nicht gefährdet, zum Schutz des freien Wettbewerbs muss der Gesetzgeber jedoch Maßnahmen treffen, welche zur Sicherung der freien Entfaltungsmöglichkeit des Einzelnen nicht gänzlich ungeeignet oder völlig unzulänglich sind. Ein Schutzbedarf der Originalhersteller ergibt sich daraus, dass sie als Marktteilnehmer den freien Wettbewerb nicht selbst schützen können. Mögliche Schutzmittel sind Verbote unfairer Wettbewerbshandlungen sowie deren Absicherung durch strafrechtliche oder verwaltungsrechtliche Sanktionen und zivilrechtliche Ersatzansprüche. Auch eine staatliche Kontrolle der Handlungen von Marktteilnehmern kommt in Betracht.

d. Ergebnis

Der Staat hat eine Pflicht zum Schutz der Wettbewerbsfreiheit von Originalherstellern gegen den Verkauf jeglicher Art von gefälschten und nach-

---

407 Vgl. BVerfGE 7, 377 (397) – *Apotheken-Urteil*; 115, 276 (300 f.) – *Sportwetten*.

geahmten Arzneimitteln. Eine Schutzpflicht hinsichtlich des Verlusts von Arbeitsplätzen besteht dagegen nicht.

4. Gesamtergebnis

Eine Schutzpflicht des Staates vor nichtstaatlichen Gefährdungen oder Verletzungen leitet sich aus mehreren Freiheitsrechten ab. Die entsprechenden grundrechtlichen Pflichten zum Schutz der körperlichen Unversehrtheit und des Lebens aus Art. 2 Abs. 2 S. 1 i.V.m. Art. 1 Abs. 1 GG, der geistigen Eigentumsrechte aus Art. 14 Abs. 1 GG und der Wettbewerbsfreiheit aus Art. 12 Abs. 1 GG ergänzen und überschneiden sich teilweise. Im Ergebnis besteht hinsichtlich jeder Fälschungsart eine Schutzpflicht, lediglich einzelne Bereiche fallen heraus. So sind Placebos und Nachahmpräparate von Lifestyle-Produkten im Rahmen des Gesundheitsschutzes ausgenommen, es sei denn letztere haben aufgrund eines falschen Wirkstoffs eine Gesundheitsbeeinträchtigung zur Folge. Bei Marken und Designs wird bei Nachahmpräparaten, Placebos und gesundheitsschädlichen Placebos nur eine Pflicht zum Eigentumsschutz begründet, soweit die geschützte Marke auf der Arzneimittelform aufgebracht wurde bzw. die verwendete Arzneimittelform designrechtlich geschützt ist. Eine wettbewerbliche Schutzpflicht besteht nicht für andere Verursachungsbeiträge als dem Verkauf von Arzneimittelfälschungen oder -nachahmungen. Welche Schutzgüter jeweils den staatlichen Schutzpflichten zugrunde liegen zeigt die folgende Übersicht:

Fälschungsart	**Art. 2 II 1 GG Unversehrtheit, Leben**		**Art. 14 I GG Eigentum**				**Art. 12 I GG Wettbewerb**
	Krankheitsbekämpfung	**Lifestyle-Produkt**	**Marke**	**Design**	**Patent**	**Urheberrecht**	
Perfekte Imitation	–		+ (Herstellung/ Inverkehrbringen)			–	+ (Verkauf)
Nachahmpräparat	+	– (Ausnahme u.U. bei falschem Wirkstoff)	+ u.U.		– i.d.R.	–	+ (Verkauf)
Placebo	+	–	+ u.U.		–	–	+ (Verkauf)

Gesundheitsschädliches Placebo	+	+ u.U.	–	–	+ (Verkauf)
Gefälschte Packmittel	+ (falscher Beipackzettel)	+ (Herstellung/Inverkehrbringen)			+ (Verkauf)

B. Unionale Schutzpflichten der EU

Unionale Schutzpflichten können sich aus den Grundfreiheiten sowie aus den Grundrechten ergeben. Die Entwicklung von Schutzpflichten auf europäischer Ebene setzte später als in Deutschland ein und weißt viele Parallelen und Überschneidungen zum deutschen Recht auf.

I. Begriffsbestimmung

Vergleichbar mit dem deutschen Recht setzt die Schutzpflicht im europäischen Recht voraus, dass ein grundrechtlich geschütztes Gut oder eine geschützte Betätigung beeinträchtigt wird oder beeinträchtigt zu werden droht. Erfasst werden daher nicht nur Bedrohungen durch Privatpersonen, sondern auch Beeinträchtigungen, die von Drittstaaten herrühren oder eine natürliche Ursache haben.[408]

II. Europäische Grundrechte und Grundfreiheiten

Zu Anfangs enthielten die Verträge des Unionsrechts keine Grundrechte. Ausdrücklich verbürgt sind jedoch seit jeher die Grundfreiheiten, welche als freier Waren,- Personen-, Dienstleistungs- und Kapital- und Zahlungsverkehr schriftlich niedergelegt sind (Art. 28 ff., 45 ff., 56 ff., 63 ff. AEUV) und sich in erster Linie auf die Beseitigung von Hindernissen für den Binnenmarkt richten.[409] Die Grundfreiheiten gelten als grundrechtsgleiche Rechte, denn im Unterschied zu den Grundrechten richten sie sich primär nicht an die Organe der EU sondern an die Mitgliedstaaten.[410]

---

408 *Suerbaum*, EuR 2003, 390 (409); *Jaeckel*, Schutzpflichten, S. 256.

409 *Jaeckel*, Schutzpflichten, S. 184.

410 *Becker* in: Schwarze, EU Kommentar, AEUV Art. 34 Rn. 5; *Schroeder* in: Streinz, EUV/AEUV, AEUV Art. 34 Rn. 3.

Die Schutzgehalte der Grundrechte entwickelte der Europäische Gerichtshof (EuGH) schließlich in Form von allgemeinen Rechtsgrundsätzen, welche er aus den Verfassungstraditionen der Mitgliedstaaten und damit auch aus deren Grundrechten sowie – seit 1974 – aus der Europäischen Menschenrechtskonvention (EMRK)[411] ableitete.[412] Erst seit Dezember 2009, als die Charta der Grundrechte der EU (GRCh)[413] mit dem Vertrag von Lissabon gem. Art. 6 Abs. 1 EUV[414] rechtsverbindlich geworden ist, verfügt die EU erstmals über einen eigenen geschriebenen Grundrechtskatalog. Die Charta ist rechtlich gleichrangig mit den Verträgen (Art. 6 Abs. 1 EUV), damit gehört sie zum Primärrecht der Union und zum Rechtsregime des EUV und AEUV.[415]

Darüber hinaus enthält Art. 6 Abs. 2 EUV den Auftrag an die EU der EMRK beizutreten. Die EMRK ist bislang unverbindlich, wird vom EuGH jedoch als Auslegungsgrundlage herangezogen. Innerhalb des Unionsrechts steht die EMRK als völkerrechtliche Übereinkunft zwischen Primär- und Sekundärrecht (Art. 216 Abs. 2, 218 Abs. 11 AEUV).[416] Soweit die Rechte der Grundrechtscharta solchen der EMRK entsprechen, haben sie die gleiche Bedeutung und Tragweite wie in der EMRK garantiert (Art. 52 Abs. 3 S. 1 GRCh). Die Grundrechtecharta kann aber darüber hinaus einen weitergehenden Grundrechtsschutz gewähren (Art. 52 Abs. 3 S. 2 GRCh). Dagegen darf kein Grundrecht der Charta eine Einschränkung der EMRK (und vergleichbarer Garantien der nationalen Verfassungen) bewirken (Art. 53 GRCh).

Schließlich bekräftigt Art. 6 Abs. 3 EUV die Geltung der Grundrechte als allgemeine Rechtsgrundsätze des Unionsrechts. Ihnen kommt neben der Grundrechtecharta lückenfüllende Funktion zu,[417] zudem sind die Rechte der Charta im Einklang mit den gemeinsamen Verfassungsüberlieferungen der Mitgliedstaaten auszulegen (Art. 52 Abs. 4 GRCh).

---

411 Konvention zum Schutz der Menschenrechte und Grundfreiheiten vom 4.11.1950.

412 Vgl. *Knecht* in: Schwarze, EU-Kommentar, GRC Präambel Rn. 3.

413 Charta der Grundrechte der Europäischen Union in der überarbeiteten und ergänzten Fassung vom 14.12.2007 (ABl. EU C 301 vom 14.12.2007, S. 1, konsolidierte Fassung ABl. EU C 83 vom 30.3.2010, S. 389).

414 Vertrag über die Europäische Union, konsolidierte Fassung von 2016 (ABl. EU C 202 vom 7.6.2016, S. 13).

415 *Hatje* in: Schwarze, EU-Kommentar, EUV Art. 6 Rn. 6.

416 *Hatje* in: Schwarze, EU-Kommentar, EUV Art. 6 Rn. 11.

417 *Hatje* in: Schwarze, EU-Kommentar, EUV Art. 6 Rn. 17.

III. Rechtsprechung des EuGH zu den Schutzpflichten

Bislang erkannte der EuGH ausdrücklich lediglich Pflichten der Mitgliedstaaten zum Schutz der Grundfreiheiten an. Im Urteil zu den Agrarblockaden[418] im Jahre 1997 ging es um die Abschirmung aus Spanien importierten Obstes vor Übergriffen französischer Bauern und damit um die Gewährleistung der Warenverkehrsfreiheit. Der EuGH konstruierte eine staatliche Handlungspflicht aus dieser Grundfreiheit sowie aus ex-Art. 10 EGV[419] (im Wesentlichen ersetzt durch Art. 4 Abs. 3 EUV), der den Mitgliedstaaten auferlegt, alle geeigneten Maßnahmen zur Erfüllung der vertraglichen Verpflichtung zu ergreifen. Dazu gehören auch Schutzmaßnahmen zur wirksamen Verwirklichung der Grundfreiheiten.[420]

Ein vergleichbares Urteil zur Schutzpflichtdimension der Grundrechte ist bisher noch nicht ergangen.[421] Indessen zeigen sich in der Rechtsprechung des EuGH Ansätze einer gemeinschaftlichen Schutzpflichtenlehre.[422] Ein Anhaltspunkt für eine positive Schutzpflicht des Gleichheitsgrundsatzes findet sich in der Transsexuellen-Entscheidung des EuGH[423] von 1996. Der Fall betraf die Frage, ob sich auch eine transsexuelle Person auf die Richtlinie 76/207/EWG[424] über die Gleichbehandlung von Männern und Frauen berufen könne. Im Rahmen der Auslegung der Richtlinie wies der EuGH auf den engen Zusammenhang zu dem grundrechtlichen Verbot der Ungleichbehandlung aus Gründen des Geschlechts hin und stellte fest, dass die Tolerierung einer solchen Diskriminierung darauf hinausliefe, dass „gegenüber einer solchen Person gegen die Achtung der Würde und Freiheit verstoßen würde, auf die sie Anspruch [habe] und die der

---

418 EuGH, Rs. C-265/95, *Kommission/Frankreich (Agrarblockaden)*, Slg. 1997, I-6959.

419 Vertrag zur Gründung der Europäischen Gemeinschaft vom 25.3.1957, in der bis zum 30. November 2009 geltenden konsolidiertn Fassung.

420 EuGH, Rs. C-265/95, *Kommission/Frankreich (Agrarblockaden)*, Slg. 1997, I-6959 Rn. 31 ff.; ebenso EuGH, Rs. C-112/00, *Schmidberger (Brenner-Blockade)*, Slg. 2003, I-5659 Rn. 57 ff.; *Frenz*, Hdb EurR I, Rn. 198.

421 *Kingreen* in: Calliess/Ruffert, EUV/AEUV, GRCh Art. 51 Rn. 29; *Pünder* in: Ehlers, GR und Grundfreiheiten, § 17 Rn. 3.

422 *Ehlers* in: Ehlers, GR und Grundfreiheiten, § 14 Rn. 45; *Suerbaum*, EuR 2003, 390 (394).

423 EuGH, Rs. C 13/94, *P./S. und Cornwall Country Council – Transsexuelle*, Slg. 1996 I-2143.

424 Richtlinie 76/207/EWG des Rates vom 9. Februar 1976 zur Verwirklichung des Grundsatzes der Gleichbehandlung von Männern und Frauen hinsichtlich des Zugangs zur Beschäftigung, zur Berufsbildung und zum beruflichen Aufstieg sowie in Bezug auf die Arbeitsbedingungen (ABl. EG L 39, S. 40).

Gerichtshof schützen [müsse]".[425] Diese Formulierung lässt sich als Andeutung auf eine positive Schutzpflicht verstehen, wenn auch im konkreten Fall die Heranziehung des Schutzgedankens auf die Auslegung sekundärrechtlicher Bestimmungen begrenzt ist.[426]

Ein weiterer Hinweis auf die Annahme einer unionsgrundrechtlichen Schutzpflichtdimension ist in dem Urteil Francesconi[427] zu finden. Der EuGH hatte über die Schadenersatzpflicht der Gemeinschaft aufgrund mit Diethylenglykol und Methanol verfälschter Weine zu entscheiden. Die Kläger, teils Hinterbliebene von Todesopfern, teils vom Umsatzrückgang betroffene Weinhändler, machten gegen die Gemeinschaft Ersatz derjenigen Schäden geltend, die ihnen durch das Unterlassen der gebotenen Maßnahmen seitens der Kommission entstanden sind. Jedenfalls aus Sicht der Hinterbliebenen kommt insoweit, mangels sekundärrechtlicher Anhaltspunkte für einen Anspruch der späteren Opfer auf Einschreiten der Kommission, tatsächlich nur eine Verletzung einer grundrechtlichen Schutzpflicht als Anknüpfungspunkt in Betracht. Die Bedrohung von Leib und Leben der Konsumenten des verfälschten Weins ging nicht von einem Hoheitsträger aus. Wenn der Gerichtshof in der Entscheidung ausführlich darlegt, dass die Kommission das ihrerseits Mögliche und Erforderliche getan habe, setzt dies sachlich das Bestehen einer entsprechenden Schutzpflicht voraus.[428]

Über diese Entscheidungen hinaus hat der Gedanke grundrechtlichen Schutzes in der Rechtsprechung des EuGH primär als Rechtfertigungsgrund Berücksichtigung gefunden. So hat der Gerichtshof in einigen Urteilen Beschränkungen der Grundfreiheiten durch mitgliedstaatliche Maßnahmen mit der Begründung zugelassen, dass diese dem Schutz grundrechtlicher Güter dienten.[429]

Im Ergebnis lässt sich feststellen, dass sich in der Rechtsprechung des EuGH verschiedene Anhaltspunkte für eine Schutzpflichtdimension der

---

425 EuGH, Rs. C 13/94, *P./S. und Cornwall Country Council – Transsexuelle*, Slg. 1996 I-2143, Rn 18 ff. und 22; *Jaeckel*, Schutzpflichten, S. 212.

426 *Jaeckel*, Schutzpflichten, S. 213; *Szczekalla*, Schutzpflichten, S. 622 f.

427 EuGH, Rs. C-326/86 und 66/88, *Francesconi u.a./Kommission*, Slg. 1989, 2087.

428 Vgl. EuGH, Rs. C-326/86 und 66/88, *Francesconi u.a./Kommission*, Slg. 1989, 2087 Rn. 10 und 21; *Suerbaum*, EuR 2003, 390 (398).

429 Vgl. EuGH, Rs. C-288/89, *Collectieve Antennenvoorziening Gouda*, Slg. 1991 I, 4007 Rn. 23; EuGH, Rs. C-112/00, *Schmidberger*, Slg. 2003, I-5659 Rn. 74; vgl. auch EuG, Rs. T-76/96 R, *National Farmers' Union u.a./Kommission (BSE II)*, Slg. 1996 II, 815 Rn. 75; *Jaeckel*, Schutzpflichten, S. 214.

Unionsgrundrechte finden, eine ausdrückliche Stellungnahme ist bisher jedoch nicht ergangen.[430]

IV. Fundierung von Schutzpflichten im Unionsrecht

Die Hauptlast des unionsrechtlichen Grundrechtsschutzes liegt mangels damaligem verbindlichen Grundrechtskatalog bei den allgemeinen Rechtsgrundsätzen.[431] In deren Erkenntnis stützt der EuGH sich auf zwei Rechtserkenntnisquellen: Die Verfassungsüberlieferung der Mitgliedstaaten und die EMRK. Heute spielt die Charta der Grundrechte eine herausragende Rolle.

1. Gemeinsame Verfassungsüberlieferung der Mitgliedstaaten

In einer ganzen Reihe mitgliedstaatlicher Verfassungsrechtsordnungen haben Schutzpflichten, positive Pflichten oder objektiv-rechtliche Grundrechtsgehalte, die auch im Rahmen von Privatrechtsbeziehungen zur Geltung zu bringen sind, Anerkennung gefunden.[432] Insbesondere in der deutschen Schutzpflichtdogmatik ist die Figur der staatlichen Schutzpflicht in der Judikatur des BVerfG unverkennbar (vgl. oben A. I).[433] Aber auch in Österreich[434], Spanien[435] und Irland[436] sowie im Ansatz auch in England[437] und Frankreich[438] sind Schutzpflichten heute anerkannt.

---

430 So auch *Pünder* in: Ehlers, GR und Grundfreiheiten, § 17 Rn. 3; *Jaeckel*, Schutzpflichten, S. 215; *Suerbaum* EuR 2003, 390 (399).

431 *Suerbaum*, EuR 2003, 390 (403).

432 *Suerbaum*, EuR 2003, 390 (403). Überblicke bei *Jaeckel*, Schutzpflichten, S. 134 ff.; *Szczekalla*, Schutzpflichten, S. 909 ff.

433 *Suerbaum*, EuR 2003, 390, (403).

434 Österr. VerfGH, EuGRZ 1995, 664 (668); Österr. VerfGH, EuGRZ 1990, 550 (551).

435 Art. 9 Abs. 2 Verfassung von Spanien: „Der öffentlichen Gewalt obliegt es, die Bedingungen dafür zu schaffen, dass Freiheit und Gleichheit des Einzelnen und der Gruppen, denen er angehört, real und wirksam sind, die Hindernisse zu beseitigen, die ihre volle Entfaltung verhindern oder erschweren, ...".

436 Art. 40 Abs. 3 Verfassung von Irland: „1. Der Staat verbürgt sich in seinen Gesetzen, die persönlichen Rechte der Bürger zu achten und sie, soweit dies durchführbar ist, zu verteidigen und zu schützen. 2. Insbesondere schützt der Staat durch seine Gesetze nach bestem Vermögen das Leben, die Person, den guten Namen und die Vermögensrechte eines jeden Bürgers gegen widerrechtliche

2. Europäische Menschenrechtskonvention

Die EMRK hat als Rechtserkenntnisquelle eine überragende Bedeutung, denn seit langem zieht der EuGH zur Auslegung der Grundrechte die Straßburger Rechtsprechung des Europäischen Gerichtshofs für Menschenrechte (EGMR) und der Europäischen Kommission heran.[439] Schutzpflichten sind zu zahlreichen Konventionsrechten als Teil der sogenannten positiven Pflichten anerkannt. Die Straßburger Institutionen leiten Schutzpflichten gegenüber nichtstaatlichen Bedrohungen dabei nicht über ein gemeinsames Vehikel ab, vielmehr werden positive Pflichten fallweise aus den Einzelgewährleistungen entwickelt. Bereits 1985 nahm der EGMR in dem Verfahren X und Y gegen die Niederlande[440] eine positive Schutzpflicht an. Der Fall betraf die Vergewaltigung eines geistig behinderten Mädchens, für die nach niederländischem Recht eine Strafbarkeitslücke bestand. Der Gerichtshof legte dar, dass eine wirksame Beachtung des Rechts auf Achtung des Privat- und Familienlebens erfordern könne, die Rechtsgüter des Art. 8 EMRK auch im Verhältnis von Privatpersonen untereinander zu schützen.[441] Trotz des insoweit konzedierten Ermessensspielraums der Staaten nahm der Gerichtshof eine Pflichtverletzung an, weil angesichts der grundsätzlichen Werte des Privatlebens zivilrechtliche Sanktionen unzureichend seien und eine wirksame Abschreckung nur durch eine Strafbewehrung erreicht werden könne.[442]

Die Begründung zeigt erhebliche Parallelen zur deutschen Schutzpflichtenlehre auf: Qualifikation der Konventionsrechte als „grundsätzliche Werte" – wertentscheidende Grundsatznormen; Ermessensspielraum bei gleichzeitiger Einforderung des zum Schutze Unerlässlichen – Unter-

---

Angriffe und verteidigt sie im Falle ihrer widerrechtlichen Verletzung. 3. Der Staat anerkennt das Recht des ungeborenen Lebens, mit gebührender Rücksicht auf das Leben der Mutter, und er verbürgt sich in seinen Gesetzen, dieses Recht zu achten und, soweit dies durchführbar ist, es zu verteidigen und zu schützen."

437 House of Lords, Regina v Chief Constable of Sussex, ex parte International Trader's Ferry Limited, EuGRZ 1999, 333.

438 *Classen*, JöR N.F. 36 (1987), S. 29.

439 So zitierte der EuGH in der Tanssexuellen-Entscheidung (EuGH, Rs. C 13/94, *P./S. und Cornwall Country Council – Transsexuelle,* Slg 1996 I-2143 Rn. 16) sogar ganze Passagen des Ress-Urteils des EGMR vom 17.10.1986 (ERMG, *Rees/Vereinigtes Königreich,* Urt. v. 17.10.1986, Série A 106); *Suerbaum*, EuR 2003, 390 (404).

440 EGMR, *X und Y/Niederlande,* Urt. v. 26.3.1985, Serie A 91.

441 EGMR, *X und Y/Niederlande,* Urt. v. 26.3.1985, Serie A 91 Rn. 23.

442 EGMR, *X und Y/Niederlande,* Urt. v. 26.3.1985, Serie A 91 Rn. 24 und 27.

maßverbot (hierzu siehe oben in diesem Teil 4 unter A. III. und V). Inzwischen hat die Rechtsprechung positive Pflichten für eine Vielzahl von Konventionsrechten angenommen, bei denen eine nichtstaatliche Beeinträchtigung möglich ist.[443]

3. Charta der Grundrechte

Art. 1 S. 2 GRCh enthält die ausdrückliche Verpflichtung die Menschenwürde „zu achten und zu schützen" und stellt damit den deutlichsten textlichen Anhaltspunkt für grundrechtliche Schutzpflichten in der Grundrechtecharta dar. Darüber hinaus enthält die Charta aber eindeutige Schutzgewährleistungen. Zwar lässt sich aus dem in Art. 6 GRCh enthaltenen Grundrecht auf Freiheit und Sicherheit keine unionsgrundrechtliche Schutzpflicht begründen, denn die Bestimmung nimmt lediglich die Formulierung des Art. 5 Abs. 1 S. 1 EMRK auf und ist daher in ihrem Regelungsgehalt wie diese auf die traditionellen Garantien gegenüber staatlichen Freiheitsentziehungen beschränkt.[444] Dagegen verbrieft aber Art. 30 GRCh Anspruch auf Schutz vor ungerechtfertigter Entlassung. Im Besonderen statuiert Art. 32 Abs. 2 GRCh Anspruch auf Schutz vor Entlassung aus einem mit der Mutterschaft zusammenhängenden Grund. Einen weiteren Anspruch auf Schutz und Fürsorge begründet Art. 24 GRCh zugunsten der Kinder.

Aus der textlichen Hervorhebung dieser Schutzansprüche kann nicht im Gegenschluss die Negation einer Schutzpflichtdimension aller übrigen Grundrechtsgewährleistungen abgeleitet werden. Die Charta hebt ausdrücklich in Art. 53 GRCh hervor, das Niveau der EMRK nicht absenken zu wollen. Damit kommt praktisch für alle unionsrechtlichen Grundrechte eine Schutzpflicht in Betracht.[445]

---

443 *Suerbaum*, EuR 2003, 390 (405).

444 *Bernsdorff* in: Meyer, EU-GRC, Art. 6 Rn. 12; *Suerbaum*, EuR 2003, 390 (406); a.A. wohl EuGH, Rs. C-293/12 und C-594/12, *Digital Rights Ireland Ltd*, Urt. v. 08.04.2014, Rn. 42; EuGH, Rs. C-601/15 PPU, *J.N./Staatssecretaris van Veiligheid en Justitie*, Urt. v. 15.02.2016, Rn. 53.

445 Vgl. *Suerbaum*, EuR 2003, 390 (407); *Frenz*, Hdb EurR IV, Rn. 362.

V. Adressaten der Schutzpflicht

Als Adressat der Schutzpflichten werden je nach Maßgabe ihrer jeweiligen Kompetenzen die Gemeinschaftsorgane oder die Organe der Mitgliedstaaten, soweit sie im Anwendungsbereich des Gemeinschaftsrechts agieren, gebunden (vgl. jetzt auch Art. 51 Abs. 1 GRCh).[446] Dies bedeutet, dass den mit legislativen Befugnissen betrauten Organen die Verpflichtung zukommt, die Rechtsgrundlagen zu schaffen, die für einen wirksamen Schutz der gemeinschaftlichen Grundrechte und Grundfreiheiten erforderlich sind. Die mit exekutiven und judikativen Befugnissen ausgestatteten Organe haben den Schutzgedanken bei der Auslegung und Anwendung der Rechtsvorschriften zu beachten.[447]

Als zusätzliche Komponente gilt es bei der Wahrnehmung der Schutzaufgaben im Unionsrecht nicht nur, wie im nationalen Recht, die Grundrechte der von der Schutzmaßnahme negativ betroffenen Privatpersonen und die horizontale Kompetenzordnung zu berücksichtigen, sondern überdies auch die vertikale Kompetenzordnung zwischen der EU und den Mitgliedstaaten zu beachten.[448] So begründet beispielsweise eine noch nicht umgesetzte Richtlinie keinerlei Verpflichtungen für einen Bürger, sodass die Richtlinienbestimmung vor einem nationalen Gericht nicht zu Lasten einer Privatperson geltend gemacht werden können.[449] Denn andernfalls „würde der Gemeinschaft die Befugnis zuerkannt, mit unmittelbarer Wirkung Verpflichtungen zu Lasten Einzelner zu schaffen, obwohl sie dazu ausschließlich in Fällen berichtigt ist, in denen sie die Befugnis zum Erlass von Verordnungen und Entscheidungen besitzt".[450]

---

446 EuGH, Rs. 37/83, *Rewe-Zentrale AG*, Slg. 1984, 1229 Rn. 18; EuGH, Rs. C-114/96, *Kieffer und Thill*, Slg. 1997, I-3629 Rn. 27; *Terhechte* in: v. d. Groeben/Schwarze/Hatje, Eur. UnionsR I, GRC Art. 51 Rn. 5; a.A. noch *Emmert*, Europarecht, § 29 Rn. 8, der die Gemeinschaftsorgane als Adressaten verneint.

447 *Jaeckel*, Schutzpflichten, S. 265 f.

448 *Suerbaum*, EuR 2003, 390 (409); *Jaeckel*, Schutzpflichten, S. 266.

449 Vgl. EuGH, Rs. 152/84, *Mashall*, Slg. 1986, 723 Rn. 48; *Jaeckel*, Schutzpflichten, S. 267 m.w.N.

450 So insbes. EuGH, C-91/92, *Faccini Dori*, Slg. 1994 I, 3325 Rn. 24; EuGH, Rs. C-192/94, *El Corte Inglés*, Slg. 1996 I, 1281 Rn. 17.

VI. Inhalt der Schutzpflicht

Zur Erfüllung der unionsrechtlichen Schutzpflicht wird nicht nur eine einzige Vorgehensweise in Betracht kommen, sondern eine Reihe von Maßnahmen zur Schutzgewähr möglich sein. Wie im nationalen Recht besteht insoweit ein erheblicher Gestaltungsspielraum, der den Mitgliedstaten sowie den Gemeinschaftsorganen Ermessen bei der Auswahl der Mittel einräumt.[451] Der EuGH hat in diesem Zusammenhang für die Schutzaufgabe der Mitgliedstaaten festgestellt, dass es lediglich Aufgabe des Gerichtshofs ist, „unter Berücksichtigung des genannten Ermessens [...] zu prüfen, ob der betreffende Mitgliedstaat [...] geeignete Maßnahmen ergriffen habe".[452] Auch die inzwischen zur Konkretisierung der mitgliedstaatlichen Verpflichtungen erlassene Verordnung (EG) Nr. 2679/98[453] räumt einen weiten Ermessensspielraum ein, wenn sie zur Beseitigung von Behinderungen des freien Warenverkehrs durch Private erforderliche und angemessene Maßnahmen verlangt.[454]

Bei der Auswahl der Mittel zur Schutzgewähr sind vor allem das betroffene Rechtsgut, das Ausmaß und die Wahrscheinlichkeit der drohenden Gefahr[455] sowie die denkbaren Schutzmöglichkeiten von Bedeutung. In die Abwägung sind dabei, wie auch aus der VO (EG) Nr. 2679/98 hervor-

---

451 Vgl. *Kingreen* in: Calliess/Ruffert, EUV/AEUV, GRCh Art. 51 Rn. 26; *Ehlers* in: Ehlers GR und Grundfeiheiten, § 14 Rn. 45.

452 EuGH, Rs. C-265/95, *Kommission/Frankreich (Agrarblockaden)*, Slg. 1997 I, 6959 Rn. 32 ff.; in diesem Sinne bereits EuGH, Rs. 265/87, *Schräder/HZA Gronau*, Slg. 1989, 2237 Rn. 22: Verstoß im Hinblick auf den Ermessensspielraum des Gemeinschaftsgesetzgebers durch den EuGH ist erst anzunehmen, „wenn diese Maßnahme zur Erreichung des Ziels, das das zuständige Organ verfolgt, offensichtlich ungeeignet ist".

453 VO (EG) Nr. 2679/98 des Rates vom 7.12.1998 über das Funktionieren des Binnenmarktes im Zusammenhang mit dem freien Warenverkehr zwischen den Mitgliedstaaten (ABl. EG L 337, S. 8).

454 Art. 1 Nr. 2 der VO (EG) Nr. 2679/98 lautet: „Ein ‚Nichteinschreiten' liegt vor, wenn die zuständigen Behörden eines Mitgliedstaats angesichts von Behinderungen, die durch Handlungen von Personen verursacht werden, es unterlassen, im Rahmen ihrer Befugnisse alle erforderlichen, der Situation angemessenen Maßnahmen zu ergreifen, um die Behinderung zu beseitigen und den freien Warenverkehr in ihrem Gebiet sicherzustellen".

455 Vgl. EuGH, Rs. C-265/95, *Kommission/Frankreich (Agrarblockaden)*, Slg. 1997 I, 6959 Rn. 24, 30, 40 ff.; *Jaeckel*, Schutzpflichten, S. 272 f.

geht,[456] entgegenstehende Grundrechte und Grundfreiheiten Dritter, zwingende Allgemeininteressen sowie anderweitige Vertragsziele und spezielle vertragliche Regelungen einzubeziehen. Grundsätzlich können auch die Kapazitäten des zuständigen Hoheitsträgers Berücksichtigung finden.[457]

VII. Schutzmittel

Zwischen den Schutzmitteln können die Mitgliedstaaten und Gemeinschaftsorgane im Rahmen ihres Ermessens frei wählen. Es kann, wie im deutschen Recht, in rechtliche sowie tatsächliche Schutzmittel differenziert werden.

Als rechtliche Schutzmaßnahme kommen alle der EU zur Verfügung stehenden Rechtsakte in Betracht (Art. 288 AEUV). Dies sind vor allem Verordnungen, Richtlinien und Beschlüsse. Aber auch Empfehlungen und Stellungnahmen können, trotz ihres nicht verbindlichen Charakters, zur Erfüllung von Schutzpflichten herangezogen werden.[458] Der rechtliche Schutz vollzieht sich in den Bahnen aller Rechtsgebiete und kann sowohl durch zivilrechtliche sowie öffentlich-rechtliche Regelungen als auch strafrechtliche Verbote erfüllt werden. Auch wenn der EU noch keine eigene, originäre Strafkompetenz zukommt, kann sie die Mitgliedstaaten anweisen, in bestimmten Bereichen ihren unionsrechtlichen Pflichten durch Einsatz des nationalen Strafrechts nachzukommen (Anweisungskompetenz).[459]

Neben diesen rechtlichen sind aber auch die vielfältigsten tatsächlichen Schutzmittel denkbar.[460] So hat der Gemeinschaftsgesetzgeber die tatsächliche und rechtliche Entwicklung zu beobachten und die bestehenden Gesetze ggf. nachzubessern.[461] Daneben spielen auch die Forschung, besonders in laufenden Gesetzgebungstätigkeiten, und die Aufklärung und In-

---

456 Der 4. ErwGr. als auch Art. 2 der VO (EG) Nr. 2679/98 weisen darauf hin, dass die Ausübung anerkannter Grundrechte, einschließlich des Rechts oder die Freiheit zum Streik nicht beeinträchtigt werden dürfe.

457 *Jaeckel*, Schutzpflichten, S. 273.

458 *Szczekalla*, Schutzpflichten, S. 982 f.

459 *Rengeling/Szczekalla*, GR in der EU, § 6 Rn. 411.

460 Einen ausführlichen Überblick liefert *Szczekalla*, Schutzpflichten, S. 977 ff.

461 *Rengeling/Szczekalla*, GR in der EU, § 6 Rn. 411.

formation, insbesondere im Bereich gesundheitlicher Aufklärung, eine große Rolle.[462]

VIII. Durchsetzung der Schutzpflichten

Wie im deutschen Recht stellt sich auch hier die Frage nach einem subjektiven Recht auf Schutz und dessen gerichtliche Durchsetzung.

1. Subjektives Recht auf Schutzpflichterfüllung

In ihrer abwehrrechtlichen Funktion gewähren sowohl die gemeinschaftlichen Grundrechte als auch die Grundfreiheiten subjektive Rechte des Einzelnen.[463] Dasselbe kann für die positive Schutzfunktion angenommen werden. So räumte bereits das Transsexuellen-Urteil dem von privater Seite Diskriminierten einen Anspruch auf hoheitlichen Schutz ein.[464] Schließlich wird allgemein auch hinsichtlich der grundfreiheitlichen Schutzpflichten zutreffend von einem subjektiven Recht ausgegangen.[465]

Das Bestehen eines Gestaltungsspielraums des Schutzpflichtadressaten steht dem nicht entgegen. Insoweit ist jedoch zu beachten, dass der Anspruchsteller lediglich eine fehlerfreie Entscheidung des zuständigen Hoheitsträges dahingehend verlangen kann, ob und wie die nichtstaatliche Beeinträchtigung des Grundrechts abgewendet werden kann. Ein Anspruch auf eine bestimmte Schutzmaßnahme steht dem Einzelnen nicht zu, sofern nicht ausnahmsweise allein diese das Mindestmaß gebotenen Schutzes unter Berücksichtigung der abzuwägenden Interessen erfüllt.[466]

2. Rechtsschutz

Die prozessuale Durchsetzbarkeit von Schutzpflichten bestimmt sich nach den vertraglich enumerierten Einzelzuständigkeiten, die sich unter ande-

---

462 Vgl. *Szczekalla*, Schutzpflichten, S. 997 und 1012.
463 *Jaeckel*, Schutzpflichten, S. 245.
464 EuGH, Rs. C 13/94, *P./S. und Cornwall Country Council – Transsexuelle*, Slg. 1996 I-2143 Rn. 22; *Suerbaum*, EuR 2003, 390 (415).
465 *Suerbaum*, EuR 2003, 390 (415).
466 *Suerbaum*, EuR 2003, 390 (415).

rem durch den Klagegegner unterscheiden. Eine Schutzpflichtverletzung der Mitgliedstaaten kann die Europäische Kommission vor dem EuGH über das Vertragsverletzungsverfahren nach Art. 258 f. AEUV (ex-Art. 226 f. EGV) geltend machen. Gegen die Gemeinschaftsorgane können die Mitgliedstaaten mittels der Untätigkeitsklage nach Art. 265 AEUV (ex-Art. 232 EGV) oder – bei Nichtausreichen erlassener Schutzmaßnahmen – durch eine Nichtigkeitsklage nach Art. 263 AEUV (ex-Art. 230 EGV) vorgehen.[467]

Der Einzelne kann dagegen lediglich auf Grundlage des ihm zuerkannten subjektiven Rechts auf Schutz einen Anspruch aus Amtshaftung nach Art. 268, 340 Abs. 2 AEUV (ex-Art. 235, 288 Abs. 2 EGV) geltend machen. Allerdings wird dies im Hinblick auf den erwähnten weiten Ermessensspielraum bei der Schutzpflichterfüllung in aller Regel an der im Rahmen der Haftung für normatives Unrecht geforderten Voraussetzung eines hinreichend qualifizierten Rechtsverstoßes[468] des Schutzpflichtadressaten scheitern.[469]

IX. Unionale Schutzpflicht vor gefälschten und nachgeahmten Arzneimitteln

Ebenso wie aus dem nationalen Recht, könnte sich eine Pflicht zum Schutz vor gefälschten und nachgeahmten Arzneimitteln auf unionaler Ebene ergeben. Die heutige Grundlage für die Auslösung solcher Schutzpflichten sind entweder die Grundfreiheiten des Binnenmarkts oder die Grundrechtsnormen der EU-Grundrechte-Charta, welche seit dem Vertag von Lissabon rechtsverbindlich gilt und anhand der EMRK auszulegen ist (Art. 6 EUV). Als mögliche Schutzgüter kommen hier das Recht auf Leben (Art. 2 GRCh) und das Recht auf Unversehrtheit (Art. 3 GRCh), das Eigentumsrecht (Art. 17 GRCh) sowie die Berufsfreiheit und das Recht zu arbeiten (Art. 15 GRCh) und die unternehmerische Freiheit (Art. 16 GRCh) in Betracht.

---

467 *Suerbaum*, EuR 2003, 390 (415).

468 St. Rspr. seit der Schöppenstedt-Entscheidung, siehe EuGH, Rs. 5/71, *Zuckerfabrik Schöppenstedt/Rat*, Slg. 1971, 975 Rn. 11.

469 *Suerbaum*, EuR 2003, 390 (415).

1. Recht auf Leben

Soweit gefälschte Arzneimittel für Patienten lebensgefährliche Folgen haben, könnte sich eine unionale Pflicht zum Schutz des Lebens ergeben.

a. Schutzgut

Aus dem Recht auf Leben nach Art. 2 Abs. 1 GRCh kann eine Schutzpflicht erfolgen.[470] Schutzgut ist das Leben, also die biologisch-physische Existenz des Grundrechtsinhabers.[471] Geschützt wird das Recht am Leben zu bleiben. Nicht geschützt wird dagegen nach überwiegender Meinung die Entscheidung gegen das eigene Leben, also die Selbsttötung, da der Wortlaut vom Recht „auf Leben" spricht.[472] Grundrechtsträger des Rechts ist jeder Mensch, also jede natürliche Person. Juristische Personen können sich nicht auf das Recht auf Leben berufen.[473] Ob auch das werdende Leben geschützt ist, ist angesichts der unterschiedlichen Vorstellungen in den Mitgliedstaaten umstritten.[474] Der EGMR stellte die Entscheidung über den Beginn des Lebens in das Ermessen der Mitgliedstaaten, mit der Folge, dass kein Schutz des Fötus durch die EMRK besteht.[475] Die Grundrechtsträgerschaft endet mit dem Hirntod.[476]

Gefälschte Arzneimittel können zum Tod von Menschen führen, sodass das Schutzgut Leben betroffen ist. Es geht um das Recht am Leben zu bleiben, da Patienten, welche gefälschte Präparate einnehmen, mangels Kenntnis der Gefährlichkeit für ihr Leben keine Entscheidung gegen das eigene Leben treffen.

---

470 *Jarass*, GRCh, Art. 2 Rn. 8; *Borowsky* in: Meyer, EU-GRC, Art. 2 Rn. 36.

471 *Callies*, EUV/AEUV, 2011, Art. 2 GRCh Rn. 14; *v. Vormizeele*, in: Schwarze, EU-Kommentar, GRC Art. 2 Rn. 5

472 EGMR, *Pretty/Vereinigtes Königreich*, Urt. v. 29.4.2002, Nr. 2346/02 Rn. 39; *Callies*, EUV/AEUV, 2011, Art. 2 GRCh Rn. 16; *Jarass*, GRCh, Art. 2 Rn. 5; a.A. *Höfling/Rixen* in: Heselhaus/Nowak, Hdb Eur. GR, § 10 Rn. 10.

473 *Jarass*, GRCh, Art. 2 Rn. 6.

474 Dafür: *Höfling* in: Tettinger/Stern, Eur. GRCh, Art. 2 Rn. 21; *Jarass*, GRCh, Art. 2 Rn. 6. Dagegen *Schmidt*, ZEuS 2002, 631 (644).

475 EGMR, *Vo/Frankreich*, Urt. v. 8.7.2004, NJW 2005, 727 Rn. 82; *v. Vormizeele* in: Schwarze, EU-Kommentar, GRC Art. 2 Rn. 5.

476 *v. Vormizeele* in: Schwarze, EU-Kommentar, GRC Art. 2 Rn. 5; *Höfling* in: Tettinger/Stern, Eur. GRCh, Art. 2 Rn. 24.

b. Beeinträchtigung

Eine Beeinträchtigung liegt vor, wenn ein privates Verhalten oder ein Naturereignis zum Tod führt.[477] Die Schutzpflicht wird im europäischen Recht aber nicht nur durch bestehende Schutzgutsverletzungen ausgelöst, vielmehr muss sie angesichts von möglicherweise irreparablen Schäden schon auf die vorbeugende Verhinderung des Schadenseintritts zielen und Rechtsgutsgefährdungen begegnen.[478] Das Maß der Gefahr lässt sich hierbei nicht in einer abstrakten Definition fassen. Vielmehr kommt es neben dem Grad an Wahrscheinlichkeit des Schadenseintritts auch auf das Ausmaß der drohenden Beeinträchtigung, das gefährdete Rechtsgut und die Unumkehrbarkeit des möglichen Schadens an.[479]

Das Recht auf Leben ist ein überragend wichtiges Rechtsgut und ein eingetretener Schaden wäre irreversibel, sodass an den Grad der Wahrscheinlichkeit des Schadenseintritts keine allzu großen Anforderungen zu stellen sind. Im Ergebnis hängt es jedoch, wie auch im deutschen Recht, von der konkreten Fälschungsart eines Arzneimittels ab, da nicht jede Arzneimittelfälschung die gleiche Gefährdungsintensität aufweist.[480] Eine Gefahr liegt jedenfalls bei gesundheitsschädlichen Placebos vor, da giftige Stoffe das Leben beeinträchtigen können. Ebenso verhält es sich bei Nachahmpräparaten oder Placebos von Medikamenten zur Bekämpfung einer lebensbedrohlichen Erkrankung, da ohne den richtigen Wirkstoff in der richtigen Dosis die Krankheit weder geheilt noch bekämpft werden kann und eine Verschlechterung des Krankheitszustands bis hin zum Tod die Folge wäre. Bei einem Nachahmpräparat eines Lifestyle-Produkts kommt nur bei Verwendung eines anderen als des angegebenen Wirkstoffs eine Gefahr in Betracht, da in diesem Fall Allergien oder Wechselwirkungen mit anderen Medikamenten nicht erkannt und somit schlimmstenfalls zum Tod eines Menschen führen können. Dasselbe gilt für einen gefälschten Beipackzettel, der wichtige Informationen zu enthaltenen Inhaltstoffen, Wechselwirkungen oder Sicherheitsaspekte nicht enthält. Demgegenüber besteht bei allen übrigen Fälschungsarten, also bei Nachahmpräparaten oder Placebos von Lifestyle-Produkten sowie perfekten Imitationen, in

---

477 Vgl. *Borowsky* in: Meyer, EU-GRC, Art. 2 Rn. 35.

478 EGMR, *Osman/Vereinigtes Königreich,* Urt. v. 28.10.1998, Nr. 23452/94 Rn. 115.

479 *Jaeckel*, Schutzpflichten, S. 264.

480 Zur umfassenden Gefahrenbewertung siehe oben in diesem Teil 4 unter A VIII. 1. B. (I).

der Regel keine Gefahr für das Leben und damit keine unionale Schutzpflicht.

Für die Gefahren von Arzneimittelfälschungen sind Privatpersonen verantwortlich, die Fälschungen herstellen, in Verkehr bringen, vertreiben oder an Patienten abgeben oder verabreichen. Damit liegt eine die Schutzpflicht begründende Gefahrenquelle vor.

c. Erfüllung der Schutzpflicht

Art. 2 Abs. 1 GRCh verlangt von den Grundrechtsverpflichteten, das Leben durch aktive Maßnahmen zu schützen.[481] Voraussetzung ist, dass die tätig werdenden Gemeinschaftsorgane oder die Organe der Mitgliedstaaten über entsprechende Zuständigkeiten verfügen.[482] Zudem stehen ihnen im Bereich der Schutzpflicht Ermessensspielräume zu.[483] Als Schutzmittel kommen verschiedene Maßnahmen in Betracht. Es sind angemessene präventive Maßnahmen zum Schutz des Lebens zu treffen, was zunehmend im Bereich der Umwelt- und Verbraucherschutzrechte relevant wird.[484] Hier greifen Verbote, Genehmigungspflichten, Kontrollen und eine Aufklärung. Überdies müssen die Mitgliedstaaten das Leben dadurch schützen, dass sie repressive Maßnahmen ergreifen, also Tötungshandlungen durch Private unter Strafe stellen und verfolgen.[485]

d. Ergebnis

Es besteht eine unionale Schutzpflicht vor Beeinträchtigungen von Privatpersonen für gesundheitliche Placebos unabhängig von der Fälschungsart und für Placebos und Nachahmpräparate in Bezug auf gefälschte Medikamente zur Bekämpfung von lebensbedrohlichen Erkrankungen. Auch Nachahmpräparate von Lifestyle-Produkten mit einem unrichtigen Wirkstoff lösen eine Schutzpflicht aus, soweit die Täuschung eine Lebensbedrohung zur Folge hätte.

---

481 Vgl. EGMR, *Streletz, Kessler und Krenz/Deutschland*, Urt. v. 22.3.2001, Nr. 34044/96 Rn. 86; *v. Vormizeele* in: Schwarze, EU-Kommentar, GRC Art 2 Rn. 6.

482 *Suerbaum*, EuR 2003, 390 (409); *Jaeckel*, Schutzpflichten, S. 266.

483 *Jarass*, GRCh, Art. 2 Rn. 8.

484 *Borowsky* in: Meyer, EU-GRC, Art. 2 Rn. 36.

485 *Borowsky* in: Meyer, EU-GRC, Art. 2 Rn. 36.

2. Recht auf Unversehrtheit

Es könnte eine Pflicht der EU zum Schutz der körperlichen und geistigen Unversehrtheit vor den Gefahren von gefälschten Arzneimitteln bestehen.

a. Schutzgut

Art. 3 GRCh dient dem Schutz der körperlichen und geistigen Integrität des Menschen. Auf eine genaue Abgrenzung zwischen körperlicher und geistiger Gesundheit kommt es angesichts der gleichen Rechtsfolgen nicht an.[486] Erfasst werden die Gesundheit im biologisch-physiologischen Sinne und die geistige Gesundheit, aber auch das seelische Wohlbefinden.[487] Ob das Recht auf Unversehrtheit neben dem Erhalt auch die Selbstbestimmung in diesem Bereich schützt, ist umstritten.[488] Die verneinende Auffassung sieht die Selbstverletzung vom Schutzbereich des Privatlebens in Art. 7 erfasst.[489] Grundrechtsträger ist wie beim Recht auf Leben jeder Mensch, also jede natürliche Person.[490] Ob auch das werdende Leben geschützt wird, ist wie beim Recht auf Leben unklar.[491]

Arzneimittelfälschungen können Auswirkung auf die körperliche Integrität von Menschen haben, sodass das Schutzgut der körperlichen Unversehrtheit betroffen ist.

b. Beeinträchtigung durch Dritte

Das grundrechtliche Schutzgut der Unversehrtheit wird beeinträchtigt durch alle – nicht vom wirksamen Willen des Grundrechtsträgers legiti-

---

486 *Augsberg* in: v. d. Groeben/Schwarze/Hatje, Eur. UnionsR I, GRC Art. 3 Rn. 4; *Jarass*, GRCh, Art. 3 Rn. 5.

487 *Rengeling/Szczekalla*, GR in der EU, § 12 Rn. 609. Ob auch das soziale Wohlbefinden erfsst wird, ist streitig, dafür: EGMR, HATTON ET AUTRES/ROYAUME-UNI, Urt. v. 8.7.2003, Nr. 36022/97, Rn. 96; dagegen: *Calliess* in: Callies/Ruffert, EUV/AEUV, GRCh Art. 3 Rn. 6.

488 Bejahend: *Jarass*, GRCh, Art. 3 Rn. 5. Verneinend: *v. Vormizeele* in: Schwarze, EU-Kommentar, GRC Art. 3 Rn. 3; *Höfling* in: Tettinger/Stern, Eur. GRC, Art. 3 Rn. 9.

489 *Jarass*, GRCh, Art. 7 Rn. 14.

490 *Jarass*, GRCh; Art. 3 Rn. 6.

491 Siehe hierzu *Calliess* in: Callies/Ruffert, EUV/AEUV, GRCh Art. 3 Rn. 3.

mierten – Substanzschädigungen und Funktionsstörungen sowie durch die Verursachung sonstiger pathologischer Zustände.[492] Dies gilt unabhängig davon, ob die Beeinträchtigungen vorsätzlich oder fahrlässig erfolgen.[493] Auch bereits die Schaffung hinreichend konkreter Gefährdungslagen kann als Beeinträchtigung qualifiziert werden.[494] Insoweit sind hier dieselben Maßstäbe wie beim Recht auf Leben anzulegen (siehe oben in diesem Teil 4 unter A. VIII. 1. b.), sodass im Ergebnis gesundheitsschädliche Placebos unabhängig vom gefälschten Produkt und Placebos oder Nachahmpräparate in Bezug auf gefälschte Medikamente zur Bekämpfung von Erkrankungen eine unionale Schutzpflicht auslösen. Auch für Nachahmpräparate oder Placebos von Lifestyle-Produkten mit einem unrichtigen Wirkstoff kann eine Schutzpflicht bestehen, soweit die Täuschung eine Gesundheitsgefährdung zur Folge hat.

Für die Gefahren von Arzneimittelfälschungen sind Privatpersonen verantwortlich, die Fälschungen herstellen, in Verkehr bringen, vertreiben oder an Patienten abgeben oder verabreichen. Ein Ausschluss der Verursachungsbeiträge aufgrund eines vorrangigen Beitrags der gefährdeten Patienten selbst scheidet aus, da diese mangels Kenntnis der Qualifizierung des eingenommenen Präparats als Fälschung keine bewusste Selbstgefährdung vornehmen (hierzu siehe oben in diesem Teil 4 unter A. VIII. 1. b. II. (1) (d)).

c. Erfüllung der Schutzpflicht

Aus Art. 3 Abs. 1 GRCh kann ein Anspruch des Grundrechtsträgers dahingehend entnommen werden, dass der Grundrechtsverpflichtete ihn vor Übergriffen Dritter schützen muss.[495] Bei der Wahl der Schutzmaßnahmen steht dem Grundrechtsverpflichteten ein Spielraum zu.[496] Es kommen Verbote, Genehmigungspflichten, Kontrollen und eine Aufklärung in Betracht.

---

492 *Rixen* in: Heselhaus/Nowak, Hdb Eur. GR, § 11 Rn. 27; *Höfling* in: Tettinger/Stern, Eur. GRC, Art. 3 Rn. 10.

493 EGMR, *Salman/Türkei*, Urt. v. 27.6.2000, Nr. 21986/93, NJW 2001, 2001 Rn. 98.

494 *Höfling* in: Tettinger/Stern, Eur. GRC, Art. 3 Rn. 10.

495 *Höfling* in: Tettinger/Stern, Eur. GRC, Art. 3 Rn. 14; *v. Vormizeele* in: Schwarze, EU-Kommentar, GRC Art. 3 Rn. 3

496 *Jarass*, GRCh, Art. 3 Rn. 10; *v. Vormizeele* in: Schwarze, EU-Kommentar, GRC Art. 3 Rn. 3.

d. Ergebnis

Es besteht eine unionale Schutzpflicht vor mitursächlichen Beeinträchtigungen von Privatpersonen für gesundheitliche Placebos unabhängig vom gefälschten Produkt, für Placebos und Nachahmpräparate in Bezug auf gefälschte Medikamente zur Bekämpfung von Erkrankungen sowie für Nachahmpräparate von Lifestyle-Produkten mit einem unrichtigen Wirkstoff, soweit die Täuschung eine Gefährdung der körperlichen oder geistigen Unversehrtheit zur Folge hat.

3. Eigentumsrecht

Nachgeahmte Arzneimittel könnten eine Pflicht der EU zum Schutz von geistigen Eigentumsrechten auslösen.

a. Schutzgut

Aus Art. 17 Abs. 1 S. 1 GRCh können sich Schutzpflichten ergeben.[497] Das Schutzgut Eigentum ist in einem weiten Sinne zu verstehen. Geschützt sind sämtliche vermögenswerten Rechte und damit die Zuordnung eines privaten vermögenswerten Guts an einen Rechtsträger als Eigentum.[498] Darunter fallen das Sacheigentum, aber auch nicht körperliche Gegenstände wie etwa Forderungen und geistige Eigentumsrechte.[499] Letztere sind wegen ihrer zunehmenden Bedeutung in Art. 17 Abs. 2 GRCh ausdrücklich erwähnt.[500] Zu ihnen zählen Urheber-, Patent- und Markenrechte sowie sonstige Schutzrechte.[501] Nicht geschützt ist der Erwerb von Eigentum, da nur bereits erworbene Rechtspositionen geschützt werden.[502] Ebenfalls nicht erfasst sind bloße Aussichten, Chancen und Verdienstmög-

---

497 *Heselhaus* in: Heselhaus/Nowak, Hdb Eur. GR, § 32 Rn. 62; *Jarass*; GRC, Art. 17 Rn. 24.

498 EGMR, *van Marle u.a./Niederlande*, Urt. v. 26.6.1986, Serie A 101 Rn. 41; *Depenheuer* in: Tettinger/Stern, Eur. GRC, Art. 17 Rn. 22.

499 EGMR, *Iatridis/Griechenland [GC]*, Urt. v. 25.3.1999, Nr. 31107/96 Rn. 54.

500 Charta-Erläuterungen, ABl. EU C 303 vom 14.12.2007, S. 17 (23).

501 *Rengeling/Szczekalla*, GR in der EU, § 20 Rn. 806.

502 EGMR, *Marckx/Belgin*, Urt. v. 13.6.1979, Serie A 31 Rn. 50; *Depenheuer* in: Tettinger/Stern, Eur. GRC, Art. 17 Rn. 22.

lichkeiten.[503] Gemäß dem Wortlaut betrifft Art. 17 Abs. 1 S. 1 GRCh nur das „rechtmäßig erworbene […] Eigentum". Ob damit gemeint ist, dass unrechtmäßig erlangtes Eigentum aus dem Schutzbereich herausfällt oder lediglich dass es nach dem einschlägigen Recht zu einem wirksamen Erwerb der Rechtsposition gekommen ist, ist umstritten.[504] Grundrechtsträger sind sowohl natürliche als auch juristische Personen des Privatrechts.[505]

b. Beeinträchtigung

Die Beeinträchtigung ist in der Benutzung der geistigen Eigentumsrechte bei der Herstellung und dem Inverkehrbringen von Nachahmungen zu sehen. In der Regel liegt insoweit bereits eine bestehende Rechtsgutsverletzung vor. Diese ist jedoch im Hinblick auf die Fälschungsarten unterschiedlich zu bewerten (für eine umfassende Bewertung siehe oben in diesem Teil 4 unter A. VIII. 2. b. (I). Eine Benutzung des Patentrechts ist bei perfekten Imitationen gegeben und bei Nachahmpräparaten möglich. Bei einer Nachahmung von Zeichen oder persönlich geistiger Schöpfungen auf Verpackungen, Beipackzetteln oder ggf. Tabletten, ist das Marken- bzw. Urheberrecht beeinträchtigt. Wird eine zwei- oder dreidimensionale Erscheinungsform wie insbesondere die Verpackung oder Arzneimittelform nachgeahmt, liegt eine Beeinträchtigung des Geschmackmusters vor.

Die Beeinträchtigungen gehen von Privatpersonen aus, welche Nachahmungen herstellen und in den Verkehr bringen, sodass auch eine Gefahrenquelle für die Schutzpflicht zu bejahen ist.

---

503 EuGH, Rs. 154/78, *Valsabbia/Kommision*, Slg. 1980, 907 Rn. 89; *Depenheuer* in: Tettinger/Stern, Eur. GRC, Art. 17 Rn. 22.

504 Siehe zum Streitstand *Bernsdorff* in: Meyer, EU-GRC, Art. 17 Rn. 16. Für erste Ansicht *Calliess* in: Ruffert/Calliess, EUV/AUEV, GRCh Art. 17 Rn. 7; *Depenheuer* in: Tettinger/Stern, Eur. GRC, Art. 17 Rn. 23. Für zweite Ansicht *Bernsdorff* in: Meyer, EU-GRC, Art. 17 Rn. 16; *Jarass*, GRCh, Art. 17 Rn. 9; *Streinz* in: Streinz EUV/AEUV, GR-Charta Art. 17 Rn. 16.

505 EuGH, Rs. 44/79, *Hauer/Rheinland-Pflaz*, Slg. 1979, 3727 Rn. 18; *Calliess* in: Callies/Ruffert, EUV/AEUV, GRCh Art. 17 Rn. 5.

c. Erfüllung der Schutzpflicht

Geboten ist ein angemessener Schutz des Eigentums.[506] Die Pflichten belassen aber einen weiten Spielraum.[507] Da die betroffenen Schutzrechtsinhaber sich grundsätzlich mit Hilfe des Zivilrechtswegs selbst schützen können, sind zivilrechtliche Ansprüche an die Hand zu geben. Auch strafrechtliche Sanktionen sind möglich, daneben kommen insbesondere Kontrollen und die Aufklärung und Information der betroffenen Pharmaunternehmen in Frage.

d. Ergebnis

Es kommt der EU grundsätzlich eine Pflicht zum Schutz der Rechte des geistigen Eigentums vor der Herstellung und dem Inverkehrbringen von perfekten Imitationen, Nachahmpräparaten und gefälschten Verpackungen zu.

4. Berufsfreiheit und Recht zu arbeiten

Es könnte sich wegen den Auswirkungen des Vertriebs gefälschter und nachgeahmter Arzneimittel eine unionale Pflicht zum Schutz der Arbeitsplätze und zum Schutz von ungestörten Erwerbsaussichten der Pharmaunternehmen ergeben.

a. Schutzgut

Die Berufsfreiheit aus Art. 15 Abs. 1 GRCh enthält gewisse Schutzgehalte.[508] Sie schützt das Recht zu arbeiten und einen Beruf auszuüben. Umfasst ist mithin sowohl das Recht auf Berufswahl als auch auf Berufsausübung, der Schutzbereich wird einheitlich verstanden.[509] Kennzeichnen-

---

506 EGMR, *Sovtransavto Holding/Ukraine*, Urt. v. 25.7.2002, Nr. 48553/99 Rn. 96 ff.
507 *Jarass*, GRCh, Art. 17 Rn. 24.
508 *Ruffert* in: Ehlers, GR und Grundfreiheiten, § 19 Rn. 6.
509 EuGH, Rs. 44/79, *Hauer/Rheinland-Pfalz*, Slg 1979, 3237 Rn. 32; *Schwarze* in: Schwarze, EU-Kommentar, GRC Art. 15 Rn. 2.

des Merkmal für die geschützte Tätigkeit ist die Erwerbsabsicht.[510] Zudem muss die Tätigkeit auf gewisse Dauer angelegt sein, einmalige oder ganz kurzfristige Tätigkeiten bleiben ausgeklammert.[511] Auf das Erlaubtsein der Tätigkeit kommt es im Rahmen des Schutzbereichs nicht an.[512] Grundrechtsträger ist jede Person, also insbesondere der abhängig beschäftigte Arbeitnehmer. Ob auch selbstständige Erwerbsformen geschützt werden oder diese vielmehr allein unter die unternehmerische Freiheit aus Art. 16 GRCh zu fassen sind, ist umstritten.[513] Dasselbe gilt für den Schutz von juristischen Personen, die zum Teil von Art. 15 GRCh und zum Teil nur durch Art. 16 GRCh geschützt angesehen werden.[514]

Die Erwerbsaussichten von Pharmaunternehmen fallen nicht unter den Schutzbereich der Berufsfreiheit. Zwar wird die Ansicht befürwortet, dass Art. 15 GRCh auch auf Selbstständige und juristische Personen anwendbar ist. Hierfür spricht, dass nach der ständigen Rechtsprechung des EuGH die wirtschaftliche Betätigungsfreiheit, die Vertragsfreiheit und die Wettbewerbsfreiheit in einem Kontext mit der Berufsfreiheit stehen und eine Teilausprägung derselben darstellen.[515] Jedoch geht es hier nicht um die Berufswahl oder Berufsausübung der Pharmaunternehmen, diese Bereiche werden durch den Vertrieb gefälschter Arzneimittel nicht tangiert. Vielmehr geht es hier um die Wettbewerbsfreiheit, welche wie soeben beschrieben als Teilausprägung der Berufsfreiheit durch Art. 16 GRCh geschützt wird.

---

510 *Ruffert* in: Calliess/Ruffert, EUV/AEUV, GRCh Art. 15 Rn. 5.

511 *Jarass*, GRCh, Art. 15 Rn. 7; *Nowak* in: Heselhaus/Nowak, Hdb Eur. GR, § 30 Rn. 38.

512 *Ruffert* in: Calliess/Ruffert, EUV/AEUV, GRCh Art. 15 Rn. 5; *Bernsdorff* in: Meyer, EU-GRC, Art. 15 Rn. 14, der das Erlaubtsein gänzlich irrelevant für den Schutz hält.

513 Für erstere Ausffassung: *Bernsdorff* in: Meyer, EU-GRC, Art. 15 Rn. 13; *Blanke* in: Tettinger/Stern, Eur. GRC, Art. 15 Rn. 25; *Schwarze* in: Schwarze, EU-Kommentar, GRC Art. 15 Rn. 3. Für letztere Auffassung: *Ruffert* in: Calliess/Ruffert, EUV/AEUV, GRCh Art. 15 Rn. 7; *Streinz* in: Streinz, EUV/AEUV, GR-Charta Art. 15 Rn. 7.

514 Für erstere Auffassung: *Schwarze* in: Schwarze, EU-Kommentar, GRC Art. 15 Rn. 3; *Bensdorff* in: Meyer, EU-GRC, Art. 15 Rn. 19, der den Schutz auf die Ausübung einer Erwerbszwecken dienenden Tätigkeit, die ihrem Wesen und ihrer Art nach auch von einer natürlichen Person verrichtet werden kann, einschränkt. Für letztere Auffassung: *Ruffert* in: Calliess/Ruffert, EUV/AEUV, GRCh Art. 15 Rn. 8; *Jarass*, GRCh, Art 15 Rn. 9.

515 *Bernsdorff* in: Meyer, EU-GRC, Art. 16 Rn. 10; *Schwarze* in: Schwarze, EU-Kommentar, GRC Art. 16 Rn. 1.

Die Arbeitsplätze von Personen, welche bei Pharmaunternehmen beschäftigt sind, könnten über die Berufsfreiheit geschützt sein. Die Arbeit der Angestellten ist als Beruf zu qualifizieren, sofern sie auf gewisse Dauer angelegt ist. Streitig ist aber, ob die Berufsfreiheit im Falle des Kündigungsschutzes hinter dem Schutz vor ungerechtfertigter Entlassung aus Art. 30 GRCh als *lex generalis* zurücktritt.[516] Hier wird der bejahenden Ansicht gefolgt, für die spricht, dass gerade für den Bereich von Entlassungen Art. 30 GRCh eine detailliertere Regelung enthält. Die stringentere Schrankenklausel des Art. 15 GRCh kann insoweit nicht herangezogen werden, da sie die Einschränkbarkeit des Schutzbereichs, aber nicht den Schutzbereich selbst regelt. Folglich ist eine Pflicht zum Schutz vor Entlassungen von vornherein mangels Anwendbarkeit des Schutzbereichs der Berufsfreiheit abzulehnen.

Aber auch bei Befürwortung der gegenteiligen Ansicht kann sich keine andere Bewertung ergeben. Das Recht zu arbeiten begründet keinen subjektiven Anspruch i.S. eines Rechts auf Verschaffung eines Arbeitsplatzes.[517] Zudem besitzt die öffentliche Hand in der Wirtschaftsordnung der Mitgliedstaaten keine Monopolstellung für die Schaffung und das Angebot von Arbeitsplätzen. Sie wäre auch nicht in der Lage, dem Einzelnen gegenüber dafür einzustehen, dass Dritte einen Arbeitsplatz zur Verfügung stellen. Zum anderen würde ein subjektiver Erfüllungsanspruch mit der Bindung der Mitgliedstaaten an die Garantien der Berufsfreiheit, der unternehmerischen Freiheit und des Eigentums kollidieren.[518]

b. Ergebnis

Aus der Berufsfreiheit ergibt sich keine unionale Pflicht zum Schutz von Arbeitsplätzen oder ungestörten Erwerbsaussichten der Pharmaunternehmen.

---

516 Bejahend: *Jarass*, GRCh, Art. 30 Rn. 4, der als Voraussetzung nennt, dass Art. 30 tatsächlich ein echtes Grundrecht enthält. Verneinend: *Rengeling/Szczekalla*, GR in der EU, § 29 Rn. 1032.

517 *Blanke* in: Tettinger/Stern, Eur. GRC, Art. 15 Rn. 21; *Bernsdorff* in: Meyer, EU-GRC, Art. 15 Rn. 15; *Nowak* in: Heselhaus/Nowak, Hdb Eur. GR, § 30 Rn. 44.

518 *Bernsdorff* in: Meyer, EU-GRC, Art. 15 Rn. 15.

5. Unternehmerische Freiheit

Es könnte sich eine Pflicht der EU zum Schutz der unternehmerischen Freiheit von Pharmaunternehmen vor Beeinträchtigungen durch gefälschte und nachgeahmte Arzneimittel ergeben.

a. Schutzgut

Die unternehmerische Freiheit aus Art. 16 GRCh ist eine Teilausprägung der Berufsfreiheit.[519] Insoweit lassen sich auch bei Art. 16 GRCh Schutzpflichten herleiten.[520] Grundrechtsträger sind alle natürlichen oder juristischen Personen.[521] Die Bestimmung schützt die Aufnahme, Fortsetzung und Beendigung einer unternehmerischen Betätigung.[522] Erfasst wird jede selbstständige wirtschaftliche Betätigung, ohne Rücksicht auf Art und Umfang, Rechtsform und Finanzierung des Unternehmens. Auf das Erlaubtsein kommt es nicht an.[523] Ob eine Gewinnerzielungsabsicht erforderlich ist oder die Erbringung entgeltlicher Leistungen ausreicht, ist umstritten.[524] Im Einzelnen umfasst die unternehmerische Freiheit die Freiheit zur Ausübung einer Wirtschafts- und Geschäftstätigkeit, die Vertragsfreiheit, die Handelsfreiheit, die Werbefreiheit und die Wettbewerbsfreiheit.[525] Dabei ist streitig, ob die Wettbewerbsfreiheit auch im Sinne eines subjektiven Anspruchs verstanden werden kann. Teilweise wird vorgebracht, Art. 16 GRCh enthalte lediglich einen objektiv-rechtlichen Grundsatz der Wettbewerbsfreiheit.[526] Andere leiten eine subjektiv-rechtliche Garantie

519 *Schwarze* in: Schwarze, EU-Kommentar, GRC Art. 16 Rn. 1; a.A. *Jarass*, GRCh, Art. 16 Rn. 4, der Art. 16 GRC als eigenständiges Grundrecht neben Art. 15 GRC sieht. Zum Streitstand siehe vorhergehenden Punkt 4.

520 *Klement*, Wettbewerbsfreiheit, S. 505.

521 *Jarass*, GRCh, Art. 16 Rn. 10 f.

522 *Bernsdorff* in: Meyer, EU-GRC, Art. 16 Rn. 10a.

523 *Bernsdorff* in: Meyer, EU-GRC, Art. 16 Rn. 10a.

524 Für erstere Auffassung: *Blanke* in: Tettinger/Stern, Eur. GRC, Art. 16 Rn. 10; *Bernsdorff* in: Meyer, EU-GRC, Art. 16 Rn. 10a. Für letztere Auffassung: *Jarass*, GRCh, Art. 16 Rn. 7.

525 Ausführlich dazu *Nowak* in: Heselhaus/Nowak, Hdb Eur. GR, § 31 Rn. 29 ff.

526 *Meyer* in: Grabitz/Hilf/Nettesheim; Recht der EU, EUV nach Art. 6 Rn. 196. Kritisch auch *Bernsdorf* in: Meyer, EU-GRC, Art. 16 Rn. 14; *Rengeling/Szczekala*, Grundrecht der EU, § 20 Rn. 801 f.

der Wettbewerbsfreiheit aus Art. 16 GRCh ab.[527] Der EuGH hat bisher die Frage offen gelassen und ging insbesondere in der Rechtssache Deutschland/Rat[528] allein auf einen objektiven „Grundsatz des unverfälschten Wettbewerbs“ ein.[529] Ein progressiver Ansatz findet sich allerdings darin, dass der EuGH eine Änderung der Wettbewerbsstellung vor dem Hintergrund der Berufsfreiheit als rechtfertigungsbedürftig eingestuft hat.[530] Dies impliziert eine subjektiv-rechtliche Dimension der Wettbewerbsfreiheit.[531]

Die Pharmaunternehmen können sich als juristische Personen auf das Recht auf unternehmerische Freiheit berufen. Soweit der Vertrieb gefälschter oder nachgeahmter Arzneimittel die Pharmaunternehmen in ihrer wirtschaftlichen Betätigung stört, ist die Wettbewerbsfreiheit angesprochen. Unter Befürwortung der Auffassung, dass die Wettbewerbsfreiheit einen subjektiv-rechtlichen Anspruch gewährleistet, ist der Schutzbereich der unternehmerischen Freiheit eröffnet. Als Argument lässt sich anführen, dass die Wettbewerbsfreiheit grundlegende Voraussetzung einer erfolgreichen unternehmerischen Tätigkeit ist.[532] Soll diese effektiv ausgenutzt werden, muss sich der Einzelne frei entfalten können. Dies beruht maßgeblich auf einem unverfälschten Wettbewerb.[533] Daher ist es nur konsequent, wenn sich der Einzelne gegen Beeinträchtigungen wehren kann und damit die Wettbewerbsfreiheit subjektiv-rechtlich unterlegt ist.[534]

b. Beeinträchtigung durch Dritte

Eine Beeinträchtigung muss Auswirkungen für den unverfälschten Wettbewerb haben. Angesichts der Funktion des Art. 16, den Wettbewerb zu fördern, stellt die Intensivierung des Wettbewerbs keinen Eingriff dar.[535] So

---

527 *Ruffert* in: Calliess/Ruffert, EUV/AEUV, GRCh Art. 16 Rn. 2; *Nowak* in: Heselhaus/Nowak, Hdb Eur. GR, § 31 Rn. 35; ohne Bezug zu Art. 16 GRC schon *Wunderlich*, Berufsfreiheit, S. 109.

528 EuGH, Rs. C-280/93, *Deutschland/Rat*, Slg. 1994, I-4973.

529 EuGH, Rs. C-280/93, *Deutschland/Rat*, Slg. 1994, I-4973 Rn. 58 ff.; vgl. auch EuGH, Rs. 133-136/85, *Walter Rau Lebensmittelwerke u.a.*, Slg. 1987, 2289 Rn. 15; *Bernsdorff* in: Meyer, EU-GRC, Art. 16 Rn. 14.

530 EuGH, Rs. C-280/93, *Deutschland/Rat*, Slg. 1994, I-4973 Rn. 81.

531 *Nowak* in: Heselhaus/Nowak, Hdb Eur. GR, § 31 Rn. 34.

532 *Blanke* in: Tettinger/Stern, Eur. GRC, Art. 16 Rn. 11; *Wunderlich*, Berufsfreiheit, S. 109.

533 *Frenz*, Hdb EurR IV, Rn. 2716.

534 So auch *Frenz*, Hdb EurR IV, Rn. 2716.

535 *Frenz*, Hdb EuR IV, Rn. 2745.

ist die öffentliche Hand nicht verpflichtet, einen Konkurrenten von besseren Leistungen abzuhalten, die zu Gewinneinbußen beim Grundrechtsträger führen.[536] Erst wenn Verhaltensweisen den Wettbewerb als Marktinstitution gefährden, kann sich eine Schutzpflicht ergeben. Die Tätigkeit eines von einem Grundrechtsverpflichteten betriebenen Unternehmens dürfte allenfalls dann zu einem Eingriff in das Grundrecht konkurrierender Privatunternehmen führen, wenn die Tätigkeit gegen das Wettbewerbsrecht verstößt.[537] Eine unlautere Wettbewerbspraktik kann auch in der Ausnutzung eines fremden Schutzrechts bestehen, soweit der Dritte daraus ohne jede finanzielle Gegenleistung und ohne dafür eigene Anstrengungen zu unternehmen profitieren will.[538] Ebenso ist eine Täuschung der Verbraucher durch einen Unternehmer unlauter.[539] Werden durch die Handlungen Wettbewerber behindert oder verdrängt, ist unter Umständen der Wettbewerb selbst gefährdet.

Arzneimittelfälscher und Akteure, welche Fälschungen oder Nachahmungen verkaufen, versuchen durch Nachahmung von Originalprodukten und durch Täuschung der Käufer über die Herkunft und Qualität der Produkte Profit zu erzielen. Finanzielle oder persönliche Anstrengungen werden hierbei nicht geleistet, die gefälschten oder nachgeahmten Arzneimittel werden zumeist billig produziert und sind größtenteils qualitativ minderwertiger als ihre echten Konkurrenzprodukte. Auf die Fälschungsart kommt es hier nicht an, da sowohl mit einer gefälschten Verpackung als auch einer Fälschung hinsichtlich des Wirkstoffs ein unlauterer Wettbewerbsvorteil erzielt wird.

c. Erfüllung der Schutzpflicht

Es muss ein ausreichender Wettbewerb sichergestellt werden.[540] In Betracht kommende Maßnahmen sind Verbote unlauterer Wettbewerbshandlungen, deren Absicherung durch strafrechtliche oder verwaltungsrechtliche Sanktionen und zivilrechtliche Ersatzansprüche sowie Kontrollen der Marktteilnehmer.

---

536 *Klement*, Wettbewerbsfreiheit, S. 506.

537 *Jarass*, GRCh, Art. 16 Rn. 14.

538 Vgl. für die Ausnutzung einer Marke: EuGH, Rs. C-487/07, *L'Oréal u.a.*, Slg. Slg. 2009, I-5185 Rn. 49.

539 EuGH, Rs. C-388/13, *UPC Magyarország*, GRUR 2015, 600 Rn. 60.

540 *Jarass*, GRCh, Art. 16 Rn. 17a.

d. Ergebnis

Aus der unternehmerischen Freiheit lässt sich eine unionale Pflicht zum Schutz vor dem Vertrieb gefälschter Arzneimittel ableiten.

6. Schutz vor ungerechtfertigter Entlassung

Angesichts der Auswirkungen des Vertriebs gefälschter und nachgeahmter Arzneimittel auf Arbeitsplätze könnte sich eine unionale Pflicht zum Schutz vor ungerechtfertigter Entlassung ergeben.

a. Schutzgut

Für die Begründung einer Schutzpflicht ist Voraussetzung, dass es sich bei Art. 30 GRCh um ein echtes Grundrecht handelt. Ob ein subjektiv-rechtlicher Anspruch besteht ist umstritten. Die Rechtsprechung des EuGH brachte bisher keine Klärung.[541]

Einige Stimmen sehen in Art. 30 GRCh mangels eigenständigem Regelungsgehalt kein Grundrecht, sondern einen bloßen Grundsatz i.S.d. Art. 52 Abs. 5 GRCh.[542] Aufgrund der Einschränkung und der fehlenden klaren Konturen der Norm durch den vollumfassenden Verweis auf die Gepflogenheiten und Rechtsordnungen der Mitgliedstaaten bzw. der EU könne kein subjektives Recht abgeleitet werden.[543]

Andere bejahen die Grundrechtsqualität unter Verweis auf Wortlaut, Genese und Systematik der Norm.[544] Der Wortlaut spreche für ein subjektives Recht, da von einem „Anspruch" gesprochen wird.[545] Die Einordnung entspreche dem Hinweis im Grundrechtskonvent, dass Art. 30 GRCh nicht als Zielbestimmung, sondern als Recht ausgestaltet ist.[546] Zudem sei nicht ersichtlich, warum der allgemeine Kündigungsschutz anders ausgestaltet

---

541 Vgl. *Jarass*, GRCh, Art. 30 Rn. 2, *Knecht* in: Schwarze, EU-Kommentar, GRC Art. 30 Rn. 4.

542 *Knecht* in: Schwarze, EU-Kommentar, GRC Art. 30 Rn. 6; *Krebber* in: Callies/Ruffert, EUV/AEUV, GRCh Art. 30 Rn. 2.

543 Vgl. *Knecht* in: Schwarze, EU-Kommentar, GRC Art. 30 Rn. 6.

544 *Frenz*, Hdb EurR IV, Rn. 3821; *Jarass*, GRCh, Art. 30 Rn. 2.

545 *Kingreen* in: Ehlers, GR und Grundfreiheiten, § 22 Rn. 5.

546 So der britische Vertreter Goldsmith, siehe *Rudolf* in: Meyer, EU-GRC, Art. 30 Rn. 8.

sein soll als der besondere Kündigungsschutz bei einer Mutterschaft aus Art. 33 Abs. 2 GRCh, der ein subjektives Recht gewähre.[547] Der Zweck des Art. 30 GRCh, den Arbeitnehmer vor einer missbräuchlichen Behandlung seitens der Arbeitgeber zu schützen, stehe der Auslegung nicht entgegen. Die Arbeitskraft als schützenswertes Gut könne sowohl durch einen Grundsatz als auch durch ein Grundrecht zum Ausdruck gebracht werden.[548]

Unter Befürwortung der letzten Meinung wird Art. 30 GRCh als echtes Grundrecht eingestuft. Die Auslegung spricht für die Annahme eines Grundrechts und jedenfalls nicht dagegen. Insbesondere ist der Schutz der Arbeitnehmer nicht durch einen Grundsatz, sondern bei Gewährung eines subjektiven Rechts am wirkungsvollsten zu erreichen.[549] Der allgemein gehaltene Regelungsgehalt, der künftigen Entwicklungen und dem sozialen Wandel Rechnung trägt, ist im Folgenden näher zu bestimmen.

Rechtsgutsträger sind natürliche Personen, unabhängig von ihrer Staatsangehörigkeit.[550] Weiter muss es sich um einen Arbeitnehmer handeln. Arbeitnehmer ist eine Person, die während einer bestimmten Zeit für einen anderen nach dessen Weisungen Leistungen erbringt und dafür als Gegenleistung eine Vergütung enthält.[551] Einschränkungen des weiten Arbeitnehmerbegriffs ergeben sich aber wegen Nr. 2 des Anhangs zu Art. 24 der Revidierten Sozialcharta (RESC) für Zeitarbeit, Werkverträge, Ausbildungsverhältnisse und befristete Arbeitsverhältnisse.[552] Art. 30 GRCh schützt vor ungerechtfertigten Entlassungen. Eine Entlassung ist in Anlehnung an Nr. 1 des Anhangs zu Art. 24 RESC die Beendigung des Arbeitsverhältnisses auf Initiative des Arbeitgebers. Ungerechtfertigt ist eine Entlassung, wenn sie einem verfassungs- oder einfachrechtlichen (Diskriminierungs-)Verbot widerspricht und nicht sachlich gerechtfertigt ist. Die Gründe sind teils ausdrücklich in Nr. 3 a)–f) des Annex zu Art. 24 RESC geregelt, die Aufzählung ist jedoch nicht abschließend.[553]

Der Wegfall von Arbeitsplätzen aufgrund gefälschter oder nachgeahmter Arzneimittel hat die Entlassungen von Arbeitnehmern zur Folge. Die Entlassung widerspricht jedoch keinem Diskriminierungsverbot, sondern

547 *Frenz*, Hdb EurR IV, Rn. 3820.
548 Vgl. *Frenz*, Hdb EurR IV, Rn. 3821.
549 *Frenz*, Hdb EurR IV, Rn. 3821.
550 *Knecht* in: Schwarze, EU-Kommentar, GRC Art. 30 Rn. 4.
551 Vgl. EuGH, Rs. 197/86, *Brown/Secretary of State*, Slg. 1988, 3295 Rn. 21.
552 *Lang* in: Tettinger/Stern, Eur. GRC, Art. 30 Rn. 4.
553 *Knecht* in: Schwarze, EU-Kommenar, GRC Art. 30 Rn. 8; *Lang* in: Tettinger/Stern, Eur. GRC, Art. 30 Rn. 7.

richtet sich nach der aktuellen wirtschaftlichen Lage der Arbeitgeber. Diese sind berechtigt aus betrieblichen Gründen zu kündigen, wenn sich der Umfang ihrer Tätigkeit und damit die zu verrichtende Arbeit verringert. Die einschlägige Beeinträchtigung durch den Vertrieb gefälschter oder nachgeahmter Arzneimittel ist vielmehr bereits durch den Schutz der Wettbewerbsfreiheit im Rahmen der unternehmerischen Freiheit abgedeckt.

b. Ergebnis

Eine unionale Pflicht zum Schutz vor ungerechtfertigten Entlassungen ergibt sich nicht.

7. Gesamtergebnis

Eine unionale Schutzpflicht vor Beeinträchtigungen durch Arzneimittelfälschungen oder -nachahmungen von Privatpersonen lässt sich über mehrere Grundrechte der EU begründen. Parallel zum deutschen Recht ergänzen und überschneiden sich die entsprechenden Pflichten zum Schutz des Lebens aus Art. 2 Abs. 1 GRCh und der Unversehrtheit aus Art. 3 GRCh sowie dem Schutz des geistigen Eigentums aus Art. 17 GRCh und der Wettbewerbsfreiheit aus Art. 16 GRCh teilweise. Im Ergebnis besteht auch hier hinsichtlich jeder Fälschungsart eine Schutzpflicht, lediglich einzelne Bereiche fallen heraus. Placebos und Nachahmpräparate von Lifestyle-Produkten – soweit bei letzteren keine Gesundheitsbeeinträchtigung aufgrund eines falschen Wirkstoffs vorliegt – sind im Rahmen des Gesundheitsschutzes ausgenommen. Bei Marken und Designs wird bei Nachahmpräparaten, Placebos und gesundheitsschädlichen Placebos nur eine Pflicht zum Eigentumsschutz begründet, soweit eine Marke auf der Arzneimittelform aufgebracht wurde bzw. die verwendete Arzneimittelform designrechtlich geschützt ist. Eine wettbewerbliche Schutzpflicht besteht nicht für andere Verursachungsbeiträge als dem Verkauf von Fälschungen oder Nachahmungen. Welche Schutzgüter jeweils den staatlichen Schutzpflichten zugrunde liegen zeigt die folgende Übersicht:

Fälschungsart	**Artt. 2 I und 3 GRCh Leben / Unversehrtheit**		**Art. 17 GRCh Eigentum**				**Art. 16 GRCh Wettbewerb**
	Krankheitsbekämpfung	**Lifestyle-Produkt**	**Marke**	**Design**	**Patent**	**Urheberrecht**	
Perfekte Imitation	–		+ (Herstellung/ Inverkehrbringen)			–	+ (Verkauf)
Nachahmpräparat	+	– (Ausnahme u.U. bei falschem Wirkstoff)	+ u.U.		– i.d.R.	–	+ (Verkauf)
Placebo	+	–	+ u.U.		–	–	+ (Verkauf)
Gesundheitsschädliches Placebo	+		+ u.U		–	–	+ (Verkauf)
Gefälschte Packmittel	+ (falscher Beipackzettel)		+ (Herstellung/Inverkehrbringen)				+ (Verkauf)

C. Konkurrenz staatlicher und unionaler Schutzpflichten

Zum Schutz vor Beeinträchtigungen durch gefälschte und nachgeahmte Arzneimittel bestehen sowohl Schutzpflichten der Mitgliedstaaten als auch der EU selbst. Folglich stellt sich die Frage, wie diese Schutzpflichten im Verhältnis zueinander stehen.

Gem. dem Grundsatz der loyalenZusammenarbeit achten und unterstützen sich die EU und die Mitgliedstaaten gegenseitig bei der Erfüllung ihrer Aufgaben (Art. 4 Abs. 3 UAbs. 1 EUV). Grundsätzliche Grenze der Schutzpflicht ist dabei die rechtliche Möglichkeit zum Schutz. Ist primär- oder sekundärrechtlich der Mitgliedstaat beispielsweise für die Marktrücknahme gefährlicher Produkte oder für diesbezügliche Warnungen zuständig, ist es der Europäischen Kommission im Grundsatz verwehrt, entsprechende Schutztätigkeiten zu entfalten.[554] Allerdings ist auch eine Art Reservefunktion der EU denkbar. So hat der EuGH in Auslegung eines Sekundärrechtsakts entschieden, dass die Unionsorgane nur dann einzugrei-

554 EuGH, Rs. C-326/86, *Francesconi u.a./Kommission*, Slg. 1989, 2087 Rn. 10 ff.; *Szczekalla*, Schutzpflichten, S. 1069 f.

fen hätten, wenn die Mitgliedstaaten die ihnen obliegende Kontrolle nicht in befriedigender Weise vornähmen.[555] Hat die EU schutzpflichtrelevante Maßnahmen erlassen, müssen die Mitgliedstaaten für deren Durchsetzung bzw. Einhaltung Sorge tragen, da sie gem. der Transmissionsnorm des Art. 4 Abs. 3 EUV die EU in der Erfüllung ihrer Aufgaben unterstützen. Über die Durchsetzung der Maßnahmen durch die Mitgliedstaaten wacht wiederum die Europäische Kommission als Hüterin der Verträge (Art. 171 AEUV) und als Schutzpflicht-Adressatin, die bei festgestellten Verstößen grundsätzlich ein Vertragsverletzungsverfahren einleiten muss.[556] Daneben ist auch eine kollektive Verantwortlichkeit der Mitgliedstaaten oder eine Zusammenarbeit der Mitgliedstaaten in schutzpflichtrelevanten Fällen möglich.[557]

In der Folge sind das formelle Prinzip der Einhaltung der Kompetenzordnung und das materielle Prinzip der Effektivität des Schutzes eines Grundrechtsguts in Einklang zu bringen. Es kann für das Verhältnis von EU und Mitgliedstaaten von einem „Mehrebenenmodell öffentlicher Aufgabenwahrnehmung und Kompetenz“ gesprochen werden, in dem Staats- bzw. Gemeinschaftsaufgaben auf derjenigen Ebene grundrechtskonform zu erfüllen sind, wo es angemessen ist und ein effektives Handeln möglich ist.[558]

555 EuGH, Rs. C-326/86, *Francesconi u.a./Kommission*, Slg. 1989, 2087 Rn. 12.

556 *Szczekalla*, Schutzpflichten, S. 1070 f.

557 *Szczekalla*, Schutzpflichten, S. 1074.

558 Zur Prägung des Begriffs und dessen Deutung siehe *Szczekalla*, Schutzpflichten, S. 1075.

Teil 5: Bestehende Schutzvorkehrungen

Beruhend auf der Rechtsfigur der Schutzpflicht werden im Folgenden die auf Ebene der EU und der Mitgliedstaaten bestehenden Schutzvorkehrungen vor gefälschten und nachgeahmten Arzneimitteln untersucht.

Die unionalen Schutzregelungen sind in zahlreichen Gesetzgebungsakten der EU niedergelegt, aber auch internationale Abkommen und Aktionen zur Bekämpfung von Arzneimittelfälschungen tragen maßgeblich zum Schutz vor Fälschungen und Nachahmungen innerhalb der EU bei und sollen deshalb in die Darstellung mit einbezogen werden. Hinsichtlich des nationalen Schutzes im Recht der Mitgliedstaaten fokussiert sich die Arbeit auf vier repräsentative Beispielländer: Deutschland, England, Italien und Ungarn (zur Auswahlbegründung siehe oben unter Teil 1 D). Die Gesetzeslage soll hierbei jeweils zum Zeitpunkt vor dem Inkrafttreten der entsprechenden länderspezifischen Umsetzungsakte der FMD beleuchtet werden, um sowohl eine Gegenüberstellung der nationalen Regelungen der genannten Länder untereinander als auch mit den neuen Schutzvorkehrungen auf unionaler Ebene zu ermöglichen. Diesbezüglich wird festzustellen sein, dass die einzelnen nationalen Regelungen aufgrund der bisherigen Rechtsvereinheitlichung auf europäischer Ebene in weiten Teilen bereits übereinstimmen. In wesentlichen Punkten weisen sie aber immer noch Unterschiede auf, deren teilweise Beseitigung unter anderem die FMD anstrebt.

Insgesamt lassen sich die unionalen und staatlichen Schutzvorkehrungen in die oben herausgearbeiteten Schutzmittel untergliedern, nach welchem sich auch der nachfolgende Aufbau der Arbeit richtet. Auf eine Unterscheidung zwischen rechtlichen und tatsächlichen Schutzmitteln wird hierbei verzichtet, da dies ohnehin schwierig und nicht trennscharf durchführbar ist.[559] Demzufolge ergibt sich eine Gliederung der Schutzvorkehrungen in Ge- und Verbote (1) sowie Anzeige- und Genehmigungspflichten (2), Kontrollen (3), Aufklärung und Information (4) und schließlich Sanktionen gegen Marktakteure (5) und Arzneimittelfälscher (6). Einführend wird zur besseren Verständlichkeit und Vergleichbarkeit der verschiedenen Rechtsordnungen jeweils auf die gültigen Rechtsquellen und die

559 *Szczekalla*, Schutzpflichten, S. 175.

einschlägigen Rechtsgrundlagen der Schutzvorkehrungen sowie auf die Definition der Arzneimittelfälschung bzw. -nachahmung eingegangen.

A. Europäische Union

Die Untersuchung beginnt mit dem Schutz vor gefälschten und nachgeahmten Arzneimitteln im Unionsrecht, da dieses das nationale Recht der Mitgliedstaaten überlagert und manche nationalen Regelungen entsprechend ihren Urspruch im Unionsrecht haben.

I. Einführung

Einführend werden zur Übersichtlichkeit und Verständlichkeit die Rechtsquellen des Europarechts kurz dargestellt, um anschließend einen vorausschauenden Überblick über die für das vorliegende Thema wichtigsten einschlägigen Rechtgrundlagen zu geben.

1. Rechtsquellen

Grundlage des Europäischen Rechts sind die primärrechtlichen Bestimmungen des Vertrags über die Europäische Union (EUV) und des Vertrags über die Arbeitsweise der Europäischen Union (AEUV) sowie die auf dieser Grundlage ergangenen sekundärrechtlichen Akte. Zu letzteren gehören Verordnungen, Richtlinien, Beschlüsse, Empfehlungen und Stellungnahmen (Art. 288 AEUV). Die für diese Arbeit wichtigsten Rechtsakte sind Verordnungen (*Regulations*) und Richtlinien (*Directives*), welche beide zu den verbindlichen Rechtsakten zählen. Während Verordnungen unmittelbar in den Mitgliedstaaten gelten und keiner Umsetzung in nationales Recht bedürfen, geben Richtlinien nur verbindliche Ziele vor und bedürfen mangels unmittelbarer Wirksamkeit in den Mitgliedstaaten der Umsetzung in innerstaatliches Recht. Zusätzlich ermöglichen Artt. 290 und 291 AEUV delegierte Rechtsakte und Durchführungsakte zu verabschieden. Wichtig sind hier vor allem die delegierten Rechtsakte, welche zur Ergänzung oder Abänderung nicht wesentlicher Elemente eines Gesetzgebungsakts von der Kommission, auf Grundlage einer durch den EU-Gesetzgeber (im Allgemeinen das Europäische Parlament und der Rat) erteilten Befugnis, verabschiedet werden. Nach dem Prinzip der begrenzten Einzelermächtigung wird die EU nur innerhalb der ihr von den Mitgliedstaaten übertragenen Bereiche tätig (Art. 5 EUV).

2. Rechtsgrundlagen

Im Mittelpunkt des europäischen Arzneimittelrechts steht der GKHA,[560] welcher seit seinem Inkrafttreten durch mehrere Richtlinien geändert und ergänzt wurde. Ziel des GKHA ist der wirksame Schutz der öffentlichen Gesundheit, welchen alle Rechts- und Verwaltungsvorschriften auf dem Gebiet der Herstellung, des Vertriebs oder der Verwendung von Arzneimitteln in erster Linie gewährleisten müssen (ErwGr. 2 GKHA). Zu diesem Schutz trägt auch der Schutz vor Arzneimittelfälschungen bei, da diese zumeist gesundheitsschädlich sind. Im Jahre 2011 wurde schließlich die für das vorliegende Thema bedeutsamste Änderungsrichtlinie erlassen, die FMD.[561] Sie soll der wachsenden Bedrohung für die menschliche Gesundheit durch gefälschte Arzneimittel in der legalen Lieferkette begegnen und das Vertrauen der Patienten in die legale Lieferkette stärken (ErwGr. 3 FMD). Nicht dagegen soll sie den illegalen Verkauf gefälschter Arzneimittel bekämpfen, der ohnehin bereits verboten ist. Auf ihrer Grundlage verabschiedete die Kommission die delegierte Verordnung (EU) 2016/161 (DelVO)[562] zur Festlegung genauer Bestimmungen über Sicherheitsmerkmale, welche grundsätzlich seit dem 9. Februar 2019 gilt (Art. 2 Abs. 2 lit. b FMD; Art. 50 DelVO).

Bedeutsam sind des Weiteren die Grundsätze und Leitlinien der Guten Herstellungspraxis (*Good Manufacturing Practice (GMP)*). Sie sind in der GMP-Richtlinie (EU) 2017/1572[563] und für Prüfpräparate in der delegierten Verordnung (EU) 2017/1569[564] abgelegt sowie im EU-GMP-Leitfa-

560 Siehe Fn. 29.

561 Siehe Fn. 28.

562 Delegierte Verordnung (EU) 2016/161 der Kommission vom 2. Oktober 2015 zur Ergänzung der Richtlinie 2001/83/EG des Europäischen Parlaments und des Rats durch die Festlegung genauer Bestimmungen über die Sicherheitsmerkmale auf der Verpackung von Humanarzneimitteln (ABl. EU L 32 vom 9.2.2016, S. 1).

563 Richtiline (EU) 2017/1572 der Kommission vom 15. September 2017 zur Ergänzung der Richtlinie 2001/83/EG des Europäischen Parlaments und des Rates hinsichtlich der Grundsätze und Leitlinien der Guten Herstellungspraxis für Humanarzneimittel (ABl. EU L 238 vom 16.9.2017, S. 44).

564 Delegierte Verordnung (EU) 2017/1569 der Kommission zur Ergänzung der Verordnung (EU) Nr. 536/2014 des Europäischen Parlaments und des Rates durch

den[565] festgelegt, wobei letzterer eine Anleitung zur Auslegung der Richtlinie enthält. Zudem wurde mit der delegierten Verordnung (EU) Nr. 1252/2014 (Del-GMP-VO WS)[566] im Jahre 2014 ein bindender Rechtsakt für die Grundsätze Guter Herstellungspraxis für Wirkstoffe ergänzt, deren weitere Konkretisierung bereits vorher im Teil II des EU-GMP-Leitfadens enthalten war. Vielleicht noch bedeutsamer sind die Leitlinien für die Gute Vertriebspraxis (*Good Distribution Practice (GDP)*), welche im Zuge der FMD neu gefasst und ergänzt wurden. Die Grundsätze für Humanarzneimittel, welche erstmals 1994 erlassen wurden, sind aktualisiert in den Leitlinien 2013/C 343/01 (GDP-Leitlinien AM)[567] zu finden. Demgegenüber sind die Grundsätze für Wirkstoffe erst 2014 geregelt und in den Leitlinien 2015/C 95/01 (GDP-Leitlinien WS)[568] festgeschrieben worden. Durch die Einhaltung der GDP-Leitlinien soll die Kontrolle der Vertriebskette sichergestellt und somit die Qualität und Unversehrtheit von Arzneimitteln aufrechterhalten werden, um das Eindringen gefälschte Arzneimittel in die legale Lieferkette zu verhindern (Einleitung GDP-Leitlinien AM).

Daneben greifen verschiedene Verordnungen und Richtlinien für den Schutz des geistigen Eigentums. Zu nennen sind im Hinblick auf Patente insbesondere das Europäische Patentübereinkommen (EPÜ)[569] sowie die Einheitspatent-Verordnung (EPatVO)[570] und die Einheitspatent-Überset-

die Festlegung von Grundsätzen und Leitlinien für die gute Herstellungspraxis bei Prüfpräparaten, die zur Anwendung beim Menschen bestimmt sind, und der Einzelheiten von Inspektionen (ABl. EU L 238 vom 16.9.2017, S. 12).

565 EudraLex, Volume 4, Good Manufacturing Practice (GMP) Guidelines.

566 Delegierte Verordnung (EU) Nr. 1252/2014 der Kommission vom 28. Mai 2014 zur Ergänzung der Richtlinie 2001/83/EG des Europäischen Parlaments und des Rates hinsichtlich der Grundsätze und Leitlinien der guten Herstellungspraxis für Wirkstoffe für Humanarzneimittel (ABl. EU 337 vom 25.11.2014, S. 1), zuletzt berichtigt durch ABl. EU L 259 vom 6.10.2015, S. 40.

567 Leitlinien vom 5. November 2013 für die gute Vertriebspraxis von Humanarzneimitteln (2013/C 343/01) (ABl. EU C 343 vom 23.11.2013, S. 1), welche die Leitlinie 2013/C 68/01 und die Leitlinien 94/94 63/03 ersetzt.

568 Leitlinien vom 19. März 2015 zu den Grundsätzen der guten Vertriebspraxis für Wirkstoffe von Humanarzneimitteln (2015/C 95/01) (ABl. EU C 95 vom 21.3.2015, S. 1).

569 Übereinkommen über die Erteilung europäischer Patente (Europäisches Patntübereinkommen) vom 5. Oktober 1973, in der Fassung der Akte zur Revision von Art. 63 EPÜ vom 17. Dezember 1991 und der Akte zur Revision des EPÜ vom 29. November 2000.

570 Verordnung (EU) Nr. 1257/2012 des Europäischen Parlaments und des Rates vom 17. Dezember 2012 über die Umsetzung der Verstärkten Zusammenarbeit

zungs-Verordnung (EPatÜbersVO).[571] Für Marken ist die Unionsmarkenverordnung (EU) 2017/1001 (UMV)[572] und für das Geschmacksmuster die Gemeinschaftsgeschmacksmuster-Verordnung (EG) 6/2002 (GGV)[573] maßgeblich. Für Urheberrechte finden sich Regelungen in der Urheberrechtsrichtlinie 2001/29/EG (UrhRL).[574]

Ergänzt wird der Schutz teilweise durch völkerrechtliche Abkommen sowie kooperative Maßnahmen zwischen EU Mitgliedstaaten oder Ländern weltweit. Soweit die Abkommen und Kooperationen Einfluss auf den Schutzmaßstab innerhalb der EU aufweisen, werden sie im Folgenden mitbehandelt.

II. Definition der Arzneimittelfälschung

Je nachdem ob der Schutz der öffentlichen Gesundheit oder der Rechte des geistigen Eigentums angesprochen ist, gibt es unterschiedliche Definitionen. Betreffend den Gesundheitsschutz wurde erstmals durch die FMD eine Definition des gefälschten Arzneimittels in das europäische Recht eingeführt (hierzu siehe oben Teil 2 B. II. 1.). Im Hinblick auf die Rechte des geistigen Eigentums versteht die PPVO nur die Markenrechtsverletzung als Nachahmung. Waren, welche das Urheber- und Geschmacksmusterrecht verletzen, werden dagegen als unerlaubt hergestellte Waren bezeichnet. Für Verletzungen eines Patentrechts existiert keine gesonderte Begrifflichkeit (näheres zu den Termini oben unter Kap. 2 B. II. 2.).

---

im Bereich der Schaffung eines einheitlichen Patentschutzes (ABl. EU L 361 vom 31.12.2012, S. 1, berichtigt durch ABl. EU L 307 vom 28.10.2014, S. 83).

571 Verordnung (EU) Nr. 1260/2012 des Rates vom 17. Dezember 2012 über die Umsetzung der verstärkten Zusammenarbeit im Bereich der Schaffung eines einheitlichen Patentschutzes im Hinblick auf die anzuwendenden Übersetzungsregelungen (ABl. EU L 361 vom 31.12.2012, S. 89).

572 Verordnung (EU) 2017/1001 des Europäischen Parlaments und des Rates vom 14. Juni 2017 über die Unionsmarke (kodifizierter Text, ABl. EU L 154 vom 16.6.2017, S. 1).

573 Verordnung (EG) Nr. 6/2002 des Rates vom 12. Dezember 2001 über das Gemeinschaftsgeschmacksmuster (ABl. EG L 3 vom 5.1.2002, S. 1), zuletzt gendert durch VO (EG) Nr. 1891/2006 (ABl. EU L 386 vom 29.12.2006, S. 14).

574 Richtlinie 2001/29/EG des Europäischen Parlaments und des Rates vom 22. Mai 2001 zur Harmonisierung bestimmter Aspekte des Urheberrechts und der verwandten Schutzrechte in der Informationsgesellschaft (ABl. EG L 167 vom 22.6.2001, S. 10), zuletzt geändert durch RL (EU) 2017/1564 (ABl. EU L 242 vom 20.9.2017, S. 6).

III. Schutzvorkehrungen

Nachfolgend wird untersucht, welche Vorkehrungen auf europäischer Ebene zum Schutz vor gefälschten und nachgeahmten Arzneimitteln getroffen wurden und welche internationalen Vorkehrungen zum Schutz in Europa beitragen. Es liegt der aktuelle Stand der europäischen Gesetzgebung zu Grunde,[575] wobei auf insbesondere auf die durch die FMD erlassenen Neuerungen hingewiesen wird. Dies ermöglicht sowohl einen Vergleich zwischen der vorhergehenden und der aktuellen Rechtslage in Europa sowie auch zu den nationalen Rechtsordnungen der einzelnen Mitgliedstaaten.

1. Ge- und Verbote

Gebote und Verbote sind primäre Schutzmittel, denen eine zentrale Bedeutung im Bereich der Schutzvorkehrungen zukommt. Die EU kann den Mitgliedstaaten auferlegen, in ihren nationalen Gesetzen gewisse Ge- oder Verbot zu treffen oder selbst unmittelbar geltende Gebote oder Verbote zu erlassen. Hierbei ist zwischen dem illegalen und legalen Handel mit Arzneimitteln zu unterscheiden. Während der illegale Handel mit gefälschten und nachgeahmten Arzneimitteln durch ein – von den Mitgliedstaaten in nationales Recht umzusetzendes – Verbot geschützt wird, bestehen zum Schutz der legalen Vertriebskette zahlreiche unmittelbar geltende oder umsetzungsbedürftige Pflichten. Dies spiegelt sich in den folgenden Ausführungen wieder, welche folglich überwiegend den legalen Handel zum Gegenstand haben.

a. Verbot gefälschter und nachgeahmter Arzneimittel

Bei einem Verbot gefälschten Arzneimitteln ist zwischen den Schutzgütern zu unterscheiden, da zum Schutz der Gesundheit und zum Schutz des Eigentums unterschiedliche Regelungen Anwendung finden.

575 Rechtsvorschriften wurden bis zum Februar 2019 berücksichtigt.

(I) Gesundheitsschutz

Die FMD impliziert, dass Herstellung, Vertrieb, Vermittlung, Einfuhr und Ausfuhr gefälschter Arzneimittel, sowie der Verkauf gefälschter Arzneimittel im Wege des Fernabsatzes an die Öffentlichkeit über Dienste der Informationsgesellschaft verboten ist (vgl. 118a Abs. 1 lit. a GKHA). Konkrete Verbotstatbestände sind jedoch, wie auch strafrechtliche Sanktionen, mangels Strafgesetzgebungskompetenz der EU im Bereich der Straftaten gegen die Person,[576] von den Mitgliedstaaten festzulegen.

(II) Eigentumsschutz

Der Schutz der geistigen Eigentumsrechte hat den Schutz individueller, wirtschaftlicher Interessen zum Gegenstand. Die Regelungen hinsichtlich der Rechte des geistigen Eigentums sind innerhalb der EU zum größten Teil vereinheitlicht. Neben der Angleichung der nationalen Rechtsvorschriften bestehen auch einheitliche Schutzrechte, wie die Gemeinschaftsmarke und das Gemeinschaftsgeschmacksmuster und das einheitliche Patent.

(1) Marken

Es gibt neben den nationalen Marken der Mitgliedstaaten eine Gemeinschaftsmarke, welche durch Eintragung erworben wird (Art. 6 UMV) und einheitliche Wirkung für die gesamte Gemeinschaft entfaltet (Art. 1 Abs. 2 UMV). Der Inhaber einer Gemeinschaftsmarke hat ein ausschließliches Recht, welches ihm gestattet, Dritten die Benutzung der Marke ohne seine Zustimmung im geschäftlichen Verkehr zu verbieten (Art. 9 Abs. 1 und 2 UMV). Das Verbot umfasst die Benutzung eines mit der Marke identischen Zeichens für identische Waren (Art. 9 Abs. 2 lit. a UMV) und eines ähnlichen bzw. identischen Zeichens mit identischen bzw. ähnlichen Waren, wenn hierdurch eine Verwechslungsgefahr hervorgerufen wird (Art. 9 Abs. 2 lit. b UMV). Insbesondere ist mithin verboten, das Zeichen auf Wa-

576 Eine Strafgesetzgebungskompetenz kommt der EU höchstens im Bereich der Betrugsbekämpfung zum Schutz finanzieller Interessen der EU, des Zollwesens und mit Einschränkungen in demjenigen der illegalen Einwanderung und des Menschenhandels zu (Artt. 325 Abs. 4, 33, 79 Abs. 2 lit. c und d AEUV).

ren oder deren Verpackungen anzubringen, unter dem Zeichen Waren anzubieten, in den Verkehr zu bringen oder zu den genannten Zwecken zu besitzen oder Waren unter dem Zeichen ein- oder auszuführen (Art. 9 Abs. 3 lit. a–c UMV). Die Dauer der Eintragung der Gemeinschaftsmarke beträgt 10 Jahre ab dem Anmeldetag und kann unbegrenzt um jeweils 10 Jahre verlängert werden (Art. 52 UMV).

Zur Angleichung der Rechtsvorschriften der Mitgliedstaaten setzt darüber hinaus die Markenrichtlinie 2008/95/EG (MarkenRL)[577] Mindeststandards. Diese finden Ausdruck in den gleichen Benutzungsverboten wie sie auch in Art. 9 UMV zu finden sind (vgl. Art. 10 MarkenRL).

(2) Patente

Mittlerweile gibt es zwei Arten von europäischen Patenten, zum einen das europäische Patent und zum anderen das europäische Patent mit einheitlicher Wirkung (einheitliches Patent). Ersteres entfaltet keine einheitliche Wirkung in der EU, vielmehr kommen ihm dieselben Wirkungen zu wie einem nationalen Patent (Art. 2 Abs. 2 EPÜ). Lediglich die Anmeldung und das Patenterteilungsverfahren erfolgen zentral beim Europäischen Patentamt (Art. 4 Abs. 3 EPÜ). Nach Eingang der Anmeldung wird diese in den darin benannten Staaten wie eine nationale Anmeldung weitergeführt (Art. 66 EPÜ). Folglich gewährt das europäische Patent seinem Inhaber in jedem Vertragsstaat, für den es erteilt wurde, dieselben Rechte, die ihm ein in diesem Staat erteiltes nationales Patent gewähren würde (Art. 64 Abs. 1 EPÜ). Ist ein Verfahren geschützt, erstreckt sich der Schutz auch auf die durch das Verfahren unmittelbar hergestellten Erzeugnisse (Art. 64 Abs. 2 EPÜ). Im Ergebnis besteht also ein Benutzungsverbot des europäischen Patents für Dritte und zwar in der Gestalt wie es das jeweilige nationale Recht vorschreibt. Das europäische Patent hat eine Laufzeit von 20 Jahren gerechnet vom Anmeldetag (Art. 63 Abs. 1 EPÜ). Über ein ergänzendes Schutzzertifikat kann es für maximal fünf Jahre verlängert werden (Art. 13 Abs. 2 VO (EG) 469/2009).[578]

---

577 Richtlinie (EU) 2015/2436 des Europäischen Parlaments und des Rates vom 16. Dezember 2015 zur Angleichung der Rechtsvorschriften der Mitgliedstaaten über die Marken (Neufassung) (ABl. EU L 336 vom 23.12.2015, S. 1).

578 Verordnung (EG) Nr. 469/2009 des Europäischen Parlaments und des Rates vom 6. Mai 2009 über dem ergänzenden Schutzzertifikat für Arzneimittel (kodifizierte Fassung) (ABl. EU L 152 vom 16.6.2009, S. 1).

Im Gegensatz dazu entfaltet das einheitliche Patent einheitliche Wirkung. Es beruht auf der Einheitspatent-Verordnung (EPatVO) und der Einheitspatent-Übersetzungs-VO (EPatÜbersVO), welche im Januar 2013 in Kraft traten und ab dem Tag des Inkrafttretens des Übereinkommens über ein einheitliches Patentgericht (EPGÜ)[579] Anwendung finden (ErwGr. 15 EPGÜ).[580] Die Patenterteilung erfolgt nach den Vorschriften des EPÜ (Art. 9 EPatVO, Art. 142 EPÜ), wobei nach einer Übergangszeit von bis zu 12 Jahren keine Übersetzungen mehr erforderlich sind (Art. 3 Abs. 1 EPatÜbersVO). Die einheitliche Wirkung gilt in den 26 Mitgliedstaaten – darunter Deutschland, Ungarn und das Vereinigte Königreich – die an der Verstärkten Zusammenarbeit zur Schaffung eines einheitlichen Patentschutzes teilnehmen (Art. 3 Abs. 1 und 2 UAbs. 1 EPatVO).[581] Das einheitliche Patent verleiht dem Rechtsinhaber das Recht, Dritte daran zu hindern, Handlungen zu begehen, gegen die das einheitliche Patent Schutz bietet (Art. 5 Abs. 1 EPatVO). Der Schutz bestimmt sich nach dem nationalen Recht des teilnehmenden Mitgliedstaates, in dem der Patentanmelder seinen Wohnsitz oder seine Hauptniederlassung oder alternativ eine Niederlassung hat (Art. 5 Abs. 1 i.V.m. Art. 7 Abs. 1 EPatVO). Damit gilt für jedes einheitliche Patent ein einziges nationales Recht in allen teilnehmenden Mitgliedstaaten, was zur Gewährleistung des einheitlichen Charakters ausreicht.[582] Die Schutzdauer ist die gleiche wie bei dem europäischen Patent (Art. 142, 63 Abs. 1 EPÜ).

---

579 Information der Organe, Einrichtungen und sonstigen Stellen der Europäischen Union, Rat, Übereinkommen über ein einheitliches Patentgericht (2013/C 175/01).

580 Gem. dem letzten ErwGr. des EPGÜ bedarf es der Ratifikation von 13 Mitgliedstaaten inklusive Deutschland, Frankreich und dem Vereinigten Königreich. Bisher liegt die Ratifikation von 16 Staaten – ohne Deutschland – vor, http://www.consilium.europa.eu/en/documents-publications/agreements-conventions/agreement/?aid=2013001 (abgerufen am 9.2.2019).

581 Beschluss 2011/167/EU des Rates vom 10. März 2011 über die Ermächtigung zu einer Verstärkten Zusammenarbeit im Bereich der Schaffung eines einheitlichen Patentschutzes (ABl. EU L 76 vom 22.3.2011, S. 53, berichtigt durch ABl. EU L 347 vom 15.12.2012, S. 44).

582 EuGH (Große Kammer), Urt. v. vom 5. Mai 2015, *Königreich Spanien gegen Europäisches Parlament und Rat der EU*, Rs. C-146/13 Rn. 46 f.

(3) Geschmacksmuster

Als Gemeinschaftsgeschmacksmuster kommen eingetragene und nicht eingetragene Rechte in Betracht (Art. 1 Abs. 2 GGV). Die Wirkung ist einheitlich und gilt für die gesamte EU (Art. 1 Abs. 3 S. 1 und 2 GGV). Der Inhaber eines eingetragenen Gemeinschaftsgeschmacksmusters kann Dritten verbieten dieses ohne seine Zustimmung zu benutzen. Die Benutzung schließt insbesondere das Herstellen, Anbieten, Inverkehrbringen, Einführen, Ausführen oder das Benutzen eines Erzeugnisses, in dem das Muster aufgenommen oder bei dem es verwendet wird, oder das Besitzen des Erzeugnisses zu den genannten Zwecken ein (Art. 19 Abs. 1 GGV). Demgegenüber gewährt das nicht eingetragene Gemeinschaftsgeschmacksmuster seinem Inhaber zwar die gleichen Rechte, jedoch nur soweit die Benutzung Ergebnis einer Nachahmung ist (Art. 19 Abs. 2 UAbs. 1 GGV). Die Schutzdauer beträgt für ein nicht eingetragenes Gemeinschaftsgeschmacksmuster 3 Jahre ab dessen Zugänglichmachung für die Öffentlichkeit (Art. 11 Abs. 1 GGV) und für ein eingetragenes Gemeinschaftsgeschmacksmuster 5 Jahre ab dem Anmeldetag, wobei die Dauer um jeweils 5 Jahre bis zu einer Gesamtlaufzeit von 25 Jahren verlängert werden kann (Art. 12 GGV).

(4) Urheberrecht

Ein europäisches Urhebergesetz gibt es nicht, dafür bestehen mehrere Richtlinien zur Vereinheitlichung der nationalen Rechte. Insbesondere ist die UrhRL zu nennen, welche dem Urheber das ausschließliche Recht verleiht, sein Werk zu vervielfältigen (Art. 2 UrhRL) und zu verbreiten (Art. 4 UrhRL). Daraus folgt mittelbar das Verbot für Dritte, die genannten Handlungen ohne Zustimmung des Rechtsinhabers auszuführen. Mit der Schutzdauerrichtlinie 93/98/EWG[583] wurde die allgemeine Schutzdauer auf 70 Jahre nach dem Tod des Urhebers vereinheitlicht.

583 Richtlinie 93/98/EWG des Rates vom 29.10.1993 zur Harmonisierung der Schutzdauer des Urheberrechts und bestimmter verwandter Schutzrechte (ABl. EG L 290 vom 24.11.1993, S. 9), neu bekannt gemacht als RL 2006/116/EG (ABl. EU L 376 vom 27.12.2006, S. 12), zuletzt geändert durch RL 2011/77/EU (ABl. EU L 265 vom 11.10.2011, S. 1).

b. Pflichten bei der Herstellung

Durch bei der Herstellung zu beachtende Pflichten wird sichergestellt, dass Arzneimittel und Wirkstoffe bestimmte qualitative Mindestanforderungen erfüllen und zwar unabhängig von ihrem Herkunftsort. Letztendlich dient dies dem Schutz der legalen Vertriebskette vor dem Eindringen von gefälschten Arzneimitteln oder Wirkstoffen.

Zum Schutz vor gefälschten Arzneimitteln obliegen den Arzneimittelherstellern gewisse Pflichten. Insbesondere sind sie, wie bereits bisher, verpflichtet, bei der Herstellung von Arzneimitteln und Wirkstoffen in der EU die Regeln der Guten Herstellungspraxis einzuhalten (Art. 46 lit. f GKHA; Teil I und II EU-GMP-Leitfaden). Die FMD dehnt die Pflicht nun auch auf die Herstellung von Wirkstoffen in Drittstaaten aus, indem der Import von Wirkstoffen aus diesen Staaten nur noch zulässig ist, wenn bei der Herstellung Standards der Guten Herstellungspraxis angewendet wurden, die mit denjenigen der EU vergleichbar sind (Art. 46b Abs. a GKHA). Die Gleichwertigkeit der Standards und dessen Einhaltung durch den Herstellungsbetrieb muss durch eine schriftliche Bestätigung des Heimatlandes des Herstellers, die dem Wirkstoff beiliegen muss, belegt werden (Art. 46b Abs. 2 lit. b GKHA). Auf die Bestätigung des Heimatlandes kann verzichtet werden, wenn es in einer Liste der Kommission geführt wird (Art. 46b Abs. 3 GKHA). Die Aufnahme in die Liste erfolgt auf Antrag und nur dann, wenn der Drittstaat die Einhaltung der EU-Standards gewährleistet (111b GKHA).

Als Herstellungsschritt ist auch der Austausch von Sicherheitsmerkmalen zu verstehen, welche nunmehr auf Arzneimittelverpackungen anzubringen sind (siehe unten in diesem Teil 5 A. III. 1. unter d.), da nur Inhaber der Herstellungserlaubnis den Austausch vornehmen dürfen. Dies betrifft insbesondere Großhändler, die Arzneimittel für den Parallelhandel umpacken. Der Austausch der Sicherheitsmerkmale ist nur unter strengen Bedingungen gestattet. Er setzt voraus, dass der Inhaber der Herstellererlaubnis sich zuvor von der Echtheit des Arzneimittels überzeugt hat und das Sicherheitsmerkmal nach dem Entfernen durch ein gleichwertiges Merkmal im Einklang mit der Guten Herstellungspraxis ersetzt (Art. 47a Abs. 1 GKHA). Zudem darf beim Umpacken die Primärverpackung nicht geöffnet werden (Art. 47a Abs. 1 lit. b GKHA). Mit diesen Vorgaben wird der Schutz vor Arzneimittelfälschungen beim Parallelimport erhöht.

c. Kennzeichnungspflichten

Durch Kennzeichnungsvorschriften werden die Erkennbarkeit und die Rückverfolgbarkeit von Fälschungen oder Nachahmungen gewährleistet, auch wenn Fälscher regelmäßig gegen diese Vorschriften verstoßen dürften, in dem sie ihre Produkte nicht wahrheitsgemäß oder gar nicht kennzeichnen.

Auf der äußeren Umhüllung oder der Primärverpackung eines Arzneimittels sind insbesondere Name und Anschrift des Inhabers der Genehmigung für das Inverkehrbringen und ggf. des Vertreters bzw. des Inhabers der Registrierung und ggf. des Herstellers sowie die Nummer der Herstellungscharge und das Verfallsdatum anzubringen (Artt. 54 lit. h, k und m GKHA). Die Kennzeichnung muss gut lesbar, klar verständlich und unauslöschlich sein (Art. 56 GKHA). Seit Erlass der FMD sind zudem auf Arzneimitteln, welche die Sicherheitsmerkmale tragen müssen, auch die Sicherheitsmerkmale anzubringen (Art. 54 lit. o GKHA). Zudem sind auf Primärverpackungen, die sich in einer entsprechend gekennzeichneten äußeren Umhüllung befinden, nochmals der Name des Inhabers der Genehmigung für das Inverkehrbringen sowie die Herstellungscharge anzubringen (Art. 55 Abs. 2 Spiegelstrich 2 und 4 GKHA).

d. Sicherheitsmerkmale

Eine wesentliche Neuerung der FMD besteht darin, dass bestimmte Arzneimittel Sicherheitsmerkmale, bestehend aus einer Vorrichtung gegen Manipulation (*Temper Verification Feature*) und einem individuellen Erkennungsmerkmal (*Unique Identifier*), tragen müssen. Dadurch soll die Überprüfung der Echtheit und der Nachweis der Manipulation ermöglicht werden (Artt. 54 lit. o und 54a Abs. 1 GKHA; ErwGr. 11 FMD). Einen hundertprozentigen Fälschungsschutz gibt es nicht, durch die Sicherheitsmerkmale sollen Arzneimittelfälschungen jedoch so aufwändig und die Gefahr der Entdeckung so greifbar werden, dass sich Fälschungen nicht mehr lohnen.[584] Nachdem jeder Code nur einmal gültig ist, müsste der Fälscher für jede in Verkehr gebrachte Packung einen anderen gültigen Barcode kopie-

584 *securPharm*, Fragen und Antworten (Patienten), Frage 2, erhältlich unter https://www.securpharm.de/wp-content/uploads/2018/08/FAQ-Patienten.pdf (zuletzt abgerufen am 9.2.2019).

ren, was zumindest extrem unwahrscheinlich ist.[585] Die Wahrscheinlichkeit, dass die das individuelle Arzneimittel beschreibende Seriennummer (siehe nachfolgenden Punkt (I)) abgeleitet wird, liegt bei 1:10.000 (Art. 4 lit. c DelVO). Schließlich wird der Kopiervorgang in jedem Fall – zumindest nachträglich – entdeckt, was den Fälscher zusätzlich gefährdet. Überdies muss er auch noch den Originalverschluss des Herstellers imitieren. Insgesamt sollen der hohe Aufwand und die Entdeckungsgefahr Fälschungen entschieden unattraktiver machen.[586]

Zu den Arzneimitteln, auf denen die Sicherheitsmerkmale anzubringen sind, gehören grundsätzlich alle verschreibungspflichtigen Arzneimittel (Art. 54a Abs. 1 UAbs. 1 GKHA). Nicht verschreibungspflichtige Arzneimittel dürfen die Sicherheitsmerkmale grundsätzlich nicht tragen (Art. 54a Abs. 1 UAbs. 2 GKHA), um Verwirrungen zu vermeiden. Ausnahmen bestehen für beide Produktarten, wenn sie in die *Black- and White List* der DelVO aufgenommen wurden. Die Liste sieht zurzeit vor, dass einige verschreibungspflichtige Arzneimittel (wie z.B. Homöopathika, Allergenextrakte, Kontrastmittel und Lösungen für parenterale Ernährung) von dem Erfordernis ausgenommen sind (Anhang I DelVO), während bei den nicht verschreibungspflichtigen Arzneimittel nur Omeprazol in zwei verschiedenen Stärken die Sicherheitsmerkmale tragen muss (Anhang II DelVO). Weitere Ausnahmen können die Mitgliedstaaten bestimmen (Art. 54a Abs. 5 GKHA). Wie die Sicherheitsmerkmale im Einzelnen ausgestaltet sind, wird im Folgenden erklärt (siehe dazu auch unten Teil 6 B.).

(I) Individuelles Erkennungsmerkmal

Durch eine Serialisierung wird jede einzelne Packung individuell identifizierbar (vgl. Art. 54 lit. o GKHA). Bisher ließ sich eine Arzneimittelpackung anhand der aufgedruckten Seriennummer des Herstellers lediglich einer Charge zuweisen.

Detailvorgaben zur Serialisierung enthält die FMD selbst nicht, vielmehr sind diese in der DelVO beschrieben (Art. 54a Abs. 2 i.V.m. 121a-c GKHA). Danach umfasst das individuelle Erkennungsmerkmal einen Produktcode, eine Seriennummer, ggf. eine nationale Kostenerstattungsnummer, sofern dies von einem Mitgliedstaat gefordert wird, die Chargennummer und das Verfallsdatum (Art. 4 lit. a DelVO). Andere Informationen

585 *ABDA*, securpharm – FAQ, S. 4.
586 *ABDA*, securpharm – FAQ, S. 4.

können aufgenommen werden, sofern die zuständige Behörde dies gestattet (Art. 8 DelVO; Artt. 54 GKHA). Der Produktcode muss die Identifizierung des Namens, der gebräuchlichen Bezeichnung, der Darreichungsform, der Stärke, der Packungsgröße und der Verpackungsart des Arzneimittels ermöglichen (Art. 4 lit. a i DelVO). Die Seriennummer setzt sich aus einer numerischen oder alphanummerischen Folge von höchstens 20 Zeichen zusammen, welche durch einen deterministischen oder nicht-deterministischen Randomisierungsalgorithmus generiert wird (Art. 4 lit. a ii DelVO). Das individuelle Erkennungsmerkmal besteht aus einem zweidimensionalen Barcode, genauer einer maschinenlesbaren Datenmatrix, wobei in der Regel der Produktcode, die Seriennummer und die nationale Kostenerstattungsnummer zusätzlich in Klarschrift aufgedruckt werden (Artt. 5 Abs. 1 und 7 Abs. 1 DelVO) (graphische Darstellung in Anhang II **Abbildung 1**).

Die Datenmatrix wird vom Arzneimittelhersteller nach einem international anerkannten Kodierungsschema kodiert, aufgedruckt und in ein Datenspeicher- und -abrufsystem hochgeladen (Artt. 5 Abs. 2–4, 33 Abs. 1 DelVO). Die aus der Kombination aus Produktcode und Seriennummer resultierende Zeichenfolge darf sich erst nach einem Jahr ab dem Verfallsdatum der Packung oder fünf Jahren ab dem Inverkehrbringen – maßgebend ist der jeweils längere Zeitraum – wiederholen (Art. 4 lit. d DelVO).

Die Überprüfung der Echtheit eines individuellen Erkennungsmarkmals erfolgt mittels dessen Abgleichs mit dem im Datenspeicher- und -abrufsystem gespeicherten individuellen Erkennungsmerkmal (Art. 11 DelVO).

(II) Vorrichtung gegen Manipulation

Die Vorrichtung gegen Manipulationen ermöglicht die Überprüfung, ob die äußere Umhüllung eines Arzneimittels manipuliert wurde. Indem die Arzneimittelpackungen mit einem Originalitätsverschluss versiegelt werden, ist eine Manipulation oder ein Öffnen der Versiegelung visuell erkennbar. Diese Vorrichtung gegen Manipulation begrenzt die Möglichkeit des Austauschs des Inhalts von echten Verpackungen. Detailangaben zu dem Merkmal enthält die FMD nicht. Es bleibt also im Wesentlichen den Herstellern überlassen, wie sie die geforderten Vorrichtungen ausgestalten. Dazu existieren bereits unterschiedliche Ansätze, welche in einer europäischen Norm von 2014, der DIN EN 16679:2015-03 (DIN 16679), aufgegriffen wurden. Die darin festgelegten Möglichkeiten der Ausgestaltung der Vorrichtung gegen Manipulation gelten als gleichwertig und können frei vom Hersteller ausgewählt werden. Ziff. 4 DIN 16679 beschreibt neun Kategorien und belässt daneben ausdrücklich Spielraum für neue, in der Entwicklung befindliche Technologien: (1.) Faltschachteln, verschlossen mit Klebstoff (2.) speziell aufgebaute Faltschachteln (3.) Siegelketten und -bänder, (4.) Folienumhüllungen, (5.) Manschetten, (6.) Bruch- oder Abreißverschluss, (7.) Blister-Sichtverpackungen, (8.) flexible Verpackung und (9.) nach dem Verfahren Blasen-Füllen-Schließen (BFS) hergestellte Behälter.

e. Abgabebeschränkungen

Beschränkungen der Abgabe und des Erwerbs von Arzneimitteln auf bestimmte Personen reduzieren das Risiko, dass gefälschte und nachgeahmte Arzneimittel in die legale Vertriebskette gelangen und schützen dadurch vor den Gefahren von Fälschungen und Nachahmungen. Das europäische Recht kennt allerdings nur grobe Vorgaben zu Abgabebeschränkungen von Arzneimitteln, spezifische Regelungen sind den Mitgliedstaaten überlassen.

(I) Produktstatus

Der GKHA schreibt die Einstufung der Arzneimittel in verschreibungspflichtige und nicht verschreibungspflichtige Arzneimittel vor (Art. 70 Abs. 1 UAbs. 1 GKHA). Für verschreibungspflichtige Arzneimittel können die national zuständigen Behörden Unterkategorien festlegen (Art. 70 Abs. 2 GKHA). Die Unterkategorien teilen sich auf in Arzneimittel auf ärztliche Verschreibung, deren Abgabe wiederholt werden kann oder nicht (Art. 70 Abs. 2 lit a) GKHA), Arzneimittel auf besondere ärztliche Verschreibung (Art. 70 Abs. 2 lit b) GKHA) und Arzneimittel auf beschränkte ärztliche Verschreibung, die ausschließlich von bestimmten spezialisierten Kreisen verwendet werden dürfen (Art. 70 Abs. 2 lit c) GKHA). Die Einstufung in die übergeordneten Kategorien hängt von den Gesundheitsgefahren eines Arzneimittels und dem damit verbundenen Beratungsbedarf bei der Arzneimittelabgabe ab (vgl. Art. 70 Abs. 1 UAbs. 2 i.V.m. Art. 71 Abs. 1, Art. 72 GKHA). Für die Unterkategorien gibt es separate Einstufungskriterien (Art. 71 Abs. 2, Abs. 3 GKHA). Ausnahmen von einer Einstufung sind für Höchstdosis, Wirkstärke, Darreichungsform, Aufmachungen oder andere Verwendungsbedingungen möglich (Art. 71 Abs. 4 GKHA).

(II) Vertriebswege

Das europäische Recht überlässt den Mitgliedstaaten die Regelung der einzelnen Vertriebswege, insbesondere was die Abgabe von Arzneimitteln an die Öffentlichkeit anbelangt. Allein für die Beschaffung und Lieferung von Arzneimitteln von bzw. an andere Akteure der Lieferkette finden sich Vorschriften. Danach dürfen Großhändler und Vermittler Waren nur bei Personen beschaffen, die Inhaber einer Großhandelsgenehmigung sind oder die über eine Herstellungserlaubnis für das betreffende Produkt verfügen (Kap. 5.2 Abs. 1 (i.V.m. Kap. 10.1 Abs. 3) GDP-Leitlinien AM, vgl. auch Art. 80 lit. b GKHA). Die Ausfuhr von Arzneimitteln in Drittländer darf nur an Personen erfolgen, die ermächtigt oder befugt sind, Arzneimittel zum Großhandel oder zur Abgabe an die Öffentlichkeit zu erhalten (Kap. 5.9 Abs. 2 S. 3 GDP-Leitlinien AM).

f. Pflichten bei Einfuhr und Durchfuhr

Um dem Import gefälschter und nachgeahmter Arzeimittel vorzubeugen, sind bei der Einfuhr und Durchfuhr bestimmte Pflichten einzuhalten. Wie bisher auch teilt jeder Großhändler, der nicht Inhaber der Genehmigung für das Inverkehrbringen ist und ein Arzneimittel aus einem anderen Mitgliedstaat einführt, dem Inhaber der Genehmigung für das Inverkehrbringen und der zuständigen Behörde des Mitgliedstaats, in dem das Arzneimittel eingeführt werden soll, seine Absicht zur Einführung mit (Art. 76 Abs. 3 S. 1 GKHA).

Arzneimittel, die nicht in der EU, sondern in Drittstaaten in den Verkehr gebracht werden sollen, dürfen nicht in die EU verbracht werden, wenn Grund zu der Annahme besteht, dass die Arzneimittel gefälscht sind. Die Mitgliedstaaten haben hierfür die erforderlichen Maßnahmen zu treffen (Art. 52b Abs. 1 GKHA).

g. Pflichten bei Lagerung und Transport

Durch bestimmte Lagerungs- und Transportpflichten soll verhindert werden, dass Originalware in die Hände von Fälschern gelangt, welche damit durch Austausch des Inhalts oder der Verpackung gefälschte Produkte herstellen können.

Die Lagerung von Arzneimitteln bleibt gleich, neu eingeführt ist dagegen die Verpflichtung zur Durchführung von Inventuren. Diese sind regelmäßig durchzuführen, Unregelmäßigkeiten im Lagerbestand sollen untersucht werden (Kap. 5.5 Abs. 7 GDP-Leitlinien AM).

Der Transport ist künftig als „bewegte" Lagerung anzusehen und somit als qualitätsrelevanter Prozess zu qualifizieren. Der Großhändler ist verantwortlich für die Einhaltung angemessener Transportbedingungen. Daraus folgt, dass der Großhändler den Transportweg kennen und einer entsprechenden Risikoanalyse unterwerfen muss (Kap. 9.1 GDP-Leitlinien AM).

h. Nationale Sicherheitssysteme

Die Mitgliedstaaten müssen über ein System verfügen, mit dem verhindert werden soll, dass Arzneimittel, die mutmaßlich gesundheitsgefährdend sind, zu Patienten gelangen (Art. 117a Abs. 1 GKHA). Dieses System umfasst die Annahme und Bearbeitung von Meldungen mutmaßlich gefälschter Arzneimittel und die Rücknahme von Arzneimitteln, die entweder vom Inhaber der Genehmigung für das Inverkehrbringen vorgenommen oder von der zuständigen nationalen Behörde angeordnet werden. Die Rücknahme kann bei allen Akteuren in der Lieferkette zu jeder Zeit erfolgen sowie auch beim Patienten, erforderlichenfalls mithilfe von Angehörigen der Gesundheitsberufe (Art. 117a Abs. 2 GKHA).

i. Rücknahme

Die Rückgabe von Arzneimitteln ist neu geordnet worden, um sicherzustellen, dass keine mangelhaften Produkte zurück in den verkaufsfähigen bestand gelangen. Zwar gilt für die Überprüfung der Verkehrsfähigkeit nach wie vor der Überprüfungskatalog, dieser wird nunmehr jedoch ergänzt durch eine risikobasierte Herangehensweise. So ist anhand des betroffenen Produkts, eventuell erforderlicher Lagerbedingungen und der seit der ursprünglichen Versendung verstrichenen Zeit abzuwägen, ob das zurückgegebene Arzneimittel wieder in den verkaufsfähigen Bestand aufgenommen werden kann (Kap. 6.3 Abs. 1 GDP-Leitlinien AM). Der in Kap. 6.3 Abs. 2 lit. ii GDP-Leitlinien AM angegebene Zeitrahmen von 10 Tagen zur Rücknahme mag eher als Erwartungshorizont denn als feste Vorgabe gewertet werden.[587] Neu zum Überprüfungskatalog hinzugekommen ist darüber hinaus ein weiteres Kriterium. Bisher musste ein Arzneimittel sich in ungeöffneten Originalbehältnisses befinden und von einer befugten Person überprüft und beurteilt worden sein (Kap. 6.3 Abs. 2 lit. i und iv GMP-Leitfaden AM). Nun muss der Händler auch angemessene Belege über die tatsächliche Auslieferung des Produkts an den entsprechenden Kunden haben, die Chargennummer der Produkte, die die Sicherheitsmerkmale tragenden, muss bekannt sein und es darf keinen Grund zu der Annahme geben, dass das Produkt gefälscht wurde (Kap. 6.3 Abs. 2 lit. v GDP-Leitlinien AM). Eine Fälschung liegt bereits bei falschen Angaben über den Vertriebsweg vor (Art. 1 Nr. 33 lit. c GKHA), was insbesondere für Großhändler relevant wird. Wie bisher muss der Großhändler und nunmehr auch der Vermittler einen Notstandsplan für die wirksame Durchführung von Rücknahmen bereithalten (Art. 80 lit. d i.V.m. Art. 85b Abs. 1 UAbs. 3 GKHA).

j. Umgang mit Fälschungen

In die Neuregelung der GDP-Leitlinien AM übernommen wurde die bereits zuvor bestehende Verpflichtung, alle gefälschten Arzneimittel, die sich in der Lieferkette finden, unverzüglich physisch abzusondern und in einem speziell dafür eingerichteten Bereich, abseits von den übrigen Arzneimitteln, zu lagern (Kap. 6.4 Abs. 2 S. 1, Kap. 3.2 Abs. 4 GDP-Leitlinien AM). Neu ist, dass die physische Trennung auch durch die Verwaltung mittels eines computergestützten Systems gewährleistet werden kann, welches jedoch validiert sein muss (Kap. 3.2 Abs. 3 u. 4 GDP-Leitlinien AM). Zudem sollten Fälschungsfälle, wie bisher, in allen Einzelheiten aufgezeichnet und untersucht werden (Kap. 6.4 Abs. 1 S. 3 GDP-Leitlinien AM). Neu ist, dass Hersteller, Großhändler oder die zur Abgabe an die Öffentlichkeit befugte Person ein potenziell gefälschtes Arzneimittel an einer manipulierten Verpackung oder einem unechten Sicherheitsmerkmal erkennen können. In diesem Fall dürfen sie das betreffende Arzneimittel nicht abgeben und müssen unverzüglich die zuständige Behörde informieren (Artt. 18, 24 und 30 DelVO). Zur Pflicht der Meldung von Fälschungen siehe unten in diesem Teil 5 A. III. unter 4. a.).

587 *Melzer*, Chemgineering Newsletter 11/2013, 4 (6).

k. Dokumentationspflichten

An die Marktakteure sind zahlreiche Dokumentationspflichten gerichtet. Ziel der Dokumentation ist es, eine eindeutige Nachverfolgbarkeit aller Bezüge, der Lagerung und der Abgabe zu ermöglichen sowie alle sonstigen betrieblichen Aktivitäten transparent darzulegen. Damit ist eine Rückverfolgbarkeit aller Produkte vorgesehen, die eine frühzeitige Erkennbarkeit von gefälschten Arzneimitteln in der Lieferkette gewährleistet und deren Rückruf ermöglicht.

Der Hersteller hat insbesondere jede Aktion, die er in Zusammenhang mit Sicherheitsmerkmalen einer Arzneimittelpackung vornimmt zu dokumentieren (vgl. 15 DelVO). Auch die Tätigkeitsbereiche der Großhändler und Vermittler sollen umfassend dokumentiert sein (Kap. 4.2 Abs. 3, Kap. 10.4 Abs. 1 GDP-Leitlinien AM). Es sind alle Transaktionen mit Arzneimitteln, insbesondere der Eingang, die Lieferung oder die Vermittlung, aufzuzeichnen (Art. 80 lit. e GKHA, Kap. 4.2 Abs. 9 und 10, Kap. 10.4 Abs. 2 lit. vi GDP-Leitlinien AM). Zudem muss auch die einer Lieferung beiliegende Dokumentation (z.B. der Lieferschein) genaue Angaben enthalten, wozu seit der FMD auch die Chargennummer der Arzneimittel, welche die Sicherheitsmerkmale tragen, gehört (Art. 82 GKHA, Kap. 5.8 GDP-Leitlinien AM). Ferner müssen Unregelmäßigkeiten im Bestand dokumentiert und Aufzeichnungen über die vernichtete veraltete Ware geführt werden (Kap. 5.5 Abs. 7, Kap. 5.6 Abs. 3 GDP-Leitlinien AM). Dies soll eine missbräuchliche Verwendung verworfener Arzneimittel unterbinden.[588]

2. Anzeige- und Genehmigungspflichten

Anzeige- und Genehmigungspflichten sind sekundäre Schutzmittel, die der staatlichen Kontrolle der Einhaltung der Gebote und Verbote dienen. Es wird im Folgenden in Genehmigungspflichten, Registrierungspflichten und Anzeigepflichten unterschieden. Auf Unionsebene können hierbei nur allgemeine Vorgaben gemacht werden, welche die Mitgliedstaten entsprechend umzusetzen und zu erfüllen haben.

588 *Melzer*, Chemgineering Newsletter 11/2013, 4 (6).

a. Genehmigungspflichten

Über die Pflicht zur Genehmigung einer Tätigkeit wird ermöglich, die Einhaltung der an die Tätigkeit gestellten Pflichten im Rahmen eines Genehmigungsverfahrens zu überprüfen. Für die genaue Ausgestaltung des Genehmigungsverfahrens und dessen Anforderungen sind die einzelnen Mitgliedstaaten verantwortlich.

(I) Herstellungserlaubnis

Bereits seit langem sind die Mitgliedstaaten verpflichtet, die Herstellung von Arzneimitteln von einer Erlaubnis abhängig zu machen (Art. 40 Abs. 1 S. 1 GKHA). Eine Herstellungserlaubnis benötigt, wer Arzneimittel vollständig oder teilweise herstellt oder sich mit ihrer Abfüllung, Abpackung und Aufmachung befasst (Art. 40 Abs. 2 UAbs. 1 GKHA). Den zweiten Teil der Definition erfüllen oft auch Großhändler und Importeure, Apotheken sind ausgenommen (Art. 40 Abs. 2 UAbs. 2 GKHA). Auch wenn die hergestellten Arzneimittel für die Ausfuhr bestimmt sind, ist eine Herstellungserlaubnis erforderlich (Art. 40 Abs. 1 S. 2 GKHA). Insbesondere bedarf nunmehr auch das Austauschen der durch die FMD eingeführten Sicherheitsmerkmale der Herstellungserlaubnis (Art. 47a Abs. 1 lit. b GKHA).

Um die Herstellungserlaubnis zu erhalten muss der Antragssteller unter anderem über geeignete und ausreichende Betriebsräume, technische Ausrüstung und Kontrollmöglichkeiten verfügen, die den jeweiligen gesetzlichen Anforderungen zur Herstellung, Kontrolle und Lagerung der Arzneimittel genügen (Art. 41 UAbs. 1 lit. b GKHA).

(II) Großhandelsgenehmigung

Ebenso sind die Mitgliedstaaten wie bisher verpflichtet, den Großhandel mit Arzneimitteln von einer Genehmigung abhängig zu machen (Art. 77 Abs. 1 GKHA). Großhandel ist hierbei jede Tätigkeit, die in der Beschaffung, der Lagerung, der Lieferung oder der Ausfuhr von Arzneimitteln besteht, mit Ausnahme der Abgabe von Arzneimitteln an die Öffentlichkeit (Art. 1 Abs. 17 GKHA). Von dieser Ausnahme ist allerdings unter nationalem Recht wiederum eine Rückausnahme möglich (Art. 77 Abs. 2 GKHA). Keiner Großhandelsgenehmigung bedürfen Großhändler in Bezug auf

Arzneimittel, auf die sich eine Herstellungserlaubnis erstreckt (Art. 77 Abs. 3 GKHA).

Für die Erlangung der Großhandelsgenehmigung müssen geeignete und ausreichende Räumlichkeiten, Anlagen und Einrichtungen vorhanden sein, um eine ordnungsgemäße Lagerung und einen ordnungsgemäßen Vertrieb zu gewährleisten, sachkundiges Personal, wie insbesondere eine verantwortliche Person, zu Verfügung stehen und sämtliche in diesem Teil 5 beschriebenen Pflichten, wie z.B. die Abgabebeschränkungen, die Pflicht zur Einhaltung der Guten Vertriebspraxis sowie Kontroll- und Meldepflichten, einhalten (Artt. 79 f. GKHA).

(III) Einfuhr von Arzneimitteln

Für die Einfuhr mit Herkunft aus Drittländern bedarf es einer Herstellungserlaubnis (Art. 40 Abs. 3 GKHA; Kap. 5.2 Abs. 2 GDP-Leitlinien AM). Im Umkehrschluss zu Kap. 5.2 GDP-Leitlinien AM bedeutet dies, dass für die Einfuhr aus einem EU- oder EWR-Land eine Großhandelsgenehmigung erforderlich ist.

(IV) Ausfuhr von Arzneimitteln

Für die Ausfuhr von Arzneimitteln ist eine Großhandelsgenehmigung erforderlich (Art. 1 Abs. 17 GKHA, Kap. 5.9 Abs. 1 GDP-Leitlinien AM). Dies gilt selbst dann, wenn die Tätigkeit von einer Freizone ausgeübt wird (Kap. 5.9 Abs. 1 GDP-Leitlinien AM).

(V) Abgabe von Arzneimitteln an die Öffentlichkeit

Für die Abgabe von Arzneimitteln an die Öffentlichkeit gibt das Recht der EU keine Genehmigungs- oder Anzeigepflichten vor. Vielmehr wird vorausgesetzt, dass die Personen, in dem betreffenden Mitgliedstaat zu Abgabe von Arzneimitteln an die Öffentlichkeit ermächtigt oder befugt sind (z.B. in Art. 1 Abs. 17 GKHA). Damit bleibt es den Mitgliedstaaten überlassen die Abgabe nach ihrem nationalen Recht und ihren Besonderheiten zu gestalten. Insbesondere sind auch die spezifischen Bedingungen für die Abgabe von Arzneimitteln an die Öffentlichkeit über den Einzelhandel auf

Unionsebene nicht harmonisiert, sodass auch hier die Mitgliedstaaten diese Bedingungen selbst festlegen können (ErwGr. 21 FMD).

b. Registrierungspflichten

Neben den bisherigen Genehmigungs- und Erlaubnispflichten führt die FMD diverse Registrierungspflichten ein, um die Zuverlässigkeit der Lieferkette zu stärken und die Kontrolle der Einhaltung von Ge- und Verboten zu erleichtern.

(I) Vermittlung von Arzneimitteln

An den heutigen, komplexen Vertriebsnetzen sind zahlreiche Akteure beteiligt, bei denen es sich nicht um Großhändler handelt und die somit keine Genehmigungspflicht trifft. Damit die Zuverlässigkeit der Lieferkette gewährleistet ist, sollte das Arzneimittelrecht alle Akteure der Lieferkette erfassen (ErwGr. 6 FMD). Dazu gehören insbesondere Arzneimittelvermittler. Unter der Vermittlung von Arzneimitteln sind sämtliche Tätigkeiten zu verstehen, die im Zusammenhang mit dem Verkauf oder Ankauf von Arzneimitteln stehen, mit Ausnahme des Großhandelsvertriebs, die nicht mit physischen Umgang verbunden sind und die darin bestehen, unabhängig und im Namen einer anderen juristischen oder natürlichen Person zu verhandeln (Art. 1 Abs. 17a GKHA; Kap. 10.1 Abs. 1 GDP-Leitlinie AM). Arzneimittelvermittler müssen sich künftig bei der zuständigen Behörde des Mitgliedstaats, in dem sie ihre ständige Anschrift haben, registrieren lassen (Art. 85b Abs. 2 GKHA). Die Registrierung wird in einem öffentlich zugänglichen Register des jeweiligen Mitgliedstaats geführt (Art. 85b Abs. 1 UAbs. 3 GKHA). Zur Registrierung ist erforderlich, dass die Vermittler über eine ständige Anschrift und Kontaktdaten in der EU verfügen – unter welcher sie auch registriert werden – sodass ihre Identifizierung und Überwachung sichergestellt ist (Art. 85b Abs. 1 UAbs. 2 GKHA).

(II) Einfuhr, Herstellung und Vertrieb von Wirkstoffen

Die in der EU niedergelassenen Einführer, Hersteller und Vertreiber von Wirkstoffen müssen ihre Tätigkeit bei der zuständigen Behörde des Mitgliedstaats, in dem sie niedergelassen sind, registrieren lassen (Art. 52a Abs. 1 GKHA). Die Registrierung wird in die Datenbank der EU aufgenommen (Art. 52a Abs. 7 GKHA). Die Verpflichtung soll helfen, die Durchsetzung der Bestimmungen für Wirkstoffe und die Überwachung der Einhaltung dieser Bestimmungen zu erleichtern (ErwGr. 9 FMD).

c. Anzeigepflichten

Für den Versandhandel mit Arzneimitteln gilt die Pflicht zur Anzeige der Tätigkeit. Personen, die Arzneimittel im Fernabsatz anbieten, müssen dem Mitgliedstaat ihrer Niederlassung mindestens eine Mitteilung über ihren Namen bzw. ihre Firma, die von ihnen genutzte Webseite und den Beginn ihrer Tätigkeit machen (Art. 85c Abs. 1 b) GKHA).

3. Kontrollen

Kontrollen dienen dazu, die Einhaltung der Ge- und Verbote zum Schutz vor Arzneimittelfälschungen und -nachahmungen zu überwachen. Dabei sind sie überwiegend als sekundäre Schutzmittel einzustufen, können aber zum Teil auch als selbständige Gebote zum Schutz vor Fälschungen angesehen werden. Im europäischen Recht kommen Kontrollen durch einen Marktakteur selbst, durch andere Marktakteure oder durch Behörden in Betracht.

a. Selbstkontrolle

Über die Selbstkontrolle sind die Marktakteure verpflichtet, regelmäßig ihre Qualitätsstandards zu überprüfen. Dies dient auch der Vorbeugung von Fälschungen, indem über ein funktionierendes Qualitätsmanagement gefälschte Wirkstoffe erkannt oder zumindest hergestellte Arzneimittelfälschungen entdeckt werden können.

Hersteller müssen über ein Qualitätsmanagementsystem verfügen, mittels dessen sie die Einhaltung der Guten Herstellungspraxis sicherstellen, und welches sie durch regelmäßige Selbstinspektionen kontrollieren (Kap. 1 und Kap. 9 EU-GMP-Leitfaden). Auch die Durchführung von Selbstinspektionen des Großhändlers ist seit langem geregelt, festgelegt wurden jetzt der Umfang der abzudeckenden Themenbereiche und die Organisation. Überprüft werden sollte im Rahmen der Selbstkontrolle die Einhaltung der Guten Vertriebspraxis und der Rechtsvorschriften, Leitlinien und Verfahren innerhalb eines bestimmten Zeitraums (Kap. 8.2 Abs. 1 GDP-Leitlinien AM). Zudem zeigt sich eine Angleichung der Guten Vertriebspraxis an die Grundsätze der Guten Herstellungspraxis, was insbesondere in dem Erfordernis der Unterhaltung eines Qualitätsmanagementsystems deutlich wird. Diese Pflicht obliegt nun auch Großhändlern sowie Arzneimittelvermittlern (Art. 80 lit. h i.V.m. 85b Abs. 1 UAbs. 3 GKHA). Speziell für die Vermittler, für die der GKHA bisher keine Regelungen vorsah, führte die FMD zahlreiche Ge- und Verbote ein um die Zuverlässigkeit der Lieferkette durch Erfassen aller Akteure zu gewährleisten (ErwGr. 6 FMD). In dem Qualitätsmanagementsystem sind die Zuständigkeiten und Abläufe sowie die Maßnahmen zum Risikomanagement in Bezug auf die Tätigkeiten von Großhändlern und Vermittlern dargelegt (Art. 80 lit. h i.V.m. 85b Abs. 1 UAbs. 3 GKHA). Einzelheiten sind in der GDP-Leitlinien AM beschrieben (Kap. 1, Kap. 10.2 GDP-Leitlinien AM) und im Folgenden teilweise näher ausgeführt. Insbesondere muss das Qualitätsmanagementsystem des Großhändlers gewährleisten, dass Qualität und Unversehrtheit des gelieferten Produkts beibehalten werden und es während Transport und Lagerung in der legalen Lieferkette verbleibt (Kap. 1.2 Abs. 1 GDP-Leitlinien AM).

Daneben muss der Zulassungsinhaber ein Pharmakovigilanz-System betreiben, um die Risiken von Arzneimitteln für die Gesundheit zusammenzutragen (Art. 104 Abs. 1 GKHA). Die Pharmakovigilanz dient zwar in erster Linie der Erfassung von Nebenwirkungen, allerdings werden hierüber auch häufig Arzneimittelfälschungen entdeckt.

b. Überwachung durch die Akteure

Mittels der vorgeschriebenen Überwachung anderer Akteure am Markt soll die Zusammenarbeit mit unseriösen Personen verhindert werden, welche die Gefahr der Einschleusung von gefälschten Arzneimitteln oder Wirkstoffen in die legale Vertriebskette mit sich bringen. Es kann zwischen einer Überwachung von Personen und Produkten unterschieden werden.

(1) Überwachung der Zulieferer und Kunden

Eine entscheidende Neuerung der FMD ist die Verpflichtung der Marktakteure, ihre jeweiligen Zulieferer sowie Kunden auf die Erfüllung derer Pflichten, insbesondere der Genehmigungspflichten sowie der Einhaltung der Guten Herstellungspraxis bzw. der Guten Vertriebspraxis, zu überprüfen. Die Pflichten des Inhabers der Herstellungserlaubnis wurden dahingehend verschärft, dass er bei dem Bezug von Wirkstoffen von anderen Herstellern entweder selbst oder durch eine beauftragte Einrichtung zu überprüfen hat, ob der Hersteller und der Vertreiber (bei Ansässigkeit in der EU) die Gute Herstellungspraxis und die Gute Vertriebspraxis bzw. (bei Ansässigkeit in Drittstaaten) vergleichbare Standards einhalten. Dazu sind Audits an den Standorten des Herstellers bzw. Vertreibers durchzuführen (Art. 46 lit. f GKHA). Darüber hinaus hat der Inhaber der Herstellungserlaubnis zu überprüfen, ob die Hersteller, Einführer oder Vertreiber, von denen er die Wirkstoffe bezieht, bei der zuständigen Behörde des Mitgliedstaates, in dem sie niedergelassen sind, registriert sind (Art. 46 lit. h GKHA). Zudem hat er die Echtheit und Qualität der Wirkstoffe und Arzneiträgerstoffe zu überprüfen (Art. 46 lit. i GKHA). Durch diese zusätzlichen Kontrollen der Wirkstofflieferanten soll gewährleistet werden, dass nicht bereits die Wirkstoffe gefälscht sind. Zudem sollte auch bei ausgelagerten Tätigkeiten zur Qualifizierung des Auftragnehmers sowie bei jeder Änderung der beauftragen Tätigkeit ein Audit durchgeführt werden, dessen Häufigkeit auf Risikobasis je nach Art der ausgelagerten Tätigkeit festgelegt werden soll (Kap. 7.2 Abs. 1 S. 4 u. 5 GDP-Leitlinien AM). Damit wird die ordnungsgemäße Verarbeitung der Wirkstoffe sichergestellt.

Der Großhändler sowie auch der Vermittler haben ihre Zulieferer sowie Kunden zu qualifizieren. Vor jeder Beschaffung von Arzneimitteln ist zu überprüfen, ob der in der EU ansässige Zulieferer eine Herstellungserlaubnis oder Großhandelsgenehmigung besitzt bzw. als Vermittler registriert ist (Art. 80 UAbs. 1 lit. b und UAbs. 2 u. 3 GKHA; Kap. 5.2 Abs. 1 u. 3 GDP-Leitlinien AM). Dies kann z.B. durch Konsultation der EU-Datenbank geschehen (Kap. 5.2 Abs. 3 GDP-Leitlinien AM). Zudem muss überprüft werden, ob der liefernde Großhändler oder Vermittler die Gute Vertriebspraxis einhält (Art. 80 UAbs. 2 u. 4 GKHA; Kap. 5.2 Abs. 3 GDP-Leitlinien AM). Ferner hat ein Großhändler vor Eingehung eines neuen Vertragsverhältnisses eine Due-Diligence-Prüfung durchzuführen. Das ist eine risikobasierte Eignungsprüfung, ob die angebotene Dienstleistung entsprechend den rechtlichen Vorgaben zuverlässig und nachvollziehbar erbracht werden kann. Die zu überprüfenden Kriterien sind Ansehen und Zuverlässigkeit des Zulieferers, Arzneimittelfälschungswahrscheinlichkeit sowie ungewöhnliche Mengen und Preise angebotener Arzneimittel (Kap. 5.2 Abs. 5 GDP-Leitlinien AM). Die Auswahl der Zulieferer liegt nunmehr nicht mehr allein im Ermessen des Einkaufs, sondern muss durch die verantwortliche Person genehmigt werden (Kap. 2.2 Abs. 5 lit. vi GDP-Leitlinien AM).[589] Zur Qualifizierung seiner Kunden muss der Großhändler oder Vermittler sicherstellen, dass er Arzneimittel nur an Personen mit Großhandelsgenehmigung oder mit Ermächtigung oder Befugnis zur Abgabe von Arzneimitteln an die Öffentlichkeit liefert. Dazu kann er um Kopien der entsprechenden Genehmigung oder um Nachweise der Qualifikation oder Befugnisse nach nationalem Recht ersuchen oder der Status auf der Website einer Behörde überprüfen (Kap. 5.3 Abs. 1 u. 2 GDP-Leitlinien AM). Liefern Großhändler Arzneimittel in Drittländer, haben sie dafür Sorge zu tragen, dass nur berechtigte Personen und Unternehmen beliefert werden (Kap. 5.9 Abs. 2 S. 4 GDP-Leitlinie AM).

(II) Überwachung der Produkte

Darüber hinaus hat der Inhaber der Großhandelsgenehmigung durch Kontrollieren der Sicherheitsmerkmale auf der äußeren Verpackung der von ihm für den Vertrieb in der EU beschafften Arzneimittel sicherzustellen, dass die Arzneimittel nicht gefälscht sind (Art. 80 lit. ca GKHA). Bei jedem Austausch der Sicherheitsmerkmale z.B. für den Parallelimport muss zuvor die Echtheit des Arzneimittels überprüft werden (Art. 47a Abs. 1 GKHA).

c. Behördliche Überwachung

Arzneimittelbehörde der EU ist die Europäische Kommission, welche die Arzneimittelzulassung im zentralisierten Verfahren erteilt. Viele andere Aufgaben liegen ausschließlich bei den Mitgliedstaaten. Koordinierende Agentur ist die Europäische Arzneimittelbehörde (EMA). Mit Mitarbeitern nationaler Behörden erstellt die EMA Gutachten oder stellt zentrale Dienste wie zum Beispiel die *EudraVigilance*-Datenbank zur Verfügung. Auf europäischer Ebene arbeiten die nationalen Arzneimittelbehörden der Mitgliedstaaten als *Heads of Medicines Agencies* zusammen.

---

589 *Melzer*, Chemgineering Newsletter 11/2013, 4 (5).

Einige Kontrollvorschriften legt das europäische Recht den Mitgliedstaaten zur Umsetzung in nationales Recht auf. So hat sich die zuständige Behörde des Mitgliedstaats vor Erteilung einer Herstellungserlaubnis mittels einer Besichtigung von der Einhaltung der gesetzlichen Anforderungen nach Art. 41 GKHA zu vergewissern (Art. 42 Abs. 1 GKHA). Die Überwachung der Einhaltung der gesetzlichen Vorschriften, insbesondere die Grundsätze und Leitlinien der Guten Herstellungspraxis bzw. der Guten Vertriebspraxis (vgl. Art. 111 Abs. 3 GKHA), durch die Behörden des betreffenden Mitgliedstaates in Zusammenarbeit mit der EMA ist überarbeitet worden. Die Befugnis – erforderlichenfalls unangemeldete – Inspektionen durchzuführen und ein Arzneimittelkontrolllabor mit der Durchführung von Stichprobenkontrollen zu beauftragen, blieb. Neu ist die Beispielliste für Inspektionen in Art. 111 Abs. 1a–1f GKHA, welche zugleich den Umfang der Inspektionen erweitert. So werden insbesondere Inspektionen wiederholt bei Arzneimittelherstellern und Arzneimittelgroßhändlern durchgeführt (Art. 111 Abs. 1a GKHA) während diese bei Herstellern, Einführern und Vertreiber von Wirkstoffen mit Sitz in der EU risikobasiert stattfinden (Artt. 111 Abs. 1b S. 1, 52a Abs. 4 GKHA). Soweit die Hersteller, Einführer und Vertreiber in Drittländern niedergelassen sind, ist eine Inspektion bei einem Verdacht des Verstoßes gegen die Vorschriften des GKHA zulässig (Art. 111 Abs. 1b S. 2 GKHA). Auch die Räumlichkeiten der Inhaber der Genehmigung für das Inverkehrbringen und der Arzneimittelvermittler können inspiziert werden (Art. 111 Abs. 1d GKHA). Aus Transparenzgründen nehmen die Mitgliedstaaten diejenigen Großhändler, bei denen eine Inspektion die Einhaltung der einschlägigen Rechtsvorschriften festgestellt hat, in die EudraLex Datenbank der EU auf (Art. 77 Abs. 4 GKHA).

Die zuständige Behörde überprüft auch die Ersetzung von Sicherheitsmerkmalen beim Parallelimport (Art. 47a Abs. 1 d) GKHA). Soweit ein Großhändler, der nicht Inhaber der Genehmigung für das Inverkehrbringen ist, ein Arzneimittel aus einem anderen Mitgliedsstaat einführt, überprüft die EMA die Einhaltung der Bedingungen des Unionsrechts zu Arzneimitteln und in den Genehmigungen für das Inverkehrbringen (Art. 76 Abs. 4 S. 2 GKHA).

d. Zollbehördliche Überwachung

Die EU hat keine eigene Zollbehörde, vielmehr sind für die Überwachung der Grenzen einschließlich der Grenzbeschlagnahme die nationalen Zollbehörden der Mitgliedstaaten zuständig. Jeder Mitgliedstaat hat eine Zolldienststelle zu benennen, die für die Annahme und Bearbeitung eines Antrags auf Tätigwerden zuständig ist (Art. 5 Abs. 1 S. 1 PPVO).

Im Jahre 2008 haben die Zollbehörden der 27 Mitgliedstaaten der EU zwei Monate lang in der koordinierten Aktion „*MEDI-Fake*“ illegale Medikamente abgefangen, die in die EU eingeführt werden sollten. Auf Grundlage eines von der Kommission verbreiteten Risikoprofils stellten die Behörden mehr als 34 Mio. Tabletten sicher, was alle Erwartungen überstieg. Sichergestellt wurden Antibiotika, Krebs- und Malariamedikamente, cholesterinsenkende Medikamente sowie Schmerztabletten und Drogenausgangsstoffe.[590]

4. Aufklärung und Information

Die Aufklärung und Information sind tatsächliche Schutzmittel, welche teilweise auf rechtlichen Vorgaben beruhen. Sie dienen der Selbsthilfe derjenigen Personen, welche durch Arzneimittelfälschungen gefährdet sind. Durch die Steigerung des Bewusstseins für die Gefahren werden präventive Maßnahmen zum Selbstschutz ermöglicht. Das Schutzmittel kann untergliedert werden in Meldungen zu Fälschungen, Aufklärung über Schutzmaßnahmen und Austausch von Informationen.

a. Meldung von Fälschungen

Die bereits in den GDP-Leitlinien geregelte Pflicht zur Meldung von gefälschten Arzneimitteln in der Vertriebskette wird nunmehr in dem GKHA festgeschrieben und auf Hersteller sowie Vermittler ausgedehnt. So muss nun der Inhaber der Herstellungserlaubnis, der Großhändler sowie der Vermittler die zuständige Behörde und den Inhaber der Genehmigung für das Inverkehrbringen unterrichten, wenn er von Arzneimitteln Kenntnis erhält, die tatsächlich oder mutmaßlich gefälscht sind (Art. 46 lit. g, 80 lit. i (i.V.m. 85b Abs. 1 S. 3) GKHA). Dies gilt für den Hersteller unabhängig davon, ob die Arzneimittel über die legale Lieferkette oder illegal, auch durch illegalen Verkauf über die Dienste der Informationsgesellschaft, vertrieben worden sind (Art 46 lit. g GKHA). Für den Großhändler und Ver-

590 *Europäische Kommission*, Pressebricht vom 16 Dezember 2008, IP/08/1980.

mittler wird die Pflicht in Kap. 6.4 Abs. 1 S. 1 bzw. Kap. 10.2 Abs. 2 S. 2 GDP-Leitlinien AM wiederholt.

b. Informierung der Mitgliedstaaten, Marktakteure und Öffentlichkeit

Auf Seiten der Behörden gibt es verschiedene Netzwerke, um rasch Informationen zu Arzneimittelfälschungen auszutauschen. Im Rahmen des Schnellwarnsystems für Qualitätsmängel (*Rapid Alert System for Quality Defects*)[591] können die Arzneimittelbehörden Europas und einiger angeschlossener Staaten wie USA, Kanada, Australien und Neuseeland auch Informationen zu Arzneimittelfälschungen in der legalen Lieferkette melden.[592] Wird bei einem Arzneimittel eine erhebliche Gefahr für die öffentliche Gesundheit vermutet, übermittelt die zuständige Behörde des Mitgliedstaats, in dem das Arzneimittel zuerst identifiziert wurde, unverzüglich allen Mitgliedstaaten und allen Akteuren in der Lieferkette in diesem Mitgliedstaat eine Schnellwarnmeldung. Ist davon auszugehen, dass solche Arzneimittel bereits an Patienten gelangt sind, erfolgt innerhalb 24 Stunden eine dringende öffentliche Bekanntmachung, damit die Arzneimittel von den Patienten zurückgenommen werden können. Die Bekanntmachung enthalten hinreichende Informationen über die mutmaßliche Fälschung und die damit verbundenen Gefahren (Art. 117a Abs. 3 GKHA).

Ein weiteres Netzwerk ist die WGEO. Diese Arbeitsgruppe hat ein Schnellwarnsystem etabliert, über das speziell Informationen zu Arzneimittelfälschungen in der illegalen Vertriebskette an die Schwesternbehörden in Europa weitergeleitet werden können.[593]

c. Gemeinsames Versandhandelslogo

In der EU wird ein gemeinsames Logo (graphische Darstellung siehe Anhang II **Abbildung 4**) eingeführt, um die Öffentlichkeit beim Ermitteln von Websites zu unterstützt, die legale Arzneimittel für den Fernabsatz anbieten (ErwGr. 25 FMD). Vorbild waren die in Deutschland und England bereits etablierten Systeme, mit denen Patienten Einsicht in behördliche

591 *EMA*, Compilation of Community Procedures on Inspections and Exchange of Information, 3. October 2014, EMA/572454/2014 Rev 17.

592 *Wittstock/Thiele*, Bulletin zur Arzneimittelsicherheit 2011/12, 15 (17).

593 *Wittstock/Thiele*, Bulletin zur Arzneimittelsicherheit 2011/12, 15 (17 f.).

Online-Register nehmen können.[594] Im Gegensatz zu der freiwilligen Verwendung des nationalen Sicherheitslogos ist die Verwendung des gemeinsamen europäischen Versandhandelslogos verpflichtend. Ab 26.6.2015 ist statt der nationalen Logos ein einheitliches europäisches Versandapothekenlogo etabliert. Das gemeinsame Logo muss auf den Webseiten angebracht werden, auf denen Arzneimittel an die Öffentlichkeit zum Verkauf im Fernabsatz angeboten werden (Art. 85c Abs. 1 lit. d iii, Abs. 3 GKHA).

Es enthält einen Hyperlink zu einer Liste der Personen, die berechtigt sind, der Öffentlichkeit Arzneimittel zum Verkauf im Fernabsatz durch Dienste der Informationsgesellschaft anzubieten, und zu deren Webadressen (Art. 85c Abs. 1 lit. d iii, Abs. 4 lit. d GKHA). Die Liste befindet sich auf einer Webseite der jeweils zuständigen Behörde, die wiederum mit der Webseite der EMA verlinkt ist. Die Webseiten der EMA und der nationalen Behörden enthalten – außer der bereits genannten Listen – umfangreiche Informationen wie Angaben zu den anwendbaren Rechtsvorschriften, eine Erläuterung zur Verwendung des Logos sowie Hintergrundinformationen zu den Gefahren der illegalen Abgabe von Arzneimitteln im Fernabsatz (Art. 85c Abs. 4 und 5 GKHA). Zur Harmonisierung des gemeinsamen Logos hat die Kommission – auf Grundlage ihrer Befugnis aus Art. 85c Abs. 3 UAbs. 2 GKHA – die Durchführungsverordnung (EU) Nr. 699/2014[595] über die Anforderungen zur Echtheitsüberprüfung und die Gestaltung des Logos festgelegt.

d. Aufklärung der Öffentlichkeit

Die Europäische Kommission formuliert und veröffentlich in Abstimmung mit den Mitgliedstaaten und den interessierten Parteien ausführliche Angaben, die insbesondere die Methoden zu Identifizierung und zur Feststellung der Echtheit der Arzneimittel betreffen (Art. 65 lit. d GKHA). Dies galt auch schon vor Erlass der FMD. Neu ist dagegen die Durchfüh-

---

594 DIMDI-Versandhandelsregister, vgl. §§ 43 Abs. 1 S. 3, 67a AMG; *GPhC*, Voluntary internet pharmacy logo, S. 1. Siehe auch in diesem Teil 5 unter B. III. 4. c. bzw. C. III. 4. c.

595 Durchführungsverordnung (EU) Nr. 699/2014 der Kommission vom 24. Juni 2014 über die Gestaltung des gemeinsamen Logos zur Identifizierung von Personen, die der Öffentlichkeit Arzneimittel zum Verkauf im Fernabsatz anbieten und über die technischen elektronischen und kryptografischen Anforderungen zur Überprüfung der Echtheit desselben (ABl. EU L 184 vom 25.6.2014, S. 5) in der Fassung der Berichtigung (ABl. EU L 297 vom 15.10.2014, S. 41).

rung von Kampagnen. So führt die Kommission gem. Art. 85d GKHA in Zusammenarbeit mit der EMA und den Behörden der Mitgliedstaaten Kampagnen zur Aufklärung der Öffentlichkeit über die von gefälschten Arzneimitteln ausgehenden Gefahren durch oder fördert diese. Dadurch sollen die Verbraucher zum einen für die Gefahren durch im Fernabsatz illegal an die Öffentlichkeit abgegebener Arzneimittel stärker sensibilisiert werden und zum anderen auch über die Funktionsweise des gemeinsamen Logos und der Website der EMA besser informiert werden (Art. 85d GKHA).

Ein Beispiel ist die konzentrierte Aktion PANGEA, mit welcher jährlich zu einem bestimmten Zeitpunkt in zahlreichen Staaten auf verschiedenen Kontinenten Maßnahmen gegen Arzneimittelfälscher durchgeführt werden, die, da sie von einer Medienkampagne begleitet werden, besonders ins öffentliche Interesse rücken. Dadurch sollen die Menschen besser über die Gefahren von Arzneimittelfälschungen aufgeklärt werden.[596]

e. Kooperation mit Interessengruppen

Die Mitgliedstaaten veranstalten Treffen, damit öffentliche Informationen über die in den Bereichen Vorbeugung und Durchsetzung getroffener Maßnahmen zur Bekämpfung der Arzneimittelfälschung und -nachahmung vermittelt werden. An den Treffen sind Patienten- und Verbraucherorganisationen und erforderlichenfalls mit der Durchsetzung beauftragte Bedienstete der Mitgliedstaaten zu beteiligen (Art. 118b GKHA). Solche Treffen finden beispielsweise in der *European Heads of Medicines Agencies Working Group of Enforcement Officers (WGEO)* statt. In dieser Arbeitsgruppe treffen sich halbjährlich Vertreter von europäischen Arzneimittel-, Polizei- und Zollbehörden, um ihre Erfahrungen mit Arzneimittelfälschungen und ihrer Verfolgung auszutauschen.[597]

Um das Bewusstsein und die Aktivitäten im Kampf gegen gefälschte Arzneimittel zu stärken, schuf die WHO im Februar 2006 die erste internationale Initiative, die Taskforce IMPACT (*International Medical Products Anti-Counterfeiting Taskforce*). An IMPACT beteiligen sind internationale Organisationen, Strafverfolgungsbehörden, nationale Arzneimittelbehörden, das Zoll- und Polizeiwesen, nichtstaatliche Organisationen, Verbände der Arzneimittelhersteller und Großhändler sowie Ärzte und Patientengrup-

---

596 *INTERPOL*, Operation Pangea.
597 *Wittstock/Thiele*, Bulletin zur Arzneimittelsicherheit 2011/12, 15 (17 f.).

pen.[598] In der Taskforce werden weltweit die verschiedenen Aspekte von Arzneimittelnachahmungen und ihrer Bekämpfung diskutiert und Mustergesetzgebungs- und Trainingsdokumente erstellt. Gemeinsame Strafverfolgungs- und Informationskampagnen werden – von der Taskforce unterstützt – seit 2008 unter dem Namen PANGEA durchgeführt.[599] Viele Länder äußerten jedoch Kritik an IMPACT und der Rolle der WHO dabei, da die Taskforce eher der Durchsetzung von Rechten des geistigen Eigentums statt dem Schutz von Gesundheitsaspekten dient und keine Legitimation durch die Weltgesundheitsversammlung (*World Health Assembly*) vorliegt.[600] Seit 2011 wurde schließlich das Sekretariat von der WHO zu der italienischen Arzneimittelbehörde AIFA verlegt.[601]

Daneben bietet auch die MEDICRIME-Konvention einen Rahmen für die nationale und internationale Zusammenarbeit zwischen Behörden, Polizei und Zoll (Art. 17, 21 f. MEDICRIME-Konvention). Es wurde vom Europarat im Jahre 2011 als ein internationales Übereinkommen zum Schutz der Bevölkerung gegen gefälschte Medikamente ins Leben gerufen. Seit der Finalisierung zählte das Abkommen bisher 27 Unterzeichnerstaaten (darunter Deutschland, Italien und Ungarn), davon haben inzwischen mehr als fünft das Abkommen ratifiziert,[602] sodass es in Kraft tritt (Art. 28 Abs. 3 MEDICRIME-Konvention).

Auch zum Schutz des geistigen Eigentums fördert das europäische Recht die Zusammenarbeit, einschließlich des Informationsaustauschs, der Mitgliedstaaten untereinander sowie zwischen den Mitgliedstaaten und der Kommission und zwar mittels der Durchsetzungsrichtlinie 2004/48/EG (*Intellectual Property Rights Enforcement Directive (IPRED)).*[603] So hat jeder Mitgliedstaat mindestens eine nationale Korrespondenzstelle für die unter der Richtlinie vorgesehene Maßnahmen zu benennen (Art. 19 S. 1 IPRED). In Sachen Zollbeschlagnahme existiert seit Januar 2014 eine zentrale Datenbank der Europäischen Kommission, das *anti-Counterfeit and anti-Piracy Information System (COPIS).* Über COPIS tauschen die Mitglied-

598 *IMPACT*, Counterfeit Drugs Kill!, May 2008, S. 4.

599 *Wittstock/Thiele*, Bulletin zur Arzneimittelsicherheit 2011/12, 15 (18).

600 *Clift*, GH BP 2010/01, S. 3.

601 *IOM*, Countering the Problem, S. 16.

602 *Council of Europe*, Chart of signatures and ratifications on Treaty 211, abrufbar unter http://www.coe.int/en/web/conventions/full-list/-/conventions/treaty/211/signatures (zuletzt abgerufen am 9.2.2019).

603 Richtlinie 2004/48/EG des Europäischen Parlaments und des Rates vom 29. April 2004 zur Durchsetzung der Rechte des geistigen Eigentums (ABl. EU L 157 vom 30.4.2004, S. 45, berichtigt durch ABl. EU L 195 vom 2.6.2004, S. 16).

staaten Informationen im Zusammenhang mit Anträgen auf Beschlagnahme und der Zurückbehaltung von Waren aus (Art. 31 Abs. 3 PPVO).[604]

5. Sanktionen gegen Marktakteure

Sanktionen sind sekundäre Schutzmittel und dienen der Durchsetzung der Ge- und Verbote. Halten die Akteure der legalen Vertriebskette die vorgegebenen Pflichten nicht ein, hat dies behördliche, zivilrechtliche oder strafrechtliche Sanktionen zur Folge, welche den Mitgliedstaaten zur Umsetzung in nationales Recht auferlegt wurden.

a. Behördliche Maßnahmen

Die zuständige Behörde setzt die Herstellungserlaubnis oder die Großhandelsgenehmigung aus oder widerruft sie, wenn die Voraussetzungen für deren Erteilung nicht mehr vorliegen (Artt. 41, 77 Abs. 6 GKHA). Erfüllen Arzneimittelvermittler nicht die ihnen obliegenden Anforderungen, können sie von der zuständigen Behörde aus dem öffentlich zugänglichen Register gestrichen werden (Art. 85b Abs. 4 UAbs. 2 GKHA). Zudem kann die Genehmigung für das Inverkehrbringen verweigert oder ausgesetzt werden, soweit die Kennzeichnungspflichten nicht eingehalten sind (Artt. 61 Abs. 2, 64 GKHA).

b. Zivilrechtliche Haftung des Originalherstellers

Eine zivilrechtliche Haftung des Originalherstellers ist an die Gefährdungshaftung angelehnt.

604 *Generalzolldirektion*, COPIS, abrufbar unter http://www.zoll.de/DE/Fachthemen/Verbote-Beschraenkungen/Gewerblicher-Rechtsschutz/Information-ZGR-online/copis_faq.html (zuletzt abgerufen am 9.2.2019).

(I) Gefährdungshaftung

Der Inhaber der Herstellungserlaubnis haftet im Rahmen der Produkthaftungsrichtlinie 85/374/EWG (ProdHaftRL)[605] für jeden Schaden, der dadurch entsteht, dass von ihm in Verkehr gebrachte Arzneimittel in Bezug auf ihre Eigenschaften gefälscht sind (Art. 47a Abs. 2 GKHA). Dies betrifft insbesondere Schäden, die deshalb entstehen, weil die Angaben über die Art und Dosierung der Wirkstoffe, deren Anwendungsbereich und Nebenwirkungen nicht korrekt sind. Die ProdHaftRL bestimmt eine verschuldensunabhängige Gefährdungshaftung des Herstellers für einen Fehler seines Produkts (Art. 1 ProdHaftRL). Hersteller ist sowohl der Endprodukteherstelller als auch der Hersteller von Grundstoffen oder Teilprodukten (Art. 3 Abs. 1 ProdHaftRL). Zudem ist auch Hersteller, wer sich durch die Aufbringung seines Namens, eines Warenzeichens oder anderer Erkennungszeichen auf das Produkt als Hersteller ausgibt, sowie jeder, der ein Produkt geschäftlich in die EU einführt um es zu vertreiben (Art. 3 Abs. 1 und 2 ProdHaftRL). Die Haftung ist ausgeschlossen, wenn das Produkt nicht durch den Hersteller in Verkehr gebracht wurde oder zu dem Zeitpunkt des Inverkehrbringens davon auszugehen ist, dass der Fehler noch nicht vorlag oder der Fehler später entstanden ist (Art 7 lit. a und b ProdHaftRL). Damit dürfte eine Haftung des Originalherstellers für gefälschte Arzneimittel ausgeschlossen sein. Totalfälschungen tragen zwar zumeist den Namen des Originalherstellers, wurden aber nicht von diesem geliefert. Teilfälschung sind zwar von dem Originalhersteller in den Verkehr gebracht, weisen aber zu dem Zeitpunkt noch keinen Fehler auf.

Ist der Hersteller nicht bekannt, wird die subsidiäre Lieferantenhaftung relevant. Danach haftet ein Lieferant des fehlerhaften Produktes, wenn der Hersteller nicht festgestellt werden kann und der Lieferant den Hersteller oder seinen Lieferanten nicht benennt (Art. 3 Abs. 3 S. 1 ProdHaftRL). Der Schadensersatz umfasst den Schaden, der durch Tod oder Körperverletzung verursacht wurde und die Beschädigung oder Zerstörung einer anderen Sache als des fehlerhaften Produkts, soweit sie für den privaten Ge- und Verbrauch bestimmt und hauptsächlich verwendet wurde (Art. 9 ProdHaftRL). Ein Mitgliedstaat kann einen Höchstbetrag für Personen-

605 Richtlinie 85/374/EWG des Rates vom 25. Juli 1985 zur Angleichung der Rechts- und Verwaltungsvorschriften der Mitgliedstaaten über die Haftung für fehlerhafte Produkte (ABl. EG L 210 vom 07.08.1095 S. 29), zuletzt geändert durch RL 1999/34/EG (ABl. EG L 141 vom 04.06.1999 S. 20).

schäden von nicht weniger als 70 Mio. ECU[606] festsetzen (Art. 16 Abs. 1 ProdHaftRL). Bezüglich eines Sachschadens wird eine Selbstbeteiligung von 500 ECU fällig (Art. 9 lit b) ProdHaftRL).

(II) Allgemeines Deliktsrecht

Neben der soeben beschriebenen Produkthaftung kommt eine deliktische Haftung nach nationalen Vorschriften der Mitgliedstaaten in Betracht (Art. 13 ProdHaftRL).

6. Sanktionen gegen Arzneimittelfälscher

Arzneimittelfälscher haben bei einem Verstoß gegen Vorschriften zum Schutz vor gefälschten Arzneimitteln mit strafrechtlichen Sanktionen, zivilrechtliche Haftung und der Grenzbeschlagnahme zu Rechnen.

a. Strafrechtliche Haftung

Für eine strafrechtliche Haftung sind Vorkehrungen zum Schutz von Arzneimitteln, geistigen Eigentumsrechten oder Wettbewerb vorgesehen.

(I) Arzneimittelrecht

Die Taskforce IMPACT hat zum Ziel, die Länder zu einer adäquaten Gesetzgebung gegen Arzneimittelfälscher zu bewegen.[607] Hierfür hat IMPACT eine Reihe von Vorschlägen und Entwürfen erstellt, z.B. Grundsätze und Elemente für eine nationale Gesetzgebung. Daneben verpflichtet die MEDICRIME-Konvention die unterzeichnenden Mitgliedstaaten die Her-

606 Als *European Currency Unit (ECU)* war die Europäische Währungseinheit, die 1979 als Verrechnungsgröße in Europäischen Währungssystem (EWS) eingeführt wurde. Sie war keine eigenständige Währung, sondern vielmehr ein Währungskorb, in dem die Währungen von zwölf Ländern der EU eingingen (VO (EWG) 3180/78 (1) in der Fassung der VO (EWG) 2626/84 (2)). Die ECU wurde am 1. Januar 1999 im Verhältnis 1:1 durch den Euro ersetzt (VO (EU) 1103/97).

607 *IMPACT*, Counterfeit Drugs Kill!, S. 5.

stellung, die Abgabe, das Angebot und den Handel mit gefälschten Heilmitteln zu kriminalisieren (Art. 5 f., Art. 12 MEDICRIME-Konvention).

Zudem haben die Mitgliedstaaten für den Fall des Verstoßes gegen Regelungen der FMD Sanktionen festzusetzen und sicherzustellen, dass diese Sanktionen angewendet werden. Die Sanktionen müssen wirksam, verhältnismäßig und abschreckend sein (Art. 118a Abs. 1 GKHA). Insbesondere sind davon die Herstellung, der Vertrieb, die Einfuhr und die Ausfuhr von Wirkstoffen und die Herstellung, der Vertrieb, die Vermittlung, die Einfuhr und die Ausfuhr gefälschter Arzneimittel sowie der Verkauf gefälschter Arzneimittel im Wege des Fernabsatzes (Art. 118a Abs. 2 lit a und b GKHA) umfasst. Auch der illegale Fernabsatz soll sanktioniert werden (Art. 85c Abs. 6 GKHA).

(II) Geistige Eigentumsrechte

Die Mitgliedstaaten können Sanktionen zum Schutz der Rechte des geistigen Eigentums in ihren nationalen Gesetzgebungen regeln. Diese Option lässt das europäische Recht, welches vornehmlich die zivilrechtliche Haftung zur Durchsetzung geistiger Eigentumsrechte regelt, ausdrücklich offen (Art. 16 IPRED).

(III) Wettbewerbsrecht

Bezüglich unlauterer Geschäftspraktiken, deren zivilrechtliche Bekämpfung die Richtlinie über unlautere Geschäftspraktiken 2005/29/EG (UPG-RL)[608] vereinheitlicht, haben die Mitgliedstaaten geeignete Sanktionen festzulegen (Art. 13 UPG-RL).

608 Richtlinie 2005/29/EG des Europäischen Parlaments und des Rates vom 11. Mai 2005 über unlautere Geschäftspraktiken im binnenmarktinternen Geschäftsverkehr zwischen Unternehmern und Verbrauchern und zur Änderung der Richtlinie 84/450/EWG des Rates, der Richtlinie 97/7/EG, 98/27/EG und 2002/65/EG des Europäischen Parlaments und des Rates sowie der Verordnung (EG) Nr. 2006/2004 des Europäischen Parlaments und des Rates (Richtlinie über unlautere Geschäftspraktiken) (ABl. EU L 149 vom 11.2.2005, S. 22), zuletzt brichtigt durch ABl. EU L 332 vom 7.12.2016, S. 25.

b. Zivilrechtliche Haftung

Für eine zivilrechtliche Haftung wird auf die Gefährdungshaftung, das allgemeine Deliktsrecht, das Recht des geistigen Eigentums und das Wettbewerbsrecht verwiesen.

(I) Gefährdungshaftung

Die ProdHaftRL bestimmte eine verschuldensunabhängige Gefährdungshaftung des Herstellers für einen Fehler seines Produkts (Art. 1 ProdHaftRL). Als Hersteller haftet der tatsächliche Hersteller von Endprodukten, Grundstoffen oder Teilprodukten (Art. 3 Abs. 1 ProdHaftRL), sodass die tatsächlichen Arzneimittel- als auch Wirkstoffhersteller in der Haftung stehen. Zudem ist auch Hersteller, wer ein Produkt geschäftlich in die EU einführt um es zu vertreiben (Art. 3 Abs. 1 und 2 ProdHaftRL). Fälscher von Arzneimitteln oder Wirkstoffen haften mithin auf Ersatz der Personen- oder Sachschäden, die durch ihr Produkt verursacht wurden. Auch hier greift die Selbstbeteiligung in Höhe von 500 ECU bei Sachschäden (Art. 9 lit. b ProdHaftRL) und ein Haftungshöchstbetrag bei Personenschäden, soweit ein Mitgliedstaat dies bestimmt (Art. 16 Abs. 1 ProdHaftRL).

(II) Allgemeines Deliktsrecht

Neben der Produkthaftung kommt eine allgemeine Deliktshaftung der Fälscher nach den nationalen Vorschriften der Mitgliedstaaten in Betracht.

(III) Geistiges Eigentumsrecht

Hinsichtlich der Rechte am geistigen Eigentum in zwischen Verweisen auf nationales Recht, Rechtsvereinheitlichung und internationalen Übereinkünften zu unterscheiden.

(1) Verweis auf nationales Recht

Die zivilrechtliche Haftung für Verletzungen geistiger Eigentumsrechte richtet sich zumeist nach den nationalen Rechtsvorschriften der Mitgliedstaaten. Dies gilt für das europäische Patent, das in den entsprechenden Mitgliedstaaten wie ein nationales Patent behandelt wird (Art. 64 Abs. 3 EPÜ) und für das einheitliche Patent, auch wenn hier einzig eine nationale Rechtsordnung in allen teilnehmenden Mitgliedstaaten Anwendung findet (Art. 5 Abs. 1 EPatVO). Dasselbe gilt auch für eine Verletzung einer Gemeinschaftsmarke (Art. 17 Abs. 1 S. 2 UMV) und eines Urheberrechts (Art. 8 GIRL). Dagegen enthält die GGV eigene Vorschriften über Sanktionsmöglichkeiten, welche zum Teil aber auf nationale Rechtsvorschriften verweisen. So können einstweilige Maßnahmen einschließlich Sicherungsmaßnahmen beantragt werden, wie sie für nationale Musterrechte vorgesehen sind (Art. 90 Abs. 1 GGV). Bei einer gerichtlich festgestellten Rechtsverletzung kann das Gericht die Unterlassung, die Beschlagnahme nachgeahmter Erzeugnisse und ggf. verwendeter Materialien und Werkzeuge sowie andere, in den betroffenen Mitgliedstaaten vorgesehene Sanktionen anordnen (Art. 89 Abs. 1 GGV).

(2) Rechtsvereinheitlichung

Die Durchsetzung der Rechte des geistigen Eigentums nach nationalen Rechten der Mitgliedstaaten ist über die IPRED (siehe oben in diesem Teil 5 A. III. unter 4. e.) vereinheitlicht und vereinfacht worden. Ziel der Richtlinie war vor allem die wirksamere Bekämpfung von Produktpiraterie (vgl. ErwGr. 13 IPRED). Dazu wurden Regelungen zu Maßnahmen, Verfahren und Rechtsbehelfen geschaffen, die das zivilrechtliche Vorgehen erleichtern und Mindeststandards setzen sollen (vgl. Art. 2 Abs. 1 IPRED).

So müssen unter anderem die Mitgliedstaaten einstweilige Maßnahmen zur Beweissicherung vorhalten, wie z.B. die ausführliche Beschreibung mit oder ohne Einbehaltung von Mustern oder die Beschlagnahme rechtsverletzender Ware sowie verwendeter Werkstoffe und Geräte und zugehöriger Unterlagen (Art. 7 Abs. 1 IPRED). Auch zur Verhinderung einer drohenden Rechtsverletzung sollen einstweilige Maßnahmen greifen, daneben kommt die einstweilige Untersagung einer angeblichen Rechtsverletzung oder deren Gestattung unter Sicherheitsleistung, welche eine Entschädigung sicherstellen soll, in Betracht (Art. 9 Abs. 1 lit. a IPRED). Um das Inverkehrbringen und den Umlauf auf den Vertriebswegen zu verhindern, sollen Beschlagname oder Herausgabe verdächtiger Waren angeordnet werden können (Art. 9 Abs. 1 lit. b IPRED). Schließlich soll bei Rechtsverletzungen in gewerblichem Ausmaß die Beschlagnahme von Vermögen der Verletzers einschließlich der Sperrung seiner Bankkonten möglich sein, soweit die Erfüllung der Schadensersatzforderungen fraglich ist. Hierzu kann auch die Übermittlung von Bank-, Finanz- oder Handelsunterlagen des Verletzers angeordnet werden (Art. 9 Abs. 2 IPRED).

Zudem schreibt die Durchsetzungsrichtlinie Ansprüche auf Auskunft, Abhilfe, Unterlassung, Schadensersatz und Urteilsveröffentlichung vor. Gemäß dem Auskunftsanspruch kann auf gerichtliche Anordnung Auskunft über den Ursprung und die Vertriebswege von rechtsverletzenden Waren verlangt werden. Der Anspruch richtet sich gegen den Verletzer oder einem Dritten, der nachweislich solche Ware in gewerblichem Ausmaß in Besitz hatte oder an deren Herstellung, Erzeugung oder Vertrieb beteiligt war (Art. 8 Abs. 1 lit. a und d IPRED). Die Auskünfte erstrecken sich zum einen auf die Namen und Adressen der Hersteller, Erzeuger, Vertreiber, Lieferer und anderer Vorbesitzer der Waren sowie der gewerbliche Abnehmer und Verkaufsstellen und zum anderen auf Angaben über die Menge der hergestellten, erzeugten, ausgelieferten, erhaltenen oder bestellten Waren und über deren Preise (Art. 8 Abs. 2 IPRED).

Zu Abhilfemaßnahmen gehören der Rückruf oder das endgültige Entfernen aus den Vertriebswegen oder die Vernichtung (Art. 10 Abs. 1 lit. a–c IPRED). Sie sollen grundsätzlich auf Kosten des Verletzers und ohne Entschädigung angeordnet werden (Art. 10 Abs. 1 und 2 IPRED). Daneben ist die gerichtliche Untersagung weiterer Rechtsverletzungen möglich, wobei im Falle der Missachtung auch Zwangsgelder verhängt werden können, sofern dies nach nationalem Recht vorgesehen ist (Art. 11 S. 1 IPRED). Schließlich greifen bei vorsätzlichem oder fahrlässigem Handeln auch Schadensersatzansprüche (Art. 13 Abs. 1 UAbs. 1 IPRED). Bei der Festsetzung berücksichtigen die Gerichte alle Aspekte, wie negative wirtschaftliche Auswirkungen, einschließlich Gewinneinbußen des Geschädigten und zu Unrecht erzielte Gewinne des Verletzers, sowie auch immaterielle Schäden für den Rechtsinhaber. In geeigneten Fällen kann stattdessen ein Pauschalbetrag festgesetzt werden, der mindestens dem Betrag einer Lizenzgebühr entspricht (Art. 13 Abs. 1 UAbs. 2 IPRED). Trifft den Verletzer kein Verschulden, können die Mitgliedstaaten dennoch die Gewinnherausgabe oder die Schadensersatzzahlung vorsehen, dessen Höhe im Voraus festgesetzt werden kann (Art. 13 Abs. 2 IPRED). Gerichtsurteile können bei festgestellter Rechtsverletzung bekannt gemacht oder veröffentlicht werden (Art. 15 IPRED).

(3) Internationale Übereinkünfte

Auf internationaler Ebene sind die Mitgliedstaaten wie auch die EU selbst an die das TRIPS-Übereinkommen gebunden, welches durch den Beschluss 94/800/EG[609] gebilligt wurde. Daneben bestehen weitere internationale Übereinkünfte, wie die Pariser Verbandsübereinkunft zum Schutz des gewerblichen Eigentums[610] und die Berner Übereinkunft zum Schutz von Werken der Literatur und Kunst.[611]

(IV) Wettbewerbsrecht

Zur Angleichung von Rechtsvorschriften der Mietgliedstaaten in Bezug auf unlautere Geschäftspraktiken zwischen Unternehmern und Verbrauchern wurde die UPG-RL (siehe oben in diesem Teil 5 A. III. 6. unter a. (III)) erlassen. Danach sind unlautere Geschäftspraktiken verboten (Art. 5 Abs. 1 UGP-RL). Zu diesen zählen irreführende Handlungen wie beispielsweise unwahren Angaben oder Täuschungen über die Zusammensetzung eines Produkts (Art. 6 Abs. 1 lit. b RGP-RL). In Anhang I der UGP-RL findet sich eine Liste mit per se unlauteren Geschäftspraktiken, die einheitlich in allen Mitgliedstaaten gilt (Art. 5 Abs. 5 UGP-RL). Zur Bekämpfung unlauterer Geschäftspraktiken haben die Mitgliedstaaten geeignete und wirksame Mittel vorzuhalten, welche entweder die Möglichkeit des gerichtlichen Vorgehens oder die Einleitung eines verwaltungsbehördlichen Verfahrens einschließt (Art. 11 Abs. 1 UAbs. 1 UGP-RL). In diesem Rahmen muss die Anordnung der Einstellung oder des Verbots der unlauteren Geschäftspraxis möglich sein (Art. 11 Abs. 2 UAbs. 1 UGP-RL), wofür auch ein beschleunigtes Verfahren verfügbar sein muss (Art. 11 Abs. 2 UAbs. 2 UGP-RL). Die mögliche Anordnung einer Urteilsveröffentlichung oder einer Berichtigungserklärung liegt im Ermessen der Mitgliedstaaten (Art. 11 Abs. 2 UAbs. 3 UGP-RL).

---

609 Beschluß des Rates vom 22. Dezember 1994 über den Abschluß der Übereinkünfte im Rahmen der multilateralen Verhandlungen der Uruguay-Runde (1986-1994) im Namen der Europäischen Gemeinschaft in Bezug auf die in ihre Zuständigkeiten fallenden Bereiche (ABl. EG L 336 vom 23.12.1994, S. 1.).

610 Pariser Verbandsübereinkunft zum Schutz des gewerblichen Eigentums vom 20. März 1883, zuletzt geändert am 2. Oktober 1979.

611 Berner Übereinkunft zum Schutz von Werken der Literatur und Kunst vom 9. September 1886, zuletzt geändert durch Änderungsbeschluss vom 2.10.1979.

c. Grenzbeschlagnahme

Durch die Grenzbeschlagnahme kann bereits an den Außengrenzen der EU die Ein- und Ausfuhr von nachgeahmten Arzneimitteln verhindert werden. Die PPVO ermöglicht den Zollbehörden die Durchsetzung gewisser Rechte des geistigen Eigentums an den EU-Außengrenzen. Sie hebt die vorhergehende Verordnung (EG) 1383/2003 auf und weitet das Eingreifen der Zollbehörden auf andere Arten von Rechtsverletzungen aus, wie z.B. auf die Verletzung von Handelsnamen (ErwGr. 5 PPVO). Zudem ist sie Grundlage für die Einrichtung einer Datenbank zum Informationsaustausch zwischen den Zollbehörden der einzelnen Mitgliedstaaten (Artt. 31 und 32 PPVO). Die Regelungen in der Produkt-Piraterie-Verordnung sind unabhängig von einschlägigen nationalen Vorschriften der einzelnen Mitgliedstaaten (Art. 1 Abs. 4 PVVO) und bilden neben diesen ein zusätzliches Verfahren zur Grenzbeschlagnahme. Im Gegensatz zu vielen nationalen Vorschriften sind von der Produkt-Piraterie-Verordnung jedoch der illegale Parallelhandel und Mengenüberschreitungen nicht erfasst, da diese als Originalwaren hergestellt werden und die Zollbehörden ihre Anstrengungen nicht auf diese Art von Waren konzentrieren sollen (ErwGr. 6 PPVO). Gegenstand des Parallelhandels sind Waren, die mit Zustimmung des Rechtsinhabers hergestellt wurden, aber im EWR erstmals ohne seine Zustimmung in Verkehr gebracht wurden. Durch Mengenüberschreitungen hergestellte Waren sind solche, die von einer vom Rechtsinhaber zur Herstellung einer bestimmten Menge ordnungsgemäß ermächtigter Personen in Überschreitung der vereinbarten Mengen hergestellt wurden (ErwGr. 6 PPVO).

Die Zollbehörden werden grundsätzlich auf bewilligten Antrag hin tätig (Art. 5 PPVO), um Waren bei ihrer Anmeldung einer Ein- oder Ausfuhr oder bei ihrer Verbringung in bzw. aus dem Zollgebiet der Union zu überwachen (Art. 1 Abs. 1 PPVO). Ermitteln eine Zollbehörde dabei Waren, die im Verdacht stehen, ein Recht geistigen Eigentums zu verletzen, das Gegenstand eines bewilligten Antrags ist, so setzt sie die Überlassung der Waren aus oder hält diese zurück (Art. 1 Abs. 1 und 17 Abs. 1 PPVO). Rechte des geistigen Eigentums sind hierbei insbesondere Patente, Marken, Geschmacksmuster und Urheberrechte (Art. 2 Ziff. 1 lit. a–c, e PVVO). Im Verdacht stehen bedeutet einen hinreichenden Anhaltspunkt für den Anschein einer Rechtsverletzung zu geben (Art. 2 Ziff. 7 PPVO). Nach der Aussetzung der Überlassung oder Zurückhaltung der Waren benachrichtigen die Zollbehörden innerhalb eines Arbeitstages den Anmelder oder Besitzer der Waren sowie den Inhaber der Entscheidung (Art. 17 Abs. 3

PPVO). Diese haben Gelegenheit die Waren zu prüfen (Art. 19 Abs. 1 PPVO). Hierzu können dem Inhaber der Entscheidung Muster überlassen werden, soweit es sich bei dem betroffenen Schutzrecht um Marken, Geschmacksmuster oder Urheberrechte handelt (Art. 19 Abs. 2 PPVO). Bezüglich der Vernichtung von Waren gilt nunmehr das vereinfachte Verfahren als Regelverfahren (vgl. Art. 23 PPVO), nach der vorhergehenden EG-Verordnung stand dessen Anwendung im Ermessen der Mitgliedstaaten (Art. 11 Abs. 1 PPVO a.F.). Waren werden nach dem vereinfachten Vernichtungsverfahren, wenn der Rechtsinhaber innerhalb 10 Arbeitstagen erklärt, dass die Waren seine Rechte verletzen und er sowie der Warenbesitzer der Vernichtung zustimmen (Art. 23 Abs. 1 UAbs. 1 PPVO). Die Zustimmung des Besitzers gilt auch, wenn er nicht innerhalb der genannten Frist widerspricht (Art. 23 Abs. 1 UAbs. 1 lit. c S. 2 PPVO). Bei einem Widerspruch hat der Rechtsinhaber ein zivilgerichtliches Verfahren einzuleiten (Art. 23 Abs. 3 PPVO). Die Zollbehörde verwahrt die Waren bis zur rechtskräftigen Entscheidung und vernichtet sie bei gerichtlicher Feststellung der Rechtsverletzung. Speziell für Kleinsendungen von maximal 2 kg oder 3 Einheiten, die sich durch den Internethandel vervielfacht haben, gibt es eine vereinfachte Variante. Hat der Inhaber der Entscheidung einen entsprechenden Antrag gestellt, kann die Ware mit Zustimmung bzw. bei fehlendem Widerspruch des Anmelders oder Besitzers der Waren vernichtet werden, ohne dass der Rechteinhaber eingeschaltet werden muss (Art. 26 Abs. 1–7 PPVO).

Die Zollbehörden können auch ausnahmsweise von Amts wegen tätig werden (Art. 18 PPVO). Dann haben sie neben dem Anmelder oder Besitzer der Waren Personen oder Einrichtungen zu informieren, die vermutlich zu einer Antragstellung berechtigt sind (Art. 18 Abs. 3 PPVO). Geht ein Antrag des Rechtsinhabers ein und bewilligt die Zollbehörde diesen, findet das oben beschriebene Verfahren statt.

Ein Antrag auf Tätigwerden der Zollbehörden ist kostenlos (Art. 8 PPVO), der Rechtsinhaber hat aber alle der Zollbehörde anfallenden Kosten, wie z.B. Kosten der Lagerung, Vernichtung oder Behandlung der Waren, zu tragen (Art. 29 Abs. 1 UAbs. 1 PPVO).

IV. Ergebnis

Die EU kommt ihrer unionalen Pflicht zum Schutz vor Arzneimittelfälschungen im Rahmen ihrer Zuständigkeiten nach. Insbesondere der Schutz der legalen Vertriebskette ist durch die FMD deutlich erhöht worden, was letztendlich den Gefahren von Arzneimittelfälschungen für die öffentliche Gesundheit vorbeugen soll. Es bestehen aber auch Vorkehrungen zum Eigentums- und Wettbewerbsschutz.

Zentral für den Gesundheitsschutz ist die Einführung einer Definition von gefälschten Arzneimitteln in die EU, was der Rechtsangleichung und der gemeinsamen Bekämpfung von Fälschungen dient. Basierend darauf ist den Mitgliedstaaten der Erlass sanktionsbewährter Verbote vorgegeben, so haben sie das Herstellen, Vertreiben, Vermitteln, Einführen und Ausführen von gefälschten Arzneimitteln sowie das Verkaufen von gefälschten Arzneimitteln über den Fernabsatz durch nationale Regelungen zu untersagen. Die genannten Verbote decken alle relevanten Verursachungsbeiträge ab. Eine Einschränkung auf bestimmte Fälschungsarten ergibt sich nicht, vielmehr sind von der Definition gerade auch perfekte Imitationen und Nachahmpräparate oder Placebos von Lifestyle-Produkten abgedeckt, für welche keine unionale Schutzpflicht besteht. Die Sanktionen müssen laut europäischer Vorgabe wirksam, verhältnismäßig und abschreckend sein und dürfen nicht hinter Delikten, die nach Art und Schwere vergleichbar sind, zurückbleiben. Des Weiteren führt die EU Sicherheitsmerkmale auf Arzneimittelverpackungen ein, welche zum einen eine Echtheitskontrolle der Arzneimittel zulassen und zum anderen die Barrieren für Fälschungen deutlich erhöhen. Ebenso schützen vermehrte Kontrollpflichten und die nunmehr allen Marktakteuren auferlegten Genehmigungs- und Anzeigepflichten vor den Gefahren gefälschter Arzneimittel. Zum Selbstschutz der Patienten im Internethandel soll das neue Versandhandelslogo für Internetapotheken beitragen. Allerdings kann sich durch die darin liegende ausdrückliche Erlaubnis des Internethandels mit Arzneimitteln das Risiko in Ländern erhöhen, welche bisher den Versandhandel verboten hatten (wie z.B. Italien). Immerhin bemisst sich die Fälschungsquote im Internet auf 50 Prozent, wobei einige Länder (wie Deutschland und England) auch bisher bereits ein ähnliches Logo zur – allerdings freiwilligen – Nutzung bereitgestellt hatten.

Der Schutz der geistigen Eigentumsrechte wird über die Rechtsvereinheitlichung der nationalen Vorschriften in der EU, welche den Mitgliedstaaten Mindeststandards vorgibt, gewährleistet. Daneben bestehen auch europäische Schutzrechte wie insbesondere das einheitliche Patent und die Gemeinschaftsmarke. Zu deren Absicherung wird auf nationale Sanktionen des Straf- oder Verwaltungsrechts und Haftungsansprüche des Zivilrechts verwiesen. Tatsächliche Schutzvorkehrungen bestehen in Kooperationen zur Bekämpfung von nachgeahmten Arzneimitteln, wie beispielsweise der Operation PANGEA. Mit ihr werden in regelmäßigen Abständen in zahlreichen Ländern konzentrierte Aktionen gegen Arzneimittelfälscher durchgeführt, welche durch Medienkampagnen begleitet werden.

Zum Schutz des Wettbewerbs enthält das europäische Recht Mindeststandards zur Vereinheitlichung nationaler Vorschriften und legt den Mitgliedstaaten die Vorgabe zum Erlass geeigneter Sanktionen auf.

B. Deutschland

Als erste nationale Rechtsordnung wird das deutsche Recht auf Vorkehrungen zum Schutz gegen gefälschte und nachgeahmte Arzneimittel untersucht.

I. Einführung

Zur besseren Vergleichbarkeit der behandelten nationalen Rechtsordnungen wird die Untersuchung mit einer kurzen Darstellung der Rechtsquellen des deutschen Rechts und ihrer Zusammenhänge eingeleitet, bevor die für das vorliegende Thema relevanten Rechtsgrundlagen aufgezählt werden.

1. Rechtsquellen

Im Recht Deutschlands ist das geschriebene Gesetz als Rechtsquelle vorrangig. Dem Richterrecht und Gewohnheitsrecht kommt dagegen eine untergeordnete Rolle zu. Innerhalb des Gesetzesrechts nimmt die Verfassung den obersten Rang in der Rangordnung der Rechtsnormen ein.[612] Unterhalb der Verfassung, aber über den Gesetzen steht das Recht der EU (Art. 25 GG). Danach folgen Gesetze, welche vom Bundestag unter Mitwirkung des Bundesrats erlassen werden (Art. 76 ff. GG). Eine dritte Stufe bilden Rechtsverordnungen, diese können von Bundesregierung, einem Bundesminister oder der Landesregierung (also der Exekutive) erlassen werden, soweit ein Gesetz eine entsprechende Ermächtigung enthält (Art. 80 GG). Einen Rang unterhalb stehen Satzungen, sie werden von einer Körperschaft des öffentlichen Rechts, wie z.B. einer Gemeinde, erlassen.[613]

612 *Maurer*, StaatsR I, § 1 Rn. 36.
613 *Maurer*, StaatsR I, § 17 Rn. 20 und 22.

2. Rechtsgrundlagen

Im deutschen Recht steht im Mittelpunkt des Arzneimittelrechts das Arzneimittelgesetz von 1976 (AMG),[614] welches Anfang 1978 in Kraft trat und inzwischen bereits an die 20 Mal novelliert wurde. Ziel des deutschen Arzneimittelgesetzes ist im Interesse einer ordnungsgemäßen Arzneimittelversorgung für die Sicherheit im Verkehr mit Arzneimitteln, insbesondere für die Qualität, Wirksamkeit und Unbedenklichkeit der Arzneimittel zu sorgen (§ 1 AMG). Ein zentrales Anliegen des AMG muss angesichts des zunehmenden Problems mit gefälschten Präparaten auf dem Markt mithin auch der Schutz vor Arzneimittelfälschungen sein. Jedoch enthielten erst die 12. und die 14. AMG-Novelle[615] von 2004 bzw. 2005 konkrete Bestimmungen zum Schutz vor Arzneimittelfälschung. Die 16. AMG-Novelle[616] von 2012 hatte schließlich diesen Kontext als Schwerpunkt und setzte die FMD um.

Neben dem AMG existiert noch eine Reihe weiterer Gesetze und Verordnungen, die direkt oder indirekt zum Schutz vor gefälschten Arzneimitteln beitragen. Aus dem Arzneimittelrecht sind besonders die Arzneimittel- und Wirkstoffherstellungsverordnung (AMWHV)[617] zur Anwendung der Guten Herstellungspraxis und der guten fachlichen Praxis zu nennen, welche die im Gemeinschaftsrecht festgelegten Grundsätze und Leitlinien der Guten Herstellungspraxis in das deutsche Regelwerk integriert (vgl. § 2 Nr. 3 AMWHV). Für den Großhandel ist die Arzneimittelhandelsverordnung (AM-HandelsV)[618] maßgeblich, diese inkorporiert die

614 Gesetz zur Neuregelung des Arzneimittelrechts vom 24.8.1976 (BGBl. I 2445), in der Fassung des Gesetzes vom 16.7.2012 (BGBl. I S. 1534) (a.F.), zuletzt geändert durch Gesetz vom 18.7.2017 (BGBl. I S. 2757) (n.F.).

615 Zwölftes AMG Änderungsgesetz vom 30.7.2004 (BGBl. I S. 2031); Vierzehntes AMG Änderungsgesetz vom 29.8.2005 (BGBl. I S. 2570).

616 Zweites Gesetz zur Änderung arzneimittelrechtlicher und anderer Vorschriften vom 19.10.2012 (BGBl. I S. 2192).

617 Verordnung über die Anwendung der Guten Herstellungspraxis bei der Herstellung von Arzneimitteln und Wirkstoffen und über die Anwendung der Guten fachlichen Praxis bei der Herstellung von Produkten menschlicher Herkunft (Arzneimittel- und Wirkstoffherstellungsverordnung) vom 3.11.2006 (BGBl. I S. 2523), in der Fassung des Gesetzes vom 22.12.2011 (BGBl. I S. 3044) (a.F.), zuletzt geändert durch die Verordnung vom 7.7.2017 (BGBl. I S. 2842) (n.F.).

618 Verordnung über den Großhandel und die Arzneimittelvermittlung (Arzneimittelhandelsverordnung) vom 10.11.1987 (BGBl. I S. 2370), in der Fassung des Gesetzes vom 20.7.2007 (BGBl. I S. 1574) (a.F.), zuletzt geändert durch das Gesetz vom 29.3.2017 (BGBl. I S. 626) (n.F.).

im Gemeinschaftsrecht festgelegten Leitlinien für die Gute Vertriebspraxis von Humanarzneimitteln.[619] Für das Apothekenwesen ist das Apothekengesetz (ApoG)[620] und die Apothekenbetriebsordnung (ApBetrO)[621] hervorzuheben. In Bezug auf den Schutz der geistigen Eigentumsrechte greifen das Markengesetz (MarkenG)[622], Patentgesetz (PatG)[623], Designgesetz (DesignG)[624] und Urheberrechtsgesetz (UrhG)[625]. Weitere Schutzvorkehrungen sind in allgemeinen Gesetzten wie im Strafgesetzbuch (StGB)[626] und Bürgerlichen Gesetzbuch (BGB)[627] sowie im Produkthaftungsgesetz (ProdHaftG)[628] und Gesetz gegen unlauteren Wettbewerb (UWG)[629] enthalten.

---

619 Leitlinien für die Gute Vertriebspraxis von Humanarzneimitteln (94/C 63/03).

620 Gesetz über das Apothekenwesen (Apothekengesetz) vom 20.8.1960 in der Fassung der Bekanntmachung vom 15.10.1980 (BGBl. I S. 1993), in der Fassung des Gesetzes vom 28.5.2008 (BGBl. I S. 874) (a.F.), zuletzt geändert durch das Gesetz vom 29.3.2017 (BGBl. I S. 626) (n.F.).

621 Verordnung über den Betrieb von Apotheken (Apothekenbetriebsordnung) in der Fassung der Bekanntmachung vom 26.9.1995 (BGBl. I S. 1195), in der Fassung des Gesetzes vom 5.6.2012 (BGBl. I S. 1254) (a.F.), zuletzt geändert durch das Gesetz vom 18.7.2017 (BGBl. I S. 2745) (n.F.).

622 Gesetz über den Schutz von Marken und sonstigen Kennzeichen (Markengesetz) vom 25.10.1994 (BGBl. I S. 3082; 1995 I S. 156; 1996 I S. 682), in der Fassung des Gesetzes vom 24.11.2011 (BGBl. I S. 2302) (a.F.), zuletzt geändert durch das Gesetz vom 13.4.2017 (BGBl. I S. 872) (n.F.).

623 Patentgesetz in der Fassung der Bekanntmachung vom 16.12.1980 (BGBl. 1981 I S. 1), in der Fassung des Gesetzes vom 24.11.2011 (BGBl. I S. 2302) (a.F.), zuletzt geändert durch das Gesetz vom 12.5.2017 (BGBl. I S. 1121) (n.F.).

624 Gesetz über den rechtlichen Schutz von Designs (Designgesetz) in der Fassung der Bekanntmachung vom 24.2.2014 mit Geltung ab 1.6.2004 (BGBl. I S. 122), in der Fassung des Gesetzes vom 24.11.2011 (BGBl. I S. 2302) (a.F.), zuletzt geändert durch Gesetz vom 13.4.2017 (BGBl. I S. 872) (n.F.). Das Geschmacksmustergesetz ist mit Wirkung vom 1.1.2014 in Designgesetz umbenannt worden.

625 Gesetz über Urheberrecht und verwandte Schutzrechte (Urheberrechtsgesetz) vom 9.9.1965 (BGBl. I S. 1273), in der Fassung des Gesetzes vom 22.12.2011 (BGBl. I S. 3044) (a.F.), zuletzt geändert durch das Gesetz vom 20.12.2016 (BGBl. I S. 3037) (n.F.).

626 Strafgesetzbuch in der Fassung der Bekanntmachung vom 13.11.1998 (BGBl. I S. 3322), in der Fassung vom 25.6.2012 (BGBl. I S. 1374) (a.F.), zuletzt geändert durch Gesetz vom 30.9.2017 (BGBl. I S. 3532) (n.F.).

627 Bürgerliches Gesetzbuch in der Fassung der Bekanntmachung vom 2.1.2002 (BGBl. I S. 42, 2909; 2003, 738), in der Fassung des Gesetzes vom 10.5.2012 (BGBl. I S. 1084) (a.F.), zuletzt geändert durch Gesetz vom 20.7.2017 (BGBl. I S. 2787) (n.F.).

628 Gesetz über die Haftung für fehlerhafte Produkte (Produkthaftungsgesetz) vom 15.12.1989 (BGBl. I S. 2198) (a.F.), zuletzt geändert durch Gesetz vom 17.7.2017 (BGBl. I S. 2421) (n.F.).

II. Definition der Arzneimittelfälschung

In Deutschland bestehen unterschiedliche Definitionen, je nachdem ob die öffentliche Gesundheit oder die Rechte des geistigen Eigentums angesprochen sind.

1. Gesundheitsschutz

Eine Legaldefinition des gefälschten Arzneimittels mit Bezug auf den Gesundheitsschutz ist im AMG seit der 12. AMG-Novelle von 2004 zu finden und wurde durch die 15. AMG-Novelle auf gefälschte Wirkstoffe erweitert. Fast keine andere Rechtsordnung eines EU-Mitgliedstaates ist so spezifisch, dass sie Wirkstoffe im Zusammenhang mit der Fälschungsdefinition gesondert erwähnt.[630] In § 8 Abs. 1 Nr. 1a AMG a.F. hieß es:

> *„Es ist verboten, Arzneimittel herzustellen oder in den Verkehr zu bringen, die hinsichtlich ihrer Identität oder Herkunft falsch gekennzeichnet sind (gefälschte Arzneimittel, gefälschte Wirkstoffe).“*

Eine falsche Kennzeichnung hinsichtlich der Identität eines Arzneimittels bzw. Wirkstoffs lag insbesondere vor, wenn das Arzneimittel nicht vom Zulassungsinhaber hergestellt wurde, das Arzneimittel einen abweichend dosierten oder keinen Wirkstoff entielt oder auf der Verpackung oder dem Beipackzettel das Verfallsdatum verlängert wurde.[631] Im ersten Fall entsprach das Produkt in der Regel auch nicht dem in den Zulassungsunterlagen dokumentierten Herstellungsverfahren, Abweichungen in der Herstellung können die Verwendung anderer Hilfs- oder Zusatzstoffe oder von Wirkstoffen der gleichen Stoffklasse sein.[632] Eine gesundheitliche Gefährdung der Patienten war nicht erforderlich, die Legaldefinition erfasste auch gefälschte Arzneimittel oder Wirkstoffe, die qualitativ genauso gut wie das Originalprodukt hergestellt waren. Die Alternative der Identitätstäuschung deckte somit die Fälschungsart der fehlerhaften Inhaltsstoffe ab und umfasst perfekte Imitationen, Nachahmpräparate, Placebos und ge-

---

629 Gesetz gegen den unlauteren Wettbewerb vom 03.03.2010 mit Geltung ab 8.7.2004 (BGBl. I S. 254), in der Fassung des Gesetzes vom 3.5.2010 (BGBl. I S. 254) (a.F.), zuletzt geändert durch Gesetz vom 17.2.2016 (BGBl. I S. 233) (n.F.).

630 *WHO*, Feedback to Circular Letter 25.2009, S. 6.

631 Vgl. *Nickel*, Kügel/Müller/Hofmann, AMG 2012, § 8 Rn. 15.

632 *Nickel*, Kügel/Müller/Hofmann, AMG 2012, § 8 Rn. 15.

sundheitsschädliche Placebos.[633] Eine falsche Kennzeichnung hinsichtlich der Herkunft lag insbesondere vor, wenn das Arzneimittel tatsächlich nicht vom Zulassungsinhaber stammte, also Originalware bzw. Wirkstoffe in gefälschte Sekundär- und/oder Primärverpackungen umverpackt wurden. Selbst wenn Originalware von Dritten unautorisiert in ebenfalls beschaffte Originalverpackung verpackt wurde, war eine Herkunftstäuschung gegeben.[634] Dagegen lag eine solche bei zugelassenen Re- oder Parallelimporten aufgrund der Kennzeichnung als Re- oder Parallelimport durch den Importeur als Zulassungsinhaber nicht vor.[635] Die Alternative der Herkunftstäuschung deckte weitgehend die Fälschungsart der fehlerhaften Packmittel ab.

Kritisch zur Legaldefinition äußerte sich *Tillmann*,[636] dem die Definition in zweierlei Hinsicht als unglücklich erscheint. Zum einen beziehe sie sich ausschließlich auf die Kennzeichnung („falsch gekennzeichnet"), mithin den letzten Herstellungsschritt einer Fälschung, nicht aber auf alle vorhergehenden Vorgänge (wie das Gewinnen, das Anfertigen und das Zubereiten von Arzneimittelfälschungen), sodass eine rechtspolitisch wohl kaum gewollte Strafbarkeitslücke bestehe.[637] Zum anderen sei die Legaldefinition aber auch zu weit geraten, denn sie nehme keine eindeutige Abgrenzung des vorsätzlichen Inverkehrbringens gefälschter Arzneimittel von unbeabsichtigter Fehlkennzeichnung vor und unterwerfe letztere dem objektiven Straftatbestand des § 95 Abs. 1 Nr. 3a AMG.[638] Die Bundesregierung vertrat dagegen die Ansicht, dass die Aufnahme weiterer subjektiver Merkmale wie z.B. „in betrügerischer Absicht" (vgl. WHO-Definition) in die Definition des § 8 Abs. 1 Nr. 1a AMG a.F. nicht geeignet sei, insbesondere weil die Strafverfolgung wegen zusätzlicher Beweisnotwendigkeiten beeinträchtigt würde.[639]

Mit Umsetzung der FMD durch die 16.-AMG-Novelle wurde die Definition schließlich weitgehend derjenigen der FMD angepasst, womit die Elemente „falsche Kennzeichnung über Identität und Herkunft" konkretisiert und als neues Element „falsche Angaben über den in Aufzeichnungen und

633 Zu den Fälschungsarten siehe oben Teil 2 C.
634 *Nickel*, Kügel/Müller/Hofmann, AMG 2012, § 8 Rn. 15.
635 *Nickel*, Kügel/Müller/Hofmann, AMG 2012, § 8 Rn. 15.
636 *Tillmanns*, PharmR 2009, 66 ff.
637 *Tillmanns*, PharmR 2009, 66 (67).
638 *Tillmanns*, PharmR 2009, 66 (67).
639 Ziff. 3.1 des Berichts der Bundesregierung an den Bundesrat zu Erfahrungen mit den Regelungen des 12. Gesetzes zur Änderung des Arzneimittelgesetzes zum Thema Arzneimittelfälschung, BR-Drucks. 88/07.

Dokumenten beschriebenen Vertriebsweg“ hinzugefügt wurde.[640] Die neue Definition ist nunmehr in § 4 Nr. 40 und 41 AMG n.F. zu finden. Der Verzicht auf ein subjektives Merkmal oder einen klarstellenden Zusatz im Hinblick auf unbeabsichtigte Qualitätsmängel – wie in der Definition der FMD – verbleibt allerdings. Auch in der Gesetzesbegründung zur 16. AMG-Novelle verwies die Bundesregierung darauf, dass die Aufnahme des subjektiven Elements „unbeabsichtigt“ im objektiven Tatbestand zu Vollzugsproblemen führen könne.[641] Unabhängig vom Wortlaut ergibt die weitere Auslegung jedoch, dass eine Abgrenzung stattfindet. Laut Gesetzesbegründung fallen Qualitätsmängel, die bei der Arzneimittelherstellung in einem dafür berechtigten Betrieb unbeabsichtigt auftreten, ausdrücklich nicht unter die Definition der Arzneimittelfälschung, wie auch Regelungen zum geistigen Eigentum davon unberührt bleiben.[642] Ebenso spricht die richtlinienkonforme Auslegung für eine entsprechende Abgrenzung, nach welcher das nationale Recht im Lichte des Wortlauts und des Zwecks der Richtlinie auszulegen ist, um ihr Ziel zu erreichen.[643]

2. Eigentumsschutz

Im Hinblick auf den Schutz der Rechte des geistigen Eigentums leiten sich die Definitionen aus der europäischen Produkt-Piraterie-Verordnung (EG) 1383/2003 (PPVO a.F.)[644] ab. Danach werden nachgeahmte Waren, welche Markenrechte verletzen, und unerlaubt hergestellte Waren, welche Urheber- und Geschmacksmusterrechte verletzen, unterschieden. Für Patentverletzungen gibt es keine separate Definition (näheres zu den Termini oben unter Kap. 2 B. II. 2.).

III. Schutzvorkehrungen

Im Folgenden wird das deutsche Recht auf Vorschriften untersucht, die dem Schutz vor gefälschten und nachgeahmten Arzneimitteln dienen. Be-

640 *Nickel* in: Kügel/Müller/Hofmann, AMG, § 4 Rn. 325.

641 Vgl. Gegenäußerung der Bundesregierung zur Stellungnahme des Bundesrats, BT-Drucks. 17/9341, S. 101.

642 BT-Drucks. 17/9341, S. 48.

643 EuGH, Rs. 14/83, *von Colson und Kamann,* Slg. 1984, 1891 Rn. 26.

644 Jetzt Verordnung (EU) 608/2013.

rücksichtigt wird dabei der Stand bis zur Umsetzung der FMD durch das Zweite Gesetz zur Änderung arzneimittelrechtlicher und anderer Vorschriften,[645] welches größtenteils am 26. Oktober 2012 in Kraft trat. Auf spätere Neuerungen, insbesondere auf Grundlage der FMD, wird entsprechend hingewiesen.[646]

1. Ge- und Verbote

Gebote und Verbote dienen als primäre Schutzmittel zuvorderst dem Schutz vor Arzneimittelfälschungen und -nachahmungen. Zu unterscheiden ist hierbei zwischen dem illegalen und dem legalen Handel mit Arzneimitteln. Während in Beziehung auf den Schwarzmarkt nicht mehr geoder verboten werden kann, als das Verbot des illegalen Handels (und damit auch des Handelns mit gefälschten oder nachgeahmten Arzneimitteln), finden sich für die legale Vertriebskette und dessen Akteure zahlreiche weitere Vorschriften, um den Schutz des legalen Vertriebs vor gefälschten Arzneimitteln auszubauen. Dies spiegelt sich in der folgenden Aufzählung wieder, deren Pflichten sich auf den legalen Handel mit Arzneimitteln beziehen.

a. Verbot gefälschter und nachgeahmter Arzneimittel

Im Mittelpunkt der Ge- und Verbotsvorschriften zum Fälschungsschutz von Arzneimitteln steht das Verbot gefälschter und nachgeahmter Arzneimittel. Hierbei ist zwischen den einzelnen Schutzgütern zu unterscheiden, da es zum Schutz der Gesundheit und zum Schutz geistiger Eigentumsrechte verschiedene Verbotstatbestande gibt.

645 Zweites Gesetz zur Änderung arzneimittelrechtlicher und anderer Vorschriften vom 19.10.2012 (BGBl. I 2192).

646 Kenntlich durch n.F. (neue Fassung), was auf die jeweilige, seit dem zweiten Gesetz zur Änderung arznei-mittelrechtlicher und anderer Vorschriften geänderte Fassung verweist. Die frühere Fassung wird mit a.F. (alte Fassung) bezeichnet. Findet sich keine Ergänzung ist die Vorschrift sowohl nach früherm wie auch nach neuem Recht gültig.

(I) Gesundheitsschutz

Zum Schutz der öffentlichen Gesundheit dient das Verbot gefälschte Arzneimittel oder gefälschte Wirkstoffe herzustellen oder in Verkehr zu bringen (§ 8 Abs. 1 a AMG a.F.). Seit Umsetzung der FMD ist nunmehr auch das Handeltreiben mit gefälschten Arzneimitteln oder Wirkstoffen verboten (Art. 8 Abs. 2 AMG n.F.). Daneben ist auch verboten, bedenkliche Arzneimittel in den Verkehr zu bringen oder anzuwenden oder Arzneimittel, die nicht nach den Vorschriften des deutschen Arzneimittelrechts hergestellt wurden, in den Verkehr zu bringen (§ 5 Abs. 1, § 8 Abs. 1 Nr. 1 AMG).

(II) Eigentumsschutz

Die geistigen Eigentumsrechte verletzende Arzneimittel können insbesondere Patente, Marken, Designs und Urheberrechte verletzen.

(1) Markenrecht

Marken können alle Zeichen, insbesondere Wörter, Abbildungen, Buchstaben, Zahlen, dreidimensionale Gestaltungen einschließlich der Form einer Ware oder ihrer Verpackung sowie sonstige Aufmachungen einschließlich Farben und Farbzusammenstellungen sein, die geeignet sind, Waren oder Dienstleistungen eines Unternehmers von denjenigen anderer Unternehmen zu unterscheiden (§ 3 Abs. 1 MarkenG). Markenschutz entsteht durch die Eintragung eines Zeichens als Marke in das vom Patentamt geführte Register (§ 4 Nr. 1 MarkenG) oder kraft Nutzung und Verkehrsgeltung (§ 4 Nr. 2 MarkenG).

Dritten ist es untersagt, im geschäftlichen Verkehr ein mit der Marke identisches Zeichen für identische Waren zu benutzen (§ 14 Abs. 2 N. 1 MarkenG) oder ähnliche Zeichen für ähnliche Waren zu benutzen, wenn hierdurch eine Verwechslungsgefahr hervorgerufen wird (§ 14 Abs. 2 Nr. 2 MarkenG). Zudem ist es Dritten untersagt ohne Zustimmung des Markenrechtsinhabers eine Marke im geschäftlichen Verkehr zu gebrauchen, insbesondere das Zeichen auf Waren oder ihren Aufmachungen oder Verpackungen anzubringen, unter dem Zeichen Waren anzubieten, in den Verkehr zu bringen oder zu den genannten Zwecken zu besitzen (§ 14 Abs. 3 Nr. 1 und Nr. 2 MarkenG). Dritten ist es auch untersagt, ein mit der Marke identisches oder ähnliches Zeichen auf Aufmachungen oder Verpackungen, Etiketten etc. anzubringen (§ 14 Abs. 4 Nr. 1 MarkenG). Die Schutzdauer einer eingetragenen Marke beträgt 10 Jahre beginnend mit dem Anmeldetag und kann unbegrenzt um jeweils 10 Jahre verlängert werden (§ 47 Abs. 1 und 2 MarkenG).

(2) Patentrecht

Patente werden in Deutschland für Erfindungen auf allen Gebieten der Technik erteilt, sofern sie neu sind, auf einer erfinderischen Tätigkeit beruhen und gewerblich anwendbar sind (§ 1 Abs. 1 PatG). § 9 S. 2 Nr. 1 PatG verbietet jedem Dritten ohne Zustimmung des Patentinhabers ein Erzeugnis, das Gegenstand eines Patents ist, herzustellen, anzubieten, in Verkehr zu bringen oder zu gebrauchen oder zu genannten Zwecken entweder einzuführen oder zu besitzen. Gegenstand eines Patents kann auch ein Verfahren sein, sodass es verboten ist, das patentierte Verfahren anzuwenden oder anzubieten bzw. ein durch das patentierte Verfahren unmittelbar hergestelltes Erzeugnis in Verkehr zu bringen oder zu gebrauchen oder zu den genannten Zwecken entweder einzuführen oder zu besitzen (§ 9 S. 2 Nr. 2 und Nr. 3 PatG). Es ist verboten Mittel, die sich auf ein wesentliches Element der Erfindung beziehen, zur Benutzung der patentierten Erfindung anzubieten oder zu liefern (§ 10 PatG). Ausnahmen des Patentschutzes beziehen sich insbesondere auf Handlungen im privaten Bereich zu nichtgewerblichen Zwecken oder zu Versuchszwecken wie auch Versuche zur Erlangung einer arzneimittelrechtlichen Genehmigung für das Inverkehrbringen bzw. einer arzneimittelrechtlichen Zulassung (§ 11 Nr. 1, 2 und 2b PatG). Der Patentschutz dauert 20 Jahre, ab dem Tag, der auf die Anmeldung der Erfindung folgt (§ 16 Ab. 1 S. 1 PatG). Nach Maßgabe der VO 1768/92 kann ein ergänzendes Schutzzertifikat beantragt werden, das sich an den Ablauf der Schutzdauer unmittelbar anschließt (§ 16a Abs. 1 S. 1 PatG).

(3) Designrecht

Als Design sind zweidimensionale oder dreidimensionale Erscheinungsformen eines ganzen Erzeugnisses oder eines Teils davon geschützt, die sich insbesondere aus den Merkmalen der Linien, Konturen, Farben, Gestalt, Oberflächenstruktur oder Werkstoffe des Erzeugnisses selbst oder seiner

Verzierung ergeben (§ 1 Nr. 1 DesignG). Ein Erzeugnis ist jeder industrielle oder handwerkliche Gegenstand einschließlich Verpackung, Ausstattung graphischer Symbole und typographischer Schriftzeichen (§ 1 Nr. 2 DesignG). Geschützt wird ein Design das neu ist und Eigenart hat (§ 2 Abs. 1 DesignG). Der Schutz bedarf der Eintragung im Register beim Deutschen Patent- und Markenamt (§§ 27 Abs. 1 und 11 ff. DesignG).

Es ist Dritten verboten, ein Design entgegen des Verbots des Rechtsinhabers ohne dessen Zustimmung zu benutzen, was insbesondere die Herstellung, das Anbieten, das Inverkehrbringen, die Einfuhr, die Ausfuhr, den Gebrauch eines Erzeugnisses, in das das Design aufgenommen oder bei dem es verwendet wird, und den Besitz eines solchen Erzeugnisses zu den genannten Zwecken einschließt (§ 38 Abs. 1 DesignG). Die Schutzdauer beträgt 25 Jahre, gerechnet ab dem Anmeldetag (§ 27 Abs. 2 DesignG).

(4) Urheberrecht

Urheberrechtlich geschützt sind Werken der Literatur, Wissenschaft und Kunst (§ 1 UrhG). Die Werke müssen persönliche geistige Schöpfungen darstellen, was insbesondere auf Schriftwerke oder Werke der bildenden Kunst zutrifft (§ 2 Abs. 2, Abs. 1 Nr. 1 und 4 UrhG). Aus dem ausschließlichen Recht des Urhebers, sein Werk insbesondere in körperlicher Form zu verwerten (§ 15 Abs. 1 UrhG), zu vervielfältigen (§ 16 UrhG), zu verbreiten (§ 17 UrhG) und auszustellen (§ 18 UrhG) ergibt sich mittelbar das Verbot für Dritte, die genannten Handlungen auszuführen. Das Urheberrecht entsteht mit der Schöpfung des Werkes und erlischt 70 Jahre nach dem Tod des Urhebers (§§ 7 und 64 UrhG).

b. Pflichten bei der Herstellung

Die nachgehend aufgezählten Pflichten stellen die Qualität der Produkte im Rahmen des Herstellungsprozesses sicher und beugen damit der Herstellung von gefälschten Arzneimitteln vor.

Bei der Herstellung von Arzneimitteln, Wirkstoffen und sonstigen zur Herstellung von Arzneimitteln bestimmten Stoffen sind die Vorschriften der AMWHV zu beachten (§ 1 Abs. 1 AMWHV). Herstellen umfasst nach § 4 Nr. 14 AMG sämtliche Herstellungsschritte vom Gewinnen, Anfertigen, Zubereiten, Be- oder Verarbeiten, über das Um- und Abfüllen, Abpacken und Kennzeichnen bis zur Freigabe eines Arzneimittels. Damit werden in den Anwendungsbereich neben Arzneimittel- und Wirkstoffherstellern auch Großhändler und Apotheken einbezogen, soweit sie einen der genannten Herstellungsschritte ausführen (vgl. § 1 Abs. 2 AMWHV). Sämtliche Herstellungsvorgänge müssen in Übereinstimmung mit der Guten Herstellungspraxis sowie den anerkannten pharmazeutischen Regeln erfolgen (§§ 13 Abs. 1 S. 2, 22 Abs. 1 AMWHV). Zur Herstellung von Arzneimitteln sind nur Wirkstoffe und Hilfsstoffe als Ausgangsstoffe zu verwenden, die gemäß der Guten Herstellungspraxis hergestellt wurden (§ 13 Abs. 3 S. 1 AMWHV). Es dürfen nur Ausgangs- oder Zwischenprodukte verwendet werden, deren Qualität festgestellt und entsprechend kenntlich gemacht worden ist (§§ 13 Abs. 3 S. 3, 22 Abs. 3 AMWHV). Dies gilt auch für die Herstellung in Apotheken (§ 11 Abs. 1 S. 1 ApBetrO). Auch das Umfüllen und Abpacken von Arzneimitteln zum Zweck der Abgabe durch den Großhändler darf nur erfolgen, wenn deren erforderliche Qualität festgestellt ist (§ 4 Abs. 1 AM-HandelsV). In Drittländern, also in Ländern die nicht Mitgliedstaat der EU oder des Europäischen Wirtschaftsraums (EWR) sind, muss die Herstellung nachweislich nach Standards erfolgen, die den in der EU festgelegten Standards der Guten Herstellungspraxis zumindest gleichwertig sind. Zudem muss der Hersteller nach nationalem Recht zur Tätigkeit befugt sein (§ 16 Abs. 5 S. 2 und 3 AMWHV). Nach Umsetzung der FMD sind auch bei dem Austausch von Sicherheitsmerkmalen gewisse Pflichten einzuhalten (vgl. § 13 Abs. 3a S. 2 AMWHV n.F.).

c. Kennzeichnungspflichten

Mittels der Kennzeichnungspflichten von Arzneimitteln soll der Verantwortliche leicht festgestellt werden können.[647] Natürlich werden Fälscher ihre Ware in aller Regel unter anderem Namen – nämlich dem des Originalherstellers – in den Verkehr bringen, sodass der verantwortliche tatsächliche Hersteller oft nicht gefunden wird. Dennoch helfen die Informationen, da an deren Fehlerhaftigkeit eine Fälschung oft erkannt wird oder in Zusammenarbeit mit dem kenntlichen Originalhersteller eine Aufklärung erfolgen kann. Unter Umständen lässt sich ein haftungsrechtlich Verantwortlicher finden.[648]

Sowohl nach der Guten Herstellungspraxis (§§ 15 Abs. 1–3 AMWHV) als auch nach der Guten Vertriebspraxis (§ 4 Abs. 4 S. 1 AM-HandelsV) dür-

---

647 *Kloesel/Cyran*, AMR I, § 9 Erl. 1.

648 Zum Haftungsrecht siehe unten in diesem Teil 5 B. III. unter 6. a. und b.

fen Arzneimittel nur in Verkehr gebracht werden, wenn ihre Behältnisse oder Umhüllungen nach § 10 AMG gekennzeichnet sind. Insbesondere sind danach der Name oder die Firma und die Anschrift des pharmazeutischen Unternehmers, das Verfallsdatum sowie die Chargennummer, soweit das Arzneimittel in Chargen in Verkehr gebracht wird, in gut lesbarer Schrift, allgemeinverständlich in deutscher Sprache und auf dauerhafte Weise anzubringen (§ 10 Abs. 1 Nr. 1 u. Nr. 4 AMG). Dasselbe gilt für Wirkstoffe (§ 24 Abs. 2 AMWHV). Die Angaben sind – außer der Chargennummer – auch auf der Packungsbeilage von Fertigarzneimitteln anzugeben (§ 11 Nr. 6 f) und g) AMG). Nach Umsetzung der FMD sind auf der äußeren Umhüllung von Arzneimitteln zudem Sicherheitsmerkmale sowie Antimanipulationsmerkmale anzubringen, soweit dies aufgrund Art. 54a GKHA vorgeschrieben oder festgelegt ist (Art. 10 Abs. 1c AMG n.F.) (vgl. dazu ausführlich unten Teil 6 B.).

d. Abgabebeschränkungen

Mittels gesetzlicher Vorgabe einer legalen Vertriebskette wird das Eindringen von gefälschten Arzneimitteln in dieselbe weitgehend verhindert. Der Vertrieb von Arzneimitteln unterliegt in Deutschland einer umfassenden Regulierung, sodass Arzneimittel vom pharmazeutischen Unternehmer nur über bestimmte Vertriebsstufen an den Endverbraucher und Anwender, d.h. an Patienten, Ärzte und Krankenhäuser gelangen können.[649] Der Vertriebsweg hängt wesentlich von dem Produktstatus des Präparats ab.

(I) Produktstatus

Praktisch bedeutsam ist die Einordnung als verschreibungspflichtiges, apothekenpflichtiges oder freiverkäufliches Arzneimittel. Diese Kategorisierung hängt von dem Gefährdungs- und Risikopotential des Arzneimittels und dem damit verbundenen Beratungs- und Kontrollbedarf bei der Arzneimittelabgabe an den Patienten ab.[650] Je größer die Gefährdung bzw. das Risiko ist, desto strenger müssen die Vorschriften sein, die die Abgabe des

---

649 *Sandrock/Nawroth* in: Dieners/Reese, Hdb PharmaR, § 9 Rn. 1.
650 *Litz* in: Fuhrmann/Klein/Fleischfresser, AMR, § 21 Rn. 1.

betreffenden Arzneimittels an den Endverbraucher regeln, um diesen effektiv vor Gefahren schützen zu können.[651]

Grundsätzlich sind Arzneimittel gem. § 43 Abs. 1 S. 1 AMG apothekenpflichtig, d.h. sie dürfen nur in Apotheken an den Endverbraucher abgegeben werden. Verschreibungspflichtige Arzneimittel dürfen zudem an den Verbraucher nur nach ärztlicher Verschreibung abgegeben werden (§ 48 Abs. 1 S. 1 AMG i.V.m. § 1 AMVV und § 43 Abs. 3 S. 1 AMG). Ein ärztliches Rezept ist in Deutschland dabei nur einmalig einlösbar. Eine Ausnahme von der Apothekenflicht gibt es für verschreibungspflichtige Arzneimittel nicht, da die §§ 44 und 45 AMG nicht gelten (vgl. §§ 44 Abs. 3 Nr. 1 und 45 Abs. 1 S. 1 Nr. 1 AMG). §§ 44, 45 AMG und die Verordnung über apothekenpflichtige und freiverkäufliche Arzneimittel (AMVerkRV)[652] regeln die Freiverkäuflichkeit von Arzneimitteln. Danach sind Arzneimittel mit einer besonderen Zweckbestimmung (sogenannte Vorbeugemittel, § 44 Abs. 1 AMG) sowie bestimmte Arzneimittel aufgrund ihrer unbedenklichen Produkteigenschaften (§ 44 Abs. 2 AMG) generell von der Apothekenpflicht ausgenommen. Zudem kann nach § 45 AMG der Verordnungsgeber weitere Ausnahmen von der Apothekenpflicht bestimmen, die entsprechenden Regelungen sind in der AMVerkRV enthalten. Neben Apotheken dürfen auch Einzelhandelsgeschäfte freiverkäufliche Arzneimittel abgeben (siehe unten in diesem Teil 4 A. III. 1. d. unter (III)).

(II) Apothekenpflichtige und verschreibungspflichtige Arzneimittel

Aufgrund des hohen Risikopotentials unterliegen apothekenpflichtige sowie verschreibungspflichtige Arzneimittel strengen Regelungen. So dürfen sie nur an Personen abgegeben werden, die befugt sind, Arzneimittel zum Großhandel oder zur Abgabe an die Öffentlichkeit zu erhalten (vgl. § 6 Abs. 1 AM-HandelsV). Hinzu kommt, dass eine Behandlung mit ihnen sehr teuer sein kann, was die Attraktivität für Fälschungen aufgrund der erheblichen Gewinnspanne erhöht. Umso wichtiger ist es, eine legale Vertriebskette einzuhalten, die das Eindringen von Fälschungen verhindert. Dies gilt umso mehr, als der Vertrieb oft über mehrere Ecken stattfindet

651 *Sandrock/Nawroth* in: Dieners/Reese, Hdb PharmaR, § 9 Rn. 6.

652 Verordnung über apothekenpflichtige und freiverkäufliche Arzneimittel vom 24.11.1988 (BGBl. I S. 2150, 1989 I S. 254), in der Fassung der Verordnung vom 21.2.2011 (BGBl. I S. 314) (a.F.), zuletzt geändert durch die Verordnung vom 19.12.2014 (BGBl. I S. 2371) (n.F.).

und Arzneimittel durch bis zu 20–30 Hände wandern können, bevor sie den Patienten erreichen.[653] Die Abgabe von verschreibungs- und apothekenpflichtigen Arzneimitteln ist von pharmazeutischen Unternehmern und Großhändlern an andere pharmazeutische Unternehmer und Großhändler erlaubt § 47 Abs. 1 S. 1 Nr. 1 AMG.

(1) Klassischer Vertriebsweg

Klassischerweise erfolgt der Vertrieb von apothekenpflichtigen Arzneimitteln – und damit auch von verschreibungspflichtigen Arzneimitteln, da diese stets auch apothekenpflichtig sind – über drei Lieferebenen: vom pharmazeutischen Unternehmer über den pharmazeutischen Großhandel zur Apotheke.[654]

Der pharmazeutische Unternehmer ist stets Ausgangspunkt des Vertriebs. Gem. § 4 Abs. 18 AMG ist pharmazeutischer Unternehmer derjenige, der Inhaber der Zulassung oder Registrierung ist sowie derjenige, der Arzneimittel unter seinem Namen in den Verkehr bringt (außer bei zur klinischen Prüfung vorgesehenen Arzneimitteln, §§ 4 Nr. 18 S. 2 i.V.m. 9 Abs. 1 S. 2 AMG). Er ist somit verantwortlich für das Inverkehrbringen der Arzneimittel. Der pharmazeutische Unternehmer kann, muss aber nicht notwendigerweise der Arzneimittelhersteller sein. So ist der Lohnhersteller, der ein Arzneimittel für einen anderen zum Vertrieb unter dessen Namen herstellt, nicht als pharmazeutischer Unternehmer anzusehen.[655] Dagegen sind Vertriebsunternehmer oder Mitvertreiber, welche die Berechtigung zum Inverkehrbringen eines Arzneimittels lizenzvertraglich vom Zulassungsinhaber ableiten, stets pharmazeutische Unternehmer.[656]

Das Bindeglied zwischen dem pharmazeutischen Unternehmer und der Apotheke stellt klassischerweise der pharmazeutische Großhandel dar. An diesen darf der pharmazeutische Unternehmer gem. § 47 Abs. 1 S. 1 Nr. 1 AMG – und der Guten Herstellungspraxis gem. § 17 Abs. 6 S. 1 AMWHV – Arzneimittel liefern. Der Großhändler darf auf der anderen Seite nur von Betrieben Arzneimittel beziehen, die über eine Herstellungserlaubnis oder Großhandelsgenehmigung verfügen (§ 4a Abs. 1 S. 1 AM-HandelsV a.F. /zur Abgabe von Arzbeimitteln berechtigt sind, § 4a Abs. 1 AM-Han-

653 *EPFIA*, Towards safer medicines supply, S. 2.
654 *Sandrock/Nawroth* in: Dieners/Reese, Hdb PharmaR, § 9 Rn. 71.
655 *Rehmann*, AMG, § 4 Rn. 20.
656 *Rehmann*, AMG, § 4 Rn. 20.

delsV n.F.). Nach § 4 Abs. 22 AMG ist Großhandel jede berufs- oder gewerbsmäßige zum Zweck des Handelstreibens ausgeübte Tätigkeit, die in der Beschaffung, der Lagerung, der Abgabe oder Ausfuhr von Arzneimitteln besteht, mit Ausnahme der Abgabe von Arzneimitteln an andere Verbraucher als Ärzte, Zahnärzte, Tierärzte oder Krankenhäuser. Der Begriff des Handeltreibens ist weiter als der Begriff des Inverkehrbringens, denn er schließt weitere Vorbereitungshandlungen ein.[657] Deutschland ist neben dem Vereinigten Königreich und den Niederlanden eines der EU-Mitgliedstaaten, in dem es vollversorgende Großhändler (*Full-line Wholesalers*) und Teilsortiment-Großhändler (*Short-line Wholesalers*) gibt.[658]

Nach dem Großhändler ist im Regelfall nächstes Glied der Vertriebskette die Apotheke (entweder Offizin-Apotheke oder Krankenhausapotheke). Der Großhändler darf gem. § 47 Abs. 1 S. 1 AMG – und der vergleichbaren Regelung in § 6 Abs. 1 S. 1 AM-HandelsV – Lieferungen von Arzneimitteln an Apotheken tätigen. Diese darf Arzneimittel nur von zur Abgabe von Arzneimitteln berechtigten Betrieben erwerben (§ 17 Abs. 1 ApBetrO). Das Apothekenwesen soll im öffentlichen Interesse die ordnungsgemäße Arzneimittelversorgung der Bevölkerung sicherstellen (§ 1 Abs. 1 ApoG). Hierzu kommt der Apotheke die wesentliche Aufgabe der Abgabe der Arzneimittel an die Endverbraucher, also an die Patienten, Ärzte und Krankenhäuser, zu. In Bezug auf apothekenpflichtige Arzneimittel hat sie wegen des hierfür geltenden Apothekenvorbehalts (§ 43 Abs. 1 S. 1 AMG) eine Monopolstellung bei der Arzneimittelabgabe.

(2) Direktvertrieb an Apotheken

Bei dem Direktvertrieb an Apotheken (*Direct to Pharmacy (DTP)*), welcher gem. § 47 Abs. 1 S. 1 AMG erlaubt ist, schaltet der pharmazeutische Unternehmer entweder keinen traditionellen Großhändler ein oder nutzt ihn nur als Logistik-Dienstleister.[659] Ein bedeutender Vorteil für den pharmazeutischen Unternehmer ist hierbei die stärkere Kontrollmöglichkeit. Er kann den fälschungsanfälligen Parallelhandel weitgehend eindämmen, da der Großhändler über die Arzneimittel in seinem Lager nicht frei verfügen kann und somit ein Export in andere Mitgliedstaaten unterbunden wird. Damit wird die Vermarktung von Arzneimittelfälschungen beim Direkt-

657 Vgl. BVerwG, Beschl. v. 15.9.2008, Az. 3 B 36/08; *Rehmann*, AMG, § 4 Rn. 23.
658 *Walters/Dragosits/Said*, European Wholesaling Sector, S. 19.
659 *Sandrock/Nawroth* in: Dieners/Reese, Hdb PharmaR, § 9 Rn. 113.

vertrieb erschwert.[660] Zudem ist der Daten- und Warenstrom für den pharmazeutischen Unternehmer transparenter, denn er selbst ist direkter Vertragspartner der Apotheken und besitzt dementsprechend die Information über den Verbleib jedes einzelnen abgegebenen Arzneimittels.[661] Dies dient der leichteren Rückverfolgbarkeit der Lieferkette und mithin auch der Fälschungssicherheit.

(3) Direktvertrieb an Ärzte und Einrichtungen

Der Direktvertrieb vom pharmazeutischen Unternehmer an Ärzte oder öffentliche Einrichtungen, bei dem weder Großhändler noch Apotheken beteiligt werden, kann nur unter bestimmten engen Voraussetzungen erfolgen.[662] Dieselben Voraussetzungen gelten bei dem Vertrieb vom Großhandel direkt an Ärzte oder öffentliche Einrichtungen ohne Einschaltung der Apotheken. Zulässig ist der Direktvertrieb gem. § 47 Abs. 1 S. 1 AMG, da diese geregelten Fälle keine Beratung oder Kontrolle durch die Apotheke erfordern, die Anwendung der Arzneimittel erfolgt direkt durch Fachpersonal oder unter besonderer Aufsicht fachkundiger Kontrolle.[663] Eine Abgabe von apothekenpflichtigen oder verschreibungspflichtigen Arzneimittel ist danach an Krankenhäuser und Ärzte möglich, soweit es sich um die in § 47 Abs. 1 Nr. 2 a)–g) AMG genannten Arzneimittel unter den spezifisch genannten Voraussetzungen handelt. Darunter fallen Blutzubereitungen, Gewebezubereitungen oder tierisches Gewebe, Infusionslösungen, Zubereitungen für diagnostische Zwecke, medizinische Gase, radioaktive Arzneimittel, Arzneimittel zur klinischen Prüfung, Blutegel und Fliegenlarven sowie Arzneimittel zum *Compassionate Use*.[664] Des Weiteren ist eine Abgabe möglich an Zahn- und Tierärzte sowie öffentliche Einrichtungen

---

660 *Sandrock/Nawroth* in: Dieners/Reese, Hdb PharmaR, § 9 Rn. 113; zu den Nachteilen des DTP-Models siehe *Walters/Dragosits/Said*, European Wholesaling Sector, S. 11 f.

661 *Sandrock/Nawroth* in: Dieners/Reese, Hdb PharmaR, § 9 Rn. 113.

662 *Sandrock/Nawroth* in: Dieners/Reese, Hdb PharmaR, § 9 Rn. 115.

663 *Lietz* in: Fuhrmann/Klein/Fleischfresser, AMR, § 21 Rn. 16.

664 *Compassionate Use* ist die kostenlose Anwendung eines möglicherweise wirksamen, jedoch nicht zugelassenen Arzneimittels im Einzelfall bei Patienten in lebensbedrohlichen Situationen oder mit schwerwiegenden und nicht oder nicht mehr anderweitig therapierbaren Erkrankungen im Rahmen der ärztlichen Behandlungspflicht und Therapiefreiheit verstanden; *Miller* in: Kügel/Müller/Hofmann, AMG, § 47 Rn. 25.

gem. § 47 Abs. 1 S. 1 Nr. 3–9 AMG wie beispielsweise Gesundheitsämter, Gesundheitsbehörden, Impfzentren, anerkannte zentrale Beschaffungsstellen und Hochschulen unter den jeweils genannten Voraussetzungen.[665]

Um die Vermittlung von Informationen über den Gegenstand des Arzneimittels und die Erprobung des Arzneimittels zu ermöglichen[666] unterfällt dem Direktvertrieb nach § 47 Abs. 3 und 4 AMG auch die Abgabe von Arzneimittelmustern an Ärzte, andere die Heilkunde berufsmäßig ausübende Personen (ausgenommen verschreibungspflichtige Arzneimittel) und Ausbildungsstätten für Heilberufe in angemessenem Umfang, soweit die Muster den Hinweis „Unverkäufliches Muster" tragen und nur auf schriftliche Anforderung, in der kleinsten Packungsgröße und im Umfang von nicht mehr als zwei Mustern in einem Jahr abgegeben werden.

Darüber hinaus dürfen bestimmte Medikamente – Arzneimittel zur Vornahme eines Schwangerschaftsabbruchs und diamorphinhaltige Fertigarzneimittel – entsprechend ihrem Risikopotenzial nur an Einrichtungen i.S.d. § 13 Schwangerschaftskonfliktgesetzes bzw. § 13 Abs. 3 S. 2 Nr. 2 Betäubungsmittelgesetz auf Verschreibung des dort tätigen Arztes abgegeben werden (§§ 47a, 47b AMG). Apotheken sind von der zuletzt genannten Vertriebsstruktur also generell ausgenommen.[667]

(4) Versandhandel

Ein zusätzlicher Vertriebsweg neben der Abgabe in einer Apotheke stellt der Versandhandel mit Arzneimitteln dar. Spätestens seit der DocMorris-Entscheidung des EuGH[668] und der Freigabe des Versandhandels durch den deutschen Gesetzgeber durch das GKV-Modernisierungsgesetz (GMG)[669] im Jahre 2003 ist die Abgabe von Humanarzneimitteln an den Endverbraucher über den elektronischen Handel durch Versand zulässig.[670] Bedenken gegen das vermehrte Eindringen von gefälschten Arzneimitteln in die Lieferkette über den Versand hatte der Gesetzgeber angesichts der Beschränkung der Erlaubnis auf staatlich zugelassenen und über-

---

665 *Lietz* in: Fuhrmann/Klein/Fleischfresser, AMR, § 21 Rn. 17.
666 *Sandrock/Nawroth* in: Dieners/Reese, Hdb PharmaR, § 9 Rn. 116.
667 *Sandrock/Nawroth* in: Dieners/Reese, Hdb PharmaR, § 9 Rn. 117.
668 EuGH, Rs. C-322/01, *DocMorris*, Slg. 2003, I-14887.
669 Gesetz zur Modernisierung der gesetzlichen Krankenversicherung (GKV-Modernisierungsgesetz) vom 14.11.2003 (BGBl. 2003 I S. 2190).
670 Vgl. *Sandrock/Nawroth* in: Dieners/Reese, Hdb PharmaR, § 9 Rn 121.

wachten Apotheken nicht.[671] Jedoch gelten auch hier die oben dargestellten Grundsätze, wonach nicht freiverkäufliche Arzneimittel nur über Apotheken vertrieben werden dürfen (§ 43 Abs. 1 S. 1 AMG). Zudem dürfen in Deutschland zulassungs- oder registrierungspflichtige Arzneimittel nach § 73 Abs. 1 S. 1 Nr. 1a AMG nur von Apotheken, die in einem EU-Mitgliedstaat oder einem EWR-Vertragsstaat ansässig sind, nach Deutschland versandt werden. Das Rezept für verschreibungspflichtige Arzneimittel muss jeweils auf dem Postweg an die Versandapotheke gesendet werden, ein elektronisches Rezept gibt es in Deutschland (noch) nicht (vgl. § 67 Abs. 1 SGB V).[672]

Die versanden Arzneimittel können auch in Drogeriemärkten abgeholt werden – was innerhalb der EU ansonsten nur noch in Österreich erlaubt ist.[673] Insbesondere ist laut BVerwG[674] hier das Verbot des § 24 Abs. 2 ApBetrO, wonach Rezeptsammelstellen nicht in Gewerbebetrieben unterhalten werden dürfen, nicht einschlägig. Die Regelung gehe von der räumlichen Bindung der Arzneimittelabgabe an die Apotheke aus. Wenn diese, wie beim Versandhandel, fehle, sei die daran anknüpfende Bestimmung nicht anwendbar. Sammelbesteller seien vielmehr seit jeher ein typisches Element des Versandhandels. Wenn der Gesetzgeber den Arzneimittelversandhandel zulasse, erfasse dies auch die Möglichkeit von Sammelbestellungen.[675] Solange die Drogeriemärkte allein die Funktion einer Abholstelle erfüllen würden, läge auch keine Verletzung des Grundsatzes vor, dass Arzneimittel nur von Apotheken, nicht aber von Einzelhandelsketten in den Verkehr gebracht werden dürfen.[676]

(5) Abgabe im Reisegewerbe

Gem. § 51 Abs. 1 AMG ist der Arzneimittelvertrieb im Reisegewerbe grundsätzlich untersagt. Unter Reisegewerbe ist eine Tätigkeit außerhalb einer gewerblichen Niederlassung zu verstehen, bei der gewerbsmäßig ohne vorhergehende Bestellung Waren feilgeboten oder Bestellungen vertrie-

---

671 BT-Drs. 15/1525, S. 165

672 Durch das GKV-Modernisierungsgesetz wurde mit § 291a Abs. 2 S. 1 Nr. 1 SGB V bereits die rechtliche Grundlage für das elektronische Rezept eingeführt.

673 *Dudley*, e-commerce, S. 6.

674 BVerwGE 131, 1.

675 BVerwGE 131, 1 Rn. 34; *Sandrock/Nawroth* in: Dieners/Reese, Hdb PharmaR, § 16 Rn. 134.

676 *Sandrock/Nawroth* in: Dieners/Reese, Hdb PharmaR, § 9 Rn. 134.

ben werden (vgl. § 55 Abs. 1 GewO), wie z.B. auf Märkten oder Volksfesten. Das Verbot gilt für alle Arzneimittel, auch für freiverkäufliche Präparate mit Ausnahme von frischen Pflanzen oder Pflanzenteilen oder Presssäfte aus solchen und von Heilwässer und deren Salze oder ihre Nachbildungen (§ 51 Abs. 1 Nr. 1 und Nr. 2 AMG). Weiterhin besteht gem. § 51 Abs. 2 AMG eine Ausnahme für das Aufsuchen von Personen im Rahmen ihres Geschäftsbetriebs.[677]

(III) Freiverkäufliche Arzneimittel

Auch für freiverkäufliche Arzneimittel gelten Abgabebeschränkungen (vgl. § 6 Abs. 1 AM-HandelsV), die Vertriebswege sind jedoch weiter gefasst. Neben den Vertriebswegen, die auch für nicht freiverkäufliche Arzneimittel festgelegt sind, dürfen alle Handelsstufen freiverkäufliche Arzneimittel auch an Einzelhandelsgeschäfte wie beispielsweise Drogeriemärkte, Supermärkte und Reformhäuser abgeben (vgl. § 17 Abs. 6 S. 1 AMWHV, § 6 Abs. 1 S. 1 AM-HandelsV). Diesen ist wiederum die Abgabe an den Endverbrauch erlaubt (§§ 44, 45 AMG und AMVerkRV). Daneben steht auch der Vertriebsweg über den Versandhandel offen.[678]

Die Fälschungsquote ist bei freiverkäuflichen Arzneimitteln geringer als bei verschreibungs- und apothekenpflichtigen Arzneimitteln. Die Zahl der freiverkäuflichen Arzneimittel ist zum einen verhältnismäßig gering im Vergleich zu der Anzahl aller Arzneimittel, sodass bereits allein deshalb die Fälschungsquote niedrig ist. Zudem liegt ihr Risikopotential und damit verbunden ihr Preissegment in der Regel unterhalb der nicht freiverkäuflichen Arzneimittel, was die Attraktivität für Fälscher vermindert. Zwar ist das Einschleusen in die Vertriebskette aufgrund der weniger strengen Regelungen für die freiverkäuflichen Arzneimittel einfacher, in den letzten Jahren wurden aber zunehmend auch verschreibungspflichtige Arzneimittel gefälscht.[679] Die gesundheitlichen Folgen von gefälschten freiverkäuflichen Arzneimittel sind glücklicherweise angesichts des niedrigeren Risikopotenzials geringer.

677 *Sandrock/Nawroth* in: Dieners/Reese, Hdb PharmaR, § 9 Rn. 139.
678 Vgl. *Sandrock/Nawroth* in: Dieners/Reese, Hdb PharmaR, § 9 Rn 121.
679 Vgl. *Fischer/Breitenbach*, Die Pharmaindustrie, S. 321; *Alban*, PZ 1/2001, 12 (18).

e. Pflichten bei Einfuhr und Ausfuhr

Gefälschte Arzneimittel kommen in Deutschland oftmals durch den Parallelimport in den Verkehr,[680] obwohl die Einfuhr im Gegensatz zur Ausfuhr stark reglementiert ist. Unter Einfuhr wird das körperliche Verbringen über die deutsche Grenze aus einem anderen Staat verstanden, wohingegen die Ausfuhr jede gewerbs- oder berufsmäßige Abgabe von Arzneimitteln im Wege des Exports an andere außerhalb Deutschlands ist.[681] Zu unterscheiden ist die Einfuhr wie auch die Ausfuhr von der Durchfuhr, bei der kein Inverkehrbringen des betreffenden Arzneimittels in Deutschland beabsichtigt ist.[682]

Die Regelungen zur Einfuhr umfassen besonders Vorschriften mit Bezug auf die Person bzw. den Betrieb des Importeurs sowie auf den Empfänger des importierten Präparats. So dürfen Arzneimittel nur durch einen pharmazeutischen Unternehmer in Verkehr gebracht werden, der seinen Sitz in einem Mitgliedstaat der EU oder in einem Vertragsstaat des Abkommens über den EWR hat (§ 9 Abs. 2 S. 1 AMG). Der pharmazeutische Unternehmer mit Sitz in einem anderen Land (Drittstaat), kann jedoch einen örtlichen Vertreter bestellen, der ihn in einem Mitgliedstaat der EU oder einem Vertragsstaat des EWR vertritt (vgl. § 9 Abs. 2 S. 2 AMG). Der Import ist zudem nur zulässig, wenn der Empfänger auch in arzneimittelrechtlicher Hinsicht empfangsberechtigt ist. Bei einer Einfuhr aus einem Mitgliedstaat der EU oder einem Vertragsstaat des EWR kann jeder pharmazeutische Unternehmer, Großhändler, Tierarzt oder Apotheker Empfänger sein (§ 73 Abs. 1 S. 1 Nr. 1 AMG). Bei einem Import aus einem Drittstaat muss der Empfänger eine Einfuhrerlaubnis nach § 72 AMG besitzen (siehe unten in diesem Teil 5 B. III. unter 2. a. (III) und § 73 Abs. 1 S. 1 Nr. 2 AMG). Sind die Voraussetzungen für den Import nicht erfüllt, gilt das Verbringungsverbot des § 73 Abs. 1 S. 1 AMG.

Im Gegensatz zur Einfuhr ist die Ausfuhr grundsätzlich erlaubnisfrei, etwas anderes gilt aber insbesondere im Falle der Ausfuhr von verfälschten Arzneimitteln (siehe unten in diesem Teil 5 B. III unter 2. a. IV).

---

680 *Nickel,* in: Kügel/Müller/Hofmann, AMG, § 8 Rn. 28.
681 *Kügel* in: Kügel/Müller/Hofmann, AMG 2012, § 72 Rn. 10 und § 73a Rn. 9.
682 *Ratzel* in: Deutsch/Lippert, AMG, § 72 Rn. 1; *Kloesel/Cyran,* AMR II, § 72 Erl. 7.

f. Pflichten bei Lagerung und Transport

Die bei der Lagerung oder dem Transport von Arzneimitteln zu beachtenden Vorschriften sollen verhindern, dass Ware in den Besitz von Fälschern gelangt und von diesen zur Herstellung von Fälschungen weiterverwendet wird.

Die Betriebsräume von Herstellern, Großhändlern und Apotheken sind durch geeignete Maßnahmen vor dem Zutritt Unbefugter zu schützen (§ 5 Abs. 3 S. 2 AMWHV, § 3 Abs. 2 AM-HandelsV, § 4 Abs. 1 S. 2 Nr. 2 ApBetrO). Zudem ist die Zugriffsberechtigung zu den Vorratsbehältnissen und Transportbehältnissen von Herstellungsbetrieben und -einrichtungen durch entsprechende Maßnahmen auf dafür befugte Personen einzuschränken (§ 7 Abs. 2 S. 5, Abs. 3 S. 1 AMWHV). Während des Transports bis zur Übergabe in den Verantwortungsbereich des Empfängers ist ebenfalls dafür Sorge zu tragen, dass keine Unbefugter Zugriff hat (§ 7 Abs. 6 AMWHV). Sofern Produkte für die Weiterverarbeitung durch andere Betriebe außerhalb der Kontrolle des Herstellers versandt werden, sollen ihre Behältnisse so verschlossen sein, dass ein zwischenzeitig erfolgtes Öffnen festgestellt werden kann (§ 7 Abs. 3 S. 2 AMWHV). Werden Arzneimittel an eine Apotheke außerhalb ihrer Öffnungszeiten geliefert, muss auch der Zugriff Unbefugter ausgeschlossen sein (§ 4 Abs. 2d S. 4 HS 2 ApBetrO).

g. Pflichten bei der Lieferung

Die Lieferung von Arzneimittel setzt Dokumentationspflichten voraus, welche die Rückverfolgung der Lieferung und die Erkennbarkeit eines Produktaustauschs währende der Lieferung sicherstellen sollen. Auf diese Weise kann die Einschleusung eines gefälschten Arzneimittels in die legale Vertriebskette erkannt werden. So sind der Lieferung von Arzneimitteln an andere Marktakteure Unterlagen beizufügen, aus denen insbesondere das Datum der Auslieferung, die Bezeichnung und Menge des Arzneimittels, Name und Anschrift des Lieferanten und des Empfängers sowie im Falle von Lieferung an Betriebe mit Herstellungs-, Großhandels- oder Einfuhrerlaubnis die Chargennummer hervorgehen (§ 17 Abs. 6 S. 3 u. 4 AMWHV, § 6 Abs. 2 S. 1 u. 2 AM-HandelsV). Darüber hinaus muss unter Angabe der ausstellenden Behörde und des Ausstellungsdatums bestätigt werden, dass der Lieferant über eine Herstellungs-, Großhandels- oder Einfuhrerlaubnis verfügt (§ 17 Abs. 6 S. 5 AMWHV, § 6 Abs. 2 S. 3 AM-HandelsV). Zu Pflichten bei Annahme der Lieferung durch den Großhändler siehe unten in diesem Teil 5 B. III. unter 3. b.)

Bei dem Versand von Arzneimitteln muss die Versandapotheke ein System zur Sendungsverfolgung unterhalten (§ 11a Nr. 3 lit. e ApoG, § 17 Abs. 2a Nr. 9 ApBetrO). Dadurch wird verhindert, dass die Versandware entwendet und als Ausgangsmaterial für etwaige Fälschungen verwendet wird. Zudem hart die Versandapotheke dem Kunden eine Möglichkeit zur Meldung von Risiken zur Verfügung zu stellen (§ 17 Abs. 2a Nr. 5 ApBetrO).

h. Rücknahme und Rückruf

Tauchen gefälschte Arzneimittel in der Vertriebskette auf, dient die Rücknahme oder der Rückruf verdächtigter Produkte der schnellen Entfernung der gefährlichen Präparate aus dem Markt. Arzneimittel können aus Betrieben und Einrichtungen, die über eine Großhandelserlaubnis oder eine Apothekenbetriebserlaubnis verfügen oder die sonst zur Abgabe an den Verbraucher berechtigt sind, zurückgenommen werden (§ 4a Abs. 1 AM-HandelsV a.F. / § 4a Abs. 4 AM-HandelsV n.F.). Nimmt der Großhändler gelieferte Arzneimittel vom Empfänger zurück und handelt es sich nach dessen Angabe um verkehrsfähige Arzneimittel, dürfen die Arzneimittel erst nach einer Prüfung in die zum Verkauf bestimmten Bestände aufgenommen werden. Dabei ist unter anderem zu prüfen, ob Unterlagen den Kauf vom Großhandel belegen, nach Bestätigung des Zurückgebenden die Arzneimittel seinen Verantwortungsbereich nicht verlassen haben und sich die Arzneimittel in den Originalbehältnissen befinden sowie keine Anhaltspunkte für eine fehlende Verkehrsfähigkeit vorliegen (§ 7b Abs. 3 Nr. 1–3, 5 und 6 AM-HandelsV). Eine fehlende Verkehrsfähigkeit liegt insbesondere vor, wenn sich Anhaltspunkte für eine Fälschung ergeben. Durch die Prüfung wird verhindert, dass Arzneimittelfälschungen durch die Rücknahme in die legale Lieferkette gelangen.

Jeder Arzneimittelgroßhändler muss einen Rückrufplan bereithalten, der die Durchführung jedes Rückrufs eines Arzneimittels gewährleistet, der nach Angaben der zuständigen Behörde oder des pharmazeutischen Unternehmers erfolgt (§ 7a Abs. 1 AM-HandelsV).

i. Umgang mit Fälschungen

Stellt der Großhändler oder der Apotheker gefälschte Arzneimittel im Vertriebsnetz fest, sind sie bis zur Entscheidung über das weitere Vorgehen getrennt von verkehrsfähigen Arzneimitteln und gesichert aufzubewahren, um Verwechslungen zu vermeiden und einen unbefugten Zugriff zu verhindern. Zudem müssen sie als eindeutig nicht zum Verkauf bestimmte Arzneimittel gekennzeichnet werden (§ 5 Abs. 3 AM-HandelsV, § 21 Nr. 8 ApBetrO). Der Großhändler hat Fälschungen zu vernichten oder, soweit eine Rückgabe an den Lieferanten vorgesehen ist, zurückzugeben (§ 5 Abs. 4 AM-HandelsV). Zur Pflicht der Meldung von Fälschungen siehe unten in diesem Teil 5 B. III. unter 4. a.).

j. Dokumentationspflichten

Mittels einer vollständigen Dokumentation der Vertriebstätigkeiten kann im Fall einer Fälschung nachvollzogen werden, woher die entsprechenden Produkte stammen, um die Strafverfolgung einzuleiten. Zudem wird der Rückruf der entsprechenden Produkte ermöglicht (§ 10 Abs. 3 AMWHV).

Hersteller haben ein Dokumentationssystem zu unterhalten, das die Rückverfolgung des Werdegangs und des Inverkehrbringens jeder Charge ermöglicht (§ 10 Abs. 1 S. 1 und 2 AMWHV). Ebenso haben Großhändler und seit Umsetzung der FMD auch Arzneimittelvermittler über jeden Bezug und jede Abgabe von Arzneimitteln Aufzeichnungen in Form von Rechnungen zu führen (§ 7 Abs. 1 AM-HandelsV (i.V.m. § 9 Abs. 1 AM-HandelsV n.F.)) und Apotheken das Inverkehrbringen von Arzneimitteln zu dokumentieren (vgl. § 22 Abs. 1 S. 1 ApBetrO).

2. Anzeige- und Genehmigungspflichten

Anzeige- und Genehmigungspflichten dienen der Durchsetzung von Ge- und Verboten, indem sie die Kontrolle der Pflichteinhaltung ermöglichen. Es wird hier unterschieden zwischen Genehmigungspflichten und Nachweispflichten und den seit Umsetzung der FMD hinzugekommenen Registrierungspflichten.

a. Genehmigungspflichten

Um zu verhindern, dass unseriöse Unternehmen Teil der legalen Lieferkette sind, werden nahezu alle an dem Arzneimittelvertrieb beteiligten Akteure in der Einhaltung ihrer gesetzlichen Pflichten staatlich überwacht. Ausgestaltet ist diese staatliche Überwachung zumeist als Verbot mit Erlaubnisvorbehalt, d.h. die Betätigung wird untersagt und ist nur bei Vorliegen einer Erlaubnis zulässig. Letztere ist wiederum an Voraussetzungen geknüpft, dessen Vorliegen die zuständige Behörde im Verfahren zur Erlaubniserteilung kontrollieren kann.

(I) Herstellungserlaubnis

Derjenige, der Arzneimittel und ihnen gleichgestellte Gegenstände gewerbs- oder berufsmäßig herstellen will, bedarf gem. § 13 Abs. 1 AMG der Erlaubnis der zuständigen Behörde. Ausgenommen von der Erlaubnispflicht sind insbesondere die Inhaber von Apotheken für die Herstellung von Arzneimitteln im Rahmen des üblichen Apothekenbetriebs, die Träger der Krankenhäuser und die Großhändler sowie die Einzelhändler für das Umfüllen, Abpacken oder Kennzeichnen von Arzneimitteln (§ 13 Abs. 2 AMG). Ein sogenanntes Ärzteprivileg in Gestalt der Befreiung von der Herstellungserlaubnis für den Fall, dass die Person, die das Arzneimittel herstellt, keine andere ist als die, die es anwendet, enthält § 13 Abs. 2b S. 1 AMG. Die Herstellungserlaubnis beinhaltet die Erlaubnis zum Großhandel mit Arzneimitteln, die ansonsten gesondert erteilt werden muss (§ 52a Abs. 6 AMG).

Für die Erteilung einer Herstellungserlaubnis muss insbesondere eine sachkundige Person benannt sein und die Gute Herstellungspraxis eingehalten werden, also Personal für die Herstellungs- und Kontrollleitung sowie geeignete Räume und Einrichtungen zur Herstellung, Prüfung und Lagerung vorhanden sein (§ 14 Abs. 1 AMG i.V.m. AMWHV).

(II) Großhandelserlaubnis

Für den Großhandel mit Arzneimitteln, Testsera und Testantigenen ist regelmäßig eine Großhandelserlaubnis nach § 52a Abs. 1 S. 1 AMG erforderlich. Ausgenommen von dieser Erlaubnispflicht sind die in § 51 Abs. 1 HS. 2 AMG genannten, für den Verkehr außerhalb der Apotheken freigegebenen Fertigarzneimittel sowie Gase für medizinische Zwecke (§ 52a Abs. 1 S. 2 AMG). Keiner gesonderten Großhandelserlaubnis bedürfen Großhändler in Bezug auf Arzneimittel, für die sie über eine Herstellungserlaubnis nach § 13 AMG oder eine Einfuhrerlaubnis nach § 72 AMG verfügen (§ 52a Abs. 6 AMG). Ebenfalls keiner Großhandelserlaubnis bedürfen Apotheker für ihre Tätigkeit im Rahmen des üblichen Apothekenbetriebs (§ 52a Abs. 7 AMG). Sofern der Großhändler allerdings Tätigkeiten ausübt, die über die Handelstätigkeit hinausgehen und sich auch nicht lediglich in einem Umfüllen, Abpacken oder Kennzeichnen von Arzneimitteln erschöpfen (§ 13 Abs. 2 Nr. 4 AMG), bedarf er der Herstellererlaubnis. Dies ist dann der Fall, wenn er Arzneimittel verändert und/oder Packungen zur Abgabe an den Endverbraucher herstellt.[683]

Voraussetzung für die Erteilung einer Großhandelserlaubnis ist unter anderem der Nachweis, dass der Antragsteller über geeignete und ausreichende Räumlichkeiten, Anlagen und Einrichtungen verfügt, um ein ordnungsgemäßes Umfüllen, Abpacken und Kennzeichnen von Arzneimitteln zu gewährleisten (§ 52a Abs. 2 Nr. 2 AMG). Zudem muss der Antragsteller bzw. die verantwortliche Person die erforderliche Zuverlässigkeit besitzen (§ 52a Abs. 4 AMG).

(III) Einfuhrerlaubnis und GMP-Zertifikat

Bei der Einfuhr eines Arzneimittels aus einem Mitgliedstaat der EU oder Vertragsstaat des EWR ist keine gesonderte Erlaubnis erforderlich, da durch die Rechtsangleichung im gesamten europäischen Rechtsraum einheitliche Standards für die Sicherstellung der pharmazeutischen Qualität von Arzneimittel geschaffen wurden. Der Importstaat soll sich darauf verlassen können, dass im Exportstaat dieselben Qualitäts- und Sicherheitsstandards gelten, eingehalten und überwacht werden.[684]

Bei einem Import aus einem Drittstaat, der nicht Mitgliedstaat der EU oder Vertragsstaat des EWR ist, kann diese Vermutung hingegen nicht gelten. Deshalb sind insoweit zusätzliche Genehmigungen bzw. behördliche Zertifikate erforderlich.[685] So benötigt der Importeur eine Einfuhrerlaubnis nach § 72 Abs. 1 S. 1 AMG, wenn er Arzneimittel zum Zweck der Abga-

---

683 OVG Münster, Urteil vom 19.12.1980, PharmR 1981, 185; *Rehmann*, AMG, § 13 Rn. 9.

684 Vgl. *Kloesel/Cyran*, AMR II, § 72 Erl. 2.

685 *Kloesel/Cyran*, AMG II, § 72 Erl. 2.

be an andere oder zur Weiterverarbeitung nach Deutschland einführt und dies im Rahmen seiner gewerbs- oder berufsmäßigen Tätigkeit erfolgt. Die Einfuhrerlaubnis soll sicherstellen, dass der Betrieb des Importeurs bestimmte Anforderungen hinsichtlich Aufbewahrung, Transport und Handhabung von Arzneimitteln einhält. Sie entspricht ihrer Zielsetzung und den Anforderungen im Wesentlichen der Herstellungserlaubnis nach § 13 AMG.[686] Allerdings ersetzt sie nicht die Herstellungserlaubnis, falls der Importeur über die Einfuhr hinaus Herstellungshandlungen i.S.d. § 4 Abs. 14 AMG wie z.B. die Verpackung, Kennzeichnung oder Verarbeitung von Arzneimitteln übernimmt. In diesem Fall benötigt er neben der Einfuhr- auch eine Herstellungserlaubnis.[687] Entbehrlich ist dagegen eine zusätzliche Großhandelserlaubnis (§ 52a Abs. 6 AMG).

Neben der Einfuhrerlaubnis ist für den Import aus Drittstaaten ein Zertifikat nach § 72a AMG erforderlich. Das Zertifikat soll zeigen, dass die entsprechenden Arzneimittel bzw. Wirkstoffe nach denselben allgemeinen anerkannten Herstellungsstandards gefertigt wurden, die nach dem EU-GMP-Leitfaden[688] gelten. Besteht ein Abkommen mit dem Herstellungsland, genügt ein GMP-Zertifikat der ausländischen zuständigen Behörde (§ 72a Abs. 1 S. 1 Nr. 1 AMG). Ansonsten ist ein Zertifikat der zuständigen deutschen Landesbehörde erforderlich, das diese nach einer Inspektion erteilt (§ 72a Abs. 1 S. 1 Nr. 2 AMG). In Ausnahmefällen ist das GMP-Zertifikat bei Vorliegen eines besonderen öffentlichen Interesses entbehrlich (§ 72a Abs. 1 S. 1 Nr. 3 AMG).

(IV) Ausfuhrerlaubnis und Ausfuhrzertifikat

Die Ausfuhr von Arzneimitteln ist grundsätzlich erlaubnisfrei. Etwas anderes gilt allerdings, wenn verfälschte Arzneimittel (sowie bedenkliche Arzneimittel oder Arzneimittel von minderwertiger Qualität) ausgeführt werden sollen. Solche Arzneimittel dürfen nicht in den Verkehr gebracht (§§ 5 Abs. 1, 8 Abs. 1 AMG) und somit grundsätzlich auch nicht ausgeführt werden.[689] Ausnahmsweise ist die Ausfuhr solcher Arzneimittel möglich, wenn die zuständige Behörde des Bestimmungslandes die Ausfuhr des be-

686 *Rehmann*, AMG, § 72 Rn. 7.

687 *Kloesel/Cyran*, AMR III, § 72 Rn. 42; *Sandock/Nawroth* in: Dieners/Reese, Hdb PharmaR, § 16 Rn. 191 und 193.

688 Siehe Fn. 565.

689 *Sandrock/Nawroth* in: Dieners/Reese, Hdb PharmaR, § 16 Rn. 207.

treffenden Arzneimittels genehmigt hat und ihr die Versagungsgründe bekannt sind, die dem Inverkehrbringen im Geltungsbereich des AMG entgegenstehen (§ 73a Abs. 1 S. 2 AMG).

Sofern das betreffende Arzneimittel trotz seiner Verfälschung ausgeführt wird, muss die zuständige deutsche Behörde auf Antrag des pharmazeutischen Unternehmers, des Herstellers, des Exporteurs oder der zuständigen Behörde des Bestimmungslandes ein Ausfuhrzertifikat ausstellen, das bescheinigt, dass der Hersteller des Arzneimittels über die erforderliche Herstellungserlaubnis verfügt (§ 73a Abs. 2 S. 1 AMG). Wird der Antrag von der Behörde des Bestimmungslandes gestellt, ist vor Erteilung des Zertifikats die Zustimmung des Herstellers einzuholen (§ 73a Abs. 2 S. 2 AMG).[690]

(V) Apothekenbetriebserlaubnis

In Deutschland sind Offizinapotheken und Krankenhausapotheken zu unterscheiden. Beide bedürfen für den Betrieb der Erlaubnis der zuständigen Landesbehörde (vgl. § 1 Abs. 2 ApoG). Die Erlaubnis gilt für eine Offizinapotheke nur für den Apotheker, dem sie erteilt ist, und nur für die in der Erlaubnisurkunde bezeichneten Räume (§ 1 Abs. 3 ApoG). In Krankenhausapotheken wird die Erlaubnis dem Träger des Krankenhauses erteilt, wenn er die Anstellung eines Apothekers und geeignete Räume nachweist (§ 14 Abs. 1 ApoG). Die Apothekenbetriebserlaubnis ist nicht übertragbar.[691] Für ihre Erteilung sind zahlreiche persönliche und sachliche Voraussetzungen zu erfüllen (vgl. § 2 Abs. 1 Nr. 1–8 ApoG, § 4 ApBetrO). Voraussetzungen für die Erteilung sind unter anderem die Approbation als Apotheker, die erforderliche Zuverlässigkeit für den Apothekenbetrieb und der Nachweis der Räumlichkeiten.

---

690 *Sandrock/Nawroth* in: Dieners/Reese, Hdb PharmaR, § 16 Rn. 209.

691 *Frohn/Schmidt* in Tebille/Clausen/Schroeder-Printzen, Hdb MedizinR, § 15 Rn. 105.

(VI) Versandhandelserlaubnis

In Deutschland ist der Versandhandel mit Arzneimitteln jedes Produktstatus erlaubt.[692] Für verschreibungs- und apothekenpflichtiger Arzneimittel bedarf es dazu gem. § 43 Abs. 1 S. 1 AMG einer Erlaubnis der zuständigen Behörde. Grund hierfür ist der Schutz des Patienten vor einem unregulierten und dadurch unkontrollierten elektronischen Handel mit Arzneimitteln aus dem Ausland.[693]

Der Versandhandel innerhalb Deutschlands ist nicht von der allgemeinen Apothekenbetriebserlaubnis gedeckt, sondern bedarf einer weiteren besonderen Erlaubnis, die nur dem Inhaber einer Apothekenerlaubnis erteilt werden kann. Diese Versandhandelserlaubnis wird nur erteilt, wenn der Versand aus der öffentlichen Apotheke heraus zusätzlich zu dem üblichen Apothekenbetrieb erfolgt (§ 43 Abs. 1 S. 1 AMG i.V.m. § 11a S. 1 Nr. 1 ApoG). Der Versand von Arzneimitteln aus ausländischen Apotheken nach Deutschland ist nur unter engen Voraussetzungen aus einem EU-Mitgliedstaat oder einem EWR-Vertragsstaat zulässig (§ 73 Abs. 1 S. 1 Nr. 1a AMG). Die versendende Apotheke muss entweder nach ihrem nationalen Recht oder nach deutschen Recht (§ 11a ApoG) zum Versandhandel von Arzneimitteln befugt sein. Im ersteren Fall muss dieses nationale Recht dem deutschen Apothekenrecht im Hinblick auf die Versandhandelsregelungen entsprechen. Auf diese Weise soll verhindert werden, dass die deutschen Sicherheitsstandards von ausländischen Apotheken unterschritten werden.[694] Gem. § 73 Abs. 1 S. 3 AMG veröffentlicht das Bundesministerium für Gesundheit in regelmäßigen Abständen eine aktuelle Übersicht über die Länder mit vergleichbaren Sicherheitsstandards. Aktuell sind darin Island, die Niederlande, Schweden, Tschechien und das Vereinigte Königreich unter teilweise einschränkenden Bedingungen genannt.[695] Die sogenannte Länderliste dient der Orientierung der Verbraucher beim Bezug

692 Ein Gesetzesentwurf zum Versandverbot von verschreibungspflichtigen Arzneimitteln, der nach dem EuGH-Urteil zur deutschen Preisbindung (EuGH, Rs. C-148/15, *Deutsche Parkinson Vereinigung*, GRUR 2016, 1312) vom Bundesgesundheitsminsiterium entworfen wurde, ist vorerst gescheitert.

693 BT-Drs. 15/1525, S. 165

694 BT-Drs. 15/1525, S. 165

695 *Bundesministeriums für Gesundheit*, Bekanntmachung der Übersicht zum Versandhandel mit Arzneimitteln nach § 73 Absatz 1 Satz 3 des Arzneimittelgesetzes vom 5. Juli 2011.

von Arzneimitteln aus dem europäischen Ausland.[696] Folglich kann der Verbraucher selbst das Risiko des Bezugs von gefälschten Arzneimitteln vermeiden, indem er eine Bestellung in den nicht in der Länderliste aufgeführten Ländern, in denen zwangsläufig die Gefahr von Arzneimittelfälschungen höher ist, vermeidet.

b. Anzeige- und Registrierungspflichten

Anzeige- und Registrierungspflichten dienen zur Überwachbarkeit der Akteure und ihrer Tätigkeiten in der legalen Lieferkette.

(I) Nachweispflicht für den Einzelhandel

Für die Abgabe freiverkäuflicher Arzneimittel außerhalb von Apotheken ist zwar keine Erlaubnis erforderlich, dennoch sind hierfür gem. § 50 AMG aufgrund des – wenn auch geringen – Gefährdungspotentials von freiverkäuflichen Arzneimitteln als Ware besonderer Art bestimmte Voraussetzungen zu erfüllen. So dürfen freiverkäufliche Arzneimittel nur in Einzelhandelsgeschäften abgegeben werden, in denen bei mindestens einer Person Sachkenntnis in Bezug auf den Umgang mit Arzneimitteln vorhanden ist, wobei dies bei mehreren Betriebsstellen für jede Betriebsstelle gilt (§ 50 Abs. 1 AMG). Die Sachkenntnis besitzt, wer Kenntnisse und Fertigkeiten über das ordnungsgemäße Abfüllen, Abpacken, Kennzeichnen, Lagern und Inverkehrbringen von freiverkäuflichen Arzneimitteln sowie Kenntnisse der entsprechenden Vorschriften hat (§ 50 Abs. 2 S. 1 AMG). Der Nachweis der Sachkenntnis wird in der Praxis regelmäßig durch eine entsprechende Prüfung vor der zuständigen Industrie- und Handelskammer erbracht.[697] Geprüft wird unter anderem, ob der Prüfungsteilnehmer offensichtlich verwechselte, verfälschte oder verdorbene freiverkäufliche Arzneimittel erkennen kann (§ 4 Abs. 2 Nr. 3 AMSachKV).[698] Insoweit wird auch der Fälschungssicherheit von freiverkäuflichen Arzneimitteln Rech-

---

696 BT-Drs. 15/1525, S. 165; *Sandrock/Nawroth* in: Dieners/Reese, Hdb PharmaR, § 16 Rn. 130.

697 *Sandock/Nawroth* in: Dieners/Reese, Hdb PharmaR, § 16 Rn. 48.

698 Verordnung über den Nachweis der Sachkenntnis im Einzelhandel mit freiverkäuflichen Arzneimitteln (Arzneimittelsachkenntisverordnung) vom 20.6.1978 (BGBl. I S. 753), zuletzt geändert durch Art. 1 der Verordnung vom 6.8.1998 (BGBl. I S. 2044).

nung getragen, indem das Erkennen von zumindest offensichtlich gefälschten Arzneimitteln durch das letzte Glied der Vertriebskette sichergestellt wird.

(II) Herstellung, Einfuhr und Vertreiben

Betriebe und Einrichtungen, die Arzneimittel entwickeln, herstellen, prüfen, lagern, verpacken und mit ihnen Handel treiben, haben dies vor Aufnahme der Tätigkeit der zuständigen Behörde anzuzeigen (§ 67 Abs. 1 S. 1 AMG). Dies gilt auch für das Herstellen, Einführen oder Handeltreiben mit Wirkstoffen (Art. 67 Abs. 3 S. 2 AMG).

(III) Registrierungspflicht für Vermittlung von Arzneimitteln

Seit Umsetzung der FMD gelten Registrierungspflichten für den Arzneimittelvermittler, zudem muss dieser seinen Sitz innerhalb des EWR haben (§ 52c Abs. 1 und 2 AMG n.F.). Arzneimittelvermittlung ist jede berufs- oder gewerbsmäßig ausgeübte Tätigkeit von Personen, die, ohne Großhandel zu betreiben, selbstständig und im fremden Namen mit Arzneimitteln, die zur Anwendung bei Menschen bestimmt sind, handeln, ohne tatsächliche Verfügungsgewalt über diese Arzneimittel zu erlangen (§ 4 Abs. 22a AMG n.F.).

3. Kotrollen

Kontrollen sind wichtig, um die Einhaltung der Gebote und Verbote zum Schutz vor gefälschten und nachgeahmten Arzneimitteln zu überwachen. Es kommt eine Kontrolle durch den Marktakteur selbst, durch andere Marktakteure oder durch den Staat in Betracht.

a. Selbstkontrolle

Über die Selbstkontrolle sind Marktakteure verpflichtet, regelmäßig ihre Qualitätsstandards zu überprüfen, die zur Entdeckung falscher Wirkstoffe oder falscher Arzneimittel beitragen.

Hersteller sowie Großhändler und seit Umsetzung der FMD auch Arzneimittelvermittler müssen ein Qualitätsmanagementsystem entsprechend Art und Umfang ihrer Tätigkeit betreiben und dieses kontrollieren (§ 3 Abs. 1 AMWHV, § 1a AM-HandelsV (i.V.m. § 9 Abs. 1 AM-HandelsV n.F.)). Die Qualitätsmanagementsysteme müssen die Einhaltung der Guten Herstellungspraxis bzw. der Guten Vertriebspraxis beinhalten und gewährleisten, dass die vorgeschriebenen Pflichten bei Herstellung, Lieferung, Lagerung und Transport eingehalten werden. Dazu haben die Hersteller und Großhändler regelmäßig Selbstinspektionen durchzuführen (§ 11 Abs. 1 S. 1 AMWHV, § 7c Abs. 1 S. 1 AM-HandelsV). Auch der Apothekenleiter muss ein Qualitätsmanagementsystem betreiben und regelmäßige Selbstinspektionen zur Überprüfung der betrieblichen Abläufe vornehmen (§ 2a Abs. 1 S. 1, Abs. 2 S. 1 ApBetrO).

Der Inhaber der Zulassung – welcher stets auch pharmazeutischer Unternehmer ist (§ 4 Abs. 18 S. 1 AMG) – muss nach § 63b Abs. 1 AMG ein Pharmakovigilanz-System betreiben, welches ihn in die Lage versetzt, die von ihm in den Verkehr gebrachten Arzneimittel laufend zu überwachen und das Nutzen-Risiko-Verhältnis zu überprüfen.[699] Die Pharmakovigilanzpflichten des Zulassungsinhabers sind Teil eines übergreifenden Pharmakovigilanz-Systems der Bundesoberbehörde zur zentralen Erfassung und Auswertung von Arzneimittelrisiken (§ 62 AMG). Damit zielt die Pharmakovigilanz zwar nicht direkt auf den Kontext der Arzneimittelfälschung ab, zu den zu erfassenden Risiken zählen jedoch auch Fälschungen wie in § 62 Abs. 1 S. 1 AMG und Ziff. 3.9 des Stufenplans ausdrücklich genannt. Der Stufenplan legt das erforderliche Zusammenwirken aller an der Beobachtung, Sammlung und Auswertung beteiligten Stellen und die jeweils zu ergreifenden Maßnahmen fest (§ 63 AMG). Er ist geregelt in der Allgemeinen Verwaltungsvorschrift zur Beobachtung, Sammlung und Auswertung von Arzneimittelrisiken (Stufenplan).[700] Soweit es geboten erscheint, hat der pharmazeutische Unternehmer durch seinen Stufenplanverantwortlichen die entsprechenden und erforderlichen Maßnahmen zu treffen. Dazu muss er alle ihm zugänglichen Informationen zu dem Präparat wissenschaftlich auswerten, Möglichkeiten zur Risikominimierung prüfen und erforderlichenfalls solche Maßnahmen ergreifen (§ 63b Abs. 2 Nr. 1 AMG, § 19 Abs. 1 AMWHV). Insbesondere kommt ein Rückruf einer Charge

699 *Heßhaus* in: Spickhoff, MedizinR, AMG § 63c Rn. 1.

700 Allgemeine Verwaltungsvorschrift zur Beobachtung, Sammlung und Auswertung von Arzneimittelrisiken (Stufenplan) nach § 63 AMG vom 9. Februar 2005, (BAnz. S. 2383).

dann in Betracht, wenn sich Fälschungen auf dem Markt befinden, die optisch nicht von dem Originalpräparat zu unterscheiden sind und deshalb eine Gesundheitsgefährdung der Patienten angenommen werden muss.

b. Überwachung durch andere Marktakteure

Durch die Überwachung anderer Akteure am Markt soll die Zusammenarbeit mit ausschließlich seriösen Personen sichergestellt werden.

Der Hersteller hat Lieferanten für Ausgangsstoffe und Verpackungsmaterialien, die zur Arzneimittelherstellung eingesetzt werden, im Rahmen seines Qualitätsmanagementsystems zu qualifizieren (§ 11 Abs. 2 S. 1 AMWHV). Seit Umsetzung der FMD gilt dies auch für Hersteller, Importeure und Vertreiber von Wirkstoffen zur Herstellung von Arzneimitteln, wobei auch dessen Registrierung überprüft werden muss (§ 11 Abs. 3 Nr. 2 AMWHV n.F.). Bisher waren zu diesem Zweck bei Wirkstoffen und kritischen Ausgangsmaterialien Audits durchzuführen (§ 11 Abs. 2 S. 2 AMWHV a.F.). Diese sind nunmehr auf Grundlage einer formalisierten Risikobewertung vorgesehen, welche insbesondere die Nachprüfung der Einhaltung der Guten Herstellungspraxis, die Herkunft und die beabsichtigte Verwendung sowie etwaige Kenntnisse über Vorkommnisse in der Vergangenheit beinhaltet (§ 11 Abs. 4 AMWHV n.F.).

Für eine Herstellungstätigkeit im Auftrag, insbesondere die Herstellung, Prüfung und das Inverkehrbringen von Produkten muss ein schriftlicher Vertrag zwischen Auftraggeber und Auftragnehmer bestehen, in dem die Verantwortlichkeiten jeder Seite klar festgelegt und insbesondere die Einhaltung der Guten Herstellungspraxis geregelt sind (§ 9 Abs. 1 AMWHV). Die sachkundige Person hat sich davon zu überzeugen, dass der Auftragnehmer in der Lage ist, in Übereinstimmung mit der Guten Herstellungspraxis und entsprechend der Anweisungen herzustellen und zu prüfen (§ 16 Abs. 5 S. 1 AMWHV). Zudem hat sich der Auftraggeber zu vergewissern, dass der Auftragnehmer die Tätigkeit entsprechend der vorgegebenen Anweisung durchführt und über eine Erlaubnis verfügt, soweit eine Herstellungs- und Einfuhrerlaubnis erforderlich ist (§ 9 Abs. 1 AMWHV).

Der Großhändler hat Lieferungen bei der Annahme daraufhin zu überprüfen, ob die Behältnisse unbeschädigt sind und der Lieferant unter Angabe der ausstellenden Behörde und des Ausstellungsdatums bestätigt hat, dass er über die notwendige Erlaubnis verfügt (§ 4a Abs. 2 AM-HandelsV). Seit Umsetzung der FMD muss zudem die Registrierung des Vermittlers, soweit er in Anspruch genommen wird, und künftig auch die Echtheit der

Arzneimittel mittels der Sicherheitsmerkmale überprüft werden (§ 4a Abs. 2 Nr. 5 n.F.).

c. Behördliche Überwachung

In Deutschland sind die Aufgaben der staatlichen Verwaltung zwischen Bund und Ländern geteilt, dies gilt auch im Arzneimittelrecht. So übernehmen die Aufgaben der Arzneimittelüberwachung sowohl die Bundesoberbehörden als auch die Landesbehörden der einzelnen Bundesländer. Bundesoberbehörden gibt es in Deutschland mehrere, für Humanarzneimittel sind dies das BfArM und das PEI.[701] Letzteres ist für Blut, Sera und Impfstoffe zuständig (§ 77 Abs. 2 AMG), während das BfArM seine Aufgaben in allen übrigen Bereichen wahrnimmt (vgl. § 77 Abs. 1 AMG). Die Zuständigkeit der nach dem jeweiligen Landesrecht bestimmten Landesbehörde ist in der Regel bei den mittleren Verwaltungsbehörden (Regierungspräsidien etc.) angesiedelt.[702]

Die Bundesoberbehörden sind – neben der Zulassung von Arzneimitteln bzw. der Registrierung von Naturheilmitteln (§§ 21, 38 AMG) – zuständig für die Arzneimittelsicherheit (Pharmakovigilanz). Insoweit haben sie mit den Stellen zusammenzuwirken, die bei der Durchführung ihrer Aufgaben Arzneimittelrisiken erfassen, wie z.B. der WHO, Europäischen Arzneimittelagentur (EMA), den Arzneimittelbehörden der anderen EU-Mitgliedstaaten, den Gesundheitsbehörden der Bundesländer, den Arzneimittelkommissionen der Kammern der Heilberufe und nationalen Pharmakovigilanzzentren (§ 62 Abs. 1 S. 2 AMG). Die Aufgabe der Bundesoberbehörden besteht darin, die bei der Anwendung von Arzneimittel auftretenden Risiken zentral zu erfassen, auszuwerten und die nach dem AMG zu ergreifenden Maßnahmen zu koordinieren, um eine unmittelbare oder mittelbare Gefährdung der Gesundheit zu verhüten (§ 62 Abs. 1 S. 1 AMG). Zu den Risiken zählen auch Verfälschungen von Arzneimitteln (§ 62 Abs. 1 S. 1 AMG a.F. / Risiken durch gefälschte Arzneimittel bzw. Wirkstoffe, § 62 Abs. 1 S. 1 AMG n.F.). Mittel zur Koordinierung ist vor allem der Stufenplan, welcher durch die Bundesregierung nach § 63 AMG erlassen wird. Er regelt die Zusammenarbeit der beteiligten Behörden und Stellen, die Einschaltung der pharmazeutischen Unternehmer, das Vorge-

701 Gesundheits-Einrichtungen-Neuordnungs-Gesetz v. 24.6.1994 (GNG), BGBl. I 1416.

702 *Kügel* in: Terbille/Clausen/Schroeder-Pritzen, Hdb MedizinR, § 14 Rn 202.

hen nach Gefahrenstufen und die Informationswege (Ziff. 1.1 des Stufenplans).

Neben der Pharmakovigilanz besteht ein umfassendes System der Überwachung aller Betriebe und Einrichtungen, in denen Arzneimittel hergestellt, geprüft, gelagert, verpackt oder in den Verkehr gebracht werden oder in denen sonst mit ihnen Handel getrieben wird (§ 64 Abs. 1 AMG). Hierfür sind vornehmlich die Landesbehörden zuständig. Der Überwachungsauftrag erstreckt sich auf die Einhaltung aller im Verkehr mit Arzneimitteln geltenden Vorschriften. Hierzu haben die Landesbehörden regelmäßig und in angemessenem Umfang – ggf. auch unangemeldet – Inspektionen vorzunehmen (§ 64 Abs. 3 AMG) und Arzneimittelproben amtlich untersuchen zu lassen (§ 65 AMG). Daneben sind die Landesbehörden für die Erteilung von Erlaubnissen und Zertifikaten zuständig. Sie erteilen die Herstellungserlaubnis (§ 13 Abs. 4 S. 1 AMG), die Großhandelserlaubnis (§ 52a Abs. 3 S. 1 AMG) sowie die Einfuhrerlaubnis (§§ 72 Abs. 1 S. 2 i.V.m. 13 Abs. 4 S. 1 AMG). Voraussetzung ist jeweils, dass sich die Behörde durch eine Inspektion vom Vorliegen der Voraussetzungen für die Erlaubniserteilung überzeugt hat (§ 64 Abs. 3a S. 2 AMG n.F.). Zudem erteilt die Landesbehörde das Ausfuhrzertifikat (§ 73a Abs. 2 AMG), die Apothekenbetriebserlaubnis[703] und die Versandhandelserlaubnis. Seit Umsetzung der FMD sind sie auch für die Registrierung der Arzneimittelvermittler verantwortlich (§§ 52c, 67 AMG n.F.). Die Landesbehörden arbeiten in der Zentralstelle der Länder für Gesundheitsschutz bei Arzneimitteln und Medizinprodukten (ZLG) zusammen, welche ihre Tätigkeiten koordiniert.

d. Zollbehördliche Überwachung

Ein Antrag auf Grenzbeschlagnahme kann bei der Zentralstelle für gewerblichen Rechtsschutz in München gestellt werden.[704] Für den Zollfahndungsdienst sind das Zollkriminalamt und die örtlichen Zollfahndungsämter zuständig (§ 1 Nr. 3, § 5a FVG).[705]

---

703 *Frohn/Schmidt* in Terbille/Clausen/Schroeder-Pritzen, Hdb MedizinR, § 15 Rn. 108.

704 *Haft* et. al., AIPPI Group Report: Germany, S. 7.

705 Finanzverwaltungsgesetz in der Fassung der Bekanntmachung vom 4. April 2006 (BGBl. I S. 846, 1202).

e. Strafverfolgungsbehörden

Für die Ermittlungen im Bereich der Arzneimittelfälschungen ist das BKA zuständig (§ 4 Abs. 1 BKAG).[706] Im BKA ist der ungesetzliche Handel mit Arzneimitteln Teil der Bekämpfung der schweren und organisierten Kriminalität und umfasst die Betrachtung und Analyse der Deliktsfelder der illegalen Arzneimittel in der legalen Vertriebskette, Arzneimittel in der illegalen Vertriebskette und Doping im Sport. Auf ersterem Deliktsfeld liegt hierbei der Auswertungsschwerpunkt.[707]

In polizeilichen Kriminalstatistik gibt es einen eigens definierten Straftatenschlüssel nach dem AMG, auf dessen Grundlage sich über einen definierten Beobachtungszeitraum relevante Aussagen über Art und Zahl der erfassten Straftaten, sowie deren Aufklärungsquoten in dem Deliktsfeld abgeben lassen. Darüber hinaus lassen sich wichtige Erkenntnisse für die vorbeugende und verfolgende Kriminalitätsbekämpfung gewinnen.[708] Diese detaillierte statistische Erfassung der Arzneimittelkriminalität ist in dieser Form derzeit noch einzigartig in den Mitgliedstaaten der EU.[709]

4. Aufklärung und Information

Die Aufklärung und Information sind tatsächliche Schutzmittel, die in Deutschland jedoch zumeist auf rechtlichen Vorgaben beruhen. Sie dienen der Selbsthilfe der durch Arzneimittelfälschungen gefährdeten Personen, indem deren Bewusstsein für die Gefahren gesteigert wird. Im Folgenden werden die Meldung konkreter Fälschungsfälle, die Aufklärung über Schutzmöglichkeiten und der Informationsaustausch behandelt.

---

706 Gesetz über das Bundeskriminalamt und die Zusammenarbeit des Bundes und der Länder in kriminalpolitischen Angelegenheiten (Bundeskriminalamtgesetz) vom 7.7.1997 (BGBl. I S. 1650), in der Fassung des Gesetzes vom 21. Juli 2012 (BGBl. I. S. 1566) (a.F.), zuletzt geändert durch Gesetz vom 1.6.2017 (BGBl. I S. 1354) (n.F.).

707 *BKA*, Arzneimittelkriminalität, abrufbar unter https://www.bka.de/DE/UnsereAufgaben/Deliktsbereiche/Arzneimittelkriminalitaet/arzneimittelkriminalitaet_node.html (zuletzt abgerufen am 9.2.2019).

708 *Emmerich*, Die Kriminalpolizei 1/2011, 23 (24).

709 *Emmerich*, Die Kriminalpolizei 1/2011, 23 (24).

a. Meldung von Arzneimittelfälschungen

Über jeden begründeten Verdacht einer Arzneimittelfälschung hat der Stufenplanbeauftragte eines pharmazeutischen Unternehmers die zuständige Behörde unverzüglich zu unterrichten (§ 19 Abs. 2 S. 2 AMWHV). Eine gesonderte Meldepflicht des pharmazeutischen Unternehmers für Fälschungen bestand nicht (vgl. § 63c AMG a.F.).[710] Seit Umsetzung der FMD muss jedoch der Inhaber der Zulassung alle Verdachtsfälle von schwerwiegenden Nebenwirkungen erfassen und der zuständigen Behörde und ggf. der EMA unverzüglich melden (§ 63c Abs. 2 AMG n.F.). Gefälschte Arzneimittel, die im Vertriebsnetz festgestellt werden, müssen von dem Großhändler oder der Apotheke der zuständigen Behörde gemeldet werden (§ 5 Abs. 3 S. 3 AM-HandelsV, § 21 Nr. 8 S. ApBetrO). Seit Umsetzung der FMD gilt dies auch für den Arzneimittelvermittler (§ 9 Abs. 3 AM-HandelsV n.F.).

b. Informierung der Öffentlichkeit

Die zuständige Bundesoberbehörde kann die Öffentlichkeit über Arzneimittelrisiken und beabsichtigte Maßnahmen informieren (§ 62 Abs. 1 S. 3 AMG). Eine frühzeitige Information der Fachkreise wird über die Arzneimittel-Schnellinformation des BfArM gewährleistet, welche zum Zweck der Aufklärung über vermeintliche Arzneimittelrisiken bereits über jeden Anfangsverdacht informiert.[711] Der Inhaber der Zulassung darf nur bei vorheriger oder gleichzeitiger Mitteilung an die zuständige Bundesoberbehörde, der EMA und der Europäischen Kommission der Öffentlichkeit die Pharmakovigilanz betreffende Informationen bekannt machen (§ 63b Abs. 3 S. 1 AMG).

c. Versandhandelsregister und Sicherheitslogo

Seit 2009 führte das Deutsche Institut für Medizinische Information und Dokumentation (DIMDI) im Auftrag des Bundesministeriums für Gesundheit ein Register, in dem Apotheken, die behördlich zum Versandhan-

---

710 *Hauke/Kremer*, PharmR 2013, 213 (215).
711 *Schickert* in: Kügel/Müller/Hoffmann, AMG, § 62 Rn. 15.

del zugelassen sind, erfasst werden.[712] Das Versandhandelsregister sollte zu mehr Transparenz im Versand- bzw. Internethandel beitragen und Verbrauchern die Unterscheidung zwischen legalen und illegalen Anbietern erleichtern.[713] Rechtsgrundlage war § 43 Abs. 1 S. 3 AMG, wonach Behörden, die die Erlaubnisse zum Versand von Arzneimitteln ausstellen, verpflichtet werden, die Angaben über die Erlaubniserteilung in die Datenbank nach § 67a AMG einzugeben. Die entsprechende Eintragung im Versandhandelsregister war jedoch nicht verpflichtend, vielmehr war hierfür das Einverständnis der Apotheken zum Eintrag erforderlich.[714]

Die registrierten Versandapotheken erhielten für ihre Internetseite ein offizielles Logo (graphische Darstellung in Anhang II **Abbildung 5**). Für sich allein besaß das Sicherheitslogo zwar noch keine Aussagekraft, denn eine Fälschung des Logos konnte nicht ausgeschlossen werden. Doch durch das Anklicken des Sicherheitslogos sollte sich eine Website des DIMDI mit dem Registereintrag der Apotheke öffnen, durch dessen Überprüfung und Verlinkung mit der Website der Apotheke das Risiko, auf Webseiten unseriöser Anbieter zu bestellen, verringert werden konnte.[715] Ausländische Apotheken, die die Voraussetzungen für den Versandhandel nach Deutschland erfüllten, konnten ebenfalls in das Versandhandelsregister aufgenommen werden.[716]

Seit Umsetzung der FMD existiert für die gesamte EU ein gemeinsames Versandhandelslogo mit Register, welches seit dem 26.6.2015 obligatorisch von den Internetapotheken zu nutzen ist (§ 67 Abs. 8 S. 4 AMG n.F.) (näher hierzu oben in diesem Teil 5 unter A. III. 4. c.). Im Unterschied zum DIMDI-Sicherheitslogo erfasst das EU-Logo nicht allein Apotheken, sondern auch andere Versender von (freiverkäuflichen) Arzneimitteln. Zudem dürfen Apotheken mit Versanderlaubnis gem. § 11a ApoG, die ihre Tätigkeit lediglich offline ohne Bestellmöglichkeit über das Internet ausüben, das EU-Logo nicht verwenden.[717]

---

712 Das Register ist abrufbar unter http://www.dimdi.de/static/de/amg/versandhandel/haendler/index.htm (zuletzt abgerufen am 9.2.2019).

713 *Hofmann* in: Kügel/Müller/Hofmann, AMG, § 43 Rn. 43.

714 *Lietz* in: Fuhrmann/Klein/Fleischfresser, AMR, § 21 Rn. 61.

715 *Jung*, PZ 26/2015, 2024.

716 *Jung*, PZ 26/2015, 2024.

717 *Jung*, PZ 26/2015, 2024 (2024 f.)

d. Aufklärung der Öffentlichkeit

Viele Behörden und Verbände klären die Öffentlichkeit über Arzneimittelfälschungen auf. So gibt beispielsweise das Bundesgesundheitsministerium Informationsblätter zu dem Thema heraus.[718] Die deutsche Gesundheitshilfe startete eine bundesweite Aufklärungsaktion und stellt verschiedene Ratgeber zur Verfügung.[719] Auch Verbände, wie der Verband forschender Pharmaunternehmen (vfa), informieren auf ihren Internetseiten über das Thema.[720]

e. Kooperation mit Interessensgruppen

Es gibt eine Bund-Länder-Arbeitsgruppe zur Koordinierung von Maßnahmen zur Abwehr von Arzneimittelrisiken durch Fälschungen. Kernaufgabe ist der Erfahrungsaustausch und die Abstimmung des Vorgehens. Mitglieder sind Vertreter der Bundesoberbehörden, der Länderüberwachung, das BKA, ZKA, Bundesministerium für Gesundheit und die ZLG.[721]

Deutschland ist zudem Mitglied der WGEO und des *Permanent Forum on International Pharmaceutical Crime* (PFIPC).

5. Sanktionen gegen Marktakteure

Sanktionen dienen der Durchsetzung der Gebote und Verbote. Halten die Marktakteure der legalen Vertriebskette ihre Pflichten nicht ein, kommen

---

718 Informationsblatt des Bundesgesundheitsministeriums, „Arzneimittelfälschungen – ein globales Problem", Stand: 6. Mai 2013, abrufbar unter http://www.inpha.de/wp-content/uploads/2014/12/130507_Infoblatt_Arzneimittelfaelschungen.pdf ; Informationsblatt des Bundesgesundheitsministeriums, „So schützen Sie sich vor gefälschten Arzneimitteln", Stand: 9. November 2011, abrufbar unter http://www.inpha.de/wp-content/uploads/2012/11/111109_Infoblatt_So_schuetzen_Sie_sich_vor_gefaelschten_Arzneimitteln.pdf (zuletzt abgerufen am 9.2.2019).

719 *Deutsche Gesundheitshilfe*, bundesweite Aufklärungsaktion, abrufbar unter http://www.gesundheitshilfe.de/aktionen/gefaelschte-arzneimittel/ (zuletzt abgerufen am 9.2.2019).

720 Siehe z.B. *vfa*, Wie Sie sich am besten vor Arzneimittelfälschungen schützen, 11.5.2013, abrufbar unter http://www.vfa.de/de/wirtschaft-politik/artikel-wirtschaft-politik/schutz-vor-faelschungen.html (zuletzt abgerufen am 9.2.2019).

721 *BfArM*, Presse: Ergänzung vom 25.7.2014, a.a.O.

behördliche Maßnahmen, strafrechtliche Sanktionen und eine zivilrechtliche Haftung in Betracht.

a. Behördliche Maßnahmen

Soweit die Marktakteure ihre oben genannten Pflichten nicht erfüllen, können die zuständigen Behörden nach der Generalklausel des § 69 Abs. 1 S. 1 AMG alle zur Beseitigung festgestellter Verstöße und zur Verhütung künftiger Verstöße notwendigen Anordnungen treffen. Umfasst sind nicht nur Verstöße gegen die Vorschriften des AMG, sondern gegen alle Vorschriften, die der Überwachung des Verkehrs mit Arzneimitteln dienen, insbesondere auch Verstöße gegen das Apothekenrecht.[722] Den Behörden steht ein weit reichendes Ermessen zu, wobei der Verhältnismäßigkeitsgrundsatz zu wahren ist.[723] Die Vorschrift richtet sich sowohl an die Bundesoberbehörden als auch an die zuständigen Landesbehörden im Rahmen ihrer jeweiligen Zuständigkeiten (d.h. an die Bundesoberbehörden im Rahmen der Zulassung von Arzneimitteln nach §§ 28 ff. AMG und der Pharmakovigilanz nach § 62 AMG; an die Landesbehörden im Rahmen der Überwachung nach §§ 64 ff. AMG).

Maßnahmen nach § 69 Abs. 1 S. 2 AMG, also Vertriebsverbot, Rückruf und Sicherstellung, dürfen nur bei Vorliegen der genannten Voraussetzungen ergriffen werden. Dazu zählt die fehlende Herstellungs-, Einfuhr- oder Großhandelserlaubnis (Nr. 6 und Nr. 7), was die Einhaltung oben genannter Genehmigungspflichten unterstützt. Auch bei Qualitätsmängeln (Nr. 2), der fehlenden Wirksamkeit eines Arzneimittels (Nr. 3) oder der fehlenden Unbedenklichkeit eines Arzneimittels (Nr. 4) und nunmehr auch bei einem begründeten Verdacht auf gefälscht Arzneimittel oder Wirkstoffe (Nr. 2a) können ein Rückruf und eine Sicherstellung angebracht sein. Soweit die Mängel auf einer Arzneimittelfälschung beruhen, dürfte dieser Fall in der legalen Lieferkette jedoch sehr selten auftauchen.

---

722 BVerwG, NJW 1999, 881; *Dewelski* in: Kügel/Müller/Hofmann, AMG, § 69 Rn. 4.

723 *Dewelski* in: Kügel/Müller/Hofmann, AMG, § 69 Rn. 19.

b. Strafrechtliche Absicherung der Ge- und Verbote

Die den Marktakteuren auferlegten Ge- oder Verbote sind zumeist durch das Straf- oder Ordnungswidrigkeitenrecht abgesichert. Ein Verstoß gegen Erlaubnispflichten ist strafbewährt und kann mit Freiheitsstrafe von bis zu 1 Jahr oder Geldstrafe (§ 96 Nr. 4, 14, 18b AMG) bzw. bei der Apothekenbetriebserlaubnis mit Freiheitsstrafe von bis zu 6 Monaten oder Geldstrafe (§ 23 ApoG) betraft werden. Ein Verstoß gegen die übrigen Pflichten stellt nach § 97 AMG bzw. § 25 ApoG und den jeweils darauf verweisenden Gesetzen eine Ordnungswidrigkeit dar.

c. Zivilrechtliche Haftung des Originalherstellers

Eine zivilrechtliche Haftung des Originalherstellers kann sich in Deutschland aus dem Arzneimittelgesetz, Produkthaftungsrecht oder allgemeinen Deliktsrecht ergeben.

(I) Arzneimittelgesetz

Nach § 84 AMG greift eine verschuldensunabhängige Gefährdungshaftung des pharmazeutischen Unternehmers bei Tötung oder nicht unerheblicher Verletzung eines Menschen infolge der Anwendung eines zum Gebrauch beim Menschen bestimmten Arzneimittels. Die Gefährdungshaftung wird jedoch normalerweise bei Total- sowie Teilfälschungen von Arzneimitteln ausscheiden, denn wird ein Produkt vor dem Inverkehrbringen gefälscht, wird derjenige, mit dessen Namen das Arzneimittel gekennzeichnet ist, nicht zum pharmazeutischen Unternehmer.[724] Grund hierfür ist, dass das Produkt ohne Willen des Kennzeichnenden (wie z.B. bei gestohlenen oder unterschlagenen Arzneimitteln oder Verpackungen) bzw. ohne Willen desjenigen, der als Kennzeichnender ersichtlich ist (wie bei nachgeahmten Arzneimittelern oder Verpackungen), in den Verkehr gebracht wurde. Wird ein Produkt dagegen nach dem Inverkehrbringen verfälscht, ist der pharmazeutische Unternehmer nicht für das Verfälschen verantwortlich, vielmehr haftet er nur für die Gefahren des von ihm hergestellten Arzneimittels selbst. Schließlich scheidet auch eine Haftung für (Re-)Importe

---

724 *Sandock/Nawroth* in: Dieners/Reese, Hdb PharmaR, § 16 Rn. 76; *Sander*, AMR, § 84 Erl. 6

aus, da in diesem Fall das Inverkehrbringen des Arzneimittels nicht im Geltungsbereich des Gesetzes erfolgte. Dies gilt selbst dann, wenn die im Ausland in Verkehr gebrachten Arzneimittel durch einen Reimport wieder ins Inland verbracht und an Verbraucher angegeben werden.[725] Etwas anderes gilt nur dann, wenn das Produkt nicht im Ausland, sondern – auch abredewidrig – vom Händler im Inland in Verkehr gebracht wird.[726] Für Importe von Arzneimitteln ausländischer Hersteller haften deutsche Arzneimittelhersteller nicht, selbst wenn sie mit den ausländischen Herstellern konzernmäßig verbunden sind.[727]

(II) Produkthaftungsgesetz

Aufgrund der Exklusivität der Arzneimittelhaftung aus § 84 AMG ist das Produkthaftungsgesetz nur dort anwendbar, wo das AMG nicht eingreift (§ 15 Abs. 1 ProdHaftG). Als allgemeiner Auffangtatbestand kommt es insbesondere für den tatsächlichen Hersteller, soweit er nicht pharmazeutischer Unternehmer ist, sowie für die im Ausland in den Verkehr gebrachten Arzneimittel in Betracht.[728] Die Haftung ist nicht auf den Endproduktehersteller begrenzt, sondern trifft alle Teilnehmer der Wertschöpfungskette, auch Zulieferer von Teilprodukten und Grundstoffen (§ 4 Abs. 1 ProdHaftG), soweit der Fehler in deren Verantwortungsbereich seinen Ursprung hatte.[729] Damit werden auch Verpackungsmaterialien vom Produktebegriff erfasst, wie auch die Einzelbegründung des Gesetzesentwurfs zu § 2 ProdHaftG ausdrücklich feststellt.[730]

Der Hersteller haftet jedoch nicht für jegliche Schäden infolge des Gebrauchs eines Produkts. So muss er zwar Sicherheitsvorkehrungen für einen naheliegenden Fehlgebrauch treffen, er muss jedoch nicht mit einem Missbrauch rechnen, der unter den betreffenden Umständen als unvernünftig gelten muss.[731] Ob der Hersteller die Sicherheit seines Produkts

725 *Sander*, AMR, § 84 Erl. 7.

726 *Sander*, AMR, § 84 Erl. 7; *Sandock/Nawroth* in: Dieners/Reese, Hdb PharmaR, § 16 Rn. 76.

727 *Sander*, AMR, § 84 Erl. 7.

728 *Taschner/Frietsch*, Produkthaftungsgesetz, § 15 Rn. 43.

729 *Hollmann*, DB 1985, 2389 (2391).

730 Gesetzesentwurf BT-Drucks. 11/2447 v. 9.5.1988; *Klingmüller*, VersR 1989, 1226 (1228).

731 ErwGr. Abs. 6 S. 2 der RL 85/374/EWG vom 25.7.1985; *Kullmann*, in: Kullmann/Pfister, Produzentenhaftung, Kz. 1050 S. 2.

auch insoweit gewährleisten muss, dass Gefährdungen durch kriminelle Handlungen ausgeschlossen oder erschwert sind, ist umstritten. Fraglich ist beispielsweise, ob die Verpackung der Ware gleichsam „einbruchssicher" sein muss. Solche Anforderungen an Verpackungen werden zum Teil unter Hinweis auf Entwicklungen in der USA befürwortet,[732] während andere dies als zu weitgehend ablehnen, da ein durchschnittlicher Benutzer oder Verbraucher normalerweise nicht einen solchen Schutz erwarten könne.[733]

Im Fall von Produktfehler aufgrund von Arzneimittelfälschungen wird die subsidiäre Lieferantenhaftung relevant. Danach haftet der Lieferant als Hersteller, soweit letzterer nicht bekannt ist und der Lieferant den Hersteller bzw. seinen Lieferanten nicht benennt (§ 4 Abs. 3 S. 1 ProdHaftG). Über das Haftungsrecht wird hier eine Rückverfolgung der Lieferkette bis hin zum verantwortlichen Fälscher unterstützt. Zur Folge einer etwaigen Haftung siehe unten in diesem Teil 5 B. III. unter 6. b. (II).

(III) Allgemeines Deliktsrecht

Eine Haftung des Originalherstellers kommt in Gestalt der von der Rechtsprechung entwickelten deliktischen Produzentenhaftung nach § 823 Abs. 1 BGB in Betracht. Die Haftung ist neben § 84 AMG und dem ProdHaftG anwendbar (§ 91 AMG; § 15 ProdHaftG). Im Unterschied dazu ist aber ein Verschulden erforderlich, wobei insoweit eine Verschuldensvermutung greift. Wer in seinem Verantwortungsbereich eine Gefahrenlage für Dritte schafft oder andauern lässt, z.B. durch das Inverkehrbringen eines Produkts, hat Rücksicht auf diese Gefährdungen zu nehmen und diejenigen Vorkehrungen zu treffen, die zur möglichsten Verhinderung einer Schädigung erforderlich und zumutbar sind.[734] Es obliegt dem Produzenten zu beweisen, dass er keine Verkehrssicherungssicherungspflicht verletzt hat. Im Fall der Produktfälschung sind insbesondere die Produktbeobachtungspflicht sowie die Pflicht zur Vermeidung von Konstruktionsfehlern als Verkehrssicherungspflichten heranzuziehen.[735]

---

732 *Klingmüller*, VersR 1989, 1226 (1228); *Tillmanns*, PharmR 2009, 66 (70).

733 *Kullmann*, in: Kullmann/Pfister, Produzentenhaftung, Kz. 3604 S. 18; vgl. *Taschner/Frietsch*, Produkthaftungsgesetz, § 3 Rn. 45.

734 BGH NJW 2007, 762 (763); BGH VersR 2006, 1083 (1084).

735 *Tillmanns*, PharmR 2009, 66 (71).

Die Produktbeobachtungspflicht legt dem Produzenten ab dem Zeitpunkt des Inverkehrbringens die aktive Pflicht auf, sein Produkt auf zuvor unbekannte Gefahren zu beobachten. Er darf sich nicht auf zufällige, passive Kenntniserlangung verlassen, sondern muss im Rahmen des Zumutbaren kontinuierlich Fachliteratur und technische Regelwerke auswerten sowie den Markt hinsichtlich der Erfahrung von Konkurrenten und verbesserter Sicherheitsstandards verfolgen.[736] Die Pflicht erstreckt sich ebenso auf Gefahren, die durch die Kombination mit fremden Produkten oder einen vorhersehbaren Fehlgebrauch und Produktmissbrauch entstehen können.[737]

Die Produktbeobachtungspflicht wirkt zugleich auf die dem Produzenten ebenfalls obliegende Pflicht zur Vermeidung von Konstruktionsfehlern, da eine im Rahmen der Produktbeobachtung erfolgte Kenntniserlangung auch insoweit zur Entstehung entsprechender Verkehrssicherungspflichten führt.[738] Der Hersteller ist verpflichtet ein Produkt so zu konstruieren, dass es der durchschnittliche Verwender im Rahmen des Verwendungszwecks gefahrlos gebrauchen kann. In die zu treffenden Sicherheitsmaßnahmen sind auch Gefahren einer voraussehbaren Zweckentfremdung oder eines unsachgemäßen Gebrauchs einzubeziehen.[739] Der Produzent hat also auch bei Missbrauch und vorsätzlichen Handlungen Dritter Sicherheitsmaßnahmen zu treffen.[740]

Für Arzneimittelfälschungen bedeutet dies, dass der Originalhersteller jedenfalls dann, wenn ihm bekannt ist, dass von ihm produzierte Medikamente oder vergleichbarer konkurrierende Produkte häufig und in großer Anzahl gefälscht werden, zur Ergreifung von Sicherheitsmaßnahmen verpflichtet sein kann.[741] Maßnahmen stellen neben Warnungen und Rückrufaktionen insbesondere technische Möglichkeiten zur Fälschungsvermeidung dar (Verwendung qualitativ hochwertiger Druckmethoden, bestimmter Materialien mit besonderen Farbeffekten, besonderer Prägungen, oder Verpackungen mit Hologrammen, Stanzungen, Markierungen oder Serialisierungen).[742] Wenn insoweit zumutbare technische Möglichkeiten nicht ergriffen werden, um fälschungssichere Verpackungen bei der Herstellung von Arzneimitteln einzusetzen, liegt hierin eine Verletzung der

736 BGHZ 80, 199 (203), *Hornung/Fuchs*, PharmR 2012, 501 (508).
737 *Hornung/Fuchs*, PharmR 2012, 501 (508).
738 *Tillmanns*, PharmR 2009, 66 (71).
739 BGHZ 104, 323 (328); *Hornung/Fuchs*, PharmR 2012, 501 (508).
740 *Tillmanns*, PharmR 2009, 66 (71).
741 *Hornung/Fuchs*, PharmR 2012, 501 (508); *Tillmanns*, PharmR 2009, 66 (71).
742 *Kügel* in: Kügel/Müller/Hofmann, AMG, § 8 Rn. 28.

Verkehrssicherungspflicht des Originalherstellers.[743] Mit Umsetzung der FMD dürfte gleiches auch gelten, soweit die vorgeschriebenen Sicherheitsmerkmale nicht ordnungsgemäß auf die Arzneimittelpackung aufgebracht werden.[744]

6. Sanktionen gegen Arzneimittelfälscher

Illegale Handlungen im Hinblick auf Arzneimittelfälschungen werden durch Sanktionen geahndet. Unter das sekundäre Schutzmittel fallen hier strafrechtliche Konsequenzen, zivilrechtliche Ansprüche und die Grenzbeschlagnahme.

a. Strafrechtliche Haftung

Eine strafrechtliche Haftung kann sich in Deutschland aus dem Arzneimittel- oder Strafrecht oder dem Recht des geistigen Eigentums ergeben.

(I) Arzneimittelgesetz

Ursprünglich wurde das Fälschen von Arzneimitteln in Deutschland rechtlich wie Produktpiraterie behandelt und konnte daher nur markenrechtlich verfolgt werden. Nur in wenigen Ausnahmen, wenn das gefälschte Arzneimittel bedenklich war, d.h. mehr als medizinisch vertretbar schädigende Wirkung hatte, kam ein Verstoß gegen das Arzneimittelrecht in Betracht. Die 12. AMG-Novelle führte schließlich im Jahre 2004 ein strafrechtlich sanktioniertes Verbot des Herstellens und Inverkehrbringens von falsch gekennzeichneten Arzneimitteln ein (§ 8 Abs. 1 Nr. 1a AMG a.F. / § 8 Abs. 2 AMG n.F.), was mittlerweile weiter reformiert wurde. Nunmehr ist das Herstellen und Inverkehrbringen von gefälschten Arzneimitteln oder gefälschten Wirkstoffen und seit Umsetzung der FMD auch das Handeltreiben mit ihnen verboten und wird bei Zuwiderhandlung gem. § 95 Abs. 1 Nr. 3a AMG (i.V.m. § 73 Abs. 4 und § 73a AMG für das Ein- und Ausführen) mit Freiheitsstrafe bis zu 3 Jahren oder mit Geldstrafe bestraft. Da-

743 *Wesch* in: Dieners/Reese, Hdb PharmaR, § 16 Rn. 85; *Tillmanns*, PharmR 2009, 66 (71).

744 So auch *Hornung/Fuchs*, PharmR 2012, 501 (504).

rüber hinaus greift in einem besonders schweren Fall, in dem der Täter gewerbsmäßig oder als Mitglied einer Bande handelt, welche sich zur fortgesetzten Begehung solcher Taten verbunden hat, eine Freiheitsstrafe von bis zu 10 Jahren (§ 95 Abs. 3 Nr. 3 AMG). Ebenso liegt ein besonders schwerer Fall vor, wenn der Täter die Gesundheit einer großen Zahl von Menschen gefährdet, einen anderen der Todesgefahr oder einer schweren Gesundheitsschädigung aussetzt oder aus grobem Eigennutz Vermögensvorteile großen Ausmaßes erlangt (§ 95 Abs. 3 Nr. 1 AMG). Auch die fahrlässige Begehung ist strafbewehrt (§ 95 Abs. 4 AMG).

Daneben greifen für Nachahmpräparate, Placebos sowie gesundheitsschädliche Placebos[745] weitere Straftatbestände. Mit Freiheitsstrafe bis zu 3 Jahren oder mit Geldstrafe wird bestraft, wer bedenkliche Arzneimittel in den Verkehr bringt oder anwendet (§ 95 Abs. 1 Nr. 1 i.V.m. § 5 AMG) oder wer Arzneimittel in den Verkehr bringt, die nicht nach den Vorschriften des deutschen Arzneimittelrechts hergestellt worden sind (§ 95 Abs. Nr. 2 AMG). Für diese Handlungen greift bei Vorliegen eines entsprechenden besonders schweren Falls nach § 95 Abs. 3 Nr. 1 AMG die erhöhte Strafandrohung. Eine verminderte Strafandrohung von bis zu einem Jahr Freiheitsstrafe oder Geldstrafe kann für das Herstellen von Arzneimitteln ohne Herstellungserlaubnis (§ 13 AMG) sowie das Einführen von Arzneimitteln ohne Einfuhrerlaubnis (§ 72 AMG) gem. § 96 Nr. 4 AMG verhängt werden. Die verminderte Strafandrohung gilt auch für das Verbringen eines gefälschten Arzneimittels oder eines gefälschten Wirkstoffs in den Geltungsbereich des AMG (§ 96 Nr. 18e i.V.m. § 73 Abs. 1b S. 1 AMG).

(II) Strafgesetzbuch

Hinsichtlich des Verkaufs eines gefälschten Arzneimittels, welches keinen oder zu wenig Wirkstoff und demzufolge falsche Angaben auf der Verpackung oder in der Packungsbeilage enthält, macht sich der Täter des Betrugs gem. § 263 Abs. 1 StGB strafbar. Die Strafandrohung liegt bei einer Freiheitsstrafe bis zu 5 Jahren oder Geldstrafe. Soweit der Täter den Betrug als Mitglied einer Bande, die sich zur fortgesetzten Begehung von Betrugsdelikten verbunden hat, gewerbsmäßig begeht, liegt die Strafandrohung grundsätzlich bei einer Freiheitsstrafe von einem bis zu zehn Jahren (§ 263 Abs. 5 StGB).

745 Zu den Fälschungsarten siehe oben unter Teil 2 C. II.

Wird ein Mensch durch die Einnahme eines gefälschten Arzneimittels an der Gesundheit geschädigt oder körperlich misshandelt, greift der Straftatbestand der vorsätzlichen Körperverletzung (in mittelbarer Täterschaft) nach §§ 223 Abs. 1 StGB mit einer Strafandrohung von bis zu fünf Jahren Freiheitstrafe oder Geldstrafe ein. Enthält das gefälschte Arzneimittel giftige oder gesundheitsschädliche Stoffe oder ist es geeignet das Leben eines Menschen zu gefährden, liegt eine gefährliche Körperverletzung (in mittelbarer Täterschaft) vor, welche nach § 224 Abs. 1 Nr. 1 bzw. Nr. 5 StGB mit Freiheitsstrafe von 6 Monaten bis zu 10 Jahren bestraft wird. Auch die fahrlässige Körperverletzung ist strafbar, wird jedoch nur mit einer Freiheitsstrafe bis zu 3 Jahren oder mit Geldstrafe bestraft (§ 229 StGB).

Bei Versterben eines Menschen aufgrund der Einnahme eines gefälschten Arzneimittels ist der Tatbestand des Totschlags gem. § 212 Abs. 1 StGB (in mittelbarer Täterschaft) einschlägig, welcher grundsätzlich eine Strafandrohung nicht unter 5 Jahren Freiheitsstrafe vorsieht. Unter Umständen macht sich der Täter des Mordes nach § 211 StGB strafbar, soweit ein Mordmerkmal wie Habgier oder niedrige Beweggründe vorliegt. Dann greift die lebenslange Freiheitsstrafe.[746]

(III) Geistige Eigentumsrechte

Die Verletzung einer Marke, eines Patents oder eines Designs sowie die unerlaubte Verwertung urheberrechtlich geschützter Werke oder das unzulässige Anbringen von Urheberbezeichnungen ist mit Freiheitsstrafe bis zu 3 Jahren oder mit Geldstrafe bedroht (§ 143 Abs. 1 MarkenG; § 142 Abs. 1 PatG; § 51 Abs. 1 DesignG bzw. §§ 106 Abs. 1, 107 Abs. 1 UrhG). Auch der Versuch ist strafbar (§ 143 Abs. 3 MarkenG; § 142 Abs. 3 PatG; § 51 Abs. 3 DesignG; §§ 106 Abs. 2, 107 Abs. 2 UrhG). Die Taten werden jedoch nur auf Antrag verfolgt, wenn nicht die Strafverfolgungsbehörde das besondere öffentliche Interesse an der Strafverfolgung feststellt (§ 143 Abs. 4 MarkenG; § 142 Abs. 4 PatG; § 51 Abs. 4 DesignG; § 109 UrhG). Die Freiheitsstrafe auf bis zu 5 Jahre erhöht, soweit der Täter gewerbsmäßig handelt (§ 143 Abs. 2 MarkenG; § 142 Abs. 2 PatG; § 51 Abs. 2 DesignG, § 108a Abs. 1 UrhG). Dasselbe gilt im Falle einer Markenrechtsverletzung auch

746 Unter lebenslanger Freiheitsstrafe ist in Deutschland eine Freiheitsstrafe mit unbestimmter Dauer zu verstehen (vgl. § 38 Abs. 1 StGB). Nach 15 Jahren kann auf vorzeitige Entlassung auf fünfjährige Bewährung entschieden werden (§ 57a StGB).

für die Mitgliedschaft in einer Bande, die sich zur fortgesetzten Begehung von Markenrechtsverletzungen verbunden hat (§ 143 Abs. 2 MarkenG). Gegenstände, auf die sich die Straftat bezieht, können eingezogen werden (§ 143 Abs. 5 S. 1 MarkenG; § 142 Abs. 5 S. 1 PatG; § 51 Abs. 5 S. 1 DesignG; § 110 S. 1 UrhG).

Die gewerblichen Schutzrechte und das Urheberrecht sehen auch ein „An-den-Pranger-stellen“ des Verletzers vor:[747] wenn der Verletzte es beantragt und ein berechtigtes Interesse daran kundtut, ist von einem Gericht anzuordnen, dass die Verurteilung auf Verlangen öffentlich bekannt gemacht wird, wenn das Gericht auf Strafe erkennt (§ 143 Abs. 6 S. 1 MarkenG; § 142 Abs. 6 S. 1 PatG; § 51 Abs. 6 S. 1 DesignG; § 111 S. 1 UrhG). Die Art der Bekanntmachung ist in dem Urteil zu bestimmen (§ 143 Abs. 6 S. 2 MarkenG; § 142 Abs. 6 S. 2 PatG; § 51 Abs. 6 S. 2 DesignG; § 111 S. 2 UrhG).

(IV) Wettbewerbsrecht

Gefälschte und nachgeahmte Arzneimittel können gemäß dem UWG strafbewehrt sein.[748] Das Gesetz dient dem Schutz der Mitbewerber, der Verbraucher sowie der sonstigen Marktteilnehmer vor unlauterem Wettbewerb (§ 1 S. 1 UWG). Zugleich schützt es das Interesse der Allgemeinheit an einem unverfälschten Wettbewerb (§ 1 S. 2 UWG). Ein Beispiel unlauteren Wettbewerbs stellt es dar, wenn Waren angeboten werden, die eine Nachahmung der Waren eines Mitbewerbers sind, wenn eine vermeidbare Täuschung der Abnehmer über die betriebliche Herkunft herbeigeführt wird (§ 4 Nr. 9 lit. a UWG a.F. / § 4 Nr. 3 lit. a UWG n.F.). Unlautere Wettbewerbshandlungen, die geeignet sind, den Wettbewerb zum Nachteil der Mitbewerber, der Verbraucher oder anderer, oder sonstiger Marktteilnehmer nicht nur unerheblich zu beeinträchtigen, sind unzulässig (§ 3 UWG). Eine Herkunftstäuschung liegt vor, wenn die angesprochenen Verkehrskreise den Eindruck gewinnen können, die Nachahmung stamme vom Hersteller des Originals oder einem mit ihm verbundenen Unternehmen. Hierzu können die markenrechtlich entwickelten Grundsätze zur Ver-

---

747 Mit diesem Wortlaut für das Patentrecht: *Wesch* in: Dieners/Reese, Hdb PharmaR, § 16 Rn. 54.

748 Vgl. auch *Wesch* in: Dieners/Reese, Hdb PharmaR § 16 Rn. 70.

wechslungsgefahr entsprechend angewendet werden.[749] Die irreführende Werbung durch unwahre Angaben wird mit Freiheitsstrafe bis zu 2 Jahren oder mit Geldstrafe bestraft (§ 16 Abs. 1 UWG).

b. Zivilrechtliche Haftung

Die zivilrechtliche Haftung kann sich in Deutschland aus dem Arzneimittelrecht, Produkthaftungsrecht, dem allgemeinen Deliktsrecht oder dem geistigen Eigentumsrecht ergeben.

(I) Arzneimittelgesetz

§ 84 AMG bestimmt die verschuldensunabhängige Gefährdungshaftung des pharmazeutischen Unternehmers bei Tod oder Verletzung eines Menschen infolge der Anwendung eines Arzneimittels.[750] Pharmazeutischer Unternehmer ist, wer ein Arzneimittel unter seinem Namen in Verkehr gebracht hat (§ 4 Abs. 18 AMG). Damit scheidet eine Haftung der Arzneimittelfälscher nach § 84 AMG aus, denn diese werden eine Fälschung in der Regel unter dem Namen des Originalherstellers oder jedenfalls nicht unter ihrem eigenen Namen in den Verkehr bringen.

(II) Produkthaftungsgesetz

Das ProdHaftG ist im Anwendungsbereich der Arzneimittelhaftung nach dem AMG ausgeschlossen (vgl. § 15 Abs. 1 ProdHaftG)[751]. Soweit die Haftung nach AMG jedoch nicht greift, kommt das ProdHaftG als Anspruchsgrundlage in Betracht. Dies gilt insbesondere für die Haftung des tatsächlichen Herstellers, der nicht pharmazeutischer Unternehmer ist.[752] Unter diese Fallgruppe fällt der Arzneimittelfälscher, der mithin verschuldensunabhängig auf Schadensersatz haftet, wenn jemand durch den Fehler eines

---

749 BGH GRUR 2001, 251 (253) – *Messerkennzeichnung*; *Köhler* in: Köhler/Bornkamm/Feddersen, UWG, § 4 Rn. 3.42.

750 *Wesch* in: Dieners/Reese, Hdb PharmaR, § 16 Rn. 75.

751 auch wenn dies im Hinblick auf die ProdHaftRL zweifelhaft sein mag, *Palandt*, BGB, ProdHaftG 15 Rn. 2

752 *Taschner/Frietsch*, Produkthaftungsgesetz, § 15 Rn. 43.

Produkts getötet oder sein Körper oder seine Gesundheit verletzt wird (§ 1 Abs. 1 S. 1 ProdHaftG). Als Hersteller gilt dabei nicht nur der Endproduktehersteller, sondern alle Zulieferer von Teilprodukten und Grundstoffen, in deren Verantwortungsbereich der Fehler seinen Ursprung hatte.[753] Insoweit haftet auch der Lieferant von gefälschten Wirkstoffen neben dem tatsächlichen Hersteller der Fälschung und zwar als Gesamtschuldner (§ 5 S. 1 ProdHaftG).

Haftungsfolge ist der Ersatz von Personen- und Sachschäden, wobei die beschädigte Sache eine andere als das fehlerhafte Produkt sein muss und gewöhnlich nur zum privaten Ge- und Verbrauch bestimmt und hauptsächlich verwendet wird (Art. 1 Abs. 1 S. 2 ProdHaftG). Ersetzbar sind materielle Schäden und immaterielle Schäden (Schmerzensgeld). Bei Sachschäden muss der Geschädigte eine Selbstbeteiligung von 500 € selbst tragen (§ 11 ProdHaftG). Bei Personenschäden – auch bei mehreren Geschädigten – gibt es eine Haftungshöchstsumme, die bei 85 Mio. € liegt (§ 10 ProdHaftG).

(III) Allgemeines Deliktsrecht

Bei vorsätzlicher oder fahrlässiger Verletzung der Rechtsgüter Leben, Körper oder Gesundheit haftet der Schädiger auf Schadensersatz nach dem allgemeinen Deliktsrecht der §§ 823 ff. BGB. Insbesondere § 823 Abs. 1 BGB und § 823 Abs. 2 i.V.m. einem Schutzgesetz, das z.B. dem StGB entstammen kann, sind relevant. Dagegen sind in Bezug auf die Verletzung von gewerblichen Schutzrechten oder des Urheberrechts die spezialgesetzlichen Regelungen mit der eingeschränkten Haftung vorrangig (siehe hierzu nachfolgenden Punkt (IV)). Wegen einer Patentverletzung für die Zeit vor der Erteilung eines Patents besteht kein Anspruch aus § 823 BGB, sondern allenfalls aus der sittenwidrigen vorsätzlichen Schädigung nach § 826 BGB.[754] Sind mehrere für den Schaden verantwortlich haften sie gesamtschuldnerisch (§ 421 BGB).

753 *Hollmann*, DB 1985, 2389 (2391).

754 RGZ 77, 81 (83); BGHZ 3, 365 (368); *Rogge/Grabinski* in: Benkard, PatG, § 139 Rn. 14.

(IV) Geistige Eigentumsrechte

Bei Verletzung einer Marke oder eines Patents hat der Schutzrechtsinhaber Anspruch auf Unterlassung (§ 14 Abs. 5 MarkenG; § 139 Abs. 1 PatG). Erfolgt die Verletzung schuldhaft, also vorsätzlich oder fahrlässig, ergibt sich ein Schadensersatzanspruch (gem. § 14 Abs. 6 S. 1 MarkenG; § 139 Abs. 2 S. 1 PatG). Der Schaden kann nach drei Berechnungsmethoden bemessen werden: dem tatsächlich entstandenen Schaden einschließlich des entgangenen Gewinns, dem gezogenen Verletzergewinn oder der Lizenzanalogie (§ 14 Abs. 6 S. 2 u 3 MarkenG; § 139 Abs. 2 S. 2 u. 3 PatG). Der Verletzte kann außerdem verlangen, dass die im Besitz oder Eigentum des Verletzers befindlichen widerrechtlich gekennzeichneten Waren, vernichtet werden (§ 18 Abs. 1 S. 1 MarkenG). Dasselbe gilt für in Besitz oder Eigentum des Verletzers befindlichen Erzeugnisse, die Gegenstand eines Patents sind (§ 140a Abs. 1 S. 1 PatG). Er kann den Verletzer zudem auf Rückruf der Erzeugnisse und Waren und deren endgültige Entfernung aus den Vertriebswegen in Anspruch nehmen (§ 18 Abs. 2 MarkenG; § 140a Abs. 3 PatG).

Im Falle der Verletzung des Urheberrechts oder des Designrechts kann der Verletzte Beseitigung der Beeinträchtigung und Unterlassung verlangen (§ 97 Abs. 1 UrhG; § 42 Abs. 1 DesignG). Ein Schadensersatzanspruch besteht bei schuldhafter Verletzung und kann wie beim Marken- und Patentrecht berechnet werden (§ 97 Abs. 2 S. 1-3 UrhG, § 42 Abs. 2 DesignG). Bei einer Urheberrechtsverletzung kommt darüber hinaus sogar eine Entschädigung für einen Nichtvermögensschadens in Betracht (§ 97 Abs. 2 S. 4 UrhG). Der Verletzte hat auch Anspruch auf Vernichtung der rechtswidrig hergestellten, verbreiteten oder zur rechtswidrigen Verbreitung bestimmten Vervielfältigungsstücke bzw. Erzeugnisse, die im Besitz oder Eigentum der Verletzers stehen (§ 98 Abs. 1 S. 1 UrhG; § 43 Abs. 1 S. 1 DesignG). Alternativ kann er auch die Überlassung der im Eigentum des Verletzers stehenden Vervielfältigungsstücke bzw. Erzeugnisse gegen eine angemessene Vergütung verlangen (§ 98 Abs. 3 UrhG; § 43 Abs. 3 DesignG). Daneben besteht, wie auch im Patent- und Markenrecht, ein Anspruch auf Rückruf (§ 98 Abs. 2 UrhG; § 43 Abs. 2 DesignG).

Die gewerblichen Schutzrechte und das Urheberrecht gewähren dem Verletzten auch ein Anspruch gegen den Verletzter auf unverzügliche Auskunft über die Herkunft und den Vertriebsweg des benutzen Erzeugnisses (§ 19 Abs. 1 MarkenG; § 140b Abs. 1 PatG; § 101 Abs. 1 UrhG; § 46 Abs. 1 DesignG). Der Auskunftsanspruch kann sich auch gegen Dritte richten, ungeachtet ob sie selbst Störer/Verletzer sind (§ 19 Abs. 2 MarkenG; § 139 Abs. 2 PatG; § 101 Abs. 2 UrhG; § 46 Abs. 2 DesignG). Der zur Auskunft

Verpflichtete hat Angaben zu machen über Namen und Anschrift des Herstellers, des Lieferanten und anderer Vorbesitzer der Erzeugnisse, Waren bzw. Vervielfältigungsstücke, des gewerblichen Abnehmers oder Verkaufsstellen sowie über die Menge der hergestellte, ausgelieferten, erhaltenen oder bestellten Erzeugnisse, Waren bzw. Vervielfältigungstücke und die dafür bezahlten Preise (§ 19 Abs. 3 MarkenG; § 140b Abs. 3 PatG; § 101 Abs. 3 UrhG; § 46 Abs. 3 DesignG). Bei vorsätzlicher oder grob fahrlässiger Falschauskunft oder unvollständiger Auskunft ist der Verpflichtete zum Ersatz des daraus entstandenen Schadens verpflichtet (§ 19 Abs. 5 MarkenG; § 140b Abs. 5 PatG; § 101 Abs. 5; § 46 Abs. 5 DesignG). Der Anspruch kann bei offensichtlicher Rechtsverletzung auch im Wege der einstweiligen Verfügung durchgesetzt werden (§ 19 Abs. 7 MarkenG; § 140b Abs. 7 PatG; § 101 Abs. 7 UrhG; § 46 Abs. 7 DesignG).

Ein weiterer Auskunftsanspruch sieht das Patentrecht gegen denjenigen vor, der sich eines Patents berühmt, d.h. Gegenstände oder ihre Verpackung mit einer Bezeichnung versieht, die geeignet ist, den Eindruck zu erwecken, dass die Gegenstände durch ein Patent oder eine Patentanmeldung geschützt seien oder dies auf andere Weise öffentlich kundtut. Der Verpflichtete hat jedem, der ein berechtigtes Interesse an der Kenntnis der Rechtslage hat auf Verlangen Auskunft darüber zu geben, auf welches Patent oder auf welche Patentanmeldung sich die Verwendung der Bezeichnung stützt (§ 146 PatG).

(V) Wettbewerbsgesetz

Im Falle einer unlauteren Wettbewerbshandlung entgegen des Verbots des § 3 UWG, kann der Verletzer auf Beseitigung und auf Unterlassung in Anspruch genommen werden (§ 8 Abs. 1 UWG). Bei vorsätzlicher oder fahrlässiger Zuwiderhandlung kann der Mitbewerber den Verletzer zum Ersatz des daraus entstehenden Schadens in Anspruch nehmen (§ 9 S. 1 UWG). Ein erzielter Gewinn ist an den verletzten Mitbewerber herauszugeben (§ 10 Abs. 1 UWG). Ein ergänzender wettbewerbsrechtlicher Leistungsschutz wird von der Rechtsprechung grundsätzlich aber nicht gewährt, wenn bereits ein abschließender Sonderrechtsschutz besteht (Marken-, Patent- und Urheberrecht usw.), es sei denn, dass spezielle lauterkeitsrechtliche Umstände vorliegen, die außerhalb des sondergesetzlichen Schutzes liegen und das Verhalten als unlauter erscheinen lassen.[755] Etwas anderes gilt nur im Verhältnis zum Designschutz und Urheberrecht.[756]

c. Grenzbeschlagnahme

Durch erfolgreiche Grenzbeschlagnahmeanträge kann die Ein- und Ausfuhr von nachgeahmten Produkten bereits an den Außengrenzen der EU oder Deutschland verhindert werden. Grenzbeschlagnahmeanträge stellen damit insbesondere bei noch unbekannten Verletzungsfällen ein gutes Hilfsmittel zur effektiven Durchsetzung von gewerblichen Schutzrechten dar. Darüber hinaus können sie aber auch, aufgrund der vergleichsweise einfachen Festsetzung der Ware, ein wirkungsvolles Mittel zur Durchsetzung bekannter Schutzrechtsverletzungen sein.[757] In Deutschland wird die Grenzbeschlagnahme zumeist nach europäischen Recht beantragt, welche vor den nationalen Vorschriften Vorrang hat (§ 146 Abs. 1 MarkenG; § 142a Abs. 1 PatG; § 55 Abs. 1 DesignG; § 111b Abs. 1 UrhG). Jedoch kann ein nationaler Antrag sinnvoll sein in Bereichen, die das europäische Recht nicht abdeckt. Das gilt vor allem bei Parallelimporten, innergemeinschaftlichem Warenverkehr und nicht registrierten Marken.

In entsprechenden Vorschriften enthalten in Deutschland die Gesetze zu den jeweiligen Schutzrechten. Danach unterliegt ein Erzeugnis, das ein Patent oder Design verletzt, eine Ware, die widerrechtlich mit einer geschützten Marke versehen ist, und ein Vervielfältigungsstück, welches das Urheberrecht verletzt, auf Antrag und gegen Sicherheitsleistung des Rechtsinhabers bei seiner Einfuhr oder Ausfuhr der Beschlagnahme durch die Zollbehörden, sofern die Rechtsverletzung offensichtlich ist § 142a Abs. 1 PatG; (§ 146 Abs. 1 MarkenG; § 55 Abs. 1 DesignG; § 111b Abs. 1 UrhG). Der bloße Verdacht einer Schutzrechtsverletzung reicht indessen nicht aus. Die Zollbehörde benachrichtigt den Antragssteller und Verfügungsberechtigten und gibt ersterem Gelegenheit die Ware zu besichtigen (§ 146 Abs. 2 S. 1 MarkenG; § 146a Abs. 2 S. 2 PatG; § 55 Abs. 2 S. 2 DesignG; § 111b Abs. 1 S. 1 UrhG). Widerspricht der Verfügungsberechtigte der Beschlagnahme nicht spätestens nach Ablauf von zwei Wochen nach Zustellung

---

755 BGH, GRUR 1992, 697 (699) – *ALF*; *Wesch* in: Dieners/Reese, Hdb PharmaR, § 16 Rn. 74.

756 Noch mit Bezug auf das Geschmacksmusterrecht BGH GRUR 2006, 79 Tz. 18 – *Jeans*; *Köhler* in: Köhler/Bornkamm/Feddersen, UWG, § 4 Rn. 3.6.

757 *Bardehle Pagenberg*, Grenzbeschlagnahme, S. 5.

der Mitteilung an ihn, so ordnet die Zollbehörde die Einziehung des beschlagnahmten Erzeugnisses an (§ 147 Abs. 1 MarkenG; § 142a Abs. 3 PatG; § 56 Abs. 1 DesignG; § 111b Abs. 3 UrhG). Der Antrag auf Beschlagnahme hat Wirkung für ein Jahr, er kann wiederholt werden (§ 148 Abs. 1 S. 1 MarkenG; § 142a Abs. 6 S. 1 PatG; § 57 Abs. 1 S. 1 DesignG; § 111b Abs. 6 S. 1 UrhG). Zudem kann ein Antrag auf Vernichtung der Ware in einem vereinfachten Verfahren gestellt werden, welches nach der neuen PPVO nunmehr in allen Mitgliedstaaten gilt. Danach wird die Ware durch die Zollbehörden vernichtet, soweit der Besitzer der Ware zustimmt oder nicht innerhalt von zehn Arbeitstagen nach Zugang der Unterrichtung widerspricht (§ 150 Abs. 2-4 MarkenG a.F.; § 142b Abs. 2-4 PatG a.F.; § 57a Abs. 2-4 DesignG a.F.; § 111c Abs. 2-4 UrhG a.F.). Bei einem Widerspruch kann die Ware nur nach gerichtlicher Entscheidung vernichtet werden. Die Kosten für die mit einem Antrag verbundenen Amtshandlungen hat der Antragsteller zu tragen (§ 148 Abs. 2 MarkenG (i.V.m. § 150 Abs. 5 MarkenG a.F.); § 142a Abs. 6 S. 2 PatG (i.V.m. § 142b Abs. 5 PatG a.F.); § 57 Abs. 1 S. 2 DesignG (i.V.m. § 57a Abs. 5 DesignG); § 111b Abs. 6 S. 2 UrhG (i.V.m. § 111c Abs. 5 UrhG a.F.)).

IV. Ergebnis

Insgesamt betrachtet kam Deutschland seiner staatlichen Pflicht zum Schutz vor gefälschten Arzneimitteln bereits vor Einführung erweiterter Schutzmaßnahmen durch die FMD nach. Es bestanden bereits eine ganze Reihe an rechtlichen und tatsächlichen Vorkehrungen des Staates zum Schutz vor Arzneimittelfälschungen, welche sowohl den gesundheitlichen Schutz der Patienten, den eigentumsrechtlichen Schutz der Originalhersteller und den wettbewerbsrechtlichen Schutz der Pharmaunternehmen und Großhändler abdeckten.

Zentral für den Gesundheitsschutz ist vor allem das strafrechtlich abgesicherte Verbot gefälschte Arzneimittel herzustellen oder in Verkehr zu bringen. Dieselben Handlungen sind auch im Hinblick auf gefälschte Wirkstoffe verboten. Von dem Verbot werden alle Fälschungsarten umfasst, auch perfekte Imitationen und Nachahmpräparate oder Placebos von Lifestyle-Produkten, für welche keine staatliche Schutzpflicht besteht (siehe oben Teil 4 A. VIII. 1. b. (I) (2)). Dagegen umfasste das Verbot bis zur Umsetzung der FMD nicht alle Verursachungshandlungen, insbesondere blieb der Vertrieb bzw. das Handeltreiben mit Fälschungen außen vor. Da ein weiter Ermessensspielraum des Gesetzgebers besteht, kann in der bloßen

Adressierung des Herstellers und des Inverkehrbringers als Störer jedoch keine Nichterfüllung der staatlichen Schutzpflicht gesehen werden. Das Strafmaß bemisst sich auf eine Freiheitsstrafe bis zu 3 Jahren oder Geldstrafe und in schwereren Fällen sogar auf Freiheitsstrafe bis zu 10 Jahren, sodass eine zum Schutz angemessene Strafzumessung vorliegt. Eine andere Bewertung ergibt sich auch nicht angesichts eines Vergleichs mit anderen Delikten, wie z.B. einem Betrug oder Diebstahl, die im Grundtatbestand jeweils mit Freiheitsstrafe von bis zu 5 Jahren bedroht sind. Zwar ist der Unrechtsgehalt der Arzneimittelfälschung jedenfalls nicht geringer als bei den genannten Delikten, eine Unterschreitung des Untermaßverbots kann aber noch nicht angenommen werden, zumal ein Qualifikationstatbestand gegeben ist. Eine Besonderheit des deutschen Rechts war bis zur Umsetzung der FMD des Weiteren, dass der Verbraucher im Internet die Seriosität einiger Versandhandelsapotheken mittels eines Versandhandelslogos und -registers überprüfen konnte. Damit wird dem Verbraucher ein Mittel an die Hand gegeben, um sich selbst vor unseriösen Anbietern und illegaler Ware zu schützen. Doch auch die legale Vertriebskette wurde bzw. wird vor dem Eindringen von gefälschten Arzneimitteln geschützt durch Ge- und Verbote, die den Marktakteuren auferlegt werden, wie z.B. Abgabebeschränkungen oder die Einhaltung der Guten Herstellungs- und Vertriebspraxis. Daneben bestehen Genehmigungs- oder Nachweispflichten für Tätigkeiten mit Arzneimitteln und Überwachungsmaßnahmen.

Die Rechte des geistigen Eigentums und die ihnen immanenten Verbote der unerlaubten Benutzung der Marken, Patente, Designs und Urheberrechte werden über strafrechtliche Sanktionen und zivilrechtliche Ansprüche abgesichert. Strafrechtlich wird einen Verstoß mit Freiheitsstrafe von bis zu 3 Jahren oder Geldstrafe geahndet, bei einem schweren Fall ist die Freiheitsstrafe auf bis zu 5 Jahre erhöht. Zudem kann das Urteil veröffentlicht werden. Das Strafmaß ist für den Schutz des Eigentums als Grundrecht, welches in der Werteordnung unter dem Schutz auf Leben und körperlicher Unversehrtheit einzustufen ist, angemessen. Zivilrechtliche Ansprüche bestehen auf Unterlassung und Beseitigung, Schadensersatz, Rückruf und Vernichtung bzw. Überlassung verletzender Ware und ermöglichen so eine strenge Handhabe gegen Fälschungen. Darüber hinaus kann auf Antrag die Ein- und Ausfuhr von gefälschten Präparaten im Wege der Grenzbeschlagnahme durch den Zoll verhindert werden. Allerdings setzt das deutsche Recht – anders als das europäische Recht, bei welchen der bloße Verdacht genügt – eine offensichtliche Rechtsverletzung voraus.

Der Schutz des Wettbewerbs wird durch das Verbot unlauterer Wettbewerbshandlungen abgesichert, welches mit Freiheitsstrafe bis zu 2 Jahren oder Geldstrafe strafbewehrt ist und zivilrechtliche Unterlassungs- und Schadensersatzansprüche nach sich zieht. Auch dieser Schutz ist angesichts der von gefälschten Arzneimitteln ausgehenden Gefahren von Arzneimittelfälschungen angemessen.

C. England

Als zweites Beispiel für nationale Schutzvorkehrungen innerhalb der EU wird die Rechtsordnung von England untersucht, welche eine vergleichende Gegenüberstellung mit dem *Common Law* ermöglicht.

I. Einführung

Zur besseren Verständlichkeit werden einleitend die Rechtsquellen des englischen Rechts aufgezeigt, um anschließend die wichtigsten der für das vorliegende Thema einschlägigen Rechtsgrundlagen überblicksmäßig darzustellen.

1. Rechtsquellen

In England gibt es zwei Arten der Gesetzgebung und zwar Gesetzesrecht (*Statute Law*) und Fallrecht (*Common Law* und *Equity*). Die Rechtstradition entspricht dem *Common Law*, das auf der Anwendung von bindenden Gerichtsurteilen, sogenannte Präjudizien, beruht. In jahrhundertelanger Rechtsprechung entwickelten die Königsgerichte allgemeine Rechtsgrundsätze und spezielle Klagegründe zur Regelung bestimmter Sachverhalte.[758] Daneben bildete sich ab dem 14. Jahrhundert das *Equity*, dessen besondere Rechtsregeln sich durch Einzelfallentscheidungen des Lordkanzlers auf Grundlage von Moral und Gewissen zur Ergänzung des *Common Law* und zum Ausgleich von Härten herausbildeten.[759] Dem Gesetzesrecht kommt dagegen historisch gesehen nur eine sekundäre Rolle zu, da es nur punktu-

---

758 Zur Entwicklung des *common law* und der Lehre von den bindenden Wirkungen präjudizieller Entscheidungen (*doctrine of stare decisis*) siehe *Zweigert/Kötz*, Rechtsvergleichung, S. 253 ff.

759 *Zweigert/Kötz*, Rechtsvergleichung, S. 184; *Ohly*, Richterrecht und Generalklausel, S. 22.

ell für die Regelung bestimmter Bereiche erlassen wurde.[760] Im Arzneimittelrecht finden sich viele kodifizierte Rechte, was vornehmlich auf Vorgaben des Europarechts zurückgehen dürfte. Das Gesetzesrecht ist in Primärrecht (*Primary Legislation*), bestehend aus den vom Parlament erlassenen Gesetzen (*Acts of Parliament*), und Sekundärrecht (*Secondary Legislation*), welches der Umsetzung der abstrakteren Regelungen der Gesetze in konkretere Regelungen dient, zu unterteilen.[761] Das Sekundärrecht wird zumeist in Rechtsverordnungen (*Regulations*) oder Durchführungsverordnungen (*Order in Council*) erlassen, welche insgesamt sogenannten *Statutory Instruments (SIs)* darstellen.[762] Daneben gibt es Richtlinien (*Directions*), die von Behörden erlassen werden und unter dem Primär- und Sekundärrecht stehen.[763] Das Recht der EU ist durch Gesetz in innerstaatliches Recht überführt, sodass dieses nach Möglichkeit so ausgelegt werden muss, dass es mit dem EU-Recht vereinbar ist.[764]

2. Rechtsgrundlagen[765]

Im Landesrecht von England fanden sich bisher keine Vorschriften speziell über Arzneimittelfälschungen, solche wurden erst im August 2013 mit Umsetzung der FMD eingeführt.[766] Nichtsdestotrotz waren gefälschte Arzneimittel auch bisher ein zentrales Thema in England. Die britischen Arzneimittelbehörde *MHRA* hat zur Bekämpfung der von gefälschten Arzneimitteln ausgehenden Bedrohungen die sogenannte *Falsified Medical Products Strategy 2012-2015* erlassen. Sie baut auf der ersten Anti-Fälschungs-Strategie der MHRA aus dem Jahre 2007 auf, die als Antwort auf den größten Fall der Einschleusung gefälschter Arzneimittel in die legale Vertriebskette des Vereinigten Königreichs (siehe oben Teil 3 C. IV) und einiger wei-

760 *Bodewig*, GRUR Int. 2004, 543 (544); *Zweigert/Kötz*, Rechtsvergleichung, S. 259.
761 *Appelbe/Wingfield*, Pharmacy and Medicines Law, S. 1.
762 *Appelbe/Wingfield*, Pharmacy and Medicines Law, S. 5.
763 *Appelbe/Wingfield*, Pharmacy and Medicines Law, S. 1.
764 *European-justice*, Recht der Mitgliedstaaten – England und Wales, abrufbar unter https://e-justice.europa.eu/content_member_state_law-6-de.do (zuletzt aktualisiert am 26.4.2016).
765 Die SI einschließlich ihrer Änderungsgesetze sind – auf Englisch – unter – http://www.legislation.gov.uk/ einsehbar (zuletzt abgerufen am 9.2.2019).
766 Durch Humanarzneimittel-Ergänzungsverordnung von 2013 (*The Human Medicines (Amendment) Regulations 2013)*, SI 2013 No. 1855.

teren Vorfälle gestartet wurde.[767] Während die erste Strategie an den drei Punkten *Communication, Collaboration* und *Regulatory* (Kommunikation mit der Öffentlichkeit und medizinischem Fachpersonal (*Healthcare Professionals*), Zusammenarbeit mit den entsprechenden Interessensgruppen und Regulierungsmaßnahmen um die Bedrohung zu vermindern) ansetzte, baut die zweite Strategie auf *Prevention, Incident Management* und *Investigation* (Prävention, Störfallmanagement und Ermittlung in allen Fällen gemeldeter Arzneimittelfälschungen).[768]

Obwohl, wie bereits erwähnt, die gesetzlichen Vorschriften keine Arzneimittelfälschungen zum Gegenstadt hatten, finden sich dennoch eine ganze Reihe von Regelungen, die indirekt deren Gefahren vorbeugen. Im Mittelpunkt des Arzneimittelrechtrechts steht *The Human Medicines Regulation 2012 (HMRs)*.[769] Sie wurde im August 2012 zur Vereinfachung des bisherigen Rechts erlassen und ersetzt den *Medicines Act 1968 (MA)*[770] und rund 60 *Statutory Instruments* sowie ihre rund 130 Ergänzungen.[771] Sie wird ergänzt durch die Richtlinien und Grundsätze der Guten Herstellungspraxis und der Leitlinien der Guten Vertriebspraxis, für welche die HMRs auf die europäischen Regelungen, d.h. auf die GMP-Richtlinie 2003/94/EG (GMP-RL)[772] und die GDP-Leitlinien 94/C 63/03 (GDP-Leitlinien)[773] verweist. Für die Apotheken gibt es zudem gesonderte Regelun-

767 *MHRA*, Strategy 2012-2015, S. 2.

768 *MHRA*, Strategy 2012-2015, S. 2, 6 und 14 ff.

769 Humanarzneimittel-Verordnung (*The Human Medicines Regulations 2012*), SI 2012 No. 1916, in der Fassung der *The National Health Service (Pharmaceutical Services) (Wales) Regulations 2013*, SI 2013 No. 898 (a.F.), zuletzt geändert durch *The Human Medicines Regulations 2017*, SI 2017 No. 715 (n.F.).

770 Medizingesetz (*Medicines Act 1968*), SI 1968 c. 67, in der Fassung der HMRs (a.F.), teilweise noch in Kraft und zuletzt geändert durch *Children and Social Work Act 2017*, SI 2017 c. 16 (n.F.).

771 *MHRA* (2012) Impact Assessment No. 4018; *Appelbe/Wingfield*, Pharmacy and Medicines Law, S. 21.

772 Richtlinie 2003/94/EG der Kommission vom 8. Oktober 2003 zur Festlegung der Grundsätze und Leitlinien der Guten Herstellungspraxis für Humanarzneimittel und für zur Anwendung beim Menschen bestimmte Prüfpräparate (ABl. EU L 262 vom 14.10.2003, S. 22).

773 Leitlinien für die Gute Vertriebspraxis von Humanarzneimitteln 94/C 63/03 (ABl. EG C 63 vom 1.3.1994, S. 4).

gen, wie z.B. die *National Health Service Regulations 2013 (NHSR)*[774] *und die Pharmacy Order 2010 (PO)*.[775]

In Bezug auf den Schutz der geistigen Eigentumsrechte sind insbesondere das Markengesetz (*Trade Mark Act 1994 (TMA)*),[776] Patentgesetz (*Patent Act 1977 (PA)*),[777] und Urheberrechts-, Design- und Patentgesetz (*Copyright, Designs and Patents Act 1988 (CDPA)*)[778] zu nennen. Sekundärrechtliche Schutzvorkehrungen finden sich außerdem im Strafrecht, welches überwiegend dem *Common Law* zuzuordnen ist, daneben aber auch kodifizierte Regelungen umfasst wie z.B. das Betrugsgesetz (*Fraud Act 2006 (FA)*)[779] und das Gesetz über Straftaten gegen die Person (*Offences Against the Person Act 1861 (OAPA)*.[780] Dasselbe gilt für das Zivilrecht, hier sind für das kodifizierte Recht das Verbraucherschutzgesetz (*Consumer Protection Act 1987 (CPA)*)[781] und die Verordnung zur Durchsetzung des geistigen Eigentums

---

774 Verordnung über Staatliche Gesundheitsdienste (pharmazeutische und lokalpharmaceutische Leistungen) von 2013 (*The National Health Service (Pharmaceutical and Local Pharmaceutical Services) Regulations 2013*), SI 2013 No. 349 (a.F.), zuletzt geändert durch *The National Health Service (Pharmaceutical and Local Pharmaceutical Services) (Amendment) Regulations 2017*, SI 2017 No. 709 (n.F.).

775 Apothekenordnung (*Pharmacy Order 2010*), SI 2010 No. 231, in der Fassung *The Cosmetic Products Enforcement Regulations 2013*, SI 2013 No. 1478 (a.F.), zuletzt geändert durch *The European Qualifications (Health and Social Care Professions) Regulations 2016*, SI 2016 No. 1030 (n.F.).

776 Markengesetz (*Trade Mark Act 1994*), 1994 c. 26, in der Fassung des *Crime and Courts Act 2013*, 2013 c. 22 (a.F.), zuletzt geändert durch den *Intellectual Property (Unjustified Threats) Act 2017*, 2017 c. 14 (n.F.).

777 Patentgesetz (*Patent Act 1977*), SI 1977 c. 37, in der Fassung des *Crime and Courts Act 2013*, SI 2013 c. 22 (a.F.), zuletzt geändert durch *The Patents (Isle of Man) (Amendment) Order 2017*, SI 2017 No. 162 (n.F.).

778 Urheberrechts-, Design- und Patentgesetz (*Copyright, Designs and Patents Act 1988)*, SI 1988 c. 48, in der Fassung *The Copyright and Duration of Rights in Performances Regulations 2013*, SI 2013 No. 1782 (a.F.), zuletzt geändert durch *Digital Economy Act 2017*, SI 2017 c. 30 (n.F.).

779 Betrugsgesetz (*Fraud Act 2006*), SI 2006 c. 35, zuletzt geändert durch *The Companies Act 2006 (Consequential Amendments, Transitional Provisions and Savings) Order 2009*, SI 2009 No. 1941.

780 Gesetz über Straftaten gegen Personen (*Offences Against the Person Act 1861*), SI 1861 c. 100 (Regnal year 24 and 25 Victoria), zuletzt geändert durch *Justice Act (Nothern Ireland) 2011*, SI 2011 c. 24.

781 Verbraucherschutzgesetz (*Consumer Protection Act 1987*), SI 1987 c. 43, in der Fassung *The Biocidal Products and Chemicals (Appointment of Authorities and Enforcement) Regulations 2013*, SI 2013 No. 1506 (a.F.), zuletzt ergänzt durch *The Recreational Craft Regulations 2017*, SI 2017 No. 737 (n.F.).

(*Intellectual Property (Enforcement, etc.) Regulations 2006 (IPRs)*)[782] zu nennen. Schließlich beinhaltet auch das Gesetz zum Schutz der Verbraucher vor unlauteren Handelspraktiken (*Consumer Protection from Unfair Trading Regulations 2008 (CPRs)*)[783] Schutzvorkehrungen.

II. Definition der Arzneimittelfälschung

In England ist in Bezug auf eine Definition der Arzneimittelfälschung zwischen den Schutzgütern der öffentlichen Gesundheit und der Rechte des geistigen Eigentums zu unterscheiden.

1. Gesundheitsschutz

Im Hinblick auf den Schutz der öffentlichen Gesundheit gab es bisher keine Legaldefinition für gefälschte Arzneimittel, diese wurde erst im Jahr 2013 mit Umsetzung der FMD eingeführt.[784] Nunmehr ist die dortige Definition[785] in Art. 8 Abs. 1 HMRs n.F. zu finden, wobei der klarstellende Zusatz zur Abgrenzung von unbeabsichtigten Qualitätsmängeln und zur Verletzung von Rechten des geistigen Eigentums nicht übernommen wurde. Bei der Auslegung der übernommenen Definition ist jedoch die FMD zu beachten, sodass trotz des abweichenden Wortlauts eine Abgrenzung vorzunehmen ist.[786] Darüber hinaus spielt die Täuschungsabsicht, welche als Abgrenzungskriterium zu unbeabsichtigten Qualitätsmängeln verwandt werden kann, eine wichtige Rolle. Laut ihrer *Falsified Medical Product Strategy 2012-2015* achtet die MHRA in der Regel auf klare Beweise

---

782 Verordnung zur Durchsetzung von Rechten des geistigen Eigentums (*Intellectual Property (Enforcement, etc.) Regulations 2006*), SI 2006 No. 1028.

783 Verordnung zum Schutz der Verbraucher vor unlauterem Handel (*Consumer Protection from Unfair Trading Regulations 2008*), SI 2008 No. 1277, in der Fassung *The Public Bodies (The Office of Fair Trading Transfer of Consumer Advice Scheme Function and Modification of Enforcement Functions) Order 2013*, SI 2013 No. 783 (a.F.), zuletzt geändert durch *The Consumer Rights Act 2015 (Commencement No. 3, Transitional Provisions, Savings and Consequential Amendments) Order 2015*, SI 2015 No. 1630 (n.F.).

784 Siehe Art. 3 (vi) *The Human Medicines (Amendment) Regulations 2013*; *MHRA*, Strategy 2012-2015, S. 9.

785 Zur Definition der FMD siehe oben unter Teil 2 II. 1.

786 Vgl. hierzu bereits im deutschen Recht, siehe oben in diesem Teil 5 unter B. II. 1.

für eine Absicht, einen Verbraucher, Patienten, *Healthcare Professional* und/oder Akteur in der Lieferkette über die Echtheit des hergestellten, angebotenen oder gelieferten Produkts zu täuschen.[787]

2. Eigentumsschutz

Im Hinblick auf den Schutz der Rechte des geistigen Eigentums leiten sich die Definitionen aus der europäischen PPVO a.F. ab. Danach wird unter nachgeahmten Waren Markenrechtsverletzungen verstanden und unter unerlaubt hergestellten Waren Verletzungen des Urheber- und Geschmacksmusterrechts. Für Patentverletzungen gibt es keine separate Definition (näheres zu den Termini oben unter Kap. 2 B. II. 2.).

III. Schutzvorkehrungen

Die Rechtsordnung Englands kennt zahlreiche Vorschiften zum Schutz vor gefälschten und nachgeahmten Arzneimitteln, die im Folgenden behandelt werden. Dabei werden die Fassungen vor Umsetzung der FMD durch *The Human Medicines (Amendment) Regulations 2013*[788] von August 2013 zu Grunde gelegt. Auf entsprechende Neuerungen wird entsprechend hingewiesen.[789]

1. Ge- und Verbote

Als die primären Schutzmittel stehen die Verbote und Gebote im Mittelpunkt der Schutzvorkehrungen. Zu unterscheiden ist hierbei zwischen dem illegalen und dem legalen Handel mit Arzneimitteln. Für den legalen Vertrieb gibt es nämlich zahlreiche Gebote, die dem Schutz vor gefälschten Arzneimitteln dienen. Für den illegalen Schwarzmarkthandel mit Arzneimittelfälschungen oder nachahmungen bleibt dagegen nur die Möglich-

---

787 *MHRA*, Strategy 2012-2015, S. 9.

788 Siehe Fn. 766.

789 Kenntlich durch n.F., was auf die jeweilige, seit *The Human Medicines (Amendment) Regulations 2013* geänderte Fassung verweist. Die frühere Fassung wird mit a.F. bezeichnet. Findet sich keine Ergänzung ist die Vorschrift sowohl nach früherem wie auch nach neuem Recht gültig.

keit diesen gänzlich zu verbieten, weitere Pflichten sind insoweit mithin hinlänglich. Während im Folgenden das Verbot allgemein gilt, erstrecken sich die Pflichten nur auf die legale Vertriebskette und ihre Akteure.

a. Verbot gefälschter und nachgeahmter Arzneimittel

Gefälschte und nachgeahmte Arzneimittel unterscheiden sich nach dem Schutzgut, womit auch ihre Verbotsvorschriften nach dem Schutz der öffentlichen Gesundheit und dem Schutz der geistigen Eigentumsrechte zu trennen sind.

(I) Gesundheitsschutz

In England gab es kein Verbot, das ausdrücklich die Herstellung oder das Inverkehrbringen gefälschter Arzneimittel zum Schutz der öffentlichen Gesundheit untersagt. Lediglich in Bezug auf nicht zugelassene Arzneimittel – was auf Fälschungen stets zutrifft – ist das Verkaufen und Abgeben sowie das Anbieten, Besitzen, Vermitteln und Herstellen zu dem Zweck des Verkaufens oder Abgebens verboten (Art. 46 HMRs).

(II) Eigentumsschutz

Zum Schutz individueller, wirtschaftlicher Interessen gibt es ein Verbot, welches die Benutzung geistiger Eigentumsrechte untersagt. Eine Fälschung kann insbesondere Patent- und Gebrauchsmusterrechte sowie Markenrechte und *Copyrights* verletzen. Durch das Verbot die Rechte des geistigen Eigentums zu benutzen, wird das Nachahmen von Originalpräparaten untersagt.

(1) Markenrecht

Eine Marke ist jedes Zeichen, welche geeignet ist grafisch dargestellt zu werden und zur Unterscheidung von Waren oder Dienstleistungen eines Unternehmens von anderen Unternehmen zu dienen. Marken können insbesondere aus Wörtern, Mustern, Buchstaben, Zahle oder Form der Ware oder ihrer Verpackung (Art. 1 Abs. 1 TMA). Eine Marke muss in England registriert werden, um in den Genuss des Markenschutzes zu gelangen. Nicht registrierte Marken werden nur nach allgemeinem Recht geschützt (Art. 2 Abs. 2 TMA).

Es ist untersagt im geschäftlichen Verkehr ein mit der registrierten Marke identisches Zeichen für identische Waren benutzt (Art. 10 Abs. 1 TMA) oder ähnliche bzw. identische Zeichen mit identischen bzw. ähnlichen Waren benutzt, wenn hierdurch eine Verwechslungsgefahr hervorgerufen wird (Art. 10 Abs. 2 TMA). Unter Benutzung eines Zeichens ist das Aufbringen des Zeichens auf Waren und ihren Aufmachungen, das Anbieten, in Verkehr bringen und Lagern von Waren unter dem Zeichen sowie die Einfuhr und Ausfuhr von Waren unter dem Zeichen zu verstehen (Art. 10 Abs. 4 TMA). Die Schutzdauer für eingetragene Marken beträgt 10 Jahre, kann aber beliebig verlängert werden (Art. 42 TMA).

(2) Patentrecht

Patente werden nach dem Recht von England für Erfindungen erteilt, soweit diese neu sind, auf einer erfinderischen Tätigkeit beruhen und gewerblich anwendbar sind (Art. 1 Abs. 1 (a)–(c) PA). Das Patentrecht verbietet Dritten ohne Erlaubnis des Patentinhabers Erzeugnisse, die patentrechtlich geschützt sind herzustellen, zu verkaufen, anzubieten, zu gebrauchen, einzuführen oder zu besitzen (Art. 60 Abs. 1 (a) PA). Gegenstand eines Patents kann auch ein Verfahren sein, sodass es verboten ist, das patentierte Verfahren anzuwenden oder anzubieten bzw. ein durch das patentierte Verfahren unmittelbar hergestellte Erzeugnis in Verkehr zu bringen oder zu gebrauchen oder zu den genannten Zwecken entweder einzuführen oder zu besitzen (Art. 60 Abs. 1 (b) und (c) PA). Ausnahmen vom Benutzungsverbot gelten insbesondere für Handlungen im privaten Bereich zu nichtgewerblichen Zwecken oder zu Versuchszwecken wie auch für Versuche zur Erlangung einer europäischen Genehmigung für das Inverkehrbringen eines Generikums (Art. 60 Abs. 5 (a), (b) und (i) PA). Die Schutzdauer des Patents beträgt 20 Jahre ab dem Tag der Anmeldung (Art. 25 PA).

(3) Designrecht

In England gibt es registrierte und nicht registrierte Designs. Ein nicht registriertes Design ist die Gestaltung der Form oder der Zusammenstellung eines ganzen Erzeugnisses oder eines Teils davon (Art. 213 Abs. 2 CDPA).

Das Design muss originell sein (Art. Art. 213 Abs. 1 CDPA) und erlangt seinen Schutz ab Erstellung oder Verkauf (Art. 216 Abs. 1 CDPA). Ein registriertes Design ist dagegen die Erscheinung eines ganzen Erzeugnisses oder eines Teils davon, die sich aus den Merkmalen der Linien, Konturen, Farben, Gestalt, Struktur oder der Werkstoffe des Erzeugnisses selbst oder seiner Verzierungen ergeben (Art. 1 Abs. 2 RDA).[790] Erzeugnis ist jeder industrielle oder handwerkliche Gegenstand außer eines Computerprogramms einschließlich Verpackung, Ausstattung, graphischer Symbole, typographischer Schriftzeichen und Teile, die Bestandteil eines in mehrere Bestandteile zerlegbares und wiederzusammensetzbares Produkt sind (Art. 1 Abs. 3 RDA). Folglich könne zweidimensionale Objekte nur durch Registrierung als Design geschützt werden. Das registrierte Design muss neu sein und Eigenart aufweisen, damit es im Designregister des Amts für geistiges Eigentum (*Intellectual Property Office*) registriert werden kann (Art. 1B RDA).

Das nicht registrierte Designrechts untersagt es Dritten das Design ohne Erlaubnis des Rechteinhabers zu kopieren (Art. 226 Abs. 3 CDPA). Eine unabhängige Erstellung desselben Designs ist damit aber erlaubt. Zudem sind der Import, Besitz zu gewerblichen Zwecken, Verkauf und das Anbieten zum Verkauf im geschäftlichen Verkehr verboten, soweit die Person weiß oder hätte wissen müssen, dass es sich um das Designrecht verletzende Ware handelt (Art. 227 Abs. 1 CDPA). Ein absolutes Recht auf Schutz gewährt dagegen das registrierte Design. Dieses untersagt das Herstellen, Anbieten, Inverkehrbringen, Importieren, Ausführen, Benutzen und Aufbewahren eines Erzeugnisses zu den genannten Zwecken, soweit in diesem ein registriertes Design aufgenommen oder bei dem ein solches verwendet wird und keine Erlaubnis des Rechtsinhabers vorliegt (Art. 7A Abs. 1 i.V.m. Art. 7 RDA).

Die Schutzdauer des nicht registrierten Designs beträgt 15 Jahre ab dem Ende des Kalenderjahres, indem das Design erstellt wurde oder, wenn innerhalb 5 Jahre nach diesem Zeitpunkt Produkte zum Verkauf angeboten wurden, 10 Jahre ab dem Ende dieses Kalenderjahres (Art. 216 Abs. 1 CDPA). Ein registriertes Design ist 5 Jahre schutzfähig, wobei die Dauer bis zu fünf Mal um jeweils 5 Jahre verlängert werden kann (Art. 8 Abs. 1 und 2 RDA).

---

790 Gesetz über registrierte Designs (*Registered Design Act 1949*), SI 1948 c. 88 (Regnal year 12, 13 and 14 Georg VI), in der Fassung des *Crime and Courts Act 2013*, SI 2013 c. 22 (a.F.), zuletzt geändert durch *Digital Economy Act 2017*, SI 2017 c. 30 (n.F.).

(4) Urheberrecht

Das *Copyright* entsteht durch das Erstellen eines originellen literarischen oder künstlerischen Werkes (Art. 1 Abs. 1 (a) CDPA). Es verbietet Dritten das unerlaubte Vervielfältigen, Verbreiten und Darstellen des Werkes in der Öffentlichkeit (Artt. 17–19 CDPA). Zudem untersagt es Dritten Nachahmungen des Werkes ohne Erlaubnis des *Copyright*-Inhabers zu importieren, im geschäftlichen Verkehr zu besitzen, zu verkaufen oder anzubieten und zu vertreiben (Art. 22 CDPA). Die Schutzdauer beträgt 70 Jahre ab dem Ende des Kalenderjahres, in dem der Urheber gestorben ist (Art. 12 Abs. 2 CDPA).

b. Pflichten bei der Herstellung

Die Vorschriften im Rahmen der Herstellung legen Qualitätsanforderungen an die Herstellung von Arzneimitteln und Ausgangsmaterialien an und beugen damit der Herstellung gefälschter Arzneimittel vor.

Den Herstellern von Arzneimitteln kommen bestimmte Pflichten zum Schutz vor Arzneimittelfälschungen zu. Insbesondere ist bei der Herstellung von Arzneimitteln die Gute Herstellungspraxis zu beachten (Art. 37 Abs. 2 HMRs). Das Herstellen eines Arzneimittels schließt jede Handlung ein, welche zur Erzeugung des Produkts ausgeführt wird, nicht jedoch das Lösen oder Verteilen des Produkts in oder das Verdünnen oder Mischen mit einer Substanz, welche zum Zweck der Verabreichung genutzt wird (Art. 8 Abs. 1 HMRs). Art. 37 Abs. 2 2 i.V.m. Art. 8 Abs. 1 HMRs verweist für die Gute Herstellungspraxis auf die Regelungen der GMP-RL, welche somit in England direkte Anwendung findet. Danach müssen bei der Herstellung eines Arzneimittels die Grundsätze und Richtlinien der Guten Herstellungspraxis eingehalten werden (Art. 37 Abs. 1 und 2 HMRs; Art. 4 Abs. 1 und Art. 10 Abs. 1 GMP-RL). Für die Arzneimittelherstellung verwendete Ausgangsstoffe dürfen nur verwendet werden, wenn sie in Übereinstimmung mit der guten Herstellungspraxis hergestellt und seit Umsetzung der FMD auch in Übereinstimmung mit der guten Vertriebspraxis vertrieben werden (Art. 37 Abs. 2 HMRs a.F. / Art. 37 Abs. 3 HMRs. n.F.). Eine Ausnahme gilt für die speziellen Arzneimittel (*Special Medicinal Products*), zu derer Herstellung auch andere Ausgangsmaterialien verwendet werden dürfen (Art. 37 Abs. 3 HMRs a.F. / Art. 37 Abs. 3 und 10 HMRs n.F.). Ein spezielles Arzneimittel ist auf Bestellung nach den Spezifikationen eines Arztes, einer verschreibungsberechtigten Krankenschwester oder Apothekers oder eines ergänzenden Verschreibers für die speziellen Bedürfnisse eines betreuten Patienten hergestellt (Art. 167 HMRs).

c. Kennzeichnungspflichten

Kennzeichnungspflichten können helfen eine Arzneimittelfälschung zu identifizieren, den Verantwortlichen zu finden oder zumindest den Sachverhalt aufzuklären.

Auf der Umhüllung und ggf. der Primärverpackung von Arzneimitteln müssen insbesondere das Verfallsdatum, Name und Anschrift des Zulassungsinhabers und die Zulassungsnummer und Chargennummer angebracht werden (Art. 257 Abs. 1 i.V.m. Tabelle 24 Teil 1 Nr. 12, 15–17 HMRs). Falls das Arzneimittel auf Verschreibung abgegeben wird, muss zudem auf der Umhüllung oder der Primärverpackung unter anderem Name und Anschrift der abgebenden Person mit dem Datum der Abgabe angebracht werden (Art. 258 Abs. 1 i.V.m. Tabelle 25 Teil 1 Nr. 2 und 3 HMRs). Die Kennzeichnung muss gut lesbarer, allgemeinverständlich, dauerhaft und grundsätzlich in englischer Sprache erfolgen (Art. 257 Abs. 6, Art. 266 Abs. 1 HMRs). Die Packungsbeilage hat eine Übersicht der Produktangaben zu enthalten (Art. 160 Abs. 1 (a) HRMs).

d. Abgabebeschränkungen

Ein Eindringen von gefälschten Arzneimitteln in die legale Vertriebskette wird weitgehend durch die Reglementierung derselben verhindert. Im Recht von England gibt es umfassende Regelungen, welche die Abgabe von Arzneimitteln enthalten. Eine Abgabe an andere als die genannten Personen und Einrichtungen ist verboten. Der Vertriebsweg hängt maßgeblich von dem Produktstatus ab.

(I) Produktstatus

In England können Arzneimittel in freiverkäufliche Arzneimittel (*General Sale Medicines (GSL)*), verschreibungspflichtige Arzneimittel (*Prescription-Only Medicines (POM)*) und apothekenpflichtige Arzneimittel (*Pharmacy Medicines (P)*) eingeordnet werden. Die Einordnung erfolgt anhand des Risikopotenzials eines Präparates für die menschliche Gesundheit (Art. 62 HMRs).

Freiverkäufliche Arzneimittel sind Produkte, die nicht verschreibungspflichtig oder apothekenpflichtig sind und in ihrer Zulassung oder Registrierung als freiverkäuflich eingestuft sind (Art. 5 Abs. 1 HMRs). Die Einstufung wird von der Zulassungsbehörde vorgenommen, wenn das Produkt genügend Sicherheit aufweist, sodass ein Verkauf durch oder unter der Aufsicht eines Apothekers nicht notwendig ist (Art. 62 Abs. 5 HMRs). Unter die verschreibungspflichtigen Arzneimittel fallen Produkte, die in ihrer Zulassung als verschreibungspflichtig kategorisiert werden oder die das Ergebnis einer Zusammensetzung oder Neuformulierung solcher Produkte sind. Die Einstufung als verschreibungspflichtig wird von der Zulassungsbehörde vorgenommen, wenn das Produkt trotz richtigen Gebrauchs oder aufgrund häufigen Fehlgebrauchs die Gesundheit direkt oder indirekt gefährdet, ungenügend erforschte Substanzen enthält oder zur parenteralen Anwendung verschrieben werden sollte (Art. 62 Abs. 3 HMRs). Auch Produkte, die in der Liste der verschreibungspflichtigen Arzneimittel (Tabelle 1 Teil 1 HMRs) genannt sind, fallen darunter (Art. 5 Abs. 3 HMRs). Sie dürfen grundsätzlich nicht ohne Verschreibung und nur in Apotheken abgegeben werden (Art. 214 Abs. 1 HMRs). Apothekenpflichtige Arzneimittel sind schließlich Produkte, die nicht verschreibungspflichtig oder freiverkäuflich sind und die in ihrer Zulassung als apothekenpflichtig eingestuft werden oder Zusammensetzungen oder Neuformulierungen solcher Produkte sind. Die Einstufung erfolgt, wenn die Zulassungsbehörde das Produkt weder als verschreibungspflichtig noch als freiverkäuflich qualifiziert (Art. 5 Abs. 5 HMRs). Zudem fallen auch Produkte, die in der Liste der apothekenpflichtigen Arzneimittel (Tabelle 1 Teil 2 HMRs) genannt werden darunter (Art. 5 Abs. 5 c) HMRs).

(II) Verschreibungspflichtige und apothekenpflichtige Arzneimittel

Verschreibungs- und apothekenpflichtige Arzneimittel unterliegen angesichts ihres Risikopotenzials und Beratungsbedarfs strengen Vorschriften im Hinblick auf ihre Abgabe. Dies gilt umso mehr, als der Vertrieb oft über mehrere Ecken stattfindet.[791] Die Abgabe vom Hersteller und Großhändler an andere Großhändler ist über Art. 249 HMRs i.V.m. Schedule 22 HMRs erlaubt.

---

791 *EPFIA*, Towards safer medicines supply, S. 2.

(1) Klassischer Vertriebsweg

Der klassische Vertriebsweg in England erfolgt über drei Lieferebenen: vom Hersteller über den pharmazeutischen Großhandel zur Apotheke.

Ausgangspunkt ist der Hersteller, also derjenige, der unter einer Herstellergenehmigung Arzneimittel herstellt, zusammensetzt oder von einem nicht EWR-Staat importiert oder zu einem der genannten Zwecke besitzt (Art. 17 Abs. 1 HMRs). Er darf Arzneimittel an einen Großhändler liefern (Art. 44 Abs. 2 (a) und (b) i.V.m. Art. 39 Abs. 8 HMRs), welcher seinerseits nur von einem Inhaber einer Herstellungsgenehmigung oder Großhandelsgenehmigung Arzneimittel beziehen darf (Art. 44 Abs. 1 HMRs; Ziff. 5 GDP-Leitlinie). Großhändler ist jeder, der unter einer Großhandelsgenehmigung Arzneimittel über den Großhandel vertreibt oder Arzneimittel zu einem solchen Vertrieb besitzt (Art. 18 Abs. 1 HMRs). Als Vertrieb im Großhandel gilt der Verkauf oder die Lieferung sowie die Beschaffung, Lagerung oder Ausfuhr in einen anderen EWR-Staat zum Zweck des Verkaufs oder der Lieferung an eine Person, welche das Produkt im Rahmen ihrer gewerblichen Tätigkeit Weiterverkauft oder Weiterliefert oder es für die Verabreichung oder Veranlassung zur Verabreichung an einen oder mehrere Menschen empfängt (Art. 18 Abs. 7 und 8 HMRs a.F. / Art. 18 Abs. 4 und 5 HMRs n.F.). Drittes Glied in der klassischen Vertriebskette ist die Apotheke (Präsenzapotheke, Versandapotheke oder Krankenhausapotheke). An diese darf der Großhändler gem. Art. 44 Abs. 2 (c) HMRs a.F. (Art. 44 Abs. 5 (c) n.F.) und Ziff. 17 GDP-Leitlinien liefern, wonach der Vertrieb an Personen erlaubt ist, welche zum Verkauf von Arzneimitteln im Einzelhandel oder zur Abgabe von Arzneimitteln unter vergleichbaren Umständen befugt sind. Die Apotheke darf die Arzneimittel an die Endverbraucher abgeben, für verschreibungs- und apothekenpflichtige Arzneimittel besteht insofern ein Apothekenvorbehalt (Art. 220 HMRs).

(2) Direktvertrieb an Apotheken

Der Direktvertrieb vom Hersteller an Apotheken ist gem. Art. 44 Abs. 2 (c) a.F. (Art. 44 Abs. 5 (c) n.F.) i.V.m. Art. 39 Abs. 8 HMRs erlaubt. Davon umfasst ist entweder der Direktvertrieb vom Hersteller an Apotheken ohne Einschaltung eines traditionellen Großhändlers (*Direct Sale from Manufacturer*) oder der Direktvertrieb mittels Einschaltung eines oder mehrerer

Großhändler als Logistik-Dienstleister.[792] Bei letzterem Modell erwerben die beauftragten Großhändler – im Gegensatz zu einem traditionellen Großhändler – kein Eigentum an den Arzneimitteln, sondern erhalten lediglich eine Vergütung für Dienstleistungen. Während beim *Direct Sale from Manufacturer* die Hersteller ihre Produkte parallel noch über traditionelle Großhändler vertreiben, sind beim DTP-Vertrieb einzig solche Großhändler zum Vertrieb befugt, die als Logistik-Dienstleister beauftragt sind.[793] Im Gegensatz zu anderen Mitgliedstaaten wird von dem Direktvertrieb in England häufig Gebrauch gemacht.[794] Als Konsequenz gibt es in England heutzutage keine vollversorgenden Großhändler (*Full-line Wholesalers*) mehr, sondern nur noch solche, die ein beschränktes Sortiment an Medikamenten vertreiben (*Short-line Wholesalers*).[795] Der Fälschungssicherheit dient dies insoweit, als dass der Hersteller den fälschungsanfälligen Parallelhandel besser kontrollieren und eindämmen kann. Zudem ist bei der kurzen Vertriebskette die Rückverfolgbarkeit eher gewährleistet.[796]

(3) Reduced Wholesale Arrangement

Eine weitere, kurz nach dem DTP-Model von 2007 im Vreinigtn Königreich entwickelte Vertriebsform ist das *Reduced Wholesale Arrangement (RWA)*. Hierbei arbeiten Hersteller nur mit einer geringen Zahl – meist zwei oder drei – Großhändlern in deren traditioneller Rolle zusammen.[797] Die Großhändler kaufen vom Hersteller die Produkte und erwerben Eigentum daran. Andere Großhändler werden dagegen nicht beliefert, wodurch diese in ihrer Rolle als vollversorgende Großhändler beschnitten werden.[798] Durch den Verkauf an ausgewählte Großhändler ist eine bessere Übersichtlichkeit der Vertriebskette und ihrer Rückverfolgbarkeit gewährleistet, was das Eindringen von Fälschungen in die legale Lieferkette erschwert.[799]

---

792 *Walters/Dragosits/Said*, European Wholesaling Sector, S. 11.
793 *Walters/Dragosits/Said*, European Wholesaling Sector, S. 10.
794 *Walters/Dragosits/Said*, European Wholesaling Sector, S. 13 f.
795 *Walters/Dragosits/Said*, European Wholesaling Sector, S. 10.
796 *Sandrock/Nawroth* in: Dieners/Reese, Hdb PharmaR, § 9 Rn. 113.
797 *Walters/Dragosits/Said*, European Wholesaling Sector, S. 11 f.
798 *Walters/Dragosits/Said*, European Wholesaling Sector, S. 11.
799 Zu den Nachteilen des DTP und RWA siehe *Walters/Dragosits/Said*, European Wholesaling Sector, S. 11 f.

(4) Direktvertrieb an Healthcare Professionals und Einrichtungen

Neben der bisher beschriebenen Vertriebskette darf der Hersteller und Großhändler sowie auch der Zulassungsinhaber[800] verschreibungs- oder apothekenpflichtige Arzneimittel auch an *Healthcare Professionals* und bestimmte andere Personen und Einrichtungen abgeben (Art. 44 Abs. 2 (c) und (d) HMRs a.F. / Art. 44 Abs. 5 (c) und (d) HMRs n.F. i.V.m. Art. 39 Abs. 8 HMRs). Hierzu zählen insbesondere Ärzte, Zahnärzte, Apotheken sowie private oder öffentliche Krankenhäuser und Gesundheitseinrichtungen. Daneben ist auch eine Abgabe an Minister und Einrichtungen des staatlichen Gesundheitsdienstes (*National Health Service (NHS)*) wie z.B. *NHS Trust* oder Gesundheitsbehörden möglich oder an Personen die vom NHS oder der Polizei, dem Strafvollzug oder dem Militär zur Lieferung oder Verabreichung von Arzneimitteln beauftragt wurden (Art. 249 HMRs i.V.m. Schedule 22).

Von dem ansonsten bestehenden Verbot, keine verschreibungs- oder apothekenpflichtigen Arzneimittel an andere als die genannten Personen oder Einrichtungen zu liefern, enthält Art. 250 HMRs noch zahlreiche Ausnahmen für den Großhändler. Er darf apothekenpflichtige Arzneimittel, welche zur Verabreichung an Patienten im Rahmen eines Geschäfts bestimmt sind, auch an Personen verkaufen, die ein solchen Geschäft betreiben (Art. 250 Abs. 2 HMRs). Zudem kann er apothekenpflichtige Arzneimittel, für die aufgrund besonderer Umstände eine Befreiung von der Apothekenpflicht besteht, an die Personen verkaufen, welche aufgrund der Befreiung bestimmte Arzneimittel im Einzelhandel oder unter vergleichbaren Umständen ohne die Aufsicht eines Apothekers verkaufen können (Art. 250 Abs. 3 und 4 HMRs). Darunter fallen beispielsweise Ärzte, Krankenhäuser oder Hebammen unter den in Art. 223 Abs. 2, 3 bzw. 4 HMRs genannten Bedingungen, Einrichtungen des NHS unter den in Art. 229 HMRs genannten Bedingungen, Personen, die Arzneimittel aufgrund einer Verschreibung für eine Patientengruppe (*Patient Group Direction (PGD)*) abgeben oder verabreichen dürfen unter den in Artt. 230 – 232 oder 234 HMRs genannten Bedingungen sowie Fußpfleger und Podologen, Augenoptiker, Wissenschafts- und Forschungseinrichtungen, Inhaber einer Zulassung, Registrierung oder Herstellungsgenehmigung und Rettungseinrichtungen, Drogenberatungsstellen, bestimmte Schiffe, Schulen,

800 D.h. ein Inhaber einer Zulassung für das Inverkehrbringen, Registrierung, traditionelle Kräuterregistriereung oder Art. 126a Zulassung.

Flugzeuge, Häfen, Gefängnisse oder das Militär unter den in Art. 235 Abs. 4 und 5 i.V.m. Tabelle 17 Teil 4 und 5 HMRs genannten Bedingungen.

Zudem bestehen noch Befreiungen aufgrund der entschuldbaren Annahme der Freiverkäuflichkeit, im Falle einer Seuchenkrankheit und bei bestimmten Sammel- und Liefervereinbarungen unter den Bedingungen der Art. 244, Art. 247 bzw. Art. 248 HMRs. Bestimmte verschreibungspflichtige Arzneimittel kann der Großhändler, wie in Art. 250 Abs. 5 i.V.m. Tabelle 17 Teil 1–3 HMRs beschrieben, an die dort genannten Personen vertreiben. Der Personenkreis umfasst mehr oder weniger denselben wie den soeben beispielhaft aufgezählten. Verschreibungspflichtige Arzneimittel mit bestimmten Substanzen dürfen darüber hinaus unter den Art. 250 Abs. 6–9 HMRs genannten Bedingungen an Augenoptiker verkauft werden.

(5) Arzneimittel abgebende Arztpraxen

Einige Ärzte können wie Apotheken Arzneimittel abgeben (*Dispensing Doctors*). Erste Voraussetzung dafür ist, dass ein Patient einen schriftlichen Antrag stellt (Art. 48 Abs. 1 NHSR). Weitere Voraussetzungen sind, dass der Patienten ansonsten ernsthafte Schwierigkeiten bei der Erlangung erforderlicher Medikamente oder Geräte aus der Apotheke aufgrund der Entfernung oder Unzulänglichkeiten der Kommunikationsmittel hat oder dass die entsprechende Praxis mehr als 1,6 km von einer Präsenzapotheke entfernt ist (Art. 48 Abs. 2–4 NHSR). Die Abgabe von Arzneimitteln ist jedoch beschränkt auf Patienten des *Dispensing Doctors* bzw. seiner Einrichtung (Art. 48 Abs. 1 (b) NHSR).

(6) Versandhandel

Eine Möglichkeit der Abgabe von verschreibungs- und apothekenpflichtigen Arzneimitteln ist der Versandhandel. Die erste Internetapotheke eröffnete im Vereinigten Königreich im Jahr 1999.[801] Eine Gesetzesänderung im

801 BBC News vom 27.11.1999, abrufbar unter http://news.bbc.co.uk/2/hi/health/537928.stm (zuletzt abgerufen am 9.2.2019).

Jahre 2005[802] führte eine online Ärztekonsultation und eine elektronische Verschreibung von Arzneimitteln (*Electronic Prescription*) ein. Rezepte können nunmehr elektronisch (*Electronic Transfer of Prescriptions (ETP)*) oder mit der Post an eine Abgabestelle versandt werden (Art. 2 NHSR 2005). Oft arbeiten Internetapotheken mit Onlinekliniken zusammen, welche – außer im Vereinigten Königreich sonst nur noch in den Niederlanden – online ärztliche Beratung anbieten.[803] In England sind sie als Teil des Angebots großer Apothekenketten ausgestaltet und bieten Internetapotheken somit den Vorteil, Rezepte zu generieren ohne dass der Patient persönlich einen Arzt aufsuchen muss.[804] Versandhandel mit Arzneimitteln dürfen in England nur inländische Internetapotheken betreiben, da alle Apotheken im Land registriert sein müssen (Art. 75 Abs. 1 MA).

(III) Freiverkäufliche Arzneimittel

Für freiverkäufliche Arzneimittel sind weniger strenge Abgabebeschränkungen vorgesehen, da das Risikopotenzial geringer als bei nicht freiverkäuflichen Arzneimitteln ist. Freiverkäufliche Arzneimittel dürfen über alle Wege vertrieben werden, welche auch für die verschreibungs- und apothekenpflichtigen Produkte gelten. Daneben dürfen sie ausdrücklich an alle Personen abgegeben werden, die ihrerseits zur Abgabe im Einzelhandel oder unter vergleichbaren Umständen befugt sind (Art. 44 Abs. 2 (c) HMRs. a.F. / Art. 44 Abs. 5 (c) n.F. i.V.m. Art. 39 Abs. 8 HMRs). Die Abgabe ist folglich in Apotheken und unter bestimmten Bedingungen in Einzelhandelsgeschäften (*General Retail Outlets*) wie z.B. Supermärkten, Kiosken oder Tankstellen erlaubt (Art. 221 HMRs). Darüber hinaus können freiverkäufliche Arzneimittel auch an Personen verkauft werden, für die aufgrund besonderer Umstände eine Befreiung von den Abgabebeschränkungen bestehen. Dies sind im Prinzip dieselben Personen, die apothekenpflichtige Arzneimittel aufgrund einer Befreiung von der Apothekenpflicht von einem Großhändler erwerben können (siehe oben in diesem Teil 5 C. III. 1. d. unter (II) (4)). Schließlich können freiverkäufliche Arz-

802 Verordnung über Staatliche Gesundheitsdienste (pharmazeutische Leistungen) (*National Health Service (Pharmaceutical Services) Regulations 2005*) (SI 2005 No. 641).

803 *Dudley*, e-commerce, S. 4.

804 *Dudley*, e-commerce, S. 4.

neimittel auch über Automaten (Art. 222 HMRs) oder im Versandhandel vertrieben werden.[805]

e. Pflichten bei der Einfuhr

Die Regelungen in Bezug auf die Einfuhr von Arzneimitteln oder Ausgangsstoffen helfen illegale Parallelimporte zu verhindern, durch die gefälschte Arzneimittel in die Vertriebskette gelangen können. Bei der Einfuhr von Arzneimittel oder Ausgangsstoffen aus nicht EWR-Staaten ist die Gute Herstellungspraxis, soweit sie auf die Einfuhr anwendbar ist, zu beachten (Art. 38 HMRs). Der Inhaber einer die Einfuhr umfassenden Großhandelsgenehmigung muss die MHRA und den Inhaber der Marktzulassung informieren, falls er ein Arzneimittel von einem anderen EWR-Staat einführen will und weder Zulassungsinhaber ist noch im Auftrag des Zulassungsinhabers handelt (Art. 43 Abs. 8 HMRs).

f. Pflichten bei der Lieferung und dem Transport

Bei der Lieferung sind Dokumentationspflichten zu beachten, die der Rückverfolgbarkeit der Vertriebskette und der Kontrolle des Erhalts ordnungsgemäßer Produkte dienen. Spiegelbildlich zu dem Herstellerpflichten darf grundsätzlich kein Ausgangsstoff für die Herstellung von Arzneimitteln verkauft oder abgegeben werden, welcher nicht im Einklang mit der Guten Herstellungspraxis hergestellt wurde (Art. 32 HMRs). So muss der Großhändler der Lieferung eines Arzneimittels an eine zum Verkauf im Einzelhandel oder nach entsprechenden Umständen befugte Person Dokumente beilegen, welche das Datum der Auslieferung, die Bezeichnung und Menge des Arzneimittels sowie Name und Anschrift des Inhabers der Großhandelsgenehmigung und seit Umsetzung der FMD auch die Chargennummer mit den Sicherheitsmerkmalen beinhalten (Art. 44 Abs. 3 HMRs a.F. / Art. 44 Abs. 6 HMRs n.F.; Ziff. 18 GDP-Leitlinie).

Der Transport von Arzneimittel sollte so gestaltet sein, dass ausreichende Vorkehrungen gegen Diebstahl bestehen (Ziff. 20 (c) GDP-Leitlinie). Diese Regelung stellt sicher, dass legale Produkte nicht an Unbefugte oder Arzneimittelfälscher gelangen, denn mit Originalware können Fälschungen hergestellt werden. Auch für Versandapotheken gelten ähnliche Vorschrif-

805 *Dudley*, e-commerce, S. 4.

ten. Sie müssen sicherstellen, dass der belieferte Patient tatsächlich derjenige ist, den er vorgibt zu sein und dass Anfragen für zu große oder zu regelmäßige Mengen von Arzneimitteln erkannt werden.[806] Zudem müssen sie eine sichere Lieferung gewährleisten, was einschließt, dass die Ware richtig verpackt ist, die Lieferung bei dem richtigen Empfänger ankommt und die gesetzlichen Vorschriften für Aus- und Einfuhr beachtet werden soweit der Empfänger im Ausland wohnt.[807] Computergestützte Systeme müssen die neusten Sicherheitsanforderungen erfüllen.[808]

g. Rücknahme und Rückruf

Arzneimittel können zurückgenommen werden. Zurückgenommene Erzeugnisse soll der Großhändler nur dann wieder den zum Verkauf bestimmten Beständen zuordnen, wenn die Ware sich unter anderem in den ungeöffneten Originalbehältnissen befindet und von einer befugten Person überprüft und beurteilt wurde (Ziff. 23 (a) und (d) GDP-Leitlinien). Eine formelle Freigabe der verantwortlichen Person sollte erfolgen (Ziff. 24 S. 2 GDP-Leitlinien). Damit wird gewährleistet, dass keine Fälschungen durch die Rücknahme in die legale Vertriebskette gelangen.

Der Hersteller muss für Arzneimittel ein System zur Bearbeitung von Beanstandungen einführen, damit diese überprüft und ein Rückruf vom Markt jederzeit schnell ermöglich wird (Art. 13 Abs. 1 UAbs. 1 GMP-RL). Dies gilt auch für Hersteller mit Sitz außerhalb des EWR (Art. 50 Abs. 4 i.V.m. Tabelle 9 HMRs). Es sollte ein Notfallplan für dringende und eine Verfahren für nicht dringende Rückrufe festgelegt werden, um einen effektiven Marktrückruf auf Anordnung einer Behörde oder unter Zusammenarbeit mit dem Hersteller oder Zulassungsinhabers zu gewährleisten (Art. 43 Abs. 7 HMRs; Ziff. 25 S. 1 GDP-Leitlinien). Auch Hersteller mit Sitz außerhalb des EWR müssen ein Rückrufsystem bereithalten (Art. 50 Abs. 4 i.V.m. Tabelle 9 HMRs). Tauchen Fälschungen im Markt auf, können diese über einen Rückruf des Originalherstellers, dem die Produkte praktisch zugeordnet werden, herausgenommen werden.

806 *GPhC*, Guidance for pharmacy services at a distance, S. 21.
807 *GPhC*, Guidance for pharmacy services at a distance, S. 21 f.
808 *GPhC*, Guidance for pharmacy services at a distance, S. 23.

h. Umgang mit Fälschungen

Aufgrund des Verweises auf die europäischen GDP-Leitlinien in Art. 43 Abs. 1 HMRs gelten in England Vorschriften für Großhändler in Bezug auf den Umgang mit gefälschten Arzneimitteln, wohingegen das nationale Recht keine speziellen Regelungen dazu bereithält. Fälschungen, die im Vertriebsnetz auftauchen, sind getrennt von anderen Arzneimitteln aufzubewahren, um Verwechslungen zu vermeiden. Sie sollten eindeutig als Erzeugnisse, die nicht zum Verkauf bestimmt sind, gekennzeichnet werden (Ziff. 31 GDP-Leitlinien). Es sollte eine formelle Entscheidung über die Beseitigung der Erzeugnisse getroffen werden (Ziff. 32 S. 2 GDP-Leitlinien). Die Vorschriften gelten auch für den Arzneimittelhersteller, soweit er Arzneimittel im Großhandel vertreib (Art. 39 Abs. 8 HMRs). Für alle anderen Akteure der Lieferkette existiert dagegen keine diesbezügliche Regelung. Jedoch hat die MHRA im Rahmen ihrer behördlichen Überwachungsaufgaben für angemessene Maßnahmen im Umgang mit gefälschten Arzneimitteln zu sorgen (siehe unten in diesem Teil 5 C. III. unter 3. c.). Zur Pflicht der Meldung von Fälschungen siehe unten in diesem Teil 5 C. III. unter 4. a.

i. Dokumentation

Die Dokumentationspflicht dient der Rückverfolgbarkeit der Lieferungen und dem Rückruf von Produkten. Jeder Hersteller muss ein Dokumentationssystem einrichten und unterhalten. Die Gesamtheit der Unterlagen sollte eine Rückverfolgung des Werdegangs jeder Charge ermöglichen (Art. 9 Abs. 1 UAbs. 1 GMP-RL). Auch über die Selbstinspektionen und Korrekturmaßnahmen sind Aufzeichnungen zu führen (Art. 14 S. 2 GMP-RL). Daneben hat der Inhaber einer Zulassung alle Nebenwirkungsmeldungen zu dokumentieren (Art. 187 Abs. 1 HMRs). Großhändler müssen Aufzeichnungen in der Weise führen, dass alle wichtigen Tätigkeiten oder Vorkommnisse zurückverfolgt werden können (Ziff. 7 GDP-Leitlinie). So sind der Empfang und die Auslieferung von Produkten zu dokumentieren (Art. 43 Abs. 7 (c) HMRs). Darüber hinaus hat er das Auffinden von gefälschten Arzneimitteln zu dokumentieren (Art. 43 Abs. 7 (a) HMRs; Ziff. 26 HS 1 und Ziff. 32 S. 1 GDP-Leitlinien). Auch der Inhaber einer Apotheke hat bei dem Verkauf oder der Abgabe von verschreibungspflichtigen Arzneimitteln grundsätzlich Aufzeichnungen zu führen, welche insbesondere das Datum der Abgabe, Namen und Menge des Arzneimittels sowie Namen und Anschrift des Empfängers der Verschreibung enthalten (Art. 253 Abs. 1 und 2 i.V.m. Tabelle 23 Abs. 2 HMRs).

2. Anzeige- und Genehmigungspflichten

Anzeige- und Genehmigungspflichten stellen sekundäre Schutzmittel dar und sichern mithin die Durchsetzung der primären Schutzmittel ab, indem sie die staatliche Kontrolle über die Einhaltung der Ge- und Verbote stützen. Es wird im Folgenden zwischen Genehmigungs-, Registrierungs- und Nachweispflichten unterschieden.

a. Genehmigungspflichten

Durch die Pflicht eine Genehmigung einzuholen, wird die Einhaltung von Ge- und Verboten gewährleistet. Im Verfahren zur Genehmigungserteilung überprüft die zuständige Behörde, ob erforderliche Vorschriften eingehalten werden. Nur wenn dies der Fall ist, wird die entsprechende Genehmigung erteilt.

(I) Herstellergenehmigung

Eine Person darf Arzneimittel nur herstellen, zusammensetzen oder in den EWR einführen oder zu den genannten Zwecken besitzen, wenn sie eine Herstellergenehmigung (*Manufacturer's Licence*) hat (Art. 17 Abs. 1 HMRs). Keiner Herstellergenehmigung bedürfen Ärzte, Zahnärzte, Krankenschwestern, Hebammen oder Phytotherapeuten, wenn sie im Rahmen ihrer Berufsausübung zur Behandlung von Patienten Arzneimittel herstellen (Art. 3 HMRs). Dasselbe gilt für die Herstellung unter Aufsicht eines Apothekers (Art. 4 HMRs i.V.m. Art. 10 MA) sowie für das Vermischen von Arzneimitteln durch zur Verschreibung befugte Personen oder unter deren Aufsicht, um einem individuellen Patientenbedarf zu entsprechen (Art. 20 HMRs). Zu weiteren Ausnahmen im Rahmen der Einfuhr siehe unten in diesem Teil 5 C. III. 2. A. unter (III)).

Die Herstellergenehmigung setzt die Einhaltung der Pflichten in Art. 36 ff. HMRs bei der Herstellung und Einfuhr von Arzneimitteln voraus, welche insbesondere die Gute Herstellungspraxis nennen (Art. 37 Abs. 2 HRMs). Damit muss z.B. Personal für die Herstellungs- und Kontrollleitung sowie eine sachkundige Person und geeignete Räume vorhanden sein (Kap. 2.3 und Kap. 3 GMP-Leitfaden).

(II) Großhandelsgenehmigung

Eine Person darf Arzneimittel im Großhandel nur vertreiben oder zu dem genannten Zweck besitzen, wenn sie im Besitz einer Großhandelsgenehmigung (*Wholesale Dealer Licence*) ist (Art. 18 Abs. 1 HMRs). Die Herstellergenehmigung schließt die Großhandelsgenehmigung mit ein, sodass der Inhaber einer Herstellererlaubnis für seine Tätigkeiten keiner gesonderten Großhandelsgenehmigung bedarf (Art. 18 Abs. 4 HMRs a.F. / Art. 18 Abs. 2 (a)(i) HMRs n.F.). Dies schließt auch den Zulassungsinhaber sowie denjenigen, der zwar selbst kein Zulassungsinhaber ist, aber Arzneimittel für einen solchen herstellt, mit ein, soweit die Produkte bis zum Verkauf in den Räumlichkeiten des Herstellers verbleiben und die Räumlichkeiten von dessen Herstellungsgenehmigung umfasst sind (Art. 19 Abs. 1 und 2 HMRs). Apotheken bedürfen keiner Großhandelsgenehmigung soweit sie Arzneimittel an Gesundheitsdienstleister vertreiben, die zur Versorgung ihrer Patienten einen Vorrat an Medikamenten bereithalten müssen. Grund hierfür ist, dass die MHRA dies nicht als kommerzieller Handel ansieht, sondern als wesentlicher Bestandteil des Apothekenbetriebs, der von der Gesundheitsversorgung umfasst ist.[809] Ebenso bedarf eine Apotheke keiner Großhandelsgenehmigung, wenn sie gelegentlich und ohne Gewinnerzielungsabsicht kleine Mengen eines Arzneimittels an andere Apotheken liefert, um einen individuellen Patientenbedarf zu decken.[810]

Voraussetzung einer Großhandelsgenehmigung ist die Einhaltung der Richtlinien der Guten Vertriebspraxis (Art. 43 Abs. 1 HMRs). Darüber hinaus müssen Personal, Räumlichkeiten und Anlagen für die Handhabung, Lagerung und Lieferung von Arzneimitteln bereitgestellt und vorgehalten werden, welche die Qualität der Produkte und deren ordnungsgemäße Verteilung gewährleisten (Art. 43 Abs. 3 HMRs).

809 *Appelbe/Wingfield*, Pharmacy and Medicines Law, S. 143.
810 *Appelbe/Wingfield*, Pharmacy and Medicines Law, S. 143.

(III) Einfuhr

Für die Einfuhr von Arzneimitteln aus Staaten außerhalb der EU oder des EWR ist eine Herstellungsgenehmigung erforderlich (Art. 17 Abs. 1 (a) HMRs). Keiner Herstellungsgenehmigung bedarf, wer zum Zweck der Einfuhr eines Arzneimittels von einem nicht EWR-Staat ausschließlich Transporteinrichtungen zur Verfügung stellt oder lediglich als Importvermittler die Einfuhr im Auftrag eines Inhabers einer Herstellungsgenehmigung durchführt (Art. 17 Abs. 5 HMRs). Eine Ausnahme gilt auch für Personen, die Arzneimittel zur Verabreichung bei sich selbst oder bei Familienangehörigen einführen (Art. 17 Abs. 6 HMRs).

Die Einfuhr von Arzneimitteln aus anderen Mitgliedstaaten der EU oder des EWR gilt als Großhandel, sodass hierfür eine Großhandelsgenehmigung erforderlich ist. Eine Ausnahme besteht für Personen, die ausschließlich Transporteinrichtungen zur Verfügung stellen oder lediglich als Importvermittler die Einfuhr im Auftrag einer anderen Person durchführen, welche das Produkt im Großhandel verkaufen oder auf anderer Weise vertreiben will (Art. 19 Abs. 4 HMRs). Einer Herstellungsgenehmigung bedarf es insoweit grundsätzlich nicht. Eine Ausnahme ist aber dann zu machen, wenn Produkte für die Einfuhr neu zusammengesetzt werden, denn dies stellt einen Herstellungsschritt dar.[811]

(IV) Parallelimportgenehmigung

Bei der Einfuhr von nicht in England zugelassenen Arzneimitteln aus einem EWR-Staat ist eine Parallelimportgenehmigung (*Parallel Import Licence*) erforderlich (Art. 172 HMRs). Voraussetzung ist, dass das importierte Arzneimittel keinen Unterschied in der therapeutischen Wirksamkeit zu einem in England zugelassenem Produkt aufweist. Weiterhin muss der Importeur nachweisen, dass die Produkte nach den Vorgaben der Guten Herstellungspraxis produziert wurden, er eine Großhandelsgenehmigung hat und die Einfuhr von der Parallelimportgenehmigung abgedeckt ist.

---

811 *MHRA*, Guidance for parallel import licence, abrufbar unter https://www.gov.uk/guidance/medicines-apply-for-a-parallel-import-licence (zuletzt aktualisiert am 9.10.2017).

(V) Ausfuhr und Ausfuhrzertifikat

Auch die Ausfuhr in einen Mietgliedstaat der EU oder des EWR wird als Großhandel angesehen, sodass eine Großhandelsgenehmigung erforderlich ist. Eine Ausnahme galt für den Vertrieb oder den Besitz eines Produkts zum Vertrieb, soweit dieser ausschließlich dem Zweck der Ausfuhr an nicht EWR-Staaten diente (Art. 19 Abs. 5 HMRs a.F.). Die Ausnahme wurde jedoch mit Umsetzung der FMD gestrichen. Falls ein Umverpacken notwendig ist, bedarf es neben der Großhandelsgenehmigung auch einer Herstellergenehmigung.

Ein Zertifikat ist nicht erforderlich unter dem Recht von England. Jedoch fordern Drittstaaten, in die Arzneimittel ausgeführt werden, regelmäßig ein Zertifikat um die Marktzulassung und/oder Herstellergenehmigung im Ursprungsland zu bestätigen. Daher stellt die MHRA vier verschiedene Zertifikate auf Anfrage aus (Art. 31 und Art. 103 HMRs). Angefordert werden kann ein Zertifikat über ein pharmazeutisches Produkt (*Certificate of a Pharmaceutical Product*), welches detaillierte Informationen zu dem Produkt enthält, ein Zertifikat über die Herstellungsgenehmigung (*Certificate of Manufacturing Status*), welches den Besitz einer Herstellungsgenehmigung bestätigt, ein Zertifikat über den Zulassungsstand (*Certificate of Licensing Status*), welches für zugelassene und nicht zugelassene Produkte ausgestellt werden kann, weniger Informationen als das Zertifikat über ein pharmazeutisches Produkt enthält und bis zu zehn Produkte enthalten kann und schließlich das Zertifikat über die Einfuhr eines Ausgangsstoffes (*Certificate for the Importation of a Pharmaceutical Constituent*), welches bestätigt, dass ein Ausgangsstoff in England als Inhaltsstoff in einem Arzneimittel verwendet werden kann.[812]

b. Registrierungspflichten

Registrierungspflichten sind für Apotheken und den Versandhandel vorgeschrieben sowie seit Umsetzung der FMD auch für Arzneimittelvermittler und Hersteller, Vertreiber und Importeure von Wirkstoffen.

812 *MHRA*, Export a human medicine, abrufbar unter https://www.gov.uk/guidance/export-a-human-medicine (zuletzt abgerufen am 9.2.2019).

(I) Apothekenregistrierung

Eine Apotheke, also Räumlichkeiten wo verschreibungs- oder apothekenpflichtige Arzneimittel verkauft werden, ist bei der Apothekenregulierungsbehörde (*General Pharmaceutical Council (GPhC)*) zu registrieren (Art. 75 Abs. 1 MA). Die Apotheke darf nur von einer berechtigten Person betrieben werden, d.h. von einem Apotheker[813] oder einer juristischen Person, dessen Vorstand ein Apotheker (*Superintendent Pharmacist*) ist oder unter engen Bedingungen von einem Vertreter eines Apothekers (Art. 96 Abs. 1 i.V.m. Artt. 70–72 MA). Die Krankenhausapotheke trifft insoweit keine Registrierungspflicht, als dass sie Arzneimittel nur innerhalb des Betriebsablaufs ihres Krankenhauses abgeben und nicht an Dritte verkaufen.

(II) Versandhandel

In England ist der Versandhandel mit Arzneimitteln für jeden Produktstatus zulässig. Versandhandel mit verschreibungs- und apothekenpflichtigen Arzneimitteln können nur Apotheken betreiben, die – wie auch Präsenzapotheken – bei dem GPhC registriert sind und auch sonst alle Voraussetzungen einer Präsenzapotheke erfüllen. Jedoch müssen die Geschäftsräume von denjenigen einer Präsenzapotheke getrennt sein. Unter Geschäftsräume für Fernabsatz (*Distance-selling Premises*) sind Apothekenräume zu verstehen, in denen in der Weise wesentliche Leistungen (*Essential Services*) erbracht oder zur Verfügung gestellt werden, dass der Empfang der Leistungen außerhalb der Räumlichkeiten stattfindet (Art. 2 Abs. 1 NHSR). Es dürfen also in den Geschäftsräumen einer Internetapotheke und auch in deren näheren Umgebung keine für den NHS wesentlichen Leistungen direkt an Patienten erbracht werden (Art. 64 Abs. 3 (a) NHSR). Unter solchen wesentlichen Leistungen sind Leistungen an einen Patienten mit heilbarer, unheilbarer oder chronischer Krankheit zu verstehen (Art. 15 GMSR a.F.)[814]. Das Anbieten von davon unabhängigen, weitergehenden

---

813 Bei einer Partnerschaft müssen – im Gegensatz zu Schottland, wo mindestens ein Apotheker genügt – alle Apotheker sein (Art. 69 Abs. 1 (a) MA).

814 Verordnung über Staatliche Gesundheitsdienste (allgemein medizinische Leistungsverträge) (*The National Health Service (General medical Services Contracts) Regulations 2004*), SI 2004 No. 291, in der Fassung *The National Health Service (Primary Medical Services) (Miscellaneous Amendments and Transitional Provisions) Regulations 2013*, SI 2013, 363 (a.F.), aufgehoben durch *The National Health Service (General Medical Services Contracts) Regulations 2015*, SI 2015 No. 1962.

Leistungen ist dagegen erlaubt.[815] Da die Geschäftsräume der Internetapotheke bei dem GPhC registriert sein müssen, ist der Versand aus Apotheken mit Sitz in anderen Ländern nicht möglich.

(III) Registrierungspflicht für Vermittlung von Arzneimitteln und für Einfuhr, Herstellung und Vertrieb von Wirkstoffen

Seit Umsetzung der FMD müssen sich Arzneimittelvermittler registrieren lassen und ihren Sitz innerhalb des EWR haben (Art. 45A Abs. 1 (b) HMRs n.F.). Ebenso trifft jeden, der ein Wirkstoff einführt, herstellt oder vertreibt eine Registrierungspflicht, wobei hierfür die Gute Herstellungspraxis und Gute Vertriebspraxis einzuhalten sind (Art. 45M Abs. 1; 45O HMRs n.F.).

c. Anzeigepflicht

Es besteht eine Nachweispflicht für Einzelhandelsgeschäfte (*General Retail Outlets*), die freiverkäufliche Arzneimittel an die Öffentlichkeit abgeben dürfen. Sie müssen gewisse Bedingungen erfüllen: Die Verkaufsräume müssen abschließbar sein, die Arzneimittel dürfen nur in ihrer Originalverpackung verkauft werden und Arzneimittel mit den Wirkstoffen Aloxiprin, Aspirin, Paracetamol und Ibuprofen dürfen je nach ihrer Darreichungsform nur in bestimmten Packungsgrößen verkauft werden (Art 221 HMRs i.V.m. Tabelle 15). Die Packungsgrößen sind im Vergleich zu denjenigen, die in Apotheken abgegeben werden dürfen, deutlich kleiner. Beispielsweise kann Paracetamol nur in einer Packung mit 16 Tabletten abgegeben werden, während in Apotheken Packungen mit 32 Tabletten erlaubt sind (Tabelle 15 Nr. 1 HMRs). Ibuprofen darf nur bis zu einer Wirkstärke von 200 mg in *General Retail Outlets* abgegeben werden, während Apotheken das Präparat mit einer Wirkstoffstärke bis zu 400 mg abgeben dürfen (Tabelle 15 Nr. 2 HMRs). Ein Verkauf freiverkäuflicher Arzneimittel im Versandhandel über Internetapotheken ist ebenso möglich.

815 *DH*, Regulations under the Health Act 2009, Chapter 11 S. 4.

3. Kontrollen

Kontrollen dienen als sekundäre Schutzmittel der Durchsetzung der primären Mittel zum Schutz gegen Arzneimittelfälschungen. Teilweise können die folgenden Vorschriften jedoch auch als Gebote und damit primäre Schutzmittel angesehen werden. Es kommt eine Kontrolle durch den Marktakteur selbst oder eine Kontrolle durch andere Marktakteure oder den Staat in Betracht.

a. Selbstkontrolle

Der Hersteller muss ein wirksames Qualitätssicherungssystem einführen und unterhalten (Art. 6 GMP-RL), in Rahmen dessen er regelmäßige Selbstinspektionen zur Überprüfung der Einhaltung der Regeln der Guten Herstellungspraxis durchführt (Art. 14 S. 1 GMP-RL). Des Weiteren muss er ein Qualitätskontrollsystem einrichten und unterhalten (Art. 11 Abs. 1 UAbs. 1 GMP-RL), zu dem ein oder mehrere Kontrolllaboratorien gehören, wo Untersuchungen und Prüfungen der Ausgangsstoffe, Verpackungsmaterialien und Zwischen- und Fertigprodukte vorgenommen werden können (Art. 11 Abs. 1 UAbs. 2 GMP-RL). Bei Arzneimitteln ist die Beauftragung von Vertragslaboratorien zulässig (Art. 11 Abs. 2 GMP-RL). Die Pflicht der Selbstinspektion gilt auch für den Großhändler, welcher dabei die Einhaltung der Guten Vertriebspraxis zu überprüfen hat (Ziff. 33 GDP-Leitlinien) und seit Umsetzung der FMD ebenso ein Qualitätsmanagementsystem betreiben muss (Art. 43 Abs. 12 HMRs n.F.).

Der Inhaber einer Zulassung muss ein Pharmakovigilanz-System betreiben, welches dazu dient, seine zugelassenen oder registrierten Arzneimittel zu überwachen und das Nutzen-Risiko-Verhältnis zu überprüfen (Art. 182 Abs. 1, Art. 8 Abs. 1 HMRs). Es ist Teil eines übergeordneten Pharmakovigilanz-Systems des MHRA, welches die Arzneimittelrisiken zentral erfassen soll (vgl. Art. 179 Abs. 2 HMRs). Unter die Arzneimittelrisiken fallen auch gefälschte Arzneimittel, da sie in der Regel objektiv dem Originalhersteller zugeordnet werden und ein Risiko für die öffentliche Gesundheit darstellen. Im Rahmen des Pharmakovigilanz-Systems hat der Zulassungsinhaber alle Informationen zu dem Produkt wissenschaftlich auszuwerten, Möglichkeiten zur Risikominimierung und -verhütung zu prüfen und erforderliche Maßnahmen zu ergreifen (Art. 182 Abs. 4 HMRs).

b. Überwachung durch andere Marktakteure

Vorschriften zur Überwachung von Lieferanten und Kunden kannte das englische Recht bis zur Umsetzung der FMD nicht. Lediglich die GMP-Richtlinie und GDP-Leitlinie, die über Verweis in der HMRs in England direkte Anwendung finden, führen einige Maßnahmen ein. So muss der Großhändler Lieferungen bei Annahme daraufhin geprüft, ob die Behältnisse unbeschädigt sind und die Lieferung mit der Bestellung übereinstimmt (Ziff. 10 S. 3 GDP-Leitlinie). Wer Arzneimittel aus Drittländern einführt, hat sich zu vergewissern, dass die Produkte gemäß der Guten Herstellungspraxis oder gleichwertigen Standards hergestellt wurden (Art. 4 Abs. 2 UA 1 GMP-RL). Darüber hinaus muss er sicherstellen, dass der Hersteller der eingeführten Arzneimittel über eine ordnungsgemäße Herstellergenehmigung verfügt (Art. 4 Abs. 2 UA 2 S. 1 GMP-RL). Seit Umsetzung der FMD finden sich auch einige Vorschriften im englischen Recht. So muss der Inhaber der Herstellungsgenehmigung nun durch Audits sicherstellen, dass die Wirkstoffe in Übereinstimmung mit der Guten Herstellungspraxis hergestellt und in Übereinstimmung mit der Guten Vertriebspraxis vertrieben wurden, eine Registrierung der Hersteller, Importeure oder Vertreiber vorliegt und die Echtheit und Qualität der Wirkstoffe gewährleistet ist (Art. 37 Abs. 4 HMRs n.F.). Der Inhaber der Großhandelsgenehmigung muss die Echtheit der von anderen Mitgliedstaaten eingeführten Arzneimittel, welche Sicherheitsmerkmale tragen, anhand der Sicherheitsmerkmale überprüfen (Art. 43 Abs. 10 und 11 HMRs n.F.) und sicherstellen, soweit er Arzneimittel von einem Vermittler bezieht, dass dieser die Registrierungspflicht einhält (Art. 43 Abs. 14 HMRs n.F.). Zudem hat er auch von ihm belieferte Großhändler auf die Einhaltung der Guten Vertriebspraxis und Hersteller oder Importeure auf das Vorliegen einer Herstellergenehmigung zu überprüfen (Art. 43 Abs. 3 HMRs n.F.).

Für jeden Herstellungsvorgang im Auftrag muss ein schriftlicher Vertrag zwischen Auftraggeber und Auftragnehmer bestehen, in dem die Verantwortlichkeiten jeder Seite klar festgelegt und insbesondere die Einhaltung der Regeln der Guten Herstellungspraxis geregelt sind (Art. 12 Abs. 1 und 2 GMP-RL). Auch Versandapotheken obliegt eine allgemeine Pflicht Drittdienstleister zu überwachen.[816]

816 *GPhC*, Guidance for pharmacy services at a distance, S. 21 f.

c. Behördliche Überwachung

Die in England zuständige Behörde für die Anwendung des Arzneimittelrechts ist die MHRA. Sie führt die Aufgaben der Zulassungsbehörde aus, welche aus dem Staatssekretär für Gesundheit (*Secretary of State for Health*) in England – und auch Wales und Schottland – besteht (Art. 6 Abs. 2 und 6 (a) HMRs). Neben der Zulassung und Registrierung von Arzneimitteln gehören zu den Aufgaben insbesondere die Pflichten der Pharmakovigilanz. (vgl. Artt. 6 Abs. 1 und 179 HMRs). Zudem ist die MHRA zuständig für die Erteilung der Genehmigungen, wie insbesondere der Hersteller- und Großhandelsgenehmigung, und die Durchsetzung der genannten Vorschriften.[817]

Einige ihrer Pflichten zur Durchsetzung arzneimittelrechtlicher Vorschriften hat die Zulassungsbehörde delegiert, wozu sie gem. Art. 323 Abs. 1 und 2 HMRs befugt ist. In Bezug auf die Registrierung und Überwachung von Apotheken ist in England dadurch die GPhC zuständig (Art. 6 PO). Zudem Überwacht das GPhC den Verkauf von nicht freiverkäuflichen Arzneimitteln wie auch von freiverkäuflichen Arzneimitteln, soweit diese in Apotheken oder über Automaten abgegeben werden.[818] Den Verkauf freiverkäuflicher Arzneimittel an anderen Orten als registrierten Apotheken wird dagegen von lokalen Arzneimittelbehörden (*Drug Authority*) überwacht, soweit es solche gibt und mithin die Zulassungsbehörde ihre Aufgaben delegieren kann.[819] Lokale Arzneimittelbehörden sind beispielsweise die Gemeinderäte (vgl. Art. 323 Abs. 10 HMRs).

Für die Erteilung von Genehmigungen und die Überwachung der Hersteller und Großhändler führt die MHRA Inspektionen durch (Art. 325 Abs. 1 HMRs). Sie kann Proben von Arzneimitteln oder Ausgangsstoffen nehmen (Art. 327 Abs. 3 HMRs), wobei die Auswahl mit einer Liste für fälschungsgefährdete Arzneimittel (sogenannte *Watch-list)* abgestimmt wird.[820] Im Falle eines Verdachts einer Straftat kann die MHRA Dokumente und Proben beschlagnahmen (Art. 327 Abs. 7 HMRs). Die gesammelten Proben werden im MHRA-Labor untersucht (vgl. Art. 330 HMRs). Zur Überwachung der Pflichteinhaltung durch Apotheken führt das GPhC Inspektionen durch (Art. 8 Abs. 2 PO).

817 *Appelbe/Wingfield*, Pharmacy and Medicines Law, S. 25.
818 *Appelbe/Wingfield*, Pharmacy and Medicines Law, S. 28.
819 *Appelbe/Wingfield*, Pharmacy and Medicines Law, S. 28.
820 *MHRA*, Strategy 2012-2015, S. 17.

Die MHRA, genauer ihre Aufnahmestelle für fehlerhafte Arzneimittel (*Defective Medicines Report Centre (DMRC)*), betreibt zur Überwachung der auf dem Markt befindlichen Arzneimittel ein Pharmakovigilanz-System, welches Arzneimittelrisiken zentral erfasst (Art. 179 Abs. 1 und 2 HMRs). Die MHRA arbeitet insoweit mit der EMA und den Inhabern der Zulassungen bzw. Registrierungen zusammen und übermittelt die von einem Patienten, Patientenbetreuer, *Healthcare Professional*, Gerichtsmediziner oder Staatsanwalt erhaltenden Meldungen von Nebenwirkung an die *EudraVigilance*-Datenbank (Art. 186 Abs. 1 (c)–(e) HMRs). Die MHRA hat die erfassten Informationen fortlaufend zu bewerten und Optimierungsmöglichkeiten zur Verminderung und Vermeidung von Arzneimittelrisiken zu prüfen, ebenso trifft sie alle erforderlichen regulatorischen Maßnahmen (Art. 179 Abs. 3 HMRs). Das Vorgehen im Falle der Meldung einer mutmaßlichen Arzneimittelfälschung ist in der *Falsified Medical Products Strategie 2012-2015* genauer erklärt. Ein gemeldeter Fälschungsfall wird an ein Störmanagementteam (*Incident Management Team*) übergeben, das sich aus Vertretern aller betreffenden Abteilungen zusammensetzt.[821] Um das Gesundheitsrisiko zu minimieren, ist die erste Priorität der MHRA, die mutmaßlich gefälschten Produkte in Quarantäne zu geben oder zu beschlagnahmen und damit zu verhindern, dass weitere Produkte in die Lieferkette gelangen.[822] Proben des Produkts werden im MHRA-Labor untersucht und ggf. an den Hersteller (Zulassungsinhaber) des Originalprodukts für eine eigene Untersuchung weitergeleitet.[823] Bestätigt sich der Verdacht, wird auf Grundlage einer Klassifizierung des Gesundheitsrisikos und dem ermittelnden Ausmaß der Verbreitung das weitere Vorgehen bestimmt (siehe unten in diesem Teil 5 C. III. unter 5. a).

d. Zollbehördliche Überwachung

In England ist die Königliche Steuer- und Zollbehörde (*Her Majesty´s Revenue and Customs (HMRC)*) zuständig, um auf Antrag zu verbieten, dass bestimmte rechtsverletzende Produkte in das Land eingeführt oder aus dem Land ausgeführt werden (Art. 49 Abs. 1 (c) CEM).[824] Hierzu zählen Pro-

---

821 *MHRA*, Strategy 2012-2015, S. 20 f.

822 *MHRA*, Strategy 2012-2015, S. 21.

823 *MHRA*, Strategy 2012-2015, S. 21.

824 Gesetz über Zölle und Verbrauchssteuern (*Customs and Excise Management Act. 1979*), SI 1979 c. 2, in der Fassung des *Finance Act 2013*, SI 2013 c. 29 (a.F.),

dukte die Markenrechte oder *Copyrights* verletzen (Art. 89 TMA; Art. 111 CDPA). Der Grenzschutz (*Border Force*) ist eine Ermittlungsbehörde des Innenministeriums und führt laut einer Vereinbarung zwischen dem HMRC und dem Innenministerium die Grenzkontrollen durch.[825]

e. Strafverfolgungsbehörden

Die MHRA hat eine eigene Ermittlungsbehörde, die *MHRA Enforcement and Intelligence Group (E&I)*, bestehend aus einem Fallzuweisungszentrums (*Case Refferal Centre*), einer Meldestelle (*Intelligence Unit*), Einsatzteams (*Operations Teams*) und einer Strafverfolgungsabteilung (*Prosecution Unit*). Sie hat die Aufgabe arzneimittelrechtlichen Vorschriften in England – sowie auch in Schottland und Wales – durchzusetzen. Die MHRA arbeitet mit der EMA und anderen national zuständigen Behörden zusammen, um die Bestimmungen der Gesetze auszuführen und durchzusetzen.

Im jedem Falle einer Arzneimittelfälschung nimmt die E&I Ermittlungen auf, um die verantwortlichen Personen zu identifizieren, dies gilt auch für Fälschungsfälle im Internet auf illegalen Webseiten.[826] Ansatzpunkte sind die Bestimmung der Vertriebskette, die Nachverfolgung der gezahlten finanziellen Mittel und die Ermittlung der durch die Fälschung begünstigter Personen.[827] Hierzu kann die E&I Inspektionen durchführen sowie Gegenstände und finanzielle Mittel beschlagnahmen.[828] In Bezug auf das Internet hat die E&I besondere Überwachungsmaßnahmen eingeführt. Sie nutz Software, die Webseiten mit illegal angebotenen Arzneimitteln erkennen kann, und führt Testkäufe zur Untersuchung der Proben durch.[829] Dabei liegt der Schwerpunkt der Überwachung auf fälschungsgefährdeten Arzneimitteln, die sich aus der *Watch-list* ergeben.[830] Ermittelte illegale Webseiten werden, ggf. unter Zusammenarbeit mit den zuständigen aus-

---

zuletzt geändert durch *The Money Laundering, Terrorist Financing and Transfer of Funds (Information on the Payer) Regulations 2017*, SI 2017 No. 692 (n.F.).

825 Partnership Agreement between the Commissioners of HMRC and the Home Office on arrangements for the operation of customs controls by Border Force, and frontier delivery requirements 2012-2015.

826 *MHRA*, Strategy 2012-2015, S. 24 und 26.

827 *MHRA*, Strategy 2012-2015, S. 22 und 23.

828 *MHRA*, Strategy 2012-2015, S. 24.

829 *MHRA*, Strategy 2012-2015, S. 24 und 28.

830 *MHRA*, Strategy 2012-2015, S. 28.

ländischen Behörden, gesperrt oder geschlossen.[831] Zur effektiven Strafverfolgung arbeitet die MHRA mit internationalen Ermittlungs- und Strafverfolgungsorganisationen wie INTERPOL, Europol, Eurojust und der Weltzollorganisation zusammen.[832] Falls genügend Beweise gefunden werden, leitet die E&I die Ermittlungsakten zur Strafverfolgung an die Staatsanwaltschaft weiter.[833] Die MHRA analysiert Erkenntnisse aus jedem Fälschungsfall, um den Verfahrensablauf und die Ermittlungsarbeit zu verbessern und Schwachstellen in der Strafverfolgung und -festsetzung aufzudecken.[834]

4. Aufklärung und Information

Die Aufklärung und Information sind wichtige tatsächliche Schutzmittel, mit Hilfe derer bei betroffenen Kreisen ein Bewusstsein für die Gefahren von gefälschten Arzneimitteln geschaffen und so ein Selbstschutz aktiviert werden kann. Umfasst werden im Folgenden die Meldung von konkreten Fälschungsfällen, die staatliche Aufklärung über Schutzmöglichkeiten und der Informationsaustausch.

a. Meldung von Fälschungen

Eine explizite Pflicht zur Meldung von gefälschten Arzneimitteln gab es bisher im englischen Recht nur über die Einbeziehung der GDP-Leitlinien. Danach hat der Großhändler, im Falle der Entdeckung von gefälschten Arzneimitteln im Vertriebsnetz, unverzüglich die MHRA und den Inhaber der Zulassung für das Originalerzeugnis zu informieren (Ziff. 31 S. 2 GDP-Leitlinie). Daneben gibt es für den Hersteller die Pflicht, die MHRA über jeden beanstandeten Mangel eines Arzneimittels, der möglicherweise zu einem Rückruf oder einer ungewöhnlichen Einschränkung des Vertriebs führt zu unterrichten und, soweit möglich, die Empfängerländer anzugeben (Art. 12 Abs. 1 UAbs. 2 GMP-RL). Unter einen solchen Mangel kann auch eine Arzneimittelfälschung fallen. Nebenwirkungsmeldungen, welche auch von gefälschten Arzneimitteln herrühren können, sind vom Zu-

---

831 *MHRA*, Strategy 2012-2015, S. 28.
832 *MHRA*, Strategy 2012-2015, S. 28 f.
833 *MHRA*, Strategy 2012-2015, S. 22 und 24.
834 *MHRA*, Strategy 2012-2015, S. 22.

lassungsinhaber an die EudraVigilanz-Datenbank zu übermitteln (Art. 188 Abs. 1 (a) und (b) HMRs). Seit Umsetzung der FMD bestehen ausdrücklich Pflichten zur Meldung eines Fälschungsverdachts. Inhaber der Herstellungs- oder Großhandelsgenehmigung sowie Vermittler und Versandhandelsapotheken müssen unverzüglich die zuständige Behörde des Mitgliedstaats und ggf. der Zulassungsinhaber über eine entdeckte Fälschung oder einen Fälschungsverdacht informieren (Art. 37 Abs. 11, Art. 43 Abs. 13, Art. 45F Abs. 1, Art. 256F Abs. 1 HMRs n.F.).

Darüber hinaus hält die MHRA, genauer gesagt ihre DMRC, ein 24 Stunden erreichbares Notfallsystem vor, welches für Hersteller, Lieferanten, Behörden und Verbraucher eine Plattform zur Kommunikation und Bewertung von fehlerhaften Arzneimitteln bildet (vgl. Art. 203 Abs. 1 und 2 (f) HMRs).[835] Ergänzt wird es durch das *Yellow Card Scheme* (Gelbe Karte Programm), über das die Öffentlichkeit sowie *Healthcare Professionals* Nebenwirkungen und andere Probleme durch die Einnahme eines Medikaments der MHRA melden können.[836]

b. Informierung der Öffentlichkeit

Laut ihrer *Falsified Medical Product Strategy 2012-2015* entwirft die MHRA in Falle einer entdeckten Arzneimittelfälschung ein umfassendes Kommunikationskonzept, welches die Hersteller des Originalprodukts, das gefälscht wurde, und alle anderen betreffenden Interessensgruppen mit einbezieht. Ist der Fall über das Pharmakovigilanz-System bekannt geworden, hat die MHRA vor einer öffentlichen Bekanntmachung grundsätzlich ohnehin die EMA, die Europäische Kommission und die zuständigen Behörden anderer EWR-Mitgliedstaaten zu informieren (Art. 204 HMRs). Ziel des Konzeptes ist es, klare und einheitliche Informationen an Patienten, Pflegepersonal, *Healthcare Professionals* und betroffene Akteure der Lieferkette über die von ihnen zu ergreifenden Maßnahmen zu erteilen, denn angemessene Informationen sind wichtig für die Vermeidung von Verwirrung, Angst und Panik.[837] Findet ein Rückruf aus dem Markt statt, wird dieser stets von einem Pressebericht begleitet, um einen möglichst weiten Kreis zu erreichen.[838] Will der Zulassungsinhaber einen Fälschungsfall öf-

835 *MHRA*, Strategy 2012-2015, S. 22.
836 *MHRA*, Strategy 2012-2015, S. 18.
837 *MHRA*, Strategy 2012-2015, S. 21.
838 *MHRA*, Strategy 2012-2015, S. 23.

fentlich bekannt machen, hat er zuvor oder zeitgleich die MHRA, die EMA und die Europäische Kommission zu unterrichten (Art. 205 HMRs).

c. Internetapotheken-Logo

Registrierte Apotheken, die über das Internet Arzneimittel der Öffentlichkeit anbieten und verkaufen, konnten bis zur Umsetzung der FMD bei der GPhC die Erlaubnis erhalten, auf ihrer Internetseite ein Internetapotheken-Logo (*Internet Pharmacy Logo*) abzubilden (graphische Darstellung in Anhang II **Abbildung 6**).[839]

Die Nutzung des Logos war freiwillig und deshalb rechtlich nicht gesondert geregelt. Es sollte Patienten und der Öffentlichkeit eine Bestätigung dafür liefern, dass sie bei registrierten Apotheken kauften, die GPhC Standards erfüllten.[840] Unter anderem musste die Internetapotheke bei der MHRA registriert sein und durfte das Logo nur für ihre eigene Internetseite verwenden, auf welcher nur wahre Angaben veröffentlicht werden durften. Auf der Webseite mussten Name der Apotheke und des Inhabers sowie eine Anleitung zum Logo angeben werden.[841] Durch Anklicken des Logos führte ein Link zu dem Eintrag der entsprechenden Apotheke im Onlineregister, alternativ konnte auch direkt über das Onlineregister nach der entsprechenden Apotheke gesucht werden.[842] War die Apotheke im Register enthalten, handelt es sich um einen seriösen Anbieter und der Kauf von Arzneimitteln galt als sicher.

Seit Umsetzung der FMD gibt es ein gemeinsames Versandhandelslogo mit Register in der EU, welches nun obligatorisch von den Versandhandelsapotheken zu nutzen ist (Art. 256H Abs. 4 HMRs n.F.) (näher hierzu oben in diesem Teil 5 unter A. III. 4. c.).

d. Aufklärung der Öffentlichkeit

Im Rahmen ihrer Anti-Fälschungs-Strategie nennt die MHRA die Aufklärung der Öffentlichkeit über die Bedrohungen von gefälschten Arzneimit-

839 *GPhC*, Voluntary internet pharmacy logo, S. 1.
840 *GPhC*, Internet pharmacy, abrufbar unter https://www.pharmacyregulation.org/registration/internet-pharmacy (zuletzt abgerufen am 9.2.2019).
841 *GPhC*, Voluntary internet pharmacy logo, S. 1.
842 *GPhC*, Internet pharmacy, a.a.O.

teln als Schlüsselkomponente. Um das Ziel zu erreichen nahm die MHRA an berichterstattenden und dokumentarischen Fernseh- und Radiosendungen teil, startete Aufklärungskampagnen im Fernsehen und Kino über die Risiken von gefälschten Arzneimitteln im Internet und gab gemeinsam mit der GPhC eine Richtlinie für Apotheken heraus.[843] Ein konkretes Beispiel einer MHRA Initiative mit dem Ziel, das öffentliche Bewusstsein für die Gefahren aus dem Internet zu schärfen, ist die Operation PANGEA.[844] Sie wurde zum ersten Mal im Jahre 2006 im Vereinigten Königreich durchgeführt und hat sich mittlerweile zu einer internationalen Kooperation entwickelt.[845] Sie besteht aus der zeitgleichen Einleitung von Ermittlungen gegen mehrere illegale Internetseiten und der Begleitung der Ermittler durch die Presse, sodass, neben der Entdeckung zahlreicher Fälle illegaler Arzneimittel, eine weit verbreitete Berichterstattung über das Ausmaß und die Gesundheitsgefahren von Fälschungen und illegalen Arzneimitteln erreicht wird.[846]

e. Kooperation mit Interessensgruppen

Die MHRA veranstaltet zweimal jährlich ein Treffen der bezüglich Anti-Fälschung interessierten Gruppen (*Anti-Counterfeiting Stakeholders (ACS)*), bei der Wirtschaftsverbände für Hersteller (ABPI), Großhändler (BAPW), Parallelimporteure (BAEPD), Generikahersteller (BGMA) und das Institut für Pharmazeutische Sicherheit (*Pharmaceutical Security Institute (PSI)*) Mitglied sind. Auch nehmen der *Border Force*, die HMRC, die Polizei und das GPhC teil.[847] Ziel ist der Austausch über Beschlagnahmen und Meldungen von gefälschten Arzneimitteln, verdächtige Marktaktivitäten und Forderungen der Pharmaindustrie. Die MHRA stellt einen Überblick über die Fälschungsaktivitäten der letzten sechs Monate innerhalb des Vereinigten Königreichs und der EU vor. Die *Watch-list* wird aktualisiert und an Ermittlungsbehörden, Häfen, Postzentren, Aufsichtsbehörden und Knotenpunkte der legalen Lieferkette weitergegeben, um bezüglich der betroffenen Produkte die Wachsamkeit zu steigern.[848] Zudem wird sie über das *Yellow*

---

843 *MHRA*, Strategy 2012-2015, S. 15.
844 *MHRA*, Strategy 2012-2015, S. 15 f.
845 *INTERPOL*, Operation Pangea; siehe auch oben in diesem Teil 5 unter A. III. 4. d.
846 Vgl. *MHRA*, Strategy 2012-2015, S. 15.
847 *MHRA*, Strategy 2012-2015, S. 16 f.
848 *MHRA*, Strategy 2012-2015, S. 17.

Card Scheme den *Healthcare Professionals* zur Verfügung gestellt.[849] Die *Watch-list* wird nicht mehr veröffentlicht, da in der Vergangenheit Fälscher auf diese zugegriffen haben, um sich besser zu informieren.[850]

England kooperiert zudem in internationalen Partnerschaften mit der WHO und ist Mitglied im PFIPC und im WGEO. Zudem arbeitete es an der MEDICRIME-Konvention des Europarats mit,[851] eine diesbezügliche Unterschrift oder Ratifizierung der Konvention liegt jedoch nicht vor.[852]

5. Sanktionen gegen Marktakteure

Sanktionen sind sekundäre Schutzmittel, welche der Durchsetzung der Ge- Verbote dienen. Verstoßen Marktakteure gegen ihre Pflichten, kommen behördliche Maßnahmen, strafrechtliche Konsequenzen und zivilrechtliche Ansprüche in Betracht.

a. Behördliche Maßnahmen

Die MHRA kann die im Gesetz einzeln aufgezählten Maßnahmen treffen, soweit Marktakteure gegen Ge- oder Verbote verstoßen. Die MHRA kann die Hersteller- oder Großhandelsgenehmigung ganz oder teilweise entziehen oder aussetzen, sofern der Inhaber gewohnheitsmäßig gegen die Bestimmungen der Genehmigung verstößt oder die erforderlichen Einrichtungen nicht vorhalten kann (Art. 26 Abs. 3–6 HMRs). Sie kann auch eine Genehmigung aus Gründen der Sicherheit für maximal drei Monate mit sofortiger Wirkung aussetzen (Art. 28 HMRs). Verstößt eine Apotheke gegen Pflichten, kann die GPhC die Registrierung löschen (Art. 30 PO). Hält sich der Zulassungsinhaber nicht an die Zulassung oder an die Kennzeichnungspflichten, kann die Zulassung ausgesetzt oder entzogen werden (Art. 110 Abs. 1 und 4 HMRs). Die Einführung der Registrierungspflicht für Arzneimittelvermittler und Importeure, Hersteller und Vertreiber von Wirkstoffen durch die FMD brachte auch die Möglichkeit der Aussetzung,

849 *MHRA*, Strategy 2012-2015, S. 18.
850 *MHRA*, Strategy 2012-2015, S. 17.
851 *MHRA*, Strategy 2012-2015, S. 18 ff.
852 *Council of Europe*, Chart of signatures and ratifications on Treaty 211, abrufbar unter http://www.coe.int/en/web/conventions/full-list/-/conventions/treaty/211/signatures (zuletzt abgerufen am 9.2.2019).

Änderung oder des Widerrufs der Registrierungen mit sich (Artt. 45G ff. und 45Q ff. HMRs n.F.).

Im Fall der Entdeckung fehlerhafter Arzneimittel, was auch gefälschte Arzneimittel einschließt, sind in der *Falsified Medical Products Strategy 2012-2015* der MHRA genauere Maßnahmen geregelt.[853] Diese sind anhand einer Klassifizierung des Gesundheitsrisikos zu treffen, folgende Risikoklassen hat die MHRA ausgearbeitet:

- Klasse 1: Es besteht Lebensgefahr oder ernsthafte Gefahr für die Gesundheit
- Klasse 2: Ein Schaden des Patienten ist möglich, es besteht aber keine Lebensgefahr oder ernsthafte Gefahr für die Gesundheit
- Klasse 3: Ein Schaden des Patienten ist unwahrscheinlich, es bestehen aber andere Gefahren, wie z.B. aufgrund der Nichteinhaltung der Guten Herstellungspraxis oder der Vorgaben der Genehmigung für das Inverkehrbringen.
- Klasse 4 (auch bekannt als Vorsicht-bei-Gebrauch-Hinweis (*caution in use notice*)): Es besteht keine Gefahr für den Patienten, üblicherweise für die Anzeige kleinerer Fehler an Verpackung oder Druckmaterialien.[854]

Eine Einstufung in die Klassen 1–3 erfordert einen Rückruf von Produktchargen aus dem Markt, während Klasse 4 lediglich Vorsicht bei dem Gebrauch des fehlerhaften Arzneimittels und einen entsprechenden Hinweis auf dem Produkt zur Folge hat.[855] Das DMRC kann Produktrückrufe nach Anhörung des Zulassungsinhabers des Originalprodukts durchsetzen, was aufgrund der engen Zusammenarbeit jedoch zumeist nicht erforderlich ist.[856]

b. Strafrechtliche Absicherung der Ge- und Verbote

Verstößt ein Akteur gegen ihm obliegende Erlaubnispflichten, Pharmakovigilanzpflichten, Abgabebeschränkungen oder Kennzeichnungspflichten wird er in der Regel bei Verurteilung ohne Schöffengerichtsverfahren

853 *MHRA*, Strategy 2012-2015, S. 22 f.
854 *MHRA*, Strategy 2012-2015, S. 22 f.
855 *MHRA*, Strategy 2012-2015, S. 22 f.
856 *MHRA*, Strategy 2012-2015, S. 22.

(*Summary Convinction)*[857] mit einer Gesamtgeldstrafe nicht höher als die gesetzliche Höchststrafe[858] und bei Verurteilung mit Schöffengerichtsverfahren (*Convinction on Indictment*) mit Freiheitsstrafe bis zu zwei Jahren oder/und mit Geldstrafe bestraft (vgl. Artt. 34 Abs. 1, 209 Abs. 1, 220, 255 Abs. 1 und 5, 268, 289 HMRs (seit Umsetzung der FMD auch Artt. 45K f., 45U f. und 256M f. HMRs n.F.).

c. Zivilrechtliche Haftung des Herstellers

Die zivilrechtliche Haftung des Herstellers kann sich in England entweder aus der Gefährdungshaftung oder aus dem Deliktsrecht ergeben.

(I) Produkthaftung

England kennt durch die Umsetzung der europäischen Produkthaftungsrichtlinie 85/374/EWG eine allgemeine Gefährdungshaftung für Produktfehler. In der Haftung steht danach zum einen der Hersteller des Produkts und zum anderen jeder, der sich mittels der Aufbringung seines Namens, einer Marke oder anderer Unterscheidungszeichen auf das Produkt als Hersteller ausgibt sowie jeder, der ein Produkt zum Zweck des Vertriebs geschäftlich in die EU einführt (Art. 2 Abs. 1 und 2 CPA). Die Haftung ist ausgeschlossen, wenn eine Person das Produkt nicht geliefert hat, oder das Produkt zu dem relevanten Zeitpunkt noch keinen Fehler aufwies (Art. 4 Abs. 1 (b) und (d) CPA). Damit dürfte eine Haftung des Originalherstellers für gefälschte Arzneimittel ausgeschlossen sein. Totalfälschungen tragen zwar zumeist den Namen des Originalherstellers, wurden aber nicht von diesem geliefert. Teilfälschung sind zwar von dem Originalhersteller in den Verkehr gebracht, weisen aber zu dem Zeitpunkt der Lieferung noch keinen Fehler auf.

Relevant kann aber die Lieferantenhaftung sein. Neben dem Hersteller haftet auch der Lieferant, der das Endprodukt zum Geschädigten oder ein Teilprodukt zum Hersteller geliefert hat, soweit er nicht den Verantwortli-

---

857 Summary Convinction bedeuted die Verurteilung einer Person (gewöhnlich für ein geringfügiges Vergehen) durch einen einzelnen Richter ohne die Hinzuziehung einer Jury, *Black*, Law Dictionary, S. 269.

858 £ 5.000 in England (Anhang 1 Interpretation Act 1978 i.V.m. Art. 32 Criminal Justice Act 1982).

chen oder seinen Lieferanten preisgibt (Art. 2 Abs. 3 CPA). Zur Folge einer etwaigen Haftung siehe unten in diesem Teil 5 C. III. unter 6. b. (I)).

(II) Allgemeines Deliktsrecht

Neben der kodifizierten Gefährdungshaftung steht eine Haftung für unerlaubte Handlungen (entsprechend dem deutschen allgemeinen Deliktsrecht), welches mit dem Begriff *Tort Law* bezeichnet wird. Es gibt im englischen Recht keine allgemeine deliktische Generalklausel, sondern eine Vielzahl unterschiedlicher Verbotstatbestände (*Torts*), die jeweils eine bestimmte Pflichtverletzung erfassen, aus der dem Betroffenen unter bestimmten Voraussetzungen ein Anspruch auf Schadensersatz und ein Klagerecht erwächst.[859] Zu nennen ist hier insbesondere der *Tort of Negligence*, der die Haftung für einen Schaden aus fahrlässiger Verletzung einer Sorgfaltspflicht umfasst.[860] Es kommen mehrere Arten von Sorgfaltspflichten in Betracht, wie z.B. Fabrikationsfehler (*Manufacturing Defect*), Konstruktionsfehler (*Design Defect*) oder fehlende Warnhinweise (*Failure to Warn*).[861] Das *Common Law* legt jedoch keinen besonderen Wert auf eine Unterscheidung der Pflichten, da alle gleichwertig als Haftungsgrund nebeneinander stehen.[862]

6. Sanktionen gegen Fälscher

Bei illegalen Handlungen mit Bezug auf Arzneimittelfälschungen kommen als sekundäre Schutzmittel strafrechtliche Sanktionen, zivilrechtliche Ansprüche und Grenzbeschlagnahmen in Betracht.

---

859 *Haesen*, Schutz gegen unlauteren Wettbewerb, S. 53.

860 *Zweigert/Kötz*, Rechtsvergleichung, S. 611.

861 Siehe z.B. *Barry versus Black-Clawson International Ltd* [1966] 2 KIR 237 für Fabrikations- und Konstruktionsfehler und *Haseldine versus CA Daw & Sons Ltd* [1941] 2 KB 343; *Holmes versus Ashford* [1950] 2 All ER 76 für fehlerhafte Warnhinweise.

862 *Howarth/Matthews/Morgan/O´Sullivan/Tofaris*, Tort Law, S. 632.

a. Strafrechtliche Haftung

Eine Strafbarkeit kann sich aus dem Arzneimittelrecht, dem Strafrecht, den Rechten des geistigen Eigentums oder dem Wettbewerbsrecht ergeben.

(I) Arzneimittelrecht

Es ist nach Art. 46 HMRs verboten ein nicht zugelassenes Arzneimittel zu verkaufen, abzugeben oder zu den genannten Zwecken anzubieten. Zudem verbietet die Norm den Besitz eines solchen Produkts in dem Wissen oder mit hinreichenden Gründen zu der Annahme, dass das Produkt an eine Person innerhalb des EWR verkauft oder abgegeben werden soll. Auch darf ein nicht zugelassenes Arzneimittel nicht in dem Wissen oder mit hinreichenden Gründen zu der Annahme, dass das Produkt verkauft oder abgegeben wurde oder verkauft oder abgegeben werden soll, hergestellt oder zum Verkauf, zur Abgabe oder zur Herstellung vermittelt werden. Der Verstoß gegen die Verbote wird bei Verurteilung ohne Schöffengerichtsverfahren mit Geldstrafe bis zur gesetzlichen Höchststrafe und bei Verurteilung in einem Schöffengerichtsverfahren mit einer Geldstrafe oder Freiheitsstrafe bis zu 2 Jahren oder mit Geld- und Freiheitsstrafe bestraft (Art. 47 Abs. 1 HMRs). Für das Herstellen oder Vertreiben von Arzneimitteln ohne die erforderliche Hersteller- bzw. Großhandelsgenehmigung findet dasselbe Strafmaß Anwendung (Art. 35 Abs. 1 i.V.m. Art. 34 Abs. 1 HMRs).

(II) Strafrecht

Wer in unredlicher Weise mit Bereicherungs- oder Schädigungsabsicht eine falsche Darstellung macht, wird wegen Betrugs bei Verurteilung ohne Schöffengerichtsverfahren mit Freiheitsstrafe bis zu 12 Monaten und/oder Geldstrafe bis zu 5.000 £ bestraft, bei Verurteilung in einem Schöffengerichtsverfahren mit Freiheitsstrafe bis zu 10 Jahren und/oder Geldstrafe (Art. 1, Art. 2 FA). Ebenso wird die Herstellung, Veränderung, Lieferung oder das Anbieten von für einen Betrug bestimmten Waren bestraft (Art. 7 FA). Für den Besitz von oder die Verfügungsgewalt über Waren, die für einen Betrug bestimmt sind, bemisst sich die Strafe bei Verurteilung ohne Schöffengerichtsverfahren auf dasselbe Maß, bei Verurteilung in einem

Schöffengerichtsverfahren jedoch lediglich auf Freiheitsstrafe bis zu 5 Jahren und/oder Geldstrafe (Art. 6 FA).

Wird durch die böswillig beabsichtigte Einnahme eines giftigen Stoffes (wie z.B. eines gefälschten Arzneimittels) ein Mensch verletzt, geschädigt oder belästigt, kann dies eine Freiheitsstrafe nach sich ziehen (Art. 24 OAPA). Wird dagegen dadurch das Leben eines Menschen gefährdet oder eine erhebliche körperliche Verletzung zugefügt, beträgt die Strafe Freiheitsstrafe bis zu 10 Jahre (Art. 23 OAPA). Stirbt infolge der Einnahme eines gefälschten Arzneimittels ein Mensch und war dies vom Vorsatz des Täters umfasst, ist der Tatbestand des Mords erfüllt. Dieser beruht auf *Common Law* und wird mit lebenslanger Freiheitsstrafe bestraft.[863]

(III) Geistiges Eigentumsrecht

Nur einige der Schutzrechte sind neben dem zivilrechtlichen Schutz auch strafrechtlich abgesichert. Die Verletzung des Patentrechts oder Designrechts ist nicht strafbewährt,[864] hingegen existieren für das Markenrecht und das *Copyright* strafrechtliche Vorschriften. Wer registrierte Marken unberechtigt nutzt, wird bei Verurteilung ohne Schöffengerichtsverfahren mit Freiheitstrafe von bis zu 6 Monaten oder/und einer Geldstrafe bis zum gesetzlichen Höchstmaß bestraft. Bei Verurteilung mit Schöffengerichtsverfahren beträgt die Strafe Geldstrafe oder/und Freiheitsstrafe bis zu 10 Jahren (Art. 92 TMA). Dasselbe Strafmaß gilt für denjenigen, der das *Copyright* verletzende Produkte zum Verkauf herstellt oder diese verteilt (Art. 107 Abs. 1 (a), (b) und (d)(iv), Abs. 4 CDPA). Wer solche Produkte besitzt um einen Verstoß zu begehen, solche Werke verkauft oder anbietet oder Produkte speziell als Nachahmung eines Werkes herstellt oder solche besitzt, wird bei Verurteilung ohne Schöffengerichtsverfahren zu einer Freiheitsstrafe von bis zu drei Monaten oder einer Geldstrafe bis zum gesetzlichen Höchstmaß bestraft, eine Verurteilung mit Schöffengerichtsverfahren ist insoweit nicht vorgesehen (Art. 107 Abs. 1 (c) und (d)(i)–(iii), Abs. 2, Abs. 5 CDPA).

863 In Großbritannien wird die lebenslange Freiheitsstrafe je nach Schwere der Tat und Alter des Täters nach einer vom Gericht zu bestimmenden Zeit auf Bewährung ausgesetzt. Die Zeit liegt zwischen 12 und 30 Jahren (Ziff. 5 ff. Anhang 21 Criminal Justice Act 2003 (CJA). Eine lebenslange Freiheitsstrafe ohne Bewährung kann nur Personen über 21 Jahre treffen (Ziff. 4 Anhang 21 CJA).

864 *Sterpi/Calame*, Patent Litigation, S. 474.

(IV) Wettbewerbsrecht

In England gibt es kein einheitliches Recht des unlauteren Wettbewerbs, vielmehr setzt es sich aus Fallrecht, Gesetzesrecht und Kodizes der Selbstkontrolle zusammen.[865] Das Fallrecht ist zwar wichtigste Grundlage, schützt jedoch vornehmlich die Mitbewerber und stellt daher zivilrechtliche Klagegründe zur Verfügung. Dagegen existieren im englischen Gesetzesrecht zahlreiche Verbraucherschutzbestimmungen, welche strafrechtliche Sanktionen bereithalten,[866] wie z.B. die CPRs. Eine unlautere Handelspraktik ist danach beispielsweise das Anbieten eines Produkts, das wie dasjenige eines anderen Herstellers aussieht, in der Absicht den Verbraucher glauben zu lassen, es handele sich um das Produkt des anderen Herstellers (Art. 3 Abs. 4 (d) i.V.m. Anhang 1 Nr. 13 CPRs). Unlautere Handelspraktiken sind verboten (Art. 3 Abs. 1 CPRs) und strafbar nach Art. 8-12 CPRs. Bei einer Verurteilung ohne Schöffengerichtsverfahren erwartet den Täter eine Geldstrafe bis zum gesetzlichen Höchstmaß, bei Verurteilung mit Schöffengerichtsverfahren eine Geldstrafe und/oder einer Freiheitsstrafe bis zu 2 Jahren (Art. 13 CPRs).

b. Zivilrechtliche Haftung

Die zivilrechtliche Haftung kann sich aus der Produkthaftung, dem allgemeinen Deliktsrecht, aus Schutzrechten des geistigen Eigentums oder aus dem Wettbewerbsrecht ergeben.

(I) Produkthaftung

Ein Fälscher von Arzneimitteln dürften die Voraussetzungen der Gefährdungshaftung aus Art. 2 CPA erfüllen, da er als tatsächlicher Hersteller für Fehler des Produkts einstehen muss. Als Folge kommt eine Haftung für Personenschäden und Eigentumsschäden in Betracht, wobei letztere nicht das fehlerhafte Produkt und lediglich Sachen für den privaten Ge- und Verbrauch umfassen (Art. 5 Abs. 2 und 3 CPA). Ersetzbar sind sowohl allgemeine Schäden (*General Damages*) als auch spezielle Schäden (*Special Damages*), wobei unter allgemeinen Schäden der Ersatz des entstandenen

865 *Bodewig*, GRUR Int. 2004, 543 (543 f.).
866 *Haesen*, Schutz gegen unlauteren Wettbewerb, S. 123.

Schadens und Schmerzensgeld (*Compensation for Pain, Suffering and Loss of Amenity*) und unter speziellen Schäden der Ersatz eines entstandenen Vermögensschadens (*Pecuniary Loss*), wie z.B. Kosten aufgrund Verdienstausfall oder Behandlung, gemeint ist.[867] Für Sachschäden wird erst ein Betrag über 275£ ersetzt (Art. 5 Abs. 4 CPA). Einen Haftungshöchstbetrag gibt es in England nicht.

(II) Allgemeines Deliktsrecht

Das Herstellen oder Vertreiben einer Arzneimittelfälschung erfüllt je nach Einzelfall mehrere der im britischen Recht herausgebildeten *Torts*. Eine zentrale Rolle spielt insbesondere die *Trespass*-Klage, die als eine der ältesten Klagen deliktischen Charakters heute eine Haftung für mittelbare Schäden durch vorsätzliche Körperverletzung mit umfasst (*Trespass to the Person*).[868] Daneben ist der *Tort of Passing Off* relevant, der den *Goodwill* eines Kennzeichens gegen Herkunftstäuschungen und andere unlautere Handlungen wie z.B. falsche Angaben über die Zusammensetzung eines Produkts schützt.[869] Er findet jedoch keine Anwendung, wenn ein spezialgesetzlicher Schutz der Immaterialgüterrechte eingreift,[870] was nur bei der nicht registrierten Marke nicht der Fall ist (Art. 2 Abs. 2 TMA). Wer einen anderen durch unrichtige Tatsachenbehauptungen bewusst täuscht, haftet wegen *Deceit* (Betrug, wird auch *Fraud* genannt) auf Ersatz des dadurch entstandenen Schadens.[871] Dies ist beispielsweise der Fall, wenn ein Hersteller oder Lieferant falsche Angaben in Bezug auf die Qualität, Natur oder Anwendung seiner Produkte macht und eine Person dadurch verletzt wird. Schließlich kann die *Action for Breach of Statutory Duty* bei Verletzungen gesetzlich kodifizierter Vorschriften einen Anspruch auf Schadensersatz gewähren, welcher vergleichbar mit der deliktischen Norm des § 823 Abs. 2 BGB in Deutschland ist.[872] Hier kommen vor allem strafrechtliche Vorschriften gegen Produktfälschungen in Betracht.

---

867 *Magnus*, Schaden und Ersatz, S. 32.
868 *Zweigert/Kötz*, Rechtsvergleichung, S. 607 f.
869 *Bodewig*, GRUR Int. 2004, 543 (544).
870 *Zweigert/Kötz*, Rechtsvergleichung, S. 610.
871 Derry versus Peek (1889) 14 A.C. 377; Pasley versus Freeman (1789) 3 Term Reports 51.
872 *Ohly*, Richterrecht und Generalklausel, S. 37; *Haesen*, Schutz gegen unlauteren Wettbewerb, S. 114.

(III) Geistige Eigentumsrechte

Bei Verletzung eines Rechts des geistigen Eigentums kann der Rechteinhaber auf Schadensersatz, Unterlassen, Auskunft und andere unten genannte Ansprüche klagen (Art. 61 Abs. 1 PA, Art. 14 TMA, Artt. 96, 229 Abs. 1 und 2 CDPA). Bei der Berechnung des Schadensersatzes sollen alle maßgeblichen Kriterien einbezogen werden, einschließlich des entgangenen Gewinns des Schutzrechtsinhabers, des erzielten Gewinns des Verletzers und nichtwirtschaftliche Faktoren wie moralische Schäden (Art. 3 Abs. 1, 2(a), IPRs). Als Berechnungsmethode kommen somit der tatsächliche entstandene Schaden, der Verletzergewinn oder fiktive Lizenzgebühr in Betracht (Art. 3 Abs. 2 IPRs).

Falls Lizenzen für das *Copyright* oder registriertes Design vergeben werden und der Verletzer sich währen des Prozesses zu einer Lizenzübernahme verpflichtet, sind keine Unterlassungs- oder Herausgabeansprüche gegen ihn möglich und der Schadensersatz wird auf das doppelte der fiktiven Lizenzgebühren begrenzt (Art. 98 CDPA, Art. 11B RDA).

Bei einer Patentrechtsverletzung müssen die verletzenden Erzeugnisse herausgegeben oder zerstört werden (Art. 61 Abs. 1 (b) PA). Bei einer Markenrechtsverletzung hat der Markenrechtsinhaber Anspruch auf Entfernung des Zeichens von den verletzenden Produkten in seinem Besitz oder Kontrollbereich oder auf Vernichtung der Produkte, soweit eine Entfernung nicht möglich ist (Art. 15 Abs. 2 TMA). Bei einer Designrechtsverletzung müssen die verletzenden Produkte entweder an den Designrechteinhaber übereignet oder zerstört werden (Art. 231 Abs. 1 CDPA). Der Inhaber einer registrierten Marke, eines registrierten Designs oder eines *Copyrights* kann eine Aushändigung der verletzenden Produkte an ihn selbst oder eine vom Gericht angeordnete Person beantragen, die die Produkte bis zur Entscheidung über deren Entsorgung verwahrt (Artt. 16 Abs. 1 und 3, 19 TMA, Artt. 99 Abs. 1, 230 Abs. 1 CDPA). Alternativ kann eine das *Copyright* verletzende Ware beschlagnahmt werden (Art. 100 Abs. 1 CDPA). Das Urteil kann auf Antrag des Schutzrechtsinhabers auf Kosten des Verletzers veröffentlicht werden (Art. 5 IPRs; Art. 26.2 CPR)[873].

Dem Schutzrechtsinhaber steht auch ein Anspruch auf Auskunft über die Herkunft und den Vertriebsweg des verletzenden Erzeugnisses zu

873 Praxisanweisung 63, Ansprüche von Rechten des geistigen Eigentums, Ergänzung der Zivilprozessregeln Teil 63 (Practice Direction 63, Intellectual Property Claims, supplements CPR Part 63), abrufbar unter https://www.justice.gov.uk/courts/procedure-rules/civil/rules/part63 (zuletzt abgerufen am 9.2.2019).

(Art. 61 Abs. 3 PA).[874] Zur Auskunft verpflichtet kann der Verletzter als auch alle Personen sein, welche verletzende Erzeugnisse besitzen oder nutzen oder in deren Herstellung oder Vertrieb beteiligt sind. Verpflichtete Personen haben Angaben zu machen über Name und Anschrift des Produzenten, Herstellers, Lieferanten und Vertreibers der Erzeugnisse sowie der Erzeugnisse besitzenden Personen und des Großhändlers und Einzelhändlers. Zudem ist die Menge der hergestellten, ausgelieferten, erhaltenen oder bestellten Erzeugnisse und die dafür bezahlten Preise anzugeben.[875]

(IV) Wettbewerbsrecht

Wie bereits erläutert gibt es in England kein einheitliches Recht des unlauteren Wettbewerbs (siehe oben in diesem Teil 5 C. III. 6. unter a. (IV)). Auch das Fallrecht als wichtigste Grundlage des englischen Rechts hat keine lauterkeitsrechtliche Generalklausel im Sinn eines *Tort of Unfair Competition* entwickelt und anerkannt.[876] Damit sind zivilrechtliche Klagegründe zum Schutz vor unlauterem Wettbewerb aus den traditionellen Klagegründen abzuleiten.[877] Zu nennen ist als wichtigste fallrechtliche Klage der *Tort of Passing Off* (Schädigung des *Goodwill* durch das Hervorrufen einer Verwechslungsgefahr), da er aufgrund seines weiten Anwendungsbereichs einer generellen Regelung zur Bekämpfung unlauteren Wettbewerbs am nächsten kommt.[878] Zu den einzelnen *Torts* siehe oben in diesem Teil 5 C. III unter 5. c. (II)).

c. Grenzbeschlagnahme

In England wird eine Grenzbeschlagnahme so gut wie immer nach den Vorschriften der PPVO (a.F.) durchgeführt, welche mit der Verordnung über die Rechte des geistigen Eigentums verletzende Ware (*Goods Infrin-*

---

874 House of Lords decision, *Norwich Phartmacal versus Customs and Excise Commissioners*, [1974] AC 133, für Schottland zudem in Art. 4 IPRs geregelt.
875 House of Lords decision, *Norwich Phartmacal versus Customs and Excise Commissioners*, [1974] AC 133.
876 *Ohly*, Richterrecht und Generalklausel, S. 19.
877 *Haesen*, Schutz gegen unlauteren Wettbewerb, S. 52 f.
878 *Haesen*, Schutz gegen unlauteren Wettbewerb, S. 53.

ging Intellectual Property Rights (Customs) Regulations 2004 (GIIPRRs))[879] in Kraft gesetzt wurde. Daneben bestehen nationalen Vorschriften für die Beschlagnahme von marken- und urheberrechtsverletzenden Produkten in Art. 89 TMA und Art. 111 CDPA, spezielle Vorschriften zur Antragstellung sind in der Zoll-Markenrechtsverordnung (*The Trade Marks (Customs) Regulations 1994 (TMCRs))*[880] und der Zoll-Urheberrechtsverordnung (*The Copyright (Customs) Regulations 1989 (CCRs))*[881] enthalten. Das Tätigwerden der HMRC nach europäischen und nationalen Regelungen ist in der *Notice 34*[882] zusammengefasst. Ein nationaler Antrag kann für Graumarktware, also illegalen Parallelimporten und Mengenüberschreitungen (*Overruns*), relevant werden. Zu beachten ist, dass die Graumarktware nach englischem Recht von außerhalb des EWR in das Vereinigte Königreich eingeführt werden muss oder innerhalb des EWR noch nicht in Verkehr gebracht worden sein darf (Art. 89 Abs. 1 (b) TMA; Art. 111 Abs. 3A CDPA). Unter parallelimportierter Ware ist solche zu verstehen, die mit Einwilligung des Rechteinhabers hergestellt, jedoch ohne seine Einwilligung vertrieben wird, während unter Überschussware jene Produkte fallen, die zusätzlich zu einer vom Rechteinhaber erlaubten Menge produziert werden.[883] Der nationale Antrag hat neben den vorrangigen europäischen Vorschriften aufgrund der starken Beschränkung der Rechte nahezu keinen Anwendungsbereich mehr. So kann er nur im Falle einer Markenrechts- oder *Copyright*-Verletzung und nur für bekannte Verletzungsfälle gestellt werden.[884]

Der Markenrechts- oder *Copyright*-Inhaber muss einen nationalen Antrag bei der HMRC stellen. Die HMRC behandelt Ware, die ein Schutzrecht verletzt und in das Vereinigte Königreich eingeführt werden soll, wie verbotene Ware (Art. 89 Abs. 1 TMA; Art. 111 Abs. 1 CDPA), d.h. sie wird

---

879 (Zoll)Verordnung über die Rechte des geistigen Eigentums verletzende Waren (*Goods Infringing Intellectual Property Rights (Customs) Regulations 2004*), SI 2004 Nr. 1473, zuletzt geändert durch *The Goods Infringing Intellectual Property Rights (Customs) (Amendment) (No. 2) Regulations 2010*, SI 2010 No. 992.

880 Marken-(Zoll)-Verordnung (*The Trade Marks (Customs) Regulations 1994*), SI 1994 No. 2625.

881 Urheberrechts-(Zoll)-Verordnung (*The Copyright (Customs) Regulations 1989*), SI 1989 No. 1178, zuletzt geändert durch *The Enterprise (Scotland) Consequential Amendments Order 1991*, SI 1991 No. 387.

882 *HMRC*, Notice 34: intellectual property rights, abrufbar unter https://www.gov.uk/government/publications/notice-34-intellectual-property-rights/notice-34-intellectual-property-rights (zuletzt abgerufen am 9.2.2019).

883 *HMRC*, Notice 34: intellectual property rights, a.a.O., Ziff. 2.2.8.

884 *HMRC*, Notice 34: intellectual property rights, a.a.O., Ziff. 7.1.

beschlagnahmt. Aus dem Antrag muss ersichtlich sein, zu welcher Zeit und an welchem Ort der Antragsteller die Einfuhr der näher beschriebenen Ware erwartet (Art. 89 Abs. 1 (b) TMA, Art. 111 Abs. 1 CDPA). Für jede Benachrichtigung der HMRC über eine erwartete Einfuhr verletzender Ware wird eine Verwaltungsgebühr in Höhe von 30 £ (zzgl. MwSt.) fällig (Nr. 3 TMCRs; NR. 4 CCRs). Infolge des Antrags hält die HMRC die Ware bei deren Entdeckung zurück und gibt Nachricht und ggf. Muster zur Analyse an den Antragssteller, zudem informiert sie den Besitzer. Bestätigt der Antragsteller die Schutzrechtsverletzung schriftlich, wird die Ware als verbotene Ware beschlagnahmt ((Art. 89 Abs. 2 TMA; Art. 111 Abs. 4 CDPA i.V.m. Art. 49 Abs. 1 (c) CEM). Erhebt der Besitzer keine Klage gegen die Entscheidung, wird die Ware unter Aufsicht der HMRC vernichtet.[885] Ein vereinfachtes Verfahren zur Vernichtung besteht seit 2010 für alle gemäß den europäischen Vorschriften beschlagnahmten Waren (Art. 7 GIPRRs).

IV. Ergebnis

England kommt bis jetzt seiner staatlichen Pflicht zum Schutz vor gefälschten Arzneimitteln in nicht ganz ausreichendem Maße nach, insbesondere in der strafrechtlichen Absicherung eines Verbots besteht noch Verbesserungsbedarf. Insgesamt existieren zahlreiche staatliche Vorkehrungen zum Schutz gegen gefälschte Arzneimittel, sowohl zum Schutz vor gesundheitlichen als auch eigentums- und wettbewerbsrechtlichen Gefahren. Darunter finden sich sowohl rechtliche als auch tatsächliche Schutzmittel.

Als rechtliches Schutzmittel besteht zum Zwecke des Gesundheitsschutzes ein indirektes Verbot gefälschte Arzneimittel zu verkaufen oder abzugeben oder solche zum Verkauf oder zur Abgabe herzustellen, zu besitzen, zu vermitteln oder anzubieten. Die genannten Handlungen sind tatsächlich in Bezug auf nicht zugelassene Arzneimittel verboten, worunter aber sämtliche Fälschungsarten fallen. Mithin besteht auch ein Schutz vor perfekten Imitationen sowie Nachahmpräparaten oder Placebos von Lifestyle-Produkten, für welche keine staatliche Schutzpflicht besteht (siehe oben Teil 4 A. VIII. 1. b. (I) (2)). Zudem werden alle relevanten Verursachungsbeiträge von dem Verbot umfasst. Kaum ausreichen dürfte dagegen die strafrechtliche Absicherung des Verbots sein. Je nachdem, ob eine Verurteilung vor einem Einzelrichter oder einem Schöffengericht stattfindet, bemisst sich

885 *HMRC*, Notice 34: intellectual property rights, a.a.O., Ziff. 7.7.

die Strafzumessung auf eine bloße Geldstrafe (maximal 5.000 £) oder eine Geldstrafe und/oder Freiheitsstrafe bis zu 2 Jahren. Im Gegensatz zur erheblich höheren Strafandrohung bei einer Fälschung von Marken oder *Copyrights* kann die Strafe nicht als angemessen angesehen werden. Die Strafverfolgung von Fälschungsfällen hat dagegen in England eine hervorzuhebende Rolle, da die MHRA als einzige Arzneimittelbehörde in der EU Ermittlungskompetenzen hat. Unter die tatsächlichen Schutzmittel fällt die weitgehende Aufklärung der Öffentlichkeit mittels gängigen Kommunikationskanäle der Medien. Daneben wurde dem Verbraucher bereits vor Umsetzung der FMD im Internet die Möglichkeit zur Verfügung gestellt, sich mitteln eines Internetapotheken-Logos und eines Onlineregisters von der Seriosität einiger Internetapotheken zu überzeugen. Diese Besonderheit Englands dient dem Selbstschutz der Patienten vor illegalen Anbietern und Arzneimitteln. Ergänzt werden die gesundheitsspezifischen Schutzvorkehrungen durch Pflichten der Marktakteure zur Einhaltung der Guten Herstellungs- und Vertriebspraxis und Abgabebeschränkungen, durch Genehmigungs- und Nachweispflichten und durch Kontrollmaßnahmen.

Die Rechte des geistigen Eigentums werden in ihrer Ausgestaltung durch Benutzungsverbote geschützt. Eine strafrechtliche Absicherung des Verbots wird nur für die Marke und das *Copyright* gewährleistet, nicht jedoch für das Patent und das Design. Die Strafe bemisst sich bei Verurteilung vor dem Einzelrichter auf eine Geldstrafe oder/und Freiheitsstrafe bis zu 6 Monaten und bei Verurteilung vor dem Schöffengericht auf eine Geldstrafe oder/und Freiheitsstrafe bis zu 10 Jahren. Das Strafmaß bietet jedenfalls einen angemessenen Schutz, während die Entscheidung, nur einige geistige Eigentumsrechte zu schützen, aufgrund des weiten Ermessensspielraums des Gesetzgebers und angesichts der Absicherung durch zivilrechtliche Ansprüche wohl nicht als unangemessen angesehen werden kann. Zivilrechtliche Ansprüche bestehen für alle Schutzrechte und zwar auf Unterlassen und Beseitigung durch Entfernung unerlaubter Zeichen oder Zerstörung bzw. Herausgabe verletzender Ware sowie auf Schadensersatz. Darüber hinaus ist unter englischem Recht auf Antrag und gegen Entrichtung einer Verwaltungsgebühr eine Grenzbeschlagnahme gefälschter Produkte, welche Markenrechte oder *Copyrights* verletzen, durch den Zoll möglich. Da jedoch jeweils angegeben werden muss, zu welcher Zeit und an welchem Ort der Antragsteller die Einfuhr erwartet, ist die Schutzvorkehrung im Gegensatz zum europäischen Recht nicht besonders effektiv.

Unlautere Handelspraktiken im Wettbewerb sind zum Schutz des Verbrauchers strafrechtlich sanktioniert. Der Schutz bemisst sich auf ein Strafmaß in Höhe einer Geldstrafe oder/und Freiheitsstrafe von bis zu 2 Jahren, was angesichts der von gefälschten Arzneimitteln ausgehenden Gefahren für die Wettbewerbsfreiheit als angemessen anzusehen ist. Ein spezifischer zivilrechtlicher Schutz des Wettbewerbs besteht nicht, allerdings greifen zu Gunsten der Wettbewerber die allgemeinen Regeln des *Tort Laws* ein. Danach können Ansprüche aus richterrechtlich anerkannten *Torts* geltend gemacht werden.

D. *Italien*

Weiteres Beispiel zur Untersuchung nationaler Schutzvorkehrungen ist Italien, dessen Rechtsordnung mit der Serialisierung eine besondere Schutzmaßnahme enthält.

I. Einführung

Einführend wird zur besseren Verständlichkeit der italienischen Rechtsordnung auf die Rechtsquellen eingegangen, um anschließend einen vorausschauenden Überblick über einschlägige Rechtsgrundlagen zu geben.

1. Rechtsquellen

In Italien ist das geschriebene Recht vorrangig, dem Richterrecht und Gewohnheitsrecht kommt wesentlich geringere Bedeutung zu. In der Rangordnung des Gesetzesrechts bildet die Verfassung (*Costituzione (Cost.)*)[886] die wichtigste Rechtsquelle. Darunter, aber noch vor den Gesetzen steht das EU-Recht. Danach folgen Gesetze (*Leggi*), welche von der Abgeordnetenkammer (*Camera dei Deputati*) sowie dem Senat (*Senato*) erlassen werden.[887] Daneben gibt es Rechtsnormen mit Gesetzeskraft, die aber keine Parlamentsgesetze sind. Dazu zählen die gesetzesvertretenden Dekrete (*Decreti Legislativi (DLgs)*) und die Gesetzesdekrete (*Decreti-Leggi (DL)*). Die gesetzesvertretenden Dekrete sind von der Regierung auf Grundlage eines Gesetzes erlassen, welches eine Delegation für eine bestimmte Zeit und zu

886 Verfassung von Italien (*Constituzione della Repubblica Italiana*) vom 22. Dezember 1947, zuletzt geändert durch *Legge constituzionale 20. maggio 2012* (GU n. 95 del 23-4-2012).

887 *European-justice*, Recht der Mitgliedstaaten – Italien, a.a.O.

einem bestimmten Gegenstand enthält (Art. 76 Cost.). Die Gesetzesdekrete dagegen sind Ausdruck einer eigenen Gesetzgebungskompetenz der Regierung, welche in Fällen von außerordentlicher Notwendigkeit und Dringlichkeit, in denen ein effektives Tätigwerden des Parlaments nicht möglich ist, provisorisch tätig werden darf (Art. 77 Cost.). Auf gleicher Stufe wie die Gesetze sind die regionalen Gesetze (*Leggi Regionali*) in die Rangordnung einzuordnen, welche jede Provinz für ihr Territorium in bestimmten Bereichen erlässt.[888] Auf dritter Stufe stehen die Verwaltungsverordnungen (*Regolamenti*), die sich in unterschiedliche Verordnungstypen einteilen lassen.[889] Innerhalb der Verwaltungsverordnungen haben die Regierungsverordnungen (*Regolamenti Governativi*) Vorrang vor den Ministerialverordnungen (*Regolamenti Ministeriali*). Die Regierungsverordnung wird vom Präsidenten durch Dekret (*Decreto del Presidente della Republica (DPR)*) erlassen, während die Ministerialverordnung vom zuständigen Minister durch Ministerialdekret (*Decreto Ministeriale (DM)*) erlassen wird.[890] Die letzte Stufe bilden die Runderlasse (*Circolari*), die keine Gesetzeskraft haben und der verwaltungsinternen Auslegung des Gesetzes oder Kodifizierung von Gewohnheitsrecht dienen.[891]

2. Rechtsgrundlagen[892]

Das Arzneimittelgesetz (*DLgs 219/2006*)[893] steht im Zentrum der italienischen Rechtsgrundlagen zum Schutz vor gefälschten Arzneimitteln. Dieses wurde durch eine Vielzahl an Gesetzen geändert, jedoch erst durch die

---

888 *European-justice*, Recht der Mitgliedstaaten – Italien, a.a.O.

889 Hierzu siehe *Bin/Pitruzzella*, Diritto Constituzionale, S. 373 f.

890 *Bin/Pitruzzella*, Diritto Constituzionale, S. 371 f.

891 *Bin/Pitruzzella*, Diritto Constituzionale, S. 379.

892 Die Gesetze einschließlich der Änderungen der jeweiligen Artikel sind – auf Italienisch – zum Teil unter http://www.normattiva.it/ricerca/semplice einsehbar (zuletzt abgerufen am 9.2.2019).

893 Gesetzesvertretendes Dekret zur Umsetzung der Richtlinie 2001/83/EG (und entsprechender Änderungsrichtlinien) über einen Gemeinschaftskodex für Humanarzneimittel und der Richtlinie 2003/94/EG (*Decreto legislativo, 24 aprile 2006, n. 219, Attuazione della direttiva 2001/83/CE (e successive direttive di modifica) relativa ad un codice comunitario concernete I medicinali per uso umano, nonche´ della direttiva 2003/94/CE*), GU del 21-6-2006, SO n. 153), in der Fassung des *Decreto-Legge 13 settembre 2012, n. 158* (GU n. 214 del 13-09-2012) (a.F.), zuletzt geändert durch *Decreto-Legge 19 giugno 2015, n. 78* (GU n. 140 del 19-06-2015, SO n.32) (n.F.).

Umsetzung der FMD im Jahr 2014 wurden ausdrücklich Regelungen betreffend gefälschter Arzneimittel aufgenommen. Eine weitere wichtige Grundlage bildet das Kennzeichnungsgesetz (*DLgs 540/1992*),[894] welches zusammen mit dem Dekret vom 2. August 2001 (*DM 2001*)[895] – seit Umsetzung der FMD Dekret vom 30. Mai 2014[896] – und dem Dekret vom 15. Juli 2004 (*DM 2004*)[897] eine Serialisierung der Arzneimittelverpackungen zum Fälschungsschutz, das sogenannte *Bollino Farmaceutico*, regelt. Die Grundsätze und Leitlinien der Guten Herstellungspraxis sind in Art. 50 ff. DLgs 219/2006 zu finden, während die Leitlinien der Guten Vertriebspraxis im Dekret vom 6. Juli 1999 (*D 1999*)[898] enthalten sind. Die Normen sind seit der Umsetzung der FMD jedoch im Sinne der europäischen Richtlinien auszulegen (Art. 60 DLgs 219/2006 n.F.). Die gewerblichen Schutzrechte schützt das Gesetz über das gewerbliche Eigentum (*Codice della Proprietà Industriale (CPI)*)[899], das Urheberrecht ist im Autorengesetz

---

894 Gesetzesvertretendes Dekret zur Umsetzung der Richtlinie 92/27/EWG über die Kennzeichnung und Packungsbeilage von Humanarzneimitteln (*Decreto Legislativo 30 dicembre 1992, n. 540, Attuazione della direttiva 92/27/CEE concernente l ´etichettatura ed il foglietto illustrativo di medicinali per uso umano*) (GU n. 7 del 11-1-1993, SO n. 5), zuletzt geändert durch das *Legge 1 marzo 2002, n. 39* (GU n. 72 del 26-3-2002,SO n. 54) und das DLgs 219/2006.

895 Dekret des Gesundheitsministeriums zur fortlaufenden Nummerierung der über den nationalen Gesundheitsdienst erhältlichen *Bollini* auf Arzneimittelverpackungen (*Decreto del Ministero della Sanitá 2 agosto 2001, Numerazione progressiva dei bollini apposti sulle confezioni dei medicinali erogabili dal Servizio sanitario nazionale*) (GU n. 270 del 20-11-2001), ersetzt durch das *Decreto del Ministero della Sanitá 30 maggio 2014* (GU n. 165 del 18-7-2014).

896 Dekret des Gesundheitsministeriuns zur fortlaufenden Nummerierung des *Bollini* auf Arzneimittelverpackungen, die in Italien in Verkehr gebracht werden (*Decreto del Ministero della Sanitá 30 maggio 2014, Numerazione progressiva dei bollini apposti sulle confezioni dei medicinali immessi in commercio in Italia*) (GU n. 165 del 18-7-2014).

897 Dekret des Gesundheitsministers zur Einrichtung einer zentralen Datenbank bei der AIFA zur Überwachung von Arzneimittelverpackungen innerhalb des Vertriebsystems (*Dereto del Ministero della Salute 15 luglio 2004, Istituzione, presso l´Agenzia italiana del farmaco, di una banca dati centrale finalizzata a monitorare le confezioni die medicinali all´interno del sistemadistributivo*) (GU n. 2 del 4-1-2005).

898 Dekret des Gesundheitsministeriums zur Genehmigung der Leitlinien für die gute Vertribspraxis von Humanarzneimitteln (*Ministro della sanità, Decreto 6 luglio 1999, Approvazione delle linee direttrici in materia di buona practica di distribuzione die medicinali per uso umano*) (GU n. 190 del 14-8-1999).

899 Gesetzesvertretendes Dekret über das gewerbliche Eigentum (*Decreto Legislativo 10 febbraio 2005, n. 30 – Codice della proprietà industriale, a norma dell'articolo 15*

(*Legge sul Diritto del Autore (LDA)*)[900] niedergelegt. Sekundärrechtlicher Schutz gewähren insbesondere das Strafgesetzbuch (*Codice Penale (c.p.)*),[901] das Zivilgesetzbuch (*Codice Civile (c.c.)*)[902] und das Produkthaftungsrecht, welches in Art. 114 ff. des Verbrauchergesetzbuchs (*Codice del Consumo (c. cons.)*)[903] festgelegt ist. Daneben existieren viele weitere Vorschriften, welche im Folgenden im jeweiligen Zusammenhang genannt werden.

II. Definition der Arzneimittelfälschung

Das italienische Recht kennt unterschiedliche Definitionen, welche nach den Schutzgütern der öffentlichen Gesundheit und der Rechte des geistigen Eigentums unterschieden werden.

---

della legge 12 dicembre 2002, n. 273), (GU n. 52 del 4-3-2005, SO n. 28), in der Fassung des *Legge 6 agosto 2013, n. 97*) (GU n. 194 del 20-8-2013) (a.F.), zuletzt geändert durch das *Legge 3 novembre 2016, n.214* (GU n.275 del 24-11-2016) (n.F.).

900 Gesetz zum Schutz des Urheberrechts und verwandter Schutzrechte (*Legge 22 aprile 1942, n. 633 – Protezione del diritto d'autore e di altri diritti connessi al suo esercizio*) (GU n. 166 del 16-7-1941), in der Fassung des *Decreto-Legge 8 agosto 2013, n. 91* (GU n. 186 del 9-8-2013) (a.F.), zuletzt geändert *Decreto legislativo 15 marzo 2017, n. 35* (GU n. 72 del 27-3-2017) (n.F.).

901 Königlicher Erlass zur Genehmigung des Strafgesetzbuchs (*Regio Decreto 19 ottobre 1930, n. 1398, Approvazione del teto definitivo del Codice penale*) (GU n. 251 del 26.10.1930), in der Fassung des *Legge 6 agosto 2013, n. 96* (GU n. 194 del 20-8-2013) (a.F.), zuletzt geänder durch *Legge 23 giugno 2017, n. 103* (GU n. 154 del 4-7-2017) (n.F.).

902 Königlicher Erlass zur Genehmigung des Bürgelichen Gesetzbuchs (*Regio Decreto 16 marzo 1942, n. 262)* (GU n.79 del 4-4-1942), zuletzt geändert durch *Decreto Legislativo 2 febbraio 2001, n. 95* (GU n. 79 del 4-4-2001, SO n. 72) (a.F.), zuletzt geändert durch *Decreto Legislativo 3 luglio 2017, n. 117* (GU n.179 del 2-8-2017) (n.F.).

903 Verbrauchergesetz (*Decreto Legislativo 6 settembre 2005, n. 206 – Codice del consumo, a norma dell'articolo 7 della legge 29 luglio 2003, n. 229*) (GU n. 235 del 8-10-2005, SO n. 162), in der Fassung des *Legge 24 gennaio 2012, n. 1* (GU n. 19 del 24-1-2012, SO n. 18) (a.F.)., zuletzt geändert durch *Decreto Legislativo 15. gennaio 2016, n. 8* (GU n. 17 del 22-2-2016) (n.F.).

1. Gesundheitsschutz

In Italien gab es bisher keine konkrete Definition des gefälschten Arzneimittels zum Schutz der öffentlichen Gesundheit. Ein Anhaltspunkt fand sich jedoch im Strafrecht, welches das Verfälschen und Fälschen von Arzneimitteln sanktioniert, soweit darin eine Gefahr für die öffentliche Gesundheit liegt (Art. 440 Abs. 3 c.p.). Nach dessen Auslegung gilt:

> *Das Verfälschen eines Arzneimittels ist die Veränderung eines echten Arzneimittels durch Entfernung wesentlicher, therapeutischer Elemente oder Hinzufügung schädlicher Elemente. Das Fälschen von Arzneimitteln ist die Herstellung einer Nachahmung.*[904]
>
> (Übersetzung der Verfasserin)

Keine Fälschung liegt vor, wenn die Zusammensetzung eines Arzneimittels verändert wird, soweit auf der äußeren Umverpackung die tatsächliche veränderte Zusammensetzung angebracht wird.[905] Ebenso wenig stellt die Subtraktion von wesentlichen Elementen aus einem Arzneimittel, um es auf seine therapeutische Wirksamkeit zu testen, eine Fälschung i.S.d. Art. 440 c.p. dar.[906]

Seit Umsetzung der FMD im Jahr 2014 ist nunmehr in Art. 1 nn-bis) DLgs 219/2006 eine Definition des gefälschten Arzneimittels zu finden, welche weitgehend derjenigen der FMD entspricht. Insbesondere sind ausdrücklich unbeabsichtigte Qualitätsmängel und Verletzungen des geistigen Eigentums ausgenommen.

2. Eigentumsschutz

Die Definition zum Schutz der Rechte des geistigen Eigentums leitet sich aus dem europäischen Recht ab, wobei hier wiederum mehrere Definitionen zu unterscheiden sind. Nach der PPVO a.F. gibt es nachgeahmte Waren, welche Markenrechte verletzen, und unerlaubt hergestellte Waren, welche Urheber- und Geschmacksmusterrechte verletzen. Für Patentverletzungen gibt es keine separate Definition (näheres zu den Termini oben unter Kap. 2 B. II. 2.).

---

904 Cass. pen. 1972, 829; *Lattanzi/Lupo*, Codice Penale, S. 559 f.

905 Giust. pen. 1967, II, 454; *Lattanzi/Lupo*, Codice Penale, S. 560.

906 Cass., sez. III, 17.5.1966, Volonté, Cass. pen. Mass. ann. 1967, 368; *Lattanzi/Lupo*, Codice Penale, S. 560.

III. Schutzvorkehrungen

Im Folgenden werden die Vorschriften zum Schutz vor gefälschten Arzneimitteln in Italien behandelt. Als Stand werden zur besseren Vergleichbarkeit der Neuerungen des EU-Rechts die Gesetzesfassungen vor der Umsetzung der FMD durch das *DLgs 17/2014*[907] zu Grunde gelegt, welches am 22. März 2014 in Kraft trat. Auf die durch die FMD erfolgten Neuerungen wird an den entsprechenden Stellen hingewiesen.[908]

1. Ge- und Verbote

Zum Schutz vor Arzneimittelfälschungen dienen primär Gebote und Verbote, wobei diesbezüglich zwischen dem illegalen und dem legalen Handel mit Arzneimitteln unterschieden werden muss. In Bezug auf den illegalen Handel mit gefälschten und nachgeahmten Arzneimitteln greift ein Verbot desselben, weitere Vorschriften sind daneben hinlänglich. Dagegen greifen zum Schutz der legalen Vertriebskette zahlreiche Gebote, wie aus dem Folgenden ersichtlich wird.

a. Verbot gefälschter und nachgeahmter Arzneimittel

In Beziehung auf das Verbot gefälschter und nachgeahmter Arzneimittel ist zwischen den Schutzgütern zu unterscheiden, da es zum Schutz der Gesundheit und des geistigen Eigentums separate Verbote gibt.

---

907 Gesetzesvertretendes Dekret zur Umsetzung der Richtlinie 2011/62/EU zur Änderung der Richtlinie 2001/83/EG zur Schaffung eines Gemeinschaftskodexes für Humanarzneimittel hinsichtlich der Verhinderung des Eindringens von gefälschten Arzneimitteln in die legale Lieferkette (*Decreto Legislativo 19 febbraio 2014, n. 17 – Attuazione della dirretiva 2011/62/UE, che modifica la Direttiva 2001/83/CE, recante un codice comunitario relativo ai medicinali per uso umano, al fine di impedire l'ingresso di medicinali falsificati nella catena di fornitura legale*) (GU n. 55 del 7-3-2014).

908 Kenntlich durch n.F., was auf die jeweilige, seit dem *DLgs 17/2019* geänderte Fassung verweist. Die frühere Fassung wird mit a.F. bezeichnet. Findet sich keine Ergänzung ist die Vorschrift sowohl nach früherem wie auch nach neuem Recht gültig.

(I) Gesundheitsschutz

Ein umfassendes Verbot gefälschter Arzneimittel zum Schutz der öffentlichen Gesundheit gibt es in Italien nicht. Verboten ist allerdings das Fälschen oder Verfälschen von Arzneimitteln, welche eine Gefahr für die öffentliche Gesundheit darstellen sowie das Handeltreiben, zum Verkauf bereithalten und Vertreiben der genannten Produkte (Artt. 440 Abs. 1 und 3, 64 Abs. 1, 442 c.p.). Ob die Gesundheitsgefahr stets erforderlich ist, wird zwar unterschiedlich beurteilt, jedenfalls für gefälschte Arzneimittel muss sie aber vorliegen.[909] Daneben ist auch das Inverkehrbringen, Besitzen zum Zweck des Inverkehrbringens und Vertreiben mangelhafter Arzneimittel verboten (Art. 443 c.p.).

(II) Eigentumsschutz

Zum Schutz individueller, wirtschaftlicher Interessen besteht das Verbot die Rechte des geistigen Eigentums zu verletzen. Zu den Rechten zählen insbesondere Marken, Patente, Geschmacksmuster und Urheberrechte.

(1) Markenrecht

Als Marke können alle Zeichen geschützt werden, die grafisch darstellbar sind, insbesondere Wörter, Abbildungen, Buchstaben, Zahlen, dreidimensionale Gestaltungen einschließlich der Form einer Ware oder ihrer Verpackung sowie sonstige Aufmachungen einschließlich Farben und Farbzusammenstellungen, die geeignet sind, Waren oder Dienstleistungen eines Unternehmers von denjenigen anderer Unternehmen zu unterscheiden (Art. 7 CPI). Der Markenschutz entsteht durch Registrierung (Art. 15 Abs. 1 CPI).

Der Inhaber einer eingetragenen Marke hat das ausschließliche Nutzungsrecht an der Marke. Er kann Dritten untersagen, im wirtschaftlichen Verkehr ohne seine Erlaubnis ein identisches oder ähnliches Zeichen für identische Waren zu verwenden (Art. 20 Abs. 1 a) CPI) oder identische oder ähnliche Zeichen für identische oder ähnliche Waren zu verwenden, wenn hierdurch bei der Öffentlichkeit eine Verwechslungsgefahr, die auch in der gedanklichen Verbindung beider Zeichen bestehen kann, hervorge-

909 Cass. pen., sez. III, 17.5.1966, n. 1503, *Giustizia Penale* 1967, II, 454.

rufen wird (Art. 20 Abs. 1 b) CPI). Zudem kann er die Verwendung von identischen oder ähnlichen Zeichen für Waren verbieten, die nicht ähnlich sind, soweit die eingetragene Marke in Italien Bekanntheit genießt und die Benutzung des Zeichens die Unterscheidungskraft oder die Wertschätzung der Marke ohne rechtfertigenden Grund in unlauterer Weise ausnutzt oder beeinträchtigt (Art. 20 Abs. 1 c) CPI). In diesen genannten Fällen, kann der Markenrechtsinhaber Dritten zudem untersagen, das Zeichen auf Waren oder auf ihren Aufmachungen anzubringen, solche Waren anzubieten, in den Verkehr zu bringen, ein- oder auszuführen oder im Geschäftsverkehr oder für die Werbung zu benutzen (Art. 20 Abs. 2 CPI). Die Schutzdauer beträgt 10 Jahre ab dem Tag der Anmeldung und kann unbegrenzt um jeweils 10 weitere Jahre verlängert werden (Art. 15 Abs. 4 und Art. 16 CPI).

(2) Patentrecht

Nach italienischen Recht kann Gegenstand eines Patents eine Erfindung auf einem Gebiet der Technik sein, die neu ist, erfinderische Tätigkeit aufweist und gewerblich anwendbar ist (Art. 45 Abs. 1 CPI). Das italienische Patentrecht sieht das ausschließliche Recht vor, das Patent innerhalb des Staatsgebietes Italiens zu benutzen und Gewinn daraus zu erzielen (Art. 2584 Abs. 1 c.c., Art. 66 Abs. 1 CPI). Insbesondere gewährt es dem Inhaber das ausschließliche Recht, Dritten zu verbieten ein Erzeugnis, das Gegenstand eines Patents ist, ohne seine Zustimmung herzustellen, zu gebrauchen, in Verkehr zu bringen, anzubieten oder einzuführen (Art. 66 Abs. 2 lit a CPI). Gegenstand eines Patents kann auch ein Verfahren sein, sodass es Dritten ohne die Zustimmung des Patentinhabers verboten ist, das Verfahren anzuwenden oder ein durch das Verfahren unmittelbar hergestellte Erzeugnis zu gebrauchen, in Verkehr zu bringen, anzubieten oder einzuführen (Art. 66 Abs. 2 lit b CPI). Dagegen erstreckt sich der Schutz nicht auf Handlungen im privaten Bereich zu nichtgewerblichen Zwecken oder zu Versuchszwecken um eine arzneimittelrechtliche Zulassung zu erlangen (Art. 68 Abs. 1 a) und b9 CPI). In Italien dauert der Patentschutz 20 Jahre (Art. 60 CPI).

(3) Designrecht

Als Design sind Erscheinungsformen eines ganzen Erzeugnisses oder eines Teils davon geschützt, die sich insbesondere aus den Merkmalen der Linien, Konturen, Farben, Gestalt, Oberflächenstruktur oder der Werkstoffe des Erzeugnisses selbst oder seiner Verzierung ergeben, sofern sie neu sind und Eigenart haben (Art. 31 Abs. 1 CPI). Ein Erzeugnis ist jeder industrielle oder handwerkliche Gegenstand einschließlich derer Teile, die Bestandteile eines aus mehreren Bestandteilen bestehenden Gegenstandes sind, sowie der Verpackung, Ausstattung mit graphischen Symbolen und typographischen Schriftzeichen außer Computerprogrammen (Art. 31 Abs. 2 CPI). Der Schutz bedarf der Registrierung (Art. 38 Abs. 1 CPI).

Die Eintragung eines Designs gewährt dem Inhaber das ausschließliche Recht, es zu benutzen und die unerlaubte Benutzung durch Dritte zu untersagen (Art. 2592 Abs. 1 und Art. 2593 c.c., Art. 41 Abs. 1 CPI). Hierunter fallen insbesondere Verwertungshandlungen wie die Herstellung, das Anbieten, das Inverkehrbringen, die Einfuhr und Ausfuhr und der Gebraucht eines Erzeugnisses, in das das Geschmacksmuster aufgenommen oder bei dem es verwendet wird, und der Besitz des Erzeugnisses zu den genannten Zwecken (Art. 41 Abs. 1 und 2 CPI). Die Schutzdauer beträgt 5 Jahre und kann um jeweils weitere 5 Jahre bis zu einer maximalen Dauer von 25 Jahre verlängert werden (Art. 37 CPI).

(4) Urheberrecht

Urheberrechtlich sind in Italien alle Werke der geistigen Schöpfung geschützt, zu denen unabhängig von der Ausdrucksform unter anderem Werke der Literatur und bildenden Kunst gehören (Art. 1 Abs. 1 LDA). Der Urheber hat das ausschließliche Recht, das Werk zu veröffentlichen und es in jeglicher wirtschaftlichen Form zu verwerten und zu benutzen (Art. 2577 Abs. 1 c.c., Art. 12 LDA). Das wirtschaftliche Nutzungsrecht besteht grundsätzlich bis 70 Jahre nach dem Tod des Urhebers (Art. 25 LDA).

b. Pflichten bei der Herstellung

Durch die Anforderungen bei der Herstellung von Arzneimitteln und Ausgangsstoffen wird der Herstellung von gefälschten Arzneimitteln vorgebeugt. Es sind insbesondere die Leitlinien der Guten Herstellungspraxis für Arzneimitteln einzuhalten sowie ausschließliche Substanzen als pharmakologisch aktive Ausgangsstoffe zu verwenden, die nach den Leitlinien für die Gute Herstellungspraxis von Wirkstoffen hergestellt wurden und seit Umsetzung der FMD auch nach der guten Vertriebspraxis für Wirkstoffe vertrieben wurden (Art. 51 Abs. 1 c) und e) DLgs 219/2006 n.F.). Neben der Einhaltung der Guten Herstellungspraxis muss die Herstellung auch im Einklang mit der Herstellungserlaubnis erfolgen. Dies gilt auch für Arzneimittel, die ausschließlich für die Ausfuhr bestimmt sind (Art. 61 Abs. 1 DLgs 219/2006). Bei aus Drittländern eingeführten Arzneimitteln, muss der Einführer sicherstellen, dass die Standards der Herstellung zumindest mit den in der EU geltenden Vorschriften gleichwertig sind (Art. 61 Abs. 2 S. 1 DLgs 219/2006). Zudem muss er gewährleisten, dass die Arzneimittel zugelassen sind und sich alle Herstellungsschritte im Rahmen der Zulassung halten (Art. 61 Abs. 2, Art. 62 Abs. 1 S. 1 DLgs 219/2006).

c. Kennzeichnungspflichten

Die Kennzeichnungspflichten dienen in einem Fälschungsfall der Auffindung des Verantwortlichen oder können zumindest zur Aufklärung des Sachverhalts beitragen.

Auf der äußeren Umhüllung oder der Primärverpackung eines Arzneimittels ist insbesondere der Name und die Anschrift des Inhabers der Genehmigung für das Inverkehrbringen, welchen die Worte „*Titolare AIC*" (*Titolare dell'autorizzazione all'immissione in commercio* (Inhaber der Genehmigung für das Inverkehrbringen)) vorangestellt werden, sowie die Nummer der Herstellungscharge anzubringen (Art. 73 Abs. 1 m) und o) DLgs 219/2006). Dies gilt auch für Blisterverpackungen (Art. 74 Abs. 2 b) und d) DLgs 219/2006). Zusätzlich ist auf den äußeren Umhüllungen oder Primärverpackungen, nach vorheriger Mitteilung an die italienische Arzneimittelbehörde (*Agenzia Italiana del Farmaco (AIFA))*, der Name und die Anschrift derjenigen Person anzubringen, welche auf Grundlage einer gesonderten Vereinbarung mit dem Inhaber der Genehmigung für das Inverkehrbringen zur Vermarktung des Produkts im gesamten Gebiet Italiens befugt ist (Art. 73 Abs. 2 S. 1 DLgs 219/2006). All diese Informationen sind auch in der Packungsbeilage aufzuführen (Art. 77 Abs. 1 f) Nr. 6 und 7, Abs. 2 S. 1 DLgs 219/2006). Die Angaben sind gut lesbar, klar verständlich und auf dauerhafte Weise in italienischer Sprache bzw. in der Provinz Bozen auch in deutscher Sprache anzubringen (Artt. 80 Abs. 1, 81 Abs. 1 DLgs 219/2006). Seit Umsetzung der FMD wird zudem ausdrücklich für bestimmte Arzneimittel das Aufbringen eines *Bollini* (nach Ablauf der Umsetzungsfrist eines Sicherheitsmerkmals) und eines Antimanipulationsmerkmal vorgeschrieben, damit Großhändler und zur Abgabe an die Öffentlichkeit berechtigte Personen die Echtheit der Arzneimittel überprüfen können (Art. 73 Abs. 1 p-bis) DLgs 219/2006 n.F.) (siehe hierzu auch nachfolgenden Punkt d.).

Zudem ist auf der äußeren Umhüllung oder zumindest auf der Primärverpackung eines Arzneimittels ein Hinweis auf die einschlägige Abgabebeschränkung, welche sich aus dem Produktstatus des Arzneimittels ergibt, anzubringen. Aufgrund der inhaltlichen Nähe zu den Abgabebeschränkungen soll dies unten in diesem Teil 5 D. III. 1. unter e. näher erläutert werden.

d. Serialisierung

Italien ist – neben Belgien und Griechenland – eines der wenigen Länder in der EU, die bereits vor Umsetzung der FMD eine Serialisierung von Arzneimittelpackungen zur Nachverfolgbarkeit der Vertriebskette und Echtheitsgarantie der Arzneimittel haben.[910] Laut dem italienischen Recht muss auf jede Packung eines erstattungsfähigen Arzneimittels ein Aufkleber aufgebracht werden, mit Hilfe dessen die einzelne Verpackung und das Arzneimittel identifiziert werden kann (*Bollino Farmaceutico*) (graphische Darstellung in Anhang II **Abbildung 2**). Dazu gehört eine zentrale Datenbank zur Überwachung der Informationen des *Bollini*. Rechtsgrundlage ist Art. 5-bis DLgs 540/1992, welche wiederum zu der Festlegung der technischen Anforderungen des *Bollini* im DM 2001 sowie zur Regelung der Anforderungen der zentralen Datenbank im DM 2004 ermächtigt.

Auf dem *Bollino* sind die Zulassungsnummer des Arzneimittels, der Zulassungsinhaber und fortlaufende Nummer mittels Balkendiagramm und in Klarschrift anzubringen (Art. 3 Abs. 1 DM 2001). Die fortlaufende Nummer besteht aus neun Ziffern in der Kodierung Code2/5[911] und darf sich für mindestens sechs Jahre nicht wiederholen (Art. 3 Abs. 4 S. 2 DM 2001).

Die Zuordnung der fortlaufenden Nummern verwaltet die italienische Staatsdruckerei und Münzprägeanstalt (*Istituto Poligrafico e Zecca dello Stato (IPZS)*), welche die *Bollini* auch aus Sicherheitsgründen herstellt (Artt. 3 Abs. 4 und 4 DM 2001). Das IPZS liefert die *Bollini* an die Hersteller

910 *EPFIA*, Towards safer medicines supply, S. 3.

911 Zu den technischen Details wie Dimension der *Bollino* und Kodierungen der Zulassungsnummer und fortlaufenden Nummer siehe Anhang des DM 2001 (n.F. in Anhang B des DM 2014 bis 31.12.2015 / Anhang A des DM 2014 ab 1.1.2016).

(Art. 5 Abs. 1 DM 2001), die anschließend die *Bollini* auf die erstattungsfähigen Arzneimittel aufbringen. Alle Teilnehmer der Vertriebskette[912] übermitteln vor dem Ein- und Ausgang von Arzneimittelverpackungen die in den *Bollini* enthaltenen Angaben und den entsprechenden Empfänger bzw. Absender mit Versanddatum, Herstellercharge, Verfallsdatum und Art der Bewegung an die zentrale Datenbank (Art. 2 Abs. 1 und Art. 3 Abs. 2 i.V.m. Ziff. 3 Anhang zu DM 2004). Ebenso sind zerstörte *Bollini* zu melden (Art. 3 Abs. 2 i.V.m. Ziff. 1.3.1 Anhang zu DM 2004). Zur Sicherheit speichern die lokalen Ortskrankenkassen (*Unità Sanitaria Locale (USL)*, häufig auch *Azienda Sanitaria Locale (ASL)* genannt)[913] die Produktcodes und Identifizierungsnummern auf eigene Verantwortung (Art. 5-bis S. 5 Hs. 2 DLgs 540/1992). Alle Teilnehmer haben zudem Produkte zu melden, welche aufgrund von Diebstahl, Raub oder anderer rechtswidriger Handlungen die legale Vertriebskette verlassen haben (Ziff. 1.3.3. Anhang zu DM 2004). Zudem müssen die Offizinapotheke, die Krankenhausapotheke und jede andere Einrichtung, die Arzneimittel zur direkten Anwendung an den Patienten abgeben, in der Lage sein, umgehend der zuständigen Behörde auf deren Anfrage die Informationen mitzuteilen, die die Ermittlung des Vertriebsweges jedes einzelnen Arzneimittels erlauben (Art. 107 DLgs 219/2006). Folglich ist eine komplette Rückverfolgbarkeit der Bewegungen eines erstattungsfähigen Arzneimittels auf dem italienischen Markt möglich (*Track & Trace*).

Bei Entfernung eines *Bollino* muss die darunter aufgedruckte Aufschrift „*Confezione dispensata SSN*" (Verpackung befreit von der nationalen Kennnummer) erscheinen (Art. 4 Abs. 3 DM 2001). Fällt ein Arzneimittel aufgrund der Ausfuhr oder rechtlicher Gründe aus der legalen Vertriebskette heraus, muss das *Bollino* mit wasserfester Tinte unkenntlich gemacht werden (Art. 6 DM 2001).

---

912 Zu den betroffenen Teilnehmern der italienischen Vertriebskette siehe Art. 5-bis DLgs 540/1992: Hersteller, Verwahrstellen, Großhändler, Offizinapotheken und zum Arzneimittelgebrauch befugte Gesundheitszentren, Entsorger von Arzneimitteln.

913 In Italien gibt es ein staatliches Gesundheitswesen. Statt der Krankenkassen wurde der staatliche Gesundheitsdienst *Servicio Sanitaris Nazionale (SSN)* eingeführt. Der SSN ist dezentral organisiert und hat drei Ebenen: die nationale, regionale und lokale Ebene. Auf letzterer gibt es einzelne ASL (*Legge 23 dicembre 1878, n. 833* (GU n. 360 del 28-12-1978, SO), zuletzt geändert durch das *Decreto Legislativo 30 giugno 2003, n. 196* (GU n. 174 del 29-7-2003, SO n. 123).

Zweck des *Bollino* ist die Garantie der Echtheit der Arzneimittel auf dem italienischen Markt.[914] Die Herstellung einer Fälschung wird insoweit erschwert, als dass die Fälscher ein *Bollino* auf die Verpackung aufbringen müssen, damit die Fälschung nicht sogleich als solche entlarvt wird. *Bollini* werden jedoch nur vom IPZS vergeben, sodass zumindest eine entscheidende Hürde für die Fälscher geschaffen ist. Des Weiteren wird die Rückverfolgbarkeit der Vertriebskette gesichert, womit der Einfall der Fälschung in die legale Lieferkette erkennbar wird.

Seit Umsetzung der FMD müssen grundsätzlich auch auf die verschreibungspflichtigen Arzneimittel *Bollini* (Art. 73-bis Abs. 1, 2 und 4 DLgs 219/2006 n.F.) und auf allen Arzneimitteln Antimanipulationsmerkmale aufgebracht werden (Art. 73-bis Abs. 5 DLgs 219/2006 n.F.). Mit vollständiger Umsetzung der FMD müssen ab dem Jahr 2022 die betreffenden Arzneimittel statt des italienischen *Bollini* Sicherheitsmerkmale und Antimanipulationsmerkmale i.S.d. Art. 54a Abs. 2 GKHA tragen. Der Austausch unterliegt den strengen Bedingungen des Art. 51-ter DLgs 219/2006 n.F.

e. Abgabebeschränkungen

In Italien ist die Abgabe von Arzneimitteln auf bestimmte Vertriebswege beschränkt, um die legale Lieferkette vor dem Eindringen von gefälschten Arzneimitteln zu schützen. Abgabebeschränkungen bestehen einerseits für verschreibungspflichtige Arzneimittel und andererseits für solche, die nur von bestimmten Fachkreisen oder Einrichtungen verwendet werden dürfen. Mithin hängt der Vertriebsweg von dem Produktstatut des Präparats ab.

(I) Produktstatus

Die Arzneimittel können in verschreibungspflichtige und nicht verschreibungspflichtige Arzneimittel eingeteilt werden, wobei die Kategorien jeweils Untergruppen aufweisen. Bei den verschreibungspflichtigen Produkten sind dies einerseits Arzneimittel, welche einer einfachen oder einer jeweils zu erneuernden ärztlichen Verschreibung bedürfen (*medicinali sogetti*

---

914 *Ministero della Salute*, Bollini farmaceutici, abrufbar unter: http://www.salute.gov.it/portale/news/p3_2_1_1_1.jsp?menu=notizie&p=dalministero&id=1669 (zuletzt abgerufen am 9.2.2019).

a prescrizione medica; medicinali sogetti a prescrizione medica da rinnovare volta per volta)[915] und andererseits Arzneimittel auf besondere ärztliche Verschreibung (*medicinali sogetti a prescrizione medica speciale*) oder Arzneimittel auf beschränkte ärztliche Verschreibung, die ausschließlich von bestimmten Personen verschrieben, abgegeben oder verwendet werden dürfen (*medicinali sogetti a prescrizione medica limitativa*) (Art. 87 Abs. 1 a)–d) DLgs 219/2006). Zu den nicht verschreibungspflichtigen Arzneimitteln (*medicinali senza obbligo di ricetta medica*) zählen alle freiverkäuflichen Produkte sowie solche der Selbstmedikation – welche beworben werden dürfen – (Art. 87 Abs. 1 d) DLgs 219/2006). Die Einstufung hängt von dem Risikopotenzial des Arzneimittels und dem Beratungsbedarf bei dessen Abgabe ab (Vgl. Art. 87 ff. DLgs 219/2006).

(II) Verschreibungspflichtige Arzneimittel

Da verschreibungspflichtige Arzneimittel ein höheres Risikopotenzial bei deren Anwendung bergen und somit auch einen höheren Beratungsbedarf mit sich bringen, unterliegen sie bei der Abgabe strengeren Regelungen als nicht verschreibungspflichtige Arzneimittel. Hinzu kommt, dass aufgrund des teilweise hohen Verkaufspreises die Attraktivität für Fälschungen steigt. Deshalb ist das Festschreiben und Einhalten einer legalen Vertriebskette von besonderer Wichtigkeit, um dem Inverkehrbringen von Fälschungen entgegenzuwirken.

(1) Klassischer Vertriebsweg

In Italien verläuft der klassische Vertriebsweg vom Hersteller über den Großhändler an die Apotheke. Zwischen dem Hersteller und dem Großhändler sind normalerweise Logistikunternehmen eingeschaltet, die sogenannten Verwahrstellen (*Depositari*).[916]

Ausgangspunkt sind pharmazeutische Betriebe, welche Arzneimittel herstellen. Sie sind in der Regel auch die Inhaber der Zulassung für das Inver-

915 Eine einfache Verschreibung kann grundsätzlich innerhalb von 6 Monaten bis zu 10 Mal eingelöst werden (Art. 88 Abs. 3 DLgs 219/2006). Dagegen kann eine von Fall zu Fall zu wiederholende Verschreibung nur einmal und innerhalb von 30 Tagen eingelöst werden (Art. 89 Abs. 2 und 3 DLgs 219/2006).

916 Vgl. *Creazza/Dallari/Porazzi/Restelli*, Logistica 2001, 40.

kehrbringen (*Titolari di AIC*). Die Hersteller bedienen sich der Verwahrstellen, welche die Lagerung und den Transport der Arzneimittel bewerkstelligen, um ihre Produkte zu bevorraten und die Bestellungen von Großhändlern und anderen Abnehmern zu verwalten.[917] Die Verwahrstellen erlangen hierbei kein Eigentum an den Produkten, dieses verbleibt vielmehr bei den Herstellern.[918]

Die Hersteller liefern über die Verwahrstellen an den Großhandel. Der Inhaber der Großhandelsgenehmigung darf Arzneimittel nur von Personen oder Unternehmen beziehen, die eine Herstellungsgenehmigung oder selbst eine Großhandelsgenehmigung besitzen. Dies gilt auch für Lieferungen aus anderen Mitgliedstaaten der EU unter Anwendung der dort geltenden Rechtsvorschriften (Art. 104 Abs. 1 b) DLgs 219/2006). Der Großhandelsvertrieb mit Arzneimitteln ist in Art. 1 Abs. 1 r) DLgs 219/2006 definiert als jede Tätigkeit, die in der Beschaffung, der Lagerung, der Abgabe oder Ausfuhr von Arzneimitteln besteht, mit Ausnahme der Abgabe von Arzneimitteln an die Öffentlichkeit. Die Tätigkeit wird durchgeführt mit Herstellern oder deren Verwahrstellen, mit Importeuren, mit anderen Großhändlern und gegenüber Apotheken oder anderen zur Abgabe von Arzneimitteln an die Öffentlichkeit berechtigten Personen. Der Großhändler darf Arzneimittel folglich nur an Personen, Unternehmer oder Organisationen abgeben, die selbst eine Großhandelsgenehmigung besitzen oder sonst wie zum Bezug von Arzneimitteln berechtigt sind (Art. 104 Abs. 1 b) und c) DLgs 219/2006). Dies sind insbesondere die Apotheken.

Die Versorgung mit verschreibungspflichtigen Arzneimitteln erfolgt durch die Apotheken, wobei es Offizinapotheken (*Farmacia Territoriale*) und Krankenhausapotheken (*Farmacia Ospedaliera*) gibt (vgl. Ziff. 4.1 Anhang D 1999). Sie geben Arzneimittel im Namen der ASL auf Vorlage der Verschreibung des behandelnden Arztes ab (Art. 28 L 833/1978,[919] Art. 8 Abs. 2 a) DLgs 502/1992).[920] Die äußere Umhüllung oder die Primärverpackung der Arzneimittel muss die Aufschrift *„Da vendersi dietro presentazio-*

917 *Creazza/Dallari/Porazzi/Restelli*, Logistica 2001, 40.

918 *Di Giorgio*, Supply Chain, S. 6.

919 Gesetz zur Einrichtung des nationalen Gesundheitsdienstes (*Legge 23 diciembre 1978, n. 833, Instituzione del servicio sanitario nazinale*) GU n. 360 del 28-12-1978).

920 Gesetzesvertretendes Dekret zur Reorganisation der Materie im Gesundheitswesen (*Decreto Legislativo 30 dicembre 1992, n. 502, Riordino della disciplina in materia sanitsria, a norma dell'articolo 1 della legge 23 ottobre 1992, n. 421*) (GU n.305 del 30-12-1992, SO n. 137), zuletzt geändert durch das *Legge 8 agosto 2006, n. 248* (GU n. 186 del 11-8-2006, SO n. 183).

ne di ricetta medica“ (Abgabe gegen Vorlage des ärztliches Rezepts) oder „*Da vendersi dietro presentazione di ricetta medica utilizzabile una sola volta*“ (Abgabe gegen Vorlage des einmal verwendbaren ärztlichen Rezepts) tragen (Artt. 88 Abs. 2, 89 Abs. 2 DLgs 219/2006).

(2) Abgabe durch Einrichtungen

Der Großhändler darf Arzneimittel an alle Personen, Unternehmer oder Organisationen abgeben, die zum Bezug von Arzneimitteln berechtigt sind (Art. 104 Abs. 1 b) und c) DLgs 219/2006). Dies sind auch Verwahrstellen und Einrichtungen, die befugt sind Arzneimittel direkt beim Großhandel zu beziehen, wie z.B. die ASL (Ziff. 4.1 Anhang D 1999). Es ist eine direkte Abgabe aus der ASL an die Patienten in häuslicher Pflege oder in Pflegeeinrichtungen möglich (Art. 8 Abs. 1 b) L 405/2001).[921] Krankenhäuser und Fachärzte können verschreibungspflichtige Arzneimittel an Patienten abgeben, sofern die Diagnose im Krankenhaus bzw. die Behandlung vom Facharzt vorgenommen wird (Art. 93 Abs. 1 DLgs 219/2006). In diesem Fall muss die äußere Umhüllung oder die Primärverpackung nach einem der oben bezeichneten Sätzen – „*Da vendersi dietro presentazione di ricetta medica*“ oder „*Da vendersi dietro presentazione di ricetta medica utilizzabile una sola volta*“ – die Bezeichnung der Art der Einrichtung oder des Arztes, welcher zur Verschreibung befugt ist, tragen (Art. 93 Abs. 2 DLgs 219/2006).

(3) Direktvertrieb an Krankenhäuser

Beim Direktvertrieb an Krankenhäuser oder ähnliche Einrichtungen privater Träger, geben die Hersteller oder Großhändler die Arzneimittel direkt an die entsprechenden zur Verwendung befugten Einrichtungen ab (Art. 92 Abs. 4 DLgs 219/2006). Die Verwendung des Arzneimittels ist dabei auf die genannten Einrichtungen beschränkt, es darf kein Verkauf an die Öffentlichkeit stattfinden (vgl. Art. 92 DLgs 219/2006). Die äußere Um-

921 Gesetz zur Änderung des DL 347/2001 hinsichtlich Sofortmaßnahmen für esundheitsausgaben (*Legge 16 novembre 2001, n. 405, Conversione in legge, con modificazioni, di decreto-legge 18 settembre 2001, n. 347, recante interventi urgenti in materia di spesa sanitaria* (GU n. 286 del 17-112-2001), zuletzt geändert durch das *Decreto 15 luglio 2003, n. 254* (GU n. 211 del 11-9-2003).

hüllung oder die Primärverpackung der Arzneimittel muss den Satz „*Uso riservato agli ospendali. Vietata la vendita al pubblico*“ (Für Krankenhäuser. Abgabe an die Öffentlichkeit verboten) tragen (Art. 92 Abs. 3 S. 1 DLgs 219/2006).

(4) Direktvertrieb an Fachärzte

Beim Direktvertrieb an Fachärzte, können die Hersteller oder Großhändler die Arzneimittel direkt an die entsprechenden Personen abgeben (Art. 94 Abs. 4 DLgs 219/2006). Die Verwendung des Arzneimittels ist dabei auf die ambulante Behandlung beschränkt, es sei denn die Behandlung bedarf keiner ambulanten Einrichtung und kann in der Wohnung des Patienten stattfinden (Art. 94 Abs. 1 und 2 DLgs 219/2006). Ein Verkauf an die Öffentlichkeit darf nicht erfolgen. Die äußere Umhüllung oder die Primärverpackung des Arzneimittels muss die Aufschrift „*Uso riservato a...*“ (Gebrauch beschränkt auf ...) mit der Bezeichnung des zur Verabreichung des Arzneimittels befugten Facharztes sowie den Satz „*Vietata la vendita al pubblico*“ (Abgabe an die Öffentlichkeit verboten) tragen (Art. 94 Abs. 3 DLgs 219/2006).

(III) Nicht verschreibungspflichtige Arzneimittel

Weitere Vertriebswege sind für nicht verschreibungspflichtige Arzneimittel vorgesehen, welche aufgrund eines verminderten Risikopotenzials auch bei einer Fälschung ein geringeres Gesundheitsrisiko darstellen.

Nicht verschreibungspflichtige Arzneimittel können über die Vertriebswege, welche auch für verschreibungspflichtige Arzneimittel gelten, abgegeben werden. Darüber hinaus können freiverkäufliche Arzneimittel oder solche der Selbstmedikation in Einzelhandelsgeschäften, wie z.B. Supermärkten, an die Öffentlichkeit verkauft werden (Art. 5 Abs. 1 DL

2006/223).[922] Zu den Voraussetzungen der sogenannten *Parafarmacie*[923] siehe unten in diesem Teil 5 D. III. unter 2. b. (I)). Auf dem Etikett der nicht verschreibungspflichtigen Arzneimittel mit Erlaubnis zur Öffentlichkeitswerbung muss der Satz „*medicinale di automedicazione*“ (Arzneimittel der Selbstmedikation), bei allen übrigen nicht verschreibungspflichtigen Arzneimitteln der Satz „*medicinale non soggetto a prescrizione medica*“ (nicht verschreibungspflichtiges Arzneimittel) aufgedruckt sein (Art. 96 Abs. 3 DLgs 219/2006). Zudem müssen die nicht verschreibungspflichtigen Arzneimittel einen Aufkleber zur klaren Erkennbarkeit ihres Produktstatus durch den Verbraucher tragen, das sogenannte *Bollino di Riconoscimento* (Art. 96 Abs. 4 DLgs 219/2006, Art. 9-bis DL 347/2001,[924] Art. 1 D 2002)[925]. Dieses hat die Form eines Kreises, welcher ein rotes Kreuz mit einem lächelnden Gesicht in der Mitte und einen Schriftzug beinhaltet (Anhang A D. 2002) (graphische Darstellung siehe Anhang II **Abbildung 3**).

(IV) Versandhandel

Der Versandhandel mit Arzneimitteln war in Italien nicht erlaubt. Dies galt gleichermaßen für verschreibungspflichtige wie auch nicht verschreibungspflichtige Arzneimittel. Auch die Einfuhr von Arzneimitteln über ausländische Internetapotheken war verboten.[926] Seit Umsetzung der FMD erlaubt das italienische Recht nunmehr den Versandhandel mit nicht ver-

---

922 Gesetzesdekret zu dringenden Bestimmungen für die wirtschaftliche und soziale Wiederbelebung, Eindämmung und Rationalisierung der öffentlichen Ausgaben sowie Einnahmen- und #steuerhnterziehungsmaßnamen (*Decreto-legge 4 luglio 2006, n. 223, Conversione in legge, con modificazioni, del decreto-legge 4 luglio 2006, n. 223, recante disposizioni urgenti per il rilancio economico e sociale, per il contenimento e la razionalizzazione della spesa pubblica, nonche' interventi in materia di entrate e di contrasto all'evasione fiscale*) (GUn. 153 del 4-7-2006 (*Korrektur* G.U. n. 159 del 11-7-2006)

923 So die Bezeichnung bei *Creazza/Dallari/Porazzi/Restelli*, Logistica 2001, 40 (41).

924 Gesetzesdekret in Übereinstimmung mit L 405/2001 hinsichtlich Sofortmaßnahmen zu Gesundheitsusgaben (*Decreto-Legge 18 settembre 2001, n. 347 (GU n. 218 del 19-9-2001) coordinato con la L 405/2001, recante "Interventi urgenti in materia di spesa sanitaria*“) (GU n. 268 del 17-11-2001).

925 Dekret des Gesundheitsministers zur Annahme des *Bollino di Riconosimento* für nicht verschreibungspflichtige Arzneimittel (*Ministero della Salute, Decreto 1 febbraio 2002, Adozione del bollino di riconoscimento per i medicinali non soggetti a ricetta medica*) (GU n. 33 del 8-2-2002).

926 *PPRI*, Italy, S. 25.

schreibungspflichtigen Arzneimitteln, der Versandhandel mit verschreibungspflichtigen Arzneimitteln bleibt dagegen weiterhin verboten (Art. 112-quarter Abs. 1 und 2 DLgs 219/2006 n.F.).

f. Pflichten bei Einfuhr

Um sicherzustellen, dass keine illegalen Importe stattfinden, durch die gefälschte Arzneimittel in die Vertriebskette gelangen können, bestehen bei der Einfuhr von Arzneimittel bestimmte Pflichten. So hat jeder Großhändler, der nicht Inhaber der Genehmigung für das Inverkehrbringen ist und Arzneimittel aus einem anderen Mitgliedstaat einführt, dem Inhaber der Genehmigung für das Inverkehrbringen, dem Gesundheitsministerium (*Ministero della Salute*) und der AIFA spätestens 45 Tage vor der Lieferung der Produkte seine Absicht zur Einführung mitzuteilen (Art. 99 Abs. 3 DLgs 219/2006).

g. Pflichten bei Lieferung

Bei der Lieferung von Arzneimitteln zu beachtende Pflichten sollen gewährleisten, dass die Lieferung dokumentiert ist und nachverfolgt werden kann, was die Einschleusung gefälschter Arzneimittel in die legale Vertriebskette erschwert. Großhändler und Verwahrstellen – und seit Umsetzung der FMD auch Arzneimittelvermittler – haben die Leitlinien der Guten Vertriebspraxis einzuhalten (Artt. 104 h) i.V.m. 108 DLgs 219/2006; Art. 112-ter Abs. 3 DLgs 219/2006 n.F.). So sind bei allen Lieferungen von Arzneimitteln Dokumente beizulegen, aus denen insbesondere das Datum, die Bezeichnung und Menge des Arzneimittels, Name und Anschrift des Lieferanten und des Empfängers sowie und im Falle von Lieferung an Großhändler oder öffentliche oder private Unterbringungs- und Pflegeeinrichtungen die Chargennummer hervorgeht (Art. 105 Abs. 5 DLgs 219/2006, Ziff. 4.2 Anhang D 1999). Zudem müssen bestimmte Arzneimittel, um die Individualisierbarkeit der Verpackungen mittels *Bollino* auch im Falle von Unleserlichkeit der Angaben auf dem *Bollino* zu gewährleisten, von einer Liste begleitet werden, die die Produkte und jeweiligen fortlaufenden Nummern enthält (Art. 9 Abs. 2 DM 2001). Mit Umsetzung der Fälschungsrichtlinie müssen Großhändler und Verwahrstellen die Echtheit von Arzneimitteln mittels der angebrachten Sicherheitsmerkmale überprüfen (Art. 104 c-bis DLgs 219/2006 n.F.).

h. Beanstandungen und Rückruf

Der Hersteller von Arzneimitteln muss ein System unterhalten, mit welchem jederzeit Beanstandungen verzeichnet und untersucht sowie Rückrufe von den im Verkehr befindlichen Arzneimitteln schnell durchgeführt werden können. Sämtliche eingehenden Beanstandungen wegen eines Mangels sind zu untersuchen (Art. 70 Abs. 1 S. 1 und 2 DLgs 219/2006). Die Aussetzung des Inverkehrbringens eines Arzneimittels oder dessen Rückruf vom Markt hat aus Gründen, die die Wirksamkeit eines Arzneimittels oder die öffentliche Gesundheit betreffen, zu erfolgen (Art. 34 Abs. 7 DLgs 219/2006). Einen solchen Grund stellt ein gefälschtes Arzneimittel im Markt dar. Ein an den Großhändler, die Verwahrstelle oder den Einzelhändler zurückgegebenes Arzneimittel kann nach dessen Identifizierung und Überprüfung durch eine befugte Person wieder in die zum Verkauf bestimmten Bestände aufgenommen werden. Die befugte Person prüft unter anderem, ob das Produkt in gutem Zustand und in der Originalverpackung ist und ob die Lagerbedingungen eingehalten wurden (Ziff. 5.2 S. 1 Anhang D 1999). Dadurch wird verhindert, dass eine Fälschung über die Rücknahme in die legale Vertriebskette gelangt.

Damit im Falle eines Fälschungsverdachts ein Rückruf verdächtiger Ware erfolgen kann, muss jeder Großhändler und jede Verwahrstelle über einen Notfallplan verfügen. Es gewährleistet die wirksame Durchführung eines Rückrufs eines Arzneimittels vom Markt, wenn ein solcher durch die AIFA, ggf. in Zusammenarbeit mit dem Hersteller oder dem Inhaber der Genehmigung für das Inverkehrbringen, angeordnet wird (Art. 104 d) (i.V.m. Art. 108) DLgs 219/2006). Zudem muss es ein System geben, das die unverzügliche Identifizierung der mit dem betroffenen Arzneimittel belieferten Empfänger und ihrer Benachrichtigung ermöglicht (Ziff. 5.6 S. 1 Anhang D 1999). Dies gilt auch, wenn die Arzneimittel in andere Mitgliedstaaten der EU oder in Drittstaaten geliefert wurden (Ziff. 5.7 Anhang D 1999).

i. Umgang mit Fälschungen

Werden gefälschte Arzneimittel in der Lieferkette entdeckt, sind sie getrennt von verkehrsfähigen Arzneimitteln aufzubewahren, um mögliche Verwechslungen zu vermeiden. Zudem muss auf die Etiketten deutlich die Schrift *„non vendibile“* (nicht zum Verkauf bestimmt) aufgebracht werden (Ziff. 5.10 Anhang D 1999). In jedem Fall ist eine formelle Entscheidung über die Bestimmung der gefälschten Arzneimittel zu treffen (Ziff. 5.11 S. 2 Anhang D 1999). Zur Meldung von Fälschungen siehe unten in diesem Teil 5 D. III. unter 4. a.).

j. Dokumentationspflichten

Damit die Rückverfolgbarkeit des Werdegangs und der Lieferung eines Produkts sichergestellt, der Rückruf ermöglicht und eine etwaige Strafverfolgung erleichtert wird, bestehen gewisse Dokumentationspflichten. Alle Tätigkeiten, die die Gute Vertriebspraxis vorschreibt, sind zu dokumentieren. Dazu zählt unter anderem die Dokumentation zur Sicherheit der Lagerbestände vor Ort und während der Lieferung sowie über zurückgenommene Produkte (Ziff. 2.3 Anhang D 1999). So hat der Großhändler über jeden Bezug und jede Abgabe von Arzneimitteln und seit der Umsetzung der FMD auch für jede Vermittlung von Arzneimitteln Aufzeichnungen in Form von Rechnungen zu führen (Art. 104 e) DLgs 219/2006, Ziff. 2.5 Anhang D 1999). Die Ereignisse wie ein Rückruf oder die Entdeckung von gefälschten Arzneimitteln müssen im Moment der Kenntnis dokumentiert werden (Ziff. 5.11 S. 1 Anhang D 1999). Alle Aufzeichnungen sind auf Anfrage der zuständigen Behörde zur Einsichtnahme bereit zu halten (Art. 104 e) DLgs 219/2006, Ziff. 2.1 Anhang D 1999), dies gilt ausdrücklich auch für die Dokumentation zu gefälschten Arzneimitteln (Ziff. 5.11 S. 1 Anhang D 1999).

2. Anzeige- und Genehmigungspflichten

Anzeige- und Genehmigungspflichten dienen der Kontrolle der Einhaltung wichtiger Ge- und Verbote durch den Staat und mithin als sekundäre Schutzmittel der Durchsetzung der primären Schutzmittel. Unterschieden wird hier zwischen Genehmigungs- und Anzeigepflichten und den seit Umsetzung der FMD hinzugekommenen Registrierungspflichten.

a. Genehmigungspflichten

Über die Verpflichtung, einen Sachverhalt genehmigen zu lassen, kann die Einhaltung gesetzlicher Vorschriften überprüft werden. Die Überprüfung erfolgt im Genehmigungsverfahren vor Erteilung der entsprechenden Genehmigung.

(I) Herstellungsgenehmigung

Niemand darf in Italien ohne die Genehmigung der AIFA Arzneimittel herstellen, auch nicht zum Zweck der Ausfuhr (Art. 50 Abs. 1 DLgs 219/2006). Unter der Herstellung von Arzneimitteln ist dabei die vollständige oder teilweise Herstellung, das Abfüllen, das Abpacken und die Aufmachung zu verstehen (Art. 54 Abs. 1 DLgs 219/2006). Dieselbe Verpflichtung galt bis zur Umsetzung der FMD für die Herstellung von als Ausgangsstoff verwendete Wirkstoffe (Art. 54 Abs. 2 DLgs 219/2006 a.F.), welche jetzt einer Registrierungspflicht unterliegt (siehe unten in diesem Teil 5 D. III. 2 unter b. (III)).

Für die Erteilung einer Herstellungserlaubnis hat der Antragsteller der AIFA nachzuweisen, dass er eine sachkundige Person hat und über geeignete Räume, technische Geräte und Ausstattung sowie über die Möglichkeit der geeigneten und angemessenen Überprüfung der Herstellung und Lagerung der Medikamente verfügt (Art. 50 Abs. 2 b) und c) DLgs 219/2006).

(II) Großhandelsgenehmigung

Für den Großhandel mit Arzneimitteln ist eine Genehmigung der Region, der autonomen Provinz oder einer anderen zuständigen Stelle gemäß den Rechtsvorschriften der Region oder autonomen Provinz erforderlich (Art. 100 Abs. 1 DLgs 219/2006). Auch Apotheken können die Tätigkeit des Großhändlers mit der entsprechenden Erlaubnis ausüben (Art. 100 Abs. 1-bis DLgs 219/2006). Eine Großhandelsgenehmigung ist nicht erforderlich soweit eine Herstellungsgenehmigung vorliegt und sich der Vertrieb auf Arzneimittel einschließlich pharmakologischer Ausgangsstoffe beschränkt, die Gegenstand der Herstellungsgenehmigung sind (Art. 100 Abs. 3 DLgs 219/2006). Auf der anderen Seite schließt die Großhandelsgenehmigung nicht das Erfordernis aus, eine Herstellungserlaubnis zu besitzen und die damit einhergehenden Bedingungen zu erfüllen, auch wenn die Herstellung oder die Einfuhr nur eine Nebentätigkeit darstellen sollte (Art. 100 Abs. 4 DLgs 219/2006).

Voraussetzung für die Erteilung einer Großhandelsgenehmigung ist, dass der Antragsteller über geeignete und ausreichende Räumlichkeiten, Anlagen und Einrichtungen verfügt, um eine ordnungsgemäße Lagerung und Lieferung der Arzneimittel zu gewährleisten und eine verantwortliche Person hat (Art. 101 Abs. 1 a) und b) DLgs. 219/06).

(III) Verwahrstellen

Auch die Verwahrstellen, welche für den weiteren Vertrieb Humanarzneimittel auf Vorrat halten gemäß einer Vereinbarung mit dem Inhaber der Genehmigung für das Inverkehrbringen oder seinem Bevollmächtigten, benötigen eine Genehmigung. Diese bemisst sich nach den gleichen Maßgaben wir die Großhandelsgenehmigung (Art. 108 Abs. 1 DLgs 219/2006).

(IV) Arzneimittelvermittler

Die Vermittlung von Arzneimitteln, welche seit der Umsetzung der FMD eine Registrierung erfordert (siehe unten in diesem Teil 5 D. III. 2. Unter b. (IV)), war grundsätzlich erlaubnisfrei. Soweit Arzneimittel jedoch an- oder verkauft werden, ist eine Großhandelsgenehmigung erforderlich (Art. 100 Abs. 5 DLgs 219/2006).

(V) Einfuhrgenehnigung

Wird ein Arzneimittel aus Drittstaaten eingeführt, ist eine Einfuhrgenehmigung entsprechend den Bestimmungen für die Herstellungsgenehmigung (Artt. 50, 51 und 52 DLgs 219/2006) erforderlich. Etwas anderes gilt jedoch dann, wenn eine entsprechende Vereinbarung zwischen der EU und dem Drittstaat getroffen worden ist, die gewährleistet, dass der Hersteller des Arzneimittels bei der Herstellung Vorschriften befolgt, die zumindest den von der EU festgelegten Vorschriften der Guten Herstellungspraxis entsprechen, und die in Art. 52 Abs. 8 b) DLgs 219/2006 genannten Kontrollen (hierzu unten in diesem Teil 5 D. III. unter 3. b.), vorbehaltlich der Bestimmungen der Vereinbarung, im Ausfuhrland durchgeführt worden sind (Art. 55 DLgs 219/2006).

Bei der Einfuhr von Arzneimitteln aus anderen Mitgliedstaaten der EU ist dagegen keine Einfuhrgenehmigung erforderlich. Stammen die eingeführten Arzneimittel jedoch ursprünglich aus einem Drittstaat, muss jeder Charge des Arzneimittels der Nachweis der Kontrolle gemäß den Bestimmungen des einführenden Mitgliedstaats beiliegen (Art. 56 Abs. 1 DLgs 219/2006). Dies gilt auch in den Fällen, in denen Arzneimittel zwar in einem Mitgliedstaat der EU hergestellt worden sind, anschließend aber exportiert und in demselben oder einem anderen Mitgliedstaat wieder importiert wurden (Art. 56 Abs. 2 DLgs 219/2006).

(VI) GMP-Zertifikat

Für Ausgangsstoffe, die aus Drittstaaten eingeführt wurden, musste eine Qualitätszertifikat über die Einhaltung der Regeln der Guten Herstellungspraxis vorliegen, welche von einer Behörde eines EU-Mitgliedstaats ausgestellt wurde (Art. 54 Abs. 3 DLgs 219/2006). Mit Umsetzung der FMD wurde die Regelung überarbeitet. Nunmehr müssen Ausgangsstoffen aus Drittländern von einem Zertifikat der zuständigen Behörde des Drittlandes begleitet werden, indem zugesichert wird, dass die Herstellstandards zumindest denen in der EU entsprechen und dass regelmäßige Inspektionen der Hersteller stattfinden (Art. 51-bis Abs. 2 DLgs 219/2006 n.F.). Ausnahmsweise bedarf es keines GMP-Zertifikats, wenn das Drittland in der Liste gem. Art. 111b GKHA aufgenommen ist (Art. 51-bis Abs. 4 DLgs 219/2006 n.F.). Auch zur Sicherstellung der Verfügbarkeit von Arzneimitteln kann auf das Zertifikat verzichtet werden, soweit die Durchführung von Inspektionen sichergestellt ist (Art. 51-bis Abs. 5 DLgs 219/2006 n.F.). Wie bisher befreit der Besitz eines GMP-Zertifikats den Importeur oder den Hersteller von Fertigarzneimitteln nicht von der Überprüfung der Ausgangsstoffe und des Herstellers der Ausgangsstoffe (Art. 54 Abs. 4 DLgs 219/2006).

(VII) Apothekenbetriebserlaubnis

Die Eröffnung und der Betrieb einer Apotheke bedarf der Erlaubnis der zuständigen Region oder Provinz (Art. 1 Abs. 1, Art. 12 Abs. 3 L 475/1968).[927] Die Erlaubnis kann übertragen werden durch z.B. Verkauf,

927 Gesetz zu Regelungen pharmazeutischer Leistungen (*Legge 2 aprile 1968, n. 475, Norme concernenti il servizio farmaceutico*) (GU n. 107 del 27-4-1968).

Erbschaft oder Schenkung (Art. 12 L 475/1968).[928] Hierfür ist wiederum eine Einwilligung der Region oder Provinz nötig.[929] Die Voraussetzungen der Erlaubnis hängen von der Art der Apotheke ab, in Italien gibt es mehrere Unterscheidungen in der Ausgestaltung einer Apotheke. Zum einen sind Stadt-Apotheken (*Farmacie Urbane*) und Land-Apotheken (*Farmacie Rurali*) zu unterscheiden (Art. 1 L 221/68).[930] Zum anderen gibt es öffentliche Apotheken (*Farmacia Pubblica*) und Krankenhausapotheken (*Farmacia Ospedaliera*), beide Arten können sowohl staatlich als auch privat betrieben werden.[931] Inhaber einer privaten Apotheke kann nur eine natürliche Person sein (Art. 7 L 362/1991),[932] wobei auch Inhabergemeinschaften (*Farmacie delle Cooperative*) möglich sind (Art. 20 L 475/1968).[933] Der Inhaber einer öffentlichen Apotheke kann eine Filialapotheke (*Farmacie Succersali*) in Städten betreiben, wo über das Jahr hohe Fluktuation in der Bevölkerung herrscht.[934] Dementsprechend ist die Filialapotheke nur eine begrenzte Zeit im Jahr geöffnet (Art. 116 TULS).[935] In kleinen Ortschaften kann zur besseren Versorgung eine Abgabeapotheke (*Dispensario Farmaceutico*) betrieben werden. Die Abgabeapotheke ist tatsächlich keine Apotheke, sondern stellt eine Form der Arzneimittelabgabe dar und wird von dem nächstliegenden Apotheker geführt. Sie ist zur Abgabe von häufig verwendeten Medikamenten und Notfallmittel gedacht.[936] Die Abgabeapotheke kommt auch als saisonale Abgabeapotheke (*Dispensario Stagionale*) in mittleren Orten vor, soweit ein vom Tourismus geleitetes Interesse vorliegt (Art. 6 L 362/1991). Die Krankenhausapotheke wird von einer ju-

---

928 *Minghetti/Marchetti*, Legislazione Farmaceutica, S. 170.

929 *Minghetti/Marchetti*, Legislazione Farmaceutica, S. 170.

930 Gesetz zur Förderung ländlicher Apotheken (*Leege, 8 marzo 1968, n. 221, Provvidenze a favore die farmacisti rurali*), (GU n. 80 del 27-3-1968), in der Fassung des *Legge 8 novembre 1991, n. 362* (GU n.269 del 16-11-1991), teilweise zuletzt geändert durch regionale Gesetze (*Legge Regionale 3 marzo 2016, n. 2* (Emilia-Romagna Bollettino Ufficiale n. 57 del 3-3-2016); *Dereti 21 luglio 2017, n. 15* (Veneto Bollettino Ufficiale n. 80 del 18-8-2017)).

931 *Minghetti/Marchetti*, Legislazione Farmaceutica, S. 156.

932 Gesetz zu pharmazeutischen Reformregelungen (*Legge 8 novembre 1991, n. 362, Norme di riordino del settore farmaceutico*) (GU. n. 269 del 16-11-1991), zuletzt geändert durch *Decreto del Presidente del Consiglio dei Ministri 18 aprile 2011, n. 81* (GU n.131 del 8-6-2011).

933 *Minghetti/Marchetti*, Legislazione Farmaceutica, S. 156.

934 *Minghetti/Marchetti*, Legislazione Farmaceutica, S. 163.

935 Königlicher Erlass zur Genehmigung des Einheitstextes zum Gesundheitsgesetz (*Regio Decreto 27 luglio 1934, n. 1265. Approvazione del testo unico delle leggi sanitarie*) (GU n. 186 del 9-8-1934, SO).

936 *Minghetti/Marchetti*, Legislazione Farmaceutica, S. 164.

ristischen Person betrieben und ist in interner und externer Form möglich. Die interne Krankenhausapotheke (*Farmacie Ospedaliera Interna*) darf Arzneimittel nur für Patienten des Krankenhauses abgeben, währen die externe Krankenhausapotheke (*Farmacie Ospedaliera Externa*) Arzneimittel auch an die Öffentlichkeit abgeben kann.[937]

(VIII) Versandhandelserlaubnis

Bisher war in Italien der Versandhandel mit jeglicher Art von Arzneimitteln verboten. Seit 2016 dürfen durch die Umsetzung der FMD nunmehr Apotheken und *Parafarmacie* nicht verschreibungspflichtige Arzneimittel über den Versandhandel vertreiben. Dafür ist eine zusätzliche Erlaubnis erforderlich, welche von den Regionen oder autonomen Provinzen erteilt wird (Art. 112-quarter Abs. 3 DLgs 219/2006 n.F.). Zur Erlangung der Erlaubnis sind Name, Steueridentifikationsnummer und Anschrift des Vertriebsstandorts sowie der Beginn des Versandhandels und die Adresse zur Identifikation der verwendeten Website erforderlich. Zudem muss auf der Website der Kontakt zur zuständigen Behörde, ein Link zu einer Informations- und Registerseite zur Versandhandelserlaubnis sowie das gemeinsame Versandapthekenslogo angebracht werden (Art. 112-quarter Abs. 3 i.V.m. Abs. 7 DLgs 219/2006 n.F.).

b. Anzeige- und Registrierungspflichten

Anzeige- und Registrierungspflichten dienen zur Überwachbarkeit der Akteure und ihrer Tätigkeiten in der legalen Lieferkette.

(I) Parafarmacie

Der Verkauf von nicht verschreibungspflichtigen Arzneimitteln in Einzelhandelsgeschäften muss vorher dem Gesundheitsministerium und der Region oder Provinz, in der die Tätigkeit ausgeübt wird, angezeigt werden (Art. 5 Abs. 1 DL 2006/223). Der Verkauf ist während der Öffnungszeiten des Geschäfts erlaubt und muss in einer eigenen Abteilung (*Parafarmacie*)

937 *Minghetti/Marchetti*, Legislazione Farmaceutica, S. 162 und 266.

unter Anwesenheit und der persönlichen Beratung durch mindestens einen approbierten Apotheker stattfinden (Art. 5 Abs. 2 DL 2006/223).

(II) Herstellung und Einfuhr von Wirkstoffen

Seit Umsetzung der FMD bedarf die Herstellung und Einfuhr von Wirkstoffen, die als Ausgangsstoffe zur Herstellung von Arzneimitteln verwendet werden, einer Registrierung bei der AIFA (Art. 52-bis Abs. 2 DLgs 219/2006 n.F.). Unter Herstellung von Wirkstoffen ist die vollständige und teilweise Herstellung oder Einfuhr eines als Ausgangsstoff verwendeten Wirkstoffs, als auch die verschiedenen Einzelvorgänge der Aufteilung, Verpackung oder Aufmachung vor der Verwendung des Ausgangsstoffes in einem Arzneimittel, einschließlich der Neuverpackung oder Neuetikettierung, wie sie insbesondere von Großhändlern von Ausgangsstoffen durchgeführt werden, zu verstehen (Art. 54 Abs. 2 DLgs 219/2006 a.F. / Art. 52-bis Abs. 1 DLgs 219/2006 n.F.). Die Registrierungen sind in die Datenbank der EU einzutragen (Art. 53 Abs. 9 DLgs 219/2006).

(III) Vertrieb von Wirkstoffen

Der Vertrieb von Wirkstoffen bedarf seit Umsetzung der FMD der Registrierung bei der Region, der autonomen Provinz oder einer anderen zuständigen Stelle gemäß den Rechtsvorschriften der Regionen oder autonomen Provinzen (Art. 108-bis Abs. 1 DLgs 219/2006 n.F.). Die Registrierungen sind in die Datenbank der EU einzutragen (Art. 108-bis Abs. 6 DLgs 219/2006 n.F.).

(IV) Arzneimittelvermittler

Seit Umsetzung der FMD müssen sich Vermittler von Arzneimitteln bei dem Gesundheitsministerium registrieren lassen, wozu der Vermittler einen ständigen Sitz in einem EU-Mitgliedstaat braucht (Art. 112-ter Abs. 2 und 4 DLgs 219/2006 n.F.).

3. Kontrollen

Kontrollen sind sekundäre Schutzmittel, die der Überwachung der Einhaltung primärer Schutzmittel dienen. Im Folgenden können einige Vorschriften aber auch als selbständige Gebote und damit als primäre Schutzmittel angesehen werden. Es ist zwischen einer Kontrolle durch den Marktakteur selbst, durch andere Marktakteure oder durch den Staat zu unterscheiden.

a. Selbstkontrolle

Der Hersteller muss ein Qualitätssicherungssystem einrichten, unterhalten und kontrollieren, um die pharmazeutische Qualität und die Regeln der Guten Herstellungspraxis zu überprüfen (Art. 63, Art. 68 Abs. 1 und Art. 71 S. 2 DLgs 219/2006). Dieses wird von einer entsprechend qualifizierten und von der Produktion unabhängigen Person geleitet, welche zum Zweck der Durchführung der Untersuchungen der Ausgangsstoffe, Verpackungsmaterialien sowie der Zwischen- und Fertigprodukte auf Kontrolllaboratorien zugreifen kann (Art. 68 Abs. 1 S. 2 DLgs 219/2006). Für Arzneimittel, einschließlich der aus Drittländern eingeführten Arzneimittel, ist die Beauftragung von Vertragslaboratorien zulässig (Art. 68 Abs. 2 DLgs 219/2006). Im Rahmen des Qualitätssicherungssystems hat der Hersteller auch regelmäßig Selbstinspektionen durchzuführen, um die Einhaltung der Regeln der Guten Herstellungspraxis zu überprüfen (Art. 71 S. 1 DLgs 219/2006). Auch der Großhändler muss ein Qualitätssicherungssystem vorhalten, um die Einhaltung der Guten Vertriebspraxis sicherzustellen, und Selbstinspektionen durchzuführen (Ziff. 1.1 und 6 Anhang D 1999). Seit der Umsetzung der FMD ist dies auch in Art. 104 h-bis) DLgs 219/2006 n.F. festgeschrieben.

Der Inhaber der Zulassung muss im Rahmen des staatlichen Pharmakovigilanz-Systems Nebenwirkungen, die er in Italien, der EU oder einem Drittland beobachtet oder die ihm von Beschäftigten des Gesundheitswesens mitgeteilt werden, erfassen und unverzüglich an die AIFA melden (Art. 130 Abs. 1 DLgs 219/2006). Zu diesen Nebenwirkungen können auch gesundheitsgefährdende Wirkungen gefälschter Arzneimittel gehören. Auf Anfrage ist der AIFA ein regelmäßiger Bericht über Sicherheitsergänzungen (*rapporti periosici di aggiornamente su richiesta (PSUR)*) vorzulegen (Art. 130 Abs. 5 DLgs 219/2006).

b. Überwachung durch andere Marktakteure

Die sachkundige Person eines Herstellers hat für jede Charge eines Arzneimittels oder Wirkstoffs, die aus einem Drittland eingeführt wird, eine qualitative Analyse sowie erforderliche weitere Prüfungen und für jeden Wirkstoff zudem eine quantitative Analyse durchzuführen, um die Qualität der Produkte zu garantieren, es sei denn es besteht ein Abkommen auf gegenseitige Anerkennung (Art. 52 Abs. 8 b) DLgs 219/2006). Zudem muss seit Umsetzung der FMD der Hersteller auch die Qualität der übrigen Ausgangsstoffe und die Registrierung seines Lieferanten von Ausgangstoffen bei der zuständigen Behörde überprüfen (Art. 51 Abs. 1 e-ter) und e-quater) DLgs 219/2006 n.F.). Auch der Großhändler muss nunmehr seinen Arzneimittellieferanten daraufhin kontrollieren, ob dieser eine Großhandelsgenehmigung, Herstellungserlaubnis bzw. Registrierung als Vermittler besitzt und ob er die Gute Vertriebspraxis einhält (Art. 104 Abs. 1-bis DLgs 219/2006 n.F.).

Für jeden Herstellungsvorgang im Auftrag muss ein schriftlicher Vertrag bestehen. Im Vertrag werden die Verantwortlichkeiten der Parteien und insbesondere die Verpflichtungen des Auftragnehmers zur Einhaltung der Grundsätze und Leitlinien der Guten Herstellungspraxis sowie die Modalitäten, unter denen die sachkundige Person die Chargen freigibt, klar festgelegt (Art. 69 Abs. 1 und 2 DLgs 219/2006).

c. Behördliche Überwachung

In Italien sind die Zuständigkeiten zwischen Staat und Regionen bzw. autonomen Provinzen geteilt. Auf staatlicher Ebene agiert die italienische Arzneimittelbehörde AIFA. Daneben übernehmen die Kommunen die Verwaltung der Gesundheits- und Krankenhausversorgung, welche weder dem Staat noch den Regionen zugeteilt sind. Für die Kommunen werden die ASL oder die Bürgermeister tätig.[938]

Die AIFA ist – neben der Zulassung von Arzneimitteln (Art. 6 Abs. 1 DLgs 219/2006) – für die Erteilung der Herstellungs- und Einfuhrgenehmigung, die Durchführung von Inspektionen und die Pharmakovigilanz verantwortlich (Artt. 50, 55 Abs. 1 und 129 DLgs 219/2006). Sie inspiziert und analysiert Proben vor Erteilung einer Genehmigung und führt gewöhnliche bzw. außerordentliche Inspektionen durch, um die Einhaltung der

938 *Minghetti/Marchetti*, Legislazione farmaceutica, S. 104.

Vorschriften zur Aufrechterhaltung einer Genehmigung nachzuprüfen (Art. 53, Art. 109 Abs. 1 DLgs 219/2006).[939] Zur Durchführung kann sich die AIFA anderer Behörden wie z.B. der ASL bedienen oder ihre Aufgabe an die Regionen und Provinzen delegieren, die wiederum an die ASL delegieren können (Art. 53 Abs. 11, Art. 109 Abs. 2 DLgs 219/2006).[940] Eine nachträgliche Inspektion des Herstellers kann sowohl von der AIFA als auch von der Europäischen Kommission, der EMA, einem anderen Mitgliedsstaat oder dem Hersteller selbst angeregt werden (Art. 53 Abs. 4 und 5 DLgs 219/2006). Dieselben Vorschriften gelten auch für Inspektionen eines Wirkstoffherstellers (Art. 54 Abs. 2 DLgs 219/2006 a.F. / Art. 53 DLgs 219/2006 n.F.). Seit Umsetzung der FMD hat die AIFA zusammen mit dem Gesundheitsministerium und mittels gemeinsamer Initiativen mit den Zollbehörden geeignete Maßnahmen zu treffen, um zu verhindern, dass Arzneimittel in der Durchfuhr in Umlauf gelangen, bei denen ein hinreichender Verdacht auf eine Fälschung vorliegt (Art. 52-ter DLgs 219/2006 n.F.).

Daneben ist die AIFA für die Arzneimittelsicherheit zuständig und hat ein nationales Pharmakovigilanz-System zu betreiben (Art. 129 Abs. 1 DLgs 219/2006). Darin sammelt und bewertet sie Nebenwirkungen und negative Folgen von Arzneimitteln, zu denen auch Arzneimittelfälschungen zählen können, koordiniert den Informationsaustausch zwischen Pharmaunternehmen, Krankenhäusern, Ärzten, Apothekern und den ASL und arbeitet mit dem Zentralinstitut für Gesundheitswesen (*Istituto Superiore di Sanità (ISS)*) und den Regionen, der EMA, zuständigen Stellen von Mitgliedstaaten und der Europäischen Kommission zusammen (Art. 129 Abs. 2 und 3 DLgs 219/2006). Die Daten sind in einem nationalen Netzwerk der Pharmakovigilanz (*Rete Nazionale di Farmacovigilanza*) verwaltet. Bei der AIFA ist auch die zentrale Datenbank zur Überwachung der Arzneimittel mittels *Bollini* angesiedelt. Das Gesundheitsministerium hat vollen Zugriff auf die zentrale Datenbank um die Grundversorgung mit Arzneimitteln zu überwachen (Art. 4 Abs. 1 DM 2004). Auch sind die Regionen und ASL berechtigt, mittels Datenbankzugriff in Echtzeit den Arzneimittelverbrauch und die Verfahren zu überprüfen (Art. 4 Abs. 3 DM 2004). Letztlich kann die zentrale Datenbank auch für die Prävention und Strafverfolgung von illegalen Aktivitäten genutzt werden (Art. 4 Abs. 5 DM 2004).

---

939 Vgl. *Minghetti/Marchetti*, Legislazione farmaceutica, S. 654 für die Großhandelsgenehmigung.

940 *Minghetti/Marchetti*, Legislazione farmaceutica, S. 654.

Die Regionen und autonomen Provinzen sind für alle Aspekte in Bezug auf die Apotheken sowie für die Erteilung von Großhandelsgenehmigungen und seit Umsetzung der FMD für die Registrierungen des Vertriebs von Wirkstoffen zuständig.[941] Sie führen Inspektionen in Apotheken durch, wobei es auch hier vorsorgliche, gewöhnliche und außergewöhnliche Inspektionen gibt.[942] Die Aufgaben können an die ASL delegiert werden, welche insbesondere Inspektionen und die Überwachung der Apotheken übernehmen.[943] Bei der Erteilung der Erlaubnis eine Apotheke zu eröffnen wirken die ASL oder Bürgermeister der Kommunen mit.[944] Auch Vertreiber von Wirkstoffen können seit Umsetzung der FMD auf Grundlage einer Risikobewertung inspiziert werden (Art. 108-bis Abs. 4 DLgs 219/2006 n.F.).

Darüber hinaus kontrollieren die ASL die Einhaltung der Abgabebeschränkungen in Stichkontrollen und unterrichten das Gesundheitsministeriums und die AIFA (Art. 95 DLgs 219/2006).

d. Zollbehördliche Überwachung

In Italien ist die Zollbehörde *(Agenzia delle Dogane)* für die Durchführung von Grenzmaßnahmen und die Entgegennahme von Anträgen auf Grenzbeschlagnahme zuständig.[945] Zusammen mit der nationalen Antifälschungs-Taskforce überwachen die Zollbehörden und, soweit erforderlich, die für die See- und Luftgrenze zuständigen Behörden die Grenzen zum Schutz vor gefälschten und nachgeahmten Arzneimitteln (Art. 142-quater DLgs 219/2006 n.F.).

e. Strafverfolgungsbehörden

Für die Strafverfolgung ist in Italien das *Comando Carabinieri per la Tutela della Salute (NAS)*, also die Polizeiabteilung zum Schutz der öffentlichen Gesundheit (Verhinderung von Getränke- und Lebensmittelfälschungen

941 *Minghetti/Marchetti*, Legislazione darmaceutica, S. 103 und 648.
942 *Minghetti/Marchetti*, Legislazione farmaceutica, S. 208.
943 *Minghetti/Marchetti*, Legislazione farmaceutica, S. 207 f.
944 *Minghetti/Marchetti*, Legislazione Farmaceutica, S. 166 f.
945 *Galli/Masciopinto*, AIPPI Group Report: Italy, S. 2.

(*Nucleo Antisofisticazioni e Sanitá*)) zuständig.[946] Im Auftrag der nationalen Antifälschungs-Taskforce ermittelt sie in Fällen von entdeckten und gemeldeten Arzneimittelfälschungen und -nachahmungen (Art. 142-quinquies Abs. 2 DLgs 219/2006) und führt Maßnahmen des Gesundheitsministeriums aus, wie die Schließung von Unternehmen oder Internetseiten als illegal (Art. 142-quinquies Abs. 3–5 DLgs 219/2006 n.F.).

4. Aufklärung und Information

Die Aufklärung, die Information und der Austausch über die Gefahren von gefälschten Arzneimitteln sind tatsächliche Schutzmittel, welche jedoch zum Teil auf rechtlichen Vorgaben beruhen. Sie regen die betroffenen Kreise zum Selbstschutz vor Arzneimittelfälschungen an, indem sie das Bewusstsein für die Gefahren von Fälschungen schaffen. In Betracht kommen als tatsächliche Mittel die Meldung konkreter Fälschungsfälle, die staatliche Aufklärung über Schutzmöglichkeiten und der Informationsaustausch.

a. Meldung von Fälschungen

Jeder, der im Vertriebsnetz gefälschte Arzneimittel entdeckt, hat die zuständige Behörde und den Inhaber der Genehmigung für das Inverkehrbringen unverzüglich zu informieren (Ziff. 5.10 S. 2 Anhang D 1999, vgl. auch Art. 52 Abs. 8 e) DLgs 219/2006). Seit Umsetzung der Fälschungsrichtlinie ist dies für den Hersteller ausdrücklich in Art. 51 Abs. 1 e-bis) DLgs 219/2006 n.F. und für den Großhändler in Art. 104 Abs. 1 h-ter) DLgs. 219/2006 n.F. geregelt.

946 *AIFA*, Falsified, illegal and stolen medicines, abrufbar unter http://www.aifa.gov.it/en/content/falsified-illegal-and-stolen-medicines-0 (zuletzt aktualisiert im Februar 2017).

b. Informierung der Öffentlichkeit und Marktakteure

Die AIFA hat zusammen mit *Farmindustria*,[947] ASSO-RAM[948] und *Carabinieri NAS*[949] und der Unterstützung des Gesundheitsministeriums eine Datenbank für Arzneimitteldiebstähle gegründet. Registrierte Unternehmen können darin Informationen bereitstellen, welche der Polizei bei der Verfolgung des illegalen Handels und der Bekämpfung von Diebstählen helfen.[950] Zudem informiert die nationale Antifälschungs-Taskforce, welche *Impact Italia* ersetzt (siehe unten in diesem Teil 5 D. III. 4. unter d.), andere EU-Mitgliedstaaten, die Beteiligten der Vertriebskette sowie die Öffentlichkeit und Patienten über vermutete Fälschungen, wenn eine Gefahr für die Öffentlichkeit vorliegt (Art. 142-bis Abs. 2 und 3 DLgs 219/2006 n.F.).

c. Aufklärung der Öffentlichkeit

Die AIFA startete im Jahr 2009 die Kampagne „*Attento!*“, die sich an Patienten richtete. Ziel war es, die Öffentlichkeit über die Gesundheitsgefahren zu informieren, Patienten Hilfsmittel zum Erkennen einer Fälschung an die Hand zu geben und sie davon abzuhalten, Arzneimittel von illegalen Quellen zu beziehen. Die Kampagne nutze Postern und Flugblättern in Apotheken und eine verstärkte Internetzpräsenz zum dem Thema auf der Website der AIFA.[951] Für betroffene Behörden bot die AIFA verschiedene Schulungen an, z.B. wurden Zoll und Polizei auf verschiedene Aspekte der Bekämpfung gefälschter Arzneimittel fokussiert.[952]

Die nationale Antifälschungs-Taskforce (siehe nachfolgenden Punkt d.) organisiert Treffen aller relevanten Interessengruppen mit Patienten- und Verbraucherorganisationen, um die Öffentlichkeit zu informieren, dass Maßnahmen im Bereich der Fälschungsprävention notwendig sind und

---

947 Verband der italienischen Pharmaunternehmen (*Associazione delle imprese del farmaco*).

948 ASSO-RAM ist der nationale Verband der Händler über den Vertrieb von Arzneimitteln und Gesundheitsprodukten (*Associazione nazionale degli Operatori Commerciali e Logistici della Distribuzione Primaria Farma & Salute*).

949 italienische Polizeiabteilung für Anti-Fälschung und Gesundheit (*Comando Carabinieri Nucleo Antisofisticazioni e Sanitá*).

950 *AIFA*, Falsified, illegal and stolen medicines, a.a.O.

951 *AIFA*, Falsified, illegal and stolen medicines, a.a.O.

952 *AIFA*, Falsified, illegal and stolen medicines, a.a.O.

Fälschungen bekämpft werden müssen (Art. 142-ter Abs. 2 DLgs 219/2006 n.F.).

d. Kooperation mit Interessensgruppen

Im Jahre 2007 gründete die AIFA die nationale Taskforce *Impact Italia*, um effektiv das Problem der Arzneimittelfälschungen zu bekämpfen. Neben der AIFA und dem Gesundheitsministerium sind an dem Projekt das ISS und das *Carabinieri NAS*, das Innenministerium (*Ministero dell'Interno*), das Ministerium für Wirtschaftsentwicklung (*Ministero dello Sviluppo Economico*) und die Zollbehörde beteiligt.[953] *Impact Italia* erlaubt auch die Beteiligung von privaten Unternehmen. Ziel ist die Verbreitung und der Austausch von Informationen, was auch durch die Teilnahme an internationalen Initiativen, wie z.B. der Operation PANGEA (hierzu siehe oben in diesem Teil 5 unter A. III. 4. d.), erreicht wird. Im Jahre 2011 übernahm Italien von der WHO den Vorsitz der internationalen Taskforce IMPACT.[954] Mit dem Umsetzungsgesetz der FMD wurde *Impact Italia* durch die nationale Antifälschungs-Taskforce (*task-force nazionale anti-falsificazione*) abgelöst, welche nunmehr in den Artt. 142-ter ff. DLgs 219/2006 n.F. geregelt ist.[955]

Die AIFA gründete – mit Unterstützung durch das Programm „Kriminalprävention und Kriminalitätsbekämpfung“ der Europäischen Kommission[956] – das Projekt *Fakeshare* zur Entwicklung kooperativer Initiativen gegen den illegalen Vertrieb von Medikamenten über das Internet. Maßnahmen waren die Zusammenarbeit in der Ermittlungstätigkeit der Polizei und der Informationsaustausch zwischen einzelnen Ländern über ähnliche Fälle. In den Jahren 2013-2015 stellte *Fakeshare* hierzu eine Online-Plattform und -Programme zur Verfügung.[957]

953 *AIFA*, la task force Impact Italia, abrufbar unter http://www.aifa.gov.it/content/cooperazione-nazionale-la-task-force-impact-italia (zuletzt abgerufen am 9.2.2019).

954 *IOM*, Countering the Problem, S. 16.

955 Beschluss der AIFA (Determinazione AIFA) 671/2015.

956 Beschluss des Rats vom 12. Februar 2007 zur Auflegung des spezifischen Programms "Verhütung der Kriminalitätsbekämpfung" über den Zeitraum 2007 bis 2013 als Teil des Generellen Programms für Sicherheit und Schutz der Freiheit (2007/125/JHA).

957 *Fakeshare.eu*, The Projects, abrufbar unter http://www.fakeshare.eu/en/project (zuletzt abgerufen am 9.2.2019).

International hat Italien bereits an vielen Initiativen teilgenommen. So z.B. an der internationalen Konferenz „*Combating counterfeiting drugs*" in Rom im Jahre 2006 oder der Konferenz zur Erarbeitung der MEDICRIME Konvention in Basel im Jahre 2010.[958] Seit 2008 hat die AIFA zudem den Vorsitz in dem Expertenausschuss zur Verminderung von durch Arzneimittelnachahmungen und vergleichbare Delikte verursachte Risiken für die öffentliche Gesundheit (*Committee of experts on minimizing public health risks posed by counterfeiting of medical products and related* crimes) und des Europäischen Ausschusses für Arzneimittel und pharmazeutische Vorsorge (*European Committee on Pharmaceuticals and Pharmaceutical Care*).[959]

5. Sanktionen gegen Marktakteure

Sanktionen sind sekundäre Schutzmittel, die der Durchsetzung der Gebote und Verbote dienen. Bei Verstößen von Marktakteuren kommen verwaltungsrechtliche, strafrechtliche und zivilrechtliche Maßnahmen in Betracht.

a. Behördliche Maßnahmen

In Italien können die zuständigen Behörden bei Verstößen der Marktakteure zahlreiche Maßnahmen gegen diese erlassen. Je nach Verstoß des Marktakteurs sind die zu treffenden Maßnahmen festzulegen. Maßnahmen können die Aussetzung der Genehmigung für das Inverkehrbringen eines Arzneimittels sein (Artt. 82 Abs. 1, 144 Abs. 1 DLgs 219/2006) oder die Anordnung des Rückrufs von Produkten (Art. 142, 144 Abs. 1 DLgs 219/2006) sowie die Beschlagnahme von Produkten auf dem Markt (Art. 142 DLgs 219/2006) sein. Zudem können die zuständigen Behörden Hersteller- und Großhandelsbetriebe sowie Apotheken schließen und die Herstellungs-, Einfuhr- und Großhandelsgenehmigung und Apothekenbetriebserlaubnis und seit Umsetzung der FMD auch die Registrierungen aussetzen oder widerrufen (Artt. 141, 144 Abs. 2 und 3, 146 und 147 Abs. 4 DLgs 219/2006). Die AIFA ist berechtigt Arzneimittel oder Wirkstoffe, die Qualitätsmängel aufweisen und möglicherweise die öffentliche Gesundheit gefährden zu beschlagnahmen (Art. 142 Abs. 2 und 3 DLgs 219/2006).

---

958 *AIFA*, Falsified, illegal and stolen medicines, a.a.O.
959 *AIFA*, Falsified, illegal and stolen medicines, a.a.O.

b. Strafrechtliche Absicherung

Die oben genannten Pflichten der Marktakteure sind zumeist durch Strafvorschriften oder Ordnungswidrigkeiten abgesichert. Ein Verstoß gegen die Genehmigungspflichten ist strafbar und wird mit Freiheitsstrafe von 6 Monaten bis zu einem Jahr und Geldstrafe von 10.000 bis 100.000 € (Art. 147 Abs. 1 und 4 DLgs 219/2006) bzw. bei der Apothekenerlaubnis mit Freiheitsstrafe bis zu einem Monat und Geldstrafe von 2.582–5.164 € (Art. 3 L 362/1991) geahndet. Eine fehlende oder ungenügende Speicherung oder Übermittlung der Daten der Serialisierung werden mit einer Geldstrafe von 1.500–9.000 € bestraft (Art. 5-bis S. 7 DLgs 540/1992). Verstoßen Apotheken oder Parafarmacie gegen das Verbot des Versandhandels mit verschreibungspflichtigen Arzneimitteln, werden sie seit Umsetzung der FMD mit Freiheitsstrafe bis zu einem Jahr und Geldstrafe von 2.000–10.000 € bestraft (Art. 147 Abs. 4-bis DLgs 219/2006 n.F.), während ein Verstoß gegen das Verbot des Versandhandels durch andere mit Freiheitsstrafe von 6 Monaten bis zu 2 Jahren und Geldstrafe von 3.000–18.000 € bestraft wird (Art. 147 Abs. 4-ter DLgs 219/2006 n.F.). Ein Verstoß gegen die übrigen Pflichten stellt nach Art. 148 DLgs 219/2006 eine Ordnungswidrigkeit dar. Dies gilt seit Umsetzung der FMD insbesondere auch für die Herstellung und Einfuhr von Wirkstoffen unter Verstoß gegen die geltenden Vorschriften.

c. Zivilrechtliche Haftung des Originalherstellers

Die zivilrechtliche Haftung kann sich aus dem Produkthaftungsrecht oder dem allgemeinen Deliktsrecht ergeben.

(I) Produkthaftungsgesetz

In der Haftung steht der Hersteller als der tatsächliche Hersteller sowie dessen Absatzmittler, der Importeur und der Quasi-Hersteller (Art. 3 d) c. cons.). Es haftet aber nicht nur der Endproduktehersteller, sondern jeder Zulieferer von Teilprodukten und Grundstoffen (Art. 115 Abs. 2-bis c. cons.). Eine Haftung eines Originalherstellers dürfte jedoch zumeist auszuschließen sein, soweit der Produktfehler in einer Arzneimittelfälschung gesehen wird. Liegt eine Totalfälschung vor, haftet der Originalhersteller des gefälschten Produkts nicht, soweit er das Produkt nicht in den Verkehr gebracht hat. Bei einer Teilfälschung ist die Haftung ausgeschlossen, soweit der Fehler nicht vorhanden war, als das Produkt vom Originalhersteller in den Verkehr gebracht wurde (Art. 118 a) und b) c. cons.). Dagegen dürfte die subsidiäre Lieferantenhaftung in diesen Fällen relevanter sein. Danach haftet der Lieferant, soweit der (tatsächliche) Hersteller nicht bekannt ist und der Lieferant den Hersteller bzw. seinen Lieferanten nicht benennt (Art. 116 c. cons.). Für die Folgen einer etwaigen Haftung siehe unten in diesem Teil 5 D. III. unter 6. b. (I)).

(II) Allgemeines Deliktsrecht

Die Gefährdungshaftung schließt die Haftung nach allgemeinem Deliktsrecht nicht aus (Art. 127 Abs. 1 c. cons.). Für den deliktischen Schadensersatzanspruch beinhaltet Art. 2043 c.c. eine Generalklausel, welche die schuldhafte Verletzung eines absoluten Rechts voraussetzt.[960] Danach kann auch bei einem Produktfehler der Schaden, welcher durch das schuldhafte oder fahrlässige Verhalten des Herstellers verursacht wurde, ersetzt verlangt werden. Im Gegensatz zum Produkthaftungsrecht deckt der Schadensersatz auch immaterielle Schäden ab, soweit auch eine Straftat vorliegt (Art. 2059 c.c. i.V.m. Art. 185 c.p.).

6. Sanktionen gegen Fälscher

Bei illegalen Handlungen in Bezug auf Arzneimittelfälschungen drohen strafrechtliche Sanktionen, zivilrechtliche Ansprüche oder Grenzbeschlagnahmen.

a. Strafrechtliche Haftung

In Italien finden sich die für das vorliegende Thema relevanten Straftatbestände überwiegend im Strafgesetzbuch. Im Folgenden wird nach den Bereichen der Strafbarkeit unterschieden.

---

960 Siehe nur *Asam*, RIW 2011, 737 (738).

(I) Arzneimittelrecht

Das Fälschen oder Verfälschen von Arzneimitteln, das eine Gefahr für die öffentliche Gesundheit darstellt, wird mit Freiheitsstrafe von vier Jahren bis dreizehn Jahren und 4 Monaten bestraft (Art. 440 Abs. 1 und 3, 64 Abs. 1 c.p.). Ebenso wird bestraft, wer mit diesen gesundheitsschädlichen, gefälschten oder verfälschten Arzneimitteln Handel treibt, sie zum Verkauf bereithält oder vertreibt, ohne an der Fälschung oder Verfälschung beteiligt zu sein (Art. 442 c.p.). Daneben greift ein weiterer Straftatbestand mit einer Freiheitsstrafe von sechs Monaten bis zu drei Jahren und mit Geldstrafe nicht unter 103 € für denjenigen, der mangelhafte Arzneimittel für das Inverkehrbringen besitzt, in den Handel bringt oder verabreicht (Art. 443 c.p.). Auch die fahrlässige Begehung der Taten ist strafbar, wobei sich die Strafe um ein Drittel reduziert (Art. 452 Abs. 2 c.p.). Eine Beschlagnahme der Gegenstände, die für die Begehung der genannten Taten verwendet wurden oder bestimmt waren sowie der Gegenstände, die aus der Tat hervorgingen, ist bei einer voraussichtlichen Verurteilung anzuordnen, soweit die Tat zum Tod oder einer schweren Körperverletzung einer Person führte (Art. 446 i.V.m. 240 Abs. 1 c.p.). Zudem kann das Urteil veröffentlicht werden (Art. 448 Abs. 1 c.p.). Seit Umsetzung der FMD wird das Herstellen, Vertreiben, Ein- und Ausführen und Verkaufen von gefälschten Arzneimitteln und das Handeltreiben mit gefälschten Arzneimitteln über das Arzneimittelgesetz in jedem Fall mit Freiheitsstrafe von einem bis zu 3 Jahren und Geldstrafe von 2.600–15.600 € bestraft, wenn die Tat nicht nach den oben genannten Vorschriften schwerer bestraft wird (Art. 147 Abs. 7-bis DLgs 219/2006 n.F.).

Der Verstoß gegen eine Anordnung des Gesundheitsministeriums, insbesondere zur Schließung eines Unternehmens oder einer Internetseite wegen Illegalität, ist mit Geldstrafe von 20.000–250.000 € bedroht (Art. 142-quinquies Abs. 6 DLgs 219/2006 n.F.). Die Herstellung von Arzneimitteln oder Wirkstoffen ohne Herstellungsgenehmigung (Art. 50 DLgs 219/2006) und das Einführen von Arzneimitteln oder Wirkstoffen ohne Einfuhrgenehmigung (Art. 55 DLgs 219/2006) sowie seit Umsetzung der FMD die Herstellung und Einfuhr von Wirkstoffen ohne Registrierung und Einhaltung der Vorschriften (Art. 52-bis Abs. 1–3 DLgs 219/2006 n.F.) ist mit Freiheitsstrafe von 6 Monaten bis zu einem Jahr und Geldstrafe von 10.000 bis 100.000 € bedroht (Art. 147 Abs. 1 DLgs 219/2006; Art. 147 Abs. 1-bis DLgs 219/2006 n.F.).

(II) Allgemeines Strafrecht

Bei dem Vertrieb eines gefälschten Arzneimittels mit falschen Angaben auf der Verpackung macht sich der Täter wegen Betrugs strafbar. Die Tat wird auf Antrag des Opfers verfolgt und ist mit Freiheitsstrafe von 6 Monaten bis zu 3 Jahren und einer Geldstrafe von 51 bis 1.032 € bestraft (Art. 640 Abs. 1 und 2 c.p.). Ein Fall einer Qualifikation kommt bei einer Arzneimittelfälschung nicht in Betracht. Wird ein Mensch durch das gefälschte Arzneimittel verletzt, wird die Körperverletzung mit Freiheitsstrafe von 3 Monaten bis zu 3 Jahren bestraft (Art. 582 Abs. 1 c.p.). Verwendet der Täter giftige Substanzen bei der Herstellung des Arzneimittels oder handelt er vorsätzlich, so ist die Strafe um ein Drittel bis auf die Hälfte erhöht (Artt. 585 i.V.m. 577 Abs. 1 Nr. 2 und Nr. 3). Sie ist auf Freiheitsstrafe von 3 bis 7 Jahren erhöht, wenn das Leben des Opfers gefährdet wird (Art. 583 Abs. 1 Ziff. 1 c.p.). Bewirkt die Tat den Tot eines Menschen, beträgt die Strafe Freiheitsstrafe von 10 bis 18 Jahren (Art. 584 c.p.). Auch die fahrlässige Körperverletzung ist strafbar, das Strafmaß beläuft sich auf eine Freiheitsstrafe bis zu 3 Monaten oder Geldstrafe bis zu 309 € (Art. 590 Abs. 1 c.p.). Ist die Verletzung des Opfers schwerwiegend kann die Strafe bis auf das Doppelte erhöht sein und bei der Verletzung mehrerer Personen bis auf das dreifache, maximal jedoch auf 5 Jahre (Art. 590 Abs. 2 und 4 c.p.). Stirbt eine Person aufgrund der Einnahme eines gefälschten Arzneimittels, beläuft sich die Strafe wegen Totschlags für den Täter auf mindestens 20 Jahre Freiheitsstrafe (Art. 575 c.p.). Bei Verwendung von giftigen Substanzen oder vorsätzlicher Tatbegehung beträgt die Strafe lebenslange Haft[961] (Art. 577 Abs. 1 Nr. 2 und Nr. 3 c.p.).

(III) Geistige Eigentumsrechte

In Italien wurden in Jahre 2009 die Strafen für Verletzung von Rechten des geistigen Eigentums deutlich erhöht und um einige Straftaten erweitert.

Im Hinblick auf Markenrechte ergibt sich ein differenziertes Bild, je nachdem welche Handlungen begangen werden, fällt die Strafe unterschiedlich aus.Die Fälschung oder Verfälschung von – nationalen oder ausländischen – Marken und Unterscheidungszeichen auf Werken des geisti-

961 Die lebenslange Haftstrafe ist unbefristet, eine Freilassung auf Bewährung gibt es in Itlaien nicht. Es kann jedoch die Ausübung einer Arbeit außerhalb der Hafteinrichtung gestattet werden (Art. 22 c.p.).

gen Eigentums oder gewerblichen Produkten und die Benutzung von gefälschten oder verfälschten Marken ist mit Freiheitstrafe von 6 Monaten bis zu 3 Jahren und mit Geldstrafe von 2.500 bis 25.000 € bedroht (Art. 473 Abs. 1 c.p.). Schwerer bedroht, nämlich mit Freiheitsstrafe von einem bis zu 4 Jahren und Geldstrafe von 3.500 bis 35.000 €, ist die Fälschung oder Verfälschung von – nationalen oder ausländischen – Patenten oder Geschmacksmustern sowie die Benutzung gefälschter oder verfälschter Patente oder Geschmacksmuster (Art. 473 Abs. 2 c.p.). Die gleiche Strafe erhält derjenige, der geistiges oder gewerbliches Eigentum mit gefälschten oder verfälschten Marken oder Unterscheidungszeichen nach Italien einführt, ohne an der Fälschung oder Verfälschung beteiligt zu sein. Wer mit diesen Waren Handel treibt oder sie zum Verkauf bereithält, anbietet oder sonst wie in Umlauf bringt, wird mit Freiheitsstrafe bis zu 2 Jahren und Geldstrafe bis zu 20.000 € bestraft (Art. 474 c.p.). Alle Delikte sind in Italien Offizialdelikte, es bedarf also keines Strafantrags (vgl. Art. 50 Nr. 2 *Codice Procedura Penale (c.p.p.)).*[962] Erschwerende Umstände, wie die planmäßige Begehung oder die Begehung unter Bereitstellung finanzieller Mittel sowie die organisierte Tätigkeit, erhöhen die Strafe für das Fälschen oder Verfälschen von Marken und Unterscheidungszeichen und ihr Einführen nach Italien auf Freiheitsstrafe von 2–6 Jahre und Geldstrafe von 5.000 bis 50.000 €. Für das Inverkehrbringen von gefälschten oder verfälschten Marken wird die Strafe auf Freiheitsstrafe bis zu 3 Jahren und Geldstrafe bis zu 30.000 € erhöht (Art. 474-ter c.p.). Milder werden die Taten bestraft, wenn der Täter bei der Bekämpfung der Straftaten oder bei deren Verfolgung hilft (Art. 474-quarter c.p.). Die Gegenstände, die für die Begehung der Tat verwendet wurden oder bestimmt waren sowie die Gegenstände, die aus der Tat hervorgingen, können beschlagnahmt werden (Art. 474-bis Abs. 1 c.p.). Falls dies nicht möglich ist, kann das Gericht die Beschlagnahme von Eigentum des Täters anordnen, das dem Wert des Gewinns aus der Straftat entspricht (Art. 474-bis Abs. 2 c.p.).

Die Verletzung des Urheberrechts, insbesondere das Anbieten, Bereithalten zum Verkauf, Inverkehrbringen oder Einführen von geschützten Werken, wird mit Geldstrafe von 51 bis 2.065 € bestraft (Art. 171 Abs. 1 lit a LDA). Wenn sich die Handlung auf mehr als fünfzig Kopien bezieht, be-

---

962 Dekret des Präsidenten zum Strafprozessrecht (*Decreto del Presidente della Repubblica 22 Settembre 1988, n. 447, Approvazione del codice di procedura penale* (GU n.250 del 24-10-1988, SO n. 92), in der Fassung des *Testo coordinato del Decreto-Legge 1 luglio 2013, n. 78* (GU n. 193 del 19-8-2013) (a.F.), zuletzt geändert durch das *Legge 23 giugno 2017, n. 103* (GU n. 154 del 4-7-2017) (n.F.).

trägt die Strafe Freiheitsstrafe von einem bis 4 Jahre oder Geldstrafe von 2.592 bis 15.493 €. Falls die Tat von Personen mit Vertretungsmacht für ihre Arbeitgeber begangen wird, kann ein Berufsverbot erlassen werden (Art. 171-ter Abs. 4 a) CPI i.V.m. Art. 32-bis c.p.). Darüber hinaus kann das Urteil veröffentlicht werden (Art. 171-ter Abs. 4 b) CPI).

(IV) Wettbewerbsrecht

Wer Werke des Urheberrechts oder gewerbliche Produkte mit falschen – nationalen oder ausländischen – Namen, Marken oder Unterscheidungszeichen anbietet oder in Umlauf bringt um die Käufer über den Ursprung, die Herkunft oder die Qualität der Werke oder Produkte zu täuschen wird mit Freiheitsstrafe bis zu 2 Jahre und Geldstrafe bis zu 20.000 € bestraft (Art. 517 c.p.). Die gleiche Strafe erwartet denjenigen, der Waren unter Beeinträchtigung von gewerblichen Schutzrechten herstellt und mit ihnen Handel treibt oder nach Italien einführt, zum Verkauf bereithält, anbietet oder sonst wie in Umlauf bringt (Art. 517-ter c.p.).

b. Zivilrechtliche Haftung

Die zivilrechtliche Haftung kann sich im italienischen Recht aus dem Produkthaftungsrecht, dem allgemeinen Deliktsrecht, dem geistigen Eigentumsrecht oder dem Wettbewerbsrecht ergeben.

(I) Produkthaftungsrecht

Wer gefälschte Arzneimittel herstellt, haftet als Hersteller verschuldensabhängig für einen Schaden, der durch einen Fehler des Produkts verursacht wird (Art. 114 c. cons.). Dasselbe gilt für alle Zulieferer von Teilprodukten oder Grundstoffen, in deren Verantwortung der Fehler liegt (vgl. Art. 115 Abs. 2-bis c. cons.). Daher haftet auch der Lieferant von gefälschten Wirkstoffen oder Verpackungsmaterial neben dem Endprodukteehersteller und zwar als Gesamtschuldner (Art. 121 c. cons.). Ersatzfähig ist insbesondere der durch Tod oder Körperverletzung verursachte Schaden (Art. 123 Abs. 1 a) c. cons.). Bei Sachschäden besteht eine Selbstbeteiligung von 386 €

(Art. 123 Abs. 2 c. cons.), eine Haftungsbegrenzung auf einen Höchstbetrag gibt es im italienischen Recht nicht.[963]

(II) Allgemeines Deliktsrecht

Derjenige, der anderen vorsätzlich oder fahrlässig Schaden zufügt, ist schadensersatzpflichtig gem. Art. 2043 c.c. Der Anspruch setzt die Verletzung eines absoluten Guts wie der Gesundheit oder des Körpers voraus.[964] Des Weiteren legt Art. 2050 c.c eine Haftung für gefährliche Tätigkeiten fest. Danach haftet derjenige auf Schadensersatz, der in der Ausübung einer an und für sich oder wegen der eingesetzten Mittel gefährlichen Tätigkeit anderen Schaden zufügt, wenn er nicht nachweist, alle zur Vermeidung des Schadens geeigneten Maßnahmen getroffen zu haben. Zu diesen gefährlichen Tätigkeiten zählt auch die Herstellung von Arzneimitteln.[965] Damit haftet der Hersteller von gefälschten Arzneimitteln für eintretende Schäden, soweit er – was bei Arzneimittelfälschungen die Regel ist – nicht die Vorschriften der Guten Herstellungspraxis mit ihren Sicherheitsvorkehrungen und Kontrollen einhält.

(III) Geistige Eigentumsrechte

Wird ein gewerbliches Schutzrecht verletzt, kann durch Urteil die Herstellung, der Vertrieb und die Benutzung des Gegenstandes, der das Recht verletzt, untersagt werden sowie auch der endgültige Rückruf der entsprechenden Produkte aus dem Markt angeordnet werden, soweit die Eigentumsverhältnisse dies zulassen oder die Produkte noch verfügbar sind (Art. 124 Abs. 1 S. 1 CPI). Kommt der Verletzer dem nicht nach, kann das Gericht eine Strafe hierfür erlassen (Art. 124 Abs. 2 CPI). Zudem kann durch Urteil die Vernichtung aller rechtsverletzenden Gegenstände auf Kosten des Verletzers angeordnet werden, wenn nicht besondere Gründe entgegenstehen (Art. 124 Abs. 3 S. 1 CPI). Im Falle der Behebbarkeit des rechtsverletzenden Umstands ist, an Stelle der endgültigen Rücknahme oder Vernichtung, auch eine vorübergehende Rücknahme aus dem Markt

---

963 *Asam*, RIW 2011, 737 (742).

964 *Asam*, RIW 2011, 737 (738).

965 Cass. civ., 20 luglio 1993, n. 8069 – *caso Trilergan*; *Caroccia*, Annali della Facoltà Giuridica dell'Università di Camerino – n. 2/2013, S. 12 f.

mit anschließenden Möglichkeit der Wiedereinführung unter Gewährleistung der Beachtung aller Rechte möglich (Art. 124 Abs. 3 S. 3 CPI). Durch Urteil kann ebenso angeordnet werden, dass die hergestellten, importierten oder gekauften Produkte, die das Recht verletzen, sowie die spezifischen Einrichtungen, welche einzig zur Herstellung oder zur Unterstützung des Verfahrens zur Herstellung rechtsverletzender Produkte dienen, in das Eigentum des Schutzrechtinhabers übergehen können und zwar unbeschadet etwaiger Schadenersatzansprüche (Art. 124 Abs. 4 CPI). Alternativ kann auf Antrag der Verletzers, unter Berücksichtigung der verbleibenden Schutzdauer und des Einzelfalls, die Beschlagnahme der Produkte oder Produktionsmittel bis zum Ablauf der Schutzdauer auf Kosten des Verletzers angeordnet werden. Der Verkaufspreis der beschlagnahmten Produkte wird auf Antrag des Schutzrechtsinhabers vom Gericht festgesetzt (Art. 124 Abs. 5 CPI). Der Schutzrechtsinhaber kann auch Entschädigung verlangen, welche im entstandenen Schaden und entgangenen Gewinn des Schutzrechtsinhabers zu sehen ist (Art. 125 Abs. 1 CPI, Art. 1223 c.c.). Das Gericht muss alle Umstände abwägen, wie insbesondere die negativen wirtschaftlichen Auswirkungen einschließlich des entgangenen Gewinns des Schutzrechteinhabers und den vom Verletzer erzielten Gewinns sowie ggf. auch andere Faktoren wie beispielsweise ein immaterieller Schaden des Rechtsinhabers (Art. 125 Abs. 1 CPI, Art. 1226 c.c). Der Schaden wegen entgangenen Gewinns darf dabei nicht geringer ausfallen als der Betrag von Lizenzgebühren, der an den Schutzrechtsinhaber für die der Verletzungshandlung entsprechende Benutzung seines Rechts gezahlt hätte werden müssen (Art. 125 Abs. 2 S. 2 CPI). Dies trägt der Tatsache Rechnung, dass die Schadensersatzzahlungen in Italien in der Vergangenheit oft zu gering bemessen wurden, sodass dies für Verletzer keine echte Abschreckung darstelle.[966] Der Schutzrechtsinhaber kann auch die Herausgabe des Verletzergewinns verlangen (Art. 125 Abs. 3 CPI). Ihm kann ein Mitverschulden angelastet werden, sodass der Schadensersatz entsprechend zu mindern ist (Art. 1227 c.c.). Das Urteil kann auf Anordnung des Gerichts ganz oder in zusammengefasster Form in Zeitungen veröffentlicht werden (Art. 126 CPI). Bei Akten der Produktpiraterie kann das Gericht die Beschlagnahme von beweglichen und unbeweglichen Sachen des Verletzers anordnen sowie dessen Bankkonto und andere Vermögenswerte bis zur Höhe des geschätzten Schadens sperren (Art. 144-bis S. 1 CPI). Akte der Piraterie sind absichtliche und systematische Fälschungen oder Anmaßungen fremder Rechten des gewerblichen Eigentums (Art. 144 CPI).

966 *Henow/Nickels*, Schutzrechtsstrategie, S. 39.

Im italienischen Recht gibt es verschiedene Arten der Verletzung des Urheberrechts.[967] Für die vorliegende Arbeit ist die unberechtigte Werknutzung (*Contraffazione*) und die Fälschung ausschlaggebend, das Plagiat (*Plagio*) als Anmaßung der Urhebereigenschaft kann dagegen außer Acht gelassen werden, da die Fälscher nicht offen auftreten. Der Urheber hat im Falle der Verletzung seines Rechts einen Anspruch auf Unterlassung und Beseitigung (Art. 156 Abs. 1 S. 1 LDA). Zudem hat er für jede Benutzung seines Rechts einen Anspruch auf eine angemessene Entschädigung, welche auch greift soweit der Verletzer die Pflichten nicht oder verzögert erfüllt (Artt. 2578, 2579 Abs. 1 c.c. Art. 156 Abs. 1 S. 2). Sie bemisst sich auf den entgangenen Gewinn, der vom Gericht unter Berücksichtigung der durch die Rechtsverletzung erzielten Gewinns festgesetzt wird (Art. 158 Abs. 2 S. 1 LDA i.V.m. Artt. 1223 und 2056 c.c.). Ist eine genaue Berechnung des Schadens nicht möglich, bemisst das Gericht einen gerechten Ausgleich (Art. 158 Abs. 1 S. 1 LDA i.V.m. Art. 1226 c.c.). Der Schaden kann auch in einem Pauschalbetrag ersetzt werden, wobei der Betrag dann nicht geringer ausfallen darf, als wenn der Verletzer für die Nutzung des Rechts Lizenzgebühren an den Urheber gezahlt hätte (Art. 158 Abs. 2 S. 2 LDA). Bei einem Mitverschulden des Urhebers an der Rechtsverletzung wird der Schadensersatz gemindert (Art. 158 Abs. 2 S. 1 i.V.m. Art. 1227 c.c.). Des Weiteren kommt sogar eine Entschädigung für einen Nichtvermögensschadens in Betracht (Art. 158 Abs. 3 i.V.m. Art. 2059 c.c.). Zudem kann der Urheber auf Kosten des Verletzers die Vernichtung oder Entfernung der rechtsverletzenden Erzeugnisse verlangen (Art. 158 Abs. 1 LDA). Dies gilt indessen nicht, soweit die Erzeugnisse nach bestimmten Veränderungen eine rechtmäßige Nutzung zulassen. Dann kann lediglich die vorübergehende Rücknahme vom Markt verfügt werden, um die Veränderungen vorzunehmen (Art. 159 Abs. 2 LDA). Eine Vernichtung oder Entfernung kommt innerhalb eines Jahres vor Ablauf der Schutzdauer des Urheberrechts und soweit der Schaden bereits beglichen wurde nicht mehr in Betracht, hier kann nur die Beschlagnahme bis zum Ablauf der Schutzdauer verlangt werden (Art. 160 LDA). Zur Durchsetzung der Ansprüche des Urhebers und zur Beweissicherung können die rechtsverletzenden Erzeugnisse beschlagnahmt werden (Art. 161 Abs. 1 LDA). In dringenden Fällen können einstweilige Maßnahmen erlassen werden (Art. 163 LDA).

Dem Rechtsinhaber von gewerblichem Eigentum sowie dem Urheber stehen zur Durchsetzung ihrer Ansprüche ein Auskunftsanspruch zu, wel-

967 Zu den verschiedenen Verletzungsarten siehe *Linden*, Urheberrechtsverletzungen, S. 135 ff.

cher die Herausgabe von Informationen über das rechtsverletzende Erzeugnis sowie über dessen Hersteller und die Vertreiber umfasst (Art. 121 Abs. 2 S. 1 CPI, Art. 156-bis LDA). Im Falle einer Verletzung in gewerbsmäßigem Umfang kann die Vorlage von Bank-, Finanz- und Handelsunterlagen verlangt werden (Art. 121 Abs. 3 CPI, Art. 156-bis Abs. 2 LDA). Der Auskunftsanspruch richtet sich auch gegen Dritte, welche zu gewerblichen Zwecken rechtsverletzende Erzeugnisse besitzen oder an deren Herstellung oder Vertrieb beteiligt sind (Art. 121-bis Abs. 1 CPI, Art. 156-ter LDA). Der zur Auskunft Verpflichtete hat Angaben zu machen über Namen und Anschrift des Herstellers, des Lieferanten, des Händlers und anderer Vorbesitzer der Erzeugnisse, inklusive der Großhändler und Einzelhändler, sowie über die Menge der hergestellten, ausgelieferten, erhaltenen oder bestellten Erzeugnisse und die dafür bezahlten Preise (Art. 121-bis Abs. 2 CPI, Art. 156-ter Abs. 2 LDA).

(IV) Wettbewerbsrecht

Neben dem Schutz des Patent-, Marken und Gebrauchsmusterrechts steht derjenige des Wettbewerbsrechts. Wer unlauter handelt kann auf Unterlassung und Beseitigung der Störung sowie im Falle von vorsätzlicher oder fahrlässiger Zuwiderhandlung auf Schadensersatz in Anspruch genommen werden (Artt. 2599 und 2600 Abs. 1 c.c.). Auch die Veröffentlichung des Urteils ist möglich (Art. 2600 Abs. 2 c.c.). Unlauter handelt unter anderem, wer Produkte eines Wettbewerbers nachahmt oder sonst wie eine Verwechslungsgefahr mit Produkten eines Wettbewerbers begründet (Art. 2598 Nr. 1 c.c.).

c. Grenzbeschlagnahme

In Italien ist die Grenzbeschlagnahme allein nach der PPVO (a.F.) möglich, spezielle nationale Regelungen gibt es nicht.[968] Der Runderlass Nr. 32/D[969] enthält eine Anweisung der *Agenzia Della Dogane* an andere betroffene Behörden über das Vorgehen der Zollbehörden gegen Waren, die im Verdacht stehen bestimmte Rechte des geistigen Eigentums zu verlet-

968 *Galli/Masciopinto*, AIPPI Group Report: Italy, S. 1.

969 *Agenzia Delle Dogane*, Runderlass Nr. 32/D vom 23.6.2004 (*Circolare n. 32/D del 23 giugno 2004*).

zen auf Grundlage der PPVO a.F. Um das Vorgehen der Zollbehörden zu erleichtern wurde die Datenbank FALSTAFF (*Fully Automated Logical SysTem Against Forgery Fraud*) eingeführt (Art. 4 Abs. 54 L. 350/2003).[970] Sie enthält Informationen und Erkennungsmerkmale über geschützte Produkte, sodass für die Zollbehörden das Erkennen gefälschter Produkte erleichtert wird. Die Informationen werden von den Rechtsinhabern in die Datenbank eingegeben.[971] Die genauere Ausgestaltung der Datenbank regelt der Beschluss Nr. 282/UD.[972]

Verletzende Produkte können nach drei Monaten mit Zustimmung des zuständigen Gerichts vernichtet werden (Art. 4 Abs. 80 L 350/2003). Die Kosten trägt, soweit möglich, der Verletzer.[973] Ansonsten kann die Zerstörung nur auf gerichtlicher Anordnung erfolgen. Darüber hinaus findet das vereinfachte Verfahren Anwendung, sodass die Produkte auch ohne Feststellung einer Rechtsverletzung vernichtet werden können, soweit der Besitzer oder Eigentümer der Waren keine Einwände erhebt (Art. 11 PPVO a.F.).

IV. Ergebnis

Italien erfüllt die Anforderungen, welche die staatliche Pflicht zum Schutz vor Arzneimittelfälschungen stellt. Eine Reihe an rechtlichen wie auch tatsächlichen Schutzvorkehrungen decken gesundheitliche, eigentumsrechtliche und wettbewerbsrechtliche Aspekte ab.

Für den Gesundheitsschutz ist insbesondere das strafrechtlich abgesicherte Verbot relevant, welches das mit einer öffentlichen Gefahr verbundene Fälschen oder Verfälschen von Arzneimittel sowie das Handeltreiben, zum Verkauf Bereithalten oder Vertreiben gefälschter oder verfälschter Arzneimittel untersagt. Zwar sind von dem Verbot nicht alle Fälschungsarten geschützt, sondern nur gesundheitsschädliche Placebos sowie Nachahm-

970 Gesetz zu Bestimmungen für die Aufstellung des Jahres- und Mehrjahreshaushalts des Staates (Finanzierungsgesetz 2004) (*Legge 23 dicembre 2003, n. 350 recante disposizioni per la formazione del bilancio annuale e pluriennale delo Stato (legge finanziaria 2004)*) (GU n. 299 del 27-12-2003, SO n. 196), in der Fassung des *Legge gennaio 2013, n. 9* (GU n. 26 del 31-1-2013) (a.F.), zuletzt geändert durch *Decreto Legislativo 4 agosto, n. 169* (GU n. 203 del 31-8-2016) (n.F.).

971 *Galli/Masciopinto*, AIPPI Group Report: Italy, S. 2 f.

972 *Agenzia Delle Dogane*, Beschluss Nr. 282/UD vom 28. Februar 2004 (Determinazione n. 282/UD del 28 febbraio 2004).

973 *Galli/Masciopinto*, AIPPI Group Report: Italy, S. 3.

präparate oder Placebos von Medikamenten zur Bekämpfung von Erkrankungen, es besteht allerdings auch nur insoweit eine staatliche Schutzpflicht. Die Strafe ist auf 4–13 ⅓ Jahre festgelegt, wobei zudem das Urteil veröffentlicht werden kann. Die Strafzumessung ist auf jeden Fall als angemessene anzusehen. Eine Besonderheit des italienischen Rechts bildet die Serialisierung der Arzneimittelverpackungen zum Zwecke des Fälschungsschutzes. Auf jede Packung eines erstattungsfähigen Arzneimittels muss ein *Bollino*, also ein vom Staat vergebener Aufkleber zur Identifizierung der einzelnen Packung, aufgebracht werden. Wechselt eine Arzneimittelpackung den Besitzer, muss dies an eine staatlich verwaltete Datenbank übermittelt werden, sodass eine vollständige Rückverfolgbarkeit der Lieferkette möglich ist. In einer weiteren Datenbank werden Diebstähle von Arzneimitteln erfasst, welche der Information der Öffentlichkeit dient. Ergänzt wird der Schutz durch Vorkehrungen, welche die legale Vertriebskette vor dem Eindringen gefälschter Arzneimittel bewahren, wie z.B. die Pflicht zur Einhaltung der Guten Herstellungs- und Vertriebspraxis sowie Abgabebeschränkungen. Im Zusammenhang mit letzteren ist zu erwähnen, dass der Versandhandel mit Arzneimitteln in Italien komplett verboten war.[974] Daneben bestehen Genehmigungs- oder Anzeigepflichten für Tätigkeiten mit Arzneimitteln und Kontrollen der Marktakteure.

Die Rechte des geistigen Eigentums werden in ihrer Ausgestaltung durch strafrechtliche Sanktionen und zivilrechtliche Ansprüche abgesichert. Das Strafmaß variiert je nach Schutzrecht und verbotener Handlung, liegt bei einer Verletzung eines Patents, einer Marke oder eines Geschmacksmusters jedoch im Bereich einer Freiheitsstrafe von 6 Monaten–4 Jahren und Geldstrafe zwischen 2.500–35.000 €. Bei einem schweren Fall erhöht sich die Strafe auf Freiheitsstrafe von 2–6 Jahren und Geldstrafe zwischen 5.000–50.000 €. Zudem können Gegenstände aus der Tat oder wertgleiches anderes Eigentum beschlagnahmt werden. Im Hinblick auf das Urheberrecht fällt das Strafmaß geringer aus, es beläuft sich lediglich auf eine Geldstrafe zwischen ca. 50–2.000 €. Hat die Urheberrechtsverletzung ein größeres Ausmaß, bemisst sich die Strafe auf Freiheitsstrafe von 1–4 Jahren oder Geldstrafe von ca. 2.500–15.500 €. Das Strafmaß ist insgesamt als angemessen anzusehen, die unterschiedliche Bewertung von gewerblichen Schutzrechten einerseits und Urheberrecht andererseits erreicht angesichts des weiten Ermessensspielraums des Gesetzgebers nicht

974 Mittlerweise ist durch Umsetzung der FMD der Versandhandel mit nicht verschreibungspflichtigen Arzneimitteln über zugelassene Apotheken oder Einzelhandelsgeschäfte erlaubt (Art. 112-quarter DLgs 219/2006 n.F.).

die Stufe der Unangemessenheit. Weiterhin bestehen bei Verletzungen der geistigen Eigentumsrechte zivilrechtliche Ansprüche auf Schadensersatz, Rückruf, Unterlassung sowie Behebung des rechtsverletzenden Umstandes oder Vernichtung oder Übergabe verletzender Ware. Kurz vor Ende der Schutzdauer wird verletzende Ware jedoch nicht mehr vernichtet, sondern lediglich bis zum Ablauf der Schutzdauer beschlagnahmt. Eine Grenzbeschlagnahme nach nationalen Vorschriften gibt es in Italien nicht. Insgesamt kommt die zivilrechtliche Haftung sehr dem Verletzer entgegen und verhindert eine strikte Durchsetzung der Rechte eher. Der Schutz kann dennoch nicht als gänzlich ungeeignet oder unzulänglich dargestellt werden, sodass der staatlichen Schutzpflicht genüge getan ist.

Der Wettbewerb wird vor unlauteren Wettbewerbshandlungen durch strafrechtliche Sanktionen, bestehend aus einer Freiheitsstrafe bis zu 2 Jahren und einer Geldstrafe bis zu 20.000 €, sowie zivilrechtlichen Ansprüchen auf Unterlassung, Beseitigung und Schadensersatz geschützt. Der Schutz ist als angemessen einzustufen, zumal die von gefälschten Arzneimitteln ausgehenden Gefahren auf die Wettbewerbsfreiheit keine allzu strengen Schutzmaßnahmen fordern.

E. Ungarn

Als letztes Beispiel nationaler Schutzvorkehrungen soll die Rechtsordnung Ungarns untersucht werden, als dem Land, dass aufgrund seiner geografischen Lage ein Tor zur EU bildet.

I. Einführung

Zur Einführung in das ungarische Recht werden kurz dessen Rechtsquellen dargestellt, um anschließend die für das vorliegende Thema einschlägige Rechtsgrundlagen aufzuzählen.

1. Rechtsquellen

Das ungarische Recht beruht auf dem Gesetzesrecht, dem Richterrecht und Gewohnheitsrecht kommt daneben eine geringere Bedeutung zu. Innerhalb des Gesetzesrechts steht an oberster Stelle in der ungarischen Normhierarchie die Verfassung (*Magyarország Alaptörvénye* (*Alaptör-*

vény)).[975] Danach folgen Gesetze (*Törvény*), die vom Parlament verabschiedet werden (Art. 1 Abs. 2 b Alaptörvény). Auf derselben Ebene befinden sich Gesetzesverordnungen (*Törvényerejü Rendelet*), welche nach dem alten System bis zur Verfassungsänderung 1989 vom Präsidialrat erlassenen werden konnten.[976] In der Normhierarchie weiter unten sind die Verordnungen angesiedelt, wobei nach dem erlassenden Organ verschiedene Arten zu unterscheiden sind. Nach Maßgabe der Verfassung gibt es Regierungsverordnungen (Art. 15 Abs. 3 Alaptörvény), Verordnungen des Ministerialpräsidenten (Art. 16 Abs. 2 Alaptörvény), Ministerialverordnungen (Art. 18 Abs. 3 Alaptörvény), Verordnungen des Präsidenten der ungarischen Nationalbank (Art. 23 Abs. 4 Alaptörvény), Verordnungen der Leiter der selbständigen Regulierungsorgane (Art. 23 Abs. 4 Alaptörvény) und Verordnungen, die von den Organen der örtlichen Selbstverwaltung erlassen werden (Art. 32 Abs. 1 a Alaptörvény). Im Fall des Ausnahmezustands oder des Notstands kann auch der nationale Rat für Landesverteidigung bzw. der Staatspräsident Verordnungen erlassen (Artt. 48 ff. Alaptörvény).[977] Bedeutsam für die vorliegende Arbeit sind zum einen die Regierungsverordnungen (*Kormányrendelet*), sie können von der Regierung aufgrund ihrer Grundvollmachten (Art. 15 Abs. 3 Alaptörvény) oder aufgrund einer durch Gesetz verliehenen Gesetzgebungskompetenz zum Erlass von Verordnungen (Art. 5 Abs. 1 Jat.)[978] erlassen werden. Zum anderen sind die Ministerialverordnungen (*Miniszteri Rendelet*) wichtig, die unterhalb der Regierungsverordnungen stehen (Art. 18 Abs. 3 HS. 2 Alaptörvény). Die Minister können die Verordnungen erlassen, wenn sie per Gesetz oder Regierungsverordnung dazu ermächtigt wurden (Art. 18 Abs. 2 Alaptörvény). Ohne Gesetzescharakter sind normative Beschlüsse (*Határozat*) und normative Erlasse (*Utasít*), die interne Organisationsvorschriften und Vorschriften für die Arbeitsweise einer Behörde darstellen.[979] Das Verhältnis zum Recht der EU basiert auf einem dualen Ansatz, d.h. die Bestimmungen werden durch ihre Verkündung in einem innerstaatlichen Rechtsakt Bestandteil des ungarischen Rechts.

---

975 Grundgesetz von Ungarn (*Magyarország Alaptörvénye (2011. április 25.)*, in der Fassung vom 1.10.2013 (a.F.), zuletzt geändert am 1.7.2016 (n.F.).

976 *European-justice*, Recht der Mitgliedstaaten – Ungarn, a.a.O.

977 *European-justice*, Recht der Mitgliedstaaten – Ungarn, a.a.O.

978 Gesetz zur Gesetzgebung vom 1.1.2011 (*2010. évi CXXX. törvény a jogalkotásról*), in der Fassung vim 1.1.2013 (a.F.), zuletzt geändert am 6.6.2014 (n.F.).

979 *European-justice*, Recht der Mitgliedstaaten – Ungarn, a.a.O.

2. Rechtsgrundlagen[980]

Im Mittelpunkt des ungarischen Rechts steht das Arzneimittelgesetz (*Gyógyszerek Törvény (Gytv.)*)[981] und das Gesetz über den Vertrieb von Arzneimitteln (*Gyógyszerforgalmazás Törvény (Gyftv.)*.[982] Beide Gesetze enthielten zwar Vorschriften zum Schutz vor gefälschte Arzneimittel, jedoch keine ausdrücklichen Regelungen zu diesem Thema. Erst durch die Umsetzung der FMD Anfang 2013 wurden spezifische Vorschriften geschaffen. Daneben existiert eine Vielzahl weiterer Gesetze und Ministerialverordnungen, welche indirekte Schutzvorkehrungen enthalten. Zu nennen sind die Kennzeichnungsverordnung (EüM R. 30/05),[983] welche Vorschriften zur Kennzeichnung von Arzneimittelverpackungen enthält sowie die Verordnung über die Herstellung von Arzneimitteln (EüM R. 44/05)[984] und die Verordnung über Großhandel und Parallelimport (ESzCsM R. 53/04),[985] welche unter anderem die Richtlinien zur Guten Herstellungspraxis und Guten Vertriebspraxis enthalten. In Bezug auf den Schutz der Rechte des geistigen Eigentums greifen das Markengesetz (*Védjegy Törvény*

---

980 Die Gesetze einschließlich ihrer konsolidierten Fassungen sind – auf Ungarisch – unter http://www.njt.hu/ einsehbar (zuletzt abgerufen am 9.2.2019).

981 Gesetz über Humanarzneimittel und zur Ergänzung anderer Vorschriften mit Bezug auf Arzneimittel vom 30.10.2015 (*2005. évi XCV. törvény az emberi alkalmazásra kerülő gyógyszerekről és egyéb, a gyógyszerpiacot szabályozó törvények módosításáról*), in der Fassung vom 1.1.2013 (a.F.), zuletzt geändert am 1.7.2017 (n.F.).

982 Gesetz über allgemeine Vorschriften zur zuverlässigen und wirtschaftlichen Versorgung mit Arznei- und Hilfsmitteln sowie zum Vertrieb von Arzneimitteln vom 29.12.2006 (*2006. évi XCVIII. törvény a biztonságos és gazdaságos gyógyszer- és gyógyászatisegédeszköz-ellátás, valamint a gyógyszerforgalmazás általános szabályairól*), in der Fassung vom 1.8.2012 (a.F.), zuletzt geänder am 9.6.2017 (n.F.).

983 Dekret des Gesundheitsministeriums über die Etikettierung und Packungsbeilage für Humanarzneimittel vom 30.10.2005 (*30/2005. (VIII. 2.) EüM rendelet az emberi alkalmazásra kerülő gyógyszerek címkéjéről és betegtájékoztatójáról*), zuletzt geändert am 12.10.2012.

984 Dekret des Gesundheitsministeriums über die personellen und materiellen Bedingungen für die Herstellung von Humanarzneimitteln vom 30.10.2005 (*44/2005. (X. 19.) EüM rendelet az emberi alkalmazásra kerülő gyógyszerek gyártásának személyi és tárgyi feltételeiről*), in der Fassung vom 23.08.2012 (a.F.), zuletzt geändert am 29.4.2015 (n.F.).

985 Dekret des Ministeriums für Gesundheit, Soziales und Familie über Arzneimittelgroßhandel und Paralellimport vom 10.6.2004 (*53/2004. (VI. 2.) ESzCsM rendelet a gyógyszerekkel folytatott nagykereskedelmi és párhuzamos import tevékenységről*), in der Fassung vom 23.8.2012 (a.F.), zuletzt geändert am 1.4.2016 (n.F.).

(Vt.)),[986] Patentgesetz (*Szabadalmi Oltalmáról (Szot.))*,[987] Designgesetz (*Formatervezési Minták Oltalmáról (Fmtv.))*[988] und Urhebergesetz (*Szerzői jogi törvény (Szjt.))*.[989] Als sekundäre Schutzmittel sind vor allem Vorschriften des Strafgesetzbuchs (*Büntető Törvénykönyvről (Btk.))*,[990] des Bürgerlichen Gesetzbuchs (*Polgári Törvénykönyv (Ptk.))*[991] und das Produkthaftungsgesetzes (*Termékfelelőség Törvény (Tftv.)*[992] – welches nunmehr im Ptk. n.F. geregelt ist) relevant. Weitere Vorkehrungen zum Schutz des Wettbewerbs finden sich im Wettbewerbsgesetz (tisztességtelen piaci magatartás és a versenykorlátozás tilalmáról *(Tpvt.))*[993] und im Gesetz gegen unlautere Geschäftspraktiken (*fogyasztókkal szembeni tisztességtelen Kereskedelmi Gyakor-*

---

986 Gesetz über den Schutz von Marken und geografischen Angaben vom 1.7.1997 (*1997. évi XI. törvény a védjegyek és a földrajzi árujelzõk oltalmáról*), in der Fassung vom 27.6.2012 (a.F.), zuletzt geändert am 1.10.2017 (n.F.).

987 Gesetz über den Schutz von Erfindungen durch Patenten vom 1.1.1996 (*1995. évi XXXIII. törvény a találmányok szabadalmi oltalmáról*), in der Fassung vom 1.1.2013 (a.F.), zuletzt geändert am 17.6.2017 (n.F.).

988 Gesetz über den rechtlichen Schutz von Designs vom 1.1.2002 (*2001. évi XLVII. törvény a formatervezési minták oltalmáról*), in der Fassung vom 27.6.2012 (a.F.), zuletzt geändert am 1.1.2017 (n.F.).

989 Gesetz über Urheberrecht vom 1.9.1999 (*1999. évi LXXVI. törvény a szerzői jogról*), in der Fassung von 1.1.2013 (a.F.), zuletzt geändert am 1.1.2017 (n.F.).

990 Gesetz betreffend das Strafgesetzbuch vom 31.12.1990 (*1978. évi IV. törvény a Büntető Törvénykönyvről*), in der Fassung vom 30.4.2013 (a.F.), ersetzt durch das *2012. évi C. törvény a Büntető Törvénykönyvről* vom 1.7.2013, zuletzt geändert am 28.9.2017 (n.F.).

991 Gesetz betreffend das Bürgerliche Gesetzbuch von Ungarn vom 31.12.1990 (*1959. IV. törvény a Magyar Köztársaság Polgári Törvénykönyvéről*), in der Fassung vom 1.1.2013 (a.F.), ersetzt durch *2013. évi V. törvény a Polgári Törvénykönyvéről* vom 15.3.2014, zuletzt geändert am 23.6.2017 (n.F.).

992 Gesetz über die Produkthaftung vom 1.1.1994 (*1993. évi X. törvény a termékfelelősségről*), zuletzt ergänzt durch *2011. évi CCI. törvény* vom 31.12.2011 (a.F.), ersetzt durch *2013. évi V. törvény a Polgári Törvénykönyvéről* vom 15.3.2014, zuletzt geändert am 23.6.2017 (Ptk. n.F.).

993 Gesetz über das Verbot des unlauteren Wettbewerbs und der Wettbewerbsbeschränkungen vom 1.1.1997 (*1996. évi LVII. Törvény a tisztességtelen piaci magatartás és a versenykorlátozás tilalmáról*), in der Fassung vom 1.1.2013 (a.F.), zuletzt geändert am 17.8.2017 (n.F.).

lat (Fttv.)).[994] Auch die Zollverordnung (Korm. R. 371/04)[995] enthält wichtige Schutzmittel.

II. Definition der Arzneimittelfälschung

In Ungarn ist im Hinblick auf die Definition der Arzneimittelfälschung zwischen den Schutzgütern der öffentlichen Gesundheit und der Rechte des geistigen Eigentums zu unterscheiden.

1. Gesundheitsschutz

Bisher gab es im ungarischen Recht keine Legaldefinition des gefälschten Arzneimittels zum Schutz der öffentlichen Gesundheit, vielmehr wurde In Verwaltungsangelegenheiten die Definition der WHO zu Grunde gelegt.[996] Seit Umsetzung der FMD im Jahre 2013 ist in § 2 Nr. 42 Gytv. n.F. die europäische Definition aufgenommen. Auch der ausdrückliche Hinweis, dass unbeabsichtigte Qualitätsmängel und Verletzungen des geistigen Eigentums nicht unter die Definition fallen, ist im ungarischen Gesetz zu finden.

2. Eigentumsschutz

Im Hinblick auf den Schutz der Rechte des geistigen Eigentums greift die PPVO a.F., welche mehrere Definitionen kennt. Danach wird unter nachgeahmten Waren Markenrechtsverletzungen verstanden und unter unerlaubt hergestellten Waren Verletzungen des Urheber- und Geschmacks-

---

994 Gesetz zum Verbot unlauterer Geschäftspraktiken zwischen Verbrauchern und Unternehmern vom 29.6.2008 (*2008. évi XLVII. törvény a fogyasztókkal szembeni tisztességtelen kereskedelmi gyakorlat tilalmáról*), in der Fassung vom 27.06.2012 (a.F.), zuletzt geändert am 16.1.2017 (n.F.).

995 Regierungsverordnung über das Vorgehen der Zollbehörden gegen Waren, die bestimmte Rechte des geistigen Eigentums verletzen vom 1.1.2005 (*371/2004. (XII. 26) Korm. rendelet az egyes szellemi tulajdonjogokat sértő áruk elleni vámhatósági intézkedésekről*), in der Fassung vom 1.1.2013, ersetzt durch *556/2013. (XII. 31.) Korm. rendelet* vom 1.1.2014, zuletzt geändert am 22.8.2016 (Korm. R. 556/13).

996 *WHO*, Feedback to Circular Letter 25.2009, S. 5.

musterrechts. Für Patentverletzungen gibt es keine separate Definition (näheres zu den Termini oben unter Kap. 2 B. II. 2.).

III. Schutzvorkehrungen

Im Folgenden wird das ungarische Recht auf Vorschriften zum Schutz vor gefälschten Arzneimitteln untersucht. Die Vorschriften werden in ihrer Fassung vor der Umsetzung der FMD zu Grunde gelegt. Die Umsetzung wurde durch eine Reihe von Gesetzesänderungen Ende 2012 bzw. Anfang 2013 durchgeführt, wodurch insbesondere die Arzneimittelgesetze (Gytv. n.F. und Gyftv. n.F.),[997] Ministerialverordnungen[998] sowie das Strafgesetzbuch (Btk n.F.)[999] geändert wurden. Auf entsprechende Neuerungen wird im Folgenden hingewiesen.[1000]

1. Ge- und Verbote

Primäre Schutzmittel sind die Gebote und Verbote, welche zum Schutz vor Arzneimittelfälschungen und -nachahmungen dienen. Hierbei ist zwischen dem illegalen und dem legalen Handel zu unterscheiden. Neben der Möglichkeit das Fälschen und. Nachahmen von Arzneimitteln generell zu verbieten, erübrigen sich für den illegalen Handel weitere Ge- oder Verbote. Im legalen Handel gibt es jedoch zahlreiche weitere Möglichkeiten zum Schutz vor Fälschungen durch das Vorgeben von Pflichten, welche an die Akteure der legalen Vertriebskette gerichtet sind.

a. Verbot gefälschter und nachgeahmter Arzneimittel

Aufgrund der verschiedenen Schutzgüter ist zwischen dem Schutz der Gesundheit und dem Schutz geistiger Eigentumsrechte zu unterscheiden. Die Verbotstatbestände sind dementsprechend unterschiedlich ausgestaltet.

---

997 Geänderte Fassungen: Gytv. vom 1.2.2013 und Gyftv. vom 26.10.2012.

998 Geänderte Fassungen: EüM R. 44/05 und ESzCsM R. 53/04 vom 2.1.2013.

999 Neues Gesetz: Btk. (*2012. évi C*) vom 1.7.2013.

1000 Kenntlich durch n.F., was auf die jeweilige, seit den Umsetzungsgesetzen zur FMD geänderte Fassung verweist. Die frühere Fassung wird mit a.F. bezeichnet. Findet sich keine Ergänzung ist die Vorschrift sowohl nach früherem wie auch nach neuem Recht gültig.

(I) Gesundheitsschutz

In Ungarn gab es bisher kein ausdrückliches Verbot zum Schutz der öffentlichen Gesundheit, welches das Fälschen von Arzneimitteln untersagte. Lediglich bezüglich nicht zugelassenen Betäubungsmitteln und Ausgangsstoffen war das Herstellen, Besitzen, Handeltreiben, sowie die Ein- und Ausfuhr verboten (§ 282, § 282/A, § 283/A Btk. a.F.). Da Fälschungen nicht zugelassene Arzneimittel darstellen, fallen sie aber unter das Verbot. Daneben war ebenfalls das Inverkehrbringen von minderwertigen Produkten mit Täuschungsabsicht über die Qualität verboten (§ 292 Abs. 1 Btk. a.F.).

Mit Umsetzung der FMD und Einführung eines neuen Strafgesetzbuchs wurde jedoch ein neuer Tatbestand eingeführt, welcher zugleich die MEDICRIME Konvention umsetzt. Nunmehr sind sowohl das Herstellen von falschen Arzneimitteln und das Verfälschen von Arzneimitteln als auch das Verkaufen, Anbieten, Inverkehrbringen von oder Handeln mit falschen oder verfälschten oder mit nicht zugelassenen Arzneimitteln verboten. Dasselbe gilt auch für das Einführen, Ausführen und die Durchfuhr von falschen oder verfälschten oder nicht zugelassenen Arzneimitteln sowie deren Ankauf oder Besitz in nicht nachvollziehbaren Mengen. Schließlich ist auch die Nutzung von Originaldokumenten zu einem anderen als dem vorgesehenen Zweck verboten (Art. 186 Abs. 1 Btk. n.F.).

(II) Eigentumsschutz

Zum Schutz der Rechte des geistigen Eigentums gibt es Benutzungsverbote, die zugleich das Nachahmen von Arzneimitteln untersagen. Insbesondere Marken, Patente, Designs und Urheberrechte werden durch das Herstellen oder Vertreiben von nachgeahmten Arzneimitteln verletzt.

(1) Markenrecht

Markenschutz kann erteilt werden für alle Zeichen, die graphisch abbildbar und geeignet sind, Waren oder Dienstleistungen eines Unternehmers von solchen anderer Unternehmen zu unterscheiden (§ 1 Abs. 1 Vt.). Schutzfähige Zeichen sind insbesondere Wörter, Buchstaben und Zahlen, Figuren und Abbildungen, zwei- oder dreidimensionale Formen, Farben und Farbkombinationen oder Kombinationen aus dem genannten (§ 1

Abs. 2 Vt.). Markenschutz entsteht mit der Eintragung der Marke in das Markenregister (§ 10 Vt.).

Dritten ist es ohne die Zustimmung des Markenrechtsinhabers untersagt im geschäftlichen Verkehr identische Zeichen für identische Waren zu benutzen (§ 12 Abs. 2 a) Vt.) oder ähnliche Zeichen für ähnliche Waren zu benutzen, soweit hierdurch eine Verwechslungsgefahr hervorgerufen wird (§ 12 Abs. 2 b) Vt.). Insbesondere ist damit verboten, Zeichen auf Waren oder ihren Verpackungen anzubringen, unter dem Zeichen Waren in Verkehr zu bringen, anzubieten oder zu den genannten Zwecken zu bevorraten oder ein- oder auszuführen (Art 12 Abs. 3 a), b) und d) Vt.). Die Schutzdauer beträgt 10 Jahre beginnend mit dem Tag der Anmeldung und kann unbegrenzt für jeweils weitere 10 Jahre erneuert werden (§ 11 Vt.).

(2) Patentrecht

Patente werden nach dem ungarischen Recht für Erfindungen auf allen Gebieten der Technik erteilt, soweit diese neu sind, auf einer erfinderischen Tätigkeit beruhen und gewerblich anwendbar sind (§ 1 Abs. 1 Szot.).

§ 19 Abs. 2 a Szot. verbietet jedem Dritten ohne Zustimmung des Patentinhabers ein Erzeugnis, das Gegenstand eines Patents ist, herzustellen, zu gebrauchen, in Verkehr zu bringen oder anzubieten oder zu den genannten Zwecken zu bevorraten oder einzuführen. Auch ein Verfahren ist patentfähig, sodass es ebenso verboten ist, das patentierte Verfahren anzuwenden oder das Verfahren anzubieten, soweit die unberechtigte Nutzung bekannt oder offensichtlich ist (§ 19 Abs. 2 b Szot.). Auch ein unmittelbar durch das patentierte Verfahren hergestellte Erzeugnis darf nicht hergestellt, gebraucht, in Verkehr gebracht, angeboten oder zu den genannten Zwecken bevorratet oder eingeführt werden (§ 19 Abs. 2 c Szot.). Darüber hinaus ist es verboten Mittel, die sich auf ein wesentliches Element der Erfindung beziehen, zur Benutzung der Erfindung zu liefern oder anzubieten (§ 19 Abs. 3 Szot.). Ausnahmen des Patentschutzes beziehen sich insbesondere auf Handlungen im privaten Bereich zu nichtgewerblichen Zwecken oder zu Versuchszwecken einschließlich Versuche zur Erlangung einer arzneimittelrechtlichen Genehmigung für das Inverkehrbringen bzw. einer arzneimittelrechtlichen Zulassung (§ 19 Abs. 6 a und b Szot.). Der Patentschutz dauert 20 Jahre, ab dem Tag, der auf die Anmeldung der Erfindung folgt (§ 22 Szot.).

(3) Designrecht

Der Designschutz gilt für Designs, die neu sind und Eigenart aufweisen (§ 1 Abs. 1 Fmtv.). Ein Design ist die Erscheinungsform eines ganzen Erzeugnisses oder eines Teils davon, die sich insbesondere aus den Merkmalen der Linien, Konturen, Farben, Gestalt, Oberflächenstruktur oder der Werkstoffe des Erzeugnisses selbst oder seiner Verzierung ergeben (§ 1 Abs. 2 Fmtv.). Ein Erzeugnis ist jeder industrielle oder handwerkliche Gegenstand, was unter anderem Verpackungen, Ausstattung mit graphischen Symbolen und typographische Schriftzeichen mit einschließt (§ 1 Abs. 3 Ftmv.). Der Schutz bedarf der Eintragung des Designs in das Designregister (§ 15 Ftmv.).

Ohne die Zustimmung des Designinhabers dürfen Dritte das Design nicht benutzen, was insbesondere das Herstellen, Gebrauchen, Inverkehrbringen, Anbieten, Ein- und Ausfuhr eines Erzeugnisses, in das das Design aufgenommen ist, und den Besitz eines solchen Erzeugnisses zu den genannten Zwecken umfasst (§ 16 Abs. 2 und 3 Fmtv.). Die Schutzdauer des Designs beträgt 5 Jahre ab dem Tag der Anmeldung, wobei sie jeweils für 5 Jahre erneuert werden kann bis hin zu einer maximalen Schutzdauer von 25 Jahren (§ 19 Fmtv.).

(4) Urheberrecht

Das ungarische Recht schützt Werke der Literatur, Wissenschaft und Kunst als Urheberrechte, soweit eine persönliche geistige Schöpfung vorliegt (§ 1 Abs. 1 und 3 Szjt.). Geschützte Werke können insbesondere literarische und gemalte oder gezeichnete Werke sein (§ 1 Abs. 2 a) und h) Szjt.). Aus dem ausschließlichen Recht des Urhebers, sein Werk zu vervielfältigen (§ 18 Szjt.), zu verbreiten (§ 23 Szjt.) und auszustellen (§ 69 Szjt.) ergibt sich mittelbar das Verbot für Dritte, die genannten Handlungen auszuführen. Das Urheberrecht entsteht mit Erstellung des Werkes und erlischt 70 Jahre nach dem Tod des Urhebers (§ 4 Abs. 1, § 31 Abs. 1 Szjt.).

b. Pflichten bei der Herstellung

Durch die bei der Herstellung von Arzneimitteln und Wirkstoffen auferlegten Pflichten wird der Herstellung von gefälschten Arzneimitteln vorgebeugt. Aus dem Arzneimittelgesetz selbst ergeben sich keine Pflichten für die Arzneimittelherstellung, solche lassen sich aber aus einem Dekret des Gesundheitsministers ableiten. Danach hat die Herstellung von Arzneimitteln und Wirkstoffen in Übereinstimmung mit der Guten Herstellungspraxis und der Marktzulassung zu erfolgen (Anhang 1 Kap. 3 Ziff. 1 S. 1 EüM R. 44/05). Dies gilt auch, wenn Arzneimittel nur für die Ausfuhr hergestellt werden (Anhang 1 Kap. 3 Ziff. 1 S. 2 EüM R. 44/05). Unter Herstellung von Arzneimitteln ist eine zugelassene Produktion von Arzneimitteln in einem kontrollierten industriellen Umfeld zu verstehen (§ 1 Nr. 11 Gytv.). Seit Umsetzung der FMD werden neben Wirkstoffherstellern auch Hilfsstoffhersteller zur Einhaltung der Guten Herstellungspraxis verpflichtet (§ 22 Abs. 1 Gytv. n.F.).

c. Kennzeichnungspflichten

Kennzeichnungspflichten tragen zum Auffinden des Verantwortlichen bei oder können, da Fälscher in aller Regel fremde Namen und Logos des Originalherstellers benutzen, zumindest zur Aufklärung des Sachverhalts dienen.

Auf die äußere Umhüllung oder die Primärverpackung eines Arzneimittels sind Name oder Firma und Anschrift des Zulassungsinhabers und dessen Registrierungsnummer sowie das Verfallsdatum und die Chargennummer anzubringen (§ 8 Gytv. i.V.m. § 2 Abs. 1 h, k, l und m EüM R. 30/05). Die Angaben müssen klar verständlich sein und die Schrift muss gut lesbarer in ungarischer Sprache angebracht werden (§ 10 Abs. 3 Gytv.). Darüber hinaus hat die Fabrikverpackung von gelieferten Produkten das Unternehmenslogo des Herstellers zu tragen, damit nachträglich die Erkennung der Herkunft des Produkts ermöglicht wird (§ 4 Abs. 9 S. 2 Gytv.). Die von einem Großhändler gelieferten Verpackungen müssen dessen Identifizierung erlauben (§ 9 Abs. 3 S. 3 ESzCsM R. 53/04).

d. Abgabebeschränkungen

Die Abgabe von Arzneimitteln ist in Ungarn stark reglementiert, sodass nur bestimmte Personen Arzneimittel vertreiben und erwerben können. Mit diesen Abgabebeschränkungen wird ein Eindringen gefälschter Arzneimittel in die legale Lieferkette weitgehend verhindert. Der erlaubte Vertriebsweg hängt von dem Produktstatus des Präparats ab.

(I) Produktstatus

Das ungarische Recht teilt Arzneimittel in verschreibungspflichtige und nicht verschreibungspflichtige Arzneimittel ein. Die Einstufung ergibt sich aus der Marktzulassung oder bei *formula magistralis*[1001] aus dem Arzneibuch oder dem Katalog der Standardrezepturen (*Szabványos Vényminta Gyűjtemény*) (§ 1 Nr. 15 Gytv.). Die Klassifizierung erfolgt nach Gefahrpotential und Beratungsbedarf. Als verschreibungspflichtig werden Produkte eingestuft, wenn sie trotz richtigen Gebrauchs oder aufgrund häufigen Fehlgebrauchs die Gesundheit direkt oder indirekt gefährden, ungenügend erforschte Substanzen enthalten oder zur parenteralen Anwendung[1002] verschrieben werden sollten (§ 18 Abs. 3 EüM R. 52/05).[1003] Sie dürfen nur auf ärztliche Verschreibung in Apotheken abgegeben werden (§ 12 Abs. 2 Gytv.; § 2 Abs. 2 Gyftv.). Alle Produkte, die nicht unter diese Kategorien fallen, sind nicht verschreibungspflichtig.

Bei den verschreibungspflichtigen Produkten gibt es zudem Untergruppen, die sich unterteilen in Arzneimittel auf einfache Verschreibung (*orvosi rendelvényhez kötött gyógyszerek (V)*), auf besondere Verschreibung (*különleges rendelvényhez kötött gyógyszerek*) und auf beschränkte Verschreibung, die nur in bestimmten Kreisen verwendet werden dürfen (*a bizonyos szakterületeken való alkalmazásra fenntartott, korlátozott érvényű orvosi rendelvényhez kötött gyógyszerek*), wobei letztere zwei Kategorien wiederum Untergruppen aufweisen (§ 18 Abs. 2 EüM R. 52/05). Die Untergruppen lehnen sich an diejenigen Faktoren an, welchen gemäß europäischem Recht bei der Einstufung Rechnung zu tragen ist (Art. 70 Abs. 2 und 3 GKHA). So gehören zu den Arzneimitteln auf besondere Verschreibung solche mit Suchtstoffen oder psychotropen Stoffen (*KP*), Missbrauchs- und Suchtrisiko (*H*) sowie neuen und ungenügend erforschten Wirkmechanismen und Neben-

1001 Arzneimittel, die in einer Apotheke gemäß dem ungarischen oder europäischen Arzneibuch oder dem Katalog der Standardrezepturen (*Szabványos Vényminta Gyűjtemény (FoNo)*) nach ärztlicher Verschreibung für einen bestimmten Patienten zubereitet werden (§ 1 Nr. 2 Gytv.). Vergleichbar mit den deutschen Rezepturarzneimitteln.

1002 Laut Ph. Eur. 9.2 sind Parenteralia sterile Zubereitungen, die zur Injektion, Infusion oder Implantation in den menschlichen oder tierischen Körper bestimmt sind.

1003 Dekret des Gesundheitsministeriums über das Inverkehrbringen von Humanarzneimitteln vom 26.11.2005 (*52/2005. (XI. 18.) EüM rendelet az emberi alkalmazásra kerülő gyógyszerek forgalomba hozataláról*), in der Fassung vom 12.10.2012 (a.F.), zuletzt geändert am 11.8.2017 (n.F.).

wirkungen (*U*) (§ 18 Abs. 2 b) EüM R. 52/05). Arzneimittel auf beschränkte Verschreibung sind solche, die beim Facharztes oder im Krankenhauses ambulant angewendet werden (*J*), bei Anwendung einer speziellen Überwachung beim Facharzt oder im Krankenhaus bedürfen (*SZ*) oder in der ambulanten Pflege oder stationären Versorgung angewendet werden (*I*) (§ 18 Abs. 2 c) EüM R. 52/05).

(II) Verschreibungspflichtige Arzneimittel

Verschreibungspflichtige Arzneimittel haben ein hohes Risikopotenzial und bedürfen der Beratung bei der Abgabe. Daher unterliegen sie strengen Abgabebeschränkungen, die zudem dem Schutz vor dem Eindringen gefälschter Arzneimittel in die legale Vertriebskette dienen.

(1) Klassischer Vertriebsweg

Das ungarische Recht kennt nur einen Vertriebsweg für verschreibungspflichtige Arzneimittel, welcher vom Hersteller über den Großhändler bis zur Apotheke verläuft. Dabei müssen alle Arzneimittel durch Großhändler an die Apotheken vertrieben werden, ein Direktvertrieb vom Hersteller an die Apotheke oder an Ärzte gibt es nicht (§ 2 Abs. 2 Gyftv.).[1004]

Der Großhändler darf Arzneimittel nur von Personen mit Herstellungserlaubnis oder Großhandelserlaubnis erhalten (§ 3 Abs. 1 ESzCsM R. 53/04). Er darf nur an Personen liefern, die eine Erlaubnis oder Berechtigung zum Großhandel oder zur Erbringung medizinischer Leistungen haben. Zu den Personen, die berechtigt sind, medizinische Leistungen zu erbringen, gehören in Ungarn Apotheken als medizinische Einrichtung, welche Gesundheitsleitungen erbringt (§ 2 Abs. 3 S. 1 Gyftv.). Seit Umsetzung der FMD darf ein Großhändler oder Vermittler auch in Drittländer Arzneimittel nur ausführen, wenn diese an einen anderen Großhändler oder an eine zur Abgabe von Arzneimitteln an die Öffentlichkeit autorisierte Person erfolgt (§ 11 Abs. 5 Gytv. n.F.; § 9 Abs. 8 (i.V.m. § 20/B Abs. 2) ESzCsM R. 53/04 n.F.).

Letztes Glied in der Vertriebskette ist die Apotheke. Sie darf Arzneimittel grundsätzlich nur von Wirtschaftsakteuren mit einer Großhandelserlaubnis beziehen (§ 12 Abs. 3 Gytv.). Lediglich bei Lieferengpässen ist ein

1004 *Macarthur*, Pharmaceutical Distribution, S. 55.

Bezug von Institutionsapotheken oder der für die zentrale Gesundheitsbevorratung zuständige Behörde möglich (§ 12 Abs. 5 und 6 Gytv.). Verschreibungspflichtige Arzneimittel dürfen grundsätzlich nur von Apotheken an Patienten, die Öffentlichkeit und Ärzte abgegeben werden (§ 12 Abs. 2 Gytv.; § 2 Abs. 2 Gyftv.). Der Apotheke kommt im Gesundheitssystem die Aufgabe zu, Arzneimittel und andere Produkte zu verteilen und die nötige Beratung zu leisten (§ 2 Abs. 4 Gyftv.). Apotheken können als öffentliche Apotheke (*közforgalmú gyógyszertár*), Institutionsapotheke (*intézeti gyógyszertár*), Filialapotheke (*fiókgyógyszertár*) oder Abgabeapotheke (*kézigyógyszertár*) betrieben werden (§ 2 Abs. 3 S. 2 Gyftv.). Eine öffentliche Apotheke ist eine vollversorgende medizinische Einrichtung, die Arzneimittel direkt an die Öffentlichkeit abgibt (§ 3 Nr. 16 Gyftv.). Dagegen ist eine Institutionsapotheke als vollversorgende Gesundheitseinrichtung in einer Institution, wie z.B. einem Krankenhaus, eingerichtet und gibt Arzneimittel an diese Institution sowie an die Öffentlichkeit ab (§ 3 Nr. 18 Gyftv.). Die Filialapotheke stellt eine medizinische Einrichtung dar, welche als Zweigniederlassung einer öffentlichen Apotheke oder als deren mobile Einheit betrieben wird und Arzneimittel an die Öffentlichkeit abgibt (§ 3 Nr. 17 Gyftv.). Die Abgabeapotheke schließlich ist lediglich eine Methode zum Vertrieb spezieller Arzneimittel durch Allgemein- und Kinderärzte (§ 3 Nr. 19 Gyftv.).

(2) Arzneimittel abgebende Arztpraxen

Allgemein- und Kinderärzte dürfen in bestimmten Fällen als Abgabeapotheke (*kézigyógyszertár*) tätig werden (s.o.). Das ist dann der Fall, wenn in einer Gemeinde keine öffentliche Apotheke oder Filialapotheke verfügbar ist (§ 52 Abs. 1 Gyftv.). Abgabeapotheken beziehen ihre Arzneimittel von einer öffentlichen Apotheke (§ 52 Abs. 4 S. 1 Gyftv.). Sie dürfen, außer im Notfall, Arzneimittel nur auf eigene Verschreibung an ihre eigenen Patienten abgeben (§ 52 Abs. 5 Gyftv.).

(III) Nicht verschreibungspflichtige Arzneimittel

Nicht verschreibungspflichtige Arzneimittel unterliegen ebenfalls Abgabebeschränkungen, diese sind jedoch weniger streng als bei den verschreibungspflichtigen Produkten. Grund dafür ist das geringere Risikopotenzial und folglich der geringere Beratungsbedarf. Da auch insgesamt das

Preissegment unterhalb der verschreibungspflichtigen Arzneimittel liegt ist der Anreiz für Fälschungen niedriger.

Die nicht verschreibungspflichtigen Arzneimittel dürfen über die Vertriebswege, welche auch für verschreibungspflichtige Produkte gelten, abgegeben werden. Darüber hinaus können bestimmte Arzneimittel von Einzelhandelsgeschäften, wie z.B. Supermärkten, Tankstellen oder Drogeriemärkten, an die Öffentlichkeit abgegeben werden (§ 68 Abs. 3 Gyftv.). Voraussetzungen sind, dass die Arzneimittel nicht verschreibungspflichtig sind, eine Selbstmedikation leicht und ohne die Gefahr von schweren Gesundheitsschäden möglich ist und das Risikopotenzial – auf Grundlage von Neben- oder Wechselwirkungen – als unerheblich einzustufen ist (§ 67 Gyftv.). Die Einzelhändler dürfen die Arzneimittel nur vom Großhandel beziehen (§ 68 Abs. 3 Gyftv.).

(IV) Versandhandel

In Ungarn ist der Versandhandel mit Arzneimitteln seit 2006 erlaubt, dies gilt jedoch nur für nicht verschreibungspflichtige und nicht durch das öffentliche Gesundheitssystem erstattungsfähige Arzneimittel.[1005] Verschreibungspflichtige Arzneimittel dürfen dagegen nicht per Versandhandel vertrieben werden. Als Versandapotheken können nur reale Apotheken fungieren, da nur solche gem. § 12 Abs. 2 Gytv. Arzneimittel an die Öffentlichkeit abgeben dürfen. Ausländischen Apotheken ist es daher nicht erlaubt Versandhandel in Ungarn zu betreiben.

e. Pflichten bei Parallelimport

Um einen illegalen Import nach Ungarn zu verhindern, der die Gefahr der Einfuhr gefälschter Arzneimittel mit sich bringt, muss der Parallelimporteur den Zulassungsinhaber und die Arzneimittelbehörde 30 Tage vor dem ersten Import über seine Absicht zur Einfuhr informieren (§ 15 Abs. 2, § 16 ESzCsM R. 53/04 a.F.). Seit Umsetzung der FMD ist dies nun in § 11/A Abs. 1 Gytv. n.F. i.V.m. § 16 ESzCsM R. 53/04 geregelt.

1005 CBI, Market Survey, S. 3.

f. Pflichten bei der Lagerung und Lieferung

Bestimmte, bei der Arzneimittellieferung einzuhaltende Pflichten stellen durch die Dokumentation und Rückverfolgbarkeit der Lieferung sicher, dass die richtigen Arzneimittel vom richtigen Absender zum Empfänger gelangen. Arzneimittellieferung umfasst alle Tätigkeiten, durch die Arzneimittel direkt dem Nutzer zugänglich gemacht werden, einschließlich des Herstellens, Lagerns und Vertreibens von Arzneimitteln (§ 12 Abs. 1 Gytv.). Der Hersteller hat ein Verfahren für die Lagerung der Produkte festzulegen und jeder Sendung von Produkten aus dem Warenlager ein Qualitätszertifikat beizulegen (§ 4 Abs. 8 g) und Abs. 9 S. 1 Gytv.). Auch der Großhändler muss jeder Lieferung ein Qualitätsnachweis beilegen, der unter anderem das Datum der Lieferung, die Bezeichnung und Menge des Arzneimittels sowie der Name und die Anschrift des Großhändlers hervorgeht (§ 9 Abs. 3 S. 1 und 2 ESzCsM R. 53/04).

Der Großhändler muss jede Lieferung bei deren Eingang auf Quantität, Qualität und Beschädigungen prüfen und die noch nicht getesteten Produkte in Quarantäne zu lagern (Anhang 1 Ziff. 9 und Anhang 2 Ziff. 2 S. 3 ESzCsM R. 53/04). An der Verpackung beschädigte Produkte müssen vom verkaufsfähigen Bestand getrennt werden und, falls sie nicht sofort zerstört werden, in separaten Bereichen gelagert werden (Anhang 2 Ziff. 7 ESzCsM R. 53/04). Ebenso sind qualitativ fehlerhafte Produkte separat aufzubewahren und zu kennzeichnen (Anhang 2 Ziff. 8 ESzCsM R. 53/04). Seit Umsetzung der FMD müssen sich auch ausdrücklich Lieferanten und Importeure von Wirkstoffen und Hilfsstoffen an die gute Vertriebspraxis halten (§ 22 Abs. 1 Gytv. n.F.).

Apotheken und Einzelhändler dürfen keine Verträge abschließen und Beeinflussungen zulassen, die die sichere und verlässliche Lieferung von Arzneimitteln an Verbraucher gefährden oder beeinträchtigen (§ 73 Abs. 2 S. 1 Gyftv.). Auch hier geht es um die Verhinderung der Einschleusung gefälschter Arzneimittel in die Vertriebskette.

g. Rücknahme, Rückruf und Beanstandungen

Damit im Falle von gefälschten Arzneimitteln ein Rückruf vom Markt stattfinden und die Zerstörung der verdächtigen oder erwiesenermaßen gefälschten Arzneimittel erfolgen kann, sind gewisse Pflichten zu beachten. Der Arzneimittelhersteller hat Vorkehrungen für Rücknahme und Beschlagnahme von Arzneimitteln aus der Vertriebskette und aus dem Markt zu treffen (§ 4 Abs. 8 a) ac) und d) Gytv.). Er hat ein wirksames System für Beanstandungen und den Rückruf von Arzneimitteln aus dem Markt zu unterhalten. Im Rahmen dessen hat er jede Beanstandung zu erfassen und zu untersuchen und jeden Vorfall, der zu einem Rückruf oder einer Einschränkung des Vertriebs führen kann, an die Arzneimittelbehörde unter Angabe der Bestimmungsländer zu melden (Anhang 1 Kap. 12 Ziff. 1 EüM R. 44/05). Auch der Großhändler und seit Umsetzung der FMD auch der Vermittler hat sicherzustellen, dass ein Rückruf aus dem Markt durchgeführt werden kann und nach jedem erfolgen Rückruf eine Probe zurückgehalten wird (§ 9 Abs. 1 g) ESzCsM R. 53/04; § 20/B Abs. 2 ESzCsM R. 53/04 n.F.). Zudem hat der Großhändler zu gewährleisten, dass Abfälle zerstört werden (§ 9 Abs. 1 h) ESzCsM R. 53/04).

h. Umgang mit Fälschungen

Das ungarische Recht regelte Arzneimittelfälschungen bisher nicht ausdrücklich, vielmehr wurden lediglich fehlerhafte Produkte, worunter aber auch Fälschungen fielen, erfasst. Der Arzneimittelhersteller hat Vorkehrungen für einen Rückruf fehlerhafter Produkte aus dem Markt zu treffen und für diesen Fall den Rückerhalt der kompletten Charge des betroffenen Produkts von allen belieferten Käufern sicherzustellen (§ 4 Abs. 8 d) und e) Gytv.). Ferner hat der Hersteller die Vernichtung fehlerhafter Produkte zu gewährleisten (§ 4 Abs. 8 f) Gytv.). Der Großhändler hat qualitativ fehlerhafte Produkte separat aufzubewahren und zu kennzeichnen (Anhang 2 Ziff. 8 ESzCsM R. 53/04). Zudem muss er das weitere Inverkehrbringen von qualitativ fehlerhaften Produkten auszusetzen und den Rückruf entsprechender Produkte unterstützen (§ 9 Abs. 1 f) und g) ESzCsM R. 53/04). Letzteres gilt seit Umsetzung er FMD auch für den Arzneimittelvermittler (§ 20/B Abs. 2 ESzCsM R. 53/04 n.F.). Zur Pflicht der Meldung von Fälschungen siehe unten in diesem Teil 5 E. III. unter 3. a.).

i. Dokumentationspflichten

Die Dokumentationspflichten dienen der Rückverfolgbarkeit des Werdegangs eines Arzneimittels und dem Beweis der Einhaltung der Ge- und Verbote zum Schutz vor gefälschten Arzneimitteln. Der Hersteller von Arzneimitteln hat eine Vielzahl von Prozessen im Hinblick auf die Herstellung, Verarbeitung und Qualitätskontrolle wie auch eine Zerstörung von

Produkten zu dokumentieren (§ 4 Abs. 8 b) und f); Anhang 1 Kap. 8 Ziff. 1 S. 1 EüM R. 44/05). Nebenwirkungen hat der Zulassungsinhaber zu dokumentieren (§ 18 Abs. 1 Gytv.). Auch der Großhändler, der Vermittler und die Apotheken haben Aufzeichnungspflichten über die Verteilung der Produkte zu führen (§ 9 Abs. 1 c) i.V.m. Anhang 2 Ziff. 10 ESzCsM R. 53/04; § 20/B Abs. 2 ESzCsM R. 53/04 n.F.; § 19 Abs. 1 EüM R. 41/07).

2. Anzeige- und Genehmigungspflichten

Anzeige- und Genehmigungspflichten dienen als sekundäre Schutzmittel der staatlichen Kontrolle in Bezug auf die Einhaltung der primären Schutzpflichten. Unterschieden wird im Folgenden zwischen Genehmigungspflichten und Nachweispflichten und den seit Umsetzung der FMD hinzugekommenen Registrierungspflichten.

a. Genehmigungspflichten

Durch die Verpflichtung zur Genehmigung kann der Staat die Einhaltung bestimmter, vorgeschriebener Vorschriften kontrollieren. Im Genehmigungsverfahren ist die Einhaltung der Vorschriften nachzuweisen, nur dann wird die Genehmigung auch erteilt.

(I) Herstellungserlaubnis

Die Herstellung von Arzneimitteln darf nur durch Personen erfolgen, die im Besitz einer pharmazeutischen Herstellungserlaubnis (*gyógyszergyártási engedély*) sind (§ 4 Abs. 1 Gytv.). Dies gilt auch, wenn die Arzneimittel für die Ausfuhr in ein Drittland bestimmt sind (§ 4/A Abs. 1 Gytv.; § 1 Abs. 2 EüM R. 44/05; § 3 Abs. 3 ESzCsM R. 53/04). Eine Herstellungserlaubnis ist auch erforderlich für die Herstellung von Wirkstoffen, die vollständige oder teilweise Herstellung von Prüfpräparaten, die Verpackung, Lagerung und Lieferung, die Qualitätskontrolle, das Inverkehrbringen und die Einfuhr aus Drittstaaten (§ 1 Abs. 2 EüM R. 44/05). Keine Herstellungserlaubnis benötigen Apotheken zur Herstellung von *formula magistralis*, d.h. von Arzneimitteln, die auf ärztliche Verschreibung in der Apotheke für einen bestimmten Patienten hergestellt werden (§ 4 Abs. 1 Gytv.).

Die Erlaubnis ist zu erteilen, wenn der Hersteller die personellen und materiellen Bedingungen zur Einhaltung der Marktzulassung erfüllt und eine Haftpflichtversicherung für technologische Produktionsvorgänge bereithält (§ 4 Abs. 2 S. 1 und Abs. 3 Gytv.). Die personellen und materiellen Bedingungen umfassen die Einhaltung der Guten Herstellungspraxis, für welche auf den EU-GMP-Leitfaden und den Anhang 1 des EüM R. 44/05 verwiesen wird (§ 2 Abs. 1 und 2, § 3 EüM R. 44/05).

(II) Großhandelserlaubnis

Der Arzneimittelgroßhandel ist ebenso genehmigungspflichtig (§ 11 Abs. 1 S. 2 Gytv.). Vom Großhandel mit Arzneimittel sind alle Tätigkeiten umfasst, die mit der Lieferung von Arzneimitteln an Händler zusammenhängen, einschließlich des Kaufs, der Qualitätssicherung und Qualitätskontrolle, der Lagerung, Bevorratung und Lieferung von Arzneimitteln, der Aus- und Einfuhr nach bzw. von Ländern des EWR sowie der Ausfuhr in Drittstaaten, soweit die Arzneimittel vom Großhändler oder Hersteller an zum Verkauf an die Öffentlichkeit autorisierte Personen geliefert werden (§ 11 Abs. 1 S. 1 Gytv.; § 2 Abs. 1 ESzCsM R. 53/04). Keiner Großhandelsgenehmigung bedürfen Hersteller für die Produkte, welche von ihrer Herstellungserlaubnis abgedeckt sind (§ 4 Abs. 2 S. 2 Gytv.).

Voraussetzung für dir Erteilung der Großhandelsgenehmigung ist insbesondere der Nachweis von qualifiziertem Personal, geeigneten Räumen und eines Verfahrens für die Rücknahme und Rückruf von Produkten aus dem Markt (§ 5 Abs. 1 c), d), fd) und fe) ESzCsM R. 53/04).

(III) Einfuhr und GMP-Zertifikat

Die Einfuhr von Arzneimitteln aus Staaten des EWR bedarf keiner gesonderten Erlaubnis. Für die Einfuhr aus Drittstaaten ist dagegen eine Herstellungserlaubnis erforderlich (§ 4/A Abs. 1 Gytv.; § 1 Abs. 2 EüM R. 44/05; § 3 Abs. 2 ESzCsM R. 53/04). Eine Ausnahme besteht, wenn es sich um für die Forschung erforderliche Produkte handelt (§ 4/A Abs. 2 S. 1 Gytv.). Um die Herstellungsgenehmigung zu erhalten sind die Grundsätze der Guten Herstellungspraxis, wie sie in Anhang 1 EüM R. 44/05 aufgeführt sind, einzuhalten (§ 2 Abs. 1 EüM R. 44/05). Hat der Importeuer eine Großhandelserlaubnis ist eine Herstellungserlaubnis seit Umsetzung der FMD nicht erforderlich (§ 4/A Abs. 3 Gytv. n.F.).

Zudem ist bei der Einfuhr aus Drittstaaten ein Zertifikat der Arzneimittelbehörde beizulegen, welches die Einhaltung der Guten Herstellungspraxis oder gleichwertigen Standards bescheinigt (Anhang 1 Kap. 3 Ziff. 2 EüM R. 44/05).

(IV) Parallelimportzulassung

Ein Parallelimport eines Arzneimittels aus einem EWR-Staat nach Ungarn ist zulässig, bedarf jedoch einer Zulassung durch die Arzneimittelbehörde (§ 16 ESzCsM R. 53/04). Die Parallelimportzulassung stellt Aspekte der Marktzulassung sicher (§ 18 ESzCsM R. 53/04). Das importierte Arzneimittel muss im Ursprungsland zugelassen sein und entweder ebenfalls in Ungarn über eine Zulassung verfügen oder keine wesentlichen Abweichungen in der therapeutischen Anwendung haben. Falls für den Parallelimport ein Umverpacken, also das Abfüllen, Etikettieren und Zufügen einer Packungsbeilage, erforderlich ist, um der ungarischen Marktzulassung zu entsprechen, sind weitere Voraussetzungen einzuhalten. Der Importeur oder sein Beauftragter benötigten dann eine Herstellungserlaubnis, findet das Umverpacken in einem anderen EWR-Land statt, benötigt der Importeuer auch ein Zertifikat über die Einhaltung der Guten Herstellungspraxis (§ 14 Abs. 1 ESzCsM R. 53/04). Das Umverpacken kann nur in Ungarn oder in Mitgliedstaaten des EWR stattfinden (§ 14 Abs. 2 ESzCsM R. 53/04).

(V) Ausfuhr

Für die Ausfuhr von Arzneimitteln ist eine Großhandelserlaubnis erforderlich und zwar unabhängig davon, ob die Arzneimittel in Staaten der EWR oder Drittstaaten exportiert werden (§ 11 Abs. 1 Gytv.).

(VI) Apothekenbetriebserlaubnis

Eine neue Apotheke, unabhängig ob es sich um eine öffentliche Apotheke oder Filialapotheke oder um eine Institutionsapotheke oder Abgabeapotheke handelt, darf nur mit einer Betriebserlaubnis (*létesítési engedély és működési engedély*) eröffnet und betrieben werden (§ 48 Abs. 1 S. 1 Gyftv.). Voraussetzungen für die Erteilung der Apothekenbetriebserlaubnis ist das

Vorliegen von personellen und sachlichen Voraussetzungen wie insbesondere das Vorhandensein eines erfahrenen Apothekers bei der öffentlichen Apotheke sowie der Nachweis geeigneter Räumlichkeiten (Art. 53 Gyftv.). Für öffentliche Apotheken wird dafür ein Ausschreibungsverfahren durchgeführt (vgl. § 49 Gyftv.), alle anderen Apotheken erhalten die Erlaubnis direkt von der Arzneimittelbehörde (§ 48 Abs. 1 S. 2 Gyftv.). Der Betrieb einer Abgabeapotheke, welche eine Methode für Allgemein- und Kinderärzte zur Abgabe von Arzneimitteln an ihre Patienten darstellt, ist nur zulässig, soweit in dem betreffenden Gebiet keine öffentliche Apotheke oder Filialapotheke existiert und der Arzt die Genehmigung beantragt (§ 52 Abs. 1–3 Gyftv.).

(VII) Einzelhandelsgenehmigung

Einzelhandelsgeschäfte, die nach dem Handelsgesetz zugelassen sind, benötigen für den Verkauf von nicht verschreibungspflichtigen Arzneimitteln der Genehmigung der Arzneimittelbehörde (§ 68 Abs. 1 Gyftv.). Die Einzelhandelsgenehmigung umfasst jedoch nicht den Versandhandel mit Arzneimitteln (§ 68 Abs. 1 S. 4 Gyftv.). Voraussetzung für die Erteilung der Genehmigung sind geeignete Räumlichkeiten für eine von anderen Produkten abgesonderte Lagerung, ein tatsächliches oder elektronisches Informationszentrum zur Beratung über die Anwendung von Arzneimitteln und eine Person, welche die arzneimittelrechtlichen Vorgaben durchsetzt (§ 68 Abs. 2 Gyftv.). Die Arzneimittel, mit Ausnahme von pflanzlichen Arzneimitteln aus Tee, dürfen für die Verbraucher nicht direkt zugänglich aufbewahrt sein, sondern müssen sich vielmehr in abschließbaren Schränken befinden (§ 69 Abs. 1 Gyftv.).

b. Nachweis- und Registrierungspflichten

Nachweis- und Registrierungspflichten dienen zur Überwachbarkeit der Akteure und ihrer Tätigkeiten in der legalen Lieferkette.

(I) Versandhandel

Als Versandapotheken können nur reale Apotheken fungieren, da nur solche gem. § 12 Abs. 2 Gytv. Arzneimittel an die Öffentlichkeit abgeben dürfen. Die Apotheken müssen ihre Webseite an die Arzneimittelbehörde melden (§ 17 Abs. 5 EüM R. 41/07).[1006] Eine gesonderte Genehmigung ist neben der Apothekenbetriebserlaubnis nicht erforderlich.

(II) Herstellung, Einfuhr und Vertrieb von Wirkstoffen

Seit Umsetzung der FMD gilt eine Registrierungspflicht für Hersteller, Importeure und Vertreiber von Wirkstoffen. Sie müssen sich vor Aufnahme ihrer Tätigkeit bei der Arzneimittelbehörde registrieren lassen (§ 22 Abs. 2 Gytv. n.F.; § 4/A EüM R. 44/05 n. F.). Die Arzneimittelbehörde kann Inspektionen vornehmen, falls dies auf Grundlage einer Risikobewertung im Hinblick auf die Risiken des Wirkstoffs notwendig erscheint (§ 22 Abs. 3 Gytv. n.F.).

(III) Arzneimittelvermittlung

Vermittler von Arzneimitteln müssen eine ständige Adresse im EWR haben und bei der zuständigen Arzneimittelbehörde registriert sein (§ 23 Abs. 1 Gytv. n.F.).

3. Kontrollen

Im Folgenden werden die Kontrollvorschriften zur Überwachung der Einhaltung primärer Schutzmittel behandelt. Sie sind damit überwiegend als sekundäre Schutzmittel einzustufen, können aber zum Teil auch als Gebote zum Schutz vor Fälschungen angesehen werden. In Betracht kommen Kontrollen des Marktakteurs selbst oder Kontrollen durch andere Marktakteure oder den Staat.

1006 Dekret des Gesundheitsministeriums über das Registrierungsverfahren der Einrichtung und des Betriebs von öffentlichen Apotheken, Filialapotheken, Institutionsapotheken und Abgabeapotheke vom 24.9.2007 (*41/2007 (IX. 19.) EüM rendelet a közforgalmú, fiók- és kézigyógyszertárak, továbbá intézeti gyógyszertárak működési, szolgálati és nyilvántartási rendjéről*), in der Fassung vom 4.1.2012 (a.F.), zuletzt geändert am 1.4.2016 (n.F.).

a. Selbstkontrolle

Der Hersteller von Arzneimitteln hat ein Qualitätssystem einzurichten und zu kontrollieren (Anhang 1 Kap. 5 EüM R. 44/05), im Rahmen dessen er Selbstkontrollen durchführt, um die Herstellung der Arzneimittel nach allgemeinen wissenschaftlichen Standards und der Guten Herstellungspraxis zu überwachen (Anhang 1 Kap. 4 Abs. 2 und Kap. 9 Abs. 1 EüM R. 44/05). Es sind regelmäßig Selbstinspektionen des Herstellers durchzuführen (Anhang 1 Kap. 12 EüM R. 44/05). Zudem hat der Hersteller Qualitätskontrollen der Produkte durchzuführen, für die er Labore zur Untersuchung der Ausgangsmaterialien, Fertig- und Zwischenprodukte einzurichten hat (§ 4 Abs. 8 a) aa), ab) Gytv.; Anhang 1 Kap. 10 Ziff. 1, 2 EüM R. 44/05). Die Kontrolle von Arzneimitteln, einschließlich aus Drittländern eingeführten Arzneimitteln, kann in beauftragten Laboren durchgeführt werden (Anhang 1 Kap. 10 Abs. 2 S. 1 EüM R. 44/05). Auch der Großhändler hat die Qualität gelieferter Arzneimittel zu überprüfen und zu zertifizieren (§ 9 Abs. 1 a) ESzCsM R. 53/04) sowie Selbstkontrollen durchzuführen (§ 9 Abs. 1 c) i.V.m. Anhang 2 Ziff. 10.1 ESzCsM R. 53/04). Letzteres gilt seit Umsetzung der FMD auch für den Vermittler (§ 20/B Abs. 2 ESzCsM R. 53/04 n.F.). Zudem hat der Großhändler nunmehr auch ein Qualitätssicherungssystem zu betreiben (§ 9 Ab. 9 ESzCsM R. 53/04 n.F.).

Der Zulassungsinhaber hat ein Pharmakovigilanz-System zu betreiben, um Arzneimittelrisiken zu überwachen und seine Pharmakovigilanzpflichten zu erfüllen (§ 18/B Gytv.). Zu letzteren zählt die Aufzeichnung aller unerwünschten Ereignisse, welche dem Zulassungsinhaber in Italien, EWR-Vertragsstaaten oder Drittländern zur Kenntnis gelangen (§ 18 Abs. 1 Gytv.). Von den unerwünschten Ereignissen können auch Wirkungen von gefälschten Arzneimitteln umfasst sein, soweit die Präparate dem Originalhersteller objektiv zugeordnet werden.

b. Überwachung durch andere Marktakteure

Der Großhändler muss jede Lieferung bei deren Eingang auf Menge und Beschädigungen an der äußeren Verpackung prüfen (Anhang 2 Ziff. 2 S. 3 ESzCsM R. 53/04). Zudem sind Qualitätskontrollen bei Empfang der Ware durchzuführen (Anhang 1 Ziff. 9 ESzCsM R. 53/04). Bei aus Drittländern eingeführten Arzneimitteln kontrolliert die sachkundige Person – unabhängig von einer bestehenden Herstellungserlaubnis – die Quantität der angegebenen Substanzen und die Qualität der Arzneimittel (§ 4 Abs. 1

EüM R. 44/05). Dies gilt nicht, wenn bereits in anderen Mitgliedstaaten eine Kontrolle stattgefunden hat (§ 4 Abs. 2 EüM R. 44/05) oder wenn das Drittland Standards anwendet, die der Guten Herstellungspraxis der EU gleichwertig sind, und selbst Quantitäts- und Qualitätskontrollen durchgeführt hat, sofern ein entsprechendes Abkommen besteht (§ 4 Abs. 3 EüM R. 44/05). Dazu ist bei der Einfuhr ein GMP-Zertifikat beizulegen sowie die Herstellungserlaubnis nachzuweisen (Anhang 1 Kap. 3 Ziff. 1 und 2 EüM R. 44/05).

Seit Umsetzung der FMD muss der Großhändler, welcher Arzneimittel von einem anderen Großhändler bezieht, sicherstellen, dass dieser die Grundsätze und Leitlinien der Guten Vertriebspraxis einhält und über eine Großhandelsgenehmigung verfügt. Beim Kauf vom Hersteller oder Importeur ist die Herstellungserlaubnis zu überprüfen und beim Kauf vom Arzneimittelvermittler dessen Registrierung (§ 3 Abs. 1a ESzsM R. 53/04 n.F.). Kauft ein Arzneimittelhersteller Wirkstoffe von einem Hersteller, Vertreiber oder Importeur, hat er deren Registrierung sowie die Echtheit und Qualität der Wirkstoffe zu überprüfen und zudem die Einhaltung der Guten Vertriebspraxis zu kontrollieren (§ 3 Abs. 1 g) und h), Abs. 2 EüM 44/05 n.F.).

Für eine Herstellungstätigkeit im Auftrag muss ein schriftlicher Vertrag bestehen. Darin sind die Verantwortlichkeiten jeder Seite, wie insbesondere die Einhaltung der Guten Herstellungspraxis klar geregelt (Anhang 1 Kap. 11 Ziff. 1 EüM R. 44/05).

c. Behördliche Überwachung

In Ungarn war bis 2015 das Nationale Institut für Qualitäts- und Organisationsentwicklung in Gesundheit und Medizin (*Gyógyszerészeti és Egészségügyi Minőség-és Szervezetfejlesztési Intézet (GYEMSZI)*) die zuständige Arzneimittelbehörde (§ 1 Korm. R. 59/11).[1007] Danach wurde sie durch das Nationale Institut für Pharmazie und Ernährung (*Országos Gyógyszerészeti és Élelmezés-egészségügyi Intézet (OGYÉI)*) ersetzt.[1008] Das GYEMSZI bestand aus

1007 Regierungsverordnung zum GYEMSZI vom 13.4.2011 (*59/2011. (IV. 12.) Korm. rendelet* a *Gyógyszerészeti és Egészségügyi Minőség- és Szervezetfejlesztési Intézetről*), in der Fassung vom 1.7.2012, ersetzt durch das *28/2015. (II. 25.) Korm. rendelet* vom 1.3.2015.

1008 Regierungsverordnung zum OGYEI vom 1.3.2015 (*28/2015. (II. 25.) Korm. rendelet az Országos Gyógyszerészeti és Élelmezés-egészségügyi Intézetről*), zuletzt geändert am 1.4.2017.

vier Unterbehörden, von denen eine das Nationalinstitut der Apotheken (*Országos Gyógyszerészeti Intézet (OGYI)*) war.

Die Arzneimittelbehörde ist neben der Zulassung der Arzneimittel verantwortlich für die Erteilung von Herstellungs- und Großhandelserlaubnis sowie Parallelimportzulassung (§ 4 Abs. 2, § 11 Abs. 2 und § 11/A Abs. 1 Gytv.) sowie seit Umsetzung der FMD für die Registrierungen (§ 22, 23 Gytv. n.F.). Zudem führt sie die vorhergehenden Inspektionen zur Überprüfung der Einhaltung der Guten Herstellungs- und Vertriebspraxis durch (§ 4 Abs. 5 und 6a Gytv.; § 10 Abs. 1, 19/A ESzCsM R. 53/04). Die Arzneimittelbehörde erteilt auch die Einzelhandelsgenehmigung und führt die Aufsicht über den Verkauf von Arzneimitteln im Einzelhandel (§ 68 Abs. 1, § 72 Gyftv.). Für die Erteilung der Apothekenbetriebserlaubnis und die Überwachung des Apothekenbetriebs war das OGYI zuständig (§ 48 Abs. 1, § 54 Gyftv.), wobei diese Aufgaben nunmehr auch vom OGYÈI übernommen werden. Zudem überwacht die Arzneimittelbehörde die Einhaltung der Ge- und Verbote durch die Marktakteure (§ 20 Abs. 1 S. 1 Gytv.), wozu seit Umsetzung der FMD auch Wirkstoffhersteller und Arzneimittelvermittler zählen.

Die Arzneimittelbehörde ist seit Umsetzung der FMD auch berechtigt, alle in Ungarn hergestellten oder vertriebenen Arzneimittel einschließlich deren Dokumente auf ihre Qualität hin zu untersuchen und Proben für Analysen auf Kosten des Herstellers oder Großhändlers zu erhalten (§ 17 Abs. 2a Gytv. n.F.). Zudem darf sie, um einen Sachverhalt aufzuklären, nunmehr Dokumente bei Unternehmen oder anderen Behörden abfragen und personenbezogene Daten inspizieren und Räumlichkeiten durchsuchen (§ 17/B Gytv. n.F.). Im Hinblick auf elektronische Informationen, die einen Zugang zu gefälschten oder nicht zugelassenen Arzneimitteln eröffnen, kann die Arzneimittelbehörde gegenüber dem Service Provider deren Entfernung für maximal 90 Tage anordnen, in denen die Informationen überprüft und ggf. ein Strafverfahren eingeleitet wird (Art. 20/A Abs. 1-3, 6 und 7 Gytv. n.F.).

Die Arzneimittelbehörde hat ein Pharmakovigilanz-System zu betreiben, um Informationen über Arzneimittelrisiken für die öffentliche Gesundheit zu sammeln, auszuwerten und Maßnahmen zur Risikominderung und -verhütung zu treffen (Art. 18/A Abs. 1 und 2 Gytv.). Falls dringende Maßnahmen zu ergreifen sind, informiert die Arzneimittelbehörde die Mitgliedsstaaten der EU, die EU und die EMA (Art. 18 Abs. 4 S. 1 Gytv.). Die Arzneimittelbehörde kann den Vertrieb und die Anwendung eines Präparats verbieten, wenn dieses als schädlich erkannt wird (§ 18 Abs. 5 a) Gytv.).

d. Zollbehördliche Überwachung

In Ungarn ist die Zentraldirektion für die Überwachung von Zoll und Finanzen (*Nemzeti Adó és Vámhivatal (NAV)*) zuständig für die Überwachung der Ein- und Ausfuhren. Anträge auf Grenzbeschlagnahme sind an sie zu richten (§ 2 Korm. R. 371/04). Ein stattgegebener Antrag wird an die nationalen Zollämter weitergeleitet, die die Grenzkontrollen durchführen.[1009]

e. Strafverfolgungsbehörden

Die ungarische Nationalpolizei (*Magyar Köztársaság Rendőrsége*) ist als Strafverfolgungsbehörde für die Verfolgung von Arzneimittelfälscher zuständig. Auch die NAV ist für die Aufklärung von Straftaten zuständig.[1010] Daneben unterstützt der Nationale Rat gegen Fälschungen (*Hamisítás Elleni Nemzeti Testület (HENT)*) die Verfolgung von Verletzungen des geistigen Eigentums, indem er Schulungen der Verfolgungsbehörden durchführt (§ 2 e) Korm. R. 287/10).[1011] HENT setzt sich aus Vertretern der Regierungsbehörden und Nichtstaatlichen Vertreten zusammen und wird vom ungarischen Patentamt geleitet. Aufgabe des HENT ist es, einen Maßnahmenplan zu erarbeiten (§ 2 a) Korm. R. 287/10), welcher durch den *Action Plan 2012-2015* umgesetzt wurde. Dieser umfasst in der ersten von drei Säulen die effektivere Durchsetzung.[1012]

4. Aufklärung und Information

Die Aufklärung und Information dient als tatsächliches Schutzmittel, welches in Ungarn dennoch zumeist auf rechtlichen Vorschriften beruht, zur Selbsthilfe der durch Arzneimittelfälschungen gefährdeten Personen. Durch die Erhöhung des Bewusstseins vor der Gefahr, kann diese bekämpft werden. Dabei sind insbesondere die Meldung konkreter Fäl-

---

1009 Vgl. *Tálas/Klauber/Szakács*, AIPPI Group Report: Hungary, S. 3

1010 *OGYÈI*, Counterfeit Medicines, abrufbar unter https://www.ogyei.gov.hu/counterfeit_medicines/ (zuletzt aktualisiert am 20.11.2008).

1011 Regierungsverordnung zum HENT vom 1.1.2011 (*287/2010. (XII. 16.) Korm. rendelet a Hamisítás Elleni Nemzeti Testületröl*), in der Fassung vom 3.2.2011 (a.F.), zuletzt geändert am 1.1.2017 (n.F.).

1012 *HENT*, Action Plan 2011-2015, S. 7.

schungsfälle, die Aufklärung über Schutzmöglichkeiten und der Informationsaustausch relevant.

a. Meldung von Fälschungen

Ausdrückliche Vorschriften zur Meldung von Arzneimittelfälschungen kannte das ungarische Recht bis zur Umsetzung der FMD nicht, jedoch gab es bereits ähnliche Vorschriften. So hat der Hersteller im Falle von fehlerhaften Arzneimitteln, wozu auch Fälschungen zählen, oder deren Rücknahme aus dem Markt die Arzneimittelbehörde zu informieren (§ 4 Abs. 8 c) und d) Gytv.). Der Großhändler hat Qualitätsmängel, die seiner Ansicht nach die Ungeeignetheit zur Vermarktung der Produkte zur Folge haben, an die Arzneimittelbehörde zu melden (§ 9 Abs. 1 e) ESzCsM R. 53/04) und seit Umsetzung der FMD auch an den Zulassungsinhaber (§ 9 Abs. 1 e) ESzCsM R. 53/04 n.F.). Zulassungsinhaber und Apotheken, welche Großhandel betreiben oder Arzneimittel an die Öffentlichkeit abgeben sowie Einzelhändler und Ärzte, die Arzneimittel verabreichen, haben vermutete Qualitätsmängel unverzüglich der Arzneimittelbehörde zu melden und für eine behördliche Qualitätskontrolle Proben zur Verfügung zu stellen (§ 17 Abs. 1 und 2 Gytv.). Darüber hinaus hat medizinisches Personal entdeckte Nebenwirkungen, welche auch von gefälschten Arzneimitteln herrühren können, unverzüglich der Arzneimittelbehörde zu melden (§ 18 Abs. 2 S. 1 Gytv.). Informationen zur Meldung unerwünschter Ereignisse finden sich für medizinisches Fachpersonal sowie für Patienten auf einem Web-Portal der Arzneimittelbehörde (§ 18/C Abs. 2 e) Gytv.).

Seit Umsetzung der FMD ist nun ausdrücklich geregelt, dass der Verdacht auf ein gefälschtes Arzneimittel durch den Zulassungsinhaber und die Apotheken, welche Großhandel betreiben oder Arzneimittel an die Öffentlichkeit abgeben, sowie den Einzelhändler und die Ärzte, die Arzneimittel verabreichen, unmittelbar an die Arzneimittelbehörde zu melden ist (Art. 17 Abs. 1 Gytv. n.F.). Auch der Hersteller hat der Arzneimittelbehörde, der NAV und ggf. dem Zulassungsinhaber Meldung zu machen (§ 3 Abs. 1 f) EüM R. 44/05 n.F.)

b. Informierung der Öffentlichkeit

Die Arzneimittelbehörde veröffentlicht auf ihrer Website zurückgerufene Produkte (§ 17 Abs. 3 S. 2 Gytv.), wobei ein Rückruf auch gefälschte Arzneimittel als Ursache haben kann. Will der Zulassungsinhaber Pharmakovigilanz-Informationen veröffentlichen, hat er zugleich die Arzneimittelbehörde, Europäische Kommission und EMA zu informieren (§ 18/D Abs. 1 Gytv.)

c. Aufklärung der Öffentlichkeit

Die Arzneimittelbehörde hat der Öffentlichkeit über ein Webportal sowie andere öffentliche Informationswege genügend Informationen über Pharmakovigilanz-Aspekte mittzuteilen (§ 18/A Abs. 4 d) Gytv.). Ein Ziel des ungarischen *Action Plan* ist es zudem, das Bewusstsein der Öffentlichkeit zum Thema gefälschte Arzneimittel zu stärken, wobei hier unter Fälschungen Verletzungen der Rechte des geistigen Eigentums – also Nachahmungen – gemeint sind. Das Ziel soll durch regelmäßige Pressemeldungen über Erfolge der Behörden in der Bekämpfung von Nachahmungen, öffentlich Kampagnen, einfach verständliche und überwiegend online bereitgestellte Informationen und Präsentationen auf bekannten Veranstaltungen erreicht werden.[1013] Zudem sollen auch Kinder über die Verletzung geistiger Eigentumsrechte aufgeklärt werden, was durch Informationen im Schulunterricht und an Schulen erfolgt.[1014]

Seit Umsetzung der FMD kann die Arzneimittelbehörde die Entfernung elektronischer Informationen im Internet, die den Zugang zu gefälschten oder nicht zugelassenen Informationen eröffnen, anordnen (siehe oben in diesem Teil 5 E. III. unter 2. c.). Während des Zeitraums, in dem die elektronischen Informationen zu entfernen sind, veröffentlicht die Arzneimittelbehörde den Namen der betroffenen Webseite, um insbesondere die Information der Patienten zu fördern (Art. 20/A Abs. 8 Gytv. n.F.).

d. Kooperationen mit Interessensvertretern

Ungarn beteiligt sich an der Taskforce IMPACT der WHO, welche die internationale Zusammenarbeit und das Bewusstsein für die Gefahren der Arzneimittelfälschungen stärken soll. Zudem nimmt Ungarn an der WGEO teil.[1015]

1013 *HENT*, Action Plan 2011-2015, S. 20.
1014 *HENT*, Action Plan 2011-2015, S. 21.
1015 *OGYÉI*, Counterfeit Medicines, a.a.O.

5. Sanktionen gegen Marktakteure

Sanktionen als sekundäre Schutzmittel dienen der Durchsetzung primärer Schutzmittel und stellen Marktakteuren bei Zuwiderhandlungen verwaltungsrechtliche, strafrechtliche oder zivilrechtliche Konsequenzen in Aussicht.

a. Behördliche Maßnahmen

Bei Verstößen der Marktakteure gegen die ihnen auferlegten Ge-und Verbote kann die Arzneimittelbehörde nach der Generalklausel des § 20 Abs. 2 Gytv. die erforderlichen Maßnahmen treffen. Um Unregelmäßigkeiten zu begegnen, kann sie insbesondere die Beendigung des rechtswidrigen Zustands anordnen, die Fortführung des rechtswidrigen Handelns verbieten, den Rückruf gesundheitsschädlicher Produkte aus dem Markt anordnen oder einleiten, die Genehmigung bis zur Behebung der Unregelmäßigkeit aussetzen oder bei besonders schweren oder wiederholten Verstößen die Genehmigung zurücknehmen (§ 20 Abs. 3 Gytv., § 72 Abs. 3 Gyftv.).

Die Arzneimittelbehörde überwacht die Apotheken, führt Inspektionen durch (§ 53/A Abs. 5 Gyftv.) und kann die Apothekenerlaubnis aussetzen oder entziehen (§ 54 Gyftv.). Der Verkauf im Einzelhandel wird ebenso überwacht, wobei die erforderlichen Maßnahmen entsprechend der Art und Schwere des Verstoßes getroffen werden können (§ 72 Abs. 1 und 2 Gyftv.).

b. Strafrechtliche Absicherung

Die Arzneimittelbehörde kann bei Verstößen Strafen auferlegen, welche je nach Schwere und Dauer der Verletzung ausfällt und mindestens bei 100.000 Forints[1016] (ca. 320 €) und seit Umsetzung der FMD maximal bei 500 Mio. Forints (1,6 Mio. €) liegt (§ 20 Abs. 4 S. 1 und Abs. 5 Gytv.). Bei einer Strafe über 1 Mio. Forint oder bei mehrmaligem Verstoß kann der Beschluss nunmehr auch veröffentlicht werden (Art. 20 Abs. 9 Gytv. n.F.). Bei Verstößen eines Einzelhandelsgeschäfts gegen Ge- oder Verbote ist die Höchststrafe auf maximal 1 Cent pro Verkauf des entsprechenden Pro-

1016 Die Währung in Ungarn ist Forint (HUF).

dukts im vorhergehenden Kalenderjahr beschränkt (§ 72 Abs. 5 und 6 Gyftv.). Hierzu kommt eine allgemeine Haftung nach dem Strafgesetzbuch, welche für das fahrlässige Inverkehrbringen von minderwertigen Produkten eine Freiheitsstrafe von bis zu einem Jahr festschreibt (§ 292 Abs. 2 Btk. a.F. / § 415 Abs. 4 Btk. n.F.).

c. Zivilrechtliche Haftung des Originalherstellers

Zivilrechtlich kann ein Originalhersteller nach Produkthaftungsrecht oder allgemeinem Deliktsrecht haftbar sein.

(I) Produkthaftungsrecht

Die Haftung für durch die Anwendung eines Arzneimittels verursachte Schäden bemisst sich nach dem Produkthaftungsrecht (§ 21 Abs. 2 Gytv.). Danach haftet der Hersteller für Schäden, die durch seine Produkte verursacht wurden (§ 3 Abs. 1 Tftv. / § 6:550 Ptk. n.F.). Als Hersteller gilt nicht nur der Endprodukteehersteller, sondern auch Zulieferer von Teilprodukten oder Grundstoffen (§ 1 Abs. 2 Tftv. / § 6:553 Abs. 1 Ptk. n.F.). Soweit Produkte aus dem Ausland eingeführt werden, haftet der Importeuer anstelle des Herstellers, ein Regressanspruch bliebt unberührt (§ 3 Abs. 2 Tftv. / § 6:553 Abs. 2 Ptk. n.F.). Eine Haftung ist jedoch ausgeschlossen, soweit der Hersteller nachweist, dass er das Produkt nicht in Verkehr gebracht hat oder es zum Zeitpunkt des Inverkehrbringens noch keinen Fehler aufgewiesen hat (§ 7 Abs. 1 a) und c) Tftv. / § 6:555 Abs. 1 a) und c) Ptk. n.F.). Mithin dürfte eine Haftung des Originalherstellers grundsätzlich ausgeschlossen sein. Damit wird die subsidiäre Lieferantenhaftung relevant, wonach der Lieferant als Hersteller haftet, soweit der Hersteller oder Importeur nicht bekannt ist und der Lieferant diesen oder seinen Lieferanten nicht benennt (§ 4 Abs. 1 Tftv. / § 6:553 Abs. 3 Ptk. n.F.). Zur Folge einer etwaigen Haftung siehe unten in diesem Teil 5 E. III. unter 6. b. (I)).

(II) Allgemeines Deliktsrecht

Neben die Haftung wegen Produktfehler tritt eine allgemeine Deliktshaftung nach dem Ptk. (§ 12 Tftv.). Danach haftet eine Person für jeden Schaden, der schuldhaft in Ausübung einer gefährlichen Tätigkeit entsteht

(§ 345 Abs. 1 Ptk. a.F. / § 6:535 Abs. 1 Ptk n.F.). Darunter fällt auch die Haftung für ein fehlerhaftes Produkt. Auf Rechtsfolgenseite ist die Herstellung des früheren Zustandes geschuldet und soweit dies nicht möglich ist, die Leistung von Schadensersatz (§ 355 Abs. 1 Ptk. a.F.). Nach neuem Recht ist dagegen Schadensersatz in bar zu leisten und eine Sachleistung nur, soweit dies nach den Umständen gerechtfertigt ist (§ 6:527 Abs. 1 Ptk. n.F.).

(III) Exkurs: staatliche Haftung

Wird ein Arzneimittel, das vom GYEMZSI eine Zulassung erhalten hat, gegen die mutmaßliche oder tatsächliche Ausbreitung von Krankheitserregern, Toxinen, chemischen Stoffen oder radioaktiver Strahlung eingesetzt, hat der Staat geschädigte Personen oder im Todesfall den nächsten Angehörigen den entstandenen Schaden zu ersetzen. Der Schadensumfang richtet sich nach den Vorschriften des Bürgerlichen Gesetzbuchs (§ 21 Abs. 4 Gytv.).

6. Sanktionen gegen Fälscher

Auch verbotene Handlungen im Hinblick auf Arzneimittelfälschungen sind durch sekundäre Schutzmittel abgesichert. Als Sanktionen kommen die strafrechtliche und zivilrechtliche Haftung sowie die Grenzbeschlagnahme in Betracht.

a. Strafrechtliche Haftung

Eine strafrechtliche Haftung des Originalherstellers kann sich aus dem Arzneimittelrecht, Strafrecht, geistigem Eigentumsrecht oder Wettbewerbsrecht ergeben.

(I) Arzneimittelrecht

Das Fälschen von Arzneimitteln war in Ungarn nicht ausdrücklich strafbewährt, jedoch konnten Arzneimittelfälschungen unter andere geltende Vorschriften gefasst werden. Das vorsätzliche Inverkehrbringen von minderwertigen Produkten als Produkte von guter Qualität ist mit Freiheitsstrafe von bis zu drei Jahren bedroht (§ 292 Abs. 1 Btk. a.F. / § 415 Abs. 1 Btk. n.F.). Auch der Versuch ist strafbar und mit Freiheitsstrafe von bis zu einem Jahr bedroht (§ 292 Abs. 3 Btk. a.F. / § 415 Abs. 3 Btk. n.F.). Fielen die Arzneimittel unter die Betäubungsmittel, konnte das Verbot des Herstellens, Verkaufens, Besitzens oder Ein- und Ausführens von nicht zugelassenen Betäubungsmitteln oder Ausgangsstoffen greifen, welches mit bis zu 5 Jahren Freiheitsstrafe bewährt ist (§ 282 Abs. 1, § 283/A Abs. 1 Btk. a.F. / § 178 Abs. 1 Btk. n.F.). Das Handeltreiben mit nicht zugelassenen Betäubungsmitteln ist mit Freiheitsstrafe zwischen 2 und 8 Jahren bedroht (§ 282/A Btk. a.F. / § 176 Abs. 1 Btk. n.F.). Bei beiden Delikten konnten die Strafen je nach Qualifikation erheblich ansteigen. Durch das neue Strafgesetzbuch wurden jeweils Erweiterungen der Tatbestände vorgenommen (§§ 176ff. Btk. n.F.).

Seit Einführung des neuen Strafgesetzbuchs bestehen spezifische Strafvorschriften im Hinblick auf den Schutz vor gefälschten Gesundheitsprodukten, wozu auch Arzneimittel zählen. So ist das Herstellen von falschen Gesundheitsprodukten und das Verfälschen von Gesundheitsprodukten mit Freiheitsstrafe von einem bis zu 5 Jahren strafbewährt, wenn dadurch eine dauerhafte Behinderung oder schwere Körperverletzung resultiert, und mit Freiheitsstrafe von 2 bis zu 8 Jahren, wenn dadurch der Tod einer Person verursacht wird (§ 186 Abs. 1 a), Abs. 2 Btk. n.F.). Dasselbe Strafmaß gilt für das Verkaufen, Anbieten, Inverkehrbringen von oder Handeln mit falschen oder verfälschten oder mit nicht zugelassenen Arzneimitteln (§ 186 Abs. 1 b), Abs. 2 Btk. n.F.). Unabhängig von den genannten Folgen sind oben genannte Handlungen sowie auch die Ein- und Ausfuhr und die Durchfuhr von falschen oder verfälschten oder nicht zugelassenen Gesundheitsprodukten sowie deren Ankauf oder Besitz in nicht nachvollziehbaren Mengen strafbewährt. Sie können mit Freiheitsstrafe von einem bis zu 5 Jahren bestraft werden, soweit der Täter im Gesundheitsbereich oder für einen Hersteller, Großhändler oder öffentlichen Lieferanten arbeitet oder die Täter als Bande zusammenwirken (§ 186 Abs. 1 und 3 Btk. n.F.). Davon umfasst wird auch die Nutzung von Originaldokumenten zu einem anderen als dem vorgesehenen Zweck.

Darüber hinaus ist seit Umsetzung der FMD auch ein Verstoß gegen die behördliche Anordnung, elektronische Informationen, die den Zugang zu gefälschten oder nicht zugelassenen Arzneimitteln eröffnen, zu entfernen, mit Geldstrafe von 100.000–1 Mio. Forints (ca. 320–3.200 €) belegt. Die Höhe hängt von der Schwere, Wiederholung und den Folgen der Tat ab, wobei die Strafe auch bei Nichterfüllung mehrmals auferlegt werden kann (§ 20/A Abs. 4 und 5 Gytv. n.F.).

(II) Strafrecht

Hinsichtlich des Verkaufs eines gefälschten Arzneimittels, welches keinen oder zu wenig Wirkstoff und demzufolge falsche Angaben auf der Verpackung oder in der Packungsbeilage enthält, macht sich der Täter des Betrugs strafbar (§ 318 Btk. a.F. / § 373 Btk. n.F.). Falls ein geringer Schaden vorliegt, ist der Betrug mit Freiheitsstrafe von bis zu zwei Jahren strafbewährt (§ 318 Abs. 2 Btk. a.F. / § 373 Abs. 2 Btk. n.F.). Wird der Schaden erheblicher oder die Tat in gewerbsmäßigem Umfang begangen, steigt die Strafandrohung stufenweise auf bis zu fünf bis zehn Jahre an (§ 318 Abs. 3-7 Btk. a.F. / § 373 Abs. 3-6 Btk. n.F.).

Wird ein Mensch durch die Einnahme eines gefälschten Arzneimittels an der Gesundheit geschädigt oder körperlich misshandelt, greift der Straftatbestand der vorsätzlichen Körperverletzung gem. § 170 Btk. a.F. (§ 164 Btk. n.F.). Falls die verursachte Verletzung weniger als acht Tage zur Heilung braucht, liegt eine einfache Körperverletzung vor, die mit Freiheitsstrafe von bis zu zwei Jahren bestraft wird (§ 170 Abs. 1 Btk. a.F. / § 164 Abs. 2 Btk. n.F.). Beträgt die Heilungsdauer über acht Tage ist eine schwere Körperverletzung gegeben, die mit Freiheitsstrafe von bis zu drei Jahren bestraft wird (§ 170 Abs. 2 Btk. a.F. / § 164 Abs. 3 Btk. n.F.). Je nach Begleitumständen und Folge der Tat kann sich die Strafe auf bis zu 5 Jahre Freiheitsstrafe erhöhen (§ 170 Abs. 3 und 4 Btk. a.F. / § 164 Abs. 4-7 Btk. n.F.). Die schwere Körperverletzung ist auch als Fahrlässigkeitsdelikts mit Strafe bedroht, wobei das Strafmaß hier je nach der Folge der Tat bei bis zu 5 Jahren Freiheitsstrafe liegt (§ 170 Abs. 7 Btk. a.F. / § 164 Abs. 9 Btk. n.F.).

Bei Versterben eines Menschen aufgrund der Einnahme eines gefälschten Arzneimittels ist der Tatbestand des Totschlags gem. § 166 Abs. 1 Btk. a.F. (§ 160 Abs. 1 Btk. n.F.) einschlägig, welcher eine Strafandrohung zwischen fünf und fünfzehn Jahren Freiheitsstrafe vorsieht. Bei Tatbegehung zur Erzielung finanziellen Gewinns, gegen mehrere Personen, unter Gefährdung einer Vielzahl an Personen oder durch einen Wiederholungstäter bemisst sich die Strafe auf Freiheitsstrafe zwischen zehn und zwanzig Jahren oder lebenslanger Freiheitsstrafe (§ 166 Abs. 2 b), f), g) und h) Btk. a.F. / § 160 Abs. 2 b), f), g) und h) Btk. n.F.).[1017]

1017 Zu lebenslanger Freiheitsstrafe können nur Personen verurteilt werden, die bei Tatbegehung über 20 Jahre alt waren (§ 40 Abs. 3 Btk. a.F. / § 41 Abs. 1 S. 1 Btk. n.F.). Bei der Verurteilung soll das Gericht den frühesten Zeitpunkt einer Freilassung auf Bewährung festlegen oder eine Bewährung ausschließen (§ 47/A Abs. 1 Btk. a.F. / § 42 Btk. n.F.). Der Zeitpunkt der frühesten Freilassung war

(III) Geistige Eigentumsrechte

Straftatbestände, die eine Verletzung von gewerblichen Schutzrechten oder des Urheberrechts sanktionieren, sind im Strafgesetzbuch zu finden. Eine Verletzung eines gewerblichen Schutzrechts – also insbesondere einer Marke, eines Patents oder eines Designs – durch Nachahmung oder Vervielfältigung des Schutzguts wird bei Verursachung eines finanziellen Schadens mit Freiheitsstrafe von bis zu zwei Jahren bestraft (§ 329/D Abs. 1 Btk. a.F. / § 388 Abs. 1 Btk. n.F.). Ebenso wird eine Verletzung des Urheberrechts bei Verursachung eines finanziellen Schadens bestraft (§ 329/A Abs. 1 Btk. a.F. / § 385 Abs. 1 Btk. n.F.). Wird die Verletzung des gewerblichen Schutzrechts in gewerblichem Umfang begangen bzw. hat die Urheberrechtsverletzung einen wesentlichen finanziellen Schaden zur Folge, beträgt die Freiheitsstrafe bis zu drei Jahre (§§ 329/D Abs. 2 und 329/A Abs. 3 Btk. a.F. / §§ 388 Abs. 2 und 385 Abs. 3 Btk. n.F.). Bei einem besonders erheblichen Schaden ist die Strafe jeweils auf Freiheitsstrafe bis zu fünf Jahren und bei einem besonders erheblichen Schaden auf Freiheitsstrafe von zwei bis zu acht Jahren erhöht (§§ 329/D Abs. 3 und 329/A Abs. 4 Btk. a.F. / §§ 388 Abs. 3 und 385 Abs. 3 Btk. n.F.). Schließlich wird auch das Nachahmen von Produkten eines Mitbewerbers in einer ähnlichen Aufmachung, welche Verwechslungsgefahr begründet, bestraft und zwar bisher mit Freiheitsstrafe von bis zu drei Jahren (§ 296 Btk. a.F.) und nunmehr abhängig davon, ob die Nachahmungen mangelhaft sind oder nicht, mit bis zu 3 Jahren oder mit bis zu einem Jahr (§ 419 Btk. n.F.).

(IV) Wettbewerbsrecht

Das Wettbewerbsgesetz verbietet unlauteres Verhalten über eine Generalklausel in § 2 Tpvt. Unlauteres Verhalten liegt insbesondere vor, wenn ein Verhalten die Interessen der Wettbewerber und Verbraucher verletzt oder gefährdet oder gegen die Erfordernisse des geschäftlichen Anstands verstößt. Konkreter kann dies die unerlaubte Nachahmung von Waren eines Wettbewerbers sein (§ 6 Tpvt.), wie es bei gefälschten Arzneimitteln regelmäßig der Fall ist. Unlauter ist zudem den guten Ruf von Wettbewerbern

---

nach 20 Jahren (nunmehr nach 25 Jahren) oder, falls der Straftatbestand ausschließlich eine unbegrenzte Strafe vorsieht, nach 30 Jahren (nunmehr nach 40 Jahren (§ 74/A Abs. 2 Btk. a.F. / § 43 Abs. 1 Btk. n.F.) Die Bewährungszeit darf 15 Jahre nicht unterschreiten (§ 48 Abs. 1 Btk. a.F. / § 43 Abs. 2 Btk. n.F.).

durch die Behauptung unrichtiger Tatsachen oder durch sonstiges Verhalten zu verletzen bzw. zu gefährden (§ 4 Tpvt.). Durch einen Fall von Arzneimittelfälschungen wird das Vertrauen der Verbraucher auf einen Wettbewerber nachhaltig gestört, was im Ergebnis eine rufschädigende Wirkung zur Folge hat. Ergänzt wird das Wettbewerbsgesetz durch das Gesetz über unlautere Geschäftspraktiken, welches im Wesentlichen inhaltlich die UPG-Richtlinie wiedergibt.[1018] Danach sind unlautere Geschäftspraktiken, wie z.B. irreführende Geschäftspraktiken, die unwahre Angaben oder Täuschungen über die Zusammensetzung eines Produkts enthalten, verboten (§ 3 Abs. 1, § 6 Abs. 1 b) ba) Fttv.). Bei einem Verstoß gegen das Verbot unlauterer Geschäftspraktiken kann die hier zuständige nationale Verbraucherschutzbehörde (*Nemzeti Fogyasztóvédelmi Hatóság*) ein Bußgeld verhängen (§ 17 Abs. 3 Fttv.). Ein Verstoß gegen das Verbot unlauteren Verhaltens kann ebenso mit einem Bußgeld geahndet werden, dieses darf höchstens 10 Prozent des im vorhergehenden Geschäftsjahr erzielten Nettoumsatzes des Unternehmens betragen (§ 87 i.V.m. § 78 Abs. 1 S. 1 Tpvt.).

Die Täuschung der Verbraucher über die Zusammensetzung, die Herkunft oder die Kontrolle von Produkten mit Gesundheitsbezug wird mit Freiheitsstrafe von bis zu 3 Jahren bestraft (§ 417 Abs. 2–4 Btk. a.F.).

b. Zivilrechtliche bzw. verwaltungsrechtliche Haftung

Eine zivilrechtliche oder verwaltungsrechtliche Haftung kann sich in Ungarn aus dem Produkthaftungsrecht, allgemeinen Deliktsrecht, geistigen Eigentumsrecht oder Wettbewerbsrecht ergeben.

(I) Produkthaftungsrecht

Hersteller eines gefälschten Arzneimittels haften verschuldensunabhängig für einen Schaden, der durch das fehlerhafte Produkt verursacht wird (§ 3 Abs. 1 Tftv. / § 6:550 Ptk. n.F.). Auch Zulieferer von Teilprodukten oder Grundstoffen haften, soweit der Fehler in ihrer Verantwortung liegt (§ 1 Abs. 2 Tftv. / § 6:533 Abs. 1 Ptk. n.F.). Demzufolge haftet auch der Lieferant von gefälschten Wirkstoffen oder Verpackungsmaterial, wobei zusammen mit dem Endproduktehersteller eine gesamtschuldnerische Haftung beste-

---

1018 *Schulte-Beckhausen/Maaßen* in: Gloy/Loschelder/Erdmann, Wettbewerbsrecht, § 13 Rn. 75.

hen kann (§ 5 Tftv. / § 6:524 Ptk. n.F.). Haftungsfolge ist der Ersatz von Personen- und Sachschäden, wobei die beschädigte Sache eine andere als das fehlerhafte Produkt sein muss und gewöhnlich nur zum privaten Ge- und Verbrauch bestimmt und hauptsächlich verwendet werden darf (§ 1 Abs. 4 b Tftv. / § 6:555 Abs. 1 b Ptk. n.F.). Ersetzbar sind materielle Schäden und immaterielle Schäden (§ 1 Abs. 4 a Tftv. / vgl. § 6:522 Abs. 1 und 2 Ptk. n.F.). Bei Sachschäden muss der Geschädigte eine Selbstbeteiligung von umgerechnet 500 € selbst tragen (§ 1 Abs. 4 b Tftv. / § 6:552 b Ptk. n.F.). Eine Haftungshöchstgrenze gibt es nicht.

(II) Allgemeines Deliktsrecht

Derjenige, der gegen das Gesetz handelt und dadurch einen Schaden eines Dritten verursacht, ist dem Geschädigten schadensersatzpflichtig (§ 339 S. 1 Ptk. a.F. / § 6:519 S. 1 Ptk. n.F.). Dies gilt insbesondere für Schäden, die durch die Ausübung einer gefährlichen Tätigkeit entstehen (§ 345 Abs. 1 Ptk. / § 6:535 Abs. 1 Ptk. n.F.). Die Herstellung und der Vertrieb gefälschter Arzneimittel sind als gefährliche Tätigkeit in diesem Sinne anzusehen, sodass Fälscher zivilrechtlich in der Haftung stehen.

(III) Geistige Eigentumsrechte

Bei einer Patent-, Markenrechts- oder Design- oder Urheberrechtsverletzung hat der Schutzrechtsinhaber Anspruch auf gerichtliche Feststellung der Verletzung, auf Unterlassen, auf Auskunft über die an der Verletzung beteiligten Personen und die Vertriebswege, auf Anerkennung der Verletzung, die, soweit erforderlich, von dem Verletzer veröffentlicht werden muss, auf Herausgabe einer ungerechtfertigten Bereicherung und auf die Beschlagnahme, die Übergabe an eine bestimmte Person, den Rückruf und die Vernichtung oder endgültige Entfernung der verletzenden Erzeugnisse oder Mittel aus den Vertriebswegen (§ 35 Abs. 2 Szot.; § 27 Abs. 2 Vt.; § 23 Abs. 2 S. 1 Fmtv.; § 94 Abs. 1 Szjt.). Zudem kann der Schutzrechtsinhaber Schadensersatz nach den Regeln der zivilrechtlichen Haftung verlangen (§ 35 Abs. 3 S. 1 Szot.; § 27 Abs. 3 Vt.; § 23 Abs. 2 S. 1 Fmtv.; § 94 Abs. 2 Szjt.). Der Auskunftsanspruch kann sich gegen jede Person richten, die gewerbsmäßig verletzende Produkte besitzt oder nutzt oder an der Herstellung oder Lieferung derselben beteiligt ist (§ 35 Abs. 5 a), b) und d) Szot.; § 27 Abs. 5 a), b) und d) Vt.; § 23 Abs. 2 S. 1 Fmtv.; § 94 Abs. 4 Szjt.). Er bezieht sich auf Angaben über Namen und Anschrift des Herstellers, des Lieferanten und Vorbesitzers der Erzeugnisse und die beteiligten Großhändler oder Einzelhändler sowie über die Menge der hergestellte, ausgelieferten, erhaltenen oder bestellten Erzeugnisse, Waren bzw. Vervielfältigungstücke und die dafür bezahlten Preise (§ 35 Abs. 7 Szot.; § 27 Abs. 7 Vt.; § 23 Abs. 2 S. 1 Fmtv.; § 94 Abs. 6 Szjt.). Auf Antrag können die beschlagnahmten, zurückgerufenen oder aus den Vertriebswegen entfernten Produkte und Mittel von dem verletzenden Umstand befreit oder, wenn dies nicht möglich ist, vernichtet werden (§ 35 Abs. 8 S. 1 Szot.; § 27 Abs. 8 S. 1 Vt.; § 23 Abs. 2 S. 1 Fmtv.; § 94 Abs. 7 Szjt.). Das Urteil eines Gerichts kann auf Antrag öffentlich bekannt gemacht werden (§ 35 Abs. 11 Szot.; § 27 Abs. 11 Vt.; § 23 Abs. 2 S. 1 Fmtv.; § 94 Abs. 10 Szjt.).

(IV) Wettbewerbsrecht

Bei Verstößen gegen das Verbot unlauteren Wettbewerbs im Sinne der §§ 2–7 Tpvt. bestehen Ansprüche auf Feststellung der Rechtsverletzung, Unterlassung, Widerruf in der Öffentlichkeit, Beseitigung der Rechtsverletzung einschließlich einer etwaigen Vernichtung der verletzenden Waren und besonderen Mittel zur Herstellung, Schadensersatz und Auskunftserteilung (§ 86 Abs. 2 Tpvt.). Die Auskunft ist auf Daten über die Teilnahme an Herstellung und Absatz sowie auf die zum Absatz entwickelten Geschäftsbeziehungen gerichtet (§ 86 Abs. 2 g Tpvt.). Bei unlauteren Geschäftspraktiken gegenüber Verbrauchern kann auch ein verwaltungsbehördliches Verfahren auf Erlass einer Unterlassungsverfügung durch die zuständige nationale Verbraucherschutzbehörde eingeleitet werden (§ 16 i.V.m. § 10 Abs. 1 Fttv.).

c. Grenzbeschlagnahme

Eine Grenzbeschlagnahme konnte in Ungarn nach den speziellen Vorschriften der Korm. R. 371/04 beantragt werden, welche die PPVO a.F. in Kraft setzte und sich deshalb weitgehend mit den europäischen Vorschriften deckte.[1019] Nunmehr erfolgt die Grenzbeschlagnahme nach dem Korm. R. 556/13[1020] und damit der neuen PPVO. Von dem Schutz erfasst

1019 *Tálas/Klauber/Szakács*, AIPPI Group Report: Hungary, S. 1.
1020 Siehe Fn. 995.

sind alle Rechte des geistigen Eigentums wie insbesondere Patente, Marken, Designs und Urheberrechte (§ 35/A Szot.; § 28 Vt.; § 23 Abs. 2 S. 2 Fmtv.; § 97 Szjt.). Die nationalen Vorschriften finden auch auf parallelimportierte Ware Anwendung.[1021]

Die ungarischen Zollbehörden werden auf Antrag tätig (§ 2 Korm. R. 371/04). Ist ein Zollamt der Ansicht, dass bei der Aus- oder Einfuhr Waren ein geistiges Eigentumsrecht verletzen, das in einem Antrag enthalten ist, setzt es die Überlassung der Ware aus oder hält diese zurück und benachrichtigt den Rechtsinhaber sowie der Besitzer der Ware (§ 4 Korm. R. 371/04). Der Rechtsinhaber hat innerhalb von zehn Arbeitstagen die Ware zu prüfen und der Zollbehörde mittzuteilen, ob ein Gerichtsverfahren zur Überprüfung der Rechtsverletzung eingeleitet wurde (§ 5 Abs. 1 Korm. R. 371/04). Alternativ kann er einen Antrag auf Vernichtung der Ware im vereinfachten Verfahren stellen, wonach die Ware ohne Feststellung einer Rechtsverletzung mit Zustimmung des Besitzers oder Eigentümers der Ware vernichtet wird (§ 8 Abs. 1 und 2 Korm. R. 371/04). Die Zustimmung gilt auch als erteilt, wenn der Vernichtung nicht innerhalb von zehn Arbeitstagen widersprochen wurde (§ 8 Abs. 2 S. 2 Korm. R. 371/04). Bei Tätigwerden der Zollbehörde hat der Antragsteller ihr die Lagerkosten und andere Aufwendungen zu ersetzen (§ 5 und § 6 Korm. R. 371/04) und die Kosten einer Vernichtung zu zahlen, soweit nicht der Besitzer oder Eigentümer diese übernommen hat (Art. 8 Abs. 3 Korm. R. 371/04).

Die ungarischen Zollbehörden können auch von Amts wegen tätig werden, wenn sie ausreichende Verdachtsgründe für eine Rechtsverletzung haben (§ 7 Abs. 1 Korm. R. 371/04 i.V.m. Art. 4 Abs. 1 RL (EU) 1383/2003). Die Zollbehörde informiert dann den Rechtsinhaber, der innerhalb drei Arbeitstagen einen Antrag auf Tätigwerden einreichen kann (§ 7 Abs. 2 Korm. R. 371/04). Ist der Rechtsinhaber nicht bekannt, kontaktiert die Zollbehörde das ungarische Patentamt oder die Organisation für die kollektive Verwaltung von Urheberrechten (§ 7 Abs. 3 Korm. R. 371/04). Diese haben drei Tagen Zeit, um Angaben zum Rechtsinhaber zu machen (§ 7 Abs. 4 Korm. R. 371/04).

IV. Ergebnis

Ungarn kommt seiner staatlichen Pflicht zum Schutz vor gefälschten und nachgeahmten Arzbeimitteln erst seit Umsetzung der FMD vollständig

1021 *Tálas/Klauber/Szakács*, AIPPI Group Report: Hungary, S. 2.

nach, da erst zu diesem Zeitpunkt das Verbot gefälschter Arzneimittel nachgebessert wurde. Neben tatsächlichen Maßnahmen stehen rechtliche Regelungen, die zum Schutz vor den gesundheitlichen Gefahren für Patienten, den Gefahren für das Eigentum der Originalhersteller und den Gefahren für den Wettbewerb dienen.

Ein indirektes Verbot schützte vor Gesundheitsgefahren gefälschter Arzneimittel, indem das Herstellen, Besitzen sowie Ein- und Ausführen von nicht zugelassenen Betäubungsmitteln und Ausgangsstoffen sowie das Handeltreiben mit diesen untersagt war. Das Verbot fasste sämtliche Fälschungsarten, sodass auch perfekte Imitationen und Nachahmpräparate oder Placebos von Lifestyle-Produkten, für welche keine staatliche Schutzpflicht besteht (siehe oben Teil 4 A. VIII 1. b. (I) (2)), geschützt waren. Zudem waren alle relevanten Verursachungsbeiträge erfasst und neben den Betäubungsmitteln auch Ausgangsstoffe erfasst. Allerding griff das Verbot nur, soweit die gefälschten Arzneimittel als Betäubungsmittel oder ihre Ausgangsstoffe galten, sodass unter Umständen Strafbarkeitslücken bestanden. Mit Umsetzung der FMD wurde diesbezüglich nachgebessert. Die Strafzumessung muss als angemessen betrachtet werden. Das Herstellen, Besitzen sowie Ein- und Ausführen wurde mit Freiheitsstrafe von bis zu 5 Jahren bestraft, wobei sich die Strafe in einem schweren Fall stufenweise auf bis zu 10 Jahre erhöhte. Das Handeltreiben war hingegen noch strenger strafbewehrt und mit Freiheitsstrafe von 2–8 Jahren bedroht. Besonders schwere Fälle konnten sogar eine lebenslange Freiheitsstrafe nach sich ziehen. Ergänzt wird der Schutz durch Vorkehrungen, die ein Eindringen von Fälschungen in die legale Vertriebskette verhindern sollen. Dazu gehören die Pflicht der Einhaltung der Guten Herstellungs- und Vertriebspraxis und Abgabebeschränkungen, wobei bei Letzteren lediglich der Versandhandel von nicht verschreibungspflichtigen Arzneimitteln erlaubt ist. Daneben bestehen Genehmigungs- und Nachweispflichten sowie Überwachungsmaßnahmen.

Die Rechte des geistigen Eigentums und die ihrer Ausgestaltung entsprechenden Benutzungsverbote werden strafrechtlich und zivilrechtlich abgesichert. Strafrechtlich wird eine Verletzung mit Freiheitsstrafe von bis zu 2 Jahren, bei schweren Fällen mit bis zu 8 Jahren geahndet. Zivilrechtlich bestehen Ansprüche auf Unterlassung, Rückruf, Vernichtung bzw. Entfernung des rechtsverletzenden Umstandes oder Übergabe der verletzenden Ware, Schadensersatz und Anerkennung der Verletzung mit anschließender Veröffentlichung derselben. Die Vorkehrungen sind zum Schutz des Eigentums, welches in der Wertordnung der Verfassung niedriger einzuordnen ist als das Leben und die Gesundheit, als angemessen zu bewerten.

Der Wettbewerb wird zum Schutz der Verbraucher durch die Möglichkeit eines verwaltungsbehördlichen Verfahrens der Verbraucherschutzbehörde abgesichert, welches ein Bußgeld bis zu 10 Prozent des Nettojahresumsatzes nach sich ziehen kann. Darüber hinaus wird die unerlaubte Irreführung mit Freiheitsstrafe von bis zu 3 Jahren bestraft. Zivilrechtliche werden Wettbewerbern Ansprüche auf Unterlassung, Vernichtung verletzender Ware und Herstellungsmittel, Schadensersatz und Widerruf einer Aussage in der Öffentlichkeit an die Hand gegeben. Zum Schutz des Wettbewerbs sind die Schutzmittel angemessen.

F. Gesamtergebnis und Vergleich

Die EU und die Mitgliedstaaten haben bereits zahlreiche Vorkehrungen zum Schutz gegen gefälschte und nachgeahmte Arzneimittel getroffen. Auf eine wertende Betrachtung der Schutzvorkehrungen wird unten in Teil 7 einggangen. Zu unterscheiden ist hier zwischen dem Schutz der Gesundheit, dem Eigentum und dem Wettbewerb. Eine zusammenfassende Synopse der wichtigsten nationalen und europäischen Schutzvorkehrungen findet sich in Anhang I.

I. Gesundheitsschutz

Zum Schutz der Gesundheit hat bereits die FMD durch ergänzende oder neue Vorgaben zur Verbesserung des Schutzniveaus beigetragen. Besonders hervorzuheben sind die ausdrücklichen Verbotstatbestände einschließlich der einheitlichen Definition des gefälschten Arzneimittels sowie die Einführung von Sicherheitsmerkmalen, Versandapothekenlogos und Registrierungspflichten und die Verstärkung von Kontrollen.

Das Verbot von Verursachungsbeiträgen im Hinblick auf gefälschte Arzneimittel war in den Mitgliedstaaten unterschiedlich ausgeprägt. Während England und Ungarn unter Bezugnahme auf nicht zugelassene Arzneimittel bzw. Betäubungsmittel und Ausgangstoffe nur ein mittelbares Verbot festsetzten und Deutschland mit dem Herstellen und Inverkehrbringen nicht alle Verursachungsbeiträge verbot, setzte Italien eine Gefahr für die Öffentliche Gesundheit voraus. Die FMD gibt nunmehr ein Verbot des Herstellens, Vertreibens, Vermittelns sowie Ein- und Ausführens von gefälschten Arzneimitteln vor, wobei die neue und vereinheitlichte Definition des gefälschten Arzneimittels zur Klarheit beiträgt. Indessen erweiterten nur Deutschland und Ungarn ihre Verbotstatbestände entsprechend. Den von der FMD geforderten wirksamen, verhältnismäßigen und abschreckenden Sanktionen kommen ebenso nicht alle Länder nach. Während in Deutschland, Italien und Ungarn die Strafen bei Freiheitsstrafe in einem Zeitraum von bis zu 3 und 5 Jahren oder Geldstrafe liegen und bei entsprechender Qualifikation auf einen Zeitraum von bis zu 8 und 13 ½ Jahren Freiheitsstrafe ansteigen können, sieht England lediglich eine Geldstrafe oder/und eine Freiheitsstrafe von maximal 2 Jahren vor.

Eine weitere wesentliche Neuerung der FMD ist die Einführung von Sicherheitsmerkmalen auf Arzneimittelpackungen, welche einerseits aus dem individuellen Erkennungsmerkmal zur Identifizierung und Echtheitsprüfung von Arzneimitteln und andererseits aus der Vorrichtung gegen Manipulation bestehen. Ähnliche Vorschriften waren bereits in der Rechtsordnung von Italien zu finden, wobei die Ausgestaltung sich deutlich unterschied. Das italienische *Bollino* war von einer staatlichen Behörde zu beziehen und auf erstattungsfähigen Arzneimitteln anzubringen. Datenträger war ein Balkendiagramm mit Klarschrift, das eine fortlaufende Nummer beinhaltete und durch die Meldung jeder Bewegung die vollständige Rückverfolgbarkeit der Lieferkette gewährleistete. Das individuelle Erkennungsmerkmal hingegen ist grundsätzlich auf alle verschreibungspflichtigen Arzneimittel aufzubringen und wird als Data Matrix und Klarschrift von den Arzneimittelherstellern selbst auf Grundlage eines deterministischen oder nicht-deterministischen Randomisierungsalgorithmus generiert. Die Überprüfung am Ende der Lieferkette erlaubt die Echtheitsprüfung, jedoch keine vollständige Rückverfolgbarkeit der Vertriebskette. Durch die Identifizierbarkeit und Echtheitsprüfung jedes einzelnen Arzneimittels wird verhindert, dass Fälschungen wie im Fälschungsfall Omeprazol (siehe oben unter Teil 3 C. II.) aufgrund ihres täuschend echten Aussehens in die legale Lieferkette gelangen. Als weiteres europäisches Sicherheitsmerkmal ist die Vorrichtung gegen Manipulation vorgegeben, welche bisher jedoch noch nicht in mitgliedstaatlichen Rechtsordnungen vorkam. Diebstähle von Originalarzneimitteln und -packungen wie im Fälschungsfall Heparin (siehe oben unter Teil 3 C. I.) werden durch Sicherheitsmerkmale zwar nicht verhindert, das Einschleusen der daraus hergestellten Fälschungen wird jedoch deutlich erschwert.

Eine zentrale Schutzvorkehrung in allen Mitgliedstaaten ist die Absicherung der legalen Vertriebskette mittels Abgabebeschränkungen. Da deren Bestimmung in der Verantwortung der Mitgliedstaaten steht, weisen die reglementierten Vertriebsketten einige Unterschiede auf. Während der klassische Vertriebsweg in der Regel vom Hersteller über den Großhandel bis hin zu Apotheke verläuft, sind besondere Vertriebswege wie der Direktvertrieb vom Hersteller an Apotheken oder Ärzte und Einrichtungen in Ungarn nicht vorgesehen. Zur Arzneimittelabgabe berechtigte Arztpraxen gibt es in Ungarn und England, nicht jedoch in Italien und Deutschland. Freiverkäufliche Arzneimittel dürfen grundsätzlich in allen Ländern in Einzelhandelsgeschäften abgegeben werden, wobei sich die Voraussetzungen stark unterscheiden. Während in Deutschland die Anwesenheit einer sachkundigen Person ausreicht, setzt die italienische *Parafarmacia* eine eigene Abteilung im Geschäft und die Anwesenheit eines Apothekers voraus. In Ungarn bedarf es eines Informationszentrums zur Anwendungsberatung, einer zur Durchsetzung arzneimittelrechtlicher Vorgaben zuständigen Person, abgetrennter Lagerungsmöglichkeiten und abschließbarer Verkaufsschränke. In England muss hingegen die Verkaufsstelle abschließbar sein, zudem greifen teilweise Beschränkungen hinsichtlich der Packungsgrößen.

Der Versandhandel mit Arzneimitteln war bislang nicht in allen Mitgliedstaaten erlaubt. Insbesondere in Italien gab es ein umfassendes Verbot, welches jedoch seit Umsetzung der FMD zugunsten des Versandhandels mit nicht verschreibungspflichtigen Arzneimitteln aufgehoben wurde. Auch viele andere Länder, darunter z.B. Ungarn, erlauben diese Form des Vertriebs ausschließlich im Hinblick auf nicht verschreibungspflichtige Arzneimittel. In Deutschland und England ist darüber hinaus auch ein Versandhandel mit verschreibungspflichtigen Arzneimitteln möglich. Letztere beide Mitgliedstaaten sahen bisher ein Versandapothekenlogo für Internetapotheken auf freiwilliger Basis vor. Die FMD macht ein solches nun zur Pflicht. Demnach müssen alle Internetapotheken auf ihrer Webseite das gemeinsame Logo anbringen, welches eine Verlinkung zur Versandhandelsliste enthält, worin wiederum alle zugelassenen Versandapotheken gelistet sind. Damit können Verbraucher in Zukunft die Versandapotheken im Internet auf ihre Seriosität hin überprüfen, sodass weniger Fälschungen über den elektronischen Schwarzmarkt vertrieben werden. Ergänzend gibt die FMD ein Verbot des Verkaufens gefälschter Arzneimittel über Dienste der Informationsgesellschaft vor.

Eine weitere wichtige Neuerung der FMD ist die Registrierungspflicht für Arzneimittelvermittler, welche bisher so nicht vorgesehen war. Damit sollen alle relevanten Marktakteure in das Arzneimittelrecht einbezogen werden, um die Zuverlässigkeit der Lieferkette mittels Kontrollmöglichkeiten zu gewährleisten.

Auch Hersteller, Vertreiber und Importeure von Wirkstoffen haben ihre Tätigkeit der zuständigen Behörde zu melden, um die Durchsetzung und Überwachung der Einhaltung geltender Bestimmungen zu erleichtern. Dazu zählt insbesondere die Einhaltung Guter Herstellungspraxis bzw. gleichwertiger Standards, soweit die Wirkstoffe aus Drittländern stammen. Zumindest ersteres war auch bisher in den nationalen Regelungen auffindbar. Inspektionen von Wirkstofferstellern sollten nicht mehr nur dann durchgeführt werden, wenn der Verdacht besteht, dass Bestimmungen nicht eingehalten werden, sondern nunmehr auch auf Grundlage einer Risikoanalyse. Die Einschleusung gefälschter Wirkstoffe in die legale Vertriebskette wie im Fälschungsfall Heparin (siehe oben unter Teil 3 C. III.) wird dadurch entgegengewirkt.

Insgesamt verstärkte die FMD die Kontrolle der Zulieferer und Abnehmer, indem Arzneimittelhersteller und Großhändler die Genehmigungen bzw. Registrierungen sowie die Einhaltung der Guten Herstellungspraxis und Guten Vertriebspraxis überprüfen müssen. Zwar waren in den Mitgliedstaaten bereits zuvor Kontrollpflichten geregelt, jedoch nicht In dieser umfangreichen Form. Die Gute Vertriebspraxis für Arzneimittel wurden dabei überarbeitet und Leitlinien der Guten Vertriebspraxis für Wirkstoffe erstmals erlassen. Eine Lohnherstellung ohne Überprüfung des Auftraggebers wie im Fälschungsfall Omeprazol (siehe oben unter Teil 3 C. II.) wird dadurch künftig verhindert.

Wichtig sind die Aufklärung der Öffentlichkeit über die Gefahren gefälschter Arzneimittel und die Kooperation in europäischen und internationalen Foren, worauf auch ErwGr. 28 FMD explizit hinweist. Arzneimittelfälschungen stammen oft aus dem Ausland, sodass nur eine Zusammenarbeit der Behörden mit regelmäßigem Austausch eine sinnvolle Bekämpfung und Verfolgung von Arzneimittelfälschungen ermöglicht. Die Wichtigkeit der Zusammenarbeit zeigte auch der Fälschungsfäll Operation Singapur (siehe oben unter Teil 3 C. IV.) auf.

II. Eigentumsschutz

Der Schutz geistiger Eigentumsrechte wird in der EU und den Mitgliedstaaten insbesondere über zivilrechtliche Ansprüche und zumeist auch strafrechtlicher Sanktionen erreicht und durch die Möglichkeiten einer Grenzbeschlagnahme ergänzt. Außerdem spielen auch internationale Kooperationen eine wichtige Rolle.

Zum Schutz des geistigen Eigentums sind bereits viele Bereiche durch europäische Verordnungen und Richtlinien, wie insbesondere der Marken-RL und UrhRL, angeglichen. Zudem gibt es einheitliche Schutzechte, wie die Gemeinschaftsmarke, das Gemeinschaftsgeschmacksmuster und das einheitliche Patent, die ihre Wirkung im ganzen EU-Raum entfalten. Zivilrechtlich bestehen zum Schutz der gewerblichen Schutzrechte und des Urheberrechts ähnliche Ansprüche, welche von Unterlassung und Beseitigung über Schadensersatz, Vernichtung verletzender Produkte und Auskunftsansprüchen bis hin zur Veröffentlichung des Urteils reichen und je nach Schutzrecht etwas variieren können. In Italien besteht indessen ein geringeres Schutzniveau, da hier im Gegensatz zu den anderen Ländern, statt der Vernichtung eine vorübergehende Beschlagnahme zur Entfernung des verletzenden Umstandes in Frage kommt oder innerhalb des letzten Jahres der Schutzdauer eine Beschlagnahme bis zum Ablauf der Schutzdauer auf Kosten des Verletzers beantragt werden kann. Hinsichtlich des zivilrechtlichen Schutzes der einheitlichen Schutzrechte wird auf das nationale Recht verwiesen.

Strafrechtliche Sanktionen, welche allein die Mitgliedstaaten in ihrem nationalen Recht festlege könne, unterscheiden sich zum Teil je nach Schutzrecht. Während England nur Marken- und Urheberrechtsverletzungen sanktioniert und für Patent- und Designverletzungen keine Strafen vorsieht, staffelt Italien das Strafmaß von höheren Strafen für Marken-, Patent- und Designverletzungen und geringeren Strafen für Urheberrechtsverletzungen. Auch die Höhe der Strafrahmen unterscheidet sich in den Mitgliedstaaten sehr. Urheberrechtsverletzungen werden in Italien mit Geldstrafe und in einem schweren Fall mit Freiheitsstrafe von einem bis zu 4 Jahren bestraft, während letzteres Strafmaß auch im Falle von Patent- und Designrechtsverletzungen greift. Markenrechtsverletzungen werden je nach Tat mit Freiheitsstrafe von bis zu 3 Jahren oder Geldstrafe und in einem schweren Fall mit Freiheitsstrafe zwischen 2 und 6 Jahren oder Geldstrafe bestraft. Ungarn und Deutschland sehen hingegen für alle Schutzrechtsverletzungen eine Freiheitstrafe von bis zu 3 Jahren oder Geldstrafe und in einem schweren Fall eine Freiheitsstrafe von bis zu 8 bzw. 5 Jahren oder Geldstrafe vor. England sanktioniert Marken- und Urheberrechtsverletzungen mit einer Freiheitsstrafe von bis zu 6 Monaten oder/und Geldstrafe und in schweren Fällen mit Freiheitsstrafe bis zu 10 Jahren oder Geldstrafe.

Die Grenzbeschlagnahme führen alle Mitgliedstaaten zumeist nach den europäischen Vorschriften durch. Für Parallelimporte, Mengenüberschreitungen und einige nationale Schutzrechte, für welche die PPVO nicht gilt, kommt jedoch noch den nationalen Regelungen zur Grenzbeschlagnahme Bedeutung zu, wobei solche in Italien nicht existieren. Gemeinsam ist allen Rechtsordnungen, dass grundsätzlich ein Antrag vorausgesetzt wird und der Rechtsinhaber anfallende Kosten trägt. Nach europäischem, deutschem und ungarischem Recht ist der Antrag kostenlos, gilt für maximal ein Jahr und ist wiederholbar. In England kann dagegen nur die Beschlagnahme einer konkreten Lieferung mit vermuteter Zeit- und Ortsangabe gegen eine Gebühr beantragt werden, was die Durchsetzung der Schutzrechte nicht sonderlich effektiv gestaltet. Eine Beschlagnahme ist im englischen Recht dementsprechend erst nach bestätigter Rechtsverletzung möglich, während in Deutschland eine offensichtliche Rechtsverletzung vorliegen muss und in Ungarn sowie nach den europäischen Regeln ein Verdacht ausreicht. Eine Vernichtung beschlagnahmter Ware ist nach gerichtlicher Entscheidung und im europäischen sowie deutschen, ungarischen und italienischen Recht auch im vereinfachten Verfahren möglich.

Zum Schutz tragen maßgeblich auch internationale Kooperationen wie die Taskforce IMPACT und breit angelegte Strafverfolgungs- und Informationskampagnen wie z.B. die Operation PANGEA bei.

III. Wettbewerbsschutz

Der Schutz des Wettbewerbs fokussiert sich in den Mitgliedstaaten maßgeblich auf eine strafrechtliche und zivilrechtliche Haftung.

Die strafrechtliche Sanktionierung einer Verletzung ist in den Mitgliedstaaten vergleichbar. Deutschland, England und Italien sehen bei einer unlauteren Wettbewerbshandlung eine Freiheitsstrafe von bis zu 2 Jahren oder/und Geldstrafe vor. Ungarn differenziert zwischen verschiedenen Taten, welche entweder mit Bußgeld, Geldstrafe oder Freiheitsstrafe bis zu 3 Jahren oder Geldstrafe strafbewährt sind.

Zivilrechtlich ist der wettbewerbsrechtliche Schutz aufgrund der UPG-RL weitgehend vereinheitlicht. Außer in England, wo sich Ansprüche aus dem allgemeinen *Tort Law* ergeben, bestehen wegen unlauterer Wettbewerbshandlung explizite Ansprüche auf Unterlassung und Beseitigung sowie Schadensersatz. Das ungarische Recht sieht zudem einen Vernichtungsanspruch der verletzenden Produkte oder Herstellungsmittel vor und ermöglicht der Verbraucherschutzbehörde ein verwaltungsbehördliches Verfahren auf Erlass einer Unterlassungsverfügung.

Teil 6: Europäische Sicherheitsmerkmale

Aufgrund ihrer herausgestellten Bedeutung für den Schutz vor gefälschten Arzneimitteln werden im Folgenden die europäischen Sicherheitsmerkmale einer näheren Betrachtung unterzogen. Dazu werden einführend die möglichen Ausgestaltungsvarianten aufgezeigt, um anschließend die konkrete Ausgestaltung im europäischen Recht und deren Umsetzung in Pilotprojekten zu erläutern. Eine rechtliche Bewertung zur Rechtmäßigkeit der Sicherheitsmerkmale nach dem Unionsrecht schließt die Ausführungen ab.

A. *Einführung*

Die FMD sieht zwei Arten von Sicherheitsmerkmalen vor: das individuelle Erkennungsmerkmal, das es ermöglicht die Echtheit des Arzneimittels zu überprüfen und einzelne Packungen zu identifizieren, und eine Vorrichtung gegen Manipulation, die es ermöglicht zu überprüfen, ob die äußere Umhüllung manipuliert wurde (Art. 54 lit. o GKHA). Beide Merkmale werden bereits in der Verpackungsindustrie und unter anderem für Arzneimittel genutzt.

I. Individuelles Erkennungsmerkmal

Das individuelle Erkennungsmerkmal stellt eine Art der Serialisierung dar. Serialisierung ist die eindeutige Kennzeichnung jeder einzelnen Verkaufspackung, sodass mittels einer eindeutigen Seriennummer die Nachverfolgung des Weges jeder einzelnen Verkaufseinheit durch die Lieferkette ermöglicht wird.[1022]

Die Idee der Serialisierung ist auch in der Welt der Arzneimittel nicht neu. Zahlreiche Länder weltweit (wie z.B. China, Indien, Türkei, Brasilien und Argentinien) nutzen bereits technische Methoden, um Arzneimittel zu individualisieren und ihren Vertriebsweg nachzuverfolgen.[1023] Auch

1022 Vgl. *Sinn*, Organisierte Kriminalität, S. 131.
1023 *Paixão*, GS1 standards, S. 8.

Mitgliedstaaten der EU sind darunter zu finden, so verfügen Belgien, Griechenland und Italien bereits über Systeme zur Überprüfung der Echtheit von Arzneimitteln und zur Identifizierung von Einzelpackungen (siehe ErwGr. 44 DelVO). Andere EU Mitgliedstaaten nutzen Kodifizierungen um den Vertrieb von Produkten zu vereinfachen oder um gesundheitliche und administrative Aufgaben zu erfüllen, wie insbesondere zu Abrechnungszwecken. So wird beispielsweise in Deutschland die Abrechnung mit den Krankenkassen mithilfe der Pharmazentralnummer (PZN) durchgeführt (§ 300 SGB V). Bei diesen Nutzungsarten ist jedoch – je nach Land – nur die Identifizierung des Artikels oder der Charge möglich, da die Individualisierung einer Einzelpackung nicht erforderlich ist.

Einen einheitlichen Standard der Individualisierung und Kodifizierung gab es in Europa jedoch bislang nicht, vielmehr bestand eine Anzahl divergierender nationaler Systeme mit unterschiedlichen Interessenslagen und Zielrichtungen. Teils wurden die Systeme freiwillig zur Vereinfachung des Vertriebs implementiert, teils aufgrund gesetzlicher Vorgaben umgesetzt.[1024] Überdies wurden von verschiedenen Anbietern unterschiedliche Technologien und Lösungen entlang der Vertriebskette angeboten.[1025] Die Modelle unterscheiden sich hinsichtlich der Technologie, des Kodierprinzips, der Reichweite der Verfolgbarkeit, der Kodeplatzierung und des Kodeinhalts.

1. Technologien

Für eine Serialisierung existieren zwei grundlegende Technologien, die unmittelbar miteinander konkurrieren: Barcodes und RFID.

a. Barcodes

Der Barcode (Strichcode) ist ein Binärcode aus einem Feld von parallel angeordneten Strichen (*bars*) und Trennlücken. Diese sind nach einem vorbestimmten Bild angeordnet und stellen Elemente von Daten dar, die auf ein zugehöriges Zeichen verweisen. Die Sequenz aus breiten und schmalen Strichen bzw. Lücken kann numerisch oder alphanumerisch interpretiert werden. Die Ablesung geschieht durch optische Laserabtastung, d.h. durch

1024 *EFPIA*, Towards safer medicines supply, S. 2.
1025 *EFPIA*, Towards safer medicines supply, S. 2.

die unterschiedliche Reflexion eines Laserstrahls an den schwarzen Strichen und weißen Lücken.[1026] Erstmals wurde der Barcode in den 1970er Jahren mit dem US-amerikanischen UPC (*Universal Product Code*) genutzt, wenig später wurden mit dem EAN-Code auch in Europa Barcode-Systeme eingeführt. Der EAN-Code (*European Article Number*) ist international standardisiert und dürfte heute der am weitest verbreitete Barcode sein.[1027] Im Jahr 2009 wurde er in Globale Artikelidentifikationsnummer (*Global Trade Item Number (GTIN)*) umbenannt. Sowohl der UPC als auch die GTIN werden von der zusammengeschlossenen Nummernvergabe-Organisation GS1 vergeben. GS1 ist eine *Non-Profit Organisation*, die heute in über 100 Ländern nationale Organisation hat. Sie finanziert sich über die kostenpflichtige Vergabe des sogenannten GCP (*GS1 Company Prefix* oder auch *Global Company Prefix*) an jene Hersteller, Dienstleister oder Logistikpartner, die am GS1-System teilnehmen.

Bereits in den 1980er Jahre wurde der 1D-Barcode zu einer flächigen Darstellung weiterentwickelt, wodurch der 2D-Barcode entstand. Dessen ältester und bekanntester Vertreter ist der Data Matrix Code. Sein Erkennungsmerkmal ist der Aufbau in einer Schachbrettform (Matrix), wobei die hellen und dunklen Felder Informationen beinhalten und feste Muster zur Gittermatrix- und Lagebestimmung dienen.[1028] Zum Lesen ist eine Kamera mit Bildverarbeitung nötig.[1029] Der Data Matrix Code zeichnet sich gegenüber dem 1D-Barcode durch eine höhere Datendichte, eine einfachere und sicherere Lesbarkeit sowie höhere Erkennungssicherheit aus.[1030] Ein Grund hierfür ist, dass eine Fehlerkorrektur benutzt wird, die es erlaubt falsche Informationen durch Flecken im Code zu korrigieren.[1031] Die aktuelle Version der Data Matrix benutzt eine Fehlerkorrektur, die auf der Basis des *Reed-Solomon*-Verfahrens funktioniert (Bezeichnung ECC200).[1032] Seit dem Jahr 2002 ist der Data Matrix Code durch eine ISO Norm, ISO/IEC 16022, spezifiziert und damit lizenzfrei nutzbar.[1033]

1026 *Finkenzeller*, RFID Hdb, S. 2.

1027 *Finkenzeller*, RFID Hdb, S. 2.

1028 *Weigelt*, Pharm. Ind. 3/2016, 309 (310 f.); *Drews* in: Bartneck/Klaas/Schönherr, Prozesse optimieren, S. 42.

1029 *Weigelt*, Pharm. Ind. 3/2016, 309 (315).

1030 *Drews* in: Bartneck/Klaas/Schönherr, Prozesse optimieren, S. 41 f.

1031 *Weigelt*, Pharm. Ind. 3/2016, 309.

1032 Für eine nähere Beschreibung siehe *Clarke*, White Paper zur Reed-Solomon-Fehlerkorrektur.

1033 *Weigelt*, Pharm. Ind. 3/2016, 309 (310).

Vorteil der Barcode-Technologie sind deren geringe Kosten und die leichte Implementierbarkeit in bestehende Systeme.[1034] Zu beachten ist jedoch, dass die Barcodes dem Einfluss von Schmutz und Nässe unterliegen und zur Auslesung der optische Kontakt erforderlich ist. Eine Aggregation ist nicht möglich, sodass zur Identifikation stets jeder einzelne Code ausgelesen werden muss.[1035]

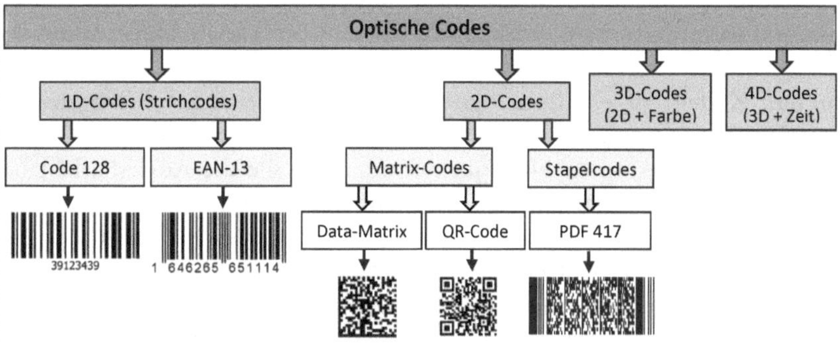

Quelle: in Anlehnung an *Finkenzeller*, RFID Hdb, S. 10

Die Barcode-Technologie findet eine breite Anwendung in den weltweit bereits etablierten sowie geplanten Verifikationssystemen. Zumeist werden dabei entweder der lineare Barcode GS1 128 (z.B. China) oder der GS1 Data Matrix ECC200 (z.B. in Saudi-Arabien oder Türkei), manchmal aber auch mehrere Codes alternativ verwendet (z.B. in Indien oder Japan).[1036] Auch europäische Länder setzten Barcodes zur Serialisierung ein (Griechenland den Code 128, Belgien den Code 128C (d.h. der Code enthält nur die Nummern 0-9), Italien den Code 39 und Frankreich den GS1 Data Matrix ECC200).[1037]

1034 *Rampinelli/Argenta*, Pharmaceutic Reg Affairs 2016, 5:1, 1 (4).

1035 *Finkenzeller*, RFID Hdb, S. 10.

1036 *WIPOTEC-OCS*, Infographic, erhältlich unter http://www.serialisierung-pharma.de/de/pdf/ (zuletzt abgerufen am 9.2.2019).

1037 *WIPOTEC-OCS*, Infographic, a.a.O.

b. RFID

Bei der RFID (*Radio-Frequency-Identification* (Identifizierung durch Radiowellen)) werden die Daten auf einem elektronischen Datenträger – dem Transponder – gespeichert. Die Energieversorgung des Transponders und der Datenaustausch zwischen Transponder und Lesegerät erfolgt unter Verwendung von elektromagnetischen Feldern.[1038]

Vorteile des RFID-Systems sind die Auslesbarkeit ohne optischen Kontakt und somit innerhalb einer großen Reichweite, die Abänderbarkeit der gespeicherten Information und die Möglichkeit der Aggregation von Produkten. Zudem ist ein unbefugtes Kopieren unmöglich.[1039] Negativ ins Gewicht fallen dagegen fehlende Standards und Regeln für die RFID-Technologie. Zudem können Flüssigkeiten oder Metalle die Auslesbarkeit beeinträchtigen.[1040] Nicht zuletzt verursacht die Technologie auch deutlich höhere Kosten als die Barcode-Systeme, pro Packung fallen 20–40 Cent an (im Vergleich zu 0,1–0,3 Cent für einen Data Matrix Code).[1041]

RFID kann in einigen Staaten alternativ zu Barcodes auf Arzneimittelpackungen verwendet werden (so in Südkorea und Argentinien).[1042] Zudem wird die RFID-Technologie von der FDA seit 2007 zur Identifizierung und Beglaubigung der Echtheit von Arzneimitteln auf dem US-amerikanischen Markt empfohlen.[1043] Hier wird als weiterer Vorteil herausgestellt, dass die Technologie nicht nur zur Verbesserung der Fälschungssicherheit diene, sondern auch dazu beitragen könne, die Bestände zu steuern, die Reaktionsfähigkeit zu erhöhen, Rückrufe zu verfolgen, Produktabzweigungen zu verhindern und die richtige Abgabe von Arzneimitteln sicherzustellen.[1044] Nichtsdestotrotz implementiert die USA mit dem *Drug Supply Chain Security Act (DSCSA)*[1045] von 2015 ein System, das auf einem Data Matrix Code bzw. linearem Barcode basiert (§ 582 (a)(9)(A)(i) und (ii) DSCSA).

1038 *Finkenzeller*, RFID Hdb, S. 9.
1039 *Finkenzeller*, RFID Hdb, S. 10.
1040 *Barron/Bobée*, Update on Epfia project, S. 12.
1041 *Barron/Bobée*, Update on Epfia project, S. 12; ähnlich *Rampinelli/Argenta*, Pharmaceutic Reg Affairs 2016, 5:1, 1 (4), die von 10-20 Cent je RFID Etikett im Gegensatz zu 1-10 Cent je Data Matrix Code ausgehen.
1042 *WIPOTEC-OCS*, Infographic, a.a.O.
1043 *FDA*, Report Combating Counterfeit Drugs, S. 11 ff.
1044 *FDA*, Report Combating Counterfeit Drugs, S. 12.
1045 Gesetz zur Sicherheit der Arzneimittellieferkette, Teil II des Gesetzes zur Arzneimittelqualität und -sicherheit (*Drug Supply Chain Security Act, Title II of the Drug Quality and Security Act*) (HR 3204).

2. Kodierprinzipien

Aktuell gibt es drei verschiedene Prinzipien, nach denen eine Kodierung erfolgen kann. Vorangestellt ist die Frage, wer die Seriennummern generiert. Diese können entweder von staatlicher Seite aus zur Verfügung gestellt werden (wie z.B. in China oder Italien)[1046] oder die Verantwortung obliegt dem Arzneimittelhersteller, der sich an gewisse Vorgaben halten muss (wie z.B. in Brasilien).[1047] Schließlich stellt sich die Frage, wohin die serialisierten Daten gemeldet werden, um eine Überprüfung durchführen zu können. Zumeist erfolgt eine Meldung an eine Datenbank, die einer Regierungsbehörde untersteht (wie z.B. in China oder der Türkei).[1048] Das zentrale Sammeln und Speichern kann aber auch den Pharmaunternehmen selbst obliegen (so in der EU seit 2019 umgesetzt). Beim „amerikanischen" Prinzip tritt an die Stelle einer zentralen Datenbank ein elektronischer Stammbaum, der sogenannte *E-Pedigree (Electronic Pedigree)*. Dabei handelt es sich um ein Zertifikat, das neben Informationen zum Arzneimittel alle relevanten Daten der logistischen Bewegung vom Hersteller über den Händler bis zur Apotheke bzw. abgebenden Person aufzeichnet. Jeder Empfänger der Ware muss die Richtigkeit der im *E-Pedigree* aufgezeichneten Bewegungen und die arzneimittelspezifischen Informationen (wie Chargennummer und Herstellungsdatum) überprüfen. Am Ende der Lieferkette besteht eine vollständige Transparenz über den zurückgelegten Weg, sodass eine Umleitung von Arzneimitteln oder ein Austausch durch Fälschungen entgegengewirkt wird.[1049]

3. Reichweite der Verfolgbarkeit

Im Unterscheid zum *Track & Trace* (Nachverfolgen und Aufspüren) erlaubt die Serialisierung allein keine Rückverfolgbarkeit eines Produkts. Serialisierung heißt lediglich, eine Seriennummer aufzudrucken, diese zu speichern und weiterzuleiten. Auf diesem Prinzip beruht ein *End-to-End* Verifikationssystem, bei dem die beiden Enden der Lieferkette zur Absicherung dienen. Am Anfang der Lieferkette wird eine Seriennummer durch den

---

1046 *Infosys*, Serilization Track & Trace, S. 19, für Italien siehe oben unter Teil 5 D. III. 1. d.

1047 *Infosys*, Serilization Track & Trace, S. 13.

1048 *Infosys*, Serilization Track & Trace, S. 18 und 24.

1049 *Bansal/Malla/Gudala/Tiwari*, Sci Pharm 2013; 81: 1 (4).

Hersteller auf das Produkt aufgebracht, welche am Ende, also bei der Abgabe des Produkts, auf ihre Echtheit überprüft wird. Dazwischen findet grundsätzlich keine Verifizierung statt (so grundsätzlich in der EU seit 2019 umgesetzt).[1050]

Im Gegensatz dazu ermöglicht *Track & Trace* die Rückverfolgung eines Produkts über die gesamte Lieferkette hinweg.[1051] Dazu müssen Wareneingang und -ausgang auf jeder Vertriebsstufe gemeldet werden. Zusätzlich zur Serialisierung sind dafür jedoch weitere Schritte notwendig. So müssen die Seriennummern in Packhierarchien von Bündeln, Umkartons, Paletten usw. dokumentiert werden (Aggregation), um jeden einzelnen Vertriebsweg eines Produkts nachvollziehen zu können. Die meisten Länder setzen eine Aggregation voraus (z.B. Indien, China, die Türkei und in Zukunft auch die USA).[1052]

4. Kodeplatzierung

Auch die physische Platzierung der Kodes ist nicht einheitlich. Zumeist wird die Aufbringung eines Kodes sowohl auf die Tertiärverpackung als auch auf die Sekundär- und/oder Primärverpackung gefordert (wie z.B. in Indien oder Oman).[1053] Teilweise ist aber auch nur eine Kodifizierung einer Verpackung vorgegeben (z.B. Saudi-Arabien oder Argentinien). Darüber hinaus wird der Kode in manchen Ländern direkt auf die äußere Verpackung aufgedruckt (z.B. Deutschland), während er in anderen mittels eines Aufklebers (z.B. Frankreich und Griechenland) oder auch mittels eines vom Staat gelieferten Aufklebers aus besonderem Material (z.B. Italien) aufgebracht wird.[1054]

5. Kodeinhalte

Die bestehenden Kodierungssysteme weisen unterschiedliche Inhalte mit unterschiedlichen Strukturen auf. Zumeist setzt sich eine Serialisierung aus GTIN und/oder Seriennummer, Verfallsdatum und Chargennummer

---

1050 *securPharm*, Statusbericht 2018, S. 12.
1051 *Sinn*, Organisierte Kriminalität, S. 123.
1052 *WIPOTEC-OCS*, Infographic, a.a.O.
1053 *WIPOTEC-OCS*, Infographic, a.a.O.
1054 *EFPIA*, Towards safer medicines supply, S. 3.

zusammen (z.B. in Saudi-Arabien, Türkei, Iran). Teilweise wird dazu noch eine nationale Artikelidentifikationsnummer (*National Trade Item Number (NTIN))* oder nationale Produktnummer (wie in Brasilien) sowie weitere Elemente, wie z.B. die Menge (wie in Japan), hinzugefügt. Einige Länder nutzen auch nur einen nationalen Produktcode (z.B. China).[1055]

Auch innerhalb Europas variieren die Inhalte und Strukturen der Kodes, wobei grundsätzlich nur eine Produktnummer vorausgesetzt wird.[1056] Die Mehrheit nutzt hierfür das international anerkannte GTIN System mit den vollständigen EAN-13 Kodestrukturen (so das Vereinigte Königreich und viele der zentral- und osteuropäischen Länder). Die übrigen Länder etablierten eine eigene Produktkennzeichnung, welche zumeist aus einer rein national verwendeten Artikelnummer besteht. Während einige dieser Länder zur Kodifizierung ihre eigene Kodestruktur nutzen (z.B. Deutschland, Italien und Belgien), haben andere ihre nationale Artikelnummer in eine EAN kompatible Kodestruktur integriert, welche von einer Nummernbank oder einer externen Agentur für die Kodierung von Arzneimitteln zugeteilt wird (z.B. Frankreich und Skandinavien).[1057] Diese EAN kompatible Kodestruktur ergibt die NTIN.[1058]

II. Vorrichtung gegen Manipulation

Eine Antimanipulationsvorrichtung wird in den unterschiedlichsten Bereichen verwendet, vor allem bei der Verpackung und Kennzeichnung von Lebensmitteln oder auch Arzneimitteln ist sie besonders ausgeprägt. Über einen Originalitätsverschluss an der Produktpackung wird angezeigt, ob die Verpackung im Originalzustand vorliegt oder bereits geöffnet wurde.[1059] Häufig wird hierfür eine Versiegelung der Verpackungsöffnung wie bei Getränkeflaschen oder Tabakerzeugnissen, eine vollständige Umhüllung der Verpackung mit klarer Folie wie bei Kosmetika oder Tabakerzeugnissen oder ein Verschluss mit Elementen, welche durch ein Öffnen irreversibel beschädigt werden, wie bei Getränkeflaschen oder Zahnpastatuben genutzt.

1055 *WIPOTEC-OCS*, Infographic, a.a.O.

1056 *EFPIA*, Towards safer medicines supply, S. 3.

1057 *Paixão*, GS1 standards, S. 20. Für einen detaillierteren Überblick über die europäischen Kodierungssysteme siehe *EFPIA*, Towards safer medicines supply, S. 3 und Annex 2.

1058 *Paixão*, GS1 standards, S. 12.

1059 *Bansal/Malla/Gudala/Tiwari*, Sci Pharm 2013; 81: 1 (3).

B. Ausgestaltung in der EU

In der EU waren die Sicherheitsmerkmale zum 9. Februar 2019 umzusetzen (Art. 2 Abs. 2 lit. b FMD, Art. 50 DelVO). Seit diesem Zeitpunkt dürfen betroffene Arzneimittel nur noch mit dem individuellen Erkennungsmerkmal und der Vorrichtung gegen Manipulation in Verkehr gebracht werden (zur längeren Umsetzungsfrist für Belgien, Griechenland und Italien siehe unten in diese Teil 6 B. unter XI.). Wie die Sicherheitsmerkmale im Einzelnen auszugestalten sind und wie sie in der EU zum Schutz vor Arzneimittelfälschungen beitragen, wird im Folgenden erläutert.

I. Schutzprinzip

Die Überprüfung beider Sicherheitsmerkmale ist erforderlich, um die Echtheit eines Arzneimittels zu gewährleisten (ErwGr. 15 DelVO). Das individuelle Erkennungsmerkmal zielt als Art der Serialisierung darauf ab, sicherzustellen, dass das Arzneimittel vom rechtmäßigen Hersteller stammt (ErwGr. 15 DelVO). Die Serialisierung ist in der EU als ein *End-to-End* Verifikationssystem ausgestaltet. Die Überprüfung der am Beginn der Lieferkette auf die Verpackung eines Arzneimittels aufgebrachten Sicherheitsmerkmale findet also zu dem Zeitpunkt statt, zu dem das Arzneimittel an die Öffentlichkeit abgegeben wird. Für bestimmte Arzneimittel, bei denen ein höheres Fälschungsrisiko besteht, wird eine zusätzliche Überprüfung seitens der Großhändler entlang der gesamten Lieferkette durchgeführt (ErwGr. 4 DelVO). Genauere Bestimmungen über die Spezifikationen des individuellen Erkennungsmerkmals gibt die delegierte Verordnung (EU) 2016/161 (DelVO) vor (siehe unten in diesem Teil 6 B. unter III). Die Vorrichtung gegen Manipulation vervollständigt den Fälschungsschutz, indem ein Originalitätsverschluss die Manipulation oder das Öffnen der Packung visuell erkennbar macht. Auf diese Weise wird gewährleistet, dass der Inhalt der Packung echt ist (ErwGr. 15 DelVO) und Fälscher nicht die serialisierte Packung leeren, mit gefälschter Ware befüllen und wieder in Verkehr bringen, während die Originalware im Primärpackmittel in Drittstaaten veräußert wird.[1060] Die Ausgestaltung des Originalitätsverschlusses ist nicht näher geregelt und im Wesentlichen den Herstellern überlassen. Unterschiedliche Ansätze stellte das technische Komitee CEN/TC 261 „Verpackung“ in der europäischen Norm DIN 16679 mit dem Titel „Verpackung

1060 *Brückner/Mößer/Adam*, Pharm. Ind. 10/2012, 1618 (1621).

– Merkmale zur Überprüfung von Manipulationen an Arzneimittelverpackungen“ aus dem Jahr 2014 zusammen.

Im Ergebnis schützen die Sicherheitsmerkmale zusammen vor gefälschten Arzneimitteln, indem sie Arzneimittelfälschungen so aufwändig machen und die Gefahr der Entdeckung so greifbar wird, dass sich Fälschungen nicht mehr lohnen.[1061] Da jeder Code eines individuellen Erkennungsmerkmals nur einmal gültig ist, müsste der Fälscher für jede in Verkehr gebrachte Packung einen anderen gültigen Barcode kopieren, was zumindest extrem unwahrscheinlich ist.[1062] Schließlich wird der Kopiervorgang in jedem Fall – zumindest nachträglich – entdeckt, was den Fälscher zusätzlich gefährdet. Überdies muss er auch noch den Originalverschluss des Herstellers imitieren. Selbstverständlich gewährleisten die Sicherheitsmerkmale keinen hundertprozentigen Fälschungsschutz, durch den hohen Aufwand und die Entdeckungsgefahr machen sie Fälschungen aber entschieden unattraktiver.[1063]

II. Anwendungsbereich

Die Sicherheitsmerkmale sind grundsätzlich auf allen verschreibungspflichtigen Arzneimitteln anzubringen, nicht verschreibungspflichtige Arzneimittel dürfen die Sicherheitsmerkmale grundsätzlich nicht tragen (Art. 54a Abs. 1 GKHA). Insbesondere darf bei Letzteren kein Data Matrix Kode mit individuellem Erkennungsmerkmal aufgebracht werden, um Verwirrungen und Missverständnisse der abgabeberechtigten Personen vorzubeugen.[1064] Ausnahmen bestehen für beide Produktarten, wenn sie in die *Black and White List* der DelVO aufgenommen wurden. Die Liste sieht zurzeit vor, dass einige verschreibungspflichtige Arzneimittel (wie z.B. homöopathische Arzneimittel, Medizinische Gase und einige Allergietests) von dem Erfordernis ausgenommen sind (Anhang I DelVO), während bei den nicht verschreibungspflichtigen Arzneimitteln nur Omeprazol die Sicherheitsmerkmale tragen muss (Anhang II DelVO). Letzteres wurde angesichts des erhöhten Risikos aus Anlass eines Fälschungsfalles in Deutsch-

---

1061 *securPharm*, Patienten – Fragen und Antworten, Frage 2, a.a.O.

1062 *ABDA*, securpharm – FAQ, S. 4. Zur Wahrscheinlichkeit der Ableitung des richtigen Codes siehe unten in diesem Teil 6 B. unter III. 1.

1063 *ABDA*, securpharm – FAQ, S. 4.

1064 *securPharm*, Fragen und Antworten (Pharmaunternehmen), Frage 19, erhältlich unter https://www.securpharm.de/wp-content/uploads/2018/11/FAQ-Pharmazeutische-Unternehmen.pdf (zuletzt abgerufen am 9.2.2019).

land (hierzu siehe Teil 3 C. II.) entschieden. Die Mitgliedstaaten können – zusammen mit einer Risikobewertung der europäischen Kommission – weitere Wirkstoffe für die *Black List* oder *White List* melden (Art. 46 DelVO). Die Liste wird unter Berücksichtigung des jeweiligen Fälschungsrisikos sowie des sich aus der Fälschung ergebenden Risikos gem. Art. 54a Abs. 2 lit. b GKHA geändert (ErwGr. 42 DelVO).

Weitere Ausnahmen zum Anwendungsbereich der Sicherheitsmerkmale können die Mitgliedstaaten bestimmen (Art. 54a Abs. 5 GKHA). So können sie den Anwendungsbereich des individuellen Erkennungsmerkmals für Zwecke der Kostenerstattung oder Pharmakovigilanz auf jegliches verschreibungspflichtige oder erstattungsfähige Arzneimittel ausdehnen, während der Anwendungsbereich der Vorrichtung gegen Manipulation ohne Einschränkung auf jegliche Arzneimittel ausgedehnt werden kann. Die entsprechenden Informationen, die damit in den einzelnen Mitgliedstaaten durchaus unterschiedlich sein können, stellen die Mitgliedstaaten den Inhabern der Genehmigung für das Inverkehrbringen, den Herstellern, Großhändlern und zur Abgabe von Arzneimitteln an die Öffentlichkeit ermächtigten oder befugten Personen (abgabeberechtigte Personen) auf Anfrage zur Verfügung (Art. 43 DelVO).

III. Spezifikationen des individuellen Erkennungsmerkmals

Die Eigenschaften und technischen Spezifikationen des individuellen Erkennungsmerkmals sind der DelVO zu entnehmen.

1. Datenelemente

Das individuelle Erkennungsmerkmal besteht aus einer Folge numerischer oder alphanumerischer Zeichen (Art. 4 lit. a DelVO). Es umfasst einen Produktcode, eine Seriennummer, eine nationale Kostenerstattungsnummer oder eine andere nationale Nummer zur Identifikation des Arzneimittels, soweit eine solche von dem Mitgliedstaat, in dem das Produkt in Verkehr gebracht werden soll, gefordert wird und nicht bereits im Produktcode enthalten ist, sowie die Chargennummer und das Verfallsdatum (Art. 4 lit. b und e DelVO). Die Hersteller können zudem noch andere Informationen, die nicht das individuelle Erkennungsmerkmal betreffen, aufnehmen, soweit die zuständige Behörde dies gestattet (Art. 8 DelVO). Damit soll das Anbringen weiterer Barcodes vermieden werden (ErwGr. 13 DelVO).

Der Produktcode muss zumindest die Identifizierung des Namens, der gebräuchlichen Bezeichnung, der Darreichungsform, der Stärke, der Packungsgröße und der Verpackung des Arzneimittels ermöglichen (Art. 4 lit. b i DelVO). Er hat in einem international gültigen Format, wie z.B. einer GTIN oder einer NTIN, vorzuliegen. Die Seriennummer ist eine numerische oder alphanumerische Folge von höchstens 20 Zeichen, generiert durch einen deterministischen oder nicht deterministischen Randomisierungsalgorithmus (Art. 4 lit. b ii DelVO). Die Wahrscheinlichkeit, dass die Seriennummer abgeleitet werden kann ist vernachlässigbar und in jedem Fall geringer als 1:10.000 (Art. 4 lit. c DelVO). Die Generierung und Verwaltung der Seriennummer obliegt den Arzneimittelherstellern. Die Aufnahme von Produktcode, nationaler Kostenerstattungs- oder Identifizierungsnummer, Chargennummer und Verfallsdatum in das individuelle Erkennungsmerkmal trägt zur Patientensicherheit bei, indem Rückruf-, Rücknahme- und Rückgabeverfahren sowie die Pharmakovigilanz in diesem Bereich erleichtert werden (ErwGr. 6 DelVO).

2. Individualität

Das individuelle Erkennungsmerkmal muss für eine bestimmte Packung eines Arzneimittels individuell sein (Art. 4 lit. a DelVO). Bei Einhaltung der internationalen Standards sollte der Produktcode als weltweit individuell erachtet werden. Dies trägt nicht nur zur Unzweideutigkeit des individuellen Erkennungsmerkmals bei, sondern erleichtert auch dessen Deaktivierung, wenn die Deaktivierung in einem anderen Mitgliedstaat als demjenigen erfolgt, in dem das Arzneimittel ursprünglich in Verkehr gebracht werden sollte (ErwGr. 10 DelVO). Die aus der Kombination von Produktcode und Seriennummer resultierende Zeichenfolge für jede Arzneimittelpackung darf sich während eines Zeitraums von mindestens einem Jahr ab dem Verfalldatum der Packung oder mindestens fünf Jahren ab dem Inverkehrbringen des Arzneimittels – maßgebend ist der jeweils längere Zeitraum – nicht wiederholen (Art. 4 lit. d DelVO).

3. Datenträger

Das individuelle Erkennungsmerkmal wird vom Hersteller in einem 2D Barcode kodiert (Art. 5 Abs. 1 DelVO). Dabei handelt es sich um eine maschinenlesbare Data Matrix, deren Fehlererkennung und -korrektur mindestens derjenigen von Data Matrix ECC200 gleichkommt. Die Anforderung gilt bei Barcodes, die dem Standard ISO/IEC 16022:2006 entsprechen, als erfüllt (Art. 5 Abs. 2 DelVO). Bei der Kodierung in einer Data Matrix folgt die Struktur des individuellen Erkennungsmerkmals einem international anerkannten, standardisierten Kodierungsschema (insbesondere ISO/IEC 15418:2009), das die Identifizierung und Dekodierung mit Hilfe eines üblichen Lesegeräts ermöglicht (Art. 5 Abs. 4 DelVO). Andere sichtbare 2D Barcodes zum Zweck der Identifizierung oder Überprüfung der Echtheit dürfen sich nicht auf den Arzneimitteln befinden, die die Sicherheitsmerkmale tragen, um Verwirrung und Fehler in der Ablesung zu vermeiden (Art. 9 und ErwGr. 14 DelVO). Neben dem Barcode, soweit es die Abmessungen der Verpackung zulassen, hat der Hersteller den Produktcode, die Seriennummer sowie ggf. die nationale Kostenerstattungs- oder Identifikationsnummer des Arzneimittels in einem vom Menschen lesbaren Format aufzudrucken (Art. 7 Abs. 1 DelVO). Entbehrlich ist dies nur bei kleinen Verpackungen, bei denen die Summe der beiden längsten Abmessungen 10 cm oder weniger beträgt (Art. 7 Abs. 3 DelVO). Das vom Menschen lesbare Format soll eine Überprüfung der Echtheit des individuellen Erkennungsmerkmals mittels manuellem, optischem Abgleichs auch dann ermöglichen, wenn der 2D Barcode nicht lesbar ist (ErwGr. 12 DelVO).

Die Druckqualität müssen die Hersteller anhand mehrerer Parameter beurteilen, wie dem Kontrast zwischen hellen und dunklen Elementen, der Homogenität der Reflexion heller und dunkler Elemente, der axialen Inhomogenität, der Inhomogenität des Rasters, der nicht genutzten Fehlerkorrektur, der Beschädigung des festen Musters und der Kapazität des Referenzdekodierungsalgorithmus zur Dekodierung der Data Matrix (Art. 6 Abs. 1 DelVO). Die Mindestdruckqualität und die Lesbarkeit der Data Matrix müssen entlang der gesamten Lieferkette und während eines Zeitraums von mindestens einem Jahr ab dem Verfalldatum der Packung oder mindestens fünf Jahre ab dem Inverkehrbringen des Arzneimittels – maßgebend ist der jeweils längere Zeitraum – gewährleistet sein (Art. 6 Abs. 2 DelVO).

IV. Spezifikationen der Vorrichtung gegen Manipulation

Die spezielle Ausgestaltung der Vorrichtung gegen Manipulation ist den Herstellern überlassen, die sich anhand verschiedener Faktoren, einschließlich der technischen Durchführung, Angemessenheit, Wirksamkeit, anderer am Produkt verwendeter Sicherheitsmerkmale und der Gesamtkosten, für ein oder mehrere geeignete Antimanipulationsmerkmale entscheiden müssen (Ziff. 4.1 Abs. 5 und 6 c). Bereits existierende Ansätze wurden in Ziff. 4 DIN 16679 zusammengefasst, wobei die darin festgelegten Ausgestaltungsmöglichkeiten als gleichwertig gelten und frei vom Hersteller ausgewählt werden können. Folgende neun Kategorien bestehen demzufolge, wobei die Norm auch ausdrücklich Spielraum lässt für neue, in der Entwicklung befindliche Technologien (Ziff. 4.11 DIN 16679):

(1.) **Faltschachteln, verschlossen mit Klebstoff** (***Folding boxes closed with glue***)**:** Ein Klebstoff oder eine Kombination aus Klebstoffen wird aufgebracht, um die Faltschachtel zu verschließen. Die Schachtel darf Perforationen enthalten, um das Öffnen der Verpackung zu erleichtern. Das erstmalige Öffnen führt zu einer sichtbaren Beschädigung der Faltschachtel, da die Oberfläche des Kartons und/oder anderer Teile zerschnitten oder abgerissen werden muss (Ziff. 4.2 DIN 16679).

(2.) **Speziell aufgebaute Faltschachteln** (***Specially constructed folding boxes***)**:** Die Laschen und der Körper der Faltschachtel sind so aufgebaut, dass das Merkmal aktiviert wird, sobald der Hersteller die Laschen zum Verschließen der Schachtel einsteckt. Das erstmalige Öffnen führt zu einer sichtbaren, irreversiblen Beschädigung der Faltschachtel, indem Teile der Laschen oder der Schachtel abgerissen und/oder zerrissen werden (Ziff. 4.3. DIN 16679).

(3.) **Siegelketten und -bänder** (***Sealing labels and tapes***)**:** Ein Etikett oder Klebeband, z.B. aus Papier, Folie oder Laminat, wird zur Versiegelung der Verpackung aufgebracht. Die Verpackung darf Perforationen aufweisen, um ihr Öffnen zu erleichtern. Die Siegeletiketten und -bänder müssen die Unversehrtheit des versiegelten Verpackungsbestandteils sicherstellen. Manipulationen des Siegeletiketts oder -bands oder das erstmalige Öffnen der Verpackung müssen zu einer sichtbaren, irreversiblen Beschädigung oder Veränderung der Verpackung und/oder des Etiketts oder Klebebands führen. Diese kann im Zerreißen oder Abreißen einer Faser oder der Oberfläche der Verpackung (Faserabreißsiegel) bestehen. Auch das Sichtbarwerden eines versteckten Musters oder Textes auf dem Siegeletikett oder -band oder auf der Verpackung (Entwertungssiegel) kommt in Betracht. Möglich ist auch das Zerreißen oder Brechen des Siegeletiketts oder -bands (Siegel aus zerbrechlichem Material) oder das Zerreißen, Brechen oder Abschälen des Siegeletiketts oder -bands mit Erkennbarkeit der vorherigen Versiegelung (Siegel mit Öffnungsstreifen oder Perforationen) (Ziff. 4.4 DIN 16679).

(4.) **Folienumhüllungen** (***Film wrappers***): Die Verpackung oder ein Teil derselben ist mit Folie umhüllt, die die angemessene Versieglung des Produkts sicherstellt. Die Manipulation oder das erstmalige Öffnen muss zu einer sichtbaren, irreversiblen Beschädigung der Folienumhüllung führen, indem die Folie zerrissen oder aufgebrochen werden muss. Die Folienumhüllung kann nicht ohne sichtbaren Nachweis der Manipulation entfernt und wiederversiegelt werden. Es kann zweckmäßig sein, kenntlich zu machen, dass eine Folienumhüllung vorhanden sein sollte (Ziff. 4.5 DIN 16679).

(5.) **Manschetten** (***Sleeves***): Eine Folie wird auf die Primärverpackung oder auf den Verschluss aufgeschrumpft, wobei die Folie die äußere Form annimmt. Die Manipulation oder das erstmalige Öffnen muss zu einer sichtbaren, irreversiblen Beschädigung oder Veränderung der Manschette führen, indem die Manschette zerrissen oder aufgebrochen werden muss. Die Manschette kann nicht ohne sichtbaren Nachweis der Manipulation entfernt und wiederversiegelt werden. Es kann zweckmäßig sein, kenntlich zu machen, dass eine Manschette vorhanden sein sollte (Ziff. 4.6 DIN 16679).

(6.) **Bruch- oder Abreißverschluss** (***Breakable or tear-away closure***): Die Verpackung ist mit einem Bruch- oder Abreißverschluss aus Metall oder Kunststoff verschlossen, welcher einen Abschnitt aufweist, der beim Öffnen zerbricht. Die Manipulation oder das erstmalige Öffnen muss mithin zu einer sichtbaren, irreversiblen Veränderung am Verschluss führen und einen sichtbaren Nachweis der Manipulation aufweisen. Der Verschluss kann nicht in seinem Originalzustand entfernt und wiederangebracht werden (Ziff. 4.7 DIN 16679).

(7.) **Blister-Sichtverpackungen** (***Display blister pack***): Das Produkt ist in einer Blister-Sichtverpackung versiegelt, die ringsum unversehrt und versiegelt sein muss. Die Manipulation oder das Öffnen muss zu einer sichtbaren, irreversiblen Beschädigung der Blister-Sichtverpackung und/oder ihrer Versiegelung führen, indem die Blister-Sichtverpackung zerschnitten oder aufgebrochen werden muss. Die Blister-Sichtverpackung kann nicht geöffnet und wiederverschlossen werden, ohne einen sichtbaren Nachweis der Manipulation aufzuweisen (Ziff. 4.8 DIN 16679).

(**8.**) **Flexible Verpackung** (***Flexible packaging***)**:** Das Produkt wird in einer Kunststoff- oder Aluminiumfolie oder einer Kombination daraus versiegelt, z.B. einem Beutel oder Siegelrand-Beutel. Die Manipulation oder das erstmalige Öffnen muss zu einer sichtbaren, irreversiblen Beschädigung oder Veränderung der flexiblen Verpackung und/oder ihrer Versiegelung führen, indem die Verpackung aufgerissen oder aufgebrochen werden muss. Die flexible Verpackung kann nicht geöffnet und wiederverschlossen werden, ohne einen sichtbaren Nachweis der Manipulation aufzuweisen (Ziff. 4.9 DIN 16679).

(**9.**) **Nach dem Verfahren Blasen-Füllen-Schließen (BFS) hergestellte Behälter** (***Blow-fill-and-seal-container***)**:** Der BFS-Behälter besteht aus Kunststoff und wird in einem durchgehenden Vorgang geformt, gefüllt und versiegelt. Die Manipulation oder das erstmalige Öffnen muss zu einer sichtbaren, irreversiblen Beschädigung oder Veränderung des BFS-Behälters führen, indem der BFS-Behälter durchstochen oder aufgebrochen werden muss. Der BFS-Behälter kann nicht geöffnet und wiederverschlossen werden, ohne einen sichtbaren Nachweis der Manipulation aufzuweisen.

Die Vorrichtung gegen Manipulation ist auf der äußeren Umhüllung anzubringen oder – soweit eine solche nicht vorhanden ist – auf der Primärverpackung. (Art. 54 lit. o GKHA). Für die Primärverpackung (z.B. Flasche oder Röhrchen) eignen sich Antimanipulationsmerkmale nach den Kategorien (3.)–(9.) (Ziff. 4.1 Abs. 3 DIN 16679). Unabhängig hiervon kann die Primärverpackung ebenfalls mit einem Merkmal zur Überprüfung von Manipulationen ausgestattet sein, um insbesondere Eingriffe am Arzneimittel selbst zu verhindern. Soweit dies jedoch nicht die Anforderungen an eine Vorrichtung gegen Manipulation gem. GKHA erfüllt, kann diese Sicherung lediglich eine zusätzliche Maßnahme darstellen (Ziff. 3.4 Abs. 2 DIN 16679).

V. Datenspeicher- und -abrufsystem

Das Datenspeicher- und -abrufsystem ist nach den folgenden Kriterien ausgestaltet.

1. Spezifikationen

Die Informationen zu den Sicherheitsmerkmalen werden in einem Datenspeicher- und -abrufsystem erfasst (Art. 31 Abs. 1 DelVO). Dieses besteht aus einem zentralen Informations- und Datenrouter (Hub) und aus den Datenspeichern der Mitgliedstaaten, welche entweder für das Hoheitsgebiet eines Mitgliedstaates (nationale Datenspeicher) oder für mehrere Mitgliedstaaten (supranationaler Datenspeicher) konzipiert sind (Art. 32 Abs. 1 DelVO). Die Datenspeicher sind mit dem Hub verbunden und tauschen Daten mit dem Hub aus und zwar unter Verwendung des Datenformats und entsprechend den Modalitäten, die der Hub definiert (Artt. 32 Abs. 1 und 34 Abs. 1 DelVO). Auf diese Weise wird der Informationsaustausch zwischen den Datenspeichern gewährleistet, während die Zahl der erforderlichen Verbindungen zwischen den Datenspeichern möglichst gering gehalten und deren Interoperabilität gewährleistet wird (ErwGr. 30 DelVO). Zudem wird der Datenaustausch zwecks Interoperabilität, Lesbarkeit und Genauigkeit der übermittelten Daten harmonisiert (ErwGr. 33 DelVO).

Das Datenspeicher- und -abrufsystem umfasst die nötige informationstechnologische Infrastruktur, Hardware und Software, um die im individuellen Erkennungsmerkmal enthaltenen Informationen hochzuladen, zusammenzustellen, zu verarbeiten, zu ändern und zu speichern sowie um jede Einzelpackung mit einem Sicherheitsmerkmal zu identifizieren und auf ihre Echtheit zu überprüfen sowie die Packung an jeder Stelle der legalen Lieferkette zu deaktivieren (Art. 32 Abs. 3 DelVO). Zudem umfasst es Anwendungsprogrammierstellen, über welche Großhändler und abgabeberechtigte Personen sowie national zuständige Behörden mittels Software Zugang zum System haben. Auch gibt es eine grafische Benutzeroberfläche, über die der direkte Zugang zum System möglich ist (Art. 32 Abs. 4 DelVO).

2. Rechtsträger

Das Datenspeicher- und -abrufsystem wird von einer oder mehreren nicht gewinnorientierten Rechtsperson(en) eingerichtet und verwaltet. Gegründet werden die Rechtspersonen in der EU jeweils von den Herstellern, da diese die Kosten des Datenspeicher- und -abrufsystems tragen, und den Inhabern der Genehmigung für das Inverkehrbringen, da sie für das Inverkehrbringen des Produkts verantwortlich sind (Art. 31 Abs. 1 und ErwGr. 28 DelVO).

Die gemeinnützigen Rechtspersonen konsultieren bei der Einrichtung des Datenspeicher- und -abrufsystems zumindest Großhändler, abgabeberechtigte Personen und die relevanten national zuständigen Behörden (Art. 31 Abs. 2 DelVO). Großhändler und abgabeberechtigte Personen sind berechtigt sich an den gemeinnützigen Rechtspersonen auf freiwilliger Basis und kostenfrei zu beteiligen, da sie bei ihrer täglichen Arbeit vom einwandfreien Funktionieren des Systems abhängig sein werden (Art. 31 Abs. 3 und ErwGr. 28 DelVO). Für die Nutzung des Datenspeicher- und -abrufsystems darf nicht die Mitgliedschaft in einer bestimmten Organisation vorausgesetzt werden, da die Nutzung nicht der Erlangung von Marktvorteilen dienen soll (Art. 31 Abs. 4 und ErwGr. 29 DelVO). Die national zuständigen Behörden können sich an der Verwaltung jedes Datenspeichers beteiligen, wobei sie dem Verwaltungsrat der Rechtsperson, die diese Datenspeicher verwaltet, mit bis zu einem Drittel der Verwaltungsmitglieder angehören können (Art. 44 Abs. 5 DelVO). Ihre frühzeitige Einbindung ist für die spätere Überwachungstätigkeit von Nutzen (ErwGr. 28 DelVO).

3. Hochladen in das Datenspeicher- und -abrufsystem

Der Hersteller hat vor dem Inverkehrbringen eines Arzneimittels alle relevanten Informationen in das Datenspeicher- und -abrufsystem hochzuladen und auf dem aktuellsten Stand zu halten. Die Erfüllung der Pflicht wird vom Inhaber der Genehmigung für das Inverkehrbringen oder der für die parallel eingeführten oder vertriebenen Arzneimittel mit Sicherheitsmerkmalen verantwortlichen Person sichergestellt (Art. 33 Abs. 1 UAbs. 1 DelVO). Auf diese Weise wird der Sensibilität der Informationen über die zulässigen Erkennungsmerkmale und der potenziellen negativen Folgen für die Gesundheit der Bevölkerung in dem Fall, dass Fälscher an solche Informationen gelangen, Rechnung getragen (ErwGr. 32 DelVO). Werden für parallel eingeführte oder vertriebene Arzneimittel, die aufgrund des Paralellimports umverpackt werden müssen, individuelle Erkennungsmerkmale in das Datenspeicher- und -abrufsystem hochgeladen, erfolgt dies erst dann, wenn dort zuvor – soweit vorhanden – ältere individuelle Erkennungsmerkmale entfernt wurden, die denselben Produktcode und dieselbe Seriennummer enthalten (Art. 42 DelVO).

Alle relevanten Informationen sind in den nationalen oder supranationalen Datenspeichern für das Hoheitsgebiet des Mitgliedstaates oder der Mitgliedstaaten zu speichern, in dem das Arzneimittel mit dem individuellen Erkennungsmerkmal in Verkehr gebracht werden soll (Art. 33 Abs. 1 UAbs. 2 S. 1 DelVO). Hochzuladen sind die Datenelemente des individuellen Erkennungsmerkmals (siehe hierzu oben in diesem Teil 6 B. unter III.), das Kodierungsschema des Produktcodes sowie Name, gebräuchliche Bezeichnung, Darreichungsform, Stärke, Verpackungsart und Packungsgröße des Arzneimittels und der Mitgliedstaat oder die Mitgliedstaaten, in dem bzw. denen das Arzneimittel in Verkehr gebracht werden soll (Art. 33 Abs. 2 lit. a–d DelVO). Diese Informationen – mit Ausnahme der Seriennummer – sind auch im Hub zu speichern (Art. 33 Abs. 1 UAbs. 2 S. 2 DelVO). Zudem sind in die Datenspeicher Name und Anschrift des Herstellers und des Inhabers der Genehmigung für das Inverkehrbringen sowie eine Liste der benannten Großhändler hochzuladen und – soweit vorhanden – der Code zur Identifizierung des Arzneimittels in der europäischen Datenbank für Arzneimittel gem. Art. 57 Abs. 1 UAbs. 1 der VO (EG) 726/2004[1065] zu speichern (Art. 33 Ab. 2 lit. e–h DelVO). Sie müssen für alle Akteure, die die Echtheit von Arzneimitteln überprüfen müssen, zugänglich bleiben, da die betreffenden Informationen die Voraussetzung für eine ordnungsgemäße Durchführung solcher Überprüfungen bildet (ErwGr. 38 DelVO).

Die Informationen können entweder über den Hub oder über einen nationalen oder supranationalen Datenspeicher in das Datenspeicher- und -abrufsystem hochgeladen werden. Je nachdem welche Option gewählt wird, speichert entweder der Hub eine Kopie der in Art. 33 Abs. 1 lit. a–d DelVO genannten Informationen – mit Ausnahme der Seriennummer – und übermittelt die vollständigen Informationen an alle betroffenen Datenspeicher oder die Datenspeicher übermitteln dem Hub eine Kopie der entsprechenden Informationen (Art. 33 Abs. 3 DelVO). Sofern ein Unternehmen also Arzneimittel in mehr als einem europäischen Land in Verkehr bringt, erleichtert das Hochladen über den Hub den Hochladevorgang. Es wird nur eine Schnittstelle benötigt und der Hochladevorgang ist

1065 Verordnung (EG) Nr. 726/2004 des Europäischen Parlaments und des Rates vom 31. März 2004 zur Festlegung von Gemeinschaftsverfahren für die Genehmigung und Überwachung von Human- und Tierarzneimitteln und zur Errichtung einer Europäischen Arzneimittel-Agentur (ABl. EU L 136 vom 30.4.2004, S. 1), zuletzt geändert durch VO (EU Nr. 1027/2012 (ABl. EU L 316 vom 14.11.2012, S. 38).

folglich nur einmal durchzuführen.[1066] Die Informationen werden in den Datenspeichern, in denen sie ursprünglich hochgeladen wurden, während eines Zeitraums von mindestens einem Jahr ab dem Verfallsdatum des Arzneimittels oder fünf Jahren ab dem Inverkehrbringen des Arzneimittels – maßgebend ist der jeweils längere Zeitraum – gespeichert (Art. 33 Abs. 4 DelVO). Der ausreichend lange Zeitraum soll eine ordnungsgemäße Untersuchung von Fälschungsfällen ermöglichen (ErwGr. 32 DelVO).

4. Zurückgerufene, vom Markt genommene oder gestohlene Arzneimittel

Der Inhaber der Genehmigung für das Inverkehrbringen oder die für die parallel eingeführten oder vertriebenen Arzneimittel verantwortliche Person stellt sicher, dass für zurückgerufene, vom Markt genommene oder gestohlene Arzneimittel das individuelle Erkennungsmerkmal in den betroffenen Datenspeichern deaktiviert und ein entsprechender Hinweis in die Datenspeicher eingestellt wird (Art. 40 DelVO).

5. Rücksetzung des Status

Um unnötige Arzneimittelabfälle zu vermeiden, sollte es möglich sein, den Status eines individuellen Erkennungsmerkmals, das deaktiviert wurde, zurückzusetzen. Allerdings muss die Rücksetzung des Status strengen Bedingungen unterliegen, um die Gefahr für die Sicherheit des Datenspeicher- und -abrufsystems im Fall eines Missbrauchs durch Fälscher möglichst gering zu halten (ErwGr. 17 DelVO). So darf die Rücksetzung des Status höchstens 10 Tage nach der Deaktivierung erfolgen und nur, wenn das Arzneimittel noch nicht an die Öffentlichkeit abgegeben wurde. Eine Rücksetzung des Status ist ausgeschlossen bei verfallenen oder im System als zurückgerufenen, vom Markt genommenen, zur Vernichtung bestimmten oder gestohlen gemeldet registrierten Packungen. Dasselbe gilt auch, wenn die Person, die die Rücksetzung vornimmt, Kenntnis davon hat, dass die Packung gestohlen wurde. Schließlich ist weitere Bedingung, dass die Person, die den Status zurücksetzt, über dieselbe Ermächtigung oder Befugnis verfügt, wie die Person, die das individuelle Erkennungsmerkmal deaktiviert hat, und in denselben Betriebsräumen tätig ist wie diese (Art. 13 Abs. 1 DelVO). Liegen die genannten Bedingungen nicht vor, darf das Arz-

1066 *ACS PharmaProtect*, ACS-PU-Leitfaden, S. 7.

neimittel nicht mehr in den Verkaufsbestand aufgenommen werden (Art. 13 Abs. 2 DelVO).

VI. Modalitäten der Überprüfung

Bei der Überprüfung der Sicherheitsmerkmale wird die Echtheit des individuellen Erkennungsmerkmals und die Unversehrtheit der Vorrichtung gegen Manipulation überprüft (Art. 10 DelVO). Bei Ersterem erfolgt dies anhand eines Abgleichs des individuellen Erkennungsmerkmals mit den im Datenspeicher- und -abrufsystem gespeicherten individuellen Erkennungsmerkmalen. Abgabeberechtigte Personen verbinden sich dafür über den nationalen oder supranationalen Datenspeicher ihres Mitgliedstaates mit dem Datenspeicher- und -abrufsystem (Art. 25 Abs. 3 DelVO). Ein individuelles Erkennungsmerkmal wird als echt erachtet, wenn das Datenspeicher- und -abrufsystem ein aktives – also ein nicht deaktiviertes – individuelles Erkennungsmerkmal mit dem Produktcode und der Seriennummer enthält, die mit dem des überprüften individuellen Erkennungsmerkmals identisch ist (Art. 11 DelVO). Enthält ein nationaler oder supranationaler Datenspeicher kein individuelles Erkennungsmerkmal, welches mit dem zu Überprüfenden identisch ist, sendet der Datenspeicher die Abfrage an den Hub, damit geprüft wird, ob das fragliche individuelle Erkennungsmerkmal an anderer Stelle im Datenspeicher- und -abrufsystem gespeichert ist. Der Hub ermittelt auf Grundlage der darin erhaltenen Informationen sämtliche nationalen oder supranationalen Datenspeicher des Mitgliedstaates oder der Mitgliedstaaten, in denen das entsprechende Arzneimittel in Verkehr gebracht werden soll, und sendet die Abfrage an diese Datenspeicher. Anschließend übermittelt der Hub die Antwort dieser Datenspeicher an den Datenspeicher, von dem die Abfrage ausging (Art. 34 Abs. 2 DelVO). Auf diese Weise kann die Überprüfung in jedem Mitgliedstaat erfolgen, um nicht den freien Verkehr von Arzneimitteln im Binnenmarkt zu behindern (ErwGr. 34 DelVO). Damit auch die Tätigkeit der zur Überprüfung verpflichteten Personen ohne wesentliche Zeitverzögerung ausführbar ist, muss bei mindestens 95 % der Abfragen die Antwortzeit des Datenspeichers bei unter 300 Millisekunden liegen (Art. 35 Abs. 1 lit. f DelVO).

Wird eine Arzneimittelpackung an die Öffentlichkeit abgegeben oder außerhalb der EU vertrieben oder liegt eine andere besondere Situation vor, muss das individuelle Erkennungsmerkmal im Datenspeicher- und -abrufsystem deaktiviert werden, so dass keine andere Packung mit demselben individuellen Erkennungsmerkmal erfolgreich überprüft werden kann (ErwGr. 4 DelVO). Die folgenden Personen haben eine Überprüfung der Sicherheitsmerkmale mit ggf. zeitgleicher Deaktivierung des individuellen Erkennungsmerkmals vorzunehmen:

1. Hersteller

Der Hersteller, der die Sicherheitsmerkmale anbringt, überprüft, ob der 2D Barcode mit den individuellen Erkennungsmerkmalen den oben genannten Vorgaben zur Struktur (gem. Art. 5 DelVO) entspricht, die geforderte Druckqualität (gem. Art. 6 DelVO) einhält, lesbar ist und die erforderlichen Informationen enthält (Art. 14 DelVO). Dadurch sollen die Überprüfung und Deaktivierung des individuellen Erkennungsmerkmals durch die Akteure der Lieferkette erleichtert sowie eine schnelle Ablesung und die Minimierung von Ablesefehlern ermöglicht werden (ErwGr. 11 DelVO).

Bevor der Hersteller – zum Zweck der Einfuhr in einen anderen Mitgliedstaat – Sicherheitsmerkmale entfernt oder ersetzt, überprüft er die Unversehrtheit der Vorrichtung gegen Manipulation und die Echtheit des individuellen Erkennungsmerkmals. Im Fall einer Ersetzung deaktiviert er das individuelle Erkennungsmerkmal (Art. 16 Abs. 1 DelVO). Beim Anbringen eines gleichwertigen individuellen Erkennungsmerkmals überprüft der Hersteller, ob Struktur und Zusammensetzung des angebrachten individuellen Erkennungsmerkmals bezüglich Produktcode und nationaler Kostenerstattungs- oder Identifizierungsnummer die Anforderungen des Mitgliedstaates erfüllt, in dem das Arzneimittel in Verkehr gebracht werden soll. So wird ermöglicht, dass das individuelle Erkennungsmerkmal auf seine Echtheit überprüft und deaktiviert werden kann (Art. 17 DelVO).

Vertreibt der Hersteller seine Arzneimittel im Großhandel, hat er auch die für die Großhändler geltenden Vorschriften einzuhalten (Art. 19 DelVO).

2. Großhändler

Da die Serialisierung in der EU als *End-to-End* Verifikationssystem ausgestaltet ist, gibt es grundsätzlich keine Überprüfung der Sicherheitsmerkmale durch Großhändler. Allein in bestimmten Fällen, bei denen laut Erfahrungen aus der Vergangenheit ein höheres Fälschungsrisiko besteht, haben Großhändler entlang der gesamten Vertriebskette eine ergänzende Überprüfung der Echtheit des individuellen Erkennungsmerkmals vorzunehmen. Die Überprüfung kann anhand einzelner oder aggregierter Codes erfolgen und jederzeit während des Zeitraums vom Eingang des Arzneimittels beim Großhändler bis zu seinem weiteren Vertrieb vorgenommen werden (ErwGr. 20 DelVO). Dadurch soll das Risiko, dass gefälschte Arzneimittel über längere Zeit unentdeckt im Umlauf sind, verringert werden (ErwGr. 4 und 19 DelVO). Ein Fall eines erhöhten Fälschungsrisikos ist gegeben, wenn einem Großhändler Arzneimittel von abgabeberechtigten Personen oder von einem anderen Großhändler zurückgegeben wurden. Ein anderer Fall liegt dann vor, wenn ein Großhändler Arzneimittel von einem anderen Großhändler erhält, der weder Hersteller noch Inhaber der Genehmigung für das Inverkehrbringen ist, noch von Letzterem durch einen schriftlichen Vertrag zur Lagerung und Vertrieb von dessen Arzneimitteln benannt wurde (Art. 20 DelVO). In letzterem Fall ist eine Überprüfung ausnahmsweise entbehrlich, wenn ein Arzneimittel zwar den Eigentümer wechselt, aber im physikalischen Besitz desselben Großhändlers verbleibt oder wenn das Arzneimittel im Hoheitsgebiet eines Mitgliedstaates zwischen zwei Betriebsstätten, die demselben Großhändler oder derselben juristischen Person gehören, vertrieben wird ohne dass ein Verkauf stattfindet (Art. 21 DelVO). In diesen Fällen ist nämlich das Fälschungsrisiko vernachlässigbar (ErwGr. 21 DelVO).

Innerhalb des *End-to-End* Verifikationssystems sollte die Deaktivierung des individuellen Erkennungsmerkmals im Datenspeicher- und -abrufsystem grundsätzlich am Ende der Lieferkette erfolgen, also wenn das Arzneimittel an die Öffentlichkeit abgegeben wird. Bestimmte Arzneimittelpackungen werden jedoch letztlich nicht an die Öffentlichkeit abgegeben, weshalb sicherzustellen ist, dass die individuellen Erkennungsmerkmale an anderer Stelle deaktiviert werden (ErwGr. 22 DelVO). Ein Großhändler überprüft ein individuelles Erkennungsmerkmal auf seine Echtheit und deaktiviert dieses, wenn er beabsichtigt ein Arzneimittel außerhalb der EU zu vertreiben, ein zurückgegebenes Arzneimittel nicht mehr in den Verkaufsbestand aufgenommen werden kann, ein Arzneimittel zur Vernichtung bestimmt ist oder von den zuständigen Behörden als Probe angefordert wird (Art. 22 lit. a–d DelVO). Dasselbe gilt auch, wenn der Großhändler beabsichtigt Arzneimittel an Personen oder Einrichtungen außerhalb der klassischen Vertriebskette zu vertreiben und dies nach nationalem Recht erforderlich ist. Hierdurch soll den besonderen Merkmalen der Lieferkette in den Mitgliedstaaten Rechnung getragen und die Auswirkungen der Überprüfungsmaßnahmen auf diese Akteure verhältnismäßig ausgestaltet werden (ErwGr. 23 DelVO). Zu den erwähnten Personen und Einrichtungen gehören Personen, die zur Abgabe von Arzneimittel an die Öffentlichkeit ermächtigt sind, aber nicht in einer Gesundheitseinrichtung oder Apotheke tätig sind (wie z.B. Einzelhandelsgeschäfte oder italienische *Parafarmacie*), Tierärzte und Einzelhändler für Tierarzneimittel, Zahnärzte, Optometristen und Optiker sowie Rettungssanitäter und Notärzte. Auch Regierungseinrichtungen, die Arzneimittel für die Zwecke des Zivilschutzes und der Katastrophenhilfe vorrätig halten (wie insbesondere Streitkräfte oder Polizei) und Hochschuleinrichtungen, die Arzneimittel für Forschungs- und Ausbildungszwecke verwenden (ausgenommen Gesundheitseinrichtungen) zählen dazu. Schließlich gilt dies auch für Gefängnisse, Schulen, Hospize und Pflegeheime (Artt. 22 lit. e und 23 DelVO).

3. Abgabeberechtigte Personen

Abgabeberechtigte Personen (wie z.B. Präsenzapotheken) überprüfen die Sicherheitsmerkmale und deaktivieren das individuelle Erkennungsmerkmal eines Arzneimittels, das sie an die Öffentlichkeit abgeben, zum Zeitpunkt der Abgabe an die Öffentlichkeit (Art. 25 Abs. 1 DelVO). Wird nur ein Teil einer Arzneimittelpackung abgegeben, erfolgt die Überprüfung und Deaktivierung beim erstmaligen Öffnen der Packung (Art. 28 DelVO). Eine Überprüfung und Deaktivierung ist auch notwendig, wenn Arzneimittel nicht an Großhändler oder Hersteller zurückgegeben werden können, von den zuständigen Behörden als Probe angefordert wurden oder zur anschließenden Verwendung als zugelassenes Prüfpräparat oder Hilfspräparat abgegeben werden (Art. 25 Abs. 4 DelVO).

Eine flexiblere Regelung hinsichtlich des Überprüfungszeitpunkts gilt für solche abgabeberechtigten Personen, die in einer Gesundheitseinrichtung tätig sind (insbesondere Krankenhausapotheken), um unverhältnismäßige Auswirkungen auf das Tagesgeschäft von Gesundheitseinrichtungen zu vermeiden (ErwGr. 25 DelVO). Ihnen ist es erlaubt, die Überprüfung und Deaktivierung des individuellen Erkennungsmerkmals bereits vorher vorzunehmen und zwar zu jedem Zeitpunkt, zu dem sich das Arzneimittel im physischen Besitz der Gesundheitseinrichtung befindet, sofern das Arzneimittel zwischen Lieferung an die Gesundheitseinrichtung und Abgabe an die Öffentlichkeit nicht verkauft wird (Art. 25 Abs. 2 DelVO). Die Mitgliedstaaten können solche Personen auch ganz von der Pflicht zur Überprüfung und Deaktivierung ausnehmen, wenn die Gesundheitseinrichtung das Arzneimittel – ohne dass ein Verkauf stattfindet – von einem Großhändler bezieht, der zur selben juristischen Person gehört wie die Gesundheitseinrichtung und die Überprüfung und Deaktivierung von diesem Großhändler vorgenommen wird. Zudem muss die Gesundheitseinrichtung das Arzneimittel an die Öffentlichkeit abgeben (Art. 26 Abs. 3 DelVO). In beiden Fällen ist die Unversehrtheit der Vorrichtung gegen Manipulation zum Zeitpunkt der Abgabe des Arzneimittels an die Öffentlichkeit zu überprüfen (Art. 27 DelVO).

Von der Pflicht die Sicherheitsmerkmale zu überprüfen und das individuelle Erkennungsmerkmal zu deaktivieren gibt es weitere Ausnahmen. Zum einen gilt dies bei Arzneimitteln, die an die abgabeberechtigten Personen als Gratismuster abgegeben werden, da das individuelle Erkennungsmerkmal hier bereits vom Inhaber der Genehmigung für das Inverkehrbringen deaktiviert wurde (Artt. 26 Abs. 1 und 41 DelVO). Zum anderen entfällt die Pflicht für solche abgabeberechtigten Personen, die nicht in einer Gesundheitseinrichtung oder Apotheke tätig sind, wenn die Pflicht gem. Art. 23 DelVO den Großhändlern auferlegt wurde (siehe vorhergehenden Punkt 2.). Die Unversehrtheit der Vorrichtung gegen Manipulation ist auch hier erst zum Zeitpunkt der Abgabe des Arzneimittels an die Öffentlichkeit zu überprüfen (Art. 27 DelVO).

VII. Mögliche Ergebnisse der Überprüfung

Die Überprüfung des individuellen Erkennungsmerkmals mittels Abgleichs mit demjenigen, das im Datenspeicher- und -abrufsystem gespeichert ist, sollte die Echtheit des individuellen Erkennungsmerkmals bestätigen. Es wird als echt erachtet, wenn das Datenspeicher- und -abrufsystem ein aktives individuelles Erkennungsmerkmal mit dem Produktcode und der Seriennummer enthält, die mit denen des überprüften individuellen Erkennungsmerkmals identisch sind (Art. 11 S. 2 DelVO). Ein deaktiviertes individuelles Erkennungsmerkmal darf nur in gewissen Fällen weiter an die Öffentlichkeit vertrieben oder geliefert werden. So wenn das Arzneimittel zum Zweck der Ausfuhr aus der Union vertrieben wird, als Probe den national zuständigen Behörden übergeben wird oder als Gratismuster an Personen, die es verschreiben dürfen, abgegeben wird. Dasselbe gilt auch, wenn der Großhändler das individuelle Erkennungsmerkmal deaktiviert hat, damit bestimmte Personen oder Einrichtungen außerhalb der klassischen Vertriebskette das Arzneimittel abgeben können oder wenn nur ein Teil einer Arzneimittelpackung abgegeben wird. Schließlich dürfen zurückgenommene Arzneimittel, die nicht mehr in den Verkaufsbestand aufgenommen werden können, zurückgerufene, vom Markt genommene oder gestohlene Arzneimittel und Arzneimittel, die zur Vernichtung bestimmt sind an die für seine Entsorgung zuständige Person übergeben werden (Art. 12 DelVO).

Erfolgt bei der Überprüfung des individuellen Erkennungsmerkmals keine Bestätigung, dass das individuelle Erkennungsmerkmal echt ist, wird im System und im Terminal eine Warnung ausgelöst. In einem solchen Fall wird im System eine Markierung gesetzt, die auf eine potenzielle Fälschung hinweist. Dies gilt jedoch nicht für Arzneimittel, die im System als zurückgerufen, vom Markt genommen oder zur Vernichtung bestimmt registriert sind (Art. 36 lit. b DelVO). Besteht Grund zur Annahme, dass die Verpackung des Arzneimittels manipuliert wurde, oder ergibt die Überprüfung der Sicherheitsmerkmale, dass das Arzneimittel nicht echt sein könnte, so wird das Produkt nicht vom Hersteller in Verkehr gebracht, vom Großhändler abgegeben oder ausgeführt bzw. von der abgabeberechtigten Person an die Öffentlichkeit abgegeben. Zudem sind unverzüglich die zuständigen Behörden zu informieren (Artt. 18, 24 und 30 DelVO). Die Rechtsperson, die den Datenspeicher einrichten und verwalten, sorgen für eine sofortige Untersuchung der markierten potenziellen Fälschungsfälle und – falls die Fälschung bestätigt wird – für eine Warnung der nationalen zuständigen Behörden, der EMA und der europäischen Kommission (Art. 37 lit. d DelVO).

Wenn abgabeberechtigte Personen aufgrund technischer Probleme nicht in der Lage sind, zum Zeitpunkt der Abgabe eines Arzneimittels an die Öffentlichkeit das individuelle Erkennungsmerkmal zu überprüfen und zu deaktivieren, notieren sie das individuelle Erkennungsmerkmal und nehmen die Überprüfung und Deaktivierung vor, sobald die technischen Probleme behoben sind (Art. 29 DelVO). In dieser Weise soll ausgeschlossen werden, dass das individuelle Erkennungsmerkmal nochmals von Fälschern verwendet werden kann (ErwGr. 27 DelVO).

VIII. Überwachung durch Behörden

Die national zuständigen Behörden sollen Zugang zu den Informationen über die Sicherheitsmerkmale haben. Zu diesem Zweck sollen die Hersteller Protokolle der Aktionen im Zusammenhang mit den individuellen Erkennungsmerkmalen aufbewahren, nachdem das Erkennungsmerkmal im Datenspeicher- und -abrufsystem deaktiviert wurde. Die Aufbewahrungsfrist beträgt mindestens ein Jahr ab dem Verfallsdatum des Arzneimittels oder fünf Jahre ab dem Inverkehrbringen – maßgebend ist der jeweils längere Zeitraum (Art. 15 DelVO).

Den national zuständigen Behörden ist auch Zugang zum Datenspeicher und den darin enthaltenen Informationen zum Zweck der Überwachung der Funktionsweise der Datenspeicher und Untersuchung potenzieller Fälschungsfälle sowie zum Zweck der Kostenerstattung und Pharmakovigilanz oder Pharmakoepidemiologie zu gewähren (Art. 39 DelVO). Die Behörden überwachen die Funktionsweise jedes physisch in ihrem Hoheitsgebiet befindlichen Datenspeichers, um – ggf. mittels Inspektionen – zu überprüfen, ob der Datenspeicher und die für dessen Einrichtung und Verwaltung verantwortliche Rechtsperson die vorgeschriebenen Bestimmungen einhalten (Art. 44 Abs. 1 DelVO). Die Pflichten können auch im Zuge einer schriftlichen Vereinbarung der zuständigen Behörde eines anderen Mitgliedstaats oder einem Dritten übertragen werden (Art. 44 Abs. 2 DelVO). Wird ein Datenspeicher, der sich nicht physisch im Hoheitsgebiet eines Mitgliedstaates befindet, zur Überprüfung der Echtheit von Arzneimitteln genutzt, die in diesem Mitgliedstaat in Verkehr gebracht werden, so kann die zuständige Behörde dieses Mitgliedstaates eine Inspektion des Datenspeichers überwachen oder eine unabhängige Inspektion durchführen, wenn der Mitgliedstaat, in dem sich der Datenspeicher physisch befindet, zustimmt (Art. 44 Abs. 3 DelVO). Die national zuständige Behörde übermittelt der EMA Berichte über die Überwachungstätigkeit und stellt diese den anderen national zuständigen Behörden und der europäischen Kommission zur Verfügung (Art. 44 Abs. 4 DelVO).

IX. Datenschutz und Eigentum an Daten

Gem. Art. 54a Abs. 3 GKHA müssen der Schutz personenbezogener Daten, die Wahrung des legitimen Interesses, vertrauliche Angaben kommerzieller Art und das Eigentum an den erzeugten Daten und deren Vertraulichkeit geschützt werden. Deshalb sollen die Akteure der Lieferkette für die von ihnen erzeugten Daten verantwortlich sein und ausschließlich auf sie ein Eigentums- und Zugriffsrecht haben. Wenngleich keine Speicherung personenbezogener Daten im Datenspeicher- und -abrufsystem vorgesehen ist, sollte der Schutz personenbezogener Daten für den Fall gewährleistet sein, dass Nutzer die Datenspeicher zu Zwecken nutzen, die außerhalb des Geltungsbereichs der DelVO liegen (ErwGr. 37 DelVO). Eine Ausnahme vom Zugangsrecht gilt für die in den Datenspeichen gem. Art. 33 Abs. 2 DelVO zu speichernden Daten und der Information zum Status eines individuellen Erkennungsmerkmals (Art. 38 Abs. 1 DelVO). Sie müssen für alle Akteure, die die Echtheit von Arzneimitteln überprüfen müssen, zugänglich bleiben, da die betreffenden Informationen die Voraussetzung für eine ordnungsgemäße Durchführung solcher Überprüfungen bildet (ErwGr. 38 DelVO). Auch die Rechtsperson, die den Datenspeicher verwaltet, hat ohne schriftliche Genehmigung des rechtmäßigen Dateneigners keinen Zugang zu den Daten, ausgenommen zum Zweck der Untersuchung von potenziellen Fälschungsfällen, die im System markiert sind (Art. 38 Abs. 2 DelVO).

X. Kosten

Die Kosten des Datenspeicher- und -abrufsystems werden gem. Art. 54a Abs. 2 lit. e GKHA von den Herstellern von Arzneimitteln, die die Sicherheitsmerkmale tragen, übernommen (Art. 31 Abs. 5 DelVO).

XI. Umsetzungsfristen

Die Anwendung der Sicherheitsmerkmale gilt für die Mitgliedstaaten der EU seit dem 9. Februar 2019. Da die Mitgliedstaaten Belgien, Griechenland und Italien bereits bei Inkrafttreten der FMD über Systeme zur Überprüfung der Echtheit von Arzneimitteln und zur Identifizierung von Einzelpackungen verfügten, wird diesen eine zusätzliche Übergangsfrist für die Anpassung an das harmonisierte Unionssystem von weiteren 6 Jahren gewährt (Art. 49 Abs. 1 DelVO i.V.m. Art. 2 Abs. 2 UAbs. 2 lit. b S. 2 FMD). Sie teilen der europäischen Kommission das Datum des Geltungsbeginns, welches also spätestens der 9. Februar 2025 sein kann, in ihrem Hoheitsgebiet mit (Art. 49 Abs. 1 DelVO).

Arzneimittel, die vor dem Geltungsbeginn der DelVO in einem Mitgliedstaat ohne die Sicherheitsmerkmale für den Verkauf oder Vertrieb freigegeben wurden und danach nicht neu verpackt oder neu etikettiert wurden, dürfen in diesem Mitgliedstaat bis zu ihrem Verfallsdatum in Verkehr gebracht, vertrieben und an die Öffentlichkeit abgegeben werden (Art. 48 DelVO).

C. Umsetzung im Pilotprojekt

Die Ausgestaltung der Sicherheitsmerkmale ist bereits in zwei Pilotprojekten erprobt worden, wobei eines als Modell bis zur Umsetzung der FMD fortgeführt wurde.

I. Schweden

Um die Technologie des auf einem 2D Data Matrix Code basierenden *End-to-End* Verifikationssystems in der Praxis zu testen, führte EFPIA in Zusammenarbeit mit der staatlichen Arzneimittel-Einzelhandelskette *Apoteket AB* zwischen September 2009 und Januar 2010 in Schweden ein Pilotprojekt durch.[1067] Über 4 Monate hinweg scannten und verifizierten – zum Zeitpunkt der Abgabe – 25 Apotheken im Großraum Stockholm an 180 Abgabestellen rund 100.000 Packungen. Auch die Arzneimittelgroßhändler Tamro und KD Pharma sowie LIF, der Verband schwedischer Arzneimittelhersteller, unterstützten das Projekt. Es wurden Arzneimittelpackungen von 14 Herstellern mit der 2D Data Matrix ausgestattet, um jede einzelne Verpackung individuell identifizieren zu können.[1068]

Das Ergebnis des Pilotprojekts zeigte, dass die Technologie in der Praxis funktioniert und gefälschte Packungen sowie abgelaufene, kurzlebige und zurückgerufene Arzneimittel erkennt. Soweit das System erst einmal im Apothekenbetrieb implementiert wurde, ist es einfach zu nutzen und verursacht keinen erheblichen Mehraufwand.[1069]

II. securPharm

Im Jahr 2013 starteten Arzneimittelhersteller, Pharmagroßhändler und Apotheken in Deutschland einen gemeinsamen Pilotversuch, um ein System zu entwickeln, das den neuen Vorgaben der EU für die Fälschungsabwehr entspricht. Die gemeinsame Initiative wurde seitdem kontinuierlich verbessert, um als erstes europäisches Modell der Umsetzung der FMD unter Berücksichtigung der DelVO zu genügen.[1070]

1067 *EFPIA/Apoteket AB*, Joint Final Report April 2010, S. 7.
1068 *EFPIA/Apoteket AB*, Joint Final Report April 2010, S. 12.
1069 *EFPIA/Apoteket AB*, Joint Final Report April 2010, S. 27.
1070 *securPharm*, Statusbericht 2018, S. 6.

1. Stakeholder

SecurPharm e.V. ist die nicht gewinnorientierte Stakeholder-Organisation für den Aufbau des Systems zur Echtheitsprüfung von Arzneimitteln in Deutschland. Gegründet wurde securPharm e.V. von den Interessensvertretern des deutschen Arzneimittelmarktes, d.h. vom BAH (Bundesverband der Arzneimittel-Hersteller e.V.), BPI (Bundesverband der pharmazeutischen Industrie e.V.) und vfa (Verband Forschender Arzneimittelhersteller e.V.) sowie dem PHAGRO (Bundesverband des pharmazeutischen Großhandels e.V.) und der ABDA (Bundesvereinigung Deutscher Apothekerverbände e.V.).[1071]

2. Aufbau

Das securPharm-System ist ein verteiltes System, welches sich aus einem System für pharmazeutische Unternehmer (PU-System) und einem System für Apotheken (AP-System) zusammensetzt.[1072] Das PU-System wird von der ACS PharmaProtect GmbH betrieben, während die Betreibergesellschaft für das AP-System die NGDA – Netzgesellschaft Deutscher Apotheker GmbH ist.[1073] Hintergrund ist das Eigentum von Daten und der Datenschutz, denen aufgrund der Erfahrungen aus anderen Projekten (etwa der elektronischen Patientenakte) besondere Aufmerksamkeit zukommen muss. Bei getrennten Datenbanken ist das Eigentum eindeutig und für jedermann nachvollziehbar organisiert.[1074] Auf diese Weise können weder die pharmazeutischen Unternehmer nachvollziehen aus welcher Apotheke die Anfrage zur Verifizierung kommt, noch kann die Apothekenseite die Daten der pharmazeutischen Unternehmer einsehen. In dem Datenbanksystem der ACS PharmaProtect GmbH werden die Daten für den pharmazeutischen Unternehmer verwaltet und für jedes pharmazeutische Unternehmen geschützte Datenbereiche bereitgestellt. Ein pharmazeutischer Unternehmer hat nur Einsicht und Zugriff auf seinen eigenen Datenbestand.[1075] Die Verifizierung erfolgt im Datenaustausch zwischen dem AP-System und dem PU-System. SecurPharm e.V. ist als Dachorganisation zu

1071 *securPharm*, Statusbericht 2018, S. 6.
1072 *ACS PharmaProtect*, ACS-PU-Leitfaden, S. 5.
1073 *securPharm*, Statusbericht 2018, S. 9.
1074 *securPharm*, Statusbericht 2018, S. 9.
1075 *ACS PharmaProtect*, ACS-PU-Leitfaden, S. 5.

verstehen, welche die „Spielregeln“ des Gesamtsystems vorgibt und ab dem Pflichtbetrieb des Systems bei Auffälligkeiten, die einen Fälschungsverdacht nahelegen, agiert.[1076] Die national zuständigen Behörden überwachen schließlich das System und prüfen, dass die Vorgaben der DelVO und der FMD eingehalten werden.[1077]

3. Anbindung

Pharmaunternehmen binden sich an das System der ACS PharmaProtect GmbH an. Bereits während der Pilotphase haben sich zahlreiche Unternehmen an securPharm beteiligt, um ihre Abläufe bis zum Stichtag des 9. Februar 2019 zu trainieren.[1078] An securPharm nahmen zudem Großhändler und öffentliche Apotheken teil. Auch gab es einen Piloten zur Anbindung von Krankenhäusern und krankenhausversorgenden Apotheken.[1079] Öffentliche Apotheken und krankenhausversorgende Apotheken sowie Großhändler binden sich an das AP-System von NGDA an.[1080]

4. Technische Umsetzung

Die Verifizierung erfolgt über einen ISO/IEC 16022 Data Matrix Code, der auf der Arzneimittelpackung angebracht wird. Bei der Abgabe des Arzneimittels in der Apotheke wird die Seriennummer der Packung gegen das PU-Datenbanksystem verifiziert.[1081] Voraussetzung zur Verifizierung ist die Kennzeichnung jeder Packung mit einem weltweit eindeutigen Produktcode sowie einer zugeordneten randomisierten Seriennummer. Die in Deutschland verwendete Pharmazentralnummer (PZN) bildet jedoch – wie auch die Artikelnummern in anderen europäischen Staaten – nur einen nationalen Standard, der nur unter großem Aufwand geändert werden kann und zudem sozialrechtlich gefordert und für die Erstattung unabdingbar ist. Als Ausweg bietet sich die Ummantelung der nationalen Artikelnummern an, wodurch die PZN für den Produktcode also zur PPN

1076 *ACS PharmaProtect*, ACS-PU-Leitfaden, S. 5.
1077 *securPharm*, Statusbericht 2018, S. 9.
1078 *securPharm*, Statusbericht 2018, S. 14.
1079 *securPharm*, Statusbericht 2018, S. 18.
1080 *securPharm*, Statusbericht 2018, S. 14 und 16.
1081 *ACS PharmaProtect*, ACS-PU-Leitfaden, S. 4.

(Pharmacy Product Number) oder NTIN erweitert wird.[1082] Dies gewährleistet zum einen den Erhalt der PZN für den nationlen Einsatz und garantiert zum anderen durch die ergänzenden Daten die internationale Verwendbarkeit.[1083] Zur Ummantelung der PZN sind zwei Formate zur Codierung möglich: das bisher geltende GS1-Format, welches die PZN in der NTIN enthält, und das von der IFA (Informationsstelle für Arzneimittelspezialitäten GmbH) neu entwickelte kostenlose IFA-Format, welches die PZN in der PPN enthält.[1084]

Im 2D Data Matrix Code sind der Produktcode, die Seriennummer, die Chargenbezeichnung und das Verfallsdatum aufzunehmen (Art. 4 lit. b DelVO). Einer nationalen Kostenerstattungs- oder Identifizierungsnummer bedarf es in Deutschland nicht, da diese in Form der PZN bereits im Produktcode enthalten und nicht zusätzlich aufzuführen ist.[1085] Da Handelspackungen mehrere Codes tragen können, wird mit dem Kürzel PPN am Data Matrix Code der Hinweis gegeben, dass dieser Code die Daten zur Arzneimittelverifikation enthält und zu scannen ist. Das Kürzel ist unabhängig von der oben beschriebenen Ummantelung der PZN.[1086]

Die Codierung erfolgt bei securPharm im Data Matrix Code nach ISO/IEC 16022, womit die Vorgaben der DelVO eingehalten werden. Die zusätzlichen Rechteckvarianten gem. DIN 16587 erleichtern die Packmittelgestaltung. Alle notwendigen Details zur Codierung und Kennzeichnung der Arzneimittelpackung beschreiben die securPharm „Codierregeln".[1087] Dazu gehören unter anderem die Generierung der PPN und der NTIN, der Codeinhalt mit den zugehörigen Datenbezeichnern, die Codegröße sowie die Druckqualität.[1088]

5. Verifikationssystem

Das Verifikationssystem basiert auf einem Ende-zu-Ende Prinzip, bei dem die beiden Enden der Logistikkette – also der pharmazeutische Unternehmer, der ein Arzneimittel in Verkehr bringt, und in der Regel die öffentli-

1082 *ACS PharmaProtect*, ACS-PU-Leitfaden, S. 4.
1083 *securPharm*, Statusbericht 2018, S. 10.
1084 *ACS PharmaProtect*, ACS-PU-Leitfaden, S. 11.
1085 *securPharm*, Statusbericht 2018, S. 10.
1086 *securPharm*, Statusbericht 2018, S. 13.
1087 Die aktuellen Codierregeln 2.04a (Stand vom 12. Dezember 2018) sind erhältlich unter http://www.securpharm.de (zuletzt abgrufen am 09.02.2019).
1088 *securPharm*, Statusbericht 2018, S. 11.

che Apotheke, die ein Arzneimittel an den Patienten abgibt – zur Absicherung dienen.[1089]

Der pharmazeutische Unternehmer versieht im Produktionsprozess jede einzelne Packung eines verifizierungspflichtigen Arzneimittels mit einer individuellen Seriennummer. Diese wird zusammen mit dem Produktcode (als PPN oder NTIN ummantelte PZN), der Chargennummer und dem Verfallsdatum im 2D Data Matrix Code auf die Packung aufgebracht. Parallel dazu lädt der pharmazeutische Unternehmer die Daten in das PU-System hoch, was entweder über den zentralen Hub oder das PU-System bewerkstelligt werden kann.[1090] Der pharmazeutische Unternehmer meldet der IFA diejenigen Arzneimittel, die den Data Matrix Code tragen und in Apotheken verifiziert werden können. Die Apothekensoftware erkennt über die Informationsdienste der ABDA die Kennzeichnung aus der IFA-Datenbank und steuert die Prozesse im Warenwirtschaftssystem der Apotheke entsprechend.[1091]

Zur Verifikation einer Packung scannt das Apothekenpersonal vor der Abgabe an den Patienten den Data Matrix Code der Packung. Im Hintergrund findet die Überprüfung von Seriennummer und Produktcode gegenüber der PU-Datenbank, welche auch bereits mit dem europäischen Hub verbunden ist, auf anonymer Basis statt. Der in dieser Datenbank vermerkte Status der Packung wird an die Apotheke zurückgemeldet. Ist dieser korrekt, kann die Packung abgegeben werden, wodurch gleichzeitig der Status dieser Packung in der Datenbank auf „abgegeben" verändert wird. Wird eine nicht hinterlegte oder eine bereits als abgegeben markierte Seriennummer geprüft, erhält der Apotheker eine entsprechende Warnmeldung und kann die notwendigen Maßnahmen zur Überprüfung des Falls einleiten. So wird die Abgabe einer negativ verifizierten und potenziell gefälschten Arzneimittelpackung an den Patienten verhindert.[1092] Vor der Abgabe können Arzneimittelpackungen zusätzlich an anderen Stellen, wie z.B. beim Großhandel oder im Wareneingang der Apotheke verifiziert werden.[1093]

Die Antwortzeit des securPharm-Systems liegt bei durchschnittlich 100 Millisekunden, Abweichungen nach oben können aufgrund der techni-

---

1089 *securPharm*, Statusbericht 2018, S. 12.

1090 *ACS PharmaProtect*, ACS-PU-Leitfaden, S. 7; *securPharm*, Statusbericht 2018, S. 12.

1091 *securPharm*, Statusbericht 2018, S. 13.

1092 *securPharm*, Statusbericht 2018, S. 13.

1093 *securPharm*, Statusbericht 2018, S. 13.

schen Voraussetzungen für die Umsetzung in einzelnen Apotheken auftreten.[1094]

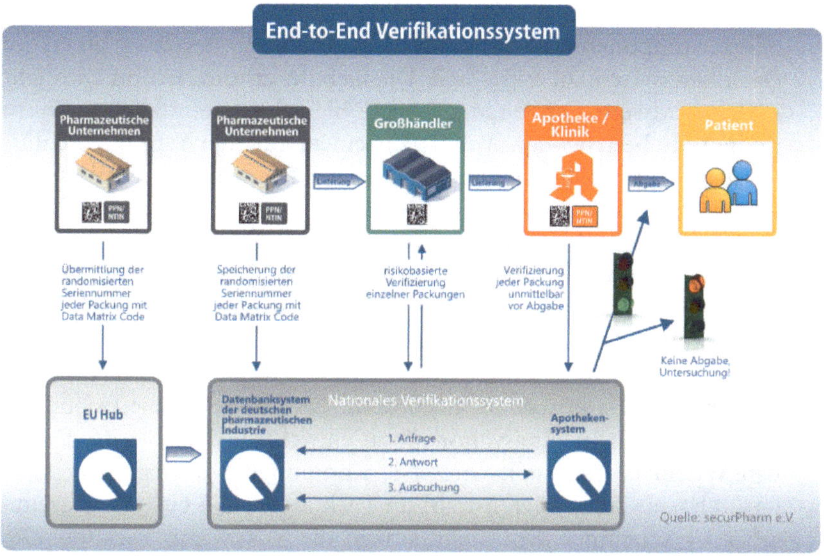

6. Gebührenmodell

Nachdem die seit 2010 entstandenen Aufwendungen für die Entwicklung und den Betrieb des PU-Datenbanksystems zunächst voll von den Verbänden BAH, BPI und vfa getragen wurden, begann ab dem Jahr 2014 eine sukzessive Einbindung der pharmazeutischen Unternehmer in die Finanzierung. Spätestens seit 2019 – dem Jahr, ab dem die Verifikationspflicht greift – muss sich das System aus Nutzergebühren selbst tragen.[1095]

Die Rolle der Herstellerverbände als Gesellschafter der ACS PharmaProtect GmbH stellt sicher, dass ein Kosten-Nutzen-effizientes System bereitgestellt wird. Um möglichst die Interessen aller Herstellerkategorien zu wahren, basierte das Gebührenmodell von ACS auf drei Komponenten: der Einrichtungsgebühr (Komponente A), der Betriebsgebühr (Komponente B) und der Gebühr pro Datensatz (Komponente C).[1096]

1094 *securPharm*, Statusbericht 2018, S. 20.
1095 *ACS PharmaProtect*, ACS-PU-Leitfaden, S. 23.
1096 *ACS PharmaProtect*, ACS-PU-Leitfaden, S. 23.

(A.) **Einrichtungsgebühr** (**Komponente A**): Im Gebührenmodell unterstützt die Einrichtungsgebühr primär die Finanzierung des Gesamtsystems, das zukünftig den Datenaustausch zur Verifizierung von Arzneimitteln im Rahmen des Fälschungsschutzes sicherstellen wird. Die Gebührenkomponente ist einmalig bei Einrichtung des Teilnehmers im Datenbanksystem zu entrichten. Die Gebühr erhöht sich bis zum Jahr 2018 schrittweise von anfangs 8.000 € bis zuletzt auf 30.000 €. Damit werden die bestehenden Anreize für einen früheren Vertragsabschluss so ausgebaut, dass sich ein frühzeitiger Einstieg finanziell stärker lohnt.[1097]

(B.) **Betriebsgebühr** (**Komponente B**): Die monatliche Betriebsgebühr ist für die Systemvorhaltung und den Basissupport zu entrichten. Die Betriebsgebühr ist degressiv gestaffelt, d.h. mit steigender Anzahl an Nutzern, sinkt die Betriebspauschale (die Degression endet bei 100 Teilnehmern).[1098]

(C.) **Gebühr pro Datensatz** (**Komponente C**): Diese variable Gebühr ist pro Datensatz (Packungsvolumen) zu entrichten, der über das Datenbanksystem bereitgestellt wird. Die Komponente ist degressiv gestaffelt, d.h. mit steigender Anzahl an Packungen, die ein pharmazeutischer Unternehmer bereitstellt, sinken die Kosten pro Packung. Der letzte pro Jahr hochgeladene Datensatz bestimmt den Preis für alle in diesem Jahr eingestellten Datensätze. Basis sind alle Datensätze des jeweiligen pharmazeutischen Unternehmers (die Degression endet bei 10 Mio. Packungen).[1099]

Mit Stichtag zum 9. Februar 2019 wurde das Gebührenmodell geändert und umfasst neben der Einrichtungsgebühr in Höhe von 30.000 € nunmehr nur noch eine Jahregebühr. Letztere wird anhand der Packungszahl verifikationspflichtiger Arzneimittel und deren Umsatz ermittelt, wobei die Komponenten wiederum degressiv gestaffelt sind, d.h. mit steigender Packungszahl und Umsatzhöhe sinkt die Jahresgebühr pro Packung.

1097 *ACS PharmaProtect*, ACS-PU-Leitfaden, S. 23.
1098 *ACS PharmaProtect*, ACS-PU-Leitfaden, S. 24.
1099 *ACS PharmaProtect*, ACS-PU-Leitfaden, S. 24.

7. Vertragswerk

Um an securPharm teilzunehmen muss der pharmazeutische Unternehmer einen Vertrag mit ACS PharmaProtect GmbH schließen. Mit Abschluss des Vertrags erhält er Zugang zum PU-Datenbanksystem. Zudem ist ein Vertrag mit dem Betreiber des europäischen Hubs, der *European Medicines Verification Organisation (EVMO)*, notwendig, damit im Zuge des Datenaustauschs zwischen dem ACS-PU-System und dem Hub das pharmazeutische Unternehmen eindeutig identifiziert werden kann.[1100]

D. Rechtliche Bewertung

Im Folgenden soll die geplante Serialisierung in der EU und damit die DelVO, auf welcher die Serialisierung beruht, auf ihre Rechtsmäßigkeit nach dem europäischen Recht geprüft werden. Die Rechtmäßigkeit hängt wiederum von der Rechtmäßigkeit der ihr zugrunde liegenden Ermächtigungsgrundlage ab, welche in Art. 54a Abs. 2 GKHA zu sehen ist. Da die Ermächtigung durch Art. 1 Nr. 12 FMD in den GKHA eingeführt wurde, soll zuvorderst die Fälschungsrichtlinie auf ihre Rechtmäßigkeit geprüft werden.

I. Fälschungsrichtlinie 2011/62/EU

Um als Ermächtigungsgrundlage für die DelVO zu dienen, müsste die FMD rechtmäßig sein. Sie ist als Akt des sekundären Unionsrechts rechtmäßig, wenn sie in formeller und materieller Hinsicht mit höherrangigem Unionsrecht vereinbar ist.

1. Formelle Rechtmäßigkeit

Die FMD wäre formell rechtmäßig, wenn die Vorschriften über Kompetenz, Verfahren und Form eingehalten sind.

1100 *securPharm*, Statusbericht 2018, S. 15.

a. Kompetenz

Die EU müsste die Kompetenz zum Erlass der FMD innehaben. Die FMD stützt sich auf die Kompetenznormen der Art. 114 und 168 Abs. 4 lit. c AEUV. Die Organkompetenz kommt danach dem Parlament und Rat zu, welche die FMD auch erlassen haben. Es müsste auch die Verbandskompetenz eingehalten sein.

(I) Grundsatz der begrenzten Einzelermächtigung

Gemäß dem Grundsatz der begrenzten Einzelermächtigung nach Art. 5 Abs. 1 S. 1 AEUV darf die EU nur innerhalb der Grenzen der ihr durch die Verträge zugewiesenen Befugnisse tätig werden. Ihr komme keine „Kompetenz-Kompetenz“ zu, sie kann also nur insoweit und in der Form tätig werden, als eine Norm des Primärrechts ihr ausdrücklich die Kompetenz dazu einräumt.

(1) Art. 114 AEUV

Nach Art. 114 AEUV kann die EU Maßnahmen zur Angleichung der Vorschriften der Mitgliedstaaten erlassen, sofern diese das Ziel haben, die Errichtung und das Funktionieren des Binnenmarktes zu verbessern.[1101] Voraussetzung ist, dass die Rechtsangleichung zur Beseitigung von Freiverkehrshindernissen oder Wettbewerbsverzerrungen dient.[1102] Ferner kann Art. 114 AEUV herangezogen werden, um einer heterogenen Entwicklung der nationalen Rechtsvorschriften vorzubeugen. Allerdings muss ihre Entstehung wahrscheinlich sein und die fragliche Maßnahme ihre Vermeidung bezwecken.[1103]

Im Hinblick auf Sicherheitsmerkmale auf Arzneimittelpackungen zum Schutz von Fälschungen bestehen bereits in drei Mitgliedstaaten (Belgien, Griechenland und Italien) Regelungen. Angesicht der zunehmenden Anzahl von gefälschten Arzneimitteln auf dem Markt und der globalen Entwicklung, nach der zahlreiche Länder weltweit Serialisierungssysteme ein-

1101 EuGH, Rs. C-376/98, *Tabakwerbungsrichtlinie*, Slg. 2000, I-8419, Rn 83 f.
1102 *M. Schröder* in: Streinz, EUV/AEUV, AEUV Art. 114 Rn. 40 und 43.
1103 EuGH, Rs. C-376/98, *Deutschland/Parlament und Rat*, Slg. 2000, I-8419 Rn. 86; EuGH, Rs. C-38/30, *Deutschland/Parlament und Rat*, Slg. 2006, I-11573 Rn. 38.

geführt haben oder einführen werden, ist anzunehmen, dass auch weitere Mitgliedstaaten Regelungen erlassen. Divergierende Mechanismen zur Feststellung der Echtheit von Arzneimitteln, welche auf unterschiedlichen nationalen und regionalen Rückverfolgungsmöglichkeiten basieren, können den Verkehr von Arzneimitteln in der EU einschränken und die Kosten für alle Akteure der Lieferkette erhöhen (so ErwGr. 2 DelVO). In einem solchen Fall wäre das Funktionieren des Binnenmarkts beeinträchtigt, sodass die Voraussetzungen des Art. 114 AEUV vorliegen.

(2) Art. 168 AEUV

Die Serialisierung dient auch dem Gesundheitsschutz, womit Art 168 AEUV angesprochen ist. Art. 168 Abs. 4 lit. c AEUV gibt seit dem Vertrag von Lissabon der EU eine Kompetenz für Maßnahmen zur Festlegung hoher Qualitäts- und Sicherheitsstandards für Arzneimittel und Medizinprodukte. Die Harmonisierung ist in diesem Bereich ohne Nachweis der Binnenmarktförderlichkeit möglich.[1104] Die FMD hat den Schutz der öffentlichen Gesundheit vor gefälschten Arzneimitteln zum Gegenstand und verfolgt damit die Festlegung von Qualitäts- und Sicherheitsstandards für Humanarzneimittel. Es handelt sich bei Art. 168 Abs. 4 AEUV um eine geteilte Kompetenz, von der die EU mit Erlass der FMD Gebrauch gemacht hat. Das bedeutet, dass EU und Mitgliedstaaten zwar gleichermaßen für den Bereich zuständig sind, das Gebrauchmachen der EU von ihrer Zuständigkeit jedoch eine Sperrwirkung für die Zuständigkeit der Mitgliedstaaten entfaltet (Art. 1 Abs. 2 S. 2 u. 3 AUEV). Der EU bleibt es indessen unbenommen, eine Abweichung durch die Mitgliedstaaten zugunsten eines stärkeren Gesundheitsschutzes ausdrücklich zuzulassen.[1105] Der Begriff „Maßnahmen“ umfasst das gesamte Instrumentarium unionsrechtlicher Handlungsformen und insbesondere auch Richtlinien.[1106]

(3) Konkurrenzen

Im Ergebnis sind mithin beide Kompetenznormen einschlägig. Auf welche der Kompetenznormen abschließend abzustellen ist, wird unterschied-

1104 *Lurger* in: Streinz, EUV/AEUV, AEUV Art. 168 Rn. 52.
1105 *Lurger* in: Streinz, EUV/AEUV, AEUV Art. 168 Rn. 52 und 51.
1106 *Lurger* in: Streinz, EUV/AEUV, AEUV Art. 168 Rn. 49.

lich beurteilt. Einer Meinung zufolge sei Art. 114 AEUV die zutreffende Rechtsgrundlage, soweit die Rechtsangleichung nicht nur ein beiläufiges oder ergänzendes Ziel ist, selbst wenn zugleich andere Sachbereiche betroffen sind.[1107] Die Schwerpunktheorie stellt für die Auswahl der Rechtsgrundlage dagegen darauf ab, welches Ziel Schwerpunkt der Maßnahme ist.[1108] Beide Ansichten sind sich jedoch einig, dass ein Rechtsakt ausnahmsweise auf verschiedene Rechtsgrundlagen gestützt werden kann, wenn er mehrere gleichrangige und untrennbar miteinander verbundene Ziele verfolgt.[1109]

Die durch die FMD verfolgten Ziele sind die Rechtsangleichung und der Gesundheitsschutz, welche gleichrangig nebeneinander stehen. Sowohl aus Art. 114 Abs. 3 AEUV als auch Art. 168 Abs. 1 AEUV ergibt sich, dass bei Maßnahmen der Rechtsangleichung ein hohes Gesundheitsschutzniveau sicherzustellen ist. Mithin schließen sich die Ziele nicht aus, sondern sind untrennbar miteinander verbunden. Beide Normen stehen mithin als einschlägige Rechtgrundlagen nebeneinander.

(II) Subsidiaritätsprinzip

Beide Kompetenzen erfordern die Einhaltung des Subsidiaritätsprinzips nach Art. 5 Abs. 3 EUV. Danach darf die EU nur tätig werden, wenn die verfolgten Ziele auf Mitgliedstaatenebene nicht ausreichend, sondern besser auf Unionsebene erreicht werden können. Eine Serialisierung zum Schutz vor Arzneimittelfälschungen ist am wirkungsvollsten durch EU-weit einheitliche Standards zu gewährleisten und hätte bei national unterschiedlichen Vorgaben zahlreiche Probleme wie insbesondere Handelshemmnisse zur Folge. Mithin kann das Ziel, gefälschte Arzneimittel zu bekämpfen, ohne dadurch das Funktionieren des Binnenmarktes für Arzneimittel zu behindern, von den Mitgliedstaaten nicht in ausreichendem Maß erreicht und daher besser auf Gemeinschaftsebene verwirklicht werden. So

---

1107 EuGH, C491/01, *Urteil British American Tobacco [Investments] und Imperial Tobacco*, Slg. 2002, I-11453 Rn. 62; *Tietje* in: Grabitz/Hilf/Nettesheim, Recht der EU, AEUV Art. 114 Rn. 124 ff.

1108 EuGH, Rs. C-42/97, *Parlament/Rat*, Slg. 1999, I-869 Rn. 39 f.; *M. Schröder* in: Streinz, EUV/AEUV, AEUV Art. 114 Rn. 129; *Herrenfeld* in: Schwarze, EU Kommentar, AEUV Art. 114 Rn. 23.

1109 EuGH, Gutachten 2/00, *Cartagena-Protokoll*, Slg. 2001, I-9713 Rn. 23; *Tietje* in: Grabitz/Hilf/Nettesheim, Recht der EU, AEUV Art. 114 Rn. 130; *M. Schröder* in: Streinz, EUV/AEUV, AEUV Art. 114 Rn. 130.

begründet auch die FMD selbst, dass das Ziel, das Funktionieren des Binnenmarkts zu gewährleisten und gleichzeitig ein hohes Niveau des Schutzes der öffentlichen Gesundheit vor gefälschten Arzneimitteln sicherzustellen, auf Ebene der Mitgliedstaaten nicht ausreichend verwirklicht werden kann und daher wegen des Umfangs oder der Wirkung der Maßnahme besser auf Unionsebene zu verwirklichen ist (ErwGr. 33 FMD).

b. Verfahren

Die FMD wurde auf Vorschlag der europäischen Kommission von Parlament und Rat erlassen, wobei auch die Stellungnahmen des Europäischen Wirtschafts- und Sozialausschusses und des Ausschusses der Regionen eingeholt wurde. Das ordentliche Gesetzgebungsverfahren nach Art. 289, 294 AEUV ist mithin eingehalten.

c. Form

Auch die Formvorschriften müssten eingehalten worden sein. Gem. Art. 297 AEUV ist die FMD ordnungsgemäß unterschrieben und im Amtsblatt der EU veröffentlicht worden. Nach Art. 296 AEUV müsste die Handlungsform der Richtlinie zulässig sein und eine Begründung vorliegen.

Nach Art. 296 Abs. 1 AEUV entscheidet der Gesetzgeber nach pflichtgemäßem Ermessen über die geeignete Handlungsform, soweit die Kompetenzvorschriften keinen Formzwang vorgeben. Ein Formzwang besteht z.B. für die Richtlinie bei Regelungen zur Verwirklichung der Niederlassungsfreiheit (Art. 50 Abs. 1 AUEV), für die Verordnung bei Regelungen des Aufbaus, der Arbeitsweise, des Tätigkeitsbereichs und der Aufgaben von Eurojust und Europol (Artt. 85 Abs. 1 UAbs. 2; 88 Abs. 2 AEUV) und für den Beschluss bei Regelungen zur Aufhebung einer Beihilfe (Art. 108 Abs. 2 AEUV). In den vorliegend einschlägigen Kompetenzvorschriften der Artt. 114 und 168 Abs. 4 lit. c AEUV ist dagegen die Rede von „Maßnahmen“ des Unionsgesetzgebers. Unter Maßnahmen sind alle unter Art. 288 AEUV genannten Handlungsformen und auch sonstige Rechtshandlungen zu verstehen.[1110] Da das Ermessen in den Kompetenznormen nicht ausdrücklich eingeschränkt wird, wie z.B. durch Begriffe wie „zweck-

1110 EuGH, Rs. 5/73, *Balkan-Import-Export*, Slg. 1973, 1091 Rn. 18; *W. Schroeder* in: Streinz, EUV/AEUV, AEUV Art. 288 AEUV Rn. 11.

dienlich“ (Art. 103 Abs. 1 AEUV) oder „geeignet“ (Art. 106 Abs. 3 AEUV), gilt der Grundsatz der Verhältnismäßigkeit. Er soll bewirken, dass in bestimmten Fällen eine Richtlinie der Verordnung, entweder aus Praktikabilitätsgründen oder als mildere Maßnahme, vorzuziehen ist.[1111] In der Praxis beanstandet der EuGH nur eine offenkundige Überschreitung des gesetzgeberischen Ermessens, die an Willkür grenzt.[1112] Die FMD ist als Richtlinie erlassen worden, welche zur Erreichung des Fälschungsschutzes der legalen Lieferkette geeignet ist. Da die FMD den GKHA ergänzt, hat sie dieselbe Rechtsform zu wahren. Eine willkürliche Überschreitung des pflichtgemäßen Ermessens ist nicht erkennbar, die Form der Richtlinie ist zulässig.

Nach Art. 296 Abs. 2 AEUV sind Rechtsakte mit einer Begründung zu versehen. Inhalt und Umfang hängen dabei von den Umständen des Einzelfalls ab.[1113] Grundsätzlich muss die Begründung in dem Rechtsakt selbst enthalten sein, vom Urheber des Rechtsakts stammen und ihrem Inhalt nach die wichtigsten rechtlichen und tatsächlichen Erwägungen erkennen lassen.[1114] Dies kann in durchaus knapper Form geschehen, solange Klarheit und Schlüssigkeit nicht beeinträchtigt werden, damit der Betroffene seine Rechtsschutzmöglichkeiten einschätzen und der Gerichtshof seine Kontrollaufgaben wahrnehmen kann.[1115] Entscheidend sind hierbei nicht nur der Wortlaut der Begründung, sondern der gesamte Zusammenhang sowie sämtliche Rechtsvorschriften auf dem betreffenden Gebiet. Auch die Schwere des Eingriffs und der Umfang des Ermessens sind von Bedeutung.[1116] Die FMD enthält eine ausreichende Begründung zu den wichtigsten Erwägungen, insbesondere bedarf es keiner ausdrücklichen Begründung der Handlungsform, welche bereits durch den zu ändernden GKHA vorgegeben ist. Alleine das Erfordernis der Harmonisierung i.S.d. Art. 114 AEUV zur Wahrung der Binnenmarktfunktionalität könnte einer

---

1111 *W. Schroeder* in: Streinz, EUV/AEUV, AEUV Art. 288 AEUV Rn. 11; *Biervert* in: Schwarze, EU-Kommentar, AEUV Art. 288 Rn. 14.

1112 EuGH Rs. C-84/94, *Großbritannien/Rat*, Slg. 1996, I-5755 Rn. 55 ff.; EuGH, Rs. C-233/94, *Deutschland/Parlament und Rat*, Slg. 1997, I-2405 Rn. 54 ff.

1113 EuGH, Rs. C-288/96, *Deutschland/Kommission*, Slg. 2000, I-8237 Rn. 83.

1114 EuGH, Rs. C-378/00, *Kommission/Parlament und Rat*, Slg. 2003, I-937 Rn. 66; EuGH, Rs. 240/82, *Stichting u.a./Kommission*, Slg. 1985, 3831 Rn. 8; *Gellermann* in: Streinz, EUV/AEUV, AEUV Art. 296 AEUV Rn. 7.

1115 St. Rspr. EuGH, Rs. 24/62, *Deutschland/Kommission*, Slg. 1963, 143; EuGH, Rs. C-494/06 P, *Kommission/Italien und Wam*, Slg. 2009, I-3639 Rn. 48; *Geismann* in: v. d. Groeben/Schwarze/Hatje, Eur. UnionsR IV, AEUV Art. 296 Rn. 12.

1116 *Geismann* in: v. d. Groeben/Schwarze/Hatje, Eur. UnionsR IV, AEUV Art. 296 Rn. 12 m.w.N.

ausführlicheren Begründung bedürfen. ErwGr. 11 FMD enthält eine bloße Feststellung, jedoch keine Begründung. Vielmehr findet sich eine solche erst in ErwGr. 2 DelVO, was die Frage aufwirft, ob die Begründungspflicht erfüllt ist. Sinn und Zweck der Begründungspflicht ist es, wie bereits ausgeführt, den Betroffenen und dem Gerichtshof eine Bewertug der Regelung zu ermöglichen. Angesichts der engen Verbindung der FMD mit der DelVO gibt die vorliegende Art der Begründung den Betroffenen und dem Unionsrichter die Bewertung des Harmonisierungsbedürfnisses mit hinreichender Deutlichkeit an.[1117] Mithin muss die Begründungspflicht als erfüllt angesehen werden.

2. Materielle Rechtmäßigkeit

Die durch die FMD eingeführte Ermächtigungsgrundlage wäre materiell rechtmäßig, wenn sie höherrangiges Unionsrecht einhält. Dazu zählen das Primärecht und Rechtsstaatsprinzipien, wie insbesondere die Voraussetzungen einer Ermächtigung zum Erlass eines delegierten Rechtsakts und der Grundsatz der Rechtssicherheit.

a. Grundsatz der Rechtssicherheit

Der Grundsatz der Rechtssicherheit könnte mit Blick auf das Antimanipulationsmerkmal problematisch sein, da die FMD dessen Ausgestaltung völlig offen lässt. Es ist vielmehr den Herstellern selbst überlassen, in welcher Weise sie die Vorrichtung gegen Manipulation ausgestalten. Der Grundsatz der Rechtsicherheit stellt einen allgemeinen Grundsatz des Unionsrechts dar, der unter anderem gebietet, dass eine Regelung, die nachteilige Folgen für Einzelne hat, klar und bestimmt und ihre Anwendung für die Einzelnen voraussehbar sein muss.[1118] Dieses Gebot gilt in besonderem Maße, wenn es sich um eine Regelung handelt, die sich finanziell belastend auswirken kann, denn die Betroffenen müssen in der Lage sein, den Umfang der ihnen damit auferlegten Verpflichtungen genau zu erkennen.[1119]

1117 So auch schon EuGH, Rs. 230/78, *Eridania Zuccherifici*, Slg. 1979, 2749 Rn. 16 in einem vergleichbaren Fall.

1118 EuGH, Rs. 63/93, *Duff*, Slg. 1996, I-569 Rn. 20; EuGH, Rs. 550/07 P, *Akzo Nobel*, Slg. 2010, I-8301 Rn. 100.

1119 EuGH, Rs. 326/85, *Niederlande/Kommission*, Slg. 1987, 5091 Rn. 24.

Die Pflicht zum Anbringen einer Antimanipulationsvorrichtung bedeutet einen Mehraufwand und damit eine nachteilige Folge für die Arzneimittelhersteller. Zudem bringt sie einen finanziellen Aufwand mit sich, da zusätzliche Materialien benötigt werden und die Verpackungslinien angepasst werden müssen. Es kommen mehrere Möglichkeiten zur Ausgestaltung der Vorrichtung in Betracht, welche den Anforderungen der FMD entsprechen. Wichtig ist dabei, dass für die Überprüfbarkeit der äußeren Umhüllung auf Manipulationen kein bloßer Verpackungsverschluss genügt, vielmehr wird ein Originalitätsverschluss vorausgesetzt. Insbesondere für Importeure, welche den Originalitätsverschluss im Rahmen des Umverpackens durch ein gleichwertiges Sicherheitsmerkmal i.S.d. Art. 47a Abs. 1 lit. b GKHA zu ersetzen haben, kann es im Einzelnen schwierig sein zu erkennen, welche Ausgestaltung den Zwecken der FMD genügt und welche nicht. Für die Voraussehbarkeit des genauen Umfangs der Verpflichtung ist jedoch genau dieses Erkennen erforderlich. Ähnliches gilt für abgabeberechtigte Personen und Großhändler, die im Tagesgeschäft den Originalitätsverschluss auf eine sichtbare Manipulation hin zu prüfen haben. Für eine effektive Prüfung müssen sie Kenntnis von den besonderen Merkmalen haben, auf welche bei der Prüfung möglicher Sicherheitsmerkmale zu achten ist.

Als Richtlinie steht die FMD allerdings der Umsetzung und Konkretisierung in nationalen Umsetzungsakten der Mitgliedstaaten offen. Es war zu erwarten, dass die nationalen Zulassungsbehörden eine Reihe von Vorschriften zur konkreten Umsetzung der Anforderungen vorgeben. Die Sicherheitsmerkmale, wie auch die übrige Verpackung und Etikettierung von Arzneimitten, bilden einen zentralen Bestandteil der Zulassung (vgl. Artt. 61 und 54 GKHA). Die Zulassungsbehörden haben die Einhaltung der gesetzlichen Anforderungen zu prüfen, wozu auch die Anforderungen der FMD gehören.[1120] Die Entscheidungsfreiheit der Hersteller erscheint also nur auf den ersten Blick sehr weit.

Um widersprüchliche oder unklare regulatorische Vorschriften nationaler Zulassungsbehörden zu verhindern, wurde vor deren Erlass ein Projekt zur Erarbeitung einer europäischen Norm gestartet.[1121] In Anlehnung an den sogenannten *New Approach*[1122] ist es möglich, europäische Richtlinien mittels freiwilliger Normen zu konkretisieren. Eine europäische Norm

1120 *Brückner/Mößer/Adam*, Pharm. Ind. 10/2012, 1618 (1620).
1121 *Brückner/Mößer/Adam*, Pharm. Ind. 10/2012, 1618 (1620).
1122 Niedergelegt in Richtlinie (EU) 2015/1535 des Europäischen Rats und Parlaments vom 9.9.2015 über ein Informationsverfahren auf dem Gebiet der tech-

wird von den sogenannten interessierten Kreisen freiwillig und in einem geregelten und öffentlich zugänglichen Verfahren erarbeitet. In der Regel wird der Inhalt einer solchen Norm nicht mehr von der europäischen Kommission hinterfragt. Staatliche Stellen – wie nationale Zulassungsbehörden oder die EMA – können sich in ihren Vorgaben auf die Norm beziehen.[1123] Die inhaltlich-technische Umsetzung der FMD hinsichtlich der Originalitätssicherung übernimmt die europäische Norm DIN 16679. Damit konkretisiert sie die weiten Vorgaben der FMD und bereitet sie für die regulatorische Genehmigung und die praktische Umsetzung auf.[1124] Durch die Bestimmung von zehn gleichwertigen Kategorien mit ihren jeweiligen Überprüfungsmodalitäten ist die FMD hinreichend bestimmt ausgestaltet.

b. Delegationsvoraussetzungen

Um eine wirksame Ermächtigungsgrundlage für die DelVO zu sein, müsste die FMD die Voraussetzungen einer Ermächtigung zum Erlass eines delegierten Rechtsakts gem. Art. 290 AEUV einhalten. Die Delegationsvoraussetzungen schließen die Benennung des richtigen Adressaten, die Festlegung des Umfangs und die Einhaltung der Grenzen der Delegation sowie das Vorhalten von Kontrollmechanismen ein.

(I) Adressat der Delegation

Adressatin der Delegation ist gem. Art. 290 Abs. 1 UAbs. 1 AEUV allein die Kommission, sodass eine Unterdelegation durch die Kommission an andere Organe ausgeschlossen wird.[1125] Die durch die FMD eingeräumte Ermächtigung richtet sich an die Kommission (Art. 54a Abs. 2 GKHA).

---

nischen Vorschriften und der Vorschriften für die Dienste der Informationsgesellschaft (ABl. EU L 241 vom 17.9.2015, S. 1), welche die RL 98/34/EG inklusive Änderungen ersetzt.

1123 *Brückner/Mößer/Adam*, Pharm. Ind. 10/2012, 1618 (1620).

1124 *Brückner/Mößer/Adam*, Pharm. Ind. 10/2012, 1618 (1620).

1125 *Ruffert* in: Calliess/Ruffert, EUV/AEUV, AEUV Art. 290 Rn. 4.

(II) Umfang der Delegation

Es sind die Ziele und Inhalte sowie der Geltungsbereich und die Dauer der Befugnisübertragung ausdrücklich festzulegen (Art. 290 Abs. 1 UAbs. 2 S. 1 AEUV). Insoweit hat der Unionsgesetzgeber der Kommission Vorgaben zu erteilen, die der Gestaltung der delegierten Rechtsetzung die Richtung weisen und zugleich ihre Grenzen aufzeigen.[1126] Der steuernde Einfluss der Festlegungen von Parlament und Rat vermittelt, ebenso wie die nachträgliche Kontrolle, eine mittelbare demokratische Legitimation.[1127] Fehlen einem Gesetzgebungsakt mit Ermächtigung zur delegierten Rechtsetzung die aufgezeigten Festlegungen oder sind diese zu unbestimmt, ist die Ermächtigung nichtig. Dasselbe gilt, soweit die Kommission die festgelegten Vorgaben nicht beachtet.[1128]

In erster Linie müssen im ermächtigenden Gesetzgebungsakt Ziel und Inhalt der Befugnisübertragung ausdrücklich festgelegt werden. Pauschalermächtigungen, die es der Kommission gestatten, beliebige Regelungen zu erlassen, sind hiermit nicht vereinbar.[1129] Stattdessen muss die Kommission klare Vorgaben über den mit dem delegierten Rechtsakt verfolgten Zweck erhalten.[1130] Die FMD setzt als Ziel die Festlegung näherer Bestimmungen der Sicherheitsmerkmale und konkretisiert dies dahingehend, dass zum einen das technische Verfahren festgelegt und zum anderen die *Black and White List* ausgestaltet werden soll (Art. 54a Abs. 2 GKHA). Inhaltlich muss der Unionsgesetzgeber der Kommission vorgeben, welche sachlichen Aspekte im Einzelnen geregelt werden sollen.[1131] Feststehen muss indes nur der Inhalt der Befugnisübertragung, nicht jedoch der Inhalt der Regelung selbst, womit der Kommission in letztgenannter Hinsicht ein substanzieller Gestaltungsspielraum verbleibt.[1132] Die FMD erteilt klare Vorgaben hinsichtlich der sachlichen Aspekte und bestimmt zum Teil Kriterien für die weitere Ausgestaltung der Vorschriften. So sollen durch den delegierten Rechtsakt Eigenschaften und technische Spezifikationen des individuellen Erkennungsmerkmals festgelegt werden, bei dem das Kosten-Nutzen-Verhältnis gebührend zu berücksichtigen ist (Art. 54a

1126 *Gellermann* in: Streinz, EUV/AEUV, AEUV Art. 290 Rn. 8.
1127 *Gellermann* in: Streinz, EUV/AEUV, AEUV Art. 290 Rn. 8.
1128 *Ruffert* in: Calliess/Ruffert, EUV/AEUV, AEUV Art. 290 Rn. 11.
1129 *Gellermann* in: Streinz, EUV/AEUV, AEUV Art. 290 Rn. 9.
1130 *Ruffert* in: Calliess/Ruffert, EUV/AEUV, AEUV Art. 290 Rn. 12, *Gellermann* in: Streinz, EUV/AEUV, AEUV Art. 290 Rn. 9.
1131 *Gellermann* in: Streinz, EUV/AEUV, AEUV Art. 290 Rn. 9.
1132 *Gellermann* in: Streinz, EUV/AEUV, AEUV Art. 290 Rn. 9.

Abs. 2 lit. a GKHA). Zwar findet sich keine Vorgabe, welches technische Verfahren die Kommission festzulegen hat, der Inhalt der Regelung selbst muss jedoch nicht vorgegeben werden. Insoweit zeigt sich der substanzielle Gestaltungsspielraum der Kommission. Weiterhin soll der delegierte Rechtsakt die Modalitäten der Überprüfung des individuellen Erkennungsmerkmals durch die einzelnen Akteure, einschließlich des Umfangs der Prüfung festlegen (Art. 54a Abs. 2 lit. d GKHA). Hierbei sind die besonderen Merkmale der Lieferketten in den Mitgliedstaaten zu berücksichtigen sowie die Verhältnismäßigkeit der Auswirkungen auf einzelne Akteure sicherzustellen. Das hierzu erforderliche Datenspeicher- und -abrufsystem soll hinsichtlich seiner Einrichtung, Verwaltung und Zugänglichkeit näher bestimmt werden (Art. 54a Abs. 2 lit. e GKHA). Ebenso sind die Vorgaben für die Festlegung der *Black and White List* sachlich hinreichend geregelt. Es soll ein Verfahren festgelegt werden, wie die Mitgliedstaaten der Kommission die für die *Black and White List* in Frage kommenden Arzneimittel melden können und ein schnelles Verfahren, wie die Kommission die Meldungen bewerten und darüber entscheiden kann (Art. 54a Abs. 2 lit. c GKHA). Für die Bewertung und Entscheidung sind genaue Kriterien vorgegeben, um das Fälschungsrisiko bei Arzneimitteln oder Arzneimittelkategorien und das sich aus einer Fälschung ergebende Risiko in die Entscheidung mit einzubeziehen (Art. 54a Art. 2 lit. b GKHA).

Daneben sind im ermächtigenden Gesetzgebungsakt der Geltungsbereich und die Dauer der Befugnisübertragung zu bestimmen. Der Unionsgesetzgeber muss ausdrücklich regeln, welchen sachlichen Bereich die Kommission durch ihre Regelung bestellen kann.[1133] Die FMD gibt vor, dass nähere Bestimmungen für die Sicherheitsmerkmale geregelt werden sollen. Ob die Ermächtigung von Dauer ist oder in zeitlicher Hinsicht eine Begrenzung erfährt, bleibt der Entscheidung des Unionsgesetzgebers vorbehalten. Die zeitliche Begrenzung beinhaltet ein experimentelles Element und einen Kontrollmechanismus, da die Verlängerung der Delegation unterlassen werden kann, soweit die Kommission die Ermächtigung nicht im Sinne des Unionsgesetzgebers ausübt.[1134] Eine Begrenzung der Befugnisübertragung schlägt nicht automatisch auf die zeitliche Geltung des delegierten Rechtsakts durch, kann aber durch ausdrückliche Regelung be-

1133 *Ruffert* in: Calliess/Ruffert, EUV/AEUV, AEUV Art. 290 Rn. 14.
1134 *Ruffert* in: Calliess/Ruffert, EUV/AEUV, AEUV Art. 290 Rn. 15.

stimmt werden (sogenannte *Sunset-Clauses*).[1135] Die Befugnisübertragung zum Erlass delegierter Rechtsakte ist der Kommission gem. Art. 121a Abs. 1 S. 1 der GKHA für einen Zeitraum von fünf Jahren ab dem 20. Januar 2011 übertragen, sie verlängert sich aber automatisch soweit das Europäische Parlament oder der Rat sie nicht wiederrufen (Art. 121a Abs. 1 S. 3 i.V.m. 121b GKHA). Bereits in Kraft getretene delegierte Rechtsakte bleiben trotz eines Widerrufs der Befugnisübertragung gültig (Art. 121b Abs. 3 S. 3 GKHA).

(III) Grenzen der Delegation

Die Ermächtigung zum Erlass eines delegierten Rechtsakts beschränkt sich auf den Erlass von Vorschriften zur Ergänzung oder Änderung nicht wesentlicher Elemente des betreffenden Gesetzgebungsakts (Art. 290 Abs. 1 UAbs. 1 AEUV). Unter Ergänzung ist die Ausfüllung oder Konkretisierung der sekundärrechtlichen Regelungen zu verstehen, indem z.B. unbestimmte Rechtsbegriffe präzisiert oder technische Anforderungen hinzugefügt werden.[1136] Insoweit liegt ein Vergleich mit Erlass von Rechtsverordnungen in der deutschen Rechtsordnung (Art. 80 GG) durchaus nahe.[1137] Die Änderung ermöglicht die förmliche Modifizierung des jeweiligen Gesetzgebungsaktes, um den Text zu aktualisieren und an neue Entwicklungen anzupassen.[1138] Dem Grunde nach handelt es sich hierbei um ein vereinfachtes Verfahren zur Änderung des Sekundärrechts, das den Vorteil einer schnelleren und flexibleren Reaktion auf aktuelle Entscheidungen hat.[1139] Die Ergänzungs- bzw. Änderungsbefugnis kann der Kommission nur für solche Vorschriften erteilt werden, die als nicht wesentlich zu bewerten sind, da die wesentlichen Aspekte eines Bereichs wegen des Demokratieprinzips dem Gesetzgebungsakt und mithin der Entscheidung des Unions-

---

1135 Schlussbericht der Gruppe IX. „Vereinfachung“, Dok. CONV 424/02, S. 11; *undef* in: von der Groben/Schwarte/Hatje, Eur. UnionR IV, AEUV Art. 290 Rn. 31.

1136 *undef* in: von der Groben/Schwarze/Hatje, Eur. UnionR IV, AEUV Art. 290 Rn. 21.

1137 *Hetmeier* in: Lenz/Borchardt, EU-Verträge, AEUV Art. 290 Rn. 2.

1138 *Gellermann* in: Streinz, EUV/AEUV, AEUV Art. 290 Rn. 6; *undef* in: von der Groben/Schwarte/Hatje, Eur. UnionR IV, AEUV Art. 290 Rn. 22.

1139 *undef* in: von der Groben/Schwarte/Hatje, Eur. UnionR IV, AEUV Art. 290 Rn. 22.

gesetzgebers vorbehalten bleiben (Art. 290 UAbs. 2 S. 2 AEUV).[1140] Bezüglich der Wesentlichkeit stellt der EuGH im Gegensatz zum BVerfG nicht auf die Grundrechtsrelevanz, sondern auf die Bedeutung einer Regelungsmaterie für die jeweilige Unionspolitik ab.[1141] Wesentlich in diesem Sinne sind solche Bestimmungen, die politische Entscheidungen erfordern und durch die die grundsätzlichen Ausrichtungen der Unionspolitik umgesetzt werden.[1142] Als nicht wesentlich sind dagegen Detailregelungen, insbesondere technischer Art, wie z.B. Ergänzungen wegen des technischen Fortschritts, Änderungen von Anhängen oder Einführungen neuer Prüfverfahren anzusehen.[1143]

Die FMD delegiert eine Ergänzungsbefugnis im Hinblick auf die Festlegung von näheren Bestimmungen für die Sicherheitsmerkmale (Art. 54a Abs. 2 S. 1 GKHA). Ziel der FMD ist es, mit Sicherheitsmerkmalen auf Arzneimittelpackungen gefälschten Arzneimitteln in der legalen Lieferkette vorzubeugen (vgl. ErwGr. 3 FMD). Somit bestimmen jedenfalls die Art der Sicherheitsmerkmale und ihr Anwendungsbereich die grundsätzliche Ausrichtung der Politik, sodass sie als wesentliche Elemente zur Zielerreichung von Parlament und Rat festgelegt werden müssen.

Die FMD konkretisiert die Art der Sicherheitsmerkmale dahingehend, dass sie auf die äußere Umhüllung oder – soweit nicht vorhanden – die Primärverpackung eines betroffenen Arzneimittels aufzubringen sind. Sie sollen die Echtheitsprüfung und Identifikation einzelner Arzneimittelpackungen sowie die Überprüfung der Manipulation ermöglichen (Art. 54 lit. o GKHA). Der Anwendungsbereich ist grundsätzlich auf verschreibungspflichtige Arzneimittel beschränkt (Art. 54a Abs. 1 GKHA). Wesentliche Elemente sind mithin bereits in der FMD geregelt.

Ob die von der Delegation umfassten Maßnahmen zur näheren Bestimmung der Sicherheitsmerkmale als nicht wesentliche Vorschriften anzuse-

---

1140 *Gellermann* in: Streinz, EUV/AEUV, AEUV Art. 290 Rn. 7.

1141 *Nettesheim* in: Grabitz/Hilf/Nettesheim, Recht der EU, AEUV Art. 290 Rn. 37; *undef* in: von der Groben/Schwarze/Hatje, Eur. UnionR IV, AEUV Art. 290 Rn. 26; a.A. *Hatmeier* in: Lenz/Borchardt, EU Verträge, AEUV Art. 290 Rn. 5 und 10, der für die Wesentlichkeit auf die tragenden Elemente des Rechtsakts abstellt, durch die bestimmte Pflichten, Verhaltensweisen, Einschränkungen festgelegt und durch die in Rechtspositionen von Personen eingegriffen werden.

1142 EuGH, Rs. C-240/90, *Deutschland/Kommission*, Slg. 1992, I-5383 Rn. 36 f.; EuGH, Rs. C-356/97, *Molkereigenossenschaft Wiedergeltingen*, Slg. 2000, I-5461 Rn. 21.

1143 *Hetmeier* in: Lenz/Borchardt, EU Veträge, AEUV Art. 290 Rn. 7 f.; *Schoo* in: Schwarze, EU Kommentar, AEUV 290 Rn. 11.

hen sind, bleibt im Folgenden zu prüfen. Die Maßnahmen betreffen zum einen die Eigenschaften und technischen Spezifikationen des individuellen Erkennungsmerkmals, die Modalitäten der Überprüfung der Sicherheitsmerkmale und Bestimmungen über Einrichtung, Verwaltung und Zugänglichkeit des Datenspeicher- und -abrufsystems und zum anderen die Inhalte der *Black and White List* sowie das Verfahren zur Meldung von potenziellen Inhalten an die Kommission (Art. 54a Abs. 2 lit. a–e GKHA).

(1) Individuelles Erkennungsmerkmal

Die DelVO soll die Eigenschaften und technischen Spezifikationen des individuellen Erkennungsmerkmals festlegen, das die Überprüfung der Echtheit von Arzneimitteln und die Identifikation von Einzelpackungen ermöglicht (Art. 54a Abs. 2 lit. a GKHA). Damit ist die Serialisierung von Arzneimittelpackungen angesprochen, welche verschiedenste Ausgestaltungsmöglichkeiten hinsichtlich Technologie, Kodeplatzierung und -inhalt bietet.

Zwei grundlegende Technologien kommen für eine Serialisierung in Betracht. RFID und (1D oder 2D) Barcodes unterscheiden sich maßgeblich von den Nutzungsoptionen, Aggregationsmöglichkeiten sowie Kosten. Allerdings erfüllen beide Technologien die von der FMD vorgegebenen Bedingungen der Echtheitsüberprüfung und Identifizierbarkeit von Arzneimittelpackungen, sodass hier lediglich eine Detailregelung technischer Art vorliegt. Zudem wird mit dem Kosten-Nutzen-Verhältnis ein Auswahlkriterium für die Festlegung des individuellen Sicherheitsmerkmals vorgegeben, sodass die technische Spezifikation als nicht wesentlich zu qualifizieren ist.

Dasselbe gilt für die Kodeplatzierung auf der Arzneimittelpackung und den Kodeinhalt. Diese Eigenschaften stellen ebenfalls Detailregelungen technischer Art dar und haben auf die grundsätzliche Ausrichtung der Unionspolitik keine Auswirkungen.

(2) Überprüfungsmodalitäten

Die Modalitäten der Überprüfung der Sicherheitsmerkmale durch die Akteure der Lieferkette und die zuständigen Behörden sollen die Echtheitsprüfung jeder gelieferten Packung eines betreffenden Arzneimittels ermöglichen und den Umfang dieser Prüfung vorgeben (Art. 54a Abs. 2 lit. d

GKHA). Dies schließt die Frage mit ein, ob die Arzneimittelpackungen über die gesamte Lieferkette rückverfolgbar sein sollen oder ob ein *End-to-End* Verifikationssystem gewählt wird. Zur vollständigen Rückverfolgung müssten außer der Serialisierung noch weitere Schritte getroffen werden, wie insbesondere die Möglichkeit zur Aggregation, sodass hier keine bloße Ausgestaltung der Sicherheitsmerkmale zu sehen ist. Vielmehr könnte die Entscheidung für oder gegen eine vollständige Rückverfolgbarkeit ein wesentliches Element des Gesetzgebungsaktes darstellen. Dagegen spricht jedoch, dass die Möglichkeit der Aggregation von der verwendeten Technologie abhängt, welche ihrerseits eine nicht wesentliche Detailregelung technischer Art darstellt (siehe vorhergehenden Punkt (1)). Zudem wird das Ziel, die Echtheit von Arzneimittelpackungen zu überprüfen und ihre Identifizierung zu erlauben, sowohl über ein *Track & Trace* System als auch über ein *End-to-End*-Verifikationssystem erreicht. Die Reichweite der Rückverfolgung als Frage des Prüfungsumfangs durfte damit an die Kommission delegiert werden.

(3) Datenspeicher- und -abrufsystem

Die DelVO soll Bestimmungen über die Einrichtung, Verwaltung und Zugänglichkeit des Datenspeicher- und -abrufsystems festlegen, welches die Informationen über das individuelle Erkennungsmerkmal bereitzuhalten hat. Hiermit ist im Hinblick auf das Kodierprinzip bereits die Entscheidung für eine Datenbank statt eines *E-Pedigrees* getroffen. Zu entscheiden bleibt jedoch, wer für die Einrichtung und Verwaltung der Datenbank verantwortlich ist, also ob die Aufgabe staatlichen Behörden oder der Pharmaindustrie selbst obliegen soll. Die FMD bestimmt einzig, dass die Kosten des Datenspeicher- und -abrufsystems von den Inhabern der Herstellungserlaubnisse für die betreffenden Arzneimittel zu tragen sind (Art. 54a Abs. 2 lit. e GKHA). Im Hinblick auf die Zuständigkeit ist damit indessen noch nichts entscheiden, da sowohl der Staat als Betreiber des Systems den Herstellern angefallene Kosten auferlegen kann, z.B. über Nutzungsgebühren, oder die Hersteller selbst die Finanzierung einer eignen Datenbank übernehmen können. Die Frage der Zuständigkeit bleibt mithin offen, sodass die Kommission darüber entscheiden kann. Eng damit verbunden ist die vorgelagerte Frage, ob die öffentliche Hand oder die Arzneimittelhersteller die Seriennummer des individuellen Erkennungsmerkmals generieren sollen. Bei beiden Fragestellungen könnte es sich um ein wesentliches Element handeln.

Dafür spricht, dass die Aufgaben und Zuständigkeiten der öffentlichen Hand für die Unionspolitik maßgeblich sind und sich unter Umständen auch auf die Leistungsfähigkeit für übrige Aufgaben auswirken können. Jedoch regelt die FMD gerade die Kostenfrage, sodass zumindest eine finanzielle Belastung der öffentlichen Hand ausgeschlossen ist. Zudem ist für die Zielerreichung des Fälschungsschutzes zweitrangig, wer letztendlich die Verantwortung für die Generierung der individuellen Erkennungsmerkmale und das Datenspeicher- und -abrufsystem übernimmt. Sowohl unter der Verwaltung durch die öffentliche Hand als auch der Eigenverwaltung durch die Industrie würde die Echtheitsprüfung und Individualitätserkennung von Arzneimittelpackungen ermöglicht. Die Ermächtigung der Kommission steht des Weiteren unter dem Vorbehalt des Widerrufs oder des Einspruchs durch das Parlament oder den Rat, soweit eine Kompetenzüberschreitung anzunehmen ist (vgl. 290 Abs. 2 AEUV). Insoweit können also beträchtliche Gesetzgebungskompetenzen delegiert werden.[1144] Die Entscheidung über die Zuständigkeiten der öffentlichen Hand können mithin als nicht wesentliche Elemente des Gesetzgebungsaktes delegiert werden.

(4) Black and White List

Die *Black and White List* bestimmt Ausnahmen von dem Grundsatz, welche Arzneimittel Sicherheitsmerkmale tragen müssen. Durch die Liste kann die Einbeziehung von fälschungsgefährdeten, nicht verschreibungspflichtigen Arzneimitteln und der Ausschluss von nicht fälschungsgefährdeten, verschreibungspflichtigen Arzneimitteln von der Pflicht zur Tragung von Sicherheitsmerkmalen schneller und flexibler entschieden werden. Es ist kein formales Gesetzgebungsverfahren erforderlich, sondern die Kommission kann allein entscheiden, für welche Arzneimittel Ausnahmen von dem Grundsatz des Art. 54a Abs. 1 GKHA zu gewähren sind. Insoweit bringt die Delegation den Vorteil der effektiveren Bekämpfung von Arzneimittelfälschungen durch Sicherheitsmerkmale mit sich. Der Voraussetzung der Delegation lediglich nicht wesentlicher Vorschriften trägt die Befugnisübertragung zum Erlass der *Black and White List* dadurch Rechnung, dass der Kommission für ihre Entscheidung Kriterien vorgegeben werden (vgl.

1144 In diesem Sinne zur Unterscheidung von Grundvorschriften und Durchführungsbestimmungen auch schon EuGH, Rs. 25/70, *Köster*, Slg. 1970, S. 1161 Rn. 9.

Art. 54a Abs. 2 lit. a–e GKHA). Sie hat die Liste unter Berücksichtigung des Fälschungsrisikos und des sich aus der Fälschung ergebenden Risikos zu erstellen. Als spezifische Kriterien sind Preis und Absatzvolumen des Arzneimittels, Anzahl und Häufigkeit gemeldeter Fälschungsfälle und deren Entwicklung sowie spezifische Merkmale des betreffenden Arzneimittels, der Schweregrad der zu behandelnden Erkrankung und sonstige mögliche Gefahren für die öffentliche Gesundheit anzuwenden (Art. 54a Abs. 2 lit. b GKHA).

(5) Meldeverfahren

Die Bestimmungen über das Verfahren zur Meldung von potenziellen Inhalten für die *Black and White List* durch die Mitgliedstaaten an die Kommission und das Verfahren zur schnellen Bewertung und Entscheidung über diese Meldungen stellen eine Ergänzung eines nicht wesentlichen Elements dar. Die Einführung dieser neuen Melde- und Prüfverfahren, mittels welcher die Kommission ihren eigenen Aufgabenbereich verfahrensmäßig ausgestaltet, hat keine Auswirkung auf die grundsätzliche Ausrichtung der Unionspolitik.

(6) Kontrollmechanismen

Neben den genannten inhaltlichen Begrenzungen behält Art. 290 Abs. 2 AEUV dem Unionsgesetzgeber zwei Mechanismen der nachträglichen Kontrolle vor, einen Einspruchsvorbehalt und einen Widerspruchsvorbehalt.[1145] Die Kontrolle ist ein wesentliches Element zur demokratischen Rückbindung der quasi-legislativen Tätigkeit der Kommission.[1146] Sie kann vom Europäischen Parlament und vom Rat jeweils gesondert und ohne Rücksicht auf die Haltung des jeweils anderen Organs ausgeübt werden.[1147] Bei einer entsprechenden Beschlussfassung sind die in Art. 290 Abs. 2 S. 2 AEUV bezeichneten besonderen Beschlussmehrheiten zu wahren. Das Parlament beschließt danach mit der Mehrheit seiner Mitglieder, der Rat mit qualifizierter Mehrheit. Das Widerrufsrecht (Evokationsrecht,

1145 Die Kontrollmechanismen stammen aus dem britischen Recht: Hofmann, EIoP 2003/9, 1 (13).

1146 *Möllers/von Achenbach*, EuR 2011, 39 (50).

1147 *Hetmeier* in: Lenz/Borchard, EU-Verträge, AEUV Art. 290 Rn. 19.

call back) bietet dem Unionsgesetzgeber Gelegenheit, auf Kompetenzüberschreitungen der Kommission zu reagieren oder einer geänderten politischen Beurteilung der delegierten Regelungsmaterie Rechnung zu tragen.[1148] Der Widerruf bezieht sich alleine auf die Befugnisübertragung, lässt die Geltung eines erlassenen delegierten Rechtsakts aber unberührt. Soll dieser aufgehoben werden, bedarf es eines Gesetzgebungsakts.[1149] Als Alternative kann ein Einspruchsvorbehalt beschlossen werden, nachdem der delegierte Rechtsakt erst in Kraft tritt, wenn weder das Europäischen Parlament noch der Rat innerhalb einer bestimmten Frist Einwände erhebt.[1150].

Hinsichtlich der DelVO ist von beiden Kontrollmechanismen Gebrauch gemacht worden. Art. 121b GKHA regelt den Widerrufsvorbehalt, während in Art. 121c GKHA der Einspruchsvorbehalt vorgesehen ist. Das Europäische Parlament oder der Rat können in einer Frist von zwei Monaten nach der Übermittlung des delegierten Rechtsakts Einspruch erheben, wobei die Frist auf Initiative um zwei Monate verlängert werden kann (Art. 121c Abs. 1 GKHA). Zudem kann der delegierte Rechtsakt auch vor Fristende in Kraft treten, wenn Europäisches Parlament und Rat ihre Zustimmung bereits vor Ablauf der Frist erklären (Art. 121c Abs. 2 UAbs. 2 GKHA). Diese Möglichkeit ist in Eilfällen relevant.[1151]

3. Ergebnis

Der durch die FMD neu in den GKHA eingeführte Art. 54a Abs. 2 GKHA ist formell und materiell rechtmäßig und stellt mithin eine wirksame Ermächtigung zum Erlass der DelVO dar.

II. Delegierte Verordnung 2016/161

Die DelVO stellt einen delegierten Rechtsakt dar. Delegierte Rechtsakte sind Rechtsakte ohne Gesetzescharakter, aber mit allgemeiner Geltung, mit denen die Kommission nicht wesentliche Vorschriften eines Gesetzge-

---

1148 Schlussbericht der Gruppe IX. Vereinfachung, Dok. CONV 424/02, S. 11.
1149 *Ruffert* in: Calliess/Ruffert, EUV/AEUV, AEUV Art. 290 Rn. 18.
1150 *Gellermann* in: Streinz, EUV/AEUV, AEUV Art. 290 Rn. 12.
1151 *undef* in: von der Groben/Schwarte/Hatje, Eur. UnionR IV, AEUV Art. 290 Rn. 38.

bungsakts ergänzen und abändern kann (Art. 290 AUEV). Die Vorschrift ist im bisherigen Gemeinschaftsrecht ohne Vorbild, wenngleich einzelne Elemente dem früheren Komitologieverfahren entlehnt sind.[1152] Die Komitologie zählt jedoch nunmehr zu den Durchführungsrechtsakten, welche von den delegierten Rechtsakten abzugrenzen sind. Während die Durchführung eine exekutive Tätigkeit zum Vollzug des EU-Rechts darstellt, ist die Delegation eine quasi-legislative Tätigkeit zur Ergänzung und Änderung von Vorschriften.[1153]

Die DelVO soll im Folgenden auf ihre Rechtmäßigkeit geprüft werden. Sie wäre rechtmäßig, wenn sie sich auf eine wirksame Ermächtigungsgrundlage stützt und formell sowie materiell rechtmäßig ist.

1. Ermächtigungsgrundlage

Die Ermächtigung für die delegierte Gesetzgebung muss durch den Unionsgesetzgeber im Rahmen des betreffenden Gesetzgebungsaktes eingeräumt werden (Art. 290 Abs. 1 AEUV). Ein Gesetzgebungsakt ist ein Rechtsakt, der gem. Art. 289 Abs. 3 AUEV im ordentlichen oder besonderen Gesetzgebungsverfahren erlassen wurde.[1154] Dazu zählen Verordnungen, Richtlinien und Beschlüsse (Art. 289 Abs. 1, 2 AEUV).[1155]

Die DelVO findet ihre Rechtsgrundlage in der FMD, welche mehrere Ermächtigungen zum Erlass von delegierten Rechtsakten vorsieht (vgl. die in Art. 47, 52b u. 54a des GKHA eigefügten Ermächtigung). Die für die Sicherheitsmerkmale relevante Ermächtigung findet sich im neu eingefügten Art. 54a Abs. 2 GKHA. Die FMD wurde im ordentlichen Gesetzgebungsverfahren erlassen und ist damit ein Gesetzgebungsakt. Auch im Übrigen ist die FMD rechtmäßig erlassen und somit wirksam (siehe oben in diesem Teil 6 D. unter I.).

1152 *Ruffert* in: Calliess/Ruffert, EUV/AEUV, AEUV Art. 290 Rn. 2.

1153 *undef* in: von der Groben/Schwarte/Hatje, Eur. UnionR IV, AEUV Art. 290 Rn. 10 f.

1154 *undef* in: von der Groben/Schwarte/Hatje, Eur. UnionR IV, AEUV Art. 290 Rn. 17.

1155 *Ruffert* in: Calliess/Ruffert, EUV/AEUV, AEUV Art. 290 Rn. 3.

2. Formelle Rechtsmäßigkeit

Die DelVO wäre formell rechtmäßig, wenn sie vom zuständigen Organ erlassen worden ist und die Verfahrens- und Formvorschriften eingehalten sind.

a. Kompetenz

Die Kompetenz zum Erlass von delegierten Rechtsakten kommt allein der Kommission zu (Art. 290 Abs. 1 AEUV). Sie hat die DelVO erlassen, sodass die Kompetenz gewahrt ist.

b. Verfahren

Art. 290 AEUV enthält keine Aussagen über das Verfahren zum Erlass von delegierten Rechtsakten. Aus dem Fehlen einer dem Art. 291 Abs. 3 AEUV entsprechenden Bestimmung folgt, dass die Kommission frei ist in der Festlegung der einzelnen Verfahrensschritte.[1156] Dies gilt insbesondere für Fragen der Beteiligung anderer Institutionen (z.B. Ausschüsse), die noch bei dem früheren Komitologieverfahren vorgeschrieben war.[1157] Dies schließt allerdings nicht aus, dass sich die Kommission des Sachverstandes der Mitgliedstaaten auch weiterhin bedient und deren Meinung hinsichtlich bestimmter Fragen anhört. Oftmals ist die Kommission auch auf solchen Input angewiesen, da sie nicht in allen Materien selbst über die notwendige Sachkenntnis verfügt.[1158] Die Kommission hat sich deshalb verpflichtet, grundsätzlich vor Erlass eines delegierten Rechtsakts ein Arbeitstreffen mit Experten aus den Mitgliedstaaten zu organisieren.[1159] Anders als in Komitologieausschüssen kommt den Expertengruppen aber lediglich eine beratende Funktion zu.[1160]

1156 *Möller/von Achenbach*, EuR 2011, 39 (41); *undef* in: von der Groben/Schwarte/Hatje, Eur. UnionR IV, AEUV Art. 290 Rn. 39.

1157 *Hetmeier* in: Lenz/Borchardt, AEUV Art. 290 Rn. 21; *undef* in: von der Groben/Schwarte/Hatje, Eur. UnionR IV, AEUV Art. 290 Rn. 39.

1158 *undef* in: von der Groben/Schwarte/Hatje, Eur. UnionR IV, AEUV Art. 290 Rn. 39.

1159 *undef* in: von der Groben/Schwarte/Hatje, Eur. UnionR IV, AEUV Art. 290 Rn. 39.

1160 *Gellermann* in: Streinz, EUV/AEUV, AEUV Art. 290 Rn. 12.

Die Kommission hat vor Erlass der DelVO mehrere Experten der Mitgliedstaaten aus verschiedenen Bereichen, wie unter anderem der pharmazeutischen Industrie, beratend hinzugezogen.

c. Form

Fraglich ist, ob die DelVO in der Handlungsform der Verordnung erlassen werden durfte. Hierzu müssen zum einen die Vorgaben der Ermächtigungsgrundlage wie auch des Unionsrechts eingehalten sein.

Die FMD hat die Delegationsermächtigung in Art. 54a Abs. 2 GKHA festgeschrieben, der allerdings keine ausdrücklichen Vorgaben hinsichtlich der Handlungsform enthält. Es sind aber Anhaltspunkte für die Form der Verordnung ersichtlich. So erhält die Kommission sehr detailgenaue Vorgaben, wie sie beispielsweise die *Black and White List* festlegen soll (Art. 54a Abs. 2 GKHA). Für eine Umsetzung durch die Mitgliedstaaten bleibt insoweit kein Raum, vielmehr wird eine Vollharmonisierung angestrebt, die für die Verordnung typisch ist. Ein weiterer Anhaltspunkt ergibt sich aus Art. 54a Abs. 5 GKHA, nachdem die Mitgliedstaaten die Zwecke der Sicherheitsmerkmale und deren Anwendbarkeit auf andere Arzneimittel ausdehnen können. Dagegen wird ihnen keine Befugnis zur Ausgestaltung des individuellen Erkennungsmerkmals zugestanden, was für eine unmittelbare Anwendbarkeit des delegierten Rechtsakts spricht. Unmittelbar anwendbar ohne nationale Umsetzungsakte sind Verordnungen (Art. 288 Abs. 2 AEUV). Die Kommission hat die DelVO schließlich auch in Form einer Verordnung erlassen.

Die DelVO findet als Verordnung ohne nationalen Umsetzungsakt unmittelbar in allen EU-Mitgliedstaaten Anwendung. Problematisch ist, dass die DelVO der Umsetzung einer Richtlinie dient, Richtlinien jedoch gem. Art. 288 Abs. 3 AUEV der Umsetzung durch die Mitgliedstaaten vorbehalten sind. Die Kommission nimmt somit eine Aufgabe wahr, die im Grunde nach den Mitgliedstaaten obliegt. Fraglich ist, ob ein solches Vorgehen nicht gegen die Vorschriften des Unionsrechts verstößt.

Delegierte Rechtsakte sind in Art. 290 AEUV geregelt. Nach dem Wortlaut der Vorschrift handelt es sich um „Rechtsakte ohne Gesetzgebungscharakter mit allgemeiner Geltung". Das bedeutet zunächst, dass die Kommission nicht auf eine bestimmte Rechtsform beschränkt ist, sondern von allen in Art. 288 AEUV vorgesehenen Handlungsformen Gebrauch machen kann.[1161] Per definitionem kann die Kommission ihrerseits keine Akte erlassen, denen die Qualität von Gesetzgebungsakten zukommt.[1162] Das Erfordernis der allgemeinen Geltung schränkt die möglichen Rechtsakte auf solche ein, die sich an einen unbegrenzten Adressatenkreis richten und einen objektiven Sachverhalt regeln.[1163] Die Verordnung hat allgemeine Geltung, womit insoweit nichts gegen diese Handlungsform spricht. Insbesondere ist nicht ausdrücklich vorgesehen, dass der delegierte Rechtsakt nach den Normwirkungen dem delegierenden Gesetzgebungsakt folgt, dass also z.B. eine Richtlinie nur zum Erlass von delegierten Richtlinien ermächtigen kann.[1164] Das kann jedoch zu Unstimmigkeiten führen, die sich mit der Regelung in Art. 290 AEUV kaum beseitigen lassen. Es wäre beispielsweise kaum sinnvoll, eine Verordnung um eine delegierte Richtlinie zu ergänzen, die dann die Mitgliedstaaten als Umsetzungsinstanzen ins Spiel brächte.[1165] Andererseits spricht vom Telos der Delegation, der in der Entlastung des Gesetzgebungsprozesses von Detailfragen und der schnelleren und flexibleren Festlegung von Detailfragen besteht,[1166] nichts gegen die Ergänzung einer Richtlinie durch eine delegierte Verordnung. So kann es durchaus Sinn machen, einen umsetzungsbedürftigen Rechtsakt in vorgegebenen Teilbereichen durch konkrete und EU-weit verbindliche Detailregelungen umzusetzen. Die Erreichung desselben Ziels durch eine konkret gefasste delegierte Richtlinie mit strikten Vorgaben wäre dagegen bloße Förmelei.

Das Argument, dass die verbindliche Umsetzung durch die Kommission die Umsetzungsbefugnisse der Mitgliedstaaten aushöhlen würde, bedarf einer differenzierten Betrachtung. Es trifft durchaus zu, dass der Gesetzgeber nicht eine weitergehende Gesetzgebungskompetenz delegieren kann, als ihm selbst zukommt. Sobald er sich also für die mildere Handlungsform der Richtlinie entschieden hat, ist eine Delegation von Kompetenzen

---

1161 *Nettesheim* in: Grabitz/Hilf/Nettesheim, Recht der EU, AEUV Art. 290 Rn. 32; *F. Schmidt* in: v. d. Groben/Schwarze/Hatje, Eur. UnionR IV, Art. AEUV 290 Rn. 18; a.A. *Ruffert* in: Calliess/Ruffert, EUV/AEUV, AEUV Art. 290 Rn. 3, der lediglich verbindliche Rechtsakte (Verordnung, Richtlinie, Entscheidung) vom Wortlaut gedeckt sieht.

1162 *Nettesheim* in: Grabitz/Hilf/Nettesheim, Recht der EU, AEUV Art. 290 Rn. 32.

1163 Ebenso *Schoo* in: Schwarze, EU-Kommentar, AEUV Art. 290 Rn. 18, mit Verweis auf EuGH, Rs. C-263/02 P, *Jégo-Quéré*, Slg 2004, I-3425; kritisch dazu *Nettesheim* in: Grabitz/Hilf/Nettesheim, Recht der EU, AEUV Art. 290 Rn. 32, der für einen lediglich beschreibenden Gehalt plädiert.

1164 Ebenso *Ruffert* in: Calliess/Ruffert, EUV/AEUV, AEUV Art. 290 Rn. 3.

1165 *Ruffert* in: Calliess/Ruffert, EUV/AEUV, AEUV Art. 290 Rn. 3.

1166 *Nettesheim* in: Grabitz/Hilf/Nettesheim, Recht der EU, AEUV Art. 290 Rn. 12.

zum Erlass einer stärker einschneidenden delegierten Verordnung unzulässig. Jedoch steht es dem Gesetzgeber bei Ausübung seiner Wahlmöglichkeit offen, sich in gewissen Teilbereichen die Nutzung einer anderen als der getroffenen Handlungsform vorzubehalten, sodass den Mitgliedstaaten schon keine Umsetzungsbefugnisse zukommen. Schließlich wäre auch eine Abtrennung des betreffenden Teilbereichs mit separater Regelung unter einer abweichenden Handlungsform möglich, was allerdings nur eine Verkomplizierung der Rechtsetzung zur Folge hätte und deshalb abzulehnen ist. Voraussetzung muss in jedem Fall aber sein, dass der Vorbehalt bereits im Gesetzgebungsakt selbst erkennbar ist und tatsächlich eine Wahlfreiheit zugunsten der betreffenden Handlungsformen besteht. Die FMD ermächtigt die Kommission zwar nicht ausdrücklich zum Erlass einer delegierten Verordnung über die nähere Bestimmung der Sicherheitsmerkmale. Jedoch sind, wie vorhergehend ausgeführt, eindeutige Anhaltspunkte für die Form der Verordnung erkennbar. Dies genügt zur Erfüllung der ersten Voraussetzung, zumal der Kommission ein weiter substanzieller Gestaltungsspielraum zugestanden werden kann, sofern den Delegationsvoraussetzungen Rechnung getragen wird.[1167] Die zweite Voraussetzung wäre dann nicht gegeben, wenn ein Formzwang zugunsten einer bestimmten Handlungsform vorgesehen ist. Ermächtigt eine Kompetenzvorschrift z.B. nur zum Erlass von Richtlinien, kommt keine Ermächtigung zum Erlass einer delegierten Verordnung in Betracht. Die der FMD zugrunde liegenden Kompetenzvorschriften sehen eine Wahlfreiheit vor (siehe oben in diesem Teil 6 D. unter I. 1. c.), sodass der Gesetzgeber sich auch bei der Entscheidung zugunsten einer Richtlinie in den vorgenannten Teilen die Kompetenz zum Erlass einer Verordnung vorbehalten und delegieren konnte.

Nach alledem kann die FMD mit einer delegierten Verordnung umgesetzt werden, sodass die Vorgaben zur Form eingehalten sind.

3. Materielle Rechtmäßigkeit

Die DelVO wäre materiell rechtmäßig, wenn sie sich im Rahmen der Ermächtigung hält und ihrerseits mit höherrangigem Unionsrecht, insbesondere den Vorschriften der Primärverträge und Unionsgrundrechten, vereinbar ist.

1167 Vgl. *Ruffert* in: Calliess/Ruffert, EUV/AEUV, AEUV Art. 290 Rn. 3.

a. Vereinbarkeit mit der Ermächtigungsgrundlage

Die FMD gibt einige Bedingungen vor, welche die DelVO bei der näheren Bestimmung der Sicherheitsmerkmale einzuhalten hat.

Gem. Art. 4 FMD und Art. 54a Abs. 2 und 3 GKHA hat die Kommission in einer Studie die Kosten, den Nutzen und die Kostenwirksamkeit verschiedener Optionen für die Merkmale und technischen Spezifikationen des individuellen Sicherheitsmerkmals, die Modalitäten der Überprüfung der Sicherheitsmerkmale sowie die Einrichtung und Verwaltung des Datenspeicher- und -abrufsystems zu bewerten. Nach Durchführung der Bewertung wurden die als kostengünstigste Lösung ermittelten Optionen als zentrale Elemente in die DelVO aufgenommen (ErwGr. 3 DelVO). Somit ist das Kosten-Nutzen-Verhältnis gebührend berücksichtigt.

Nach Art. 54a Abs. 2 lit. e GKHA sollen die Kosten des Datenspeicher- und -abrufsystems von den Inhabern von Herstellungserlaubnissen für Arzneimittel, die die Sicherheitsmerkmale tragen, getragen werden. Die DelVO legt die Kosten zwar den Herstellern der entsprechenden Arzneimittel auf (Art. 31 Abs. 3 DelVO), da jedoch alle Arzneimittelhersteller gesetzlich eine Herstellungserlaubnis benötigen, ist im Prinzip dasselbe reglementiert.

Auch die übrigen Vorgaben des Art. 54a abs. 2 GKHA sind eingehalten. Die DelVO gibt den Umfang der Echtheitsprüfung vor, indem sie ein *End-to-End* Verifikationssystems mit zusätzlicher Überprüfung von Fällen mit höherem Fälschungsrisiko beschreibt (ErwGr. 4, Art. 14 ff. DelVO). Die besonderen Merkmale der Lieferkette in Mitgliedstaaten und die Verhältnismäßigkeit der Auswirkungen auf bestimmte Akteure der Lieferkette sind dadurch beachtet, dass die Mitgliedstaaten bestimmte Einrichtungen oder Personen von der Pflicht zur Überprüfung der Sicherheitsmerkmale ausnehmen können (ErwGr. 23 und Art. 25 Abs. 2 DelVO). Zudem gibt es besondere Regelungen im Hinblick auf Gesundheitseinrichtungen (ErwGr. 25 und Art. 25 Abs. 3 DelVO). Die Kriterien zur Erstellung der *Black and White List* in Art. 54a Abs. 2 lit. b GKHA wurden beachtet und auch für zukünftige Änderungen der Liste in Art. 46 Abs. 3 und 4 DelVO sowie Anhang III und IV der DelVO festgeschrieben. Die genannten Anhänge dienen zugleich der Umsetzung des Meldeverfahrens zwecks Aktualisierung der *Black and White List.* Ein schnelles Verfahren zur Entscheidung über diese Meldungen ist in Art. 47 DelVO umgesetzt.

Gem. Art. 54a Abs. 3 GKHA hat die Kommission den Schutz personenbezogener Daten und vertraulicher Geschäftsangaben sowie das Eigentum an erzeugten Daten und deren Vertraulichkeit zu berücksichtigen. Die DelVO setzt dies mit beschränkten Zugriffsrechten um (Art. 38 DelVO).

b. Vereinbarkeit mit der unternehmerischen Freiheit

Die DelVO könnte das Grundrecht der Arzneimittelhersteller und übrigen Marktakteure auf unternehmerische Freiheit verletzen. Dies wäre dann der Fall, wenn die Pflicht zum Anbringen von Sicherheitsmerkmalen ohne Rechtfertigung in den Schutzbereich des Grundrechts aus Art. 16 GRCh eingreift.

(I) Schutzbereich

Art. 16 GRCh setzt eine unternehmerische Betätigung voraus. Darunter fällt jede selbstständige wirtschaftliche Betätigung, ohne Rücksicht auf Art und Umfang, Rechtsform und Finanzierung des Unternehmens.[1168] Auf das Erlaubtsein kommt es nicht an.[1169] Ob eine Gewinnerzielungsabsicht erforderlich ist oder die Erbringung entgeltlicher Leistungen ausreicht, ist umstritten.[1170] Generell muss die Tätigkeit auf eine gewisse Dauer angelegt sein.[1171] Im Einzelnen umfasst der Schutzbereich unter anderem die Ausübung einer Wirtschafts- und Geschäftstätigkeit, die Vertragsfreiheit und die Handelsfreiheit. Geschützt werden von ersterem die Aufnahme und die Beendigung der unternehmerischen Betätigung sowie alle Aspekte ihrer Durchführung.[1172] Gleiches gilt für die Art und Weise, wie man sein Unternehmen führt und betreibt, insbesondere für die Verfügung über die wirtschaftlichen, technischen und finanziellen Ressourcen.[1173] Die Vertragsfreiheit der Unternehmen deckt insbesondere die freie Wahl des Vertragspartners sowie die Gestaltung und Änderung der Vertragsinhalte.[1174] Die Handelsfreiheit umfasst den Vertrieb von Wirtschaftsgütern, also deren

---

1168 *Jarass*, GRCh, Art. 16 Rn. 7.
1169 *Bernsdorff* in: Meyer, EU-GRC, Art. 16 Rn. 10a.
1170 Für erstere Auffassung: *Blanke* in: Tettinger/Stern, Eur. GRC, Art. 16 Rn. 10; *Bernsdorff* in: Meyer, EU-GRC, Art. 16 Rn. 10a. Für letztere Auffassung: *Jarass*, GRCh, Art. 16 Rn. 7.
1171 *Jarass*, GRCh, Art. 16 Rn. 7, *Frenz*, Hdb EurR IV, Rn. 2684.
1172 *Bernsdorff* in: Meyer, EU-GRC, Art. 16 Rn. 11; *Jarass*, GRCh, Art. 16 Rn. 9.
1173 *Jarass*, GRCh, Art. 16 Rn. 9.
1174 *Frenz*, Hdb EurR IV, Rn. 2698 ff.

Ankauf und Verkauf sowie das Angebot, die Ausstellung, der Besitz und die Beförderung.[1175] Außerdem werden Geschäfts- und Betriebsgeheimnisse geschützt.[1176] Grundrechtsträger sind alle natürlichen oder juristischen Personen.[1177]

Das Herstellen und Vertreiben von Arzneimitteln stellt eine unternehmerische Betätigung dar. Das Aufbringen von Sicherheitsmerkmalen auf Arzneimittelpackungen sowie deren Überprüfung bei der Lieferung an andere Marktakteure oder der Abgabe an die Öffentlichkeit erfordern die Verfügung über wirtschaftliche, technische und finanzielle Ressourcen und werden demnach von der Wirtschafts- und Geschäftstätigkeit umfasst. Arzneimittel stellen Wirtschaftsgüter dar, deren Vertrieb künftig vom Tragen der Sicherheitsmerkmale abhängen wird, was unter die Handelsfreiheit fällt. Zum Hochladen der Sicherheitsmerkmale in das Datenspeicher- und -abrufsystem ist der Abschluss von Verträgen notwendig, mithin ist auch der Schutzbereich der Vertragsfreiheit einschlägig. Bei der möglichen Rückverfolgung der Vertriebskette durch die Verwendung einer Serialisierung, könnten Lieferwege erkennbar werden, welche den Betriebsgeheimnissen der Unternehmen zugeordnet werden können. Im Ergebnis ist der sachliche Schutzbereich der unternehmerischen Freiheit also eröffnet. Dasselbe gilt für den persönlichen Schutzbereich. Die Hersteller von Arzneimitteln – wozu auch Parallelimporteure gehören – sowie Großhändler und abgabeberechtigte Personen können sich als juristische Personen auf das Grundrecht der unternehmerischen Freiheit berufen.

(II) Eingriff

In den Schutzbereich müsste eingegriffen worden sein. Ein Grundrechtseingriff liegt insbesondere vor, wenn ein Grundrechtsverpflichteter eine Regelung trifft, die einen Nachteil des Grundrechtsinhabers bezweckt oder mit einem solchen hinreichend verbunden ist.[1178]

Die Kommission als grundrechtsverpflichtetes Organ hat die DelVO erlassen, welche für den Vertrieb der betroffenen Arzneimittel das Anbringen von Sicherheitsmerkmalen auf deren Verpackung vorschreibt und mithin den entsprechenden Herstellern sowie den Marktakteuren, welche die

---

1175 *Frenz*, Hdb EurR IV, Rn. 2706.
1176 *Jarass* GRCh, Art. 16 Rn. 9.
1177 *Jarass*, GRCh, Art. 16 Rn. 10 f.
1178 *Jarass* GRCh, Art. 16 Rn. 12; *Frenz*, Hdb EurR IV, Rn. 2732.

Sicherheitsmerkmale zu überprüfen haben, eine zusätzliche Pflicht auferlegt. Ebenso treffen sie finanzielle Nachteile, da die Arzneimittelhersteller für die Kosten der Sicherheitsmerkmale und des Datenspeicher- und -abrufsystems aufkommen und auch die übrigen Akteure ihren Betriebsablauf anpassen müssen. So fallen voraussichtlich Kosten in Millionenhöhe an für die Anpassung sämtlicher Prozesse entlang der *Supply Chain* (logistischen Prozesskette) und Investitionen für Bedarfe wie IT, Maschinen und Anlagen, aber auch Verpackungsmaterial und Personalressourcen.[1179] Überdies entstehen den Herstellern Folgekosten für Lizenzen, Maschinenwartungen und das Aufspenden von Etiketten sowie für administrativen Aufwand in der Datenpflege und IT-Wartung.[1180] Aber auch andere Akteure haben ihren Betriebsablauf zwecks geforderter Überprüfbarkeit von Sicherheitsmerkmalen anzupassen und entsprechende Ausrüstung zu beschaffen und das Datenabfragesystem zu unterhalten.

Die Implementierung der Sicherheitsmerkmale bringt für alle Akteure auch einen zeitlichen Aufwand mit sich. Die Prozesse bei den Arzneimittelherstellern werden komplexer und damit zeitintensiver. Auch die Überprüfung der Sicherheitsmerkmale vor Abgabe einer Packung an den Verbraucher erfordert Zeit. Hinsichtlich der Vorrichtung gegen Manipulation ist eine optische Prüfung vorgesehen, hinsichtlich des individuellen Sicherheitsmerkmals eine Abfrage des Datenspeicher- und -abrufsystems. Bei letzterem liegt die Antwortzeit indessen unter 300 Millisekunden (Art. 35 Abs. 1 lit. f DelVO). Hinzu kommt jedoch noch, dass das System zuerst implementiert und die Mitarbeiter geschult werden müssen sowie etwaige später auftretende Störungen zu beseitigen sind.

Nach allem wird in die Ausübung der Wirtschafts- und Geschäftstätigkeit eingegriffen. Da der Vertrieb von betroffenen Arzneimitteln vom Tragen der Sicherheitsmerkmale abhängig ist und die Akteure den Vertrieb nicht nach eigenem Willen durchführen können, liegt auch ein Eingriff in die Handelsfreiheit vor. Des Weiteren setzt der für die Überprüfung des individuellen Sicherheitsmerkmals erforderliche Zugriff auf das Datenspeicher- und -abrufsystem einen Vertragsschluss mit der verwaltenden Rechtsperson voraus, dessen Inhalt in der Regel vorgegeben ist. Dieser Kontrahierungszwang ohne wesentliche Möglichkeit der Vertragsgestaltung stellt einen Eingriff in die Vertragsfreiheit dar. Dagegen ist ein Eingriff wegen der Offenbarung von Geschäfts- und Betriebsgeheimnissen insoweit abzulehnen, da die beschränkten Zugriffsrechte einen solchen ausschließen.

1179 *Kischkewitz*, Pharma + Food 2017/4, 70 (71)
1180 *Kischkewitz*, Pharma + Food 2017/4, 70 (71).

Für die unbeabsichtigte Offenbarung vertraulicher Informationen durch einen Nutzer kann nicht mehr die Kommission verantwortlich gemacht werden, welche nicht mehr tun kann als zumutbare Vorkehrungen zur Verhütung einer solchen Offenbarung zu treffen.

Im Ergebnis greift die DelVO in mehrere Ausgestaltungen der unternehmerischen Freiheit ein, nämlich in die Ausübung der Wirtschafts- und Geschäftstätigkeit sowie die Handels- und Vertragsfreiheit.

(III) Rechtfertigung

Der Eingriff müsste ohne Rechtfertigung erfolgen, also die Schrankenregelung des Art. 16 GRCh unbeachtet lassen. Die unternehmerische Freiheit unterliegt dem Vorbehalt des Art. 52 Abs. 1 GRCh. Die Formulierung „nach dem Unionsrecht und den einzelstaatlichen Rechtsvorschriften und Gepflogenheiten" ist wohl nur ein verbales Zugeständnis an diejenigen, die sich der Aufnahme einer eigenständigen unternehmerischen Freiheit in der Charta widersetzt haben.[1181] Diese vertikale Schrankenklausel bedeutet aber nicht, dass Art. 16 GRCh eine eigenständige Schranke enthält und sich keiner Rechtfertigung nach Art. 52 Abs. 1 GRCh stellen müsste.[1182] Ebenso führt die Formulierung zu keiner weiteren Einschränkung der Freiheit im Vergleich zur Berufsfreiheit aus Art. 15 GRCh, zu dem die unternehmerische Freiheit einen Unterfall darstellt.[1183] Dennoch kommt dem Vorbehalt des Art. 16 GRCh eine Bedeutung zu. Er macht deutlich, dass ein erweiterter Ausgestaltungsspielraum bei der Beschränkung des Grundrechts besteht und somit die Intensität der Verhältnismäßigkeitskontrolle geringer ausfällt.[1184]

Nach Art. 52 Abs. 1 GRCh muss die Rechtfertigung eines Eingriffs auf Grundlage eines Gesetzes erfolgen und sich auf Beschränkungen beziehen, die tatsächlich einem legitimen Ziel entsprechen und nicht einen im Hinblick auf den verfolgten Zweck unverhältnismäßigen Eingriff darstellen, der die unternehmerische Freiheit in ihrem Wesensgehalt antastet.[1185]

1181 *Rengeling/Szczekalla*, GR in der EU, § 20 Rn. 797.

1182 *Schwarze* in: Schwarze, EU-Kommentar, GRC 16 Rn. 6; *Rengeling/Szczekalla*, GR in der EU, § 20 Rn. 797.

1183 *Blanke* in: Stern/Sachs, GRCh, Art. 16 Rn. 16; *Frenz*, Hdb EurR IV, Rn. 2754.

1184 *Blanke* in: Stern/Sachs, GRCh, Art. 16 Rn. 18; *Jarass*, GRCh, Art. 16 Rn. 18 und 21.

1185 Vgl. EuGH, Rs. C-184 und 223/02, *Spanien und Finnland/Parlament und Rat*, Slg. 2004, I-7789 Rn. 52; *Frenz*, Hdb EurR IV, Rn. 2753.

(1) Gesetzesvorbehalt

Eingriffe des Grundrechts bedürften gem. Art. 52 Abs. 1 S. 1 GRCh einer gesetzlichen Grundlage. Dabei muss die jeweilige Rechtsvorschrift ausreichend bestimmt sein, wobei Offenheiten und Unklarheiten hinzunehmen sind, wenn die Eigenheiten der Materie eine genauere Regelung nicht zulassen.[1186] Zudem muss das einschränkende Gesetz zugänglich sein. Die Regelung kann im Unionsrecht oder in einzelstaatlichen Rechtsvorschriften enthalten sein, wobei auch bloße Gepflogenheiten genügen. Generell kommen nur kompetenzgerechte Regelungen in Betracht.[1187]

Als gesetzliche Grundlage greift hier die DelVO, welche hinreichend bestimmt ist, kompetenzgerecht erlassen wurde sowie angesichts der Veröffentlichung im Amtsblatt der EU zugänglich ist.

(2) Legitimes Ziel

Als legitime Ziele für die Rechtfertigung eines Eingriffs in die unternehmerische Freiheit können gem. Art. 52 Abs. 1 S. 2 GRCh dem Gemeinwohl dienende Zielsetzungen sowie der Schutz der Rechte anderer verfolgt werden. Erfasst ist etwa der Schutz der Volksgesundheit und gem. Art. 35 S. 2 GRCh auch der Schutz eines hohen Gesundheitsniveaus.[1188]

Die Pflicht zur Anbringung und Überprüfung von Sicherheitsmerkmalen dient der Vorbeugung von gefälschten Arzneimitteln, welche erhebliche Auswirkungen auf die Gesundheit oder das Leben der Patienten haben kann. Folglich ist der Schutz der Volksgesundheit maßgebliches Ziel der DelVO.

(3) Verhältnismäßigkeit

Der Grundsatz der Verhältnismäßigkeit verpflichtet die EU und die Mitgliedstaaten bei der Durchführung des Unionsrechts dazu, nur solche Ein-

---

1186 *Jarass*, GRCh, Art. 16 Rn. 19.

1187 *Jarass*, GRCh, Art. 16 Rn. 19.

1188 Zu ersterem: EuGH, Rs. C-183/95, *Affish*, Slg. 1997, I-4315 Rn. 43. Zu letzterem: EuGH, C-544/10, *Weintor*, GRUR 2012, 1161 Rn. 45; *Jarass*, GRCh, Art. 35 Rn. 7.

griffe vorzunehmen, die zur Erreichung eines anerkannten legitimen Ziels geeignet, erforderlich und angemessen sind.[1189]

(a) Geeignetheit

Der Eingriff müsste dem verfolgten Ziel tatsächlich entsprechen, also zu dessen Verwirklichung geeignet sein. Hierbei genügt ein Beitrag zur Zielerreichung.[1190]

Die Sicherheitsmerkmale sollen Arzneimittelfälschungen so aufwendig und die Gefahr der Entdeckung so greifbar machen, dass sich Fälschungen nicht mehr lohnen. Durch die Serialisierung wird vorgegeben, dass jede einzelne Verpackung einen individuellen Code trägt. Fälscher müssten für jede in Verkehr gebrachte Packung einen anderen gültigen Data-Matrix Code kopieren, wobei die Ableitung der richtigen Seriennummer bei mindestens 1:10.000 liegt. Schließlich würde die Fälschung zumindest nachträglich auffallen, was den Fälscher zusätzlich gefährdet. Darüber hinaus muss er auch noch das richtige Antimanipulationsmerkmal imitieren. Insgesamt erscheint das Fälschen von Arzneimitten extrem erschwert, auch wenn die Sicherheitsmerkmale keinen hundertprozentigen Schutz gewährleisten. So ist insbesondere denkbar, dass eine Fälschung mit entsprechend gefälschtem individuellem Erkennungsmerkmal in den Verkehr gelangt und vor dem Original an den Verbraucher abgegeben wird. In diesem Fall würde die Abfrage über das Datenspeicher- und -abfragesystem keinen Alarm anzeigen, da die Fälschung als solche nicht erkannt wird. Erst wenn auch das Original überprüft wird, würde der Sachverhalt aufgedeckt und Ermittlungen eingeleitet werden. Aller Wahrscheinlichkeit nach ist zu diesem Zeitpunkt aber bereits der Schaden beim Patienten eingetreten, sodass das Schutzsystem versagt hat. Indessen genügt für die Geeignetheit der vorliegende Beitrag zur Zielerreichung, ein totaler Schutz ist nicht gefordert und auch nicht umsetzbar. Das Erschweren des Fälschens stellt einen solchen Beitrag zum Schutz vor gefälschten Arzneimitteln dar, sodass die Del-VO zur Zielerreichung geeignet ist.

1189 *Frenz*, Hdb EuR IV, Rn. 2758.
1190 EuGH, C-280/93, *Deutschland/Rat*, Slg.1994, I-4973 Rn. 86.

(b) Erforderlichkeit

Weiterhin müsste der Eingriff erforderlich sein. Er darf nicht über das hinausgehen, was zur Erreichung des angestrebten Ziels in sachlicher und zeitlicher Hinsicht notwendig ist. Es darf keine weniger einschneidenden, gleich geeigneten Mittel geben.[1191]

Gleich geeignet könnte das Verbot der für Fälschungen besonders anfälligen Handelswege sein, wozu der Internethandel und der Parallelimport gehören. Dieses Mittel würde jedoch stärker in die unternehmerische Freiheit der Hersteller und Vertreiber einschneiden, da ihnen bestimmte Vertriebswege gänzlich verwehrt wären. Vor allem Importeure wären in besonderem Maße betroffen, die ihre unternehmerische Betätigung im Parallel- oder Reimport nicht mehr ausüben könnten. Zudem würde das Mittel den freien Warenverkehr im Binnenmarkt missachten, welcher insbesondere durch Art. 34 AEUV gewährleistet wird. Die Warenverkehrsfreiheit sichert als wirtschaftliche Grundfreiheit die auf den Warenaustausch zielende Wirtschaftstätigkeit ab und zählt damit zu den tragenden Säulen des Unionsrechts.[1192] Eine Beeinträchtigung ist nur bei entsprechender Rechtfertigung zulässig, wobei auch insoweit ein Verbot schwerer wiegt als eine bloße Beschränkung der Grundfreiheit, auch wenn letztere mit Kosten verbunden ist.

(c) Angemessenheit

Die durch den Eingriff verursachten Nachteile dürfen nicht außer Verhältnis zu dem angestrebten Ziel stehen, sondern müssen angemessen sein. Die betroffenen Rechte sind gegeneinander abzuwägen und die kollidierenden Grundrechte in ein angemessenes Gleichgewicht zu bringen.[1193] Dabei gilt, dass desto höhere Belastungen des Grundrechtsträges gerechtfertigt sind, je größer die Bedeutung des mit einer Regelung verfolgten Ziels ist.[1194] Eingriffe in die Betätigungswahl wiegen dabei grundsätzlich schwerer als Eingriffe in die Betätigungsausübung, weil nur erstere den Kernbereich des Grundrechts berühren und mithin eine Ausübung dessel-

1191 EuGH, C-283/11, *Sky Österreich*, GRUR Int. 2013, 288 Rn. 50.
1192 *Becker* in: Schwarze, EU-Kommentar, AEUV Art. 34 Rn. 1.
1193 EuGH, C-283/11, *Sky Österreich*, GRUR Int. 2013, 288 Rn. 59 f.
1194 EuGH, Rs. C-183/95, *Affish*, Slg. 1997, I-4315 Rn. 42; *Jarass*, GRCh, Art 16 Rn. 24.

ben im Ganzen verbieten können.[1195] Bedeutsam ist weiterhin, ob für die Betroffenen personale Aspekte dominieren, da diese im Gegensatz zu rein objektiven, für jedermann geltenden Kriterien einschneidender sind.[1196] Dagegen wiegt das Gewicht einer Belastung geringer, wenn dem Betroffenen Alternativen eröffnet sind, zwischen denen er wählen kann, selbst wenn diese mit höheren Kosten verbunden sind.[1197]

(α) Generelle Erwägungen

Das durch die DelVO angestrebte Ziel des Gesundheitsschutzes kollidiert mit der unternehmerischen Freiheit der Akteure auf dem Arzneimittelmarkt. Sowohl die Volksgesundheit als auch die unternehmerische Freiheit sind europarechtlich als grundlegende Rechtsgüter anerkannt. Als hochrangiger Belang in der Werteordnung des Europarechts nimmt die Volksgesundheit grundsätzlich vorrangige Bedeutung gegenüber wirtschaftlichen Erwägungen ein und kann mithin Eingriffe von nicht nur geringem Ausmaß in die unternehmerische Freiheit rechtfertigen.[1198]

(β) Gewichtung des Eingriffs

Der vorliegende Eingriff in die unternehmerische Freiheit beinhaltet mehrere Ausgestaltungen: die Pflicht zum Aufbringen und Überprüfen von Sicherheitsmerkmalen auf Arzneimittelpackungen, was wesentliche finanzielle und zeitliche Aufwendungen mit sich bringt, und die damit gleichlaufenden Vertriebsbeschränkungen sowie einen Kontrahierungszwang zwecks Teilnahme an dem Datenspeicher- und -abrufsystem. Die Gewichtung hängt maßgeblich von oben genannten Bewertungskriterien ab.

Für die betroffenen Marktakteure bleiben die Herstellung und der Vertrieb von Arzneimittel weiterhin möglich, sodass ein Eingriff in die Ausübung der unternehmerischen Betätigung vorliegt. Dies bedeutet, dass an die Rechtfertigung und die Bedeutung des legitimen Ziels keine allzu gro-

---

1195 Vgl. EuGH, C-306/93, *Winzersekt*, Slg. 1994, I-5555 Rn. 24; *Jarass*, GRCh, Art 16 Rn. 25.

1196 *Jarass*, GRCh, Art 16 Rn. 25.

1197 EuG, C-13/99, *Pfizer*, Slg. 2002, II-3305 Rn. 459.

1198 EuGH, Beschl. v. 12. Juli 1996, Rs. C-180/96 R, *Vereinigtes Königreich/Kommission*, Slg. 1996, I-3903 Rn. 93; EuGH, Rs. C-183/95, *Affish*, Slg. 1997, I-4315 Rn. 43.

ßen Anforderungen zu stellen sind. Eine andere Bewertung ist jedoch dann vorzunehmen, wenn der finanzielle Aufwand die Marktakteure überfordert und in die Insolvenz treibt, sodass faktisch die Ausübung der unternehmerischen Betätigung gänzlich nicht mehr möglich wäre. Dies käme einem Eingriff in die Betätigungswahl gleich, womit schwerwiegendere Belange des Gemeinwohls zur Rechtfertigung heranzuziehen sind.

Finanzielle Aufwendungen kommen auf alle Marktakteure der Lieferkette zu, lediglich die Höhe der Kosten unterscheidet sich maßgeblich. Während Großhändler und abgabeberechtigte Personen eher kleinere Investitionen zu tätigen haben, trifft der mit Abstand größte Teil der Kosten die Hersteller von betreffenden Arzneimitteln (siehe dazu oben in diesem Teil 6 D. II. 3. B. unter (II)). Für die breite Mehrheit der Arzneimittelhersteller ist eine finanzielle Überforderung indessen nicht anzunehmen. Auch wenn sich Aufwendungen in Millionenhöhe ergeben, kann angesichts des Werts des europäischen Arzneimittelmarktes von der Tragbarkeit der Kosten ausgegangen werden. Allein in den fünf größten Mitgliedstaaten der EU (Deutschland, Vereinigtes Königreich, Italien, Frankreich, Spanien) lag der Wert des Arzneimittelmarktes im Jahr 2016 bei 151,8 Mrd. US Dollar (138,5 Mrd. Euro).[1199] Insbesondere für kleine Pharmaunternehmen, welche eine geringere Finanzkraft aufweisen, könnte hingegen etwas anderes gelten. Demgegenüber ist allerdings zu sehen, dass die Kommission bereits die kostengünstigste Lösung zur Serialisierung gewählt hat (ErwGr. 3 DelVO) und die Kosten im Rahmen eines angemessenen Gebührenmodells auf die Hersteller unter Berücksichtigung ihrer Größe verteilt werden können. So setzt sich beispielsweise die Gebühr zur Teilnahme an securPharm aus drei Komponenten zusammen, welche unter anderem die Anzahl der produzierten und betroffenen Arzneimittel berücksichtigt (siehe oben in diesem Teil 6 unter C. II. 6.). Ebenso ist mit einzubeziehen, dass die Sicherheitsmerkmale auf Arzneimittelpackungen auch den Herstellern von Nutzen sind. Die Serialisierung bietet den Arzneimittelherstellern die Chance zur Geschäfts- und Prozessoptimierung, denn die Einführung eindeutiger Seriennummern erhöht die Transparenz in der *Supply Chain* und ermöglicht einen besseren Überblick über die eigene Produktionsleistung.[1200] Zugleich sind Rückrufaktionen einfacher durchzuführen, da jedes Produkt individuell identifizierbar ist. Über die Abfrage an das Datenspeicher- und -abrufsystem ist schließlich erkennbar, ob ein Produkt zurückgerufen, vom Markt genommen, verfallen oder gestohlen

1199 *QuintilesIMS*, Outlook, S. 9.
1200 *Kischkewitz*, Pharma + Food 2017/4, 70 (72).

wurde. Außerdem dient die Einführung von Sicherheitsmerkmalen auch der Begrenzung des wirtschaftlichen Schadens durch gefälschte, aber auch nachgeahmte Arzneimittel.[1201] Durch solche Präparate verursachte Umsatzeinbußen und Imageschäden der Hersteller verringern sich angesichts geminderter Fälschungsquoten, sodass in der Folge Umsatzzahlen beibehalten und Kosten für Rückrufe, Aufklärung und Verfolgung von Fälschungsfällen und ggf. eigene Sicherheitsmerkmale eingespart werden können. Auch tragen die Serialisierung und das Antimanipulationsmerkmal zum Schutz der geistigen Eigentumsrechte der Arzneimitteehersteller (wie insbesondere Marken, Patenten, Designs und Urheberechten) bei, welche als den Unternehmen zugeordnete private Rechte zur Profiterzielung dienen. Aufgrund der Pflicht zur Aufbringung von Sicherheitsmerkmalen auf Verpackungen wird auch das Herstellen von Nachahmungen aufwändiger, während die Verfolgung der Kriminellen besser gewährleistet werden kann und somit das Entdeckungsrisiko steigt. In vergleichbarem Maße wie die Sicherheitsmerkmale zur Vermeidung von Arzneimittelfälschungen beitragen, ist auch ein Schutz vor Nachahmungen gegeben. Im Ergebnis ist ein Eingriff in die Betätigungsausübung – und kein faktischer Eingriff in die Betätigungswahl – anzunehmen. Dies gilt sowohl für Arzneimittelhersteller als auch für die übrigen, weniger beeinträchtigten Marktakteure.

Die Pflicht zur Anbringung und Überprüfung von Sicherheitsmerkmalen auf Arzneimittelpackungen treffen alle Akteure gleichermaßen und folglich unabhängig von personalen Aspekten. Der Eingriff gilt damit im Vergleich zu einer rein individuellen Betroffenheit als weniger einschneidend. Zu beachten ist allerdings, dass die betroffenen Marktakteure sich in ihren Tätigkeiten und Verantwortungsbereichen zum Teil stark unterscheiden, sodass sich der Eingriff dennoch auf die einzelnen Personengruppen unterschiedlich auswirkt. Insbesondere im Rahmen einer Überprüfung der Sicherheitsmerkmale und Deaktivierung des individuellen Erkennungsmerkmals zum Zeitpunkt der Abgabe des Arzneimittels an die Öffentlichkeit kommt dem Eingriff unterschiedliches Gewicht zu, je nachdem welche Akteure in Frage stehen. Zu den genannten Maßnahmen sind alle abgabeberechtigten Personen verpflichtet, wobei unter letztere vor allem Apotheken einschließlich Krankenhausapotheken und bestimmte Angehörige von Gesundheitsberufen fallen.

Offizinapotheken können die Überprüfung und Deaktivierung leicht in ihren Betriebsablauf integrieren. Vor der Abgabe einer Arzneimittelpa-

---

1201 Vgl.*Kischkewitz*, Pharma + Food 2017/4, 70 (72).

ckung an einen Patienten wird an der Verkaufstheke die Antimanipulationsvorrichtung optisch überprüft und das individuelle Erkennungsmerkmal gescannt, wodurch gleichzeitig die Abfrage und Deaktivierung im Datenspeicher- und -abrufsystem möglich ist. Schwieriger gestaltet sich die Integrierung in das Tagesgeschäft einer Krankenhausapotheke. Die Abgabe an die Öffentlichkeit findet regelmäßig nicht an einer Theke mit Scangerät statt. Zudem wird in der Regel nur ein Teil einer Arzneimittelpackung an den Patienten abgegeben, sodass auch der Zeitpunkt der Abgabe auseinanderfallen kann. Um den Vorgaben gerecht zu werden, müssten Krankenhausapotheken ihren Betriebsablauf ändern, was einen wohl kaum zu rechtfertigenden Eingriff in ihre unternehmerische Freiheit darstellen würde. Die DelVO bestimmt aber Ausnahmen von dem relevanten Zeitpunkt der Pflichterfüllung. So können Gesundheitseinrichtungen die Überprüfung und Deaktivierung zu jedem Zeitpunkt vornehmen, zu dem sich das Arzneimittel in ihrem physischen Besitz befindet, sofern das Arzneimittel zwischen der Lieferung an die Gesundheitseinrichtung und der Abgabe an die Öffentlichkeit nicht verkauft wird. Wird nur ein Teil einer Arzneimittelpackung abgegeben, überprüfen die abgabeberechtigten Personen die Sicherheitsmerkmale und deaktivieren das individuelle Erkennungsmerkmal beim erstmaligen Öffnen der Packung (Art. 28 DelVO). Mithin stellt die DelVO auch insoweit eine Lösung zur Verfügung, welche die betroffenen Marktakteure nicht allzu sehr belastet.

Ähnliches gilt für bestimmte Angehörige von Gesundheitsberufen. Die Vertriebswege gestalten sich in den Mitgliedstaaten unterschiedlich, einige Akteure geben dabei nur ausnahmsweise oder zumindest nicht hauptgeschäftlich Arzneimittel an die Öffentlichkeit ab. Würden jedoch auch sie der Pflicht zur Überprüfung und Deaktivierung von Sicherheitsmerkmalen unterliegen, wäre dieser Eingriff angesichts des zeitlichen und finanziellen Aufwands wohl schwer zu rechtfertigen, zumal eine Einschleusung von Fälschungen an diesem Punkt der Lieferkette eher unwahrscheinlich ist. Die DelVO sieht deshalb eine Ausnahme von der Überprüfungspflicht vor. Statt der abgabeberechtigten Person hat auf Verlangen eines Mitgliedstaates der liefernde Großhändler die Sicherheitsmerkmale zu überprüfen und das individuelle Erkennungsmerkmal zu deaktivieren, bevor er das Arzneimittel an die abgabeberechtigte Person abgibt. Dasselbe gilt für Gesundheitseinrichtungen, welche ein Arzneimittel an die Öffentlichkeit abgeben, soweit der liefernde Großhändler zur selben juristischen Person gehört wie die Gesundheitseinrichtung und das Arzneimittel nicht an die Gesundheitseinrichtung verkauft wurde. Auch bei Gratismustern greift eine Ausnahme. Somit sind die besonderen Merkmale der Vertriebswege in den einzelnen Mitgliedstaaten angemessen berücksichtigt. Der Eingriff wirkt sich insgesamt auf keinen Akteur der Lieferkette besonders gravierend aus.

Insgesamt liegt ein Eingriff in die Betätigungsfreiheit vor, der an keine personalen Aspekte geknüpft ist. Ungleichmäßige Belastungen für einzelne Akteure werden durch Ausnahmen ausgeglichen. Der Eingriff in die unternehmerische Freiheit ist in einem überschaubaren Maß zu gewichten, sodass die Anforderungen an die Rechtfertigung und die Bedeutung des legitimen Ziels nicht allzu hoch liegen. Dies gilt sowohl hinsichtlich finanzieller und zeitlicher Aufwendungen wie auch Vertriebsbeschränkungen, da hier jeweils dieselben Pflichten den Eingriff bilden. Dem Kontrahierungszwang kann als Teil der Betätigungsausübung kein höheres Gewicht zukommen. Vielmehr ist er eine zwangsläufige Konsequenz der Systemausgestaltung, wobei zu berücksichtigen ist, dass die betroffenen Akteure im Rahmen des *Stakeholder*-Modells selbst die verantwortliche Person gründen und die Vertragsregelungen vorgeben. Eine Rechtfertigung der übrigen Eingriffe rechtfertigt mithin auch den Kontrahierungszwang.

(γ) Gewichtung des legitimen Ziels

Bei dem durch die DelVO verfolgten Ziel des Gesundheitsschutzes muss differenziert werden. Je nach Fälschungsrisiko und Schwere der Gesundheitsfolgen kommt dem legitimen Ziel unterschiedliches Gewicht zu. Ist ein Arzneimittel nur in sehr geringem Ausmaß fälschungsgefährdet (etwa aufgrund seiner seltenen Indikation, seines geringen Preises oder seiner komplexen Art der Herstellung oder des Transports), ist ein Eingriff in ein Grundrecht schwerer zu rechtfertigen als wenn ein Präparat mit hoher Wahrscheinlichkeit gefälscht werden wird (etwa weil bereits mehrfach Fälschungen auftraten). Birgt eine Fälschung dazu ein sehr geringes oder kein Gesundheitsrisiko in sich, sind an die Rechtfertigung des Eingriffs höhere Anforderungen zu stellen als wenn die Fälschung gravierende Auswirkungen auf Gesundheit und Leben hat. Unter Umständen schließen bestimmte Fälschungsarten eine Gesundheitsgefahr auch aus, wie dies beispielweise bei der perfekten Imitation oder dem Placebo oder Nachahmpräparat von Lifestyle-Produkten der Fall sein kann (vgl. oben in diesem Teil 6 D. II. 3. b. (3) (c) unter (i)). Demnach können mangels Gesundheitsgefahr nicht alle Fälschungen einen Eingriff in andere Grundrechte rechtfertigen. Gefordert ist folglich eine differenzierende Lösung, die nur bestimmte, eine Gesundheitsgefahr hervorrufende Produkte mit Sicherheitsmerkmalen ausstattet. In Frage kommen beispielsweise eine Abgrenzung im Einzelfall je nach Wirkstoff und Wirkstärke oder pauschalisierende Kriterien wie die Erstattungsfähigkeit oder die Verschreibungspflicht, wobei letztere wohl nur als erste Anhaltspunkte dienen können. Insoweit kommt dem Gesetzgeber ein weiter Ermessensspielraum zu.[1202]

Die richterliche Kontrolle über die Rechtmäßigkeit der Befugnisausübung ist daher darauf beschränkt zu prüfen, ob kein offensichtlicher Irrtum oder Ermessensmissbrauch unterlaufen ist. Ein Ermessensmissbrauch liegt dann vor, wenn die Grenzen des Ermessenspielraums offensichtlich überschritten sind.[1203]

Die DelVO (wie auch die FMD) nennt als Abgrenzungskriterium die Verschreibungspflicht. So sind die Sicherheitsmerkmale grundsätzlich auf allen verschreibungspflichtigen Arzneimitteln anzubringen, während die nichtverschreibungspflichtigen Arzneimittel die Sicherheitsmerkmale grundsätzlich nicht tragen dürfen (Art. 2 Abs. 1 DelVO; Art. 54a Abs. 1 GKHA). Die Verschreibungspflicht bemisst sich in den Mitgliedstaaten der EU regelmäßig nach dem Risikopotenzial eines Arzneimittels für die menschliche Gesundheit und dem daraus folgenden Beratungsbedarf (vgl. Art. 70 Abs. 1 UAbs. 2 i.V.m. Art. 71 Abs. 1, Art. 72 GKHA). Insofern wird ebenfalls – ähnlich der Folgenbewertung von Fälschungen – auf potenzielle Gesundheitsfolgen abgestellt. Zudem sind unter den verschreibungspflichtigen Arzneimitteln oftmals teure Produkte zu finden, welche aufgrund größerer Gewinnpotentiale einem höheren Fälschungsrisiko unterliegen. So wurden beispielsweise in Deutschland im Jahr 2015 ungefähr genauso viele verschreibungspflichtige wie nicht verschreibungspflichtige Arzneimittel in Apotheken verkauft, wobei erstere Gruppe 83,3 Prozent des Umsatzes erwirtschaftete.[1204] Nicht verschreibungspflichtige Präparate liegen dagegen im unteren Preisbereich mit durchschnittlich weniger als 11 Euro je Packung.[1205] Jedoch traten in der Vergangenheit auch zahlreiche Fälschungsfälle mit verschreibungsfreien Arzneimitteln auf, wie insbesondere Fälschungen von Lifestyle-Produkten, sodass auch hier Schutzbedarf bestehen kann. Auch die gesundheitlichen Folgen können teilweise ein erhebliches Ausmaß erreichen, wie z.B. ein nicht verschreibungspflichtiges Herzmedikament im Falle einer Unwirksamkeit zum tödlichen Herzin-

---

1202 Vgl. *Suerbaum*, EuR 2003, 390 (414); *Jaeckel*, Schutzpflichten, S. 268 f. und 272.

1203 EuGH, Rs. 264/83, *Timex*, Slg. 1985, 849 Rn. 16; EuGH, Rs. 136/77, *Racke*, Slg. 1978, 1245 Rn. 4.

1204 *ABDA*, Die Apotheke, S. 54 f.

1205 Gesetzesbegründung zum GMG, BT-Drucks. 15/1525, S. 86.

farkt führen kann. Das Kriterium der Verschreibungspflicht kann folglich nur bedingt verwendet werden. Dennoch spricht aus Gründen der Klarheit und Verständlichkeit der Gesetzgebung sowie der Übersichtlichkeit des Gesetzgebungsprozesses nichts gegen die grundsätzliche Wahl einer pauschalisierenden Lösung. Da die Einstufungskriterien zur Verschreibungspflicht eine gewisse Nähe zu den Gewichtungskriterien der Gesundheitsgefahr aufweisen, stützt sich die Auswahl jedenfalls auch auf richtige Überlegungen, sodass eine offensichtliche Ermessensüberschreitung nicht vorliegt. Eine strikte Trennung würde jedoch den Überlegungen zur notwendigen Differenzierung nicht gerecht, vielmehr müssen von dem Abgrenzungskriterium der Verschreibungspflicht Ausnahmeregelungen möglich sein.

Die DelVO (wie auch die FMD) sieht solche Ausnahmen in der *Black an White List* vor. Gestützt auf vorgegebene Kriterien kann auch für ausgewählte nicht verschreibungspflichtige Arzneimittel die Pflicht zum Aufbringen von Sicherheitsmerkmalen greifen, während bestimmte verschreibungspflichtige Arzneimittel von dieser Verpflichtung ausgenommen werden können (Art. 45 DelVO; Art. 54a Abs. 2 lit. b GKHA). Insoweit wendet die DelVO eine Einzelfallentscheidung an und geht differenziert auf einzelne Schutzbelange ein. Mittels der vorgesehenen Aktualisierbarkeit der Ausnahmelisten findet auch die Veränderlichkeit der Schutzbedürfnisse Berücksichtigung. Als Bewertungskriterien werden das Fälschungsrisiko und das sich aus der Fälschung ergebende Risiko genannt, womit im Prinzip die Kriterien zur Gewichtung des legitimen Ziels wiederholt werden. Zur näheren Spezifizierung der Bewertungskriterien berücksichtigt die DelVO sowohl Preis und Absatzvolumen eines Arzneimittels, Anzahl und Häufigkeit gemeldeter Fälschungsfälle und deren Entwicklung sowie spezifische Merkmale des betreffenden Arzneimittels, den Schweregrad der zu behandelnden Erkrankung und sonstige mögliche Gefahren für die öffentliche Gesundheit (Art. 54a Abs. 2 lit. b GKHA). Auch bei der Auswahl dieser Kriterien lässt sich keine Überschreitung des Ermessensspielraums erkennen, die differenzierende Lösung der DelVO hinsichtlich des Anwendungsbereichs der Sicherheitsmerkmale ist insgesamt rechtmäßig.

Fälschungen von Arzneimitteln, welche die Sicherheitsmerkmale tragen müssen, stellen eine nicht unerhebliche Gefährdung für die Volksgesundheit dar. Dies gilt aufgrund des Fälschungsrisikos und/oder der Schwere der Gesundheitsfolgen gleichermaßen für die verschreibungspflichtigen Arzneimittel, mit Ausnahme derjenigen auf der *Black List*, sowie für die nicht verschreibungspflichtigen Arzneimittel auf der *White List*. Angesichts der möglichen gravierenden Auswirkungen auf Gesundheit oder Leben muss dem legitimen Ziel des Gesundheitsschutzes eine überragende Bedeutung zugemessen werden. Die unterschiedlichen Gefahrenpotentiale der verschiedenen Fälschungsarten spielen an dieser Stelle indessen keine Rolle. Ausreichend ist vielmehr, dass zumindest eine Fälschungsart eine hinreichende Gefahr für die Volksgesundheit begründet – was z.B. bei dem gesundheitsgefährdenden Placebo der Fall ist. Arzneimittelpackungen, welche Sicherheitsmerkmale tragen, bieten dann zugleich auch vor den etwaigen Gefahren aller übrigen Fälschungsarten Schutz.

(δ) Abschließende Abwägung

Nachdem die jeweilige Gewichtung der kollidierenden Rechte herausgearbeitet wurde, können die Grundrechte abschließend gegeneinander abgewägt und in einen angemessenen Ausgleich gebracht werden. Auf der einen Seite ist der Eingriff in die unternehmerische Freiheit für die Marktakteure als überschaubar zu gewichten, sodass die Anforderungen an die Rechtfertigung und die Bedeutung des legitimen Ziels nicht allzu hoch angesetzt werden müssen. Andererseits kommt dem legitimen Ziel, die Volksgesundheit zu schützen, eine überragende Bedeutung zu. Folglich muss der Eingriff also als gerechtfertigt angesehen werden, die durch die Sicherheitsmerkmale verursachten Nachteile sind angesichts des angestrebten Ziels angemessen. Der Eingriff in die unternehmerische Freiheit ist verhältnismäßig.

(4) Wesensgehalt

Ein Eingriff in die unternehmerische Freiheit darf nicht deren Wesensgehalt verletzen. Die Wesensgehaltsgarantie ist verletzt, wenn dem Betroffenen durch die Maßnahme seine unternehmerische Tätigkeit in Gänze versagt wird und er sich auch anderweitig nicht mehr unter zumutbaren Bedingungen unternehmerisch betätigen kann.[1206]

Die Pflicht zur Anbringung und Überprüfung von Sicherheitsmerkmalen auf Arzneimittelpackungen greift nicht in den Wesensgehalt der unternehmerischen Freiheit ein, da sie lediglich die Modalitäten der Ausübung des Grundrechts betrifft, ohne deren Bestand selbst zu gefährden.

1206 *Frenz*, Hdb EurR IV, Rn. 2765.

(5) Ergebnis

Das Grundrecht auf unternehmerische Freiheit der Arzneimittelhersteller und sonstigen Marktakteure wird durch die DelVO nicht verletzt.

c. Vereinbarkeit mit dem Eigentumsrecht

Die DelVO könnte das Eigentumsrecht verletzen, indem durch das Umverpacken eines Importprodukts einschließlich Entfernung und Ersetzung von Sicherheitsmerkmalen Markenrechte des Originalherstellers verletzt werden.

Der Schutzbereich des Eigentumsrechts umfasst gem. Art. 17 Abs. 2 GRCh ausdrücklich das geistige Eigentum, zu dem auch Markenrechte zu zählen sind.[1207] Ein Eingriff in das Markenrecht ist im Entfernen und Ersetzen eines Sicherheitsmerkmals zu sehen, was mit der Neuetikettierung eines Arzneimittels gleichbedeutend ist und somit unter den Begriff des Umpackens fällt.[1208] Das Umpacken von mit einer Marke versehenen Arzneimitteln beeinträchtigt als solches den spezifischen Gegenstand der Marke, der darin besteht die Herkunft der mit ihr gekennzeichneten Ware zu garantieren.[1209]

Das Umpacken ist gerechtfertigt, wenn die in der Rechtsprechung des EuGH entwickelten Erschöpfungsgrundsätze vorliegen. Das Markenrecht ist „erschöpft", wenn der Inhaber sein Recht, die Ware erstmalig zu verkaufen, ausgeübt hat und somit die Möglichkeit hatte, den wirtschaftlichen Wert seiner Marke zu realisieren. Ein Wiederverkauf ist dann grundsätzlich nicht mehr zu verhindern.[1210] Findet zudem ein Umverpacken statt, müssen bestimmte Grundsätze eingehalten sein. So ist das Umverpacken nur gerechtfertigt, wenn keine künstliche Abschottung der Märkte erfolgen würde, der Originalzustand der Verpackung nicht beeinträchtigt ist, Hersteller und Umverpackender angegeben sind, keine Schädigung des guten Rufs der Marke zu befürchten ist und eine Vorabinformation des Marken-

1207 *Rengeling/Szczekalla*, GR in der EU, § 20 Rn. 806.

1208 EuGH, Rs. C-143/00, *Boehringer Ingelheim u.a.*, Slg. 2002, I-3759 Rn. 55 und 68; EuGH, Rs. C-348/04, *Boehringer Ingelheim/Swingward II*, Slg. 2007, I-3391 Rn. 29.

1209 EuGH, Rs. C-143/00, *Boehringer Ingelheim u.a.*, Slg. 2002, I-3759 Rn. 29.

1210 EuGH, Rs. C-16/03, *Peak Holding*, Slg. 2004, I-11313, Rn. 40.

inhabers erfolgt.[1211] Die DelVO lässt diese Vorgaben unberührt. Insbesondere ist durch die Vorgabe der Gleichwertigkeit der Sicherheitsmerkmale (vgl. Art. 17 DelVO; Art. 47a Abs. 1 lit. b GKHA) gewährleistet, dass keine Schädigung des guten Rufs der Marke zu befürchten ist und der Originalzustand der Verpackung nicht beeinträchtigt wird. Mithin liegt keine Verletzung des Markenrechts und damit des Eigentumsrechts durch die DelVO vor.

4. Ergebnis

Die DelVO stützt sich auf eine wirksame Ermächtigungsgrundlag und ist formell und materiell rechtmäßig.

III. Ergebnis

Sowohl die FMD als auch die DelVO sind rechtmäßig und stellen somit wirksame Grundlagen für die Anwendung von Sicherheitsmerkmalen auf bestimmten Arzneimittelpackungen dar. Zwar werfen sich einige Probleme bei der Rechtsmäßigkeitsprüfung auf, nach der rechtlichen Beurteilung und Abwägung der Verfasserin vermögen diese jedoch nicht die Rechtswidrigkeit der FMD oder DelVO zu begründen. Hinsichtlich der FMD stellen sich Fragen nach der richtigen Kompetenznorm, der ausreichenden Begründung des Rechtsaktes sowie der Einhaltung des Grundsatzes der Rechtssicherheit in Bezug auf das Antimanipulationsmerkmal und der Erfüllung der Delegationsvoraussetzung in Bezug auf die Delegation von ausschließlich nicht wesentlichen Elementen des Gesetzgebungsaktes. Bei der Prüfung der DelVO auf ihre Rechtmäßigkeit ist die Wahl der Verordnung als richtige Handlungsform fraglich, ein Schwerpunkt der Prüfung liegt zudem auf der Prüfung der Verhältnismäßigkeit des Eingriffs in das Grundrecht auf unternehmerische Freiheit.

1211 EuGH, Rs. C-427/93 u.a., *Bristol-Myers Squibb*, Slg. 1996, I-3457 Rn. 79; EuGH, Rs. C-348/04, *Boehringer Ingelheim/Swingward II*, Slg. 2007, I-3391 Rn. 32; BGH, Urt. v. 30. März 2017, I ZR 263/15 – *BretarisGenuair*.

Teil 7: Zusammenfassung und Fazit

Der Schutz vor gefälschten und nachgeahmten Arzneimitteln ist seit der Anerkennung als Problem durch die WHO im Jahre 1985 maßgeblich gestärkt worden. Besonders im Binnenmarktrecht verzeichnet sich zurzeit eine positive Entwicklung zum Schutz der Volksgesundheit. Die Ergebnisse der vorliegenden Arbeit lassen sich in den folgenden Thesen zusammenfassen:

- Ein zentraler Fortschritt des Binnenmarktrechts ist die Einführung einer gemeinsamen Definition des gefälschten Arzneimittels, welche gesundheitliche Aspekte von denjenigen der geistigen Eigentumsrechte trennt und Fälschungen von unbeabsichtigten Qualitätsmängeln abgrenzt. Die Definition trägt entscheidend zum länderübergreifenden Informationsaustausch und der Zusammenarbeit bei der Bekämpfung von Fälschungen und Nachahmungen bei. Hintergrund der Unterscheidung nach dem Schutzgut und der Absicht ist, dass der Schutz der öffentlichen Gesundheit andere Schutzmittel voraussetzt als der Schutz privater Eigentumswerte, sowie auch unbeabsichtigten Qualitätsmängeln mit anderen Schutzmitteln begegnet werden muss als absichtlichen Fälschungen.
- Die Zahl der gefälschten und nachgeahmten Arzneimittel auf dem Markt steigt stetig. Laut der WHO soll aktuell etwa 1 Prozent der Arzneimittel im Binnenmarkt betroffen sein. Eine große Gefahr stellt hierbei der Versandhandel dar, im Internet soll sich die Zahl der Fälschungen und Nachahmungen auf über 50 Prozent belaufen. Gefälscht wird dabei alles, wobei in Industriestaaten wie den Ländern der EU neben lebenswichtigen Medikamenten in der legalen Lieferkette vor allem illegale Lifestyle-Produkte im Internet erworben werden.
- Gründe für Arzneimittelfälschungen und -nachahmungen sind erstens die Globalisierung der Märkte, die durch die Grundfreiheiten des Binnenmarkts und dem zulässigen Arzneimittelversandhandel über das Internet gefördert wird; zweitens die veränderte Kriminalitätsstruktur, die sich angesichts enorm hoher Gewinne, geringer Strafen und lascher Strafverfolgungen in der organisierten Kriminalität etablierte; und drittens die gesellschaftliche Entwicklung und Veränderung hin zur alternden und auf gutes Aussehen bedachten Gesellschaft, wodurch der Arzneimittelmarkt wächst und damit auch die Chance, gefälschte bzw. nach-

geahmte Arzneimittel einzuschleusen oder über das Internet zu verkaufen.

- Gefälschte und nachgeahmte Arzneimittel haben gravierende Folgen für die Volksgesundheit, aber auch für die Wirtschaft. Giftige Substanzen und zu wenig oder ein falscher Wirkstoff können zu mangelhaften Wirkungen, Resistenzbildungen bei Antibiotika oder dem Tod von Patienten führen. Daneben haben Fälschungen und Nachahmungen Umsatzeinbußen und Imageschäden bei den Originalherstellern und den Wegfall von Arbeitsplätzen zur Folge. Volkswirtschaftliche Auswirkungen bestehen in fehlenden Steuereinnahmen und nutzlos aufgewendeten Therapiekosten.
- Der EU bzw. den Mitgliedstaaten obliegen unionale bzw. staatliche Pflichten zum Schutz vor gefälschten und nachgeahmten Arzneimitteln. Das Bestehen der Schutzpflichten bemisst sich nach der Fälschungsart (perfekte Imitationen, Nachahmpräparate, Placebos, gesundheitsschädliche Placebos und gefälschte Packmittel) und dem betroffenen Schutzgut (Volksgesundheit, geistiges Eigentum und Wettbewerb). In Bereichen ohne bestehende Schutzpflicht ergibt sich grundsätzlich ein Risiko, zu dessen Bekämpfung die EU bzw. die Mitgliedstaaten Schutzmaßnahmen erlassen können, jedoch nicht müssen.
  - Hinsichtlich perfekter Imitationen bestehen Pflichten zum Schutz gewerblicher Schutzrechte (Marke, Patent, Design) vor dem Herstellen und Inverkehrbringen nachgeahmter Arzneimittel sowie zum Schutz des Wettbewerbs vor dem Verkauf gefälschter oder nachgeahmter Arzneimittel.
  - Im Hinblick auf Nachahmpräparate bestehen Pflichten zum Schutz des Lebens und der Unversehrtheit vor gefälschten Medikamenten zur Bekämpfung von Krankheiten und vor Lifestyle-Produkten, soweit aufgrund eines falschen Wirkstoffs eine Gesundheitsgefährdung vorliegt. Zudem bestehen Pflichten zum Schutz von Marken und Designs und evtl. Patenten vor dem Herstellen und Inverkehrbringen nachgeahmter Arzneimittel. Schließlich bestehen auch Pflichten zum Schutz des Wettbewerbs vor dem Verkauf gefälschter oder nachgeahmter Arzneimittel.
  - Im Hinblick auf Placebos bestehen Pflichten zum Schutz des Lebens und der Unversehrtheit vor gefälschten Medikamenten zur Bekämpfung von Krankheiten. Zudem bestehen Pflichten zum Schutz von Marken und Designs vor dem Herstellen und Inverkehrbringen nachgeahmter Arzneimittel. Schließlich bestehen auch Pflichten zum

Schutz des Wettbewerbs vor dem Verkauf gefälschter oder nachgeahmter Arzneimittel.

- Hinsichtlich gesundheitsschädlicher Placebos bestehen Pflichten zum Schutz des Lebens und der Unversehrtheit vor gefälschten Arzneimitteln, zum Schutz der geistigen Eigentumsrechte (gewerbliche Schutzrechte und Urheberrecht) vor dem Herstellen und Inverkehrbringen von nachgeahmten Arzneimitteln und zum Schutz des Wettbewerbs vor dem Verkauf gefälschter oder nachgeahmter Arzneimittel.
- Hinsichtlich gefälschter Packmittel besteht eine Pflicht zum Schutz des Lebens und der Unversehrtheit soweit aufgrund eines falschen Beipackzettels eine Gesundheitsgefährdung vorliegt. Zudem bestehen Pflichten zum Schutz geistiger Eigentumsrechte vor dem Herstellen und Inverkehrbringen nachgeahmter Arzneimittel und zum Schutz des Wettbewerbs vor dem Verkauf gefälschter oder nachgeahmter Arzneimittel.

• Das Verhältnis der unionalen zu den staatlichen Schutzpflichten bemisst sich nach der Kompetenzordnung und der Effektivität des Schutzes. Möglich ist die Verantwortlichkeit der Mitgliedstaaten oder der EU oder eine kollektive Verantwortlichkeit der Mitgliedstaaten.
• Die unionalen bzw. staatlichen Schutzpflichten werden von der EU und den Mitgliedstaaten weitgehend eingehalten:

- Die EU kommt ihrer Schutzpflicht im Rahmen ihrer Zuständigkeiten nach. Insbesondere ist durch Umsetzung der FMD der Schutz der legalen Lieferkette vor gefälschten Arzneimitteln erhöht worden. Dazu tragen neue Verbotstatbestände einschließlich der gemeinsamen Definition des gefälschten Arzneimittels sowie die Einführung von Sicherheitsmerkmalen, obligatorischen Versandapothekenlogos und Registrierungspflichten, die Überarbeitung der Leitlinien für die Gute Herstellungspraxis und die Gute Vertriebspraxis und die Verstärkung von Kontrollen bei. Hervorzuhebende Schutzmittel sind zudem internationale Kooperationen zur Bekämpfung von nachgeahmten Arzneimitteln, wie beispielsweise die Operation PANGEA. Eine Grenzbeschlagnahme ist bei einem Verdacht der Rechtsverletzung möglich.
- Deutschland kam seiner Schutzpflicht bereits vor Umsetzung der FMD nach. Auch wenn das Verbot des Herstellens und Inverkehrbringens gefälschter Arzneimittel nicht alle Verursachungsbeiträge abdeckte, kann aufgrund des weiten Ermessenspielraums darin keine Nichterfüllung der staatlichen Schutzpflicht gesehen werden. Hervorzuhebendes Schutzmittel ist das freiwillige Versandhandelslogo, wobei der Versandhandel in Deutschland sehr weitgehend erlaubt ist. Eine Grenzbe-

schlagnahme nach nationalen Vorschriften kommt nur bei offensichtlicher Rechtsverletzung in Betracht.

- England kommt seiner Schutzpflicht nicht vollkommen nach. Es gibt kein ausdrückliches Strafdelikt bezüglich gefälschter Arzneimittel und das mittelbare Verbot über nicht zugelassene Arzneimittel ist nur unzureichend mit Strafe bedroht. In den fehlenden Strafdelikten bezüglich Patenten und Designs kann aufgrund des weiten Ermessensspielraums und anderweitiger Absicherung dagegen keine Nichterfüllung der staatlichen Schutzpflicht gesehen werden. Hervorzuhebende Schutzmittel sind das freiwillige Internetapotheken-Logo und die eigene Ermittlungsbehörde der MHRA. Eine Grenzbeschlagnahme nach nationalen Vorschriften ist nur bei Angabe des erwarteten Einfuhrzeitpunkts und -orts möglich.
- Italien kam seiner Schutzpflicht bereits vor Umsetzung der FMD nach. Auch wenn das Verbot bezüglich gefälschter oder verfälschter Arzneimittel nur bei Vorliegen einer öffentlichen Gefahr greift, kann darin mangels insoweit bestehender Schutzpflicht keine Nichterfüllung staatlicher Pflichten gesehen werden. Hervorzuhebende Schutzmittel sind das *Bollino* sowie die Initiativen der Antifälschungs-Taskforce und *Fakeshare*. Bemerkenswert ist, dass der Versandhandel vor Umsetzung der FMD vollständig verboten war. Eine Grenzbeschlagnahme nach nationalen Vorschriften gibt es nicht.
- Ungarn kam seiner Schutzpflicht vor Umsetzung der FMD nur unzureichend nach, wobei mittlerweile nachgebessert wurde. Es gab kein ausdrückliches Strafdelikt bezüglich gefälschter Arzneimittel und das mittelbare Verbot über nicht zugelassene Betäubungsmittel und ihre Ausgangsstoffe konnte Strafbarkeitslücken belassen. Mit Umsetzung der FMD wurden neue Strafdelikte eingeführt. Eine Grenzbeschlagnahme nach nationalen Vorschriften ist mit dem Unionsrecht vergleichbar ausgestaltet.

- Eine herausragende Stellung im Rahmen der Schutzvorkehrungen kommt den europäischen Sicherheitsmerkmalen zu, die aus dem individuellen Erkennungsmerkmal und der Vorrichtung gegen Manipulation bestehen und seit Februar 2019 Pflicht sind. Sie sind grundsätzlich nur auf verschreibungspflichtigen Arzneimitteln anzubringen, gemäß der *Black-and-White-List* gibt es jedoch Ausnahmen.
- Das individuelle Erkennungsmerkmal ist eine Art der Serialisierung, die es ermöglicht die Echtheit eines Arzneimittels zu überprüfen und einzelne Packungen zu identifizieren. Dazu generieren Hersteller eine Seriennummer nach einem deterministischen oder nicht deterministischen

Randomisierungsalgorithmus, bringen diese zusammen mit anderen Daten in einem Data Matrix Code auf Arzneimittelpackungen an und laden die Daten in ein Datenspeicher- und -abrufsystem hoch. Vor Abgabe eines Arzneimittels an die Öffentlichkeit überprüfen die abgabeberechtigten Personen mittels Abgleichs des individuellen Erkennungsmerkmals mit demjenigen des Datenspeicher- und -abrufsystem die Echtheit des Arzneimittels. Insoweit ist ein *End-to-End*-Verifikationssystem gegeben. Die nähere Ausgestaltung des individuellen Erkennungsmerkmals ergibt sich aus der DelVO.

- Da das individuelle Erkennungsmerkmal grundsätzlich auf die äußere Umhüllung anzubringen ist, könnte der Inhalt einer Verpackung unbemerkt ausgetauscht werden. Die Vorrichtung gegen Manipulation besteht in einem Originalitätsverschluss, der es ermöglicht zu überprüfen, ob die äußere Umhüllung manipuliert wurde. Die Ausgestaltung des Originalitätsverschlusses ist nicht näher geregelt und den Herstellern überlassen. Bestehende Ansätze sind in der DIN 16679 zusammengefasst.
- Sowohl die DelVO als auch die FMD sind rechtmäßig und stellen damit wirksame Rechtsgrundlagen für die Sicherheitsmerkmale dar. Bei der Rechtmäßigkeitsprüfung der FMD stellten sich vor allem Fragen nach der richtigen Kompetenznorm, der ausreichenden Begründung des Rechtsaktes sowie der Einhaltung des Grundsatzes der Rechtssicherheit in Bezug auf das Antimanipulationsmerkmal und der Erfüllung der Delegationsvoraussetzung in Bezug auf die Delegation von ausschließlich nicht wesentlichen Elementen des Gesetzgebungsaktes. Bei der Prüfung der DelVO auf ihre Rechtmäßigkeit lag der Schwerpunkt auf der Wahl der Verordnung als richtige Handlungsform sowie auf der Prüfung der Verhältnismäßigkeit des Eingriffs in das Grundrecht auf unternehmerische Freiheit.

Die bestehenden und durch die FMD ergänzten Schutzvorkehrungen bilden ein hohes Schutzniveau im Binnenmarktrecht zur Bekämpfung des weltweiten Problems der Arzneimittelfälschungen und -nachahmungen. Dennoch können die Schutzvorkehrungen angesichts der steigenden Zahlen von illegalen Arzneimitteln nicht als abgeschlossen angesehen werden. Insbesondere die aufgezeigten Beispielsfälle (siehe oben Teil 3 c.) lassen Mängel in der Umsetzung der Schutzvorkehrungen erkennen, wobei auch viele positive Entwicklungen zu erwähnen sind.

Begrüßenswert ist vor allem die Vereinheitlichung der Schutzmittel in der EU, da durch einheitliche und klare Regelungen komplizierte Vermarktungsregeln und Fehler vermieden werden. Dies gilt insbesondere für die Einführung von Sicherheitsmerkmalen, welche entscheidend zur Stärkung des Schutzes beiträgt und sich in die internationale Entwicklung hin zur Serialisierung von Arzneimittelpackungen einreiht. Abzuwarten bleibt für die Zukunft, ob sich das als *End-to-End*-Verifikationssystem ausgestaltete individuelle Erkennungsmerkmal bewährt oder ob vielmehr die vollständige Rückverfolgbarkeit der Lieferkette angestrebt wird. Bezüglich der Vorrichtung gegen Manipulation ist die Entwicklung neuer Technologien entscheidend, um gegenüber Fälschern einen Vorsprung zu erhalten und die Herstellung von Fälschungen zu erschweren. Sinnvoll erscheint daneben die freiwillige Anbringung zusätzlicher Sicherheitsmerkmale durch die Hersteller, wie sie bereits durch die Verwendung spezieller Verpackungsmaterialien, Sicherheitslogos oder der RFID-Technologie durchgeführt wird.[1212]

Erwähnenswert ist des Weiteren das gemeinsame Versandapothekenlogo, welches auf der einen Seite die Zulässigkeit des Versandhandels mit Arzneimitteln untermauert und auf der anderen Seite dafür die enorm hohe Fälschungsquote im Internet eindämmen soll. Positiv stellt sich insoweit die unionsweite Verpflichtung der Internetapotheken zur Nutzung des Logos dar. Um einen effektiven Selbstschutz der Verbraucher vor unseriösen Internethändlern zu bewirken, ist jedoch die Aufklärung über die Funktionalität des Logos maßgeblich. Informationen dazu sollten – außer auf den Webseiten der Internetapotheken – auch durch Aufklärungskampanien verbreitet werden. Abzuwarten bleibt, inwieweit das Logo den erhofften Sicherheitsgewinn bringt. Bereits die Erfahrung mit den bisherigen Siegeln zeigt, dass diese mit relativ einfachen Mitteln gefälscht werden können, wie auch die vorgeschriebene Verlinkung zum offiziellen Register – gerade bei Versandanbietern aus anderen Mitgliedstaaten – so vorgetäuscht werden kann, dass dies für technisch weniger vesierte Nutzer kaum erkennbar ist.[1213]

Flankierend zum Unionsrecht besteht bei der nationalen Strafandrohung für Arzneimittelfälschungen angesichts des hochrangigen Schutzguts der Volksgesundheit Nachbesserungsbedarf. Vor allem England verletzt insoweit seine staatliche Schutzpflicht, aber auch Deutschland könnte die Strafzumessung erhöhen. Zwar liegt bei letzterem Mitgliedstaat keine Verletzung des Untermaßverbots und damit der staatlichen Schutzpflicht vor, eine Angleichung an die Strafandrohung des einfachen Betrugs oder Dieb-

---

1212 *Immel-Sehr*, PZ 12/2006, 1092. Zu den technischen Möglichkeiten *Sinn*, Organisierte Kriminalität, S. 124 ff.

1213 So auch *Jung*, PZ 26/2015, 2024 (2025).

stahls wäre jedoch vom Unrechtsgehalt und für den daraus resultierenden Präventivcharakter wünschenswert.[1214]

Verstärkt werden sollte angesichts der aufgezeigten Beispielsfälle für Arzneimittelfälschungen (siehe oben Teil 3 C.) insbesondere auch das Schutzmittel der Kontrolle. Zwar bestehen in diesem Bereich bereits zahlreiche Regelungen, die noch durch eine Erweiterung der Überwachungspflichten zwischen den Marktakteure gestärkt wurden. Jedoch könnte auch die behördliche Überwachung ausgeweitet sowie die Strafverfolgung effektiver ausgestaltet werden, um illegale Handlungen schneller zu erkennen. Zuvorderst setzt dies in den Mitgliedstaaten die Bereitstellung ausreichende personale Ressourcen und prozessualer Befugnisse voraus. Sinnvoll erscheinen im Rahmen der Strafverfolgung insbesondere Fachdienststellen bei Strafverfolgungsbehörden und zentral spezialisierte Staatsanwaltschaften, wie es bereits in einigen Ländern der Fall ist. So hat die britische MHRA eine eigene Ermittlungsabteilung und in Deutschland existieren Fachabteilungen bei BKA und Staatsanwaltschaften.[1215]

Parallel dazu sollten bestehende länderübergreifende Kooperationen zum Zweck der Strafverfolgung und des Informationsaustauschs fortgeführt und vertieft werden. Aufgrund der Globalisierung und Liberalisierung der Märkte ist insbesondere die internationale Zusammenarbeit wichtig. Für den Austausch von Informationen und die Erarbeitung gemeinsamer Strategien sollte entschieden auf klare Definitionen unter Trennung der verschiedenen Schutzgüter hingewirkt werden. Nur auf diese Weise lassen sich die jeweils effektivsten und effizientesten Schutzmittel anwenden und alle Interessen angemessen berücksichtigen.

Da das Thema der Arzneimittelfälschung und -nachahmung zahlreiche Interessen aus verschiedensten Bereichen betrifft, sollte auch die Kooperation mit allen relevanten Interessensgruppen vertieft werden. Dies schließt neben staatlichen Akteuren, wie Arzneimittelbehörden, Polizei- und Zollbehörden und anderer Strafverfolgungsbehörden, auch nichtstaatliche Organisationen und internationale Organisationen sowie auch Verbände der betroffenen Marktakteure und Patientengruppen ein. Nur durch eine gemeinsame Bekämpfung des Problems kann das hohe Schutzniveau im Binnenmarkt aufrechterhalten oder verbessert und auch der weltweiten Bedrohung durch gefälschte und nachgeahmte Arzneimittel begegnet werden.

1214 So auch *Wesch* in: Dieners/Reese, Hdb PharmaR, § 16 Rn. 116.
1215 *BKA*, Ein Wachstumsmarkt, S. 77 f.

Anhang I: Synopse

EU	Deutschland	England	Italien	Ungarn
I.1 Rechtsquellen				
• *Verordnungen/ Richtlinien* • *Delegierte Rechtsakte/* • *Durchführungsverordnungen* • *Abkommen*	• *Gesetze* • *Verordnungen*	• *Common Law/ Equity* • *Statute Law:* – *Acts* – *Statutory Instruments (Regulations/ Orders)* – *Directions*	• *Leggi* • *Decreti Legislativi,* • *Decreti-Leggi* • *Leggi Regionali* • *Decreti Governativi/* • *Ministeriali* • *Circolari*	• *Törvény/ Törvényerejü Rendelet* • *Kormányrendelet* • *Miniszteri Rendelet*
I.2 Rechtsgrundlagen				
• *Arzneimittelrecht* – GKHA (FMD) – DelVO – GMP-RL – EU-GMP-Leitfaden – Del-GMP-VO – GDP-Leitlinien AM/WS • *Geistiges Eigentumsrecht* – EPÜ – EPatVO – EPatÜbersVO – UMV – MarkenRL	• *Arzneimittelrecht* • AMG • AMWHV • AM-HandelsV • ApoG • ApBetrO • *Geistiges Eigentumsrecht* • MarkenG • PatG • DesignG • UrhG	• *Arzneimittelrecht* – HMRs – MA – PO – NHSRs – MHRA Falsified Medicinal Products Strategy 2012–2015 • *Geistiges Eigentumsrecht* – TMA – PA – CDPA – IPRs	• *Arzneimittelrecht* – DLgs 219/2006 – DLgs 540/1992 – DM 2001 – DM 2004 – D 1999 – L 475/68 • *Geistiges Eigentumsrecht* – CPI – LDA • *Allgemeines Straf-/Zivilrecht* – c.p. – c.c.	• *Arzneimittelrecht* – AMG – Gytv. – Gyftv. – EüM R. 30/05 – EüM R. 44/05 – ESzCsM R. 53/04 • *Geistiges Eigentumsrecht* – Vt. – Szot. – Fmtv. – Szjt.

– GGV – UrhRL • *Produkthaftungsrecht* – Produkthaftungs-RL 85/374/EWG • *Wettbewerbsrecht* – UPG-RL • *Grenzbeschlagnahme* – PPVO	• *Allgemeines Straf-/ Zivilrecht* • StGB • BGB • *Produkthaftungsrecht* • ProdHaftG • *Wettbewerbsrecht* • UWG • *Grenzbeschlagnahme* • Marken-/ Pat-/ Design-/ UrhG	• *Allgemeines Straf-/ Zivilrecht* – Common Law – FA • *Produkthaftungsrecht* – CPA • *Wettbewerbsrecht* – Common Law – CPRs • *Grenzbeschlagnahme* – TMA/ CDPA – TMCRs	• *Produkthaftungsrecht* – c. cons. • *Wettbewerbsrecht* – c.p. • *Grenzbeschlagnahme* – Circolare n. 32/D 2004	• *Allgemeines Straf-/ Zivilrecht* – Btk. – Ptk. • *Produkthaftungsrecht* – Tftv. • *Wettbewerbsrecht* – Tpvt. – Fttv. • *Grenzbeschlagnahme* – Korm. R. 371/04
Stand: aktuell (Februar 2019) (Umsetzungsfrist für FMD: 2.1.2013)	*Stand: Oktober 2012* Umsetzung FMD: *2. Gesetz zur Änderung arzneimittelrechtlicher und anderer Vorschriften (19.10.2012)*	*Stand: Juli 2013* Umsetzung FMD: *Human Medicines (Amendment) Regulations 2013 (22.7.2013)*	*Stand: März 2014* Umsetzung FMD: *Decreto Legislativo 19.2.2014, n.17 (22.3.2014)*	*Stand: Ende 2012/Anfang 2013* Umsetzung FMD: (mit einzelnen Gesetzesänderungen der jeweiligen Gesetze)

II. Definition „gefälschtes Arzneimittel"
- Gesundheitsschutz

Jedes Arzneimittel, bei dem Folgendes gefälscht wurde: *a) seine Identität, einschließlich seiner Verpackung und Kennzeichnung, seines Namens/seiner Zusammensetzung in Bezug auf jegliche Inhaltsstoffe, einschließlich der Arzneiträgerstoffe und des Gehalts dieser Inhaltsstoffe;*	*...Arzneimittel..., die hinsichtlich ihrer Identität oder Herkunft falsch gekennzeichnet sind (Gefälschte Arzneimittel, gefälschte Wirkstoffe)*	Keine	Keine Legaldefinition, aber Anhaltspunkt im Strafrecht: *Das Verfälschen eines Arzneimittels ist die Veränderung eines echten Arzneimittels durch Entfernung wesentlicher, therapeutischer Elemente oder Hinzufügung schädlicher Elemente. Das Fäl-*	Keine

b) seine Herkunft (source), einschließlich Hersteller, Herstellungsland, Herkunftsland und Inhaber der Genehmigung für das Inverkehrbringen; oder *c) seine Herkunft (history), einschließlich der Aufzeichnungen und Dokumente in Zusammenhang mit den genutzten Vertriebswegen.* *Diese Begriffsbestimmung erstreckt sich nicht auf unbeabsichtigte Qualitätsmängel und lässt Verstöße gegen die Rechte des geistigen Eigentums unberührt.*			*schen von Arzneimitteln ist die Herstellung einer Nachahmung.*	

- Eigentumsschutz

• *Nachgeahmte Waren:* • *Markenrechtsverletzung* • *Unerlaubt hergestellte Waren: Urheber- und Geschmacksmusterverletzung*	*Wie EU*	*Wie EU*	*Wie EU*	*Wie EU*

III. Schutzvorkehrungen
1. Ge- und Verbote

Verbot gefälschter und nachgeahmter Arzneimittel				
- Gesundheitsschutz				
• Verbot des Herstellens, Vertreibens, Vermittelns, Ein- und Ausführens v. gefälschten Arzneimitteln • Verbot des Verkaufens gefälschter Arzneimittel über	• Verbot des Herstellens und Inverkehrbringens gefälschter Arzneimittel/ gefälschter Wirkstoffe	• Kein ausdrückliches Verbot bzgl. gefälschter Arzneimittel • Verbot des Verkaufens und Abgebens sowie des Anbietens, Besitzens, Vermittelns	• Verbot des Fälschens und Verfälschens v. Arzneimitteln, welche Gefahr für öffentliche Gesundheit darstellen und Verbot des Handel-	• Kein ausdrückliches Verbot bzgl. gefälschter Arzneimittel • Verbot des Herstellens, Besitzens, Handeltreibens und Ein- und Ausführens v. nicht

Dienste der Informationsgesellschaft	• Verbot des Inverkehrbringens und Anwendens bedenklicher Arzneimittel • Verbot des Inverkehrbringens v. nicht nach Vorschriften des deutschen Arzneimittelrechts hergestellter Arzneimittel	und Herstellens zum Zweck des Verkaufens/ Abgebens v. nicht zugelassenen Arzneimitteln	treibens, Anbietens und Vertreibens solcher Produkte • Verbot des Inverkehrbringens, Besitzens zum Zweck des Inverkehrbringens und Vertreibens mangelhafter Arzneimittel	zugelassenen Betäubungsmitteln und Ausgangsstoffen • Verbot des Inverkehrbringens minderwertiger Produkten mit Täuschungsabsicht über Qualität
- Eigentumsschutz				
Verbot der unerlaubten Benutzung v. Marken, Patenten, Designs und Urheberechten	Verbot der unerlaubten Benutzung v. Marken, Patenten, Designs und Urheberechten	Verbot der unerlaubten Benutzung v. Marken, Patenten, Designs und Copyrights	Verbot der unerlaubten Benutzung v. Marken, Patenten, Designs und Urheberechten	Verbot der unerlaubten Benutzung v. Marken, Patenten, Designs und Urheberechten
Pflichten bei der Herstellung				
• Einhaltung GMP • Verwendung v. Wirkstoffen, die gemäß GMP/ gleichwertiger Standards hergestellt sind	• Einhaltung GMP + anerkannter pharmazeutischer Regeln • Verwendung v. Ausgangsstoffe, die gemäß GMP hergestellt sind	• Einhaltung GMP • Grds. Verwendung v. Ausgangsstoffen, die gemäß GMP hergestellt sind	• Einhaltung GMP • Verwendung v. Ausgangsstoffen, die gemäß GMP/ gleichwertigen Standards hergestellt sind	• Einhaltung GMP + Marktzulassung
Kennzeichnungspflichten				
• Kennzeichnung der äußeren Umhüllungen/ Primärver-packung v. Arzneimitteln und Wirkstoffen mit: – Name und Anschrift des Zulassungsinhabers und ggf. Herstellers, Chargennr., Verfallsdatum, Sicherheitsmerkmale • Gut lesbar, klar verständlich und unauslöschlich	• Kennzeichnung der Behältnisse/ Umhüllungen v. Arznei-mitteln und Wirkstoffen mit: – Name/ Firma und Anschrift des pharmazeutischen Unternehmers, Chargennr., Verfallsdatum • In gut lesbarer Schrift, allgemeinverständlich, auf dauer-	• Kennzeichnung der Umhüllung/ Primärverpackung v. Arznei-mitteln mit: – Name und Anschrift des Zulassungsinhabers, Zulassungsnr., Chargennr., Verfallsdatum – Falls verschreibungspflichtig zudem: Name	• Kennzeichnung der äußeren Umhüllung/ Primärverpackung v. Arzneimitteln mit: – Name und Anschrift des Zulassungsinhabers, Chargennr., Verfallsdatum, ggf. Name und Anschrift des Vermarktungsberechtigten – Hinweis auf Abgabebeschränkung	• Kennzeichnung der äußeren Umhüllung/ Primärverpackung v. Arzneimitteln mit: – Name/ Firma und Anschrift des Zulassungsinhabers, – Registrierungsnr., Chargennr., Verfallsdatum

	hafte Weise, in deutscher Sprache	und Anschrift der abgebenden Person, – Datum der Abgabe • Gut lesbar, allgemeinverständlich, dauerhaft, grds. in englischer Sprache	• Gut lesbar, klar verständlich, dauerhaft, in italienischer Sprache (Bozen: deutsche Sprache)	• In gut lesbarer Schrift, klar verständlich, in ungarischer Sprache • Kennzeichnung der Fabrikverpackung mit Unternehmens-logo
Sicherheitsmerkmale				
Individuelles Erkennungsmerkmal • Für verschreibungspflichtige Arzneimittel • Ausnahmen: Black-/ White List • Erlaubt individuelle Identifizierbarkeit und Überprüfung der Echtheit einer Packung • End-to-End-Verifikation • Data Matrix + Klarschrift: – Produktcode, Seriennr., ggf. nationale Kostenerstattungsnr., Chargennr., Verfallsdatum • Seriennr.: – 20 Zeichen, deterministischer/ nicht-deterministischer Randomisierungsalgorithmus, – Wiederholung erst nach 1 Jahr nach Verfallsdatum/	Keine	Keine	*Bollino farmaceutico* • Für erstattungsfähige Arzneimittel • (Track and trace): erlaubt vollständige Rückverfolgbarkeit der Bewegungen der Arzneimittel im Markt • Balkendiagramm + Klarschrift: – Zulassungsnr., Zulassungsinhaber, fortlaufende Nr. • Fortlaufende Nr.: – 9 Ziffern, Code 2/5, keine Wiederholung in mind. 6 – Jahren – Herstellung und Zuordnung durch IPZS • Zentrale Datenbank – Bei jedem Ein- und Ausgang v. Arzneimittelverpackungen: Übermittlung	Keine

5 Jahren ab Inverkehrbringen – Generierung durch Arzneimittelhersteller • Datenspeicher- und -abrufsystem – Hochladen durch Arzneimittelhersteller – Vor jeder Abgabe eines Arzneimittels an die Öffentlichkeit: Abgleich mit System *Vorrichtung gegen Manipulation* • Originalitätsverschluss: erlaubt Überprüfung, ob Verpackung manipuliert/ geöffnet wurde			der Angaben in Bollini, Empfänger und Absender, Versanddatum, Charge, Verfallsdatum, Art der Bewegung – Meldung v. zerstörten Bollini – Meldung v. Produkten, die aufgrund v. rechtswidrigen Handlungen legale Vertriebskette verlassen haben • Entfernung: muss durch aufgedruckte Aufschrift unter Bollini kenntlich sein, • bei Export: Unkenntlichmachung durch wasserfeste Tinte	
Abgabebeschränkungen				
- Produktstatus				
• Verschreibungspflichtig – Abgabe nicht wiederholbar – Abgabe wiederholbar – Besondere Verschreibung – Beschränkte Verschreibung • Nicht verschreibungspflichtige	• Verschreibungspflichtig • Apothekenpflichtig • Freiverkäuflich	• Verschreibungspflichtig (*Prescription-Only Medicines*) • Apothekenpflichtig (*Pharmacy Medicines*) • Freiverkäuflich (*General Sale Medicines*)	• Verschreibungspflichtig – Einfache Verschreibung – Jeweils zu erneuernde Verschreibung	• Verschreibungspflichtig – Einfache Verschreibung – Besondere Verschreibung – Beschränkte Verschreibung • Nicht verschreibungspflichtige

			– Besondere Verschreibung – Beschränkte Verschreibung • Nicht verschreibungspflichtige – Freiverkäuflich – Selbstmedikation	
- Apothekenpflichtige und verschreibungspflichtige Arzneimittel				
Nach nationalen Vorschriften	• *Klassischer Vertriebsweg*: Pharmazeutischer Unternehmer > Großhändler > Apotheke	• *Klassischer Vertriebsweg*: Hersteller > Großhändler > Apotheke	• *Klassischer Vertriebsweg*: Hersteller > (Verwahrstelle) > Großhändler > Apotheke	• *Klassischer Vertriebsweg*: Hersteller > Großhändler > Apotheke
	• *Direktvertrieb an Apotheken*: Pharmazeutischer Unternehmer > Apotheke	• *Direktvertrieb an Apotheken*: Hersteller > Apotheke	• Kein Direktvertrieb an Apotheken	• Kein Direktvertrieb an Apotheken
	• *Direktvertrieb an Ärzte und Einrichtungen*: – Pharmazeutischer Unternehmer/ Großhändler > Krankenhäuser, Ärzte, Zahn- und Tierärzte, öffentliche Einrichtungen (z.B. Gesundheitsämter, Gesundheitsbehörden, Impfzentren, anerkannte zentrale Beschaffungsstellen, Hochschulen) – *Enge Voraussetzungen:*	• *Direktvertrieb an Healthcare Professionals und Einrichtungen*: – Hersteller/ Zulassungsinhaber/ Großhändler > Ärzte, Zahnärzte, Apotheken, Krankenhäuser, Gesundheitseinrichtungen, NHS, Gesundheitsbehörden, Polizei, Strafvollzug, Militär – Großhändler > bestimmte Personen i.S.d. Art. 250 HMRs	• *Direktvertrieb an Krankenhäuser*: – Hersteller/ Großhändler > Krankenhäuser/ ähnliche Einrichtungen private Träger – *Voraussetzungen*: Kein Verkauf an Öffentlichkeit • *Direktvertrieb an Fachärzte*: – Hersteller/ Großhändler > Fachärzte – *Voraussetzungen*:	Keinen

	i.d.R. nur bestimmte Arzneimittel/Arzneimittelmuster		Grds. nur für ambulante Behandlung, kein Verkauf an Öffentlichkeit	
	Keine	*Abgebende Arztpraxen (Dispensing Doctors)*	*Abgabe durch ASL:* erlaubt	*Abgabeapotheke*: Abgabe durch Allgemein- und Kinderärzte
	• *Abgabe im Reisegewerbe:* Grds. verboten			
- Freiverkäufliche Arzneimittel				
	• *Abgabe im Einzelhandel*: erlaubt (Voraussetzungen s.u.) • *Abgabe an Automaten*: Grds. verboten	• *Abgabe in General Retail Outlets*: erlaubt (Voraussetzungen s.u.) • *V. Abgabebeschränkungen befreite Personen*: erlaubt • *Abgabe an Automaten*: erlaubt	• *Abgabe in Parafarmacie*: erlaubt (Voraussetzungen s.u.)	• *Abgabe im Einzelhandel*: erlaubt (Voraussetzungen s.u.)
- Versandhandel				
	• Erlaubt für alle Arzneimittel • Nur über Offizinapotheken • Über ausländische Apotheken möglich, soweit sie Sitz im EWR haben	• Erlaubt für alle Arzneimittel • Nur über Versandapotheken • Über ausländische Apotheken nicht möglich	Verboten für alle Arzneimittel	• Erlaubt für nicht verschreibungspflichtige und nicht erstattungsfähige Arzneimittel • Nur über reale Apotheken • Über ausländische Apotheken nicht möglich
- Einfuhr und Ausfuhr				

	Einfuhr: • Nur durch pharmazeutischen Unternehmer mit Sitz im EWR • Empfänger: – bei Einfuhr aus EWR: jeder pharmazeutische Unternehmer/ Großhändler/ Tierarzt/ Apotheker – bei Einfuhr aus Drittstaat: mit Einfuhrerlaubnis	s.u.	s.u.	s.u.
	Ausfuhr: • Grds. ohne weiteres möglich			
Pflichten bei der Einfuhr				
• Einfuhr aus EU: – Einhaltung GMP – Information an Zulassungsinhaber und zuständige Behörde Einfuhr aus Drittstaat: – Verbot soweit Fälschungsverdacht besteht	s.o.	• Einfuhr aus Drittstaaten: – Einhaltung GMP – Information an MHRA und Zulassungsinhaber (falls einführender Großhändler nicht Zulassungsinhaber/ nicht im Auftrag des Zulassungsinhabers handelt)	• Einfuhr aus EU: – Großhändler, der nicht Zulassungsinhaber ist: Information an Zulassungsinhaber, Gesundheitsministerium und AIFA	• Einfuhr aus EU: – Parallelimporteur: Information an Zulassungsinhaber und Arzneimittebehörde
Pflichten bei Lagerung, Transport und Lieferung				

Lagerung: • Pflicht zu regelmäßigen • Inventuren • Untersuchung v. Unregelmäßigkeiten	*Lagerung*: • Schutz der Betriebsräume v. Herstellern, Großhändlern und Apotheken gegen Unbefugte • Einschränkung der Zugriffsberechtigung zu Vorratsbehältnissen auf Befugte			*Lagerung*: • *Hersteller:* – Festsetzung eines Verfahrens zur Lagerung • *Großhändler:* – Quarantäne v. zu prüfenden/ beschädigten/ qualitativ fehlerhaften Produkten
Transport: • Qualitätsrelevanter Prozess („bewegte“ Lagerung)	*Transport*: • Schutz v. Zugriff Unbefugter • Verschließung der Behältnisse in der Weise, dass zwischenzeitliches Öffnen festgestellt werden kann	*Transport*: • Ausreichende Vorkehrungen gegen Diebstahl		
Lieferung: • *Großhändler:* – Beifügung v. Unterlagen: Datum der Lieferung, Bezeichnung und Menge des Arzneimittels, Name und Anschrift des Lieferanten und Empfängers, Chargennr.	*Lieferung:* • *Hersteller, Großhändler:* – Beifügung v. Unterlagen: Datum der Lieferung, Bezeichnung und Menge des Arzneimittels, Name und Anschrift des Liefe-	*Lieferung:* • *Großhändler:* – Beifügung v. Unterlagen: Datum der Lieferung, Bezeichnung und Menge des Arzneimittels, Name und Anschrift des liefernden Großhändlers	*Lieferung:* • *Großhändler, Verwahrstelle:* – Beifügung v. Unterlagen: Datum der Lieferung, Bezeichnung und Menge des Arzneimittels, Name und Anschrift des Lieferanten und Empfängers, ggf. Chargennr. – Liste mit fortlaufenden Nr. aus Bollino	*Lieferung:* • *Hersteller, Großhändler:* – Beifügung v. Qualitätszertifikat: Datum der Lieferung, Bezeichnung und Menge des Arzneimittels, Name und Anschrift des liefernden Herstellers/ Großhändlers

	ranten und Empfängers, ggf. Chargennr.; – Bestätigung der Herstellungs-, Großhandels-/ Einfuhrerlaubnis • *Versandapotheke:* – Unterhaltung eines Systems zur Sendungsverfolgung	• *Versandapotheke:* – Sicherstellung der Identität des Empfängers – Erkennung v. Anfragen für zu große Mengen v. Arzneimitteln – Sichere Lieferung: richtige Verpackung, richtiger Empfänger, ggf. Einhaltung v. Aus- und Einfuhrbestimmungen – Neuste Sicherheitsanforderungen für computergestützte Systeme		
Rückruf, Rücknahme, Beanstandungen				
• *Mitgliedstaaten:* – Nationale Sicherheitssysteme: Annahme und Bearbeitung v. Fälschungsmeldungen, Rücknahme von Arzneimitteln durch Zulassungsinhaber/ Behörde		• *Hersteller:* – Einführung eines Systems zur Bearbeitung v. Beanstandungen, welches jederzeitigen Rückruf ermöglicht – Festlegung eines Notfallplans für dringende Rückrufe und eines Verfahren für nicht dringende Rückrufe	• *Hersteller:* – Unterhaltung eines Systems zur Bearbeitung v. Beanstandungen, welches jederzeitigen Rückruf ermöglicht	• *Hersteller:* – Einführung eines Systems für Beanstandungen und Rückrufe – Untersuchung jeder Beanstandung
• *Händler:*	• *Großhändler:*	• *Großhändler:*	• *Großhändler, Verwahrstelle, Einzelhändler:*	

Wiederaufnahme in zum Verkauf bestimmte Bestände: – Risikobasierte Bewertung – Ungeöffnetes Originalbehältnis, Überprüfung durch befugte Person, Belege über Lieferung, Bekanntsein der Chargennr., kein Grund für Fälschungsverdacht	Wiederaufnahme in zum Verkauf bestimmte Bestände nur wenn: – Unterlagen Kauf vom Großhandel belegen, – Zurückgebender bestätigt, dass Arzneimittel seinen Verantwortungsbereich nicht verlassen haben, – Arzneimittel sich in Originalbehältnis befinden und – keine Anhaltspunkte für fehlende Verkehrsfähigkeit vorliegen	Wiederaufnahme in zum Verkauf bestimmte Bestände nur wenn: – Arzneimittel sich in ungeöffnetem Originalbehältnis befinden – befugter Person Produkt überprüft und beurteilt hat	Wiederaufnahme in zum Verkauf bestimmte Bestände nur wenn: – Identifizierung und Überprüfung durch befugte Person: – In gutem Zustand – In Originalverpackung – Lagerbedingungen eingehalten	
• *Großhändler, Vermittler:* – Bereithaltung eines Notstandsplan für Rücknahmen	• *Großhändler:* – Bereithaltung eines Rückrufplans		• *Großhändler, Verwahrstelle:* – Festlegung eines Notfallplans für angeordnete Rückrufe – System zur Identifizierung und Benachrichtigung der belieferten Empfänger	• *Großhändler* – Sicherstellung, dass Rückrufe möglich sind – Sicherstellung der Zerstörung v. Abfällen
Umgang mit Fälschungen				

• *Großhändler, Vermittler:* – Aufbewahrung getrennt v. verkehrsfähigen Arzneimitteln (auch durch computergestütztes System möglich) – Dokumentierung und Untersuchung v. Fälschungsfällen	• *Großhändler und Apotheken:* – Gesicherte Aufbewahrung getrennt v. verkehrsfähigen Arzneimitteln bis zur Entscheidung über weiteres Vorgehen – Kennzeichnung als eindeutig nicht zum Verkauf bestimmt – Vernichtung/ Rückgabe an Lieferanten	• *Großhändler:* – Gesicherte Aufbewahrung getrennt v. verkehrsfähigen Arzneimitteln – Kennzeichnung als eindeutig nicht zum Verkauf bestimmt – Formelle Entscheidung über Beseitigung • *MHRA (s.u.)*	• *Großhändler:* – Aufbewahrung getrennt v. verkehrsfähigen Arzneimitteln – Kennzeichnung mit „nicht zum Verkauf bestimmt" – Formelle Entscheidung über Bestimmung	• *Hersteller, Großhändler:* – Rückruf fehlerhafter Produkte – Vernichtung • *Großhändler:* – Aufbewahrung qualitativ fehlerhafter Produkte getrennt v. verkaufsfähigen Arzneimitteln – Kennzeichnung
Dokumentationspflichten				
• *Hersteller, Großhändler,* • *Vermittler:* Dokumentation der Tätigkeitsbereiche: z.B. – Transaktionen mit Arzneimitteln, – Unregelmäßigkeiten im Lagerbestand – Vernichtung veralteter Ware	• *Hersteller:* Unterhaltung eines Dokumentationssystems, das Rückverfolgung des Werdegangs und Inverkehrbringens jeder Charge ermöglicht • *Großhändler:* Führung v. Aufzeichnungen in Form v. Rechnungen • *Apotheken:* Dokumentation des Inverkehrbringens	• *Hersteller:* Unterhaltung eines Dokumentationssystems, das Rückverfolgung des Werdegangs und Inverkehrbringens jeder Charge ermöglicht • *Großhändler:* Führung v. Aufzeichnungen, sodass alle wichtigen Tätigkeiten/ Vorkommnisse zurückverfolgbar sind (z.B. Empfang und Auslieferung, Auffinden gefälschter Arzneimittel) • *Apotheken:* Führung v. Aufzeichnungen über Abgabe verschreibungspflichtiger Arzneimittel	• *Großhändler:* Führung v. Aufzeichnungen in Form v. Rechnungen, Dokumentation der Entdeckung gefälschter Arzneimittel	• *Hersteller:* Dokumentation v. Prozessen: Herstellung, Verarbeitung, Qualitätskontrolle, Zerstörung v. Produkten • *Großhändler, Apotheken:* Aufzeichnung der Verteilung v. Produkten

2. Anzeige- und Genehmigungspflichten

Hersteller				
Herstellungserlaubnis • Für Arzneimittelherstellung • Ausnahmen: – Apotheker für Zubereiten/ Abfüllen/ Änderung der – Abpackung/ Aufmachung *Voraussetzung der Erteilung:* • Geeignete und ausreichende Räume, technische Ausrüstung und Kontrollmöglichkeiten zur Herstellung, Kontrolle und Lagerung	*Herstellungserlaubnis* • Für Arzneimittelherstellung • Ausnahmen: – Apotheker bei Herstellung im Rahmen des üblichen Apothekenbetriebs – Krankenhäuser/ Großhändler und Einzelhändler für Umfüllen/ Abpacken/ Kennzeichnen v. Arzneimitteln – Ärzte, falls sie hergestelltes Arzneimittel auch anwenden *Voraussetzung der Erteilung:* • Sachkundige Person • Einhaltung GMP • Geeignete Räume und Einrichtung zur Herstellung, Prüfung und Lagerung	*Herstellergenehmigung* • Für Arzneimittelherstellung • Ausnahmen: – Ärzte, Zahnärzte, Krankenschwestern, Hebammen, Physiotherapeuten und Apotheker bei Herstellung im Rahmen der üblichen Berufsausübung – Zur Verschreibung befugte Personen, bei individuellem Patientenbedarf • Für Einfuhr v. Arzneimitteln in den EWR Ausnahmen: – Dienstleister und Importvermittler – Einfuhr zum Eigenbedarf *Voraussetzung der Erteilung:* • Sachkundige Person • Einhaltung GMP • Geeignete Räume	*Herstellungsgenehmigung* • Für Arzneimittel- und Ausgangsstoffherstellung *Voraussetzung der Erteilung:* • Sachkundige Person • Geeignete Räume, Geräte, Ausstattung für Herstellung und Lagerung • Überprüfungsmöglichkeiten	*Herstellungserlaubnis* • Für Arzneimittel- und Wirkstoffherstellung • Ausnahmen: – Apotheker bei Herstellung für bestimmten Patienten auf ärztliche Verschreibung *Voraussetzung der Erteilung:* • Voraussetzungen für Marktzulassung • Haftpflicht für technologische Produktionsvorgänge • Einhaltung GMP
Großhändler				

Großhandelsgenehmigung • Für Arzneimittelgroßhandel • Ausnahmen: – Nationales Recht – Großhändler mit Herstellungserlaubnis *Voraussetzung der Erteilung:* • Geeignete und ausreichende Räume, Anlagen, Einrichtungen für Lagerung und Vertrieb • Sachkundiges Personal: z.B. verantwortliche Person • Einhaltung oben genannter Pflichten: z.B. Abgabebeschränkungen, Einhaltung GDP, Kontroll- und Meldepflichten	*Großhandelserlaubnis* • Für Arzneimittelgroßhandel • Ausnahmen: – Großhändler mit Herstellungserlaubnis/ Einfuhrerlaubnis – Apotheker für Tätigkeit im Rahmen des üblichen Apothekenbetriebs *Voraussetzung der Erteilung:* • Räumlichkeiten, Anlagen, Einrichtungen für Umfüllen, Abpacken und Kennzeichnen • Zuverlässigkeit	*Großhandelsgenehmigung* • Für Arzneimittelgroßhandel • Ausnahmen: – Großhändler mit Herstellergenehmigung – Zulassungsinhaber/ dessen Auftragshersteller, wenn Arzneimittel bis zum Verkauf in Räumlichkeiten des Herstellers verbleiben und Räumlichkeiten v. Herstellergenehmigung umfasst sind – Apotheker für Tätigkeit im Rahmen des üblichen Apothekenbetriebs • *Ausnahmen:* – Dienstleister und Importvermittler *Voraussetzung der Erteilung:* • Einhaltung GDP • Personal, Räumlichkeiten und Anlagen für Handhabung, Lagerung und Lieferung	*Großhandelsgenehmigung* • Für Arzneimittelgroßhandel • Ausnahmen: – Großhändler mit Herstellungsgenehmigung *Voraussetzung der Erteilung:* • Räumlichkeiten, Anlagen, Einrichtungen für Lagerung und Lieferung • Verantwortliche Person	*Großhandelserlaubnis* • Für Arzneimittelgroßhandel • Ausnahmen: – Großhändler mit Herstellungserlaubnis *Voraussetzung der Erteilung:* • Räumlichkeiten • Qualifiziertes Personal • Verfahren für Rücknahme und Rückruf v. Produkten
Verwahrstellen				

			Genehmigung • Für Bevorratung v. Arzneimitteln (Voraussetzungen wie Großhandelsgenehmigung)	
Einfuhr und GMP-Zertifikat				
Großhandelsgenehmigung/ Herstellungserlaubnis • Einfuhr aus EWR: – Großhandelsgenehmigung (s.o.) • Einfuhr aus Drittland: – Herstellungserlaubnis (s.o.)	*Großhandels-/ Einfuhrerlaubnis* • Einfuhr aus EWR: – Keine gesonderte Erlaubnis erforderlich • Einfuhr aus Drittstaat: – Einfuhrerlaubnis (Voraussetzungen wie Herstellungserlaubnis) – falls Importeur Herstellungshandlungen vornimmt, zusätzlich Herstellungserlaubnis – GMP-Zertifikat v. Herstellungsland/deutscher Behörde (nach Inspektion)	*Großhandels-/ Herstellergenehmigung* • Einfuhr aus EWR: – Großhandelsgenehmigung (s.o.) – Parallelimportgenehmigung bei nicht zugelassenen Arzneimitteln • Einfuhr aus Drittland: – Herstellergenehmigung (s.o.)	*Großhandelsgenehmigung/ Einfuhrerlaubnis* • Einfuhr aus EU: – Keine gesonderte Erlaubnis erforderlich – Ggf. Nachweis der Kontrolle durch Mitgliedstaat • Einfuhr aus Drittstaat: – Einfuhrerlaubnis (Voraussetzungen wie Herstellungsgenehmigung) – Ausnahme: Vereinbarung über GMP/ gleichwertige Standards – GMP-Zertifikat für Ausgangsstoffe v. Mitgliedstaat	*Großhandels-/ Herstellungserlaubnis* • Einfuhr aus EWR: – Keine gesonderte Erlaubnis erforderlich • Einfuhr aus Drittland: – Herstellungserlaubnis (s.o.) – Ausnahme: für Forschung erforderliche Produkte – GMP-Zertifikat der GY-EMSZI (OGYÉI)
Ausfuhr und Ausfuhrzertifikat				

Großhandelsgenehmigung • Ausfuhr: – Großhandelsgenehmigung (s.o.)	*Grds. keine Erlaubnis* • Ausfuhr: – Grds. keine Erlaubnis erforderlich • Ausfuhr verfälschter Arzneimittel – Genehmigung des Bestimmungslandes – Auf Antrag des pharmazeutischen Unternehmers/ Herstellers/ Exporteurs/ Bestimmungslandes: Ausfuhrzertifikat (bestätigt Herstellungserlaubnis)	*Keine/Großhandelsgenehmigung* • Ausfuhr in EWR: – Großhandelsgenehmigung (s.o.) • Ausfuhr an nicht Drittstaat: – Keine Erlaubnis erforderlich • Ausfuhrzertifikat: – Auf Antrag des zu beliefernden Staats – Arten: Zertifikat über pharmazeutisches Produkt, Zertifikat über Herstellungsgenehmigung, Zertifikat über Zulassungsstand, Zertifikat über Einfuhr eines Ausgangsstoffes		*Großhandelserlaubnis* • Ausfuhr in EWR/Drittland: – Großhandelserlaubnis (s.o.) • Parallelimport: – Parallelimportzulassung (Voraussetzung: Marktzulassung) – Bei Umpacken: zusätzlich Herstellungserlaubnis und ggf. GMP-Zertifikat
Apotheken				
	Apothekenbetriebserlaubnis	*Apothekenregistrierung*	*Apothekenbetriebserlaubnis*	*Apothekenbetriebserlaubnis*
Versandhandel				
Zumindest Anzeigepflicht • Mitteilung über Name/ Firma, genutzte Webseite, Beginn der Tätigkeit	*Versandhandelserlaubnis* • Kann nur Inhaber einer Apothekenbetriebserlaubnis erteilt werden • Versand muss aus öffentlicher Apotheke zusätzlich	*Keine gesonderte Erlaubnis* • Apothekenregistrierung erforderlich • Geschäftsräume müssen v. öffentlicher Apotheke getrennt sein	Verboten (s.o.)	*Meldung der Webseite* • Apothekenbetriebserlaubnis erforderlich • *Ausländische Apotheken:* Versandhandel nicht erlaubt

	zum üblichen Apothekenbetrieb erfolgen • *Ausländische Apotheken im EWR:* Befugnis zum Versandhandel: – Nach deutschen Recht – Nach ausländischen Recht: wenn dieses deutschen Sicherheitsstandards entspricht	• Versandhandelsapotheke darf keine wesentlichen Leistungen in Geschäftsräumen/ in näherer Umgebung direkt an Patienten erbringen • *Ausländische Apotheken:* Versandhandel nicht erlaubt		
Einzelhandel				
	Nachweispflicht für den Einzelhandel: • Mind. eine Person mit Sachkenntnis in Bezug auf Umgang mit Arzneimitteln (muss u.a. offensichtlich verfälschte Arzneimittel erkennen können)	*Nachweispflicht für General Retail Outlets:* • Abschließbare Verkaufsstellen • Verkauf der Arzneimittel nur in Originalverpackungen • Für bestimmte Wirkstoffe nur bestimmte Packungsgrößen • erlaubt	*Anzeigepflicht für Parafarmacie* • Eigene Abteilung in Geschäft • Anwesenheit eines Apothekers • Während Öffnungszeiten des Geschäfts	*Einzelhandelsgenehmigung* • Geeignete Räume mit v. anderen Produkte abgesonderter Lagerungsmöglichkeit • Informationszentrum zur Anwendungsberatung • Für Einhaltung des Arzneimittelrechts zuständige Person • Zugänglichkeit nur über abschließbare Schränke
Herstellung, Einfuhr und Vertrieb von Wirkstoffen				
Registrierungspflicht	*Anzeigepflicht für Arzneimittel und Wirkstoffe*	Keine	Keine	Keine
Arzneimittelvermittler				

Registrierungspflicht • Ständige Adresse und Kontaktdaten in EU • Registrierung in Mitgliedstaat der ständigen Adresse	Keine	Keine	Keine	Keine

3. Kontrollen

Selbstkontrolle				
• *Hersteller:* Qualitätsmanagementsystem: – Prüfung der Einhaltung GMP – Selbstinspektionen • *Großhändler, Vermittler:* Qualitätsmanagementsystem: – Prüfung der Einhaltung GDP – Selbstinspektionen – Darlegung v. Zuständigkeiten, Abläufen, Risikomanagement – Gewährleistung der Qualität und Unversehrtheit bei Lieferung, Verbleib in legaler Lieferkette während Transport • *Zulassungsinhaber:*	• *Hersteller und Großhändler:* Qualitätsmanagementsystem: – Prüfung der Einhaltung GMP bzw. GDP – Selbstinspektionen • *Apothekenleiter:* Qualitätsmanagementsystem: Prüfung betrieblicher Abläufe – Selbstinspektionen • *Pharmazeutischer Unternehmer (Zulassungsinhaber):* Pharmakovigilanz-System: – Erfassung v. Arzneimittelrisiken (u.a. Fälschungen) – Stufenplanverantwortlicher trifft Maßnahmen (z.B. Rückruf)	• *Hersteller und Großhändler:* Qualitätssicherungssystem: – Prüfung der Einhaltung GMP bzw. GDP – Selbstinspektionen Qualitätskontrollsystem: – Prüfung der Ausgangsstoffe, Verpackungsmaterialien, Zwischen- und Fertigprodukte • *Zulassungsinhaber:* Pharmakovigilanz-System: – Erfassung v. Arzneimittelrisiken (z.B. Fälschungen) – Auswertung, Prüfung der Risikominimierung, erforderliche Maßnahmen treffen	• *Hersteller und Großhändler:* Qualitätssicherungssystem: – Prüfung der Einhaltung GMP bzw. GDP – Selbstinspektionen – Prüfung der Ausgangsstoffe, Verpackungsmaterialien, Zwischen- und Fertigprodukte • *Zulassungsinhaber:* Pharmakovigilanz-System: – Erfassung v. Nebenwirkungen (z.B. Fälschungen) – Sicherheitsergänzungen	• *Hersteller und Großhändler:* Qualitätssystem: – Prüfung der Einhaltung GMP bzw. GDP und allgemeiner wissenschaftlicher Standards – Selbstinspektionen – Prüfung der Ausgangsmaterialien, Zwischen- und Fertigprodukte • *Zulassungsinhaber:* Pharmakovigilanz-System: – Erfassung v. Arzneimittelrisiken (z.B. v. Fälschungen)

Pharmakovigilanz-System: – Erfassung v. Gesundheitsrisiken (u.a. Fälschungen)				
Überwachung durch andere Marktakteure				
Überwachung der Zulieferer und Kunden: • Lieferantenqualifizierung • Überprüfung: – Genehmigung/ Registrierung – Einhaltung GMP/ GDP/ gleichwertiger Standards	*Überwachung der Lieferanten:* • Qualifizierung im Rahmen des Qualitätsmanagementsystems durch Audits			
Überwachung der Auftragnehmer: • Schriftlicher Vertrag, der Verantwortlichkeiten klar festlegt und Einhaltung der GMP regelt • Risikobasierte Audits bei jeder Auftragsänderung	*Überwachung der Auftragnehmer:* • Schriftlicher Vertrag, der Verantwortlichkeiten klar festlegt und Einhaltung der GMP regelt • Vergewisserung über Einhaltung GMP und Anweisungen • Ggf. Vergewisserung über Besitz einer Herstellungs-/ Einfuhrerlaubnis	*Überwachung der Auftragnehmer:* • Schriftlicher Vertrag, der Verantwortlichkeiten klar festlegt und Einhaltung der GMP regelt • Gilt auch für Versandapotheken	*Überwachung der Auftragnehmer:* • Schriftlicher Vertrag, der Verantwortlichkeiten klar festlegt, Einhaltung der GMP und Modalitäten der Freigabe durch sachkundige Person regelt	*Überwachung der Auftragnehmer:* • Schriftlicher Vertrag, der Verantwortlichkeiten klar festlegt und Einhaltung der GMP regelt
Überwachung der Produkte: • Sicherheitsmerkmale: • Überprüfung v. Qualität und Echtheit der Produkte (>Sicherheitsmerkmale)	*Überwachung der Produkte:* • *Großhändler:*	*Überwachung der Produkte:* • *Großhändler:*	*Überwachung der Produkte:* • *Hersteller:*	*Überwachung der Produkte:* • *Großhändler:*

	Bei Annahme einer Lieferung: – Überprüfung ob Behältnisse unbeschädigt – Überprüfung der notwendigen Erlaubnis	Bei Annahme einer Lieferung: – Überprüfung ob Behältnisse unbeschädigt – Überprüfung ob Lieferung mit Bestellung übereinstimmt Bei Einfuhr aus Drittstaat: – Arzneimittel nach GMP/ vergleichbaren Standards hergestellt – Überprüfung der Herstellergenehmigung	Bei Einfuhr aus Drittstaat: – Qualitäts- und Quantitätsprüfung – Ausnahme: Abkommen auf gegenseitige Anerkennung	Bei Annahme einer Lieferung: – Überprüfung ob Behältnisse unbeschädigt – Überprüfung der Menge Bei Einfuhr aus Drittstaat: – Qualitäts- und Quantitätsprüfung – Ausnahme: Abkommen (GMP-Zertifikat und Überprüfung der Herstellungserlaubnis)
Behördliche Überwachung				
Zuständige Behörden: • Europäische Kommission • EMA • Mitgliedstaaten • Heads of Medicines Agencies	*Zuständige Behörden:* • Bundesbehörden: BfArM und PEI • Landesbehörden: i.d.R. Regierungspräsidien	*Zuständige Behörden:* • MHRA • GPhC • Drug Authorities: z.B. Gemeinderäte	*Zuständige Behörden:* • AIFA • Regionen/autonome Provinzen • Kommunen: Bürgermeister/ASL	*Zuständige Behörden:* • GYEMSZI (jetzt: OGYÉI) • OGYI

Zuständigkeiten. • EMA: – Koordinierung v. Maßnahmen – Zentrale Dienste (z.B. EudraVigilance-Datenbank) • *Heads of Medicines Agencies* – Zusammenarbeit der nationalen Behörden • Mitgliedstaaten – Inspektionen (Risikobasiert bei Wirkstoffherstellung, -einführung und -vertrieb in EU) – Ersetzung v. Sicherheitsmerkmalen bei Parallelimport	*Zuständigkeiten:* • *BfArM/ PEI*: Pharmakovigilanz: – zentrale Erfassung und Auswertung v. Arzneimittelrisiken (u.a. Fälschungen) – Koordinierung v. Maßnahmen – Zusammenarbeit mit WHO, EMA, anderen EU-Mitgliedstaaten, Gesundheitsbehörden, Arzneimittelkommissionen der Kammern der Heilberufe und nationalen Pharmakovigilanzzentren • *Landesbehörden*: – Erteilung v. Erlaubnissen und Zertifikaten – Überwachung aller Betriebe und Einrichtungen: Inspektionen und amtliche Untersuchung v. Arzneimittelproben • *ZLG*: Koordiniert Tätigkeiten der Landesbehörden	*Zuständigkeiten:* • *MHRA*: – Erteilung v. Genehmigungen – Pharmakovigilanz: Zentrale Erfassung und Auswertung v. Arzneimittelrisiken (bei Fälschungen: Quarantäne/ Beschlagnahme der Produkte, erforderliche Maßnahmen auf Grundlage einer Risikoklassifizierung), Treffen erforderlicher Maßnahmen, Zusammenarbeit mit EMA und Zulassungsinhaber – Überwachung der Hersteller und Großhändler: Inspektionen und amtliche Untersuchung v. Arzneimittelproben • *GPhC*: – Registrierung v. Apotheken – Überwachung v. Apotheken: Inspektionen – Überwachung des Verkaufs v. Arzneimitteln in Apotheken	*Zuständigkeiten:* • *AIFA*: – Erteilung v. Herstellungs- und Einfuhrgenehmigungen – Pharmakovigilanz: Zentrale Erfassung und Auswertung v. Nebenwirkungen und negativen Folgen (u.a. Fälschungen), – Koordinierung des Informationsaustauschs zwischen Unternehmen, Krankenhäusern, Ärzten, Apothekern und ASL – Zusammenarbeit mit ISS, Regionen, EMA, Mitgliedstaaten und Europäischer Kommission • *Regionen und autonome Provinzen:* – Erteilung v. Großhandelsgenehmigung – Alle Belange v. Apotheken	*Zuständigkeiten:* • *GYEMSZI (OGYÉI):* – Erteilung v. Herstellungs-, Großhandelserlaubnis, Parallelimportzulassung, Einzelhandelsgenehmigung – Überwachung der Akteure und des Einzelhandels – Pharmakovigilanz: Zentrale Erfassung und Auswertung v. Arzneimittelrisiken (u.a. Fälschungen) – Festlegung v. Maßnahmen • *OGYI (OGYÉI):* – Erteilung der Apothekenbetriebserlaubnis – Überwachung v. Apotheken – Mitwirkung bei Erteilung der Apothekenbetriebserlaubnis

		• *Drug Authorities*: – Überwachung des Verkaufs v. freiverkäuflichen Arzneimitteln an anderen Orten als Apotheken	• *Kommunen*: – Inspektion und Überwachung v. Apotheken (delegierte Zuständigkeit) – Mitwirkung bei Erteilung der Apothekenbetriebserlaubnis – Kontrolle der Abgabebeschränkungen	
Zollbehördliche Überwachung				
• Zuständigkeit nationaler Behörden • Aktion MEDI-Fake – Koordinierte Aktion mit 27 Mitgliedstaaten gegen Einfuhr illegaler Arzneimittel in EU	*Zuständige Behörden* • Zentralstelle für gewerblichen Rechtsschutz – Grenzbeschlagnahme-Antrag • ZKA und Örtliche Zollfahndungsämter – Zollfahndungsdient	*Zuständige Behörden* • HMRC – Grenzbeschlagnahme-Antrag • Border Force (Grenzschutz) – Grenzkontrolle	*Zuständige Behörden* • Agenzia delle Dogane (Zollbehörde) – Grenzbeschlagnahme-Antrag – Grenzkontrolle (zusammen mit Antifälschungs-Taskforce und ggf. für See- und Luftgrenze zuständige Behörden	*Zuständige Behörden* • NAV – Grenzbeschlagnahme-Antrag – Überwachung Import/Export • Nationale Zollämter – Grenzkontrolle
Strafverfolgungsbehörden				
	Zuständige Behörden • BKA: Spezielle Abteilung zur Verfolgung v. Arzneimittelfälschungen	*Zuständige Behörden* • MHRA: Einzige arzneimittelrechtliche Behörde in EU mit Ermittlungsabteilung (E&I)	*Zuständige Behörde* • Carabinieri NAS	*Zuständige Behörde* • Nationalpolizei • NAV • HENT

4. Aufklärung und Information

Meldung von Fälschungen

• *Hersteller, Großhändler, Vermittler*: An zuständige Behörde und Zulassungsinhaber über begründeten Verdacht	• *Pharmazeutischer Unternehmer (Stufenplanbeauftragter)*: An BfArM/ PEI über begründeten Verdacht • *Großhändler und Apotheken:* An BfArM/ PEI	• *Hersteller:* An MHRA über beanstandeten Mangel, der möglicherweise zu Rückruf führt • *Großhändler*: An MHRA und Zulassungsinhaber bei Entdeckung im Vertriebsnetz	• *Jeder:* An AIFA und Zulassungsinhaber bei Entdeckung im Vertriebsnetz	• *Hersteller:* An GYEMSZI (OGYÉI) über fehlerhafte Arzneimittel/ Rücknahme • *Großhändler*: An GYEMSZI (OGYÉI) über Qualitätsmängel, soweit Vermarktung ungeeignet • *Zulassungsinhaber, Apotheken mit Großhandelsbetrieb, Einzelhändler, Ärzte*: An GYEMSZI (OGYÉI) über Qualitätsmängel
Informierung der Öffentlichkeit, Marktakteure und Behörden				
• *Arzneimittelbehören*: Schnellwarnsystem für Qualitätsmängel – Meldungen v. Fälschungen in legaler Lieferkette an Mitgliedstaaten und Marktakteure – Ggf. Bekanntmachung des Fälschungsfalls • *WGEO:* Schnellwarnsystem – Meldungen v. Fälschungen in illegaler Vertriebskette an Mitgliedstaaten	• *BfArM/ PEI*: Information der Öffentlichkeit über beabsichtigte Maßnahmen • *Pharmazeutischer Unternehmer (Zulassungsinhaber):* Bekanntmachung eines Fälschungsfalls bei vorheriger/ gleichzeitiger Mitteilung an BfArM/ PEI, EMA und Europäischer Kommission	• *MHRA*: – Kommunikationskonzept für Originalhersteller und andere Interessensvertreter, Ziel: klare und einheitliche Information an Patienten, Pflegepersonal, medizinisches Fachpersonal und Akteure der Lieferkette über zu ergreifende Maßnahmen – Information an EMA, Europäische Kommission, Behörden anderer Mitgliedstaaten (bei Kenntniserlangung über Pharmakovigilanz-System) • *Zulassungsinhaber:*	• *AIFA*: Datenbank über Arzneimitteldiebstähle • *Antifälschungs-Taskforce:* Information bei vermuteten Fälschungen	• *GYEMSZI (OGYÉI)*: Information zurückgerufener Produkte auf Webseite • *Zulassungsinhaber* Bekanntmachung v. Pharmakovigilanz-Aspekten bei gleichzeitiger Mitteilung an *GYEMSZI (OGYÉI)*, EMA und Europäische Kommission

		Bekanntmachung eines Fälschungsfalls bei vorheriger/ gleichzeitiger Mitteilung an MHRA, EMA und Europäische Kommission		
Versandhandelslogo				
Versandhandelsliste • Eintrag der Versandapotheken • Hintergrundinformationen • verpflichtend	*Versandhandelsregister* • Eintrag der Versandapotheken • freiwillig	*Apothekenregister* • Eintrag aller Apotheken (auch Versandapotheken) • verpflichtend	Keines	Keines
Gemeinsames Logo: • Logo auf Internetseite der Versandhandelsapotheken • Verlinkt Internetseite mit Liste • verpflichtend	*Sicherheitslogo*: • Logo auf Internetseite der Versandhandelsapotheken • Verlinkt Internetseite mit • Register • freiwillig	*Internet Pharmacy Logo*: • Logo auf Internetseite der Versandhandelsapotheken • Verlinkt Internetseite mit • Register • freiwillig	Keines	Keines
Aufklärung der Öffentlichkeit				
Europäische Kommission • Veröffentlichung v. Methoden zur Fälschungserkennung • Kampagnen zusammen mit EMA und Mitgliedstaaten – Aufklärung zu Gefahren – Information zu Logo – Beispiel: PANGEA	• Informationsblätter • Ratgeber • Internetseiten	• In Fernseh- und Radiosendungen • Aufklärungskampagnen in Fernsehen und Kino • Operation PANGEA (2006)	• Kampagne „Attento!" – Poster, Flugblätter in Apotheken, Internetseite der AIFA – Schulungen für Behörden • Treffen relevanter Interessensgruppen mit Patienten- und Verbraucherorganisationen	• Webportal über Pharmakovigilanz-Aspekte • Pressemitteilungen über Erfolge, Kampagnen, Präsentationen auf bekannten Veranstaltungen • Information an Schulen

Kooperationen mit Interessenvertretern				
• WGEO • IMPACT (PANGEA) • MEDICRIME-Abkommen • COPIS	• Bund-Länder-Arbeitsgruppe: – Koordinierung v. Maßnahmen – Erfahrungsaustausch • Internationale Mitgliedschaften – WGEO – PFIPC	• Treffen der Anti- Counterfeiting Stakeholders Gruppe – zweimal jährlich – Austausch über Fälschungs-fälle – Aktualisierung und Herausgabe der Watch-list • Internationale Mitgliedschaften – WGEO – PFIPC	• Antifälschungs-Taskforce: – Verbreitung und Austausch v. Informationen • Fakeshare – Entwicklung kooperativer Initiativen gegen illegalen Vertieb über das Internet • Internationaler Vorsitz – Committee of experts on minimizing public health risks posed by counterfeiting of medical products and related crimes – European Committee on Pharmaceuticals and Pharmaceutical Care	• Internationale Mitgliedschaft – WGEO

5. Sanktionen gegen Marktakteure

Behördliche Maßnahmen				
Nationale Behörden: • Aussetzung/ Widerruf v. Herstellungserlaubnis/ Großhandelsgenehmigung • Streichung der Vermittlerregistrierung • Verweigerung/ Aussetzung der Zulassung (bei Kennzeichnungspflichtverstoß)	*BfArM/PEI und Landesbehörden im Rahmen ihrer Zuständigkeit:* • Generalklausel: alle zur Beseitigung eines Pflichtverstoßes nötigen Anordnungen • Gilt für alle Pflichtverstöße (auch v. Apotheken)	*MHRA/GPhC im Rahmen ihrer Zuständigkeit:* • Keine Generalklausel • Maßnahmen sind z.B.: – Entzug/ Aussetzung der Hersteller-/Großhandelserlaubnis – Löschung der Apothekenregistrierung	*AIFA:* • Keine Generalklausel • Maßnahmen sind z.B.: – Schließung v. Betrieben/ Apotheken – Entzug/Aussetzung der Herstellungs- / Einfuhr- / Großhandelsgenehmi-	*GYEMSZI (OGYÉI):* • Generalklausel: alle zur Beseitigung eines Pflichtverstoßes nötigen Anordnungen • Gilt für alle Pflichtverstöße (auch v. Apotheken und Einzelhandelsgeschäften)

	• Vertriebsverbot, Rückruf/ Sicherstellung nur bei: – fehlende Herstellungs-, Einfuhr-/Großhandelserlaubnis – Qualitätsmängeln, fehlende Wirksamkeit/ Unbedenklichkeit eines Arzneimittels	– Entzug/ Aussetzung der Zulassung (bei Kennzeichnungspflichtverstoß) – Rückruf vom Markt	gung/ Apothekenbetriebserlaubnis – Entzug/ Aussetzung der Zulassung – Beschlagnahme und Rückruf vom Markt	• Maßnahmen sind z.B.: – Anordnung rechtswidrigen Zustand zu beenden – Rückruf – Entzug/Aussetzung v. Erlaubnissen
Strafrechtliche Absicherung				
Mitgliedstaaten: • wirksame, verhältnismäßige und abschreckende Sanktionen	*Arzneimittelrecht:* • Strafvorschriften: – Verstoß gegen Erlaubnispflicht (Herstellungs-, Einfuhr-/Großhandelserlaubnis, Apothekenbetriebserlaubnis) – > Strafe (geringer bei Apothekenbetriebserlaubnis): **Freiheitsstrafe bis zu 6 Monate/ 1 Jahr/ Geldstrafe** • Ordnungswidrigkeiten: – Übrige Pflichten: **Geldbuße**	*Arzneimittelrecht:* • Strafe zumeist: – Einzelrichter: **Geldstrafe bis zu 5.000 £** – Schöffengericht: **Freiheitsstrafe bis zu 2 Jahre oder/ und Geldstrafe**	*Arzneimittelrecht:* • Strafvorschriften: – Verstoß gegen Erlaubnispflicht (Herstellungs-/ Einfuhr-/ Großhandelsgenehmigung/ Apothekenbetriebserlaubnis) – > Strafe (geringer bei Apothekenbetriebserlaubnis): **Freiheitsstrafe 6 Monate–1 Jahr und Geldstrafe 10.000–100.000 €** – Verstoß gegen Serialisierungspflichten – > Strafe: **Geldstrafe 1.500–9.000 €** • Ordnungswidrigkeiten: – Übrige Pflichten: **Geldbuße**	*Arzneimittelrecht:* • Strafe durch GYEMSZI (OGYÉI). – **Geldstrafe v. mind. 100.000 Forints** (**320 €**), bei Einzelhandel max. 1 Cent/ verkauftem Produkt im letzten Kalenderjahr • Strafvorschrift: – Fahrlässiges Inverkehrbringen minderwertiger Produkte – **Freiheitsstrafe bis zu 1 Jahr**

Zivilrechtliche Haftung des Originalherstellers				
	Spezielle Gefährdungshaftung: • Verschuldensunabhängige Gefährdungshaftung des pharmazeutischen Unternehmers für Personenschäden aufgrund eines Arzneimittels -> i.d.R. keine Haftung	Keine spezielle Gefährdungshaftung	Keine spezielle Gefährdungshaftung	Keine spezielle Gefährdungshaftung
Produkthaftungsrecht: • Verschuldensunabhängige Gefährdungshaftung des Herstellers für Produktfehler • Hersteller ist Endprodukte-hersteller und Zulieferer v. Teilprodukten und Grundstoffen • Haftungsausschluss: Wenn Produkt nicht geliefert wurde/ bei Lieferung keinen Fehler aufwies ->Haftung des Originalherstellers: i.d.R. (-) • Subsidiäre Lieferantenhaftung ->Haftung des Lieferanten (+/-) • Folge: Haftung für Personen- und Sachschäden	*Produkthaftungsrecht*: • Subsidiär zu AMG • Verschuldensunabhängige Gefährdungshaftung des Herstellers für Produktfehler • Hersteller ist Endprodukte-hersteller und Zulieferer v. Teilprodukten und Grundstoffen • Relevanz für: tatsächlichen Hersteller, der nicht pharmazeutischer Unternehmer ist + in Ausland in Verkehr gebrachte Arzneimittel ->Haftung des Originalherstellers i.d.R. (-) • Subsidiäre Lieferantenhaftung ->Haftung des Lieferanten (+/-) • Folge:	*Produkthaftungsrecht*: • Verschuldensunabhängige Gefährdungshaftung des Herstellers für Produktfehler • Hersteller ist Endprodukte-hersteller und Zulieferer v. Teilprodukten und Grundstoffen • Haftungsausschluss: Wenn Produkt nicht geliefert wurde/ bei Lieferung keinen Fehler aufwies ->Haftung des Originalherstellers: i.d.R. (-) • Subsidiäre Lieferantenhaftung ->Haftung des Lieferanten (+/-) • Folge: Haftung für Personen- und Eigentumsschäden,	*Produkthaftungsrecht*: • Verschuldensunabhängige Gefährdungshaftung des Herstellers für Produktfehler • Hersteller ist Endprodukte-hersteller und Zulieferer v. Teilprodukten und Grundstoffen • Haftungsausschluss: Wenn Produkt nicht geliefert wurde/ bei Lieferung keinen Fehler aufwies ->Haftung des Originalherstellers: i.d.R. (-) • Subsidiäre Lieferantenhaftung ->Haftung des Lieferanten (+/-) • Folge: Haftung für Personen- und Sachschäden	*Produkthaftungsrecht*: • Verschuldensunabhängige Gefährdungshaftung des Herstellers für Produktfehler • Hersteller ist Endprodukte-hersteller und Zulieferer v. Teilprodukten und Grundstoffen • Haftungsausschluss: Wenn Produkt nicht in Verkehr gebracht wurde/ bei Inverkehrbringen keinen Fehler aufwies ->Haftung des Originalherstellers: i.d.R. (-) • Subsidiäre Lieferantenhaftung ->Haftung des Lieferanten (+/-) • Folge: • Haftung für Personen- und Sachschäden,

• Haftungsbeschränkung möglich: – Selbstbeteiligung bei Sachschäden 500 ECU – Haftungshöchstbetrag: max. 70 Mio. ECU	Haftung für Personen- und Sachschäden, • Haftungsbeschränkung: – Selbstbeteiligung: bei Sachschäden (500 €) – Haftungshöchstsumme: bei Personenschäden (85 Mio. €)	• Haftungsbeschränkung: – Selbstbeteiligung: bei Sachschäden (275 £) – Haftungshöchstbetrag: Keiner	• Haftungsbeschränkung: – Selbstbeteiligung bei Sachschäden (386 €) – Haftungshöchstbetrag: Keiner	• Haftungsbeschränkung: – Selbstbeteiligung: bei Sachschäden (500 €) – Haftungshöchstsumme: Keine
	Allgemeines Deliktsrecht: • Generalklausel • Verkehrssicherungspflichten: Produktbeobachtung, Konstruktionsfehler	*Allgemeines Deliktsrecht:* • Einzelne Verbotstatbestände (Torts): – *Tort of Negligence*: fahrlässige Verletzung v. Sorgfaltspflichten – Sorgfaltspflichten: Fabrikationsfehler, Konstruktionsfehler, fehlende Warnhinweise	*Allgemeines Deliktsrecht:* • Generalklausel • Verkehrssicherungspflichten	*Allgemeines Deliktsrecht:* • Haftung für gefährliche Tätigkeit: z.B. fehlerhaftes Produkt

6. Sanktionen gegen Fälscher

Strafrechtliche Haftung				
Mitgliedstaaten:	*Arzneimittelrecht:*	*Arzneimittelrecht:*	*Arzneimittelrecht:*	*Arzneimittelrecht:*
• wirksame, verhältnismäßige und abschreckende Sanktionen – z.B. Verbot des Herstellens/ Vertreibens/ Ein-und Ausführens gefälschter Arzneimittel	• Verbot: – Inverkehrbringen/ Herstellen/ Handeltreiben mit gefälschten Arzneimitteln/ Wirkstoffen – Inverkehrbringen bedenklicher Arzneimittel/ nicht nach den Vorschriften des	• Kein spezielles Verbot bzgl. gefälschter Arzneimittel • Verbot: – Verkauf/ Abgabe/ Anbieten v. nicht zugelassenen Arzneimitteln/ Besitz zu den genannten Gründen	• Verbot: – Fälschen/ Verfälschen v. Arzneimitteln mit Gefahr für öffentliche Gesundheit – Handeltreiben/ Anbieten/ Vertreiben solcher Produkte	• Kein spezielles Verbot bzgl. gefälschter Arzneimittel • Verbot des Inverkehrbringens minderwertiger Produkte – **Freiheitsstrafe bis zu 3 Jahren**

– Verbot des Verkaufs gefälschter Arzneimittel im Wege des Fernabsatzes – Verbot des illegalen Fernabsatzes • IMPACT • MEDICRIME-Abkommen – Verbot des Herstellens/ Abgebens/ Anbietens/ Handeltreibens mit gefälschten Arzneimittel	deutschen Arzneimittelrechts hergestellter Arzneimittel – **Freiheitsstrafe bis zu 3 Jahren oder Geldstrafe** – (Besonders schwerer Fall: **bis zu 10 Jahren**) • Verbot: – Fehlende Herstellungs-/ Einfuhrerlaubnis – Verbringung eines gefälschten Arzneimittels nach Deutschland – **Freiheitsstrafe bis zu 1 Jahr oder Geldstrafe**	– Fehlende Hersteller-/ Großhandelsgenehmigung – Einzelrichter: **Geldstrafe bis zu 5.000 £** – Schöffengericht: **Freiheitsstrafe bis zu 2 Jahre oder/und Geldstrafe**	– **Freiheitsstrafe 4–13 ⅓ Jahre/Geldstrafe** – (geringer bei fahrlässiger Begehung) – Ggf. Beschlagnahme v. Gegenständen – Ggf. Urteilsveröffentlichung • Verbot: – Besitz für Inverkehrbringen/ Handeltreiben/ Verabreichen v. mangelhaften Arzneimitteln – **Freiheitsstrafe 6 Monate–3 Jahre und Geldstrafe nicht unter 103 €** – Ggf. Beschlagnahme v. Gegenständen – Ggf. Urteilsveröffentlichung • Verbot: – Fehlende Herstellungs-/ Einfuhrgenehmigung – **Freiheitsstrafe 6 Monate–1 Jahr und Geldstrafe 10.000–100.000 €**	• Verbot des Herstellens/ Verkaufens/ Besitzens/ Ein-/ Ausführens nicht zugelassener Betäubungsmitteln/ Ausgangsstoffen – **Freiheitsstrafe bis zu 5 Jahren** – (Besonders schwerer Fall: **bis zu 10 Jahren**) • Verbot des Handeltreibens mit nicht zugelassenen Betäubungsmittel/ Ausgangsstoffe – **Freiheitsstrafe 2–8 Jahre** – (Besonders schwerer Fall: **bis lebenslange Freiheitsstrafe**)

	Strafrecht: • Fahrlässige Körperverletzung – **Freiheitsstrafe bis zu 3 Jahren oder Geldstrafe** • Körperverletzung und Betrug – **Freiheitsstrafe bis zu 5 Jahren oder Geldstrafe** (Besonders schwerer Fall: **Freiheitsstrafe 1 Jahr/ 6 Monate bis 10 Jahre**) • Totschlag – **Freiheitsstrafe nicht unter 5 Jahren** • Mord – **Lebenslange Freiheitsstrafe**	*Strafrecht:* • Betrug, Herstellen/ Vertreiben v. Ware für Betrug und Besitz v. Betrugsware – Einzelrichter: **Freiheitsstrafe bis zu 12 Monaten oder/ und Geldstrafe bis zu 5.000 £** Schöffengericht: **Freiheitsstrafe bis zu 10 Jahren (5 Jahren bei Besitz) oder/ und Geldstrafe** • Körperverletzung – **Freiheitsstrafe** – (Schwerer Fall: **Freiheitsstrafe bis zu 10 Jahren**) • Mord – **Lebenslange Freiheitsstrafe**	*Strafrecht:* • Fahrlässige Körperverletzung – **Freiheitsstrafe bis zu 3 Monaten/ Geldstrafe bis 309 €** (Besonders schwerer Fall: – **Freiheitsstrafe bis zu 5 Jahren**) • Betrug und Körperverletzung – **Freiheitsstrafe 3 Monate–3 Jahre und Geldstrafe 51 – 1.032 €** (Besonders schwerer Fall: – **Freiheitsstrafe 4 Monate–4 ½ Jahre,** bei Lebensgefährdung **3–7 Jahre**) • Totschlag – **Freiheitsstrafe mind. 20 Jahre** • Mord – **Lebenslange Freiheitsstrafe**	*Strafrecht:* • Fahrlässige schwere Körperverletzung – **Freiheitsstrafe bis zu 5 Jahren** • Körperverletzung – Je nach Schwere: **Freiheitsstrafe bis zu 2/ 5 Jahren** • Betrug – Je nach Schwere: **Freiheitsstrafe bis zu 2/ 10 Jahren** • Totschlag – **Freiheitsstrafe 5-15 Jahre** (Besonders schwerer Fall: **bis lebenslange Freiheitsstrafe**)

	Geistige Eigentumsrechte • Verletzung v. Marken/ Patenten Designs/ Urheberrechten – Antragsdelikt – **Freiheitsstrafe bis zu 3 Jahren oder Geldstrafe** (Besonders schwerer Fall: **bis zu 5 Jahren**) – Einziehung v. Gegenständen – Urteilsveröffentlichung auf Antrag	*Marken- und Copyrights* • Verletzung v. Marken/ Copyrights (Verletzung v. Patenten/Designs ist nicht strafbewährt) – Einzelrichter: **Freiheitsstrafe bis zu 6 Monaten oder/ und Geldstrafe bis zu 5.000 £** Schöffengericht: **Freiheitsstrafe bis zu 10 Jahren/ Geldstrafe bis zu 5.000 £** • Besitz verletzender Produkte – Einzelrichter: **Freiheitsstrafe bis zu 3 Monaten oder/ und Geldstrafe bis zu 5.000 £** Kein Schöffengerichtsverfahren vorgesehen	*Geistige Eigentumsrechte* • Verletzung v. Marken – Je nach Delikt: – **Freiheitsstrafe bis zu 2/ 3/ 4 Jahren und Geldstrafe bis 20.000/ 25.000/ 35.000 €** (Besonders schwerer Fall: **bis zu 3/ 6 Jahren und Geldstrafe bis 30.000/ 50.000 €**) – Beschlagnahme v. Gegenständen/ Eigentumswerten • Fälschung/ Verfälschung v. Patenten/ Geschmacksmuster – **Freiheitsstrafe 1–4 Jahre und Geldstrafe 3.500–35.000 €** • Verletzung v. Urheberrechten – **Geldstrafe 51–2.065 €** (schwerer Fall: **Freiheits-/ Geldstrafe**) – **Ggf. Berufsverbot** – **Urteilsveröffentlichung**	*Geistige Eigentumsrechte* • Verletzung v. Marken/ Patenten/Designs/Urheberrechten – **Freiheitsstrafe bis zu 2 Jahren oder Geldstrafe** (Besonders schwerer Fall: **bis zu 8 Jahren**) • Nachahmung v. Produkten mit Verwechslungsgefahr – **Freiheitsstrafe bis zu 3 Jahren/ Geldstrafe**

Mitgliedstaaten: • geeignete Sanktionen	*Wettbewerbsrecht* • Unlautere Wettbewerbshandlung (z.B. Nachahmung bei Herkunftstäuschung) – **Freiheitsstrafe bis zu 2 Jahren oder Geldstrafe**	*Wettbewerbsrecht* • Unlautere Wettbewerbshandlung (z.B. Nachahmung bei Herkunftstäuschung) – Einzelrichter: **Geldstrafe bis zu 5.000 £** Schöffengericht: **Freiheitsstrafe bis zu 2 Jahren oder/ und Geldstrafe**	*Wettbewerbsrecht* • Anbieten/ Inverkehrbringen falscher Waren mit Absicht der Herkunftstäuschung – **Freiheitsstrafe bis zu 2 Jahren/ Geldstrafe bis 20.000 €**	*Wettbewerbsrecht* • Unlauteres Verhalten (z.B. unerlaubte Nachahmung/ Rufschädigung durch unrichtige Tatsachen) – **Bußgeld** • Unlauteres Geschäftspraktiken (z.B. unwahre Angabe über Zusammensetzung) – **Bußgeld bis zu 10% des Nettoumsatzes/ Geschäftsjahr** • Täuschung über Zusammensetzung/ Herkunft/ Kontrolle v. Gesundheitsprodukten – **Freiheitsstrafe bis zu 3 Jahren**
Zivilrechtliche Haftung				
	Spezielle Gefährdungshaftung • Verschuldensunabhängige Gefährdungshaftung des pharmazeutischen Unternehmers ->Haftung (-)	Keine spezielle Gefährdungshaftung	Keine spezielle Gefährdungshaftung	Keine spezielle Gefährdungshaftung

Produkthaftungsrecht: • Verschuldensunabhängige Gefährdungshaftung des Herstellers für Produktfehler • Hersteller ist Endprodukte-hersteller und Zulieferer v. Teilprodukten und Grund-stoffen ->Haftung (+) • Subsidiäre Lieferantenhaf-tung ->Haftung des Lieferanten (+/-) • Folge (s.o.)	*Produkthaftungsrecht:* • Subsidiär zu AMG • Verschuldensunabhängige Gefährdungshaftung des Herstellers für Produktfehler • Hersteller ist Endprodukte-hersteller und Zulieferer v. Teilprodukten und Grund-stoffen • Relevanz für: tatsächlichen Hersteller, der nicht pharma-zeutischer Unternehmer ist und im Ausland in Verkehr gebrachte Arzneimittel ->Haftung (+) • Subsidiäre Lieferantenhaf-tung ->Haftung des Lieferanten (+/-) • Folge (s.o.)	*Produkthaftungsrecht:* • Verschuldensunabhängige Gefährdungshaftung des Herstellers für Produktfehler • Hersteller ist Endprodukte-hersteller und Zulieferer v. Teilprodukten und Grund-stoffen ->Haftung (+) • Subsidiäre Lieferantenhaf-tung ->Haftung des Lieferanten (+/-) • Folge (s.o.)	*Produkthaftungsrecht:* • Verschuldensunabhängige Gefährdungshaftung des Herstellers für Produktfehler • Hersteller ist Endprodukte-hersteller und Zulieferer v. Teilprodukten und Grund-stoffen ->Haftung (+) • Subsidiäre Lieferantenhaf-tung ->Haftung des Lieferanten (+/-) • Folge (s.o.)	*Produkthaftungsrecht:* • Verschuldensunabhängige Gefährdungshaftung des Herstellers für Produktfehler • Hersteller ist Endprodukte-hersteller und Zulieferer v. Teilprodukten und Grund-stoffen ->Haftung (+) • Subsidiäre Lieferantenhaf-tung ->Haftung des Lieferanten (+/-) Folge (s.o.)
	Allgemeines Deliktsrecht: • Generalklausel: Haftung für Verletzung v. Leben, Körper, Gesundheit/ eines Schutzge-setzes (z.B. StGB)	*Allgemeines Deliktsrecht:* • Torts: – *Trespass to the Person*: Haf-tung für vorsätzliche Kör-perverletzung – *Tort of Passing Off*: Haf-tung für Herkunftstäu-schung – *Deceit*: Haftung für Be-trug	*Allgemeines Deliktsrecht:* • Generalklauseln: – Haftung für Verletzung v. Gesundheit/ Körper – Haftung für gefährliche Tätigkeiten (z.B. Herstel-lung v. Arzneimitteln)	*Allgemeines Deliktsrecht:* • Haftung für gefährliche Tä-tigkeit: z.B. fehlerhaftes Pro-dukt

		– *Action for Breach of Statutory Duty*: Haftung für Verletzung eines kodifizierten Schutzgesetzes (z.B. Strafrecht) • Folge: Haftung auch für immaterielle Schäden		
Verweis auf nationales Recht: • Europäisches Patent • Einheitliches Patent • Gemeinschaftsmarke • Urheberrecht *Rechtsvereinheitlichung* • durch IPRED: – Unterlassung, Beseitigung – Schadensersatz – Beschlagnahme/ Herausgabe verdächtiger Produkte – Beschlagnahme v. Vermögen – Rückruf/ Entfernung verletzender Produkte aus Vertriebswegen/ Vernichtung – Auskunft über Herkunft und Vertriebswege – Urteilsveröffentlichung	*Geistige Eigentumsrechte:* • Haftung für Verletzung v. Marken/ Patenten/ Designs/ Urheberrechten – Unterlassung, Beseitigung – Schadensersatz – Vernichtung verletzender Produkte – Rückruf/ Entfernung verletzender Produkte aus Vertriebswegen – Herausgabe verletzender Produkte gegen angemessene Vergütung (bei Design und Urheberrechten) – Auskunft über Herkunft und Vertriebsweg – Auskunft über Patent (bei Berühmung mit Patentrecht) – Urteilsveröffentlichung	*Geistige Eigentumsrechte:* • Haftung für Verletzung v. Marken/ Patenten/ Designs/ Copyright – Unterlassung (Ausnahme: Lizenzübernahme für Copyright/Design während Prozess) – Schadensersatz – Vernichtung verletzender Produkte (bei Patenten, Design und Copyrights), – Entfernung verletzender Zeichen/ Vernichtung der Produkte (bei Marken) – Herausgabe verletzender Produkte (Patente und Design) – Auskunft über Herkunft und Vertriebsweg – Urteilsveröffentlichung	*Geistige Eigentumsrechte:* • Haftung für Verletzung v. Patenten/ Marken/ Designs/ Urheberrechten – Unterlassung, Beseitigung – Schadensersatz (bei Urheberrechtsverletzung: entgangener Gewinn) – Beschlagnahme v. Vermögenswerten in Höhe des Schadens (bei Produktpiraterie) – Rückruf, Vernichtung verletzender Produkte *1. Ausnahme*: Entfernung der Rechtsverletzung während vorübergehender Rücknahme *2. Ausnahme*: nicht innerhalb letztem Jahr der Schutzdauer soweit beantragt (und Schaden bereits beglichen (bei Urheberrecht)) – Herausgabe verletzender Produkte ohne Werter-	*Geistige Eigentumsrechte:* • Haftung für Verletzung v. Patenten/ Marken/ Designs/ Urheberrechten – Unterlassung – Schadensersatz – Beschlagnahme/ Übergabe/ Rückruf und Vernichtung/ Entfernung v. Produkten aus Vertriebswegen *Ausnahme*: auf Antrag Entfernung verletzenden Umstands, soweit möglich – Herausgabe ungerechtfertigter Bereicherung – Auskunft über beteiligte Personen und Vertriebsweg – Anerkennung der Verletzung, ggf. mit Veröffentlichung – Urteilsveröffentlichung

Internationale Abkommen • z.B. TRIPS			satz/ Beschlagnahme bis Ablauf der Schutzdauer (nicht bei Urheberrecht) – Auskunft über Herkunft und Vertriebsweg – Urteilsveröffentlichung	
Mitgliedstaaten: • Haftung für unerlaubte Geschäftspraktiken (z.B. unwahre Angaben/ Täuschung über Zusammensetzung) • Geeignete und wirksame Mittel: – gerichtliches/ verwaltungsbehördliches Verfahren – Unterlassung/ Verbot	*Wettbewerbsrecht:* • Subsidiär zu Sonderrechtsschutz aus Patent-, Marken- und Urheberrecht (nicht zu Designrecht) • Haftung für unerlaubte Wettbewerbshandlung – Unterlassung, Beseitigung – Schadensersatz – Gewinnherausgabe	Wettbewerbsrecht wird als Teil des Tort Law betrachtet, keine speziellen wettbewerbsrechtlichen Ansprüche	*Wettbewerbsrecht:* • Haftung für unerlaubte Wettbewerbshandlung – Unterlassung, Beseitigung – Schadensersatz – Urteilsveröffentlichung	*Wettbewerbsrecht:* • Haftung für unerlaubte Wettbewerbshandlung – Unterlassung, Beseitigung, Widerruf in der Öffentlichkeit – Vernichtung verletzender Produkte und Herstellungsmittel – Schadensersatz – Auskunft über Teilnehmer und Geschäftsbeziehungen • Verwaltungsbehördliches Verfahren der Verbraucherschutzbehörde
Grenzbeschlagnahme				

• Vorrang vor nationalen Regelungen: – Alle Schutzrechte – Kein Parallelhandel, keine Mengenüberschreitungen • Verfahren: – Antrag des Rechtsinhabers, auf max. 1 Jahr (wiederholbar), – Tätigwerden v. Amts wegen möglich – Antrag ist kostenlos – Aussetzung der Überlassung/ Zurückhaltung der Ware bei Verdacht auf Rechtsverletzung durch Zollbehörden – Vernichtung wenn Rechtsinhaber Rechtsverletzung bestätigt und zustimmt und Besitzer nicht innerhalb 10 Arbeitstage widerspricht (vereinfachtes Verfahren), – ansonsten gerichtliche Entscheidung erforderlich – Spezielle Regelung für Kleinsendungen • Rechtsinhaber trägt anfallende Kosten	• Relevanz neben europäischen Regelungen: – Alle Schutzrechte (auch nicht registrierte Marken) – Parallelimporte – Innergemeinschaftlicher Warenverkehr • Verfahren: – Antrag des Rechtsinhabers, auf max. 1 Jahr (wiederholbar) – Antrag ist kostenlos, aber Sicherheitsleistung erforderlich – Beschlagnahme bei offensichtlicher Rechtsverletzung durch Zollbehörden – Einziehung wenn Verfügungsberechtigter nicht innerhalb 2 Wochen widerspricht – Vernichtung im vereinfachten Verfahren möglich • Rechtsinhaber trägt anfallende Kosten	• Relevanz neben europäischen Regelungen: – Nur Marken und Copyrights – Graumarktware und Überschussware – nur soweit v. außerhalb des EWR eingeführt/ noch nicht innerhalb des EWR im Umlauf • Verfahren: – Antrag auf Beschlagnahme konkreter Lieferungen – Gebühr je Antragsstellung, – Zurückhaltung der bestimmten Lieferung durch HMRC/ Border Force – Beschlagnahme nach Bestätigung der Rechtsverletzung durch Antragssteller	• Keine nationalen Vorschriften existent, wie EU • Verfahren: – Antrag durch Eintragung in FALSTAFF (nationale Datenbank) – Vernichtung nach 3 Monaten bei gerichtlicher Entscheidung – Vernichtung im vereinfachten Verfahren möglich • Rechtsinhaber trägt anfallende Kosten	• Relevanz neben europäischen Regelungen: – Alle Schutzrechte – Parallelimporte • Verfahren: – Antrag des Rechtsinhabers, auf max. 1 Jahr (wiederholbar)/ Tätigwerden v. Amts wegen möglich – Antrag ist kostenlos – Aussetzung der Überlassung/ Zurückhaltung der Ware bei Verdacht auf Rechtsverletzung durch Zollbehörden – Rechtsinhaber hat innerhalb 10 Arbeitstagen Klageerhebung zu melden – Vernichtung im vereinfachten Verfahren möglich • Rechtsinhaber trägt anfallende Kosten

		– Vernichtung, wenn nicht Besitzer Klageerhebung meldet – Vereinfachtes Verfahren nur bei europäischem Verfahren • Rechtsinhaber trägt anfallende Kosten		

Anhang II: Abbildungen

Abbildung 1: Europäisches Individuelles Erkennungsmerkmal (Data Matrix Code mit Klarschrift) 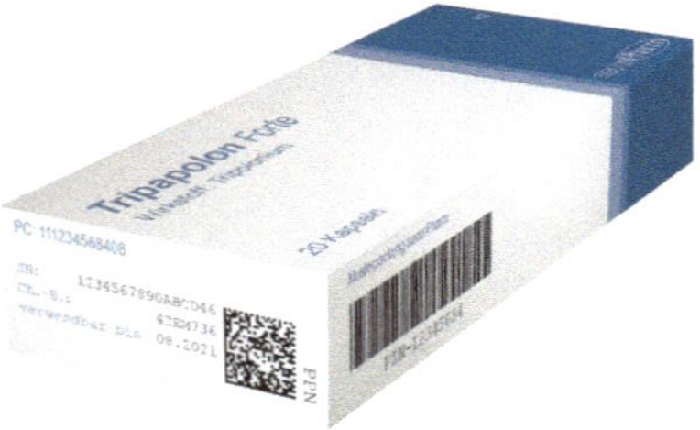 	**Abbildung 2**: Italienisches *Bollino* (Balkendiagramm in Code 2/5 mit Klarschrift)  	**Abbildung 3**: Italienisches *Bollino di Riconoscimento*
Abbildung 4: Europäisches Versandapothekenlogo (Beispiel für Deutschland)	**Abbildung 5**: Deutsches Sicherheitslogo	**Abbildung 6**: Britisches *Internet Pharmacy Logo*

Literaturverzeichnis

ACS PharmaProtect GmbH: ACS-PU-Leitfaden zur Teilnahme an securPharm, Stand: 01.03.2016

Agenzia Italiana del Farmaco (AIFA): Cooperazione nazionale: la task force Impact Italia, abrufbar unter http://www.aifa.gov.it/content/cooperazione-nazionale-la-task-force-impact-italia (zuletzt abgerufen am 09.02.2019)

Agenzia Italiana del Farmaco (AIFA): Falsified, illegal and stolen medicines, abrufbar unter http://www.aifa.gov.it/en/content/falsified-illegal-and-stolen-medicines-0 (zuletzt aktualisiert im Februar 2017)

Alban, Susanne: Arzneimittelfälschung – Lehren aus dem Heparin-Skandal, in: Pharmazeutische Zeitung (PZ) 2010, Nr. 1, S. 12–20.

Apotheke adhoc: „Herr Müller" und sein Omeprazol, Ausgabe vom 21.05.2014, abrufbar unter https://www.apotheke-adhoc.de/nachrichten/detail//omeprazol-faelschung-arzneimittel-generika-apotheke-landgericht/ (zuletzt abgerufen am 09.02.2019)

Apotheker Zeitung: Kampf gegen Fälschungen, Aktionswoche Pangea IX gegen Arzneimittelkriminalität, Ausgabe vom 13.06.2016, Nr. 24, S. 2

Appelbe, Gordon E. / Wingfield, Joy: Dale and Appelbe´s Pharmacy and Medicines Law, 10. Auflage, Pharmaceutical Press 2013

Asam, Herbert: Produkthaftung in Italien, in: Recht der Internationalen Wirtschaft (RIW) Heft 11/2011, 57. Jahrgang, S. 737–744

Attaran, Amir / Barry, Donna / Basheer, Shamnad / Bate, Roger / Benton, David / Chauvin, James / Garrett, Laurie / Kickbusch, Illona / Kohler, Jillian Clare / Midha, Kamal / Newton, Paul N. / Nishtar, Sania / Orhii, Paul / McKee, Martin: How to achieve international action on falsified and substandard medicines, in: British Medical Journal (BMJ) 2012, Vol. 345, Article ID e7381, S. 1–6

Bansal, Dipika / Malla, Swathi / Gudala, Kapil / Tiwari, Pramil: Anti-Counterfeit Technologies: A Pharmaceutical Industry Perspective, Scientia Pharmaceutica (Sci Pharm) 2013; 81: 1–13

Bardehle Pagenberg Partnerschaft mbB: Grenzbeschlagnahme, Juli 2015, erhältlich unter http://www.bardehle.com/uploads/files/Grenzbeschlagnahme_de.pdf (zuletzt abgerufen am 09.02.2019) [Acrobat Reader]

Barron, Anthony / Bobée, Jean-Marc: Update on EFPIA Project for Coding and Identification on Pharmaceutical Products in Europe – Plans for a pilot trial, Vienna 16 March 2009, GS1 Healthcare Conference 2009, abrufbar unter https://www.gs1.org/docs/healthcare/events/170309/5_Vienna09_Bobee_EFPIA.pdf (zuletzt abgerufen am 09.02.2019)

Bartneck, Norbert / Klaas, Volker / Schönherr, Holger: Prozesse optimieren mit RFID und Auto-ID, Grundlagen, Problemlösungen und Anwendungsbeispiele, Publicis Corporate Publishing Erlangen 2008

BBC News: UK's first online pharmacy opens, Ausgabe vom 27. November 1999, abrufbar unter http://news.bbc.co.uk/2/hi/health/537928.stm (zuletzt abgerufen am 09.02.2019)

Bender, Bernd: Abschied vom „Atomstrom"? – Einige Bemerkungen zur Problematik eines forcierten Ausstiegs aus der Kernenergie –, in: Die Öffentliche Verwaltung (DÖV) 1988, S. 813–819

Benkard, Georg: Patentgesetz, Gebrauchsmustergesetz, Patentkostengesetz, 11. Auflage, Verlag C.H. Beck München 2015

Bin, Roberto / Pitruzzella, Giovanni: Diritto Costituzionale, 10. Auflage, G. Giappichelli Editore Torino 2009

Black, Henry Campbell: A Law Dictionary containing Definitions of the Terms and Phrases of America and English Jurisprudence, Ancient and Modern, 2. Auflage, The Lawbook Exchange New Jersey 1995

Bloch, Marina / Sorge, Michael: Fälschungsbekämpfung aus Sicht eines deutschen Originalherstellers, in: *Schuh, Vanessa* (Verf.), Arzneimittelfälschungen – warum die Patienten gefährden und was dagegen unternommen wird, Kongressbericht zum Frühjahrssymposium der Korporativen Mitglieder der DGIM, in: Deutsche Medizinische Wochenschrift (DMW) 2013, 138, Nr. 23, S. 1261–1264

Blossom, David B. / Kallen, Alexander J. / Patel, Priti R. / Elward, Alexis / Robinson, Luke / Gao, Ganpan / Langer, Robert / Perkins, Kiran M. / Jaeger, Jennifer L. / Kurkjian, Katie M. / Jones, Marilyn / Schillie, Sarah F. / Shehab, Nadine / Ketterer, Daniel / Venkataraman, Ganesh / Kishimoto, Takashi Kei / Shriver, Zachary / McMahon, Ann W. / Austen, Frank / Kozlowski, Steven / Srinivasan, Arjun / Turabelidze, George / Gould, Carolyn V. / Arduino, Matthew J. / Sasisekharan, Ram: Outbreak of Adverse Reactions Associated with Contaminated Heparin, in: The New England Journal of Medicine (N. Engl. J. Med.) 2008, Nr. 359, S. 2674–2684

Bodewig, Theo: Das Recht des unlauteren Wettbewerbs in Großbritannien: Ein Dreiklang von Fallrecht, Gesetzesrecht und Selbstkontrolle, in: Gewerblicher Rechtsschutz und Urheberrecht Internationaler Teil (GRUR Int.) 2004, S. 543–558

Bogdanich, Walt / Hooker, Jake: From China to Panama, a Trail of Poisoned Medicine, in: The New York Times vom 06. Mai 2007, S. A1, abrufbar unter http://www.nytimes.com/2007/05/06/world/americas/06poison.html (zuletzt abgerufen am 09.02.2019)

Böhm, Wenke: Landgerichtsprozess in Stuttgart, Medikamente im Millionenwert gefälscht, Stuttgarter Zeitung vom 12. Mai 2014, abgerufen am http://www.stuttgarter-zeitung.de/inhalt.landgerichtsprozess-in-stuttgart-medikamente-im-Miollionenwert-gefaelscht.6c1a3dd1-841d-4a3b-b459-c3270c92f9e2.html (zuletzt abgerufen am 09.02.2019)

Breuer, Rüdiger: Gefahrenabwehr und Risikovorsorge im Atomrecht – Zugleich ein Beitrag zum Streit um die Berstsicherung für Druckwasserreaktoren –, in: Deutsches Verwaltungsblatt (DVBl) 1978, S. 829–839

Brückner, Thomas / Mößner, Dieter / Adam, Meino: Sicherung der Originalität von Verpackungen, CEN-Norm detailliert den Inhalt der EU-Fälschungsrichtlinie, in: Die Pharmazeutische Industrie (Pharm. Ind.) 74, Nr. 10 (2012), S. 1618–1622

Bumke, Christian / Voßkuhle, Andreas: Casebook Verfassungsrecht, Mohr Siebeck Tübingen 2013

Bundesinstitut für Arzneimittel und Medizinprodukte (BfArM): Erweiterte Information zum Arzneimittel-Diebstahl in Italien: Nach neuen Erkenntnissen sind auch Chargen der Arzneimittel Alimta und Humatrope betroffen (mit Ergänzungen vom 18.06., 16.07., 25.07., 28.08., 20.10.2014 und 03.02.2015 und 23.08.2018), abrufbar unter https://www.bfarm.de/SharedDocs/Pressemitteilungen/DE/mitteil2014/pm07-2014.html (zuletzt abgerufen am 09.02.2019)

Bundeskriminalamt (BKA): Arzneimittelkriminalität, abrufbar unter https://www.bka.de/DE/UnsereAufgaben/Deliktsbereiche/Arzneimittelkriminalitaet/arzneimittelkriminalitaet_node.html (zuletzt abgerufen am 09.02.2019)

Bundeskriminalamt (BKA): Arzneimittelkriminalität: Ein Wachstumsmarkt, Stand: 17. Oktober 2016

Bundesvereinigung Deutscher Apothekerverbände e.V. (ABDA): Die Apotheke – Zahlen, Daten, Fakten 2016, Berlin 2016

Bundesvereinigung Deutscher Apothekerverbände e.V. (ABDA): Faktenblatt Arzneimittelfälschungen, Stand 24. Oktober 2018, erhältlich unter https://www.abda.de/fileadmin/assets/Faktenblaetter/Faktenblatt_Arzneimittelfaelschungen_Oktober-2018.pdf (zuletzt abgerufen am 09.02.2019) [Acrobat Reader]

Bundesvereinigung Deutscher Apothekerverbände e.V. (ABDA): securpharm – FAQ, 28. Februar 2018, erhältlich unter https://www.apothekerkammer.de/pdf/FAQ_securpharmCD.pdf (zuletzt abgerufen am 09.02.2019) [Acrobat Reader]

Callies, Christian / Ruffert, Matthias: EUV/AEUV, Das Verfassungsrecht der Europäischen Union mit Europäischer Grundrechtecharta, Kommentar, 5. Auflage, Verlag C.H. Beck München 2016

Caroccia, Francesca: La responsabilità per danno da prodotto farmaceutico, in Annali della Facoltà Giuridica dell' Università di Camerino – n. 2/2013, S. 1–22.

Central Bureau of Investigation (CBI): CBI Market Survey: The Pharmaceutical Product Market in Hungary, February 2010, erhältlich unter http://www.thekurers.com/Hungary.pdf (zuletzt abgerufen am 09.02.2019) [Acrobat Reader]

Clarke, C.K.P.: White Paper WHP 031: Reed-Solomon error correction, Research & Development British Broadcasting Corporation, July 2002

Classen, Claus Dieter: Die Ableitung von Schutzpflichten des Gesetzgebers aus Freiheitsrechten – ein Vergleich von deutschem und französischem Verfassungsrecht sowie der Europäischen Menschenrechtskonvention, in: Härberle, Peter (Hrsg.), Jahrbuch des Öffentlichen Rechts Neue Folge (JöR N.F.) Band 36, Das Öffentliche Recht der Gegenwart, J.C.B. Mohr (Paul Siebeck) 1987, S. 29–48

Clift, Charles: Combating Counterfeit, Falsified and Substandard Medicines: Defining the Way Forward? In: Chatman House Briefing Paper GH BP 2010/1, November 2010

Creazza, Alessandro / Dalari, Fabrizio / Porazzi, Emanuele / Restelli Umberto: La distribuzione domiciliare dei farmaci, Logistica 2011, S. 40–44.

Department of Health (DH): Regulations under the Health Act 2009: Market entry by means of Pharmaceutical Needs Assessment, Information for Primary Care Trust, Chapter 11, Distance-selling premises, August 2012

Deutsch, Erwin / Lippert Hans-Dieter: Kommentar zum Arzneimittelgesetz (AMG), 3. Auflage, Springer Verlag Berlin, Heidelberg 2010

Deutscher Apothekerverband (DAV)/AOK Baden-Württemberg: Importquote für Arzneimittel streichen: Mehr Sicherheit, weniger Bürokratie, gemeinsame Pressemitteilung vom 1.6.2016, abrufbar unter https://www.abda.de/pressemitteilung/artikel/importquote-fuer-arzneimittel-streichen-mehr-sicherheit-weniger-buerokratie/ (zuletzt abgerufen am 09.02.2019)

Di Giorgio, Manfredi: Supply Chain nel Mercato Farmaceutico, Rom, Juni 2015, abrufbar unter https://de.slideshare.net/edi062/supply-chain-pharma (zuletzt abgerufen am 09.02.2019)

Dieners, Peter / Reese, Ulrich: Handbuch des Pharmarechts – Grundlagen und Praxis, Verlag C.H. Beck München 2010

Dietlein, Johannes: Die Lehre von den grundrechtlichen Schutzpflichten, Münsterische Beiträge zur Rechtswissenschaft, in: Erichsen, Hans-Uwe / Kollhosser, Helmut / Welp, Jürgen (Hrsg.), Band 58, Duncker & Humblot Berlin 1992

Dreier, Horst: Grundgesetz Kommentar, Band I: Präambel, Artikel 1–19, 3. Auflage, Mohr Siebeck Tübingen 2013

Dudley, James W.: Can e-commerce in Healthcare Succeed? Developments in Mail Order and Internet Pharmacy in Europe, June 2012.

Eberle, Ute: Gefahr aus der Pillendose, in: bild der wissenschaft (bdw), Ausgabe 10/2002, Seite 34.

Ehlers, Dirk: Europäische Grundrechte und Grundfreiheiten, 4. Auflage, De Gruyter Berlin/Boston 2014

Emmerich, Martin: Illegale Arzneimittel – Eine ernste Gefahr in Europa?, in: Die Kriminalpolizei, Zeitschrift der Gewerkschaft der Polizei, Ausgabe 1/2011, S. 23–30

Emmert, Frank: Europarecht, C.H. Beck´sche Verlagsbuchhandlung München 1996

Europäisch Kommission: Zoll: Millionen illegaler Medikamente durch Aktion "MEDI-Fake" sichergestellt, Pressebericht vom 16 Dezember 2008, IP/08/1980

European Alliance for Access to Safe Medicines (EAASM): Discounted or Dangerous, 2012

European Alliance for Access to Safe Medicines (EAASM): The Counterfeiting Superhighway, 2008

European Federation of Pharmaceutical Industries and Associations (EFPIA): Towards safer medicines supply, A vision for the coding and identification of pharmaceutical products in Europe, Version 4.0, January 2008

European Federation of Pharmaceutical Industries and Associations (EFPIA) / Apoteket AB: EFPIA Product Verification Project, Joint Final Report, 6. April 2010

European-Justice: Recht der Mitgliedstaaten, abrufbar unter https://e-justice.europa.eu/content_member_state_law-6-de.do (zuletzt aktualisiert am 14.02.2018)

Eurostat: Population structure and agening, Statistics Explained, Datenauszug von Juni 2017, abrufbar unter http://ec.europa.eu/eurostat/statistics-explained/index.php/Population_structure_and_ageing (zuletzt aktualisiert am 17.10.2018)

Fakeshare.eu: Fakeshare and Fakeshare II: The Projects, abrufbar unter http://www.fakeshare.eu/en/project (zuletzt abgerufen am 09.02.2019)

Finkenzeller, Klaus: RFID-Handbuch: Grundlagen und praktische Anwendungen von Transpondern, kontaktlosen Chipkarten und NFC, 7. Auflage, Carl Hanser Verlag München 2015

Finn, Michael: 2016 Top Market Report Pharmaceuticals, A Market Assessment Tool for U.S. Exporters, Industrie & Analysis (I&A), International Trade Administration, May 2016, erhältlich unter www.trade.gov/topmarkets/pdf/Pharmaceuticals_Top_Markets_Reports.pdf (zuletzt abgerufen am 09.02.2019) [Acrobat Reader]

Fischer, Dagmar / Breitenbach, Jörg: Die Pharmaindustrie: Einblick – Durchblick – Perspektiven, 4. Auflage, Springer Berlin, Heidelberg 2013

Fischer, Kai: Die Zulässigkeit aufgedrängten staatlichen Schutzes vor Selbstgefährdung, in: Europäische Hochschulschriften, Reihe II, Rechtswissenschaft, Bd. 2249, Peter Lang – Europäischer Verlag der Wissenschaften Frankfurt am Main, Berlin, Bern, New York, Paris, Wien 1997

Food and Drug Administration (FDA): Combating Counterfeit Drugs: A Report of the Food and Drug Administration, Rockville, Maryland February 2004, erhältlich unter https://www.fda.gov/downloads/drugs/drugsafety/ucm169880.pdf (zuletzt abgerufen am 09.02.2019) [Acrobat Reader]

Food and Drug Administration (FDA): Information on Adverse Event Reports and Heparin, abrufbar unter http://wayback.archive-it.org/7993/20170113124004/http://www.fda.gov/Drugs/DrugSafety/PostmarketDrugSafetyInformationforPatientsandProviders/ucm112669.htm (zuletzt aktualisiert am 18.06.2009)

Frenz; Walter: Handbuch Europarecht, Band 1: Europäische Grundfreiheiten, Springer-Verlag Berlin, Heidelberg 2012

Frenz, Walter: Handbuch Europarecht, Band 4: Europäische Grundrechte, Springer-Verlag Berlin, Heidelberg 2009

Fuhrmann, Stefan / Klein, Bodo / Fleischfresser, Andreas: Arzneimittelrecht – Handbuch für die pharmazeutische Rechtspraxis, 2. Auflage, Nomos-Verlagsgesellschaft Baden-Baden 2014

Galli, Ceasare / Masciopinto, Gianni: Border Measures and other Means of Customs Intervention against Infringers, Q208 Group Report: Italy, 2009 AIPPI Forum & Executive Committee Meeting – Buenos Aires, 2009

General Pharmaceutical Council (GPhC): Guidance for registered pharmacies providing pharmacy services at a distance, including on the internet, London, April 2015

General Pharmaceutical Council (GPhC): Internet pharmacy, abrufbar unter https://www.pharmacyregulation.org/registration/internet-pharmacy (zuletzt abgerufen am 09.02.2019)

General Pharmaceutical Council (GPhC): Voluntary internet pharmacy logo – Terms and Conditions, London, October 2015, Version 1.0

Generalzolldirektion: COPIS – Die unionsweite Informationsdatenbank für Zollbehörden, abrufbar unter http://www.zoll.de/DE/Fachthemen/Verbote-Beschraenkungen/Gewerblicher-Rechtsschutz/Information-ZGR-online/copis_faq.html (zuletzt abgerufen am 09.02.2019)

Generalzolldirektion, Opeation PANGEA XI, Internationale Aktionswoche gegen illegalen Handel mit Arzneinmitteln im Internet, Pressemitteilung vom 23.10.2018, abrufbar unter https://www.zoll.de/SharedDocs/Pressemitteilungen/DE/Sonstiges/2018/x87_pangea_gzd.html (zuletzt abgerufen am 09.02.2019).

Gloy, Wolfgang / Loschelder, Michael / Erdmann, Willi: Handbuch des Wettbewerbsrechts, 4. Auflage, Verlag C.H. Beck München 2010

Grabitz, Eberhard / Hilf, Meinhard / Nettesheim, Martin: Das Recht der Europäischen Union, Band I (EUV, Art. 1–89 AEUV) / Band II (Art. 90–222 AEUV), EUV/AEUV, 65. Ergänzungslieferung, Verlag C.H. Beck München August 2018

Gronwald, Klaus: Arzneimittelsicherheit: Vor Fälschungen wird gewarnt, in: Deutsche Apotheker-Zeitung 2001, Nr. 14, S. 1652–1655

Gruppe IX. „Vereinfachung“: Schlussbericht, Brüssel 29. November 2002, Dokument CONV 424/02

Haarhoff, Heike: „Es wird ein Medikament geben“, Interview mit dem Präsidenten des BfArM Karl Broich, in: taz am wochenende vom 29.8.2015, S. 18–20

Haesen, Vera: Der Schutz gegen den unlauteren Wettbewerb in Deutschland und England vor dem Hintergrund fortschreitender europäischer Harmonisierung, Rechtswissenschaftliche Forschung und Entwicklung, Band 803, Lehmann, Michael (Hrsg.), Herbert Utz Verlag München 2014

Haft, Klaus / Hacker, Franz / Baumgärtel, Gunnar / Grabienski, Katja / Grabniski, Klaus / Heusch, Clemes-August / Joachim, Björn / Kefferpütz, Martin / Kühnen, Thomas / Lunze, Anja: Border Measures and other means of Costums Intervention against Infringers, Q208 Group Report: Germany, 4. März 2009 AIPPI Forum & Executive Committee Meeting – Buenos Aires, 2009

Hamisitás Elleni Nemzeti Testület (HENT): Action Plan against Counterfeiting 2011-2015, erhältlich unter http://www.hamisitasellen.hu/wp-content/uploads/2014/12/NBAC-Action-Plan-2011-2015.pdf (zuletzt abgerufen am 09.02.2019) [Acrobat Reader]

Hauke, Christian / Kremer, Gerhard: Arzneimittelfälschungen: Reaktionspflichten und Haftung des Originalherstellers in: Pharma-Recht (PharmR) 2013, 213–221

Henow, Angelika / Nickels, Rudolf: Schutzrechtsstrategie gegen Produkt- und Markenpiraterie, Patentinformationszentrum der Universitäts- und Landesbibliothek Schöfferstr. 8, 64295 Darmstadt, Darmstadt 2010

Her Majesty´s Revenue and Customs (HMRC): Notice 34: intellectual property rights, 6.12.2013, abrufbar unter https://www.gov.uk/government/publications/notice-34-intellectual-property-rights/notice-34-intellectual-property-rights (zuletzt aktualisiert am 12.11.2018)

Hermes, Georg: Das Grundrecht auf Schutz von Leben und Gesundheit – Schutzpflicht und Schutzanspruch aus Art. 2 Abs. 1 Satz 1 GG, Freiburger Rechts- und Staatswissenschaftliche Abhandlungen, Herausgegeben von der Rechtswissenschaftlichen Fakultät der Universität Freiburg/Br., Band 46, C.F.Müller Juristischer Verlag Heidelberg 1987

Heselhaus, Sebastian / Nowak, Carsten: Handbuch der Europäischen Grundrechte, Verlag C.H. Beck München 2006

Hillgruber, Christian: Der Schutz des Menschen vor sich selbst, in: Studien zum Öffentlichen Recht und zur Verwaltungslehre, Stern, Klaus (Hrsg.), Band 48, Verlag Franz Vahlen München 1992

Hofmann, C.H. Herwig: Critical Analysis of the new Typology of Acts in the Draft Treaty Establishing a Constitution for Europe, European Integration online Papers (EIoP) Vol.7, 2003, N° 9, S. 1–26

Hollmann, Hermann: Die EG-Produkthaftungsrichtlinie (I), in: Der Betrieb (DB) 1985, S. 2389–2396

Hollstein, Patrick: Illegal = gefälscht?, Apotheke adhoc vom 25.04.2014, abrufbar unter https://www.apotheke-adhoc.de/nachrichten/detail/pharmazie/herceptin-ceftriaxon-statt-trastuzumab/ (zuletzt abgerufen am 09.02.2019)

Hornung, Gerrit / Fuchs, Katharina: Einstandspflicht des Fälschungsopfers? Die Haftung von Originalherstellern für Schäden durch Arzneimittelfälschungen, in: Pharma-Recht (PharmR) 2012, S. 501–510

Howarth, David / Matthews, Martin / Morgan, Jonathan / O´Sullivan, Jant / Tofaris, Stellios: Hepple and Matthews´ Tort Law, Cases and Materials, 7. Auflage, Bloomsberry Publishing Plc 19. November 2015

Hufen, Friedhelm: Staatsrecht II – Grundrechte, 7. Auflage, Verlag C.H. Beck München 2018

Immel-Sehr, Annette: Mehr Sicherheit durch Chips und Siegel, in: Pharmazeutische Zeitung (PZ) 2006, Nr. 12, S. 1092

Infosys: Pharmaceutical Serilization Track & Trace, Easy guide to country-wise mandates, Infosys Limited Bengaluru India 2017

Institute of Medicine (IOM): Countering the Problem of Falsified and Substandard Drugs, Report, Committee on Understanding the Global Public Health Implications of Substandard, Falsified, and Counterfeit Medical Products, Board on Global Health, Buckles, Gillian J. / Gostin, Lawrence O. (Editors), The National Academies Press Washington D.C. 2013

International Medical Products Anti-Counterfeiting Taskforce (IMPACT): Counterfeit Medicines: an update on estimates, 15. November 2006, erhältlich unter https://www.who.int/medicines/services/counterfeit/impact/TheNewEstimatesCounterfeit.pdf (zuletzt abgerufen am 09.02.2019) [Acrobat Reader]

International Medical Products Anti-Counterfeiting Taskforce (IMPACT): Counterfeit Drug Kill!, Updated May 2008

INTERPOL: Operation Pangea, abrufbar unter http://www.interpol.int/Crime-areas/Pharmaceutical-crime/Operations/Operation-Pangea (zuletzt abgerufen am 09.02.2019)

Ipsen, Jörn: Staatsrecht II – Grundrechte, 21. Auflage, Verlag Franz Vahlen München 2018

Isensee, Josef: Das Grundrecht als Abwehrrecht und als staatliche Schutzpflicht, Handbuch des Staatsrechts, Isensee/Kirchhof (Hrsg.), Band IX: Allgemeine Grundrechtslehren, 3. Auflage, C.F. Müller Heidelberg 2011, § 191

Isensee, Josef: Grundrechtsvoraussetzungen und Verfassungserwartungen an die Grundrechtsausübung, Handbuch des Staatsrechts, Isensee/Kirchhof (Hrsg.), Band IX: Allgemeine Grundrechtslehren, 3. Auflage, C.F. Müller Heidelberg 2011, § 190

Jaeckel, Liv: Schutzpflichten im deutschen und europäischen Recht – Eine Untersuchung der deutschen Grundrechte, der Menschenrechte und Grundfreiheiten der EMRK sowie der Grundrechte und Grundfreiheiten der Europäischen Gemeinschaft, Leipziger Schriften zum Völkerrecht, Europarecht und ausländischen öffentlichen Recht, Geiger, Rudolf /Goerlich, Helmut / Häuser, Franz (Hrsg.), Band 4, Nomos-Verlagsgesellschaft Baden-Baden 2001

Jarass, Hans D. / Pieroth, Bodo: Grundgesetz für die Bundesrepublik Deutschland, Kommentar, 15. Auflage, Verlag C.H. Beck München 2018

Jarass, Hans D.: Charta der Grundrechte der Europäischen Union, unter Einbeziehung der vom EuGH entwickelten Grundrechte, der Grundrechtsregelungen der Verträge und der EMRK, Kommentar, 3. Auflage, C.H. Beck München 2016

Jung, Michael: Das neue „EU-Internetlogo“ für den Arzneimittelversand, in: Pharmazeutische Zeitung (PZ) 2015, Nr. 26, S. 2024–2025

Kemsley, Jyllian: Analytical Chemistry Comes To The Force: Testing is critical for preventing and detecting contamination of drugs, food, in: Chemical & Engineering News Vol. 86, Issue 19, 12. Mai 2008, S. 37

Kischkewitz, Jan-Christoph: Kosten der EU-Fälschungsrichtlinie in: Pharma + Food April 2017, S. 70–72

Klement, Jan Henrik: Wettbewerbsfreiheit, Bausteine einer europäischen Grundrechtstheorie, Jus Publicum, Beiträge zum Öffentlichen Recht, Band 246, Mohr Siebeck Tübingen 2015

Klingmüller, Ernst: Wie weit reicht die Produkthaftung?, in: Versicherungsrecht: Zeitschrift für Versicherungsrecht, Haftungs- und Schadensrecht (VersR) 1989, S. 1226–1228

Kloepfer, Michael: Umweltrecht, 4 Auflage, Verlag C.H. Beck München 2016

Kloesel, Arno / Cyran, Walter / Feiden, Karl / Pabel, Hermann Josef: Arzneimittelrecht, Kommentar, Mit amtlichen Begründungen, weiteren Materialien und einschlägigen Rechtsvorschriften sowie Sammlung gerichtlicher Entscheidungen, Band I (Teil A–Teil A1 § 6a AMG) / Band II (Teil A1 § 7–23 AMG) / Band IV (Teil A1 § 43–72b AMG) / Band V (Teil A1 § 73 AMG–A 1.3 Anl. 4 VO), 132. Aktualisierungslieferung zur 3. Auflage, Stand: 1. Oktober 2016, Deutscher Apotheker Verlag Stuttgart 2017

Koch, Hans-Georg: Strategies against counterfeit of drugs: a comparative criminal law study, in: Christoph Geiger (Hrsg.), Criminal Enforcement of Intellectual Property, A Handbook of Contemporary Research, Research Handbook in Intellectual Property, Edward Elgar Pubslishing, Cheltenham 2012, S. 353–368

Köhler, Helmut / Bornkamm, Joachim / Feddersen, Jörn: Gesetz gegen den unlauteren Wettbewerb, Preisabgabenverordnung, Unterlassungsklagegesetz, Dientleistungs-Informationspflichten-Verordnung, Beck'sche Kurzkommentare Band 13a, 37. Auflage, Verlag C.H. Beck München 2019

Kopp, Sabine: WHO survey on terminology on „counterfeit" medicins or equivalent, erhältlich unter http://www.google.de/url?sa=t&rct=j&q=&esrc=s&source=web&cd=3&ved=0ahUKEwjmwMnGk5DVAhUFKFAKHeQYAXkQFgg7MAI&url=http%3A%2F%2Fwww.who.int%2Fmedicines%2Fservices%2Fcounterfeit%2FSurveyonterminology.pdf&usg=AFQjCNFofQJ1HrXKzpFKMl35qcTdS9ZAJg (zuletzt abgerufen am 09.02.2019) [Acrobat Reader]

Korzilius, Heike: Arzneimittelüberwachung, Lehren aus dem Fall Lunapharm, in: Deutsches Ärzteblatt, Jahrgang 115, Heft 37, 14. September 2018, S. A 1571–1572

Kruchem, Thomas: Tödliche Pillen – Der Handel mit gefälschten Medikamenten, Deutschlandfunk vom 16.05.2004, abrufbar unter http://www.deutschlandfunk.de/toedliche-pillen.716.de.html?dram:article_id=90248 (zuletzt abgerufen am 09.02.2019)

Kügel, Wilfried / Müller, Rolf-Georg / Hofmann, Hans-Peter: Arzneimittelgesetz, Kommentar, 2. Auflage, Verlag C.H. Beck München 2016

Kügel, Wilfried / Müller, Rolf-Georg / Hofmann, Hans-Peter: Arzneimittelgesetz, Kommentar, Verlag C.H. Beck München 2012

Kullmann, Hans Josef / Pfister, Bernhard / Stöhr, Karlheinz / Spindler, Gerald: Produzentenhaftung, Ergänzbares Handbuch zur gesamten Produkthaftpflicht für die juristische Praxis sowie für Hersteller, Händler, Importeure und Exporteure mit Erläuterungen im nationalen, supranationalen und internationalen Bereich, Band 1: Verze9chnisse, Vorschriften / Band 2: Produkthaftpflicht in Deutschland, Internationales Recht, Hinweise für die Praxis, 1/14. Ergänzungslieferung, Stand: März 2014, Erich Schmidt Verlag Berlin 2014

Lange, Paul: Marken- und Kennzeichenrecht, 2. Auflage, Verlag C.H. Beck München 2012

Lattanzi, Giorgio / Lupo, Ernesto: Codice Penale, Rassegna di giurisprudenza e di dottrina, Band IX, Buch II, Dott. A. Giuffré Editore, Mailand 2010

Lenz, Carl Otto / Borchardt, Klaus-Dieter: EU-Verträge Kommentar EUV, AEUV, GRCh, 6. Auflage, Bundesanzeiger Verlag Köln 2013

Linden, Philipp: Die Bekämpfung von Urheberrechtsverletzungen in Italien, Herbert Utz Verlag München 2007

Macarthur, Donald: European Pharmaceutical Distribution: Key Players, Challenges and Future Strategies, Scrip Reports, Informa UK Ltd London December 2007

Magnus, Ulrich: Schaden und Ersatz, Max-Plank-institut für ausländisches und internationales Privatrecht, Beiträge zum ausländischen und internationalen Privatrecht Band 51, J.C.B. Mohr (Paul Siebeck) Tübingen 1987

Manssen, Gerrit: Staatsrecht II – Grundrechte, 15. Auflage, Verlag C.H. Beck München 2018

Maul, Karl-Heinz / Maul Corinna: Produktpiraterie im Pharma-Bereich – Sanktionsbedarf und Schadensquantifizierung, in: Gewerblicher Rechtsschutz und Urheberrecht (GRUR) 1999, S. 1059–1066

Maunz, Theodor / Dürig, Günter / Herzog, Roman / Scholz, Rupert / Herdegen, Matthias / Klein, Hans H.: Grundgesetz Kommentar, Band I: Texte–Art. 1–5 / Band II: Art. 6–15, 84. Ergänzungslieferung, Verlag C.H. Beck München August 2018

Maurer, Hartmut: Staatsrecht I, Grundlagen, Verfassungsorgane, Staatsfunktionen, 6. Auflage, Verlag C.H. Beck München 2010

Medicines and Healthcare products Regulatory Agency (MHRA): Export a human medicine, 11. November 2016, abrufbar unter https://www.gov.uk/guidance/export-a-human-medicine (zuletzt aktualisiert am 19.06.2018)

Medicines and Healthcare products Regulatory Agency (MHRA): Falsified Medical Products Strategy 2012-2015, erhältlich unter http://webarchive.nationalarchives.gov.uk/20141205150130/http://www.mhra.gov.uk/home/groups/ei/documents/websiteresources/con149816.pdf (zuletzt abgerufen am 09.02.2019) [Acrobat Reader]

Medicines and Healthcare products Regulatory Agency (MHRA): Guidance, Medicines: apply for a parallel import licence, 21. January 2015, abrufbar unter https://www.gov.uk/guidance/medicines-apply-for-a-parallel-import-licence (zuletzt aktualisiert am 22.02.2018)

Melzer, Martin: Der Grosshandel mit Humanarzneimitteln, in: Chemgineering Newsletter, Nr. 68, November 2013, 19. Jahrgang, S. 4–7

Mey, Brenda Pamela: Anti-Counterfeiting Legislations in the European Union and in Kenya: A Tale of Different Goals and Outcomes, in: Gewerblicher Rechtsschutz und Urheberrecht Internationaler Teil (GRUR Int) 2012, 1086–1097

Meyer, Jürgen: Charta der Grundrechte der Europäischen Union, Nomos Kommentar, 4. Auflage, Nomos Verlagsgesellschaft Baden-Baden 2014

Minghetti, Paola / Marchetti, Marcecllo: Legislazione farmaceutica, 6. Auflage, Casa Editrica Ambrosiana Milano 2010

Ministero della Salute: Bollini farmaceutici, nuevo modalitá di lettura ottica contro le frodi, 23 Juli 2014, abrufbar unter: http://www.salute.gov.it/portale/news/p3_2_1_1_1.jsp?menu=notizie&p=dalministero&id=1669 (zuletzt abgerufen am 09.02.2019)

Möllers, Christoph / von Achenbach, Jelena: Die Mitwirkung des Europäischen Parlaments an der abgeleiteten Rechtsetzung der Europäischen Kommission nach dem Lissabonner Vertrag, in: Europarecht (EuR) 2011, S. 39–61.

Murswiek, Dietrich: Die Staatliche Verantwortung für die Risiken der Technik: Verfassungsrechtliche Grundlagen und immissionsschutzrechtliche Ausformung, Schriften zum Umweltrecht Band 3, Dunker & Humbolt Berlin 1985

National Association of Boards of Pharmacy (NABP): Internet Drug Outlet Identification Program, Progress Report for State and Federal Regulators: September 2018

Nelson, Maria / Vizurraga, Michelle / Chang, David: Counterfeit Pharmaceuticals: A Worldwide Problem, in: The Trademark Reporter (TMR), Vol. 96. No. 5, September-October 2006, S. 1068–1100

OECD / EUIPO: Trade in Counterfeit and Pirated Goods: Mapping the Economic Impact, Paris 2016

Ohly, Ansgar: Richterrecht und Generalklausel im Recht des unlauteren Wettbewerbs, Ein Methodenvergleich des englischen und des deutschen Rechts, in: Schriftenreihe zum gewerblichen Rechtsschutz (Hrsg. Beier, Friedrich-Karl / Schricker, Gerhard), Carl Heymanns Verlag KG Köln, Berlin, Bonn, München 1997

Országos Gyógyszerészeti és Élelmezés-egészségügyi Intézet (OGYÈI), Counterfeit Medicines, abrufbar unter https://www.ogyei.gov.hu/counterfeit_medicines/ (zuletzt aktualisiert am 30.09.2018)

Ossenbühl, Fritz: Kernenergie im Spiegel des Verfassungsrechts, in: Die Öffentliche Verwaltung (DÖV) 1981, S. 1–11

Oxfam: Eye on the Ball, Medicine regulation – not IP enforcement – can be deliver quality medicines, 143 Oxfam Briefing Paper, 2. February 2011

Paixão, Silverio: GS1 standards for unique identification of medicinal products, Lisbon 3 July 2013, erhältlich unter http://www.apifarma.pt/eventos/Documents/GS1-Conference%20Portugal_EFPIA_vf.pdf (zuletzt abgerufen am 09.02.2019) [Acrobat Reader]

Palandt, Otto: Bürgerliches Gesetzbuch mit Nebengesetzen, insbesondere mit Einführungsgesetz (Auszug) einschließlich Rom I-, Rom II- und Rom III-V3rordnung sowie Haager Unterhaltsprotokoll und EU-Erbrechtsverordnung, Allgemeines Gleichbehandlungsgesetz (Auszug), Wohn- und Betreuungsvertragsgesetz, BGB-Informationspflichten-Verordnung, Unterlassungsklagegesetz, Produkthaftungsgesetz, Erbbaurechtsgesetz, Wohnungseigentumsgesetz, Versorgungsausgleichgesetz, Lebenspartnerschaftsgesetz, Gewaltschutzgesetz, 77. Auflage, Verlag C.H. Beck München 2018

Pharmaceutical Pricing and Reimbursement Information (PPRI): Italy, Pharma Profile, Final version October 2007, erhältlich unter http://www.agenziafarmaco.gov.it/allegati/ppri_italy_final.pdf (zuletzt abgerufen am 09.02.2019)

Pharmazeutische Zeitung (PZ): Haft für Omeprazol-Fälscher, Meldung vom 26.05.2014, abrufbar unter http://www.pharmazeutische-zeitung.de/index.php?id=52377 (zuletzt abgerufen am 09.02.2019)

Pitts, Peter / Tew, Michael / Preate, Alexandra: 21st Century Health Care Terrorism: The Perils of International Drug Counterfeiting, Center for Medicines in the Public Interest (CMPI), 20. September 2005

QuintilesIMS Institute: Outlook for Global Medicines trough 2021, Balancing Cost and Value, December 2006

Rampinelli, Patrizia / Argenta, Guido: Different Approches and Timeframes in Anti-Counterfeiting Medicinal Products: Europe vs. United States, Pharmaceutical Regulatory Affairs 2016, Volume 5 Issue 1, doi:10.4172/2167-7689.1000160, S. 1–6

Rehmann, Wolfgang A.: Arzneimittelgesetz (AMG), Kommentar, 4. Auflage, Verlag C.H. Beck München 2014

Rengeling, Hans-Werner / Szczekalla, Peter: Grundrechte in der Europäischen Union, Charta der Grundrechte und Allgemeine Rechtsgrundsätze, Carl Heymanns Verlag Köln, Berlin, München 2004

Renschler, John P. / Walters, Kelsey M. / Newton Paul N. / Laxminarayan, Ramana: Estimated Under-Five Deaths Associated with Poor-Quality Antimalarials in Sub-Saharan Africa, in: The American journal of tropical medicine and hygiene (Am J Trop Med Hyg) 2015, vol. 92, no. 6 Suppl 119–126.

Robbers, Gerhard: Sicherheit als Menschenrecht, Aspekte der Geschichte, Begründung und Wirkung einer Grundrechtsfunktion, Nomos Verlagsgesellschaft Baden-Baden 1987

Sachs, Michael: Grundgesetz, Kommentar, 7. Auflage, Verlag C.H. Beck München 2014

Salz, Jürgen / Fischer, Konrad: Gefälschte Medikamente: Apotheken im Visier der Pillen-Mafia, WirtschaftsWoche vom 06. November 2014, abrufbar unter http://www.wiwo.de/unternehmen/industrie/gefaelschte-medikamente-apotheken-im-visier-der-pillen-mafia/10914048.html (zuletzt abgerufen am 09.02.2019)

Sander, Axel: Arzneimittelrecht, Kommentar für die juristische und pharmazeutische Praxis zum Arzneimittelgesetz, Band 2: § 47–Anh. I/25a, 52 Lieferung, Verlag W. Kohlhammer Dezember 2014

Schenke, Wolf-Rüdiger: Polizei- und Ordnungsrecht, 10. Auflage, Schwerpunkte Pflichtfach, C.F. Müller Heidelberg 2018

Schmidt, Laura V.: Der Schutz der Menschenwürde als „Fundament" der EU-Grundrechtscharta unter besonderer Berücksichtigung der Rechte auf Leben und Unversehrtheit, in: Zeitschrift für europarechtliche Studien (ZEuS) 2002, S. 631–662.

Schneider, Hans-Peter: Grundrechte und Verfassungsdirektiven, in: Merten, Detlef / Papier, Hans-Jürgen (Hrsg.), Handbuch der Grundrechte in Deutschland und Europa, Band I: Entwicklung und Grundlagen, C.F. Müller Verlag Heidelberg 2004, § 18.

Schwarze, Jürgen / Becker, Ulrich / Hatje, Armin / Schoo, Johann: EU-Kommentar, 3. Auflage, Nomos Verlagsgesellschaft Baden-Baden 2012

Schweim, Harald: Arzneimittelfälschungen global und in Deutschland – wann lösen wir dieses Problem, in: Deutsche Apotheker-Zeitung (DAZ) 2005, Nr. 32, S. 4390–4397

securPharm e.V.: Faktenblatt „Arzneimittelfälschungen", Stand 23. November 2018, abrufbar unter https://www.securpharm.de/wp-content/uploads/2018/12/Faktenblatt-Arzneimittelf%C3%A4lschungen.pdf (zuletzt abgerufen am 09.02.2019) [Acrobat Reader] *securPharm e.V.*: Patienten – Fragen und Antworten, 26.04.2018, erhältlich unter https://www.securpharm.de/wp-content/uploads/2018/08/FAQ-Patienten.pdf (zuletzt abgerufen am 09.02.2019)

securPharm e.V.: Pharmaunternehmen – Fragen und Antworten, 1.11.2018, erhältlich unter https://www.securpharm.de/wp-content/uploads/2018/11/FAQ-Pharm azeutische-Unternehmen.pdf (zuletzt abgerufen unter 09.02.2019)

securPharm e.V.: Statusbericht 2018, Stand des Projektes zur Umsetzung der Fälschungsrichtlinie, Frankfurt am Main 2018

Senftleben, Martin: Wolf in Sheep's Clothing? Trade Mark Rights Against Goods in Transit and the End of Traditional Territorial Limits, in: International Review of Intellectual Property and Competition Law (IIC) 2016, S. 941–959

Singh, Khomba: Row over generic drugs intensifies after seizure in Germany, The Economic Times vom 8.6.2009, abrufbar unter http://economictimes.indiatimes.com/industry/healthcare/biotech/pharmaceuticals/row-over-generic-drugs-intensifies-after-seizure-in-germany/articleshow/4629426.cms?prtpage=1 (zuletzt abgerufen am 09.02.2019)

Sinn, Arndt: Wirtschaftsmacht Organisierte Kriminalität: Illegale Märkte und illegaler Handel, Springer Berlin 2018

Sodan, Helge / Ziekow, Jan: Grundkurs Öffentliches Recht – Staats- und Verwaltungsrecht, 7. Auflage, Verlag C.H. Beck München 2016

Spickhoff, Andreas: Medizinrecht, 3. Auflage, Beck'sche Kurzkommentare Band 64, Verlag C.H. Beck München 2018

Stallberg, Christian: Neue EU-Richtlinie zur Verhinderung von Arzneimittelfälschungen – Was ändert sich für Hersteller und Händler? in: Gewerblicher Rechtsschutz und Urheberrecht – Praxis im Immaterialgüter- und Wettbewerbsrecht (GRUR-Prax) 2001, S. 212–215

Stern, Klaus / Sachs, Michael: Europäische Grundrechte-Charta, GRCh, Kommentar, Verlag C.H. Beck 2016

Stern, Klaus: Das Staatsrecht der Bundesrepublik Deutschland, Band III/1: Allgemeine Lehren der Grundrechte, C.H. Beck'sche Verlagsbuchhandlung München 1988

Sterpi, Massimo / Calame, Thierry: Patent Litigation, Jurisdictional comparisons, Second edition 2011, London 2011

Streinz, Rudolf: EUV/AEUV, Vertrag über die Europäische Union und Vertrag übe die Arbeitsweise der Europäischen Union, 3. Auflage, Beck'sche Kurz-Kommentare Band 57, Verlag C. H. Beck München 2018

Suerbaum, Joachim: Die Schutzpflichtdimension der Gemeinschaftsgrundrechte, in: Europarecht (EuR) 2003, S. 390–416

Suhr, Katharina: Der medizinisch nicht indizierte Eingriff zur kognitiven Leistungssteigerung aus rechtlicher Sicht, in: Schriftenreihe Medizinrecht (MedR), Springer-Verlag Berlin, Heidelberg 2016

Sürmann, Heike: Arzneimittelkriminalität – ein Wachstumsmarkt? Eine explorative Untersuchung aus polizeilicher Sicht, in Polizei + Forschung Band 36, Bundeskriminalamt (BKA), Kriminalistisches Institut (Hrsg.), Luchterhand Köln 2007

Szczekalla, Peter: Die sogenannten grundrechtlichen Schutzpflichten im deutschen und europäischen Recht – Inhalt und Reichweise einer „gemeineuropäischen Grundrechtsfunktion“, Schriften zum Europäischen Recht Band 87, Dunker & Humblot Berlin 2002

Tálas, Józsed K. / Klauber, Zsófia / Szakács, Eszter: Border Measures and other Means of Customs Intervention against Infringers, Q208 Group Report: Hungary, 2009 AIPPI Forum & Executive Committee Meeting – Buenos Aires, 2. März 2009

Taschner, Hans Claudius / Frietsch, Edwin: Produkthaftungsgesetz und EG-Produkthaftungsrichtlinie, Kommentar, 2. Auflage, C.H. Beck'sche Verlagsbuchhandlung München 1990

Terbille, Michael / Clausen, Tilman / Schroeder-Printzen, Jörn: Münchener Anwalts Handbuch Medizinrecht, 2. Auflage, Verlag C.H. Beck München 2013

Tettinger, Peter J. / Stern, Klaus: Kölner Gemeinschaftskommentar zur Europäischen Grundrechte-Charta, Verlag. C.H. Beck München 2006

Tillmanns, Christian: Arzneimittelfälschungen – regulatorische Rahmenbedingungen und Haftungsfragen, in: Pharma-Recht (PharmR) 2009, S. 66-72

Ueltzhöffer, Christian: Die staatliche Einflussnahme auf den Tabakkonsum von Kindern und Jugendlichen in Deutschland, Band 23 der Veröffentlichungen des Instituts für deutsches, europäisches und internationales Medizinrecht, Gesundheitsrecht und Bioethik der Universitäten Heidelberg und Mannheim, Springer-Verlag Berlin, Heidelberg 2005.

Unruh, Peter: Zur Dogmatik der grundrechtlichen Schutzpflichten, Schriften zum Öffentlichen Recht Band 709, Duncker & Humblot Berlin 1996

Verband der forschenden Pharma-Unternehmen (vfa): vfa-Positionspapier: Arzneimittelfälschungen, Berlin 29.01.2015, erhältlich unter https://www.vfa.de/download/pos-arzneimittelfaelschungen.pdf (zuletzt abgerufen am 09.02.2019) [Acrobat Reader]

Verband der forschenden Pharma-Unternehmen (vfa): vfa-Positionspapier: Sonderförderung des Parallelhandels bei innovativen Arzneimitteln überdenken, Berlin 12.01.2015, erhältlich unter https://www.vfa.de/Downloads/pos-sonderfoerderung-des-parallelhandels-bei-innovativen-arzneimitteln-ueberdenken.pdf (zuletzt abgerufen am 11.10.2017) [Acrobat Reader]

Von der Groeben, Hans / Schwarze, Jürgen / Hatje, Armin: Europäisches Unionsrecht, Vertrag über die Europäische Union, Vertrag über die Arbeitsweise der Europäischen Union, Charta der Grundrechte der Europäischen Union, Band 1: Art. 1 bis 55 EUV, Art. 1 bis 54 GRC, Art. 1 bis 66 AEUV / Band 4: Art. 174 bis 358 AEUV, 7. Auflage, Nomos-Verlag Baden-Baden 2015

Von Münch, Ingo / Kunig, Philip: Grundgesetz, Kommentar, Band 1: Präambel bis Art. 69, 6. Auflage, Verlag C.H. Beck München 2012

Wajsman, Nathan / Arias Burgos, Carolina / Davis, Christopher: Die wirtschaftlichen Kosten der Verletzung von Rechten des geistigen Eigentums in der Arzneimittelindustrie, Quantifizierung der Rechteverletzung für die Klasse Herstellung von pharmazeutischen Spezialitäten und sonstigen pharmazeutischen Erzeugnissen (NACE 21.20), Amt der Europäischen Union für geistiges Eigentum (EUIPO), September 2016, erhältlich unter https://euipo.europa.eu/tunnel-web/secure/webdav/guest/document_library/observatory/resources/research-and-studies/ip_infringement/study9/pharmaceutical_sector_de.pdf (zuletzt abgerufen am 09.02.2019)

Walters, Evelyn / Dragosits, Aline / Said, Monira: Distribution profile and efficiency of the European pharmaceutical full-line wholesaling sector, Studie vom Institut für Pharmaökonomische Forschung (IPF) für Europäischen Verband der pharmazeutischen vollversorgenden Großhändler (GIRP) durchgeführt, Institut für Pharmaökonomische Forschung, Wien Januar 2012

Weigelt, Wilfried: Der Data-Matrix-Code als Datenträger zur Serialisierung pharmazeutischer Produkte, Aufbau und Funktionsweise, in: Die Pharmazeutische Industrie (Pharm. Ind.) 78, Nr. 3 (2016), S. 309–316

Welters, Reiner: Arzneimittelfälschungen, eine Geißel der Entwicklungsländer, in: Pharmazeutische Zeitung (PZ) 1997, Nr. 15, S. 1181–1188

Wernicke, Christian: Zwölf Jahre Haft wegen gepanschter Krebsmedikamente, in : Süddeutsche Zeitung vom 6.7.2018, abrufbar unter https://www.sueddeutsche.de/panorama/apotheker-bottrop-krebsmittel-urteil-haft-1.4043342 (zuletzt am 9.2.2019).

WIPOTEC-OCS, Infographic, erhältlich unter http://www.serialisierung-pharma.de/de/pdf/ (zuletzt abgerufen am 09.02.2019) [Adobe Reader]

Wittstock, Markus / Thiele, Axel: Bekämpfung von Arzneimittelfälschungen – eine Maßnahme für den Patientenschutz, in: Bulletin zur Arzneimittelsicherheit, Informationen aus BfArM und PEI, Ausgabe 4, Dezember 2011, S. 15–19

World Health Organization (WHO), Department of Essential Drugs and Other Medicines: COUNTERFEIT DRUGS: Guidelines for the development of measures to combat counterfeit drugs, Geneva 1999, WHO/EDM/QSM/99.1

World Health Organization (WHO): Fact sheet N°275, Counterfeit Medicines, Revised February 2006, erhältlich unter https://www.gphf.org/images/downloads/library/who_factsheet275.pdf (zuletzt abgerufen am 09.02.2019) [Acrobat Reader]

World Health Organization (WHO): Fact sheet Substandard, spurious, falsely labelled, falsified and counterfeit (SSFFC) medicinal products, Updated January 2018, abrufbar unter http://www.who.int/mediacentre/factsheets/fs275/en/ (zuletzt abgerufen am 09.02.2019)

World Health Organization (WHO): Member State mechanism on substandard/spurious/falsely-labelled/falsified/counterfeit medicinal products, Appendix 3: Working Definitions Document WHA A70/23, 20. March 2017

World Health Organization (WHO): New Definition for „Substandard Medicines", Working document QAS/10.344/Rev. 1, May 2010

World Health Organization (WHO): Preliminary Draft Survey on National Legislation on “Counterfeit Medicines”, Feedback from Member State of the Circular Letter CL 25.2009, Working document WHO/ACM/1, 4 May 2010

Wright, Elisabethann: Counterfeit drugs: definitions, origins and legislation, in: EURALex, Issue No. 177, Dezember 2006, S. 22–24

Wunderlich, Nina: Das Grundrecht der Berufsfreiheit im Europäischen Gemeinschaftsrecht, Der Schutz der Wirtschaftsteilnehmer gegenüber Eingriffen der Gemeinschaft in ihre berufliche Freiheit, in: Schwarze, Jürgen (Hrsg.), Schriftenreihe Europäisches Recht, Politik und Wirtschaft, Band 244, Nomos Verlagsgesellschaft Baden-Baden 2000

Zippelius, Reinhold / Würtenberger Thomas: Deutsches Staatsrecht, 32. Auflage, Verlag C.H. Beck München 2008

Zweigert, Konrad / Kötz, Hein: Einführung in die Rechtsvergleichung auf dem Gebiet des Privatrechts, 3. Auflage, J.C.B. Mohr (Paul Siebeck) Tübingen 1996

Kolibri 360 GmbH
Ferdinand-Jühlke-Straße 7
99095 Erfurt, Deutschland
produktsicherheit@kolibri360.de